Führungsinstrument Mitarbeiterbefragung

Schriftenreihe
Wirtschaftspsychologie
herausgegeben von
Prof. Dr. Heinz Schuler

Führungsinstrument Mitarbeiterbefragung

von

Prof. Dr. Ingwer Borg

Hogrefe · Verlag für Psychologie
Göttingen · Bern · Toronto · Seattle

Führungsinstrument Mitarbeiterbefragung

Theorien, Tools und Praxiserfahrungen

von

Ingwer Borg

3., überarbeitete und erweiterte Auflage

Hogrefe • Verlag für Psychologie
Göttingen • Bern • Toronto • Seattle

Prof. Dr. phil. Ingwer Borg, geb. 1945. Studium der Psychologie und Betriebswirtschaftslehre in New Orleans, München und Ann Arbor. 1975 Promotion. 1981 Habilitation. 1983 bis 1990 und 1997 bis 1999 Professor für Psychologie an der Universität Gießen. 1982-1983 Gastprofessor an der Purdue University (USA), 1983 an der University of Chicago (USA) und 1991 an der Hebrew University (Israel). Seit 1988 Director Research & Development, Human Resources Consulting, München. 1990 bis 1997 Wissenschaftlicher Leiter am Zentrum für Umfragen, Methoden und Analysen (ZUMA) in Mannheim. Seit 1999 Wissenschaftlicher Leiter ZUMA und Inhaber der Stiftungsprofessor für angewandte psychologische Methodik an der Universität Gießen.

Bibliografische Information Der Deutschen Bibliothek

Die Deutsche Bibliothek verzeichnet diese Publikation in der Deutschen Nationalbibliografie; detaillierte bibliografische Daten sind im Internet über http://dnb.ddb.de abrufbar

Die erste Auflage des Buches erschien unter dem Titel „Mitarbeiterbefragungen".

© by Hogrefe-Verlag, Göttingen · Bern · Toronto · Seattle 1995, 2000 und 2003
  Rohnsweg 25, D-37085 Göttingen

Druck: AZ Druck und Datentechnik, 87437 Kempten/Allgäu
Printed in Germany
Auf säurefreiem Papier gedruckt

ISBN 3-8017-1716-X

für Leslie

Inhaltsverzeichnis

Vorwort zur 3. Auflage

Mitarbeiterbefragungen haben sich auch in den letzten Jahren weiter rasant verändert und entwickelt. Sie müssen sich in der Praxis immer neuen Herausforderungen stellen (z.B. einem erhöhten Kostendruck, der Globalisierung und den damit einhergehenden Fragen des Cross-cultural Managements, den Möglichkeiten des Internets oder der Vernetzung mit neuen Führungsinstrumenten wie Strategiekarten). Offenbar tun sie dies mit Erfolg, denn ihre Popularität hat weiter zugenommen. Dabei haben sie sich von den eher behäbigen Betriebsklimabefragungen vergangener Tage zu effizienten Instrumenten der Unternehmensführung entwickelt, die mehr und mehr mit den übrigen Führungssystemen zusammenwachsen. Zu den augenfälligsten Veränderungen dabei gehört einerseits die Technik (z.B. Befragungen per Internet oder eine automatisierte Berichtserstellung mit Tausenden von Berichten in kurzer Zeit), andererseits eine stärkere Betonung von Design- und Positionierungsanstrengungen, die vor allem darauf abzielen, ein jeweils optimales Gesamtpaket zu lancieren und durchzuführen. Natürlich ist das umso besser möglich, je besser die einzelnen Bauteile sind. Daher geht die Entwicklung auch im Detail weiter.

Die neuen Entwicklungen bieten dem Anwender große Chancen. Sie erfordern aber mehr Kompetenz und eine tiefere Beschäftigung mit dem Thema. Eine MAB von einem Praktikanten durchführen zu lassen, ist heute nicht mehr möglich – und war eigentlich immer schon ein Fehler.

Das Buch wurde in vielen Abschnitten überarbeitet und auf den neuesten Stand gebracht. Deutlich verändert und erweitert wurden insbesondere die Abschnitte, die sich mit den Folgeprozessen der MAB beschäftigen. Überhaupt wurden alle Überlegungen zu den verschiedenen Bestandteilen einer MAB (z.B. die Abschnitte zum Design der MAB oder zu den verschiedenen Formen der Datenauswertung) noch stärker *vom Ende her* aufgezogen, d.h. noch deutlicher auf die von der MAB angestrebten Wirkungen bezogen. Eine MAB verfolgt immer bestimmte Ziele und diese stellen sich nur dann ein, wenn sie die nötige Durchschlagskraft hat. Das gilt selbst dann, wenn die MAB als reine Meinungsumfrage konzipiert ist: Sie bleibt wertlos, wenn die von ihr erhobenen Daten und Statistiken in irgendeiner Schublade verschwinden. Sie müssen zumindest in die relevanten Informationssysteme eingebaut werden und das in einer Form, in der sie sich auf das Verhalten und Entscheiden der Führungskräfte der Organisation auswirken können.

Detaillierter ausgeführt werden auch einige wissenschaftliche Forschungen, die direkt relevant sind für die mittlerweile verbreitete Folklore der MAB-Praktiker. Dabei zeigt sich, dass einige der hierzu gehörigen Best Practices, Usancen und Glaubenssätze bei genauerer Betrachtung viel solider sind, als dies von den Praktikern selbst vermutet wird (z.B. die Verwendung des Prozentanteils der Personen, die einem MAB-Item zustimmen an Stelle des Skalenmittelwerts), während sich andere Elemente, die in MAB-Anwendungen viel zum Einsatz kommen, bei weiterem Nachforschen als naiv erweisen (z.B. die Gewichtung der Befragungsantworten mit Wichtigkeitsratings).

Eingegangen wird auch verstärkt auf verschiedene dubiose Selbstverständlichkeiten im Bereich der MAB-Literatur und der MAB-Praxis. Ein wichtiges Beispiel ist das Axiom, dass nach einer MAB etwas gemacht werden muss. Stellt man dies erst einmal in Frage, sieht man schnell, dass diese Prämisse nicht nur falsch, sondern sogar schädlich ist. Sie verstellt den Blick für die vielen anderen Möglichkeiten auf eine MAB intelligent zu reagieren. Diese werden hier systematisch entwickelt bis hin zu konkreten Anwendungsformen.

Nachgekommen bin ich auch dem Wunsch vieler, die mir geschrieben haben, einen prototypischen Fragebogen für eine MAB in einem Industrieunternehmen vollständig wiederzugeben. Den veränderten Zeiten entsprechend habe ich gleich eine deutsche und eine englische Version erstellt.

Bücher wie dieses entstehen nicht am grünen Tisch oder in der Abgeschiedenheit des Forschungsinstituts. Ohne die Anregungen, die Herausforderungen und den Druck der praktischen Anwendung wären viele Ideen nicht entstanden oder nicht zu einem Ende gebracht worden. Die Fragen und Ideen der in zahlreichen MAB-Projekten Beteiligten und der von diesen Projekten Betroffenen haben wesentlich zu dieser Überarbeitung beigetragen. Dafür sei an dieser Stelle gedankt. Ein besonderer Dank geht an Hock-Chong Oh (SAP) und an das Team von HRC (München), insbesondere an Dietmar Freiburg, Christian Hansen, Birgit Puhle und Matthias Zimmermann.

Vorwort zur 2. Auflage

Mitarbeiterbefragungen (MABs) gehören zu den am meisten verwendeten Instrumenten der Organisationsführung und Organisationsentwicklung. In einer Umfrage bei 429 amerikanischen Firmen aller Größenordnungen gaben 70% an, in den letzten zehn Jahren mindestens eine MAB durchgeführt zu haben, und 69% davon planten, weitere MABs durchzuführen (Gallup, 1988). Eine andere Umfrage bei 7000 Führungskräften amerikanischer Unternehmen ergab, dass zwischen 38% und 51% in ihren Geschäftsbereichen MABs durchgeführt hatten (Delany et al., 1988). Ebenfalls für die USA berichten Kraut & Freeman (1992), dass 78% von 75 befragten „großen und gut geführten" Unternehmen MABs durchgeführt hatten. Für Deutschland wird berichtet, dass ca. 50% der 100 umsatzgrößten deutschen Unternehmen MABs durchführen und dies auch für die Zukunft zu tun beabsichtigen (Bungard et al., 1997). Summers (1993) kommt entsprechend zu dem Ergebnis, dass es der „employee attitude survey industry" noch nie besser ging.

Das Interesse an MABs scheint im übrigen deutlich zuzunehmen. Dies erkennt man u.a. an zahlreichen neueren Publikationen zu dieser Thematik mit einer eher praktischen Ausrichtung (Borg, 1995, 2002; Bungard & Jöns, 1997; Domsch & Schneble, 1991; Folkman, 1998; Freimuth & Kiefer, 1995; Töpfer & Zander, 1985; Schwerpunktthema in der Zeitschrift Personalführung, 12/88 und 2/92). Die Motive für dieses wachsende Interesse – das zeigt die Praxiserfahrung – sind selten „demoskopischer" Art. Vielmehr stehen fast immer Business-Ziele im Vordergrund. Bisweilen sind dies recht spezifische Ziele wie z.B. die Absicht, mit einer MAB eine der Voraussetzungen für die Zertifizierung mit dem European Quality Award zu erfüllen. Meistens sind die Motive aber weitreichender, nämlich mit Hilfe einer MAB Veränderungsprozesse auf Kurs zu bringen und zu beschleunigen. Daher ist es nicht verwunderlich, dass MABs vor allem bei solchen Unternehmen durchgeführt werden, bei denen Veränderungen anstehen oder laufen – und dies sind eben zunehmend mehr.

Das Interesse an MABs spiegelt zudem die Wiederentdeckung des Mitarbeiters wieder, die sich auch in der populären Managementliteratur zeigt, in der Begriffe wie Überzeugen, Kommunizieren, Zuhören, soziale Kompetenz usw. Hochkonjunktur haben. In einem schärfer werdenden, globalen Konkurrenzkampf mit beschleunigten Produktzyklen, erhöhtem Kostendruck, neuen Anforderungen an Qualität, Flexibilität und Innovativität wird verstärkt Hoffnung auf die Mitarbeiter als bisher vom Management vernachlässigter Ressource der Produktivität gesetzt (Plumlee, 1990).

Dieser Fokus auf Business-Themen war nicht immer kennzeichnend für MABs. Die ersten MABs waren eher Meinungs- und Einstellungsumfragen, die ihre Schwer-

punkte im Bereich von Arbeitszufriedenheit und Betriebsklima hatten (Neuberger &
Allerbeck, 1978; Rosenstiel et al., 1983). Mittlerweile ist hieraus aber eine Methode
der Organisationsentwicklung geworden, bei der das, was der eigentlichen Befragung
nachfolgt – also die Diskussion der Ergebnisse und die Planung und Umsetzung von
Maßnahmen – immer mehr in den Vordergrund getreten ist. Vereinzelte Kritiker von
MABs scheinen dies noch nicht bemerkt zu haben, wenn sie MABs als „reine
Pflichtübungen" (Goldmann, 1998) bezeichnen oder schreiben: „'Wie geht's?' – das
ist das Kernparadigma der MAB" (Sprenger, 1997). Hierum geht es eben gerade nicht
mehr, falls das überhaupt jemals der Fall gewesen sein sollte.

Mit dem Begriff „Auftau- und Einbindungsmanagement-Programm" (AEMP) habe ich in der ersten Auflage dieses Buches der mittlerweile in vieler Beziehung zu
engen Bezeichnung „Mitarbeiterbefragung" eine Überschrift zu geben versucht, die
den heute vorherrschenden Absichten und Rollen von Mitarbeiterbefragungen in der
organisatorischen Praxis besser gerecht wird. In einem AEMP ist die Befragung nur
noch einer von vielen Schritten eines integrierten Programms, dessen Zielsetzung
stark ausgerichtet ist auf zwei in Wechselwirkung stehende Themen: Leistung und
Zufriedenheit. AEMPs sind umfassende Programme mit vielen Modulen (u.a. einer
Umfrage), Phasen und Schritten. Sie sollen u.a. strategische Richtungen von oben her
in die Organisation tragen, um diese dort mit Leben und Inhalt zu füllen, sie vor Ort
weiter zu präzisieren oder zu modifizieren, und die Mitarbeiter dazu zu bringen, sie
zu verstehen, sich mit ihnen zu identifizieren und sie operativ umzusetzen. Die strategischen Zielvorstellungen übersetzen sich dabei immer in einen Mix aus allgemeinen
Zielen (wie Verbesserung der Kommunikation, Führung, Effizienz, Produktivität)
und besonderen Zielen, die zusammen die Theorie des Top-Managements darüber
darstellen, wie die Firma unter den absehbaren Bedingungen erfolgreich sein wird.
Andererseits müssen AEMPs aber auch das ganze Spektrum der Interessen der Mitarbeiter der unteren Ebenen und des mittleren Managements berücksichtigen und dazu
beitragen, diese Interessen und die Ziele des Unternehmens zu einem fairen Ausgleich zu bringen.

Nicht jede Mitarbeiterbefragung, die heute durchgeführt wird, ist jedoch ein
AEMP, noch nicht einmal implizit. Dennoch beschäftigt sich dieses Buch mit „reinen" MABs nur am Rande. Das entspricht einerseits der üblichen Einordnung von
Mitarbeiterbefragungen in der Literatur, die dort meist unter dem Stichwort „Organisationsentwicklung" zu finden sind. Andererseits ist das AEMP das große Modell,
von dem aus man zu den engeren Modellen (z.B. der Meinungsumfrage) durch Weglassen und Zurückschneiden von Prozesselementen kommt. Das AEMP eignet sich
also gut dazu, die Thematik in voller Breite und Tiefe zu entwickeln.

Die Praxiserfahrung zeigt, dass sich Führungskräfte, die erst einmal das ganze Potential einer MAB verstanden haben, selten dafür entscheiden, lediglich eine Meinungsumfrage durchzuführen. Die Kosten-Nutzen-Rechnung spricht fast immer für
ein volles AEMP. Wie schnell sich hier die Dinge geändert haben sieht man daran,
was ich selbst noch im Vorwort der ersten Auflage dieses Buches geschrieben habe:
„[Der] Zweck [von MABs] liegt ... vor allem in einer diagnostischen Funktion (Dunham & Smith, 1979), sie sollen 'Ohren an der Basis' (Gottschall, 1988) sein. Thematisch fokussieren sie auf das Thema Zufriedenheit und die Entdeckung von Schwach-

stellen. Befragungen i.S. des AE-Management Programms sind bislang eher selten. Das liegt zum einen daran, dass Mitarbeiterbefragungen noch überwiegend als Informationserhebung verstanden werden. Zum anderen wird ihr mächtiges Interventionspotential – wenn es überhaupt erkannt wird – meist eher als Gefahr und nicht als Chance gesehen" (Borg, 1995, S. 29).

Dieses Buch gibt einen systematischen Überblick über die verschiedenen Schritte von MABs. Es entspricht nur noch teilweise seinem Vorgänger, weil zahlreiche Erfahrungen, die inzwischen vor allem in großen Unternehmen und in weltweiten MABs gemacht wurden, ganz neue Antworten nötig machten. Nach wie vor sind die Themen, die in diesem Buch behandelt werden, aber überwiegend von den Erfordernissen der Praxis bestimmt. Es werden also Fragen behandelt wie die folgenden:

- Warum eine MAB so machen und nicht anders?
- Wie vorgehen?
- Was geht wo und was geht wo nicht?
- Was hat sich bewährt?

Die Fragen sind, wie man sieht, wenig esoterisch. Die Antworten darauf erfordern dagegen oft tiefere Ausflüge in die Welt von Wissenschaft und Theorie. Als Leserkreis habe ich mir dabei vorgestellt:

- HR Professionals, die sich informieren wollen und die bislang keine oder nur wenig Erfahrung mit MABs hatten. Für sie soll dieses Buch eine allgemeine Referenz sein, umfassend und ausgewogen, und nicht nur eine Sammlung von Teilaspekten der Thematik.
- Manager, die von MABs gehört haben und nun wissen wollen, was an der Sache dran ist. Mit diesem Buch können sich solche Führungskräfte auch auf ein Gespräch mit Experten vorbereiten.
- Akademiker in Bereich der Organisationsdiagnostik und -entwicklung, für die sich viele Forschungsfragen stellen.

Inhaltlich werden in diesem Buch sowohl Theorien und Methoden, Tools und Techniken, aber auch Erfahrungen aus Mitarbeiterbefragungen, die ich zusammen mit HRC (München) in über 100 Firmen mit weit über 1 Million Mitarbeitern durchgeführt habe, berücksichtigt.

Noch zwei Anmerkungen. Fremdsprachige Zitate erscheinen in diesem Buch fast durchwegs übersetzt ins Deutsche, nicht in der Originalsprache. Eine geschlechtsneutrale Bezeichnung von Personen oder eine Bezeichnung beider Geschlechter (wie z.B. „der Mitarbeiter oder die Mitarbeiterin", „der Manager oder die Managerin") wurden hier vermieden, um den Text nicht unnötig aufzublähen, auch wenn das vielleicht nicht „politisch korrekt" ist. Ich bitte, mir diese Formulierungsform nachzusehen.

Zuletzt möchte ich noch folgenden Personen meinen besonderen Dank sagen für ihre Unterstützung bei der Erstellung dieses Buches: Siegfried Gabler (ZUMA, Mannheim), für nützliche Rückmeldungen zu Kapitel 6; Franz Deitering, Sigrid Ippich, Georg Kerle, Birgit Meyer, und Susanne Rank bei der SAP AG für die gute Zusammenarbeit bei einem innovativen und komplexen MAB-Projekt; Claudia Mache

(DaimlerChrysler AG) für jahrelange, fruchtbare Kooperation und für wertvolles Anschauungsmaterial zur MAB; Helmut Hauschild (HRC, München) für technische Unterstützung bei der Herstellung dieses Buches, insbesondere der Fotos. Dank für Korrektur- und Verbesserungsvorschläge verschiedenster Art gilt ebenso Marleen Brinks, Hiltrud Coqui, Dietmar Freiburg, Helmut Hauschild, Dirk Hilbrand, Gregor Jost, Klaus Konrad, Bernd Neuwald, Doris Stubner (alle HRC) sowie Roger Jordan und Christian Hansen (beide HRC) für EDV-technischen Support. Anregend und fruchtbar waren auch zahlreiche Diskussionen mit René Bergermaier (HRC), mit dem ich seit meiner Studienzeit zusammenarbeite, erst im Bereich der Markt- und Meinungsforschung, dann vor allem in der organisationspsychologischen Forschung und seit über 10 Jahren im Rahmen verschiedenster MAB-Projekte. Verpflichtet bin ich nicht zuletzt vielen Managern und Führungskräften (in zahlreichen Konzernen, Firmen und Unternehmen), die durch große Offenheit, beträchtliche Vertrauensvorschüsse, differenzierte Fragen und hohe Ansprüche an das Wesentliche die hier dargestellten Weiterentwicklungen des MAB-Ansatzes entscheidend motiviert haben.

1 Merkmale und Typen von Mitarbeiterbefragungen

Mitarbeiterbefragungen lassen sich nach vielen Kriterien klassifizieren. Man kann sie z.B. danach unterscheiden, wie sie ihre Daten erheben (z.B. mit per Fragebogen, den der Mitarbeiter selbst ausfüllen soll, oder per persönliches Interview; mit geschlossenen oder mit offenen Fragen); ob sie eine Stichprobe bestimmter Art befragen oder die gesamte Organisation; oder ob sie mehrere Themen (und dann welche) oder nur ein bestimmtes Thema ansprechen. Solche Kriterien sind aber eher technischer Natur. Für eine allgemeine Klassifikation besser geeignet sind die Ziele der MAB oder einfach die Verwendungsformen von MABs in der Praxis.

1.1 Die fünf Haupttypen der heutigen MAB-Praxis

Wir betrachten zunächst einige Fallbeispiele aus der MAB-Praxis. Sie dienen uns im folgenden dazu, allgemeinere Eigenschaften von MABs zu identifizieren und zu illustrieren.

Fall 1. Die deutsche Wiedervereinigung führte auch Bundesbahn und Reichsbahn zusammen. Gleichzeitig wurde die Bahn von einer Behörde zu einer AG umstrukturiert. Das brachte erhebliche Veränderungen für die Mitarbeiter mit sich. Der Vorstand beschloss, eine MAB durchzuführen, um ein *verlässliches Bild* davon zu bekommen, *wie die Mitarbeiter die Dinge sehen*. Man wollte z.B. wissen, wie die Stimmung ist, wie die Mitarbeiter ihre veränderten Aufgaben beurteilen, und ob sie die neuen Strategien kennen und für richtig halten. Die MAB wurde realisiert als schriftliche Befragung einer repräsentativen Stichprobe von 15.000 Eisenbahnern (aller Ebenen).

Fall 2. Firmen in der Computerbranche beobachten besonders aufmerksam den Markt und die Technologie. Viele Trends verfolgen sie an Hand von *Kennzahlen*, auch solchen für die *weichen Faktoren*. Ein gutes Dutzend Computerunternehmen fand sich 1992 zu einem *Konsortium* zusammen, das jedes Jahr zur gleichen Zeit eine MAB mit dem gleichen Fragebogen durchführt. Gefragt wird nach Arbeitszufriedenheit, Voraussetzungen für die Leistungserbringung, Erwartungen für die Zukunft, Commitment zur Firma usw. Die Daten werden so ausgewertet, dass jede einzelne Firma ihre statistischen Befunde im Vergleich zu den Durchschnittswerten aller übrigen Firmen (*Benchmarks*) bekommt.

Fall 3. Die Geschäfte eines mittelständischen Unternehmens liefen gut. Der Geschäftsführer wollte nun auch einmal etwas für die Basis und das *Betriebsklima* tun. Es wurde eine MAB als Vollbefragung durchgeführt, die zeigen sollte, wo die Leute der Schuh drückt. Jede Arbeitsgruppe beschäftigte sich in nachfolgenden Workshops mit „ihren" Ergebnissen im Vergleich zu den Statistiken der Firma insgesamt. Ziel war, die wichtigsten *Schwachstellen* zu identifizieren, um entsprechende *Verbesserungsmaßnahmen* vor allem in den Arbeitsgruppen selbst durchzuführen.

Fall 4. Die Leitung eines Automobilwerks hatte ein *Leitbild* formuliert, das u.a. mehr Verantwortung nach unten verlagern wollte. Da Führung bislang per Anweisung erfolgte, war damit ein tief greifender *Kulturwandel* erforderlich. Es wurde beschlossen, mit einer MAB zu beginnen, die ein breites Spektrum traditioneller Arbeitszufriedenheitsthemen ansprach, aber auch viele Fragen enthielt, die mit dem neuen Leitbild zusammenhingen. Die Befragungsbefunde bildeten die Grundlage für *fokussierte* Diskussionen und Verbesserungsmaßnahmen.

Fall 5. Ein HighTech-Unternehmen hatte positive Erfahrungen mit kleineren MABs gemacht. Die Geschäftsleitung beschloss daher, fortan eine MAB *regelmäßig* alle zwei Jahre durchzuführen. Das Design der MAB wurde erweitert zu einer Vollbefragung mit differenzierter Ergebnisrückmeldung und integrierten Vorlauf- und Folgeprozessen. Zudem wurden zahlreiche *Verbindungen* der MAB zu anderen Aktivitäten konstruiert. So wurden die Fragen zum Vorgesetzten für halbjährliche *Aufwärtsbeurteilungen* der Führungskräfte und diese wiederum für die Bonusfindung verwendet. Weiter wurden die Fragen der MAB mit den Fragen aus Kundenbefragungen abgestimmt. Außerdem wurden aus den Fragen der MAB einige Kennzahlen abgeleitet, die Bestandteile des *Mess- und Führungssytem* wurden.

Allgemeine Merkmale von Mitarbeiterbefragungen

Aus diesen fünf Fallbeispielen können wir zunächst einige allgemeine Merkmale von Mitarbeiterbefragungen ableiten. Danach fragt eine MAB

1. Mitarbeiter (aus allen oder ausgewählten Ebenen oder Bereichen einer Organisation; in Voll- oder Stichprobenerhebung)
2. unter Verwendung einer bestimmten sozialwissenschaftlichen Datenerhebungsmethodik (Umfragen, Interviews, Fokusgruppen)
3. systematisch (also nach einem wohlüberlegten Plan)
4. nach ihren Meinungen und Einstellungen (also nach ihren Sichtweisen, Wahrnehmungen, Hoffnungen, Bewertungen, Befürchtungen oder Erinnerungen)
5. zu Themen verschiedener Art, die bedeutsam für das Erreichen der Ziele der Organisation sind
6. mit der Absicht, die Daten über Personen hinweg zu verrechnen und zu Statistiken zu verdichten,
7. um damit das Erreichen dieser Ziele zu unterstützen.

Zur Facette 5 dieser Definition sollte man noch anmerken, dass hier mit „Zielen" die Ziele aller Interessensgruppen gemeint sind, also nicht nur die Ziele „der Firma", sondern z.B. auch die Ziele der Führungskräfte oder der Mitarbeiter. Nicht gemeint sind allerdings singuläre Ziele einzelner Personen.

MABs und andere systematische Meinungsbefragungen

Neben MABs gibt es zahlreiche andere Verfahren für systematische Befragungen der Mitarbeiter einer Organisation. Ein Beispiel sind *Leistungsbeurteilungsgespräche*, in denen sich ein Vorgesetzter und ein ihm unterstellter Mitarbeiter darüber austauschen, wie die Leistung des Mitarbeiters einzuschätzen und zu entwickeln ist. Da eine personenübergreifende Verwendung der Interviewergebnisse von zweitrangigem Interesse ist, konstituieren Leistungsbeurteilungsgespräche somit keine MAB.

Bei *Aufwärtsbeurteilungen* liegt ein anderer Fall vor. Hier wird eine Gruppe von Personen befragt, wie sie ihren Vorgesetzten sieht. Da die Aussagen in jedem Fall aggregativ verdichtet werden, handelt es sich hierbei um MABs. Dabei ist irrelevant, dass der Zweck vor allem der ist, eine einzelne Person – nämlich den Vorgesetzten – zu entwickeln.

Ein weiteres Beispiel sind *Exit-Interviews*, in denen Mitarbeiter, die die Organisation verlassen, nach den Gründen für ihr Weggehen befragt werden. Auch hier handelt es sich um MABs, weil nicht die Gründe einzelner Personen, sondern vielmehr die Haupttrends dieser Gründe über Personen hinweg betrachtet interessieren.

MABs als Meinungsumfragen

Kehren wir zu den fünf Fallbeispielen zurück. Fall 1 entspricht dem Typ der Meinungsumfrage[1] (Tabelle 1.1). Ihr Ziel ist es, ein Bild davon zu erstellen, wie die Mitarbeiter die Dinge sehen. Gottschall (1988) spricht von „Ohren an der Basis" und Kraut & Freeman (1992) von „Aufwärtskommunikation". Wilmot & McClelland (1990) sehen in einer Meinungsumfrage zudem einen „Realitätstest", der zeigen soll, ob die Mitarbeiter die Dinge so sehen, wie das Management glaubt, dass sie sie sehen.

Da das Bild bzw. der Test zuverlässig und differenziert sein sollen, wird hierfür meist eine relativ große, nach wichtigen Merkmalen (z.B. nach Geschäftsbereichen und hierarchischen Ebenen) geschichtete Stichprobe von Personen befragt. So können die Befunde entsprechend „heruntergebrochen" werden, bei gleichzeitig kleinen Fehlermargen der Statistiken. Bei weniger ambitionierten Meinungsumfragen – z.B. einer Befragung zur Qualität des Essens in der Kantine – wird dagegen allenfalls eine Quotenstichprobe festgelegt, die sicherstellt, dass sowohl Personen, die die Kantine regelmäßig besuchen, als auch solche, die dies nicht tun, befragt werden.

---

[1] Die Bezeichnung Meinungsumfrage ist *verallgemeinernd* zu verstehen. Gefragt wird i.d.R. nicht nur nach Meinungen, sondern z.B. auch nach Einstellungen, nach Verbesserungsvorschlägen oder nach einem Bericht über Faktisches (z.B. „Wie oft haben Sie in den letzten 3 Monaten mit Ihrem Vorgesetzen über Ihre Arbeit gesprochen?"). Im Englischen verwendet man hierfür ebenso unscharfe Sammelbegriffe wie „opinion survey" oder „attitude survey".

Tabelle 1.1. Die heutigen Haupttypen einer MAB und einige ihrer Merkmale.

Typ	Zweck	weitere Planung
Meinungsumfrage	Verstehen, wie die Mitarbeiter bzw. die Gruppen die Dinge sehen	Zunächst keine: Abwarten, was rauskommt; dann weiter entscheiden
Benchmarkingumfrage	Weiche Faktoren messen und vergleichen an anderen Firmen, früheren Ergebnissen	Regelmäßige Wiederholung der Befragung (Stichproben), evtl. Teilnahme an Konsortien
Klimabefragung mit Rückspiegelung	Klima und Zufriedenheit verbessern, Schwachstellen „vor Ort" beseitigen	Einbindung der Mitarbeiter in Folgeprozesse (Workshops, Aktionsplanung usw.)
Auftau- und Einbindungsmanagement-Programm (AEMP)	Leistung und Zufriedenheit erhöhen unter Einbindung aller Mitarbeiter	Zyklische Wiederholung als umfassendes Verbesserungsprogramm aller Ebenen
Systemische MAB	Führen mit Kennzahlen	Integraler Bestandteil der Führungssysteme

Eine MAB wie die Kantinenbefragung ist ein Ad-hoc-Projekt. Auch die MAB im Fallbeispiel 1 wurde nicht mit Konzepten oder gar festen Terminen für evtl. Folgeprozesse angelegt. Das ist bei Meinungsumfragen typisch: Man will hier zunächst einmal die Ergebnisse der Befragung sehen, um dann zu gegebener Zeit weiteres zu entscheiden.

MABs als Benchmarkingumfragen

Die MAB vom Typ einer Benchmarkingumfrage ist von vornherein langfristig ausgelegt. Trendaussagen lassen sich nur dann machen, wenn Daten regelmäßig erhoben werden. Wenn sich – wie im Fallbeispiel 2 – Organisationen zu MAB-Konsortien zusammenschließen, verpflichten sie sich normalerweise dazu, in regelmäßigen Abständen aktualisierte MAB-Daten an das Konsortium zu liefern (Johnson, 1996).

Bei Benchmarkingumfragen steht das Messen und das Eintaxieren der Befunde relativ zu Normen im Vordergrund. Die Wahl der Normen, die zur Verwendung kommen sollen, ist dabei von erheblicher strategischer Bedeutung. In der Praxis besteht häufig der Wunsch, Vergleichswerte aus *Kultfirmen* als Normen zu verwenden, falls diese zu bekommen sind. Alternativen sind *Branchennormen* wie im obigen Fallbeispiel 2 – also Durchschnittswerte ähnlicher Firmen – oder *interne* Normen wie z.B. Statistiken aus anderen Filialen, Werken, Geschäftsbereichen oder aus früheren MABs. Nachfolgende Aktionen sind nicht im voraus geplant. Häufig ist noch nicht einmal geregelt, in welcher Form die Daten aufbereitet werden und wem sie wann präsentiert werden sollen. Wichtig ist lediglich, dass verlässliche Kennzahlen zu den „weichen" Faktoren ermittelt werden. Alles weitere wird später im Verlauf der MAB und ihrer Folgeaktivitäten entschieden.

MABs als Klimabefragungen mit Rückspiegelung

Der früher vorherrschende Ansatz einer MAB, die Klimabefragung, plant von vornherein die systematische Rückspiegelung der Befragungsbefunde („survey feedback") in die Organisation und vor allem in die einzelnen Arbeitsgruppen. Diese sollen sich mit den Befunden auseinandersetzen, ihre Hintergründe diskutieren, den
Handlungsbedarf ableiten und geeignete Verbesserungsmaßnahmen planen und umsetzen. MABs in diesem Sinn sollen vor allem das Betriebsklima verbessern, die
Kommunikation zwischen Mitarbeitern und Vorgesetzten in den Arbeitsgruppen fördern und Hindernisse und Hemmnisse „vor Ort" abbauen helfen.

Der offizielle Zweck dabei ist, die Voraussetzungen für die Zufriedenheit der Mitarbeiter zu verbessern. Für das Management ist der eigentliche Antrieb jedoch meist
die Überzeugung, dass zufriedene Mitarbeiter mehr leisten (Hinrichs, 1991). Wie wir
noch sehen werden (Abbildung 4.2), ist der Zusammenhang zwischen Leistung und
Zufriedenheit aber weit komplexer: Es sind spezifische Einstellungen und Meinungen
– nicht globale Zufriedenheit –, die mit spezifischen Aspekten der Leistung zusammenhängen, oft sogar in recht indirekter Weise und nur unter zahlreichen Nebenbedingungen. Klimabefragungen bringen daher aus Sicht des Managements selten den
insgeheim erhofften Erfolg.

MABs als Auftau- und Einbindungsmanagement-Programme

Versteht man die MAB als Instrument des Veränderungsmanagements, das letztlich
der Wettbewerbsfähigkeit der Organisation dienen soll, dann kommt man zu dem
heute vorherrschenden Typ der MAB, dem Auftau- und Einbindungsmanagement-
Programm (AEMP). In einem AEMP (Borg, 1995, 1997) ist die Befragung nur *ein*
Schritt eines Interventionsprozesses auf allen Ebenen einer Organisation.

Da viele dieser Schritte in rudimentärer Form auch bei den anderen MAB-Typen
relevant sind, kann man das AEMP als Referenzmodell verwenden, auch wenn die
inhaltliche Ausgestaltung dieser Schritte je nach MAB-Typ recht unterschiedlich ausfallen kann. Die Besonderheiten des AEMP sind zudem nicht immer sofort offensichtlich. So verwendet man z.B. im Fragebogen eines AEMP nicht selten Fragen, die
Themen ansprechen, für die von vornherein klar ist, dass die Befragten zu ihnen *keine*
ausgeprägten Meinungen haben. Diese Fragen sollen weniger dazu dienen, etwas zu
messen, als vielmehr dazu, eine Thematik anzureißen, die dann in den Folgeprozessen wieder aufgegriffen und vertieft werden kann. In Meinungsumfragen wären
derartige Fragen dagegen wegen möglicher Meinungslosigkeit problematisch
(Bradburn & Sudman, 1991).

Die vier Hauptphasen eines AEMP erklären sich aus Abbildung 1.1. Ihre Einzel-
schritte sind in Tabelle 1.2 weiter ausgeführt[2]. Grob zusammengefasst soll in den
Hauptphasen folgendes erreicht werden:

---

[2] Auf das „Projektteam" kommen wir in Kapitel 3 zurück. Gemeint ist hiermit das Team, das das
AEMP konkret treibt, organisiert und koordiniert.

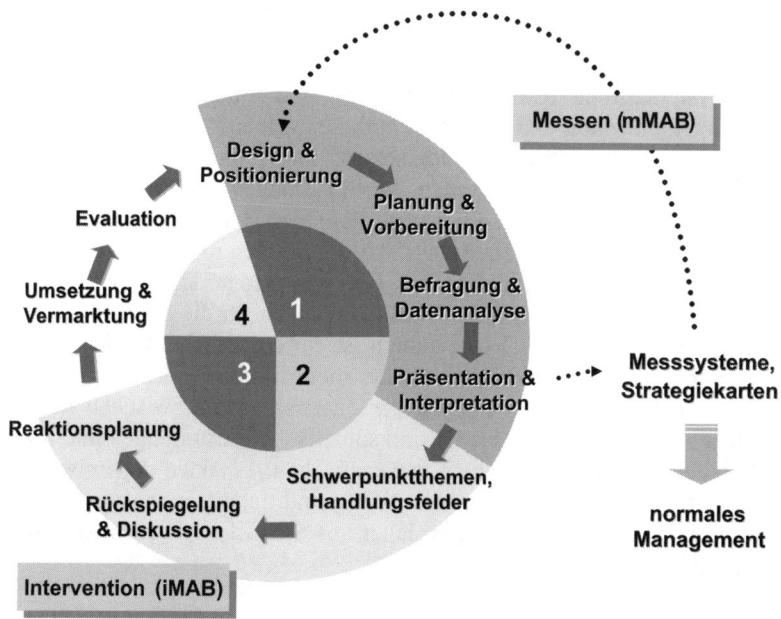

Abbildung 1.1. Hauptabschnitte um -schritte einer iMAB (Kreis) und einer mMAB (Schleife oben rechts).

1. Die erste Phase dient dazu, die MAB und ihre Prozesse zu entwerfen, zu positio-nieren, zu planen, organisatorisch vorzubereiten, durchzuführen und die Befra-gungsdaten zu analysieren.
2. In der zweiten Phase setzt sich das Top-Management mit den Ergebnissen der Befragung auseinander. Es interpretiert die Ergebnisse u.a. im Kontext der Ziele der Organisation und legt Schwerpunktthemen oder sogar Handlungsfelder für die Gesamtorganisation fest.
3. In der dritten Phase werden die Befragungsergebnisse – zusammen mit evtl. Ent-scheidungen dazu seitens des Top-Managements – in die Organisation zurückge-spiegelt. Dort werden sie diskutiert, Handlungsmöglichkeiten werden identifiziert und entsprechende Aktionspläne werden erstellt.
4. In der vierten Phase werden die Aktionspläne umgesetzt und den Mitarbeitern gegenüber vermarktet. Schließlich findet das AEMP mit einer Evaluation seiner Prozesse und Ergebnisse einen gewissen Abschluss. Allerdings gibt es kein defi-nitives Ende, weil die Umsetzung der Aktionen i.d.R. in das normale Führungsge-schäft hineingezogen und dort weitergeführt wird, u.U. sogar im Kontext kontinu-ierlicher Verbesserungsprozesse.

In der heutigen Praxis benötigt ein AEMP-Zyklus ein knappes Jahr, wobei sich al-lerdings selten genau angeben lässt, wann das Programm zu Ende ist. Das liegt daran, dass der letzte Schritt, also die Evaluation, i.d.R. nicht durchgeführt wird. Sie wird

Tabelle 1.2. Phasen/Schritte eines AEMP, inkl. Rollen des Projektteams.

Nr.	Projekt-team	Vorgänge
		Phase 1
1	treibt, plant, führt aus, legt vor zur Ent-schei-dung	Ziele der MAB und ihre Rahmenbedingungen (Zeitpunkt, Themen, Rollen von Betroffenen und Beteiligten, Erhebungsmethode usw.) werden fest-gelegt und in ein passendes Design für Methoden und Prozesse einge-bracht. MAB wird entsprechend positioniert.
2		MAB wird im Detail geplant, Fragebogen wird entwickelt, Datenerhebung wird organisiert, Datenerfassung und -auswertung wird vorbereitet.
3		Mitarbeiter werden befragt, Daten werden analysiert und in entsprechen-den Berichten dokumentiert.
		Phase 2
4	–	MAB-Ergebnisse werden der Geschäftsleitung präsentiert und mit dieser zusammen interpretiert.
5		Geschäftsleitung entscheidet über Schwerpunktthemen und evtl. über Handlungsfelder, zu denen jede Org-Einheit ihren Beitrag leisten soll.
		Phase 3
6	koordi-niert, unter-stützt	MAB-Ergebnisse werden – zusammen mit ersten Reaktionen der GL – in top-down Kaskade an die Organisation zurückgespiegelt. Rückspiege-lung wird verbunden mit vertiefenden Diskussionen, weiterer Konkreti-sierungen, Artikulation von Zielbildern.
7		Reaktionen auf die MAB-Ergebnisse – meist in Form von Verbesse-rungsmaßnahmen oder anderen Aktionen – werden überlegt und ge-plant.
		Phase 4
8	be-richtet	Reaktionspläne werden umgesetzt und an die Mitarbeiter vermarktet (er-klärt, verkauft).
9		Erfolg der Reaktionen wird evaluiert (bewertet).

ersetzt durch die nächste MAB, die dann durch entsprechend veränderte Ergebniswer-te die Effekte der Aktionen zeigen soll. Zudem soll ein AEMP auch eher ein Impuls in einem kontinuierlichen Verbesserungsprozess sein, kein singuläres „Feueraustre-ten" oder Reparieren von Problemen. Insofern ist die Evaluation immer auch nur ein Zwischenfazit.

Systemische Mitarbeiterbefragungen

Das obige fünfte Fallbeispiel zeigt die Entwicklung einer MAB von einer Ad-hoc-Be-fragung zu einer *systemischen MAB*. Eine systemische MAB ist kein „Projekt" und auch kein „Programm" mehr, weil die MAB hier keine Sonderaktion ist, sondern zum *integralen* Bestandteil der normalen Systeme (Messsysteme, Führungssysteme, Ge-

haltssysteme, Personalsysteme usw.) wird. Diese Systeme sind i.d.R. vielfältig untereinander verknüpft. So liefert z.B. ein Leistungsbeurteilungssystem notwendige Daten für die Findung der variablen Gehaltsanteile von Führungskräften. Man kann somit nicht ad hoc beschließen, eine Leistungsbeurteilung durchzuführen oder nicht
durchzuführen. Sie ist fester Baustein der Systeme und *muss* durchgeführt werden –
oder man muss das gesamte System ändern! Ebenso liefern systemische MABs i.d.R.
Informationen, die für die strategische Steuerung des Gesamtunternehmens unab-
dingbar sein können, weil das Management z.B. systematisch eine „balanced scorecard" (Kaplan & Norton, 1996) im Auge behält und ihre Aktivitäten daran ausrichtet.

Umgekehrt werden durch die Inhalte, Termine und Prozesse der verschiedenen
Komponenten des Gesamtsystems auch Anforderungen an die MAB gestellt. So können z.B. die Systeme zur Messung der Kundenzufriedenheit Fragen an den Kunden
stellen, die man in gespiegelter Form ebenfalls an die Mitarbeiter richten will. Weiterhin kann die Forderung erhoben werden, Kunden- und Mitarbeiterbefragungen
zeitgleich durchzuführen und beide so zu legen, dass ihre Daten für ein jährlich statt-
findendes Treffen der leitenden Angestellten zur Verfügung stehen. Systemische
MABs sind also nicht mehr beliebig gestaltbar oder einsetzbar.

1.2 Messen versus Intervenieren

Die grundlegende Richtungsentscheidung bei der Konzeption jeder MAB ist die Frage, ob die MAB primär messen soll oder ob sie vor allem als Intervention mit einer
bestimmten Veränderungsabsicht gedacht ist. In einer messorientierten MAB sind die
Erfolgskriterien die Reliabilität und die Validität der Daten. Eine interventionistische
MAB wird dagegen danach beurteilt, ob sie zu den gewünschten Veränderungen (Effekten, Impact) führt.

Interventionistische und messorientierte MABs

Die meisten MABs heutzutage sind von ihrem Anspruch her eher *interventionistisch*
(*iMAB*). Im Extremfall ist es für sie gleichgültig, welche Statistiken sich bei der Befragung ergeben haben: Was zählt ist ausschließlich, ob mit diesen Werten bestimmte
Veränderungen erreicht werden. Am stärksten kommt dieser Akzent im AEMP-
Ansatz zum Ausdruck.

Der typische Ablauf einer *messorientierten* MAB (*mMAB*) ist in Abbildung 1.1
mit der Schleife oben rechts dargestellt. Ihr Prototyp ist die Benchmarkingumfrage
bzw. die systemische MAB (Tabelle 1.1). Eine mMAB verläuft anfangs ähnlich wie
ein AEMP. Zunächst werden Zweck, Ziele und Rahmenbedingungen der MAB ausformuliert. Dann wird ein passendes Design für die Prozesse und Instrumente konzipiert, bevor die MAB „im Kopf" der Mitarbeiter und Führungskräfte entsprechend
positioniert wird. Es folgt die organisatorische Vorbereitung und die konkrete Entwicklung der Instrumente, insbesondere des Fragebogens. Dann werden die Daten
erhoben und analysiert. Schließlich werden die Ergebnisse in die Führungssysteme
des Unternehmens abgebildet zur Verwendung im normalen Management. Die Sys-

Tabelle 1.3. Einige MAB-Ergebnisse aus dem Unternehmen ABC AG.

Frage	Ja	Teils -teils	Nein
In meinem unmittelbaren Arbeitsbereich gibt es noch viel Spielraum für Qualitätsverbesserungen.	61	26	13
In meinem Arbeitsumfeld gibt es noch viel Spielraum für Abbau von Verschwendung.	46	29	25
Bei gewissen Veränderungen In meinem Arbeitsumfeld könnte ich meine Arbeitsleistung beträchtlich steigern.	51	29	20
Ich bekomme genügend Rückmeldungen von meinem Vorgesetzten dazu, wie er meine Leistungen einschätzt.	28	18	54
Zu viele Regeln machen es mir schwer, kundenorientiert zu arbeiten.	57	28	15

Legende. Ja/Teils-teils/Nein = Prozentsatz der Befragten, die sich zu dieser Frage zustimmend/mit der Antwort „Teils-teils"/ablehnend geäußert haben.

teme fordern am Ende automatisch neue, aktuellere Daten: Das führt wieder zum Ausgangspunkt zurück, zu einem neuen MAB-Zyklus.

In einer mMAB sind also keine *besonderen* Folgeprozesse angelegt. Das heißt nicht, dass die Ergebnisse der Befragung in der Schublade verschwinden sollen. Vielmehr gehen sie von der Absicht der mMAB her ein in die Entscheidungen und das Handeln der Führungskräfte und evtl. auch der Mitarbeiter allgemein. Die mMAB soll die führungsrelevanten Daten des Unternehmens zu Produktivität, Kosten, Kundenzufriedenheit usw. ergänzen durch Daten zu den internen „weichen Faktoren", also durch Messwerte zu Einstellungen, Meinungen und Handlungsabsichten seiner Mitarbeiter. Zur Verwendung dieser Daten plant die mMAB aber keine eigenen Prozesse: Sie übergibt sie vielmehr der Linie zur Verwendung innerhalb der normalen Führungsvorgänge.

Zum Einsatz von iMABs und mMABs in der Praxis

Die in Abbildung 1.1 gezeigten Ähnlichkeiten der Anfangsphasen einer iMAB und einer mMAB gehen nicht sonderlich tief, weil beide Ansätze verschiedene Ziele verfolgen. So kann man in einer iMAB auch Items verwenden, die eigentlich überhaupt nichts messen sollen, sondern nur noch dazu dienen, nachfolgende Aktionen vorzubereiten (*Aktionsitems*). Ein typisches Beispiel ist das Item: „Bei gewissen Veränderungen in meinem Arbeitsumfeld könnte ich meine Arbeitsleistung beträchtlich steigern." Die Zustimmung zu einem solchen Item entspricht normalerweise dem, was Tabelle 1.3 zeigt, d.h. nur 20% der Befragten lehnen diese Aussage als falsch ab. Warum also diese Frage überhaupt stellen, wenn man die Antwort sowieso schon weiß? Der Sinn des Items ist, dass man mit solchen Ergebnissen sehr gut „arbeiten" kann. In einem Workshop nach der MAB (Abbildung 13.1, S. 324) fragt der Moderator: „Was sind denn diese Veränderungen? Was könnten wir tun?" Damit hat man eine glänzende Ausgangsposition für die Einbindung der Mitarbeiter in eine konstruktive Diskussion. Das ist auch dann der Fall, wenn ausnahmsweise nur wenige Mitarbeiter diesem Item zustimmen sollten, weil man dann die Frage stellen kann, warum denn bei dieser Gruppe die Zustimmung so ungewöhnlich niedrig ausfällt relativ zur Norm: „Gibt es hier denn nichts mehr zu verbessern? Lassen Sie uns mal überlegen."

Ein zweiter Itemtyp, bei dem Messen nicht das Hauptmotiv ist, ist das Platzierungsitem. Es spricht ein Thema an, zu dem viele Mitarbeiter keine rechte Meinung haben oder das sie sogar kaum verstehen. Ein Beispiel sei das Item: „Ich begrüße es, dass unser Bereich ein Profit-Center wird." Hier ist denkbar, dass die Mitarbeiter monieren, dass nicht klar ist, was das eigentlich heißen soll: „Das sollte erst mal erklärt werden!" Genau das will man aber, d.h. jetzt wird man das erklären und alle werden zuhören. Das Thema ist platziert.

Gewisse interventionistische Hintergedanken können gelegentlich auch in einer mMAB eine Rolle spielen. Immer häufiger werden z.B. zwischen den allgemeinen MABs *Interimsbefragungen* durchgeführt, oft als Vollbefragung der Führungskräfte im Intranet. Verwendet man hier das Item „Ich glaube, dass meine Mitarbeiter voll hinter der Strategie stehen", dann soll damit nicht nur geschätzt werden, wie es um das Commitment der Mitarbeiter steht. Die Führungskraft wird durch die Frage auch an ihre Aufgabe erinnert, dieses Commitment herzustellen. Gibt sie also an, dass ihre Mitarbeiter nicht hinter der Strategie stehen, dann verweist sie damit negativ auf sich selbst zurück. Andererseits kann sie aber keine unrealistisch positive Schätzung abgeben, um sich damit gut darzustellen, weil diese ja durch die nächste Befragung der Mitarbeiter bestätigt werden sollte. Bei ungünstigen Schätzungen bleibt ihr also nur, die Situation objektiv zu verbessern, um in Zukunft zu besseren Werten zu kommen.

In der Praxis findet man auch Kombinationen von iMABs und mMABs, z.B.:

- Zu Beginn wird ein AEMP durchgeführt, um die volle Einbindung aller Mitarbeiter zu bekommen; um Aussagen zu bekommen, die nicht mit statistischen Schätzfehlern[3] behaftet sind; und um nicht nur allgemeine Trends aufzeigen zu können, sondern die Daten auf jede Organisationseinheit herunterbrechen zu können und damit Ergebnisse zu erhalten, bei denen sich Führungskräfte, Mitarbeiter und Teams nicht hinter Durchschnittswerten verstecken können.
- Es folgt nach einem halben Jahr eine Vollbefragung der Führungskräfte, wie oben beschrieben, d.h. mit zahlreichen Items vom Typ „Ich glaube, dass meine Mitarbeiter ...".
- Wieder ein halbes Jahr später kommt eine Stichproben-Befragung aller Mitarbeiter als Interimsbefragung. Sie kann u.a. Items enthalten, mit denen die Maßnahmen, die auf Grund des AEMP eingeleitet oder umgesetzt wurden, aus Sicht der Mitarbeiter bewertet werden.
- Vor der im 2-Jahres-Rhythmus geplanten nächsten Vollbefragung aller Mitarbeiter folgt dann wieder eine Befragung der Führungskräfte, wie beschrieben.

---

[3] Das Problem ist bekannt aus Wahlprognosen. Hier interessiert man sich nicht dafür, was die Stichprobe sagt, sondern dafür, was „der Wähler allgemein" denkt. Es kommt zu Aussagen wie: Die Partei *X* kann mit 8% der Stimmen rechnen; diese Schätzung ist behaftet mit einer *Fehlermarge* von plus/minus 2% mit 95% Wahrscheinlichkeit. D.h., man schätzt, dass der Wert der Grundgesamtheit höchstwahrscheinlich zwischen 6% und 10% liegt. Siehe dazu Kapitel 6.

Andere Kombinationen sind möglich. Die vielleicht gängigste ist ein AEMP im Zwei-Jahres-Rhythmus mit einer Interim-Stichprobenbefragung aller Mitarbeiter im Jahr zwischen den Vollbefragungen des AEMP. Alle Befragungen haben dabei einen gewichtigen Messanteil mit festen Items, mit denen man die Veränderungen über die Zeit verfolgen will.

1.3 Zur Evolution der MAB-Typen

Historisch betrachtet sind MABs i.S. eines AEMP oder einer Benchmarkingumfrage neuere Entwicklungen, Klimabefragungen und Meinungsumfragen sind älter. Systemische MABs sind neue MAB-Formen, die in der Praxis bislang nur selten anzutreffen sind. Keiner der Ansätze ist aber prinzipiell überholt, weil MABs mit verschiedener Zielsetzung durchgeführt werden können. Es ist daher unsinnig, die MAB-Typen entlang einer als „Evolution" bezeichneten Dimension zu ordnen (Higgs & Ashworth, 1997), weil z.B. die Klimabefragung keine Primitivform des AEMP ist. Dennoch gilt: „In vielen vorwärts gerichteten Organisationen hat sich ... die Rolle des Umfrageprozesses während der letzten Jahre dramatisch verändert ... von der eines passiven Monitors der Stimmung zu der eines proaktiven Werkzeugs zur Umsetzung einer Strategie im Bereich der Humanressourcen" (Hinrichs, 1991, S. 301).

MABs werden in der Literatur überwiegend im Kontext von Fragen der Organisationsentwicklung (Moorehead & Griffin, 1989; Nadler, 1977) oder des Veränderungsmanagements (Hellriegel et al., 1992) behandelt. Diese Betrachtungsweise ist selbst dann angemessen, wenn eine MAB vordergründig nur der Diagnose dient. Stets ist nämlich die Absicht gegeben, auf Probleme ggf. korrigierend zu reagieren oder zumindest die ermittelten Kennwerte in Planungen einzubeziehen. Auch MABs, die vom Betriebsrat durchgeführt werden, sollen Argumente für Veränderungsmaßnahmen liefern (Pauli, 1992). Es ist daher sinnvoll, eine MAB vor vornherein als „survey-guided development" (Pacific Gas and Electric Company, 1991) mit potentiell erheblichen Auswirkungen zu konzipieren, zu planen und durchzuführen. Dazu wird die Befragung eingebettet in zahlreiche Vorlauf-, Begleit- und Folgeprozesse[4].

1.4 Potentiale und Risiken einer MAB

Die Potentiale einer MAB werden vielfach unterschätzt. Das Umgekehrte gilt für ihre Risiken. Die größte Befürchtung des Managements ist meist, dass die MAB bei den Befragten zu *Erwartungen* führt, die dann nicht erfüllt werden können (Fritz, 1992). Dieser Angst liegt letztlich die Vorstellung zugrunde, dass die Mitarbeiter nicht ver-

---

[4] Eine MAB sollte man immer i.S. eines AEMP vordenken und anlegen: Selbst dann, wenn sie als reine Umfrage durchgeführt wird, ist es möglich oder sogar wahrscheinlich, dass sich später irgendwelche Folgeaktivitäten an die Befragung und die Ergebnispräsentation anschließen. Dann sollten hierfür aber die richtigen Daten und kurzfristig auch die richtigen Instrumente zur Verfügung stehen.

stehen, dass nicht alle Wünsche sofort erfüllt werden können. Erfahrungsgemäß ist aber genau das Gegenteil richtig: Eine offene und ehrliche Diskussion über das, was machbar ist und was nicht machbar ist, ist für den Unternehmenserfolg eher vorteilhaft (Alper et al., 1986; Hinrichs, 1996). Wird allerdings versucht, die MAB und ihre Ergebnisse zu zensieren oder sie ganz in der Schublade verschwinden zu lassen, kann es zu erheblichen Verschlechterungen des Klimas kommen.

Viteles (1953) meint, eine durchgeführte MAB sei wie eine „entsicherte Handgranate: Beide lassen sich nicht einfach beiseite legen; vielmehr zwingen einen beide, etwas zu *tun*. Dies wissen und fürchten viele Praktiker. Der Personalleiter eines Unternehmens sagte entsprechend: „Ich will demnächst auch eine MAB durchführen. Allerdings erst, wenn das Management akzeptiert, dass man dann auch etwas tun muss." Diese Einschätzung ist im Prinzip richtig, aber zu defätistisch und zu ungenau. Es genügt weder, „etwas" zu tun, noch „muss" etwas getan werden. Die MAB kann vielmehr so positioniert werden, dass sie die Themen behandelt, die für alle Interessensgruppen wirklich relevant sind. Aktionen sind ebenso absehbar und „müssen" nicht erfolgen, sondern können durch eine MAB legitimiert oder lanciert werden – vorausgesetzt, sie ist dafür entsprechend angelegt. So kann man z.B. die Frage „Wie zufrieden sind Sie mit Ihrer Bezahlung?" ersetzen durch die Frage wie „Sind Sie der Meinung, dass Sie leistungsgerecht bezahlt werden?" Das führt zu einer für Mitarbeiter und Management gleichermaßen fruchtbaren Ausgangsbasis: Man redet dann nicht einfach über Geld, sondern über Leistung und ihre materiellen Folgen[5].

Oft wissen Manager aber nicht nur, dass „etwas" getan werden muss, sondern sogar was getan werden müsste. Sie tun es aber nicht, weil sie „sowieso schon zu viel zu tun haben" und weil sie „nicht alles gleichzeitig machen können". Eine MAB kann daher als Risiko gesehen werden, das den Handlungsbedarf, den man nicht zu lösen in der Lage ist, nur noch unterstreichen würde. Dieses Risiko ist jedoch weniger gewichtig als es erscheinen mag. Die meisten der erforderlichen Veränderungen im Rahmen einer MAB, die von vornherein strukturierte Folgeprozesse vorsieht, werden nämlich nicht von einigen wenigen Managern, sondern von *allen* Mitarbeitern, insbesondere den Führungskräften aller Ebenen, umgesetzt. Die durch die MAB erzeugte Einbindung der gesamten Organisation kann also auch erhebliche Lasten von den Schultern des Top-Managements nehmen.

1.5 MABs und Veränderungsmanagement

Veränderungsmanagement will eine Bewegungsrichtung in eine Organisation einführen oder verstärken durch Herstellen von Bedingungen, die diese Bewegungsrichtung begünstigen bzw. die damit unverträgliche Bewegungsrichtungen hemmen. Nehmen wir an, man habe die Absicht, die Organisation kundenorientierter zu machen. Dann

---

[5] Fragen dieser Art sind auch in einer systemischen MAB viel sinnvoller als die verbreiteten Zufriedenheitsfragen, auch wenn bei dieser MAB-Form der Interventionscharakter i. Allg. weniger auffällig ist als bei einem AEMP.

könnte das Management damit beginnen, genau zu artikulieren, was unter Kunden-orientierung verstanden werden soll. Kundenorientiertes Verhalten könnte in der Leistungsbeurteilung verstärkt berücksichtigt werden und mit entsprechenden Beloh-nungssystemen verknüpft werden. Informationen über Kundenzufriedenheit könnten systematisch erhoben und an die Mitarbeiter weitergegeben werden usw. Aktivitäten dieser Art kann man drei Kategorien zuordnen:

1. Schaffung von Strukturen und Systemen
2. Vermitteln von Know-how, Wissen und Skills
3. Beeinflussung von Motivation, Einstellungen, Sichtweisen, Überzeugungen, Grundparadigmen usw.

MABs i.S. eines AEMPs tragen vor allem zur dritten Kategorie bei, aber auch dazu, die Voraussetzungen für die Akzeptanz neuer Strukturen und Systeme bzw. die Be-reitschaft für entsprechendes Lernen zu schaffen. Die Mitarbeiter müssen nicht nur – bildlich gesprochen – das richtige Auto haben, den Führerschein besitzen und wissen, wohin sie fahren sollen: Sie müssen auch zu diesem Ziel wollen und sich selbst und dem Auto die Fahrt zutrauen. Diese mentalen Faktoren können zwar durch äußeren Druck aufgebaut werden, aber sie bleiben dann instabil und lösen das Hauptproblem des Veränderungsmanagements nicht, den Wandel *bleibend* zu machen – gegen Ge-wohnheiten, Bürokratismus und alte Strukturen. Effektives Veränderungsmanage-ment muss letztlich die Kultur der Organisation verändern und damit die Grundüber-zeugungen, Werte und Einstellungen ihrer Akteure (Kanter et al., 1992).

Kulturinterventionen erfordern demnach mehr als nur einzelne Trainings, Semina-re oder ähnliches. Alle Beteiligten und Betroffenen müssen eingebunden werden. Es muss umfassend über alle Ebenen und Organisationseinheiten hinweg kommuniziert werden. Ein systematischer Abgleich und Ausgleich der verschiedenen Interessen muss erreicht werden. Der Handlungsbedarf und die Handlungsmöglichkeiten müssen für jeden transparent werden.

Systemische MABs adressieren neben der Motivation auch die anderen Kategorien des Veränderungsmanagements, vor allem natürlich die Gestaltung der Systeme. Sie liefern zudem Informationen, die für operatives Lernen wichtig sind.

1.6 MABs und naive Modelle des Mitarbeiters

MABs können auch danach klassifiziert werden, welches Mitarbeitermodell ihnen zugrunde liegt. Solche Modelle bringen verschiedene Vorstellungen und Annahmen in einem Bild zusammen, aus dem heraus das Verhalten der Mitarbeiter verständlich wird. So hat jede Führungskraft gewisse Überzeugungen davon, was die Mitarbeiter motiviert. Dies zeigt sich in Äußerungen wie z.B. der, dass „die Leute im Grunde nur Geld wollen", dass „letztlich nur zufriedene Mitarbeiter gute Mitarbeiter sind", oder dass „der Mitarbeiter nur dann wirklich engagiert ist, wenn man ihm viel Freiraum gibt". Worte wie „im Grunde", „letztlich" und „wirklich" verweisen auf den theoretischen Gehalt der Aussagen. Sie werden als Gesetzmäßigkeiten erlebt, deren Wahrheit sich in der Praxis überzeugend bestätigt hat („so ist es", „so tickt der Mitarbeiter")[6].

Naive Theorien dieser Art (Hofer, 1985) entstehen ohne gezielte Absicht und unvermeidbar. Ihre psychologische Funktion ist es, die Komplexität der Erfahrungswelt durch einige wenige Regeln verstehbar und vorhersagbar machen. Die Theorien sind i. Allg. recht einfach, so dass man sie verschiedenen Prototypen, zuordnen kann. Was sie zu „Modellen" macht, ist ihr „Als-Ob"-Status: Das Modell dient letztlich nur der Ableitung von Erklärungen und Vorhersagen, hat also nur instrumentellen Charakter und erhebt keinen Anspruch darauf, die Realität zu beschreiben.

Fünf Modelle des Mitarbeiters

1. Das Maschinemodell. Das anfangs dieses Jahrhunderts vorherrschende Modell des Mitarbeiters war das der Maschine. Sie kann zerlegt werden in Teile und Abläufe, die sich nach der Lehre des „scientific management" (Taylor, 1912, 1947) optimieren lassen. Motivation spielt keine besondere Rolle: Sie wird als gegeben unterstellt. Die Mitarbeiter „funktionieren" wie Rädchen im Getriebe, der Laden „läuft wie geschmiert" oder muss ggf. „repariert" werden. Entsprechend sah Weber (1922) in der bürokratischen Organisation mit ihrer Disziplin, Ordnung, Planung, Hierarchie, Funktionsklarheit, Spezialisierung, ihrem Drang nach Standardisierung und Routine und ihrem unpersönlich-sachlichem Management nicht nur eine gute, sondern schlicht die allgemein beste Organisationsform. Dieses Modell war für seine Zeit erfolgreich, weil Werte wie Disziplin und Ordnung allgemein akzeptiert waren und weil das ökonomische Umfeld stabil war. Die Unternehmen konnten über Jahre hinweg immer die gleichen Produkte und Dienstleistungen mit immer den gleichen Mitarbeitern produzieren und in stabilen Märkten absetzen („Persil bleibt Persil").

2. Das Kindmodell. Die Hawthorne-Studien zu Beginn der 30er Jahre führten zu einem weiteren Modell. Die Studien zeigten die Wichtigkeit von Betriebsklima, Respekt und Anerkennung, Status, informellen Beziehungen usw., also dessen, was McGregor (1960) zusammenfassend als „The Human Side of Enterprise" bezeichnete. Mitbestimmung war dabei allerdings kein Thema. Vielmehr herrschte die Überzeugung von der Richtigkeit der patriarchalischen Führung vor, in der die Mitarbeiter „Kinder" sind, um die sich der Chef kümmert („Familie Hesselbach"). Das Kindmodell stellt Gefühle heraus wie Zugehörigkeit, Status, Anerkennung, Prestige, Stolz auf die Firma, Verbundenheit, Sicherheit und allgemeine Einstellungen zur Arbeit und zur Firma. Man kann dies alles unter der Überschrift „Arbeitszufriedenheit" zusammenfassen, einer Thematik, die bis in die 70er Jahre hinein die Organisationspsychologie beherrschte (über 3.000 wissenschaftliche Arbeiten hierzu laut Locke, 1976).

---

[6] Vorstellungen dieser Art sind in der Managementliteratur nicht unbekannt. Ein Beispiel beschreibt McGregor mit seiner „Theorie XY" (1960). Danach wird das Handeln von Managern danach bestimmt, ob sie an Theorie X oder Y glauben. Im ersten Fall nehmen sie an, dass der Mitarbeiter prinzipiell passiv ist und nur durch äußere Anreize und Kontrollen motiviert werden kann. Glauben sie dagegen an Theorie Y, dann sind sie davon überzeugt, dass der Mitarbeiter von sich aus aktiv ist, gerne arbeitet, Erfolg haben will.

Das wichtigste Motiv für dieses Interesse war zweifellos die Annahme, dass zufriedene Mitarbeiter auch gute Mitarbeiter sind.

3. Das Robotermodell. Gleichzeitig mit der Entdeckung sozial-emotionaler Aspekte kam eine lern- und denkpsychologische Sichtweise auf und damit das Robotermodell. Anders als Maschinen sind Roboter intelligent, jedoch in Abhängigkeit von der Qualität ihrer Software, die sie nicht oder nur sehr begrenzt selbst entwickeln, aber nicht grundsätzlich hinterfragen können. Sie können Probleme lösen, Hindernisse umgehen und Ziele auf neuen Wegen erreichen. Menschen lernen an Erfolg und Misserfolg: Verhalten, das subjektiv zu Erfolg führt, verfestigt sich und wird wahrscheinlicher; Misserfolg bewirkt das Gegenteil ("Gesetz des Effekts"). Die Motive sind nicht von besonderem Interesse: Es genügt, irgendwelche Anreize von außen her zu setzen, damit sich der Roboter in Bewegung setzt. Zu diesen externen Anreizen gehören z.B. Incentives, Sicherheit, Beförderungen und Geld. Damit sie den gewünschten steuernden Effekt haben, müssen sie zeitnah, differenziert und konsistent als Belohnungen bzw. als Bestrafungen verabreicht werden. Protagonisten dieses Modells betonen also die Wichtigkeit von klaren Zielen, von individueller Leistungsmessung und Feedback, Wettbewerb um Belohnungen und begrenzt kooperativer Führung, die Transparenz schaffen soll. Das Management muss zudem die notwendigen Rahmenbedingungen herstellen (Arbeitsplatz, Werkzeuge, Job Description, Rollendefinitionen, Leistungsbeurteilung, Fort- und Weiterbildung).

4. Das Individuenmodell. Mit Maslows Bedürfnispyramide (1954) fanden Motive breiten Einzug in die Managementsprache. Dazu kam in den 80er Jahren die Vorstellung eines „Wertewandels" weg von materiellen und hin zu den postmateriellen Werten der Selbstverwirklichung (Pawlowsky & Flodell, 1984). Dem Mitarbeiter werden nun individuelle Interessen, Werte und Motive zugeschrieben. Er bewertet die Dinge aus seiner Sicht, plant und verfolgt eigene Ziele, insbesondere auch solche, die außerhalb der Organisation liegen (Familie, Freizeit, Freundschaften usw.). Die offiziellen Organisationsziele prüft er auf Übereinstimmung mit seinen Zielen. Er übernimmt sie nicht notwendigerweise direkt in seine Software wie der Roboter, ja kann sie sogar ablehnen. Der Mitarbeiter entscheidet selbst, in welchem Umfang er sich einbringt, anpasst, flexibel ist, vorausplant. Er nimmt Einfluss auf die Umwelt: Unbequem, selbstbewusst, kritisch, risikobereit, kreativ – wenn ihn die Arbeitsinhalte interessieren. Im Vordergrund dieses Modells stehen somit Dinge wie Selbstverwirklichung, intrinsische Motivation, Interessen, Herausforderungen, Spaß und Werte u.ä.

5. Das Geschäftspartnermodell. Mit dem Aufkommen des systemischen Denkens hat sich der Gedanke etabliert, Mitarbeiter und Unternehmen als Partner zu sehen. Beide sind aufeinander angewiesen und müssen zur Erreichung ihrer Ziele gegenseitig beitragen. Im Idealfall verhält sich der Mitarbeiter innerhalb der Organisation wie ein *Bürger* („organizational citizen"; Organ, 1984), der immer auch das Gesamtinteresse und die Interessen der anderen Personen und Gruppen im Auge hat und nicht für alles und jedes eine sofortige Belohnung verlangt. Unternehmerisches Mitdenken und Handeln ist gefragt. Einen „one best way" i.S. von Taylors „Kunst und Wissenschaft des Schaufelns" (1912) gibt es nicht. Es kommt vielmehr auf den jeweiligen Mix von Produkten, Dienstleistungen, Markt und Mitarbeitern an. In diesem Modell werden somit Begriffe wichtig wie Interaktion mit anderen Systemen, Kundenorientierung, Flexibilität, Qualität, unternehmerisches Denken, Risiko und Verantwortung, soziale Kompetenz, Kommunikation, Empowerment und Unternehmenskultur.

Welches Modell ist richtig?

Obwohl es historisch zweifellos eine Entwicklung vom Modell der Maschine bis hin zu dem des Geschäftspartners gab, haben die späteren Modelle die älteren nicht einfach verdrängt. Alle Modelle haben ihre Berechtigung: Der Mitarbeiter ist zugleich Maschine (als biomechanisches System), Kind (als Mensch mit Gefühlen), Roboter (als intelligentes, zielorientiertes System), Individuum (als Persönlichkeit mit eigenem Urteil und eigenen Werten) und Geschäftspartner (als denkender, mitverantwortlicher Mitbürger der Organisation). Im Rahmen der Veränderungen in Wirtschaft, Gesellschaft und Technik haben sich die Schwerpunkte allerdings immer mehr verschoben in Richtung auf das Modell des Geschäftspartners.

MAB-Typen und Mitarbeitermodelle

1. Unter dem Maschinemodell sind MABs um so sinnvoller, je näher sie dem Ideal der wissenschaftlichen Beobachtung kommen. Der Mitarbeiter übernimmt darin die Rolle der Versuchsperson oder des *Messfühlers*, der emotionslos und ohne Absichten Daten über seine Arbeit und seinen Arbeitsplatz liefert. Die Analyse dieser Daten und die Konzeption von Maßnahmen wird ohne weitere Beteiligung des Mitarbeiters vom „Ingenieur" durchgeführt. Angestrebt wird dabei nicht eine individuelle und kontextabhängige Lösung, sondern die ideale Lösung schlechthin. Die Mitarbeiterbefragung ist also eingebettet in eine Strategie des Immer-Weiter-Verbesserns in Richtung auf einen Idealzustand hin, nicht als Adaptation an permanenten Wandel und neue Herausforderungen. Beispiele für Befragungen dieser Art sind inhaltlich überwiegend angesiedelt im Bereich der Arbeitsgestaltung (Werkzeuge, Maschinen, Arbeitsabläufe usw.), der Arbeitsumgebung (Klima, Schadstoffe, Lärm, Licht usw.), Arbeitssicherheit (Unfallgefahren) und der Arbeitsorganisation (Arbeitsstrukturierung, Arbeitsanalyse, Geschäftsprozesse). Die Fragen, die hierbei an den Mitarbeiter gerichtet werden, sind im allgemeinen keine Fragen i.S. der Alltagssprache oder i.S. eines Fragebogens, sondern wissenschaftliche Fragestellungen, die in „Prüflisten" zusammengefasst sind.

2. Unter dem Kindmodell sollen MABs vor allem zur Verbesserung der Arbeitszufriedenheit führen. Der einfachste Vorschlag für ein Messinstrument hierzu stammt von Kunin (1955). Er verwendet nur eine einzige Skala (Abbildung 1.2). Später wurden zahlreiche Fragebögen für eine facettenreichere Messung der Arbeitszufriedenheit entwickelt und als „Werkzeuge" mit ausführlichen Gebrauchsanweisungen (Manuale, Normen, Auswertungsschablonen) für die allgemeine Anwendung getestet, verbessert und auf ihre Vorhersagevalidität hin untersucht. Beispiele hierfür sind die in den USA populäre JDI-Skala („Job Descriptive Index"; Smith et al., 1969; Smith, 1992), eine entsprechende deutsche Variante ABB („Arbeitsbeschreibungsbogen" von Neuberger & Allerbeck, 1978), der ebenso verbreitete MSQ („Minnesota Satisfaction Questionnaire" von Weiss et al., 1967) oder die SAZ („Skala zur Messung der Arbeitszufriedenheit"; Fischer & Lück, 1972; Fischer, 1989). Diese Frage-

Abbildung 1.2. Skala zur Messung der Arbeitszufriedenheit (Kunin, 1955).

bögen erfassen Arbeitszufriedenheit sehr viel facettenreicher als z.B. die Kuninskala. So wird neben der allgemeinen Arbeitszufriedenheit auch jeweils noch die Zufriedenheit mit den Arbeitsplatzbedingungen, der Tätigkeit, der Bezahlung, den Kollegen, dem Vorgesetzten, der Firma usw. erfasst[7]. Alle diese Fragebögen bleiben weitgehend im Bereich des „Psychologischen" (Zufriedenheit, Klima, Stimmung) und sprechen wenig Konkretes an, insbesondere kaum betriebswirtschaftliche Themen. Ihre Absicht ist es, ein Bild der *Stimmung* zu zeichnen. Einige Autoren sprechen daher von „Pulsmessung" (York, 1985) oder „Temperaturmessung" (Schieman, 1992).

Feedback über die Ergebnisse der Befragung und ein sich daran anschließendes Gespräch, das diese Ergebnisse nochmals durch weitere Kommentare ergänzt und damit besser verstehbar macht, wurden normaler Bestandteil einer MAB. Zudem sollte dabei gleichzeitig noch „Dampf abgelassen" werden. Die Rolle des Mitarbeiters änderte sich somit vom Messfühler zu einer Person, die *sich anvertraut*, die mitteilt, wo sie der Schuh drückt. Der Patriarch hört respektvoll zu, versucht zu verstehen, zeigt Anteilnahme und bemüht sich dann, die Mitarbeiter von seiner Bewertung der Dinge und von der Richtigkeit seiner Entscheidungen zu überzeugen.

Der Grund für Mitarbeiterbefragungen dieser Art lag einerseits in der in den 60er und 70er Jahren starken Bewegung zur „Humanisierung" der Arbeit[8], andererseits in der Überzeugung, dass es aus wirtschaftlichen Gründen gut ist, wenn jeder Mitarbeiter zufrieden ist (Katzell et al., 1992; Porter & Lawler, 1968).

3. Unter dem Robotermodell wird die MAB zu einem notwendigen Mittel der Problemidentifikation und des Benchmarkings i.S. eines „You can't manage what you don't measure" (Globerson et al., 1991). Der Mitarbeiter soll aufzeigen, welche Hemmnisse und Hindernisse seiner Produktivität im Wege stehen. Hierzu gehören

---

[7] Scarpello & Campell (1983) kommen in einer Analyse verschiedener Items zur Gesamtarbeitszufriedenheit zu dem Fazit, dass die hierfür beste einzelne Item „Overall, how satisfied are you with your job?" lautet, also weitgehend der Original-Kuninskala entspricht. Wanous et al. (1997) und Nagy (2002) zeigen, dass derartige Einzelitems nicht nur reliabel und valide sind, sondern u.U. die Gesamtzufriedenheit sogar besser messen als die Summation der Antworten zu verschiedene Facetten der Arbeit. Der 1-Item-Ansatz von Kunin ist also keineswegs überholt.

[8] Dies sollte man nicht verstehen i.S. einer links-politischen Intention, sondern vielmehr i.S. der Herstellung von „menschengerechten" Arbeitsbedingungen, die sich nicht einseitig am Maschinemodell orientieren, sondern auch die sozial-emotionalen Seiten des Arbeitenden berücksichtigen.

einerseits die Rahmenbedingungen der Arbeit (Werkzeuge, Hilfsmittel, Tools, aber auch Abläufe, Prozeduren und Regeln), andererseits vor allem Ziele, Zielvereinbarungen und Strategien. Eine wirkungsvolle Selbststeuerung ist nämlich nur dann möglich, wenn dem Mitarbeiter klar ist, welche Leistung wie gemessen wird und wie sie zu welchen Folgen führt.

Die Rolle des Mitarbeiters in Befragungen unter dem Robotermodell ist nicht mehr die des Messfühlers, sondern die des *Diagnostikers*. Gefragt ist jetzt sein Urteil auch über Systeme, nicht nur über Einzeldimensionen seines Arbeitsplatzes wie Lärm oder Licht. Entscheidungen darüber, was zu tun ist, trifft allerdings das Management allein. Die Umfrage selbst ist unter dem Robotermodell thematisch teilweise standardisierbar, weil aus der Praxiserfahrung bekannt ist, wo im allgemeinen die Problembrennpunkte liegen. So zeigt sich z.B. häufig, dass sich die Mitarbeiter kritisch äußern über die Klarheit ihrer Ziele, über Information und Kommunikation, über das Feedback ihrer Vorgesetzten oder über die Strategie des Unternehmens.

Immer Bestandteil der MAB im Kontext des Robotermodells sind Workshops, in denen die MAB-Ergebnisse mit den Mitarbeitern diskutiert werden. Ziel dabei ist es, die Befragungsdaten spezifischer und möglichst konkret zu verstehen, sie evtl. sogar nach Ursachen und Folgen zu analysieren und priorisieren. Die Befragungsbefunde und diese weiteren Aufarbeitungen bilden dann die Grundlage für einen koordinierten Prozess der Aktionsplanung, -umsetzung und -evaluation. Unter dem Roboter-Modell verschiebt sich der Schwerpunkt von Mitarbeiterbefragungen somit stark „nach hinten". Die Befragung ist lediglich ein früher Schritt in einem Veränderungsprogramm.

4. Unter dem Individuenmodell wird vor allem das Thema der individuellen Sichtweisen und Werte bedeutsam. Man will wissen, welche Ziele die Mitarbeiter verfolgen, welche Erwartungen und Hoffnungen sie haben, was sie planen, um so zu einem Ausgleich der Ziele der Mitarbeiter und der Organisation zu kommen. Die Rolle des Mitarbeiters in der MAB ist nicht die des Messfühlers, des Sich-Anvertrauenden oder des Diagnostikers, sondern vielmehr die des *Sich-Artikulierenden*. Um diese Rolle wahrnehmen zu können, muss der Mitarbeiter in die MAB involviert werden. Bedenken über die Anonymität der Umfrage, Unklarheiten über ihren Zweck und über die nachfolgenden Aktionen müssen systematisch ausgeräumt werden. Der Zweck der MAB liegt vor allem darin, „einmal alle Karten auf den Tisch zu bekommen", um dann darüber sprechen zu können, wie man einen tragfähigen Kompromiss zwischen den Sichtweisen und Werten des Einzelnen und den Zielen und Strategien der Organisation finden kann.

Ein relativ altes Fragebogen-Instrument in diesem Zusammenhang ist der JDS (Job Diagnostic Survey). Der JDS ist eigentlich ein Instrument für „Job Design", zielt dabei aber weniger auf die objektiven als vielmehr auf die erlebten Inhalte der Arbeitstätigkeit ab. Die Theorie hinter dem JDS postuliert, dass die „subjektiven Kerndimensionen der Tätigkeit" (Abwechslung, Vollständigkeit und Bedeutsamkeit; Unabhängigkeit; Rückmeldung) zu „kritischen psychologischen Empfindungen" (erlebte Bedeutsamkeit, Verantwortlichkeit, Wissen um Ergebnisse) führen und diese wiederum zu den gewünschten Effekten wie Leistung und Zufriedenheit (Hackman & Oldham, 1975). Der JDS erhebt daher differenziert, wie der Mitarbeiter seine Tätigkeit hinsichtlich der fünf Kerndimensionen einstuft.

Die Gelegenheit zu unabhängigem Denken und Handeln in meiner Führungsstellung:

Inwieweit ist sie jetzt vorhanden?   .... (min) 1 2 3 4 5 6 7 (max)
Inwieweit sollte sie vorhanden sein? .... (min) 1 2 3 4 5 6 7 (max)
Wie wichtig ist sie für mich selbst?   .... (min) 1 2 3 4 5 6 7 (max)

Abbildung 1.3. Ein Soll-Ist-Wichtig-Item (Haire et al., 1966).

Zudem wird direkt nach „Werten" gefragt. Dazu werden meist Fragen verwendet, die nach der *Wichtigkeit* verschiedener Aspekte der Arbeit fragen. Fragen dieser Art sind auch in vielen der älteren Zufriedenheitsfragebögen enthalten, z.B. im „Need Satisfaction and Role Perception Questionnaire" von Porter & Lawler (1968), einem Instrument, das für Befragungen von Managern konzipiert ist. In diesen älteren Fragebögen sind Wertefragen aber nur Hilfskonstruktionen, die zur besseren Messung der Arbeitszufriedenheit dienen sollten (Neuberger, 1974).

Messung und mathematische Modellierung spielte überhaupt eine große Rolle in der Psychologie der 60er und 70er Jahre. Man war überzeugt, dass man auch das Individuum modellieren könnte durch Einführung von einigen individuen-spezifischen Gewichten in ein ansonsten für alle Personen festes System von Regeln. Das sieht man an einem Fragebogen für Führungskräfte, dessen Fragen wie in Abbildung 1.3 gezeigt konstruiert waren. Aus den Antworten der Befragten auf diese „Dreifach"-Fragen sollte sich nicht nur ihre Arbeits<u>un</u>zufriedenheit schätzen lassen als durchschnittlicher Wert der Ergebnisse, die die Formel $|Ist - Soll| \times Wichtigkeit$ für jede Frage errechnet[9]: Vielmehr wurde angenommen, dass die Person ihr Urteil buchstäblich nach dieser Rechenregel bildet.

Aus heutiger Sicht erscheinen derartige Modellierungen naiv und voreilig. Wertefragen sind trotzdem wichtig, z.B. um damit zu ermitteln, was die Mitarbeiter wollen oder nicht wollen oder wie sich aus den Werturteilen bestimmte andere Einstellungen und Verhaltensweisen vorhersagen lassen (z.B. Borg & Braun, 1992, 1995). Immer wichtiger werden Wertefragen zudem in interkulturellen MABs (Borg & Braun, 1996; Hofstede, 1980). Die Interpretation von Wertefragen ist aber viel verwickelter als in den obigen Gewichtungsmodellen angenommen (siehe S. 117ff.).

Außerdem geht es um die Erwartung des Mitarbeiters, seine Ängste und Befürchtungen. Sie beeinflussen entscheidend sein jetziges Verhalten. Sind diese Erwartungen falsch, dann ist auch sein Verhalten falsch oder sinnlos. So kann es sein, dass der Mitarbeiter eine falsche Fort- und Weiterbildung betreibt, weil er nicht versteht, welche Skills in Zukunft gebraucht werden. Ein anderes Beispiel ist die Angst des Mitarbeiters, dass sein Arbeitsplatz abgebaut werden soll. Das kann zu heftigen Reaktionen führen (Hartley et al., 1991), die nur dann einen objektiven Grund haben, wenn der Arbeitsplatz tatsächlich gefährdet ist.

5. Unter dem Geschäftspartnermodell gehen MABs über das Obige hinaus, weil nicht mehr nur ein Ab- und Ausgleich zwischen Individuum und Organisation ge-

---

[9] Antwortet z.B. ein Befragter auf das Item in Tabelle 1.4 mit Ist=3, Soll=7 und Wichtigkeit=6, dann ist seine Unzufriedenheit – nach diesem Verrechnungsmodell – mit diesem Arbeitsaspekt: Absolutbetrag der Differenz 3 minus 7 mal 6 = 24 (auf der Skala von 0=„zufrieden" bis 42=„unzufrieden").

sucht wird, sondern Synergie angestrebt wird. Dabei können ähnliche Fragen auftauchen wie unter dem Individuenmodell. Sie dienen aber weniger der Messung als vielmehr dem Einstieg in einen *Dialog*, der zu aktivem Commitment, zu kreativen Beiträgen und zur Umsetzung der Strategie führen soll. Zudem geht es nicht nur um den Mitarbeiter als Einzelperson, sondern auch um Kollektive, Zusammenarbeit, Teams und Systeme. Damit werden Fragen zur Unternehmenskultur, zu gemeinsamen Grundüberzeugungen und -werten relevant. Ein Instrument, das dazu dienen soll, die wichtigsten Dimensionen der Organisationskultur zu messen und zu bewerten, ist der „Culture-Gap Survey" (Kilman & Saxton, 1983). Hiermit soll ermittelt werden, nach welchen Spielregeln in der Organisation faktisch verfahren wird. Die Antworten werden zu vier Indizes verrechnet, die mit Industrienormen verglichen werden, um so zu sehen, wo die Organisation „zu wenig" bzw. „zu viel" hat. Der Culture-Gap Survey wird von Neuberger & Kompa (1987) als „Schnellschuss-Verfahren" kritisiert, aber aus Sicht des Unternehmens zählt letztlich nur, ob ein solcher Ansatz notwendige Veränderungen unterstützt. In diesem Sinn werden MABs unter dem Geschäftspartnermodell häufig als Einstieg in Entwicklungsprojekte wie TQM, partizipatives Management oder hierarchiefreie Kommunikation verwendet, weil sie *Auftau-Effekte* und den für weitere Schritte nötigen *Schwung* erzeugen. Diese Orientierung an Effekten wird am besten sichtbar bei Fragen, bei denen das Ergebnis eigentlich nicht sonderlich interessiert, die aber trotzdem gestellt werden. Ein Beispiel hierfür ist das schon oben (S. 31) diskutierte Aktionsitem „Glauben Sie, dass Sie unter entsprechenden Rahmenbedingungen Ihre eigene Produktivität erheblich steigern könnten?" Noch stärker als in allen anderen Modellen wird hier die Mitarbeiterbefragung zum ersten Schritt eines Interventionsmanagements mit dem Ziel strategisch orientierter Veränderungen. Die Rolle des Mitarbeiters unter diesem Modell wird nun die des aktiven *Mit-Arbeiters*, nicht mehr nur die des Problem-Identifizierers oder des Fordernden.

Mitarbeitermodelle und Mitarbeiterbefragungen

Tabelle 1.4 zeigt in kompakter Form eine Auflistung einiger Aspekte von MABs unter den verschiedenen Mitarbeitermodellen. Die inhaltlichen Schwerpunkte erklären sich dabei von selbst bzw. leiten sich aus dem schon Gesagten ab. Ähnliches gilt für die unter „Zweck der MAB" aufgeführten Gesichtspunkte.

Zu den Rollen der Mitarbeiter in der MAB gibt es eine gewisse Ordnung vom Maschinemodell zum Geschäftspartnermodell insofern, als dass der Mitarbeiter zunehmend ernster genommen werden sollte. Der Geschäftspartner denkt mit im Rahmen der Strategie, die er als Roboter kennt und als Individuum akzeptiert. Das Mit-Denken ist mehr als die nur operative Intelligenz des Roboters. Der Geschäftspartner lernt nicht nur, Hindernisse zu umgehen, sondern er lernt auch „strategisch" i.S. des „double loop"-Konzepts von Argyris (1994). D.h., er ist auch in der Lage, die Wege zum Erfolg selbst zu konzipieren und eingeschlagene Wege grundsätzlich zu überdenken. Vom Management wird daher vor allem gefordert, dass sie die Mitarbeiter hierzu so weit wie möglich in die Lage versetzen („Empowerment").

Tabelle 1.4. Fünf Mitarbeitermodelle und entsprechende MABs.

Mitarb.-Modell	MAB-Inhalte	Zweck der MAB	Rolle des Mitarbeiters	Rolle des Managements
Maschine	Arbeitsbedingungen, Tätigkeit	Arbeit und Abläufe optimieren	Messwerte liefern	Messen, um zu organisieren, adjustieren, schmieren, reparieren
Kind	Klima, Zufriedenheit	Zufriedenheit erhöhen	Sich anvertrauen	Interesse zelgen, zufrieden stellen
Roboter	Hemmnisse und Hindernisse	Leistungserbringung verbessern	Diagnostizieren	Ziele klären, Bedingungen und Systeme verbessern
Individuum	Werte und Wünsche	Einbinden, mitbestimmen, abgleichen	Sich artikulieren	Abstimmen, überzeugen, motivieren, Vorschläge aufgreifen, beteiligen
Geschäftspartner	Chancen, Risiken, Leistung, Strategie	Unternehmerisches Handeln stärken	Mitdenken, Mitarbeiten	Einbinden in Strategie, zur Selbständigkeit ermuntern und ermächtigen

In der Praxis lässt sich eine MAB natürlich so gut wie nie genau einem dieser Modelle zuordnen, weil alle Modelle gleichzeitig zutreffen. Andererseits hat eine MAB aber meist den einen oder anderen Schwerpunkt. Außerdem ist sie selten die einzige Aktivität, die im Bereich der Humanressourcen läuft. Die MAB sollte daher so konzipiert werden, dass sie diese anderen Aktivitäten unterstützt z.B. durch Evaluation laufender oder durchgeführter Maßnahmen, durch Revitalisierung der relevanten Thematik oder i.S. einer begleitenden Schaffung von Problembewusstsein (Doerner, 1992; Matthies, 1992).

2 Design und Positionierung

Eine MAB wird in der Praxis häufig ohne größere konzeptionelle Vorbereitung als eines von vielen Einzelprojekten durchgeführt. Die Ziele der MAB werden nicht weiter dargelegt oder vom MAB-Projektteam ohne weiteres Involvement des Top-Managements nur vage umrissen. Die Beziehung der MAB zur Strategie bleibt ungeklärt. Eine Abstimmung oder gar eine Verzahnung der MAB mit anderen Projekten, Programmen oder Vorhaben wird nicht weiter ausgearbeitet. Offen bleibt auch oft, ob und wie die MAB nach der Datenanalyse weitergeführt wird („Folgeprozesse") und welche Beiträge von den verschiedenen Gruppen der Organisation erwartet werden. Sogar die Bedingungen der MAB selbst – z.B. die Kriterien für die spätere Datenanalyse – werden nicht vorab eindeutig festgelegt. Unter diesen Voraussetzungen kann eine MAB keine großen Wirkungen entfalten. Um effektiv zu sein, braucht sie ein Gesamtdesign, am besten eines, das *vom Ende her*, d.h. von den Zielen der MAB her, aufgezogen ist. Dafür wiederum ist es nötig, dass die Auftraggeber der MAB über die verschiedenen Kosten- und Nutzenaspekte verschiedener MAB-Designs so informiert werden, dass sie diese Ziele offenen Auges setzen können.

2.1 Aspekte der MAB-Positionierung

Das *Design* einer MAB lässt sich nicht einfach aus einer Schublade holen oder aus einem Lehrbuch übernehmen: Die in Kapitel 1 beschriebenen MAB-Varianten wie das AEMP oder die Benchmarkingbefragung sind lediglich vereinfachte Prototypen, die nur grobe Blaupausen für ein konkretes MAB-Projekt darstellen. Im Einzelfall müssen sie sehr viel differenzierter ausformuliert werden.

In der Praxis bezeichnet man diese Ausarbeitung oft als *Positionierung* des MAB-Projekts. Das ist, genau genommen, nicht ganz korrekt, weil unter Positionierung nicht die Gestaltung eines Gegenstands selbst, sondern vielmehr seine Platzierung „im Kopf" bestimmter Personen[10] verstanden wird (Ries & Trout, 2001). Andererseits ist damit aber ein wichtiger Aspekt eines erfolgreichen MAB-Designs angesprochen: Es muss auch „vermarktet" werden, also den von der MAB betroffenen Personen, insbesondere den Mitarbeitern und den mittleren Führungskräften, so erklärt werden, dass diese es *richtig* verstehen und dann auch so *einkaufen*. Zudem kann das

---

[10] Der Begriff Positionierung kommt aus dem Marketing. Dort sind diese Personen Kunden. Für diese soll ein Produkt so dargestellt werden, dass es in einer bestimmten Nachbarschaft des psychologischen Raums erlebt wird, z.B. ein Softdrink *X* als eine besondere Variante von Coca Cola.

Design nur ausformuliert werden im *Dialog* zwischen dem Experten und dem Auftraggeber: Der erstere zeigt die verschiedenen Möglichkeiten auf, der letztere artikuliert die Ansprüche und die Restriktionen.

Die Erarbeitung einer MAB-Positionierung ist eine anspruchsvolle Aufgabe. Um sie zu lösen, sollte zunächst einmal der *Kontext* der MAB geklärt bzw. strukturiert werden. Dazu gehören

- eine Analyse der Bedürfnisse, die das Unternehmen hat und für die es sich eine Unterstützung durch die MAB erhofft;
- die Vermittlung von ausreichendem Grundwissen über MABs an die Auftraggeber und Entscheider, damit diese wissen, was eine MAB leisten kann und welche Voraussetzungen dafür erforderlich sind;
- eine Analyse des möglichen Nutzens verschiedener MAB-Ansätze und der dabei jeweils entstehenden Kosten[11];
- eine Analyse der Bereitschaft der Organisation für die eine oder andere MAB-Variante.

Wenn sich der Kontext überschauen lässt, kann man zur eigentlichen Positionierung der MAB übergehen. Sie ist der Mix von *Anforderungen* und *Nebenbedingungen*, der unter den gegebenen Bedingungen optimal erscheint. Hierzu gehören insbesondere

- die Ziele der MAB;
- begleitende Maßnahmen und Regelungen, die die Risiken der MAB minimieren;
- Angaben darüber, welche Bedingungen die MAB erfüllen muss (z.B. Zeitpunkt, maximaler Ressourcenverbrauch);
- Angaben darüber, welche Erwartungen die Geschäftsleitung an verschiedene Gruppen (z.B. die Mitarbeiter oder die mittleren Führungskräfte) hat hinsichtlich ihrer Beiträge zu diesem Projekt;
- inhaltliche Ausrichtungen und Schwerpunkte der MAB;
- politische Regelungen zur Rückspiegelung der Ergebnisse (z.B. dazu, wer welche Befragungsergebnisse wann zu sehen oder nicht zu sehen bekommt);
- Anforderungen an Art und Form der Datenanalyse (vor allem der Berichte);
- Aussagen darüber, wie die Anonymität der Befragten sichergestellt wird.

Abbildung 2.1 veranschaulicht diese Aspekte und Anforderungen in einem Orientierungsschema. Die nachfolgenden Abschnitte führen die hier genannten Stichworte weiter aus.

Ziel der Positionierung ist es, eine klare Ausgangssituation zu schaffen, die die Feinplanung der MAB ermöglicht und Leitprinzipien formuliert, an denen sich die gesamte Organisation orientieren kann. Ohne solche Leitprinzipien entsteht leicht Verunsicherung oder sogar Reaktanz. Niemand weiß dann so recht, was die MAB eigentlich soll, bzw. jeder bastelt sich hierzu seine eigene Theorie. Ein solcher Mangel an Alignment ist immer nachteilig für den Erfolg der MAB.

---

[11] Das Unternehmen muss abschätzen, ob es diese Kosten „stemmen" kann. Ggf. müssen bescheidenere Ziele formuliert werden oder Pläne entwickelt werden, wie man die MAB in einem ersten Anlauf so anlegt, dass sie die Ressourcen nicht überfordert.

2.2 Kontext der Positionierung

Die Positionierung einer MAB stellt hohe Anforderungen an den MAB-Experten. Es ist seine Aufgabe, die Geschäftsleitung (GL) zu einem *informierten Commitment* der MAB gegenüber zu führen. Ein diffuses Sich-Verpflichtet-Fühlen genügt nicht. Erforderlich ist vielmehr die begründete und von der jeweiligen Person auch begründbare Überzeugung, mit der MAB auf dem richtigen Weg zu sein. Voraussetzung hierfür ist, dass die GL klar versteht, was mit einer MAB erreicht werden kann, welche Voraussetzungen dafür erfüllt sein müssen, welche Spezifikationen sie selbst für die besondere MAB in ihrem Unternehmen aus welchen Gründen formuliert und verbindlich macht und auch, welche Rolle sie selbst innerhalb der MAB spielen muss und will.

Der Experte sollte nicht davon ausgehen, dass die GL die richtigen Entscheidungen von sich aus treffen kann. Er muss sie vielmehr systematisch dazu befähigen. Ausgangspunkt dafür ist eine Analyse der Gründe, die das Interesse des Unternehmens an einer MAB ausgelöst haben („triggers") bzw. die hinter diesen Auslösern stehenden Bedürfnisse („needs").

Auslöser und Bedürfnisse

Für den MAB-Experten stellt sich die Situation meist so dar, dass er von einer Person kontaktiert wird mit dem Wunsch, sich einmal über die Möglichkeit einer MAB zu unterhalten. Diese Person hat oft kein eigenes Interesse an der MAB, sondern soll nur einen Kontakt mit dem eigentlichen *Promoter* der MAB vorbereiten oder einen Vergleich externer Anbieter durchführen. Auf der Ebene dieses *Erstkontakts* ist für den MAB-Experten i. Allg. wenig zu erfahren über die Auslöser für das Interesse an einer MAB. Noch weniger offensichtlich sind die Bedürfnisse, die das Unternehmen hat und zu deren Befriedigung die MAB beitragen soll. In der Praxis trifft man auf die verschiedensten Gründe. Einige typische Beispiele sind die folgenden:

1. Der Promoter hat den Auftrag, eine MAB vorzubereiten oder sie durchführen. Es gibt eine Anweisung des Konzerns, eine Empfehlung des Aufsichtsrats oder der Banken.
2. Der Promoter hat besondere Probleme beim Faktor Arbeit, z.B. eine hohe Fluktuation oder einen hohen Krankenstand. Er ist daran interessiert, die Gründe für diese Probleme verlässlich zu diagnostizieren, um so wirksame Maßnahmen einleiten zu können.
3. Der Promoter will die Kommunikationskultur verbessern (vertikal und horizontal). Die MAB soll dazu beitragen dadurch, dass sie die Meinungen und die Einstellungen der verschiedenen Gruppen zu wichtigen Themen zuverlässig misst und so einen datengestützten Dialog ermöglicht.
4. Der Promoter hat eine Erfolgstheorie wie z.B. die Hypothese, dass zufriedene Mitarbeiter mehr leisten oder dass zufriedenere Mitarbeiter zu zufriedeneren Kunden führen. Also sucht er nach Möglichkeiten, die Gründe für mögliche Unzufriedenheit der Mitarbeiter genauer zu verstehen, um dann entsprechende Verbesserungsmaßnahmen durchführen zu können.

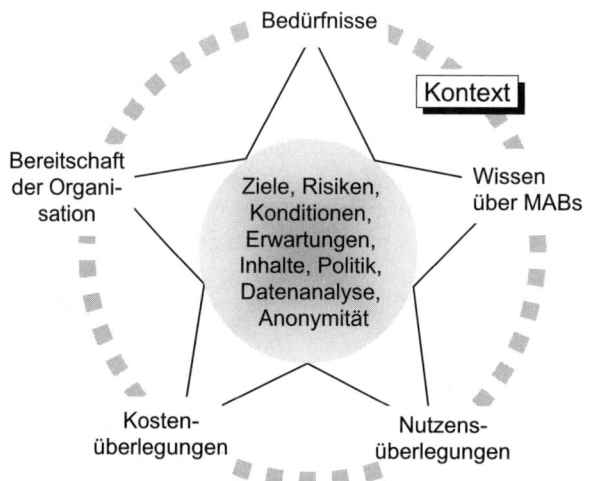

Abbildung 2.1. Aspekte und Elemente einer MAB-Positionierung.

5. Der Promoter will die Unternehmensstrategie effektiver umsetzen. Dazu sollen die Führungskräfte und die anderen Mitarbeiter mit Hilfe einer MAB stärker in die relevanten Themen eingebunden werden.
6. Der Promoter hat gehört, dass eine MAB in anderen Unternehmen für viel Bewegung gesorgt und zu positiven Ergebnisse geführt hat. Er hofft, dass dies auch in seinem Unternehmen so sein wird. Das würde dem Unternehmen und damit auch ihm als dem Promoter einer guten Sache nützen.
7. Der Promoter will für sein Unternehmen eine Qualitätszertifizierung erreichen, z.B. den European Quality Award (EQA), für den Aktionen und Belege erforderlich sind, die „eine strukturierte MAB als das Mittel der Wahl fast zwingend vorschreiben" (Becker, 1997, S. 220).

Der erste dieser Gründe ist ein reiner Auslöser. Der Promoter will hier lediglich den Auftrag erledigen, eine MAB durchzuführen, dabei aber natürlich professionellen Standards genügen. Der zweite der obigen Gründe verlangt nach einer umfassenderen Aktion, insbesondere nach einer fokussierten, aber gleichzeitig nicht-offensichtlichen und indirekten Ursachen gegenüber offenen Problemdiagnose. Bei der Konzeption der MAB müssen derartige besondere Fragen mit Priorität adressiert werden und bei allen weiteren Überlegungen im Auge behalten werden. Der Grund 3 ist oft das Motiv, das hinter vermeintlich reinen Meinungsumfragen steht. Er ist mehr oder weniger bei jeder MAB beteiligt. Der Grund 4 ist ebenfalls weitverbreitet (z.B. Füser, 1997; Scholz & Scholz, 1996), auch wenn die unterstellten Erfolgstheorien selten richtig und fast immer zu simpel sind. Der Promoter denkt aber hier im Ansatz strategisch und sollte daher für eine strategische Positionierung der MAB offen sein. Das ist natürlich beim Grund 5 von vornherein der Fall. Allerdings wird bei den Gründen 4 und 5 häufig das Potential der MAB und ihrer Prozesse für die Befriedigung der Be-

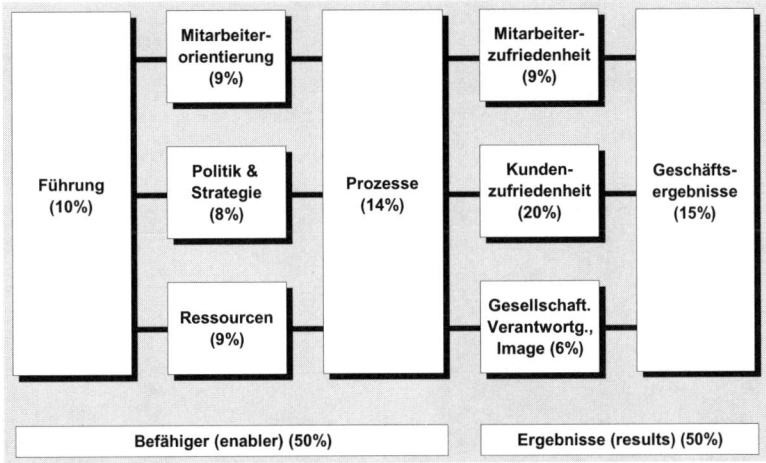

Abbildung 2.2. Das EFQM-Modell.

dürfnisse unterschätzt: Die Vorstellungen vieler Praktiker und Manager von einer MAB sind oft nur rudimentär und fast immer begrenzt auf den Befragungsteil („Eine MAB ist eine Umfrage"). Der Grund 6 ist hier nur der Vollständigkeit halber mit aufgeführt. Natürlich hat der Promoter eines erfolgreichen Programms i.d.R. auch einen persönlichen Nutzen von der Aktion. Das gilt allerdings umgekehrt noch stärker: Ein Programm, das nichts bringt oder gar scheitert, ist für den Promoter des Programms doppelt schädlich. Eine sorgfältige Positionierung der MAB sollte also für den Promoter der MAB besonders wichtig sein.

Den Grund 7 wollen wir etwas ausführlicher betrachten. Der EQA ist ein Qualitätspreis, auf den in der deutschen Industrie nicht selten Bezug genommen, wenn die Durchführung einer MAB überlegt wird. Er basiert auf dem in Abbildung 2.2 gezeigten sog. Modell der European Foundation for Quality Management (1994). Das Modell ist eine Sammlung verschiedener Kriterien (=Kästchen in der Abbildung) mit gewissen Gewichten (=Prozentwerte), die zur Messung des Ist-Zustands und der Veränderung („Fortschrittskontrolle") eines Unternehmen verwendet werden[12]. Die Kriterien bilden zwei Gruppen, die *Befähiger* und *Ergebnisse* genannt werden und damit – ebenso wie die Verbindungslinien zwischen den Kästchen – andeuten, dass gewisse Vorstellungen über Kausalzusammenhänge und Wechselwirkungen unterstellt werden[13]. Beide Kriteriengruppen enthalten harte Kriterien (z.B. „Geschäftsergebnisse") und weiche Kriterien (z.B. „Mitarbeiterzufriedenheit"), die alle wieder zahlreiche Unterkriterien haben (z.B. „Übereinstimmung von Unternehmenszielen mit den Zielen der Mitarbeiter" beim Kriterium „Politik & Strategie"). Viele dieser Kriterien können letztlich nur mit einer MAB gemessen werden. Eine MAB ist zudem das ein-

---

[12] Für die Bewerbung um den EQA muss das Unternehmen Ist-Zustand und Fortschritte durch objektive Messungen hinsichtlich dieser Kriterien nachweisen. Diese Messungen müssen regelmäßig über mehrere Jahre hinweg durchgeführt werden.

[13] Sie werden im EFQM-Modell aber nur angedeutet und nicht weiter ausgeführt.

Abbildung 2.3. Kick-Off Veranstaltung für die Folgeprozesse einer MAB.

zige Instrument, das den Qualitätsstandards der EFQM genügt. Für den EQA ist ein Nachweis positiver Trends bei den Messwerten und damit eine erfolgreiche Entwicklungsarbeit innerhalb seiner Rahmenvorgaben erforderlich. Unterstellt wird dabei, dass der vorgegebene Mix von Kriterien und Gewichten das richtige Erfolgsrezept ist. Das muss nicht immer der Fall sein (Hill, 1993), spielt aber in der Praxis eine meist nur geringe Rolle, weil dort weniger der EQA selbst, als vielmehr der *Weg* dorthin wichtig ist. Es geht also mehr um eine allgemeine Ausrichtung, die nicht nur die „bottom line" beachtet, sondern ein breiteres und *strategisch* orientiertes Spektrum von Ergebnis- und Befähigerkriterien systematisch verfolgt und entwickelt. Der Einstieg über den EFQM-Ansatz ist daher ein guter Ansatz, die MAB als Instrument einer strategischen Führung zu positionieren.

Man erkennt aus diesen wenigen Beispielen für Auslöser und Bedürfnisse einer MAB, dass es wenig sinnvoll ist, sich der genaueren Positionierung der MAB mit einer rigiden „Schema-F"-Vorstellung darüber zu nähern, wie eine optimale MAB auszusehen hat. Es ist Aufgabe des MAB-Experten, die MAB einerseits an den jeweiligen Bedürfnissen auszurichten, andererseits aber auch aufzuzeigen, was darüber hinaus mit welchem Aufwand erreichbar ist.

Informieren über MABs

Der Interessent für eine MAB weiß i.d.R. nur wenig über MABs, ihre Potentiale und Voraussetzungen. Am Anfang der Positionierungsbemühungen muss daher immer eine detaillierte Information über MABs stehen, in der ein Überblick gegeben wird über Fragen wie: „Welche Formen einer MAB gibt es? Was haben andere gemacht? Welche Erfahrungen hat man dabei gemacht?" Einige Antworten auf diese Fragen finden sich in Kapitel 1. Dort sind fünf verschiedene MAB-Typen charakterisiert und illustriert (Tabelle 1.1). Zudem zeigt der AEMP-Zyklus in Abbildung 1.1, welche Phasen und Schritte bei jeder MAB überlegt sein sollten, auch wenn sie zunächst nur als reine Meinungsumfrage konzipiert wird.

Die Varianten einer MAB lassen sich am besten durch Fallbeispiele aus der Praxis illustrieren (siehe dazu Abschnitt 1.1). Der MAB-Interessent sieht aus solchen Fallbeispielen anschaulich, wie andere vorgegangen sind und welche Überlegungen man für die Positionierung der MAB anstellen könnte. Der weiteren Know-how-Vermittlung und Veranschaulichung dienen auch Fotos wie das in Abbildung 2.3, das eine Kick-Off-Veranstaltung für die Feedback- und Aktionsprozesse nach der Befragung zeigt. Das Foto deutet an, welche Möglichkeiten eine MAB über eine reine Meinungsumfrage hinaus bietet. Gleichzeitig macht das Foto jedem erfahrenen Manager klar, dass die Ausschöpfung dieses Potentials Anstrengungen und Arbeit erfordert, sich also *nicht automatisch und umsonst* ergibt.

Das Wissen über MABs kann auch durch anderes Anschauungsmaterial gefördert werden wie z.B. Muster von Fragebögen, Informationsbroschüren zur MAB, Beispiele von Plakaten mit einem Aufruf zur Teilnahme an der MAB, exemplarische Auswertungsberichte, Demos von Aktionsplänen, Fotos aus MAB-Workshops usw. Das Material sollte aber gut sortiert und geordnet sein. Ein reines Abladen von Materialbergen ist kontraproduktiv, weil damit der Eindruck entstehen kann, dass eine MAB ein hoch komplexes oder gar chaotisches, auf jeden Fall aber ein kaum kalkulierbares Projekt ist.

Erste Nutzensüberlegungen

Die Entscheidung für eine bestimmte MAB hängt von der Beantwortung von zwei Fragen ab: „Was ist der Nutzen der MAB und besteht hierfür ein Bedürfnis? Was kostet die MAB und kann das Unternehmen diese Kosten tragen?"

Zunächst zum Nutzen. Für die Geschäftsleitung ist letztlich immer der wirtschaftliche Nutzen entscheidend. Es ist daher naheliegend zu fragen, welche Evidenz es dafür gibt, dass sich dieser oder jener MAB-Typ positiv in harten Kriterien wie Produktivität oder Kosten niederschlägt. Hinrichs (1989) hat entsprechende Schätzungen über den „typical dollar impact" von Meinungen und Einstellungen angestellt. Er kommt zu dem Ergebnis, dass das Produktivitätspotential der „weichen Faktoren" relativ zur Zahl der Mitarbeiter 30% bis 50% der Umsätze und das unausgeschöpfte Potential in der Fertigungsqualität 15% bis 20% der Umsätze beträgt. Mirvis & Lawler (1977) haben eindrucksvolle Berechnungen dafür angestellt, was es kostenrechnerisch bringt, die Arbeitszufriedenheit um eine Standardabweichung zu steigern. Ebenso zeigt Cascio (1982) durch ein detailliertes „behavioral accounting" zahlreicher

Verhaltensdimensionen, dass sich durch die Kumulation von kleinen Effektgrößen bei einzelnen Personen oder Gruppen im Saldo massive Auswirkungen für das Unternehmen ergeben können. Schätzungen dieser Art sind imponierend, sollten aber nicht überbewertet oder gar als automatische Effekte einer MAB und ihrer Folgeprozesse verstanden werden. Sie sind letztlich nur Erfahrungen anderer oder nur Modellrechnungen.

MABs sollten eher strategisch bewertet werden. Ausgedrückt im Kontext des EFQM-Modells (Abbildung 2.2) konzentrieren sie sich vor allem auf den Block „Befähigung". So dienen die meisten Aktionen, die im Zusammenhang mit einer MAB durchgeführt werden und die keine reinen Reparaturmaßnahmen sind, der Herstellung von Bedingungen, unter denen Leistung überhaupt erst entstehen und wachsen kann. Diese Bedingungen werden nicht dadurch relevant oder irrelevant, dass sich betriebswirtschaftliche Kennzahlen verändern. Vielmehr muss *grundsätzlich* daran gearbeitet werden, dass das System funktioniert. So sollte z.B. für den einzelnen Mitarbeiter klar sein, welche Leistungen von ihm erwartet werden oder auch, ob und wie sich Leistung lohnt – ganz gleich, ob das Unternehmen nun schwarze oder rote Zahlen schreibt. Die Nützlichkeit einer MAB kann daher nicht an einfachen oder gar nur einmal erhobenen betriebswirtschaftlichen Kennzahlen gemessen werden. Dieser Nachweis sollte eher argumentativ erfolgen, z.B. unter Hinweis auf die wissenschaftliche Forschung zu den Folgen von Arbeitszufriedenheit wie z.B. die negative Korrelation[14] von Arbeitszufriedenheit und Krankheitsrate (Spector, 1997).

Ein für die GL meist sehr überzeugendes Argument für den Nutzen einer MAB ist die Tatsache, dass Unternehmen, die eine MAB durchgeführt haben, dies i.d.R. wieder tun. Dies belegen zahlreiche Untersuchungen in den USA und in Deutschland (siehe S. 19). Viele Unternehmen führen MABs mittlerweile routinemäßig im Abstand von zwei, oft sogar von nur einem Jahr durch. Teilweise sind MABs sogar schon Teil der Systeme. Für die GL ist dabei aber entscheidend, ob dies Unternehmen sind, an denen sich das Unternehmen orientiert. Entsprechende Referenzen sollten hier also beigebracht werden (auch für den Betriebsrat).

Ein ebenso gutes Argument ist eine Vorschau auf die wahrscheinlichen Ergebnisse. Die Kick-Off-Veranstaltung in Abbildung 2.3 ist nämlich nur die halbe Wahrheit: Es kommt auch darauf an, was man dort vorzuzeigen hat, um die Organisation zu motivieren. Tabelle 1.3 zeigt ein Beispiel hierfür aus einem großen Unternehmen. Hier sind einige Fragen zusammengestellt, die wiedergeben, wie die Mitarbeiter die Spielräume bei Qualität, Kosten usw. beurteilen. Man erkennt z.B., dass 87% der Mitarbeiter zumindest teilweise der Aussage zustimmen, dass es im eigenen Arbeitsbereich noch „viel" Spielraum für Qualitätsverbesserungen gibt. Solche Ergebnisse sind mehr als nur eine Einladung der Mitarbeiter dazu, alle Parteien zusammenzubringen, um darüber zu sprechen, wie man diese Spielräume ausschöpfen kann (auf allen Ebenen). Sie sind geradezu eine Verpflichtung dazu, dieses Thema aufzugreifen. Ein Management, das eine solche *Chance* nicht nutzt, sollte dafür schon ganz besondere Gründe haben. Zeigt man Managern nämlich derartige Ergebnisse aus anderen MABs, dann reagieren sie i.d.R. etwa wie folgt: „Solche Ergebnisse hätten wir

---

[14] Der Begriff und die Berechnung der „Korrelation" wird im Anhang 2 erklärt.

auch gern! Damit könnte man etwas anfangen!" Dabei sind Ergebnisse wie diese völlig normal. In praktisch jedem Unternehmen sehen die Mitarbeiter große Verbesserungsspielräume. Sollte dies einmal nicht so sein, dann kann man das Thema erst recht aufgreifen und zusammen mit den Mitarbeitern (und Führungskräften) klären, warum in diesem Unternehmen nur so vergleichsweise kleine Verbesserungspotentiale gesehen werden. Stellt die MAB also die richtigen Fragen, dann ergeben sich *immer* gute Möglichkeiten für eine systematische Diskussion nicht nur von Zufriedenheits-, sondern auch von Leistungsthemen.

Eine Nutzensdiskussion zur MAB ist notwendig, birgt aber die Gefahr, dass der MAB-Experte die MAB *über*verkauft. Garantien dafür, dass eine MAB zu bestimmten positiven Effekten führt, können und sollten niemals gegeben werden, weil der Erfolg der MAB z.B. entscheidend davon abhängt, ob die Geschäftsleitung ihren Beitrag zur MAB leistet oder nicht. Entsteht der Eindruck, dass es sich hier um ein Programm handelt, das quasi mechanisch Ergebnisse liefert wie ein Cola-Automat seine Cola-Dosen, dann führt dies fast immer zu einer passiven Haltung aller Beteiligten und damit zu wenig Bewegung.

Erste Kostenschätzungen

Für eine Präsentation der MAB-Projektidee vor der GL braucht man Angaben dafür, was die MAB kostet. Dazu gehören zunächst die externen Kosten für Beratung, Datenerhebung und -erfassung, Datenauswertung und Berichterstellungen, Präsentationen und Empfehlungen, Konzeption, Trainings usw. Interne Kosten wie Personalkosten, Opportunitätskosten usw. sind schwer zu berechnen, sollten aber nicht nur unter dem Kostengesichtspunkt gesehen werden: Kommunikation, Abstimmung, Schwachstellenanalyse, Aktionsplanungen usw. finden auch ohne eine MAB ständig statt, dann allerdings auf unsystematischer Daten- und Analysebasis, eher unkoordiniert und ohne strategische Ausrichtung. Selbst eine MAB, die als reines Reparaturprojekt angelegt ist, sollte im Hinblick auf die internen Kosten eher *Einsparungen* verursachen. Eine gute Diagnose verursacht keine Probleme, sondern macht sie transparent und schafft damit die Voraussetzungen dafür, sie effizient und effektiv zu bearbeiten.

Eine Kalkulation der externen Kosten kann anfangs nur in Form von Modellrechnungen und Schätzungen[15] durch einen MAB-Experten erfolgen. Dafür wird zunächst unterschieden zwischen den Kosten für die Befragungsphase (Phasen 1 und 2 in Abbildung 1.1) und den Kosten für die Folgeprozesse (Phasen 3 und 4 in Abbildung 1.1). Für den ersten Teil ist besonders wichtig, ob die MAB als Stichproben- oder als Vollbefragung durchgeführt wird (siehe Abschnitt 2.7).

Die Kosten der Folgeprozesse sind für die Grundpositionierung der MAB durch die GL i.d.R. nicht entscheidend. Das Projektteam kann im weiteren Verlauf der MAB klären, ob, in welchem Umfang und in welcher Hinsicht externe Unterstützung erforderlich ist. Die Folgeprozesse gehen außerdem in die Planung und Umsetzung

---

[15] Eine ganz grobe (weil notwendigerweise sehr verallgemeinernde) Schätzung der externen Kosten einer MAB sind ca. 20 bis 50 Euro pro Mitarbeiter. Kostenschätzungen sollten natürlich möglichst realistisch sein. Im Zweifelsfall sollte man sich aber eher an einer Obergrenze orientieren. Nachbesserungen des Budgets sind immer problematisch.

verschiedenster Aktionen über, die zwar durch die MAB angestoßen werden, die aber nicht in die Kostenplanung der MAB gehören[16]. Es ist jedenfalls üblich, bei der Positionierung der MAB die Kosten für die Folgeprozesse gar nicht oder nur in grober Schätzung zu berücksichtigen.

Eine reine Kostenbetrachtung ist ohnehin eine zu enge Perspektive für die meisten MABs. Angesichts des potentiellen Nutzens einer MAB kann man die entstehenden Kosten auch als *Investitionen* betrachten. Prinzipiell ist eine saubere Diagnose des Ist-Zustands eine gute Investition, wenn ihr entsprechende Verbesserungsmaßnahmen folgen. Bei einer eher strategischen Ausrichtung der MAB wird mit der MAB zudem in den Faktor „Befähigung" (siehe Abbildung 2.2) investiert. Ein eher kleines, aber anschauliches Beispiel hierfür ist die Tätigkeit des MAB-Projektteams. Oft werden hierfür High Potentials oder mittlere Führungskräfte ausgewählt, die nicht nur operative Arbeit leisten, sondern im Verlauf des Projekts auch vieles lernen. Dazu gehört einerseits ein intimes Verständnis der Organisation, ihres Aufbaus und ihrer informellen Strukturen, ihrer verschiedenen Gruppen und Interessen, der Probleme ihrer Zusammenarbeit, der überall ersichtlichen Verbesserungspotentiale usw. Zum anderen lernen die Mitarbeiter des Projektteams auch allerlei sozialwissenschaftliche Methoden, Moderationstechniken, Aktionsplanungsverfahren usw., also Skills, die sie im Verlauf ihrer weiteren Karriere im Unternehmen sehr gut einsetzen können.

Bereitschaft der Organisation für eine MAB

Ein in der Praxis selten gründlich analysierter Gesichtspunkt des MAB-Kontextes ist die Bereitschaft der Organisation für eine MAB. Die Frage ist vielschichtig und hat selten eine eindeutige Antwort. Überlegungen hierzu sind aber notwendig, um die Bereitschaft ggf. durch geeignete Maßnahmen verbessern zu können oder um Risiken durch eine geeignete Positionierung der MAB zu minimieren. Nicht jeder MAB-Typ lässt sich jederzeit und überall erfolgreich durchführen. Das kann viele Gründe haben.

So ließ z.B. die GL eines Mittelstandsunternehmens eine MAB durchführen, weil sie gehört hatte, dass sich damit Zufriedenheit und Leistung der Mitarbeiter erhöhen lassen. Die MAB führte – wie erwartet – zu beträchtlicher Bewegung in der Firma. Die GL reagierte darauf jedoch defensiv und ohne den Willen zu echter Veränderung. Das führte dazu, dass sich das Klima zwischen Mitarbeitern und Management verschlechterte.

Hält man diesen Fall gegen die in Tabelle 2.1 aufgeführten Faktoren der Bereitschaft einer Organisation für eine MAB, dann erkennt man, dass hier gleich mehrere Kontraindikationen für eine groß angelegte MAB vom AEMP-Typ vorliegen. So war hier offensichtlich ein „Key Player" nicht bereit, sich „den Pelz nass zu machen". Zudem waren wohl auch die Erwartungen der GL an die MAB zu hoch, weil eine

---

[16] Manche Aktionen werden durch die MAB geradezu provoziert. In vielen Firmen ist z.B. klar, dass ein besseres System zur Leistungsbeurteilung und -belohnung eingeführt werden muss. Diese Einführung kann durch eine MAB hervorragend vorbereitet werden, weil die Mitarbeiter in einer MAB oft angeben, dass sie kaum einen Zusammenhang zwischen Leistung und Belohnung sehen. Das legitimiert dazu, einen entsprechenden Vorschlag für ein Lösungsmodell aus der Schublade zu ziehen. Die Kosten hierfür würde man aber nicht der MAB zurechnen.

Tabelle 2.1. Faktoren der Bereitschaft einer Organisation für MABs.

Faktoren	Facetten und Fragen
Ressourcen	Bereitschaft und Fähigkeit des Unternehmens, die für die MAB benötigten Ressourcen (Geld, Personal, Zeit) einzusetzen; Verfügbarkeit, Know-how und Skills der internen und externen Personen für die Planung und Durchführung der MAB
Zeitpunkt	Mögliche Konflikte der MAB zum avisierten Zeitpunkt mit anderen Aktivitäten oder Ereignissen im Unternehmen (Jahresabschluss, Ferienzeit usw.)
Umstände	Besondere Umstände, die gegen die MAB sprechen (Personalabbau, neue Geschäftsführung, Tarifverhandlungen usw.)
Kulturverträglichkeit	Werte, Normen, Tabus, Verhaltenskodices, Traditionen usw., die nur bestimmte MAB-Formen oder Fragen zulassen
Angst	Forderungen nach 100% Anonymität, Vertraulichkeit, Datenschutz; Angst vor Datenmissbrauch und Rache für Kritik
Offenheit	Psychologische Offenheit des Unternehmens für Neues, für externe Unterstützung, für Ratschläge, für Lernen
Erwartungen	Ansprüche an die MAB und ihre Erfüllbarkeit
Bedürfnisse	Stärke der Bedürfnisse, Leidensdruck
Key Player	Entschlossenheit der Key Player, die Ziele der MAB zu erreichen, auch wenn sie sich dabei „den Pelz nass machen müssen"
Widerstände	Ausmaß, Formen und Akteure (Quertreiber) des Widerstands gegen eine MAB, inkl. der mit ihr verbundenen Prozesse und Aktionen
Enthusiasmus	Ausmaß, Formen und Akteure (Missionare, Treiber, Change Champions) der positiven Unterstützung für eine MAB und ihre Prozesse
Strategieverträglichkeit	Ausmaß, in dem die MAB die Strategie transportieren und ihre Umsetzung unterstützen kann

MAB *per se* weder die Zufriedenheit noch die Leistung der Mitarbeiter erhöht. Mangelnde Offenheit i.S. von Nicht-Zuhören-Wollen oder -Können bei der GL ist vielleicht auch ein Aspekt, der dafür gesprochen hätte, in dieser Firma anfangs nicht mehr als nur eine MAB vom Typ Meinungsbefragung durchzuführen.

Ein häufigerer Fall als dieser ist Widerstand des Betriebsrats gegen eine MAB. Dafür gibt es die verschiedensten Motive. Eines davon ist die Überzeugung des BR, dass nur er die Interessen der Mitarbeiter vertreten darf, dass er dafür aber eine MAB nicht braucht, weil er die Meinung der Mitarbeiter sowieso schon kennt. Ein anderes Motiv ist politisch: Der BR stellt sich gegen die GL, um darüber zu verhandeln, was er oder „die Mitarbeiter" für die MAB bekommen. Ein drittes Motiv ist ein Machtkampf innerhalb des BR: Hier will sich z.B. ein traditioneller Gewerkschaftler dadurch profilieren, dass er gegen das Management auftritt. Motive dieser Art sind verbreitet und schwer zu handhaben, weil sie meist durch viele vorgeschobene Gründe und Bedenken verdeckt werden. Sie bilden aber einen entscheidenden Kontextfaktor für eine MAB („hidden agendas", siehe Abschnitt 2.4). Gegen den BR ist eine MAB nicht ohne weiteres durchsetzbar (Pauli, 1992). Also muss vorher sondiert werden, ob und wie man den BR zu einem Partner bei der MAB machen kann. Eine einfache Antwort hierauf lautet: Durch möglichst frühzeitige Einbindung (Informieren über die Absicht, eine MAB durchzuführen; Darlegen der Ziele und Konditionen der MAB; Vorstellen des Projektplans und der externen Berater; Beteiligen von Mitgliedern des BR im MAB-Koordinationsteam[17]; o.ä.).

Widerstände können bei einer MAB auch vom Management, insbesondere vom mittleren Management, kommen, weil dieses sich z.B. nicht der Gefahr einer „Basisdemokratie" aussetzen will. Die MAB muss so konzipiert werden, dass Bedenken dieser Art zerstreut werden können. Widerstände gegen die MAB, die dann noch verbleiben, sind oft nur Ausdruck von Angst vor dem Unbekannten, vor Veränderungen oder vor der bevorstehenden Arbeit. Sie erfordern evtl. ein gewisses Coaching, Angebote für spätere Unterstützung, aber letztlich auch klare Richtungsentscheidungen.

Wenn die Geschäftsleitung eine MAB nicht weiter unterstützt oder in ihrer Unterstützung sehr gespalten ist, dann sollte der MAB-Experte von der Durchführung einer MAB abraten. Ähnlich schreibt Schein (1988, S. 124): „Wenn ich merke, dass es zu Vermeidungsverhalten kommt, zu Unwilligkeit, die eigene Organisation kritisch zu betrachten, zu Verwirrung über die eigenen Motive und/oder zu Unklarheiten über meine potentielle Rolle als Berater, werde ich vorsichtig. Ich schlage vor, dass ohne weitere Erkundungen keine Entscheidungen getroffen werden oder dass ich die Beziehung beende, wenn ich definitiv pessimistisch bin, eine gute Beziehung herstellen zu können".

Einwände und Bedenken, die gegen bestimmte Details einer MAB vorgebracht werden, sind oft nur Ausdrucksformen eines allgemeinen Widerstands gegen Mitarbeiterbeteiligung, partizipative Führung o.ä. Man sollte daher bei den Überlegungen zum Kontext der MAB alle vorgebrachten Einwände auf ihren *sachlichen* Gehalt prüfen. So wird z.B. häufig zu bedenken gegeben, dass der avisierte Zeitpunkt nicht der richtige sei: Man solle die MAB vielmehr auf einen „passenderen" Zeitpunkt verschieben. Es kann sein, dass damit die MAB ganz verhindert werden soll. Es kann aber auch sein, dass der Bedenkenträger nur meint, dass eine MAB zum geplanten Zeitpunkt aus verschiedenen Gründen zu Ergebnissen führt, die „zu schlecht" sind oder die das Klima nicht richtig wiedergeben. Das Gegenargument ist, dass man die MAB nicht von ihren Befragungsergebnissen, sondern von ihren Zielen her planen sollte (siehe auch S. 57ff.).

Die weiteren Faktoren aus Tabelle 2.1 erklären sich weitgehend von selbst. Der Faktor „Ressourcen" z.B. stellt die Frage, ob die Organisation eine MAB dieses oder jenes Typs überhaupt stemmen kann. Es hat keinen Sinn, sich zu viel vorzunehmen und dann zu scheitern. Lieber sollte man ein schlankeres Programm konzipieren, das

---

[17] Die Beteiligung des BR an der MAB darf aber nicht so weit gehen, dass die Rollen von GL und BR verwischt werden. Die GL sollte dem BR in technischen Fragen entgegen kommen – wenn möglich – und ihn im Operativen beteiligen, damit er direkt informiert ist und mitarbeitet. Bei starkem und anhaltendem Widerstand des BR muss die GL evtl. die Konsequenzen ziehen und die Mitarbeiter darüber informieren, dass die geplante MAB nicht durchgeführt wird, weil der BR dies blockiert. Erfahrungsgemäß ist der BR letztlich aber immer bereit, die MAB zu unterstützen, i.d.R. sogar nachdrücklich.

evtl. im zweiten Zyklus erweitert werden kann, wenn die notwendigen Erfahrungen vorliegen und entsprechende Skills geschaffen wurden. Ähnliches gilt für „Kulturverträglichkeit" und „Angst". So ist z.B. das Herunterbrechen der MAB-Ergebnisse bis auf kleine Organisationseinheiten deshalb problematisch, weil dadurch die Angst vor Identifizierbarkeit bei den Mitarbeitern so groß werden kann, dass die Beteiligungsquote stark absinkt. Gleichzeitig steigt die Angst der Vorgesetzten vor Bloßstellung, weil ihnen die Ergebnisse der in jeder MAB enthaltenen Fragen zum Vorgesetzten persönlich zugeordnet werden können. Die Frage ist also: Hat die Organisation die nötige Reife, mit derartigem Feedback konstruktiv umzugehen? Wenn die Antwort Nein lautet, dann sollten die Daten nur in gröberer Granularität analysiert werden.

Der richtige Zeitpunkt für eine MAB

Eine für das Design der MAB immer zentrale Frage ist die nach dem richtigen Zeitpunkt für die Befragung. Die Antwort hierauf erfordert einige Überlegungen. Der einfachste Gesichtspunkt dabei ist der organisatorische. Die Befragung sollte zeitlich so gelegt werden, dass im Befragungszeitraum und im Zeitraum der Folgeprozesse möglichst viele Mitarbeiter anwesend sind. Gut geeignet für die Befragung in deutschen Unternehmen sind daher der Frühling, die Zeit vor den Sommerferien und der späte Herbst. Im ersteren Fall können die Befragung und die Nacharbeit bis einschließlich der Erstellung von Aktionsplänen vor dem Sommer abgeschlossen werden. In den beiden letzteren Fällen hat man den zusätzlichen Vorteil, dass die Datenanalyse während des Sommer- bzw. Weihnachtsurlaubs der Mitarbeiter erfolgen kann. Wenn diese dann aus dem Urlaub zurück sind, wird „unverzüglich" mit den Folgeprozessen weitergemacht, so dass für die Mitarbeiter subjektiv kaum ein Zeitintervall scheinbaren Nichtstuns entsteht. Zyklische MABs sollten möglichst immer im gleichen Monat stattfinden. In einigen Firmen wird dafür sogar ein fester Tag im Jahr gewählt. Das schafft Systemvertrauen.

In der Praxis tritt jedoch nicht selten der Fall auf, dass das Management – oft in letzter Minute – die Frage aufwirft, ob man die MAB nicht lieber verschieben sollte, z.B. auf das nächste Jahr, weil die Bedingungen für eine MAB jetzt gerade „ungünstig" seien. Diese Unsicherheit kann dadurch vermieden werden, dass die Terminierung der MAB von vornherein nicht nur unter organisatorischen Gesichtspunkten, sondern vor allem auch im Hinblick auf die Ziele der MAB diskutiert wird. Abbildung 2.4 verdeutlicht einige der dabei relevanten Facetten in Form eines Abbildungssatzes (Borg, 1992b). Dieser zeigt vor dem Pfeil einige Bedingungen für die Bewertung des Zeitpunkts und hinter dem Pfeil die Bewertung selbst.

Die Argumente dafür, warum ein Zeitpunkt „ungünstig" ist, zeigen nicht selten, dass dabei die eigentlichen Ziele der MAB eine geringe oder jedenfalls eine diffuse Rolle spielen. Typisch ist z.B. die Befürchtung, dass die Befragungsergebnisse „zu negativ" werden. Das kann heißen, dass das Management vermeiden will, selbst negativ kritisiert zu werden, sondern lieber auf einen Zeitpunkt warten möchte, zu dem es „bessere Noten" von den Mitarbeitern bekommt[18]. Andererseits können aber auch

---

[18] Dass die Ergebnisse „zu positiv" sein könnten, wird so gut wie nie befürchtet, obwohl natürlich auch in diesem Fall die „wahren" Einstellungen oder Meinungen verzerrt widergespiegelt werden.

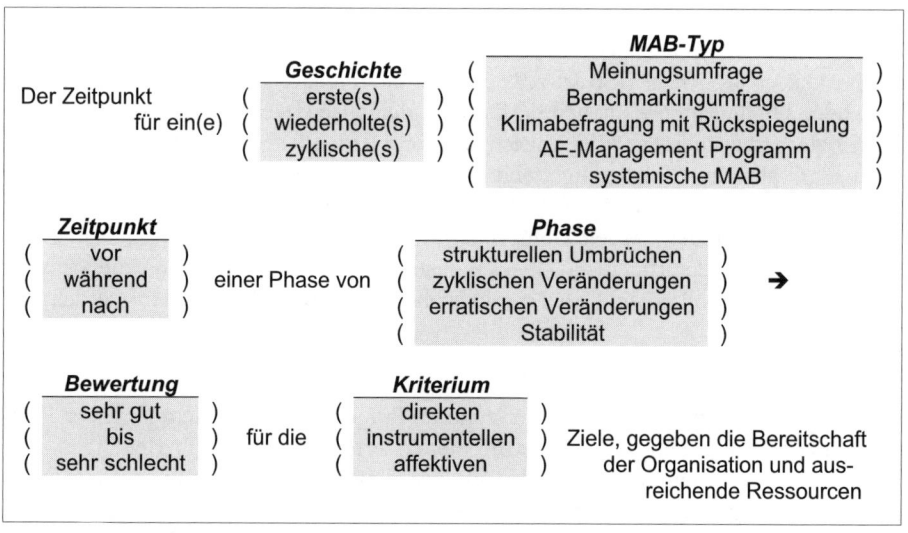

Abbildung 2.4. Abbildungssatz zur Findung des Zeitpunkts einer MAB.

instrumentelle Gründe eine Rolle spielen, z.B. die Befürchtung davor, dass sehr negatives Feedback eher zu Konfrontationen führt statt zu Verbesserungen. Ein weiteres, legitimes Motiv kann darin liegen, dass man keine MAB-Ergebnisse haben will, die allzu sehr von besonderen Ereignissen beeinflusst sind und sich daher als „statistische Ausreißer" für ein langfristig orientiertes Benchmarking wenig eignen. Hierzu zählt z.B. eine Situation, in der das Unternehmen kurz vor einer tiefgreifenden Restrukturierung steht. Eine MAB ist zu diesem Zeitpunkt selten nützlich, weil sich die Meinungen und Einstellungen der Mitarbeiter zum Zeitpunkt der Datenrückspiegelung auf eine dann überholte Situation beziehen. Im übrigen können sie u.U. nur noch mit erheblichem Aufwand – falls überhaupt – auf die veränderten Organisationseinheiten heruntergebrochen werden. Zudem kann ein struktureller Umbruch dazu führen, dass die Bereitschaft für eine MAB (z.B. bei Personalabbau[19]) oder die notwendigen personellen und finanziellen Ressourcen für einen Erfolg der MAB nicht ausreichen. In diesem Fall läge ein sinnvoller Zeitpunkt für eine MAB bald nach dem Umbruch: Dann kann man die Veränderungen ansprechen und sich einer Optimierung der neuen Situation zuwenden.

Es gibt also immer *gute* und *weniger gute* Gründe für eine Verschiebung der MAB auf einen späteren Zeitpunkt. Eine idealen Zeitpunkt wird man aber i. Allg. nicht finden können. Folkman (1998, S. 70) berichtet eine Befragung von Experten zum idealen Zeitpunkt einer MAB und kommentiert das Ergebnis wie folgt: „... es wurde of-

---

[19] Eine MAB („Ihre Meinung interessiert uns!") kann von den Mitarbeitern in dieser Situation u.U. als Zynismus des Managements aufgefasst werden. Das gilt dagegen nicht für fest terminierte, wiederholte MABs. Hier kann eine Verschiebung der MAB eher zu einer noch größeren Verunsicherung führen („Jetzt haben sie sogar die MAB gestrichen!").

fensichtlich, dass eine Organisation dann, wenn diese Bedingungen alle gelten, keine Befragung benötigt, weil sie bereits effektiv funktioniert." Annähernd ideale Bedingungen für eine MAB wären allerdings auch nur dann denkbar, wenn die Facette „Phase" in Abbildung 2.4 den Zustand „Stabilität" aufweist. Der heutige Normalfall ist jedoch eher gekennzeichnet von erratischen Veränderungen, also der in der populären Managementliteratur oft dramatisch als Wildwassertrip, Chaos oder ähnlich bezeichneten Situation von scharfem Wettbewerb und rasantem Wandel.

Bei allem stellt sich grundsätzlich die Frage, ob und wie die Meinungen und Einstellungen der Mitarbeiter von besonderen Ereignissen abhängen. Im Praxisfall eines Produktionsbetriebs hatte sich bei einer Wiederholungsbefragung die Situation fundamental geändert: Bei der ersten MAB war es nicht unwahrscheinlich, dass der Betrieb ganz geschlossen und die Produktion ins Ausland verlagert würde; bei der zweiten MAB hatte sich dieses Thema erledigt. Diese Veränderung hatte zur Folge, dass die Zufriedenheitswerte in der Zweitbefragung „quer Beet" anstiegen. Besonders deutlich aber veränderten sich die Antwortwerte bei thematisch relevanten Fragen, also z.B. bei der Einschätzung der subjektiven Arbeitsplatzsicherheit, bei der Fluktuationsneigung oder beim Vertrauen zum oberen Management. Thematisch irrelevante und weniger affektive Fragen (z.B. zu den Arbeitsplatzbedingungen) zeigten sich dagegen nicht systematisch beeinflusst. Das Beispiel demonstriert, dass sich besondere Ereignisse zwar auf die MAB-Ergebnisse auswirken können, aber nicht in der von Managern oft vermuteten völlig undifferenzierten Weise, also nicht derart, dass die Befragten unter negativen Vorzeichen einfach alles negativ bewerten und rundum Kritik an allem und jedem üben (siehe hierzu auch Nadler, 1977; Folkman, 1998).

Die Findung eines geeigneten Zeitpunkts für die MAB ist bei Erstbefragungen einfacher als bei Wiederholungsbefragungen. Bei letzteren muss zunächst geklärt werden, ob es einen *Transfer* von der alten MAB zur jetzigen gibt. Liegt die alte MAB zeitlich nicht zu weit zurück, kann man u.U. den alten Fragebogen unverändert wieder verwenden, die Ergebnisse mit den alten vergleichen, die Folgeprozesse nach den gleichen Modellen und mit den gleichen Instrumenten durchführen usw. Wiederholungen haben zudem den Vorteil, dass entsprechende Skills und Erfahrungen bei Führungskräften und Mitarbeitern vorhanden sein können. Verschiebungen einer geplanten MAB riskieren daher immer, dass die Zeitspanne zwischen den MABs so groß wird, dass ein solcher Transfer nicht mehr möglich ist.

Bei zyklischen MABs ergeben sich weitere Restriktionen. Hier besteht oft ein Commitment der Geschäftsleitung dafür, eine MAB z.B. alle zwei Jahre durchzuführen. In der Praxis zeigt sich meist, dass die GL hierzu stehen will („Wir haben das zugesagt!"), sich dabei aber unter Druck fühlt und die MAB aus bestimmten Gründen möglicherweise lieber um einige Monate verschieben möchte. Dann sollte sie sich die Frage beantworten, in welchem Ausmaß sie die Gründe für eine Verschiebung gegenüber den Mitarbeitern, aber auch gegenüber den Führungskräften und dem Betriebsrat überzeugend *darlegen* kann. Nicht übersehen sollte sie dabei Nebenziele wie Vertrauen, Verlässlichkeit und Stetigkeit. Ein weiterer Gesichtspunkt ist die *Vergleichbarkeit* der Daten unter zyklischen Veränderungen, zu denen jährliche Tarifverhandlungen oder Leistungsbeurteilungsgespräche, der allgemeine Stress vor dem Jahresabschluss, die Hektik großer Messen usw. gehören. Hier kann sich durch die

Verschiebung von wenigen Monaten die Vergleichsbasis verändern. Zumindest kann dies bei der Rückspiegelung der Ergebnisse ein ständiges Gegenargument werden („Das ist ja gar nicht vergleichbar!").

Am problematischsten sind Verschiebungen bei MABs grundsätzlich dann, wenn die MAB bereits ein- oder zweimal gelaufen ist und zu einer systemischen MAB ausgebaut werden soll. Das Problem hierbei ist, dass sich eine systemische MAB nicht einfach per Managementbeschluss aus dem Schrank holen lässt. Sie lässt sich auch nicht einfach extern einkaufen. Sie muss vielmehr – wie alle Teile des Führungssytems – *systematisch auf- und ausgebaut* werden: (1) So müssen die notwendigen Prozesse der MAB (z.B. Planungsprozesse, Bestellen von Berichten, Workshops) eingeübt werden; (2) die erforderlichen Skills (z.B. Moderationsskills, Aktionsmanagementskills) einer größeren Zahl von Mitarbeitern (aller Ebenen) beigebracht werden; (3) die Tools (z.B. Kommunikationsinstrumente, Fragebogen, Trainingsmanuale) geschaffen werden; und (4) interne Benchmarkingwerte gesammelt und regelmäßig auf den neuesten Stand gebracht werden. Zudem müssen die richtigen Erwartungen, Einstellungen und Verhaltensweisen von Mitarbeitern, Führungskräften, BR und GL in *praktischer Erfahrung* gelernt werden. All dies erfordert Verlässlichkeit und Wiederholungen. Es führt allerdings auch dazu, dass die MAB zunehmend effizienter und effektiver wird.

2.3 Erste Positionierung durch die Geschäftsleitung

Die MAB muss prinzipiell von der GL positioniert werden. Man sollte aber nicht erwarten, dass die GL von sich aus Ziele oder gar Nebenbedingungen für die MAB formuliert, die mehr sind als nur vage Richtungsangaben. Konkretere Maßgaben fallen ihr dann leichter, wenn ihr ausgearbeitete Entscheidungsvorlagen für eine Positionierung vorliegen. Diese Vorlagen stimmt man am besten zunächst mit einer Teilgruppe der GL ab. Je stärker die MAB strategisch orientiert ist, desto wichtiger ist es, dass bei dieser Vorabstimmung der Geschäftsführer selbst beteiligt ist. Zudem empfiehlt es sich auch, hierbei die Person zu involvieren, die für die Personalfunktion zuständig ist. Eine dieser Personen sollte im folgenden Projektverlauf auch die Rolle des *MAB-Sponsors* übernehmen. Dieser bildet im Verlauf der MAB das Verbindungsglied zur GL und trifft anfallende wichtige Entscheidungen.

Ziele

Für die GL und ihre Mitglieder gilt ebenso wie für den MAB-Promoter, dass sie i.d.R. nur vage oder eigentümliche Vorstellungen von einer MAB haben – ohne allerdings immer zu realisieren, wie unscharf oder einseitig ihre Ideen sind. Der MAB-Experte sollte sich daher immer die Mühe machen, die wesentlichen Merkmale, Potentiale und Risiken einer MAB präzise (aber kompakt) darzustellen. Dabei können auch typische Ziele einer MAB vorgestellt werden (siehe Tabelle 2.2). Im konkreten Anwendungsfall müssen diese weiter ausgearbeitet werden unter Berücksichtigung der folgenden Überlegungen.

Tabelle 2.2. Typische Zielkategorien einer MAB.

Ziel	Inhalte
Messen	Wie sehen die Mitarbeiter (verschiedener Geschäftsbereiche, verschiedener Ebenen, Angestellte und Arbeiter usw.) die Dinge? Wo sehen sie Schwachstellen, wo Stärken?
Einbinden	Systematische Kommunikation über alle Ebenen hinweg, Beteiligung an Veränderungen, mehr Verantwortung nach unten, Zusammenarbeit der Teams, Erhöhung der Veränderungsbereitschaft
Zufriedenheit erhöhen	Erhöhung der Mitarbeiterzufriedenheit, Beseitigen von Quellen für Unzufriedenheit und Konflikt, Erhöhung von Commitment und Vertrauen, Abbau von Spannungen
Leistung verbessern	Verbesserung der Feedbackkultur, klarere Ziele, Leistungsbelohnungen, systematisches Leistungsmanagement, Motivierung, Beseitigung von Schwachstellen, Ausbau von Stärken
Strategisch weiterkommen	Vermitteln der Strategie, Ausrichten aller Mitglieder der Organisation an der Strategie (Alignment), Umsetzen der Strategie im täglichen Handeln, Ausformulierung der Strategie im Detail vor Ort

Ein typischer Fehler bei der Formulierung eines Zielkatalogs ist, diesen zu einer *allumfassenden Wunschliste* auszuweiten – von Verbesserung der Kommunikation, über Steigerung der Produktivität, Umsetzung der Strategie, Übernahme von Selbstverantwortung auf allen Ebenen, Empowerment bis zur Verbesserung der Führung und Ähnlichem. Ein solche „Mile-wide-and-Inch-deep"-Liste führt notwendigerweise zu einer konturlosen MAB, die kein Momentum entwickelt, sondern nur träge dahin dümpelt. Das ist zwar leicht einzusehen, führt aber nicht immer zur richtigen Antwort. Scholtes (1998) berichtet hierzu ein interessantes Beispiel. Nachdem er die GL eines Unternehmens auf die exzessive Breite ihres Zielkatalogs aufmerksam gemacht hatte, reduzierte diese die Ziele auf die vermeintlich wesentlichen. Bei genauerer Analyse stellte sich aber heraus, dass sie lediglich einige Oberkategorien eingeführt hatte, unter denen sich alle bisherigen Ziele wiederfanden. An der Gesamtzahl der Ziele änderte sich also nichts.

Die Reduktion des Zielkatalogs muss nicht bedeuten, dass radikal gestrichen wird. Viele Zielkataloge erweisen sich nämlich ein eher ungeordnetes Gemenge von Ober- und Unterzielen (Borg & Staufenbiel, 1992; Borg et al., 1995). Ordnet man diese Ziele zunächst in einem *hierarchischen Netzwerk* (Hasse-Diagramm, Baum, Ober- und Untermengensystem), dann entsteht ein transparentes *Zielsystem*, das in sich abgeschlossen ist und sich nicht ständig gegen Erweiterungsversuche zu wehren hat. Die Erstellung eines solchen Systems erfordert Denk-Arbeit, aber diese zahlt sich allemal aus.

Allgemeine Oberbegriffe für das ganze Zielsystem können zusätzlich in Form eines *Mottos* für die MAB sinnvoll sein. Ein Beispiel hierfür ist das Motto „Satisfaction and Performance". Es wurde bei der SAP verwendet, um damit deutlich zu machen, dass die Ausrichtung der MAB nicht traditionell-hygienisch war, sondern dass vielmehr das Gesamtsystem von Leistung und Zufriedenheit mit all ihren Voraussetzungen und Zusammenhängen angesprochen werden sollte. Das Wortspiel mit dem Namen des Unternehmens sollte zusätzlich Aufmerksamkeit erzeugen.

Grundsätzlich muss für die Zielsetzung entschieden werden, ob die MAB eher strategisch ausgerichtet werden soll oder eher die unmittelbaren Bedürfnisse im Auge haben soll. Die MAB wird keine strategischen Veränderungen bringen, wenn sich die GL zu diesen Fragen nicht klar positioniert. Vor allem das mittlere Management wartet dann ab, versucht die Dinge auszusitzen, konzentriert sich auf Reparaturmaßnahmen und auf reines *Verändern* statt auf nachhaltiges *Verbessern*.

Risiken und Risikoabwehr

Eine MAB-Positionierung vollzieht sich immer vor dem Hintergrund von Überlegungen zu möglichen Risiken. Dabei muss man *vermeintliche* Risiken von *echten* Risiken unterscheiden.

Ein Beispiel für ein vermeintliches Risiko ist die oft geäußerte Sorge, dass die MAB zu Erwartungen führt, die nicht befriedigt werden können oder von bestimmten Gruppen für ihre Zwecke instrumentalisiert werden. So könnten die Mitarbeiter einfach mehr Geld fordern oder sich absichtlich besonders negativ zu ihrer Bezahlung äußern, um so die GL dazu zu „zwingen", die Gehälter anzuheben. Die Praxiserfahrung zeigt jedoch, dass Bezahlung i. Allg. kein besonderes Problemfeld in einer MAB ist. So waren z.B. in einem deutschen Großunternehmen nur ca. 25% der Mitarbeiter mit ihrer Bezahlung zufrieden. Trotzdem kamen aber alle Interessensgruppen (einschließlich des Betriebsrats) überein, dass hier kein unmittelbarer Handlungsbedarf bestand. Die wichtigen Maßnahmen wurden vielmehr konzentriert auf die Sicherung der Zukunft (Strategie verdeutlichen, Ausschöpfen von Verbesserungsspielräumen, Kundenorientierung, Rolle und Folgen von individueller Leistung u.ä.). Bezahlung spielte hierbei auch eine Rolle, aber nicht einfach i.S. von „Mehr Geld!", sondern i.S. von Leistung und ihren Folgen.

Gerade weil die Bedenken in diesem Beispiel weitgehend unbegründet sind, verdeutlicht der Fall die Wichtigkeit einer klaren Positionierung der MAB von Anfang an. Viele Missverständnisse lassen sich nämlich am besten dadurch vermeiden, dass sie proaktiv ausgeräumt werden. So wird z.B. oft nicht genau verstanden, für wen die MAB eigentlich durchgeführt wird. Die Bezeichnung „Mitarbeiterbefragung" legt erfahrungsgemäß für viele nahe, dass es sich hier um eine Aktion „für die Basis" handelt. Die GL sieht dagegen die MAB i.d.R. als ihr Instrument an. Die Positionierung kann hier eine Antwort geben, z.B. wie folgt: „Die MAB ist für das Unternehmen insgesamt da: Keine Gruppe sollte verlieren, alle sollten gewinnen."

Zu den echten Risiken zählen einige der Faktoren der Bereitschaft einer Organisation für eine MAB (Tabelle 2.1). So müssen die für den jeweiligen MAB-Typ notwendigen Ressourcen zur Verfügung stehen, die für Planung und Umsetzung von geeigneten Verbesserungsmaßnahmen erforderliche Zeit sowie das hierfür nötige Geld und Personal. Es kommt nicht selten vor, dass sich Führungskräfte wenig geneigt zeigen, ihre Ressourcen für derartige „Zusatzaufgaben" einzusetzen. Dieses Risiko lässt sich aber dadurch reduzieren, dass den Führungskräften – falls dies möglich ist – aufgezeigt wird, dass sich der Erfolg dieser Maßnahmen positiv auswirkt auf die Ziele, an denen sie selbst *gemessen* werden. Etwas plumper, aber ebenso wirksam ist es, die Führungskräfte an ihrem Beitrag oder Erfolg bei der Umsetzung der Maßnahmen zu messen. Damit werden diese Maßnahmen faktisch zu *Aufträgen*.

Ein anderes Risiko ist, dass die Anonymitätsbedenken der Mitarbeiter und die Ängste vor Bloßstellung bei den Führungskräften nicht ausgeräumt werden können. Das führt dazu, dass die Beteiligung an der MAB sinkt und dazu, dass sich Führungskräfte den Daten nicht stellen. Das Ausmaß der Ängste muss daher realistisch eingeschätzt werden und durch entsprechende Regelungen für die Verwendung der Daten und klare, verbindliche Informationen hierzu auf ein Mindestmaß reduziert werden.

Ein weiteres Risiko sind offene Widerstände, vor allem seitens des Betriebsrats. Solche Widerstände sollten proaktiv angegangen werden. Der Betriebsrat muss einerseits frühzeitig informiert werden. Zudem sollte er eine aktive Rolle in der MAB bekommen derart, dass er eines seiner Mitglieder als „linking pin" (Likert, 1961) in das MAB-Projektteam entsendet. So kann er an der Gestaltung der MAB mitarbeiten und bleibt über alle Vorgänge und Entscheidungen stets direkt informiert.

Widerstände anderer Gruppen oder wichtiger Key Player erfordern i.d.R. einen Mix von Aktivitäten. Kirsesuk & Lund (1979) empfehlen, zuerst mit der Quelle des größten Widerstands zu arbeiten, die Dinge zu besprechen, zu klären und dabei evtl. „technische" Modifikationen des Projekts zuzugestehen. Eine andere Empfehlung ist, Personen, die die MAB besonders unterstützen (z.B. Treiber, Change Champions), eine *Missionarsrolle* im Projekt zu geben. Ebenso kann man evtl. unterschiedliche Interessenslagen ausnützen, um politische Widerstände zu brechen. So wird z.B. der Betriebsrat eine MAB selten total blockieren, wenn das dazu führt, dass die MAB dann überhaupt nicht stattfindet und die Mitarbeiter darüber informiert werden, dass der Grund hierfür beim Betriebsrat liegt. Der Betriebsrat will sich letztlich als Vertreter der Interessen der Mitarbeiter nicht gegen die Mehrheit der Mitarbeiter stellen, die einer MAB erfahrungsgemäß immer sehr positiv gegenüber eingestellt sind (vorausgesetzt, die Anonymität des einzelnen Befragten ist sichergestellt). Wenn sich Widerstände nicht abbauen lassen, dann kann eine Lösung auch darin liegen, dass man als Kompromiss vorschlägt, die MAB zunächst nur als *Pilotprojekt* in einem Teil der Organisation durchzuführen, um damit „Erfahrungen" zu sammeln.

Konditionen und Nebenbedingungen

Eine MAB kann im konkreten Fall immer nur unter Beachtung der verschiedensten Konditionen konzipiert und durchgeführt werden. Die Konditionen machen Angaben über den Weg, der zur Erreichung der Ziele der MAB beschritten werden muss bzw. beschritten werden sollte. Zu den *Muss-Konditionen* gehören vor allem Spezifikationen über das Timing der MAB (Wann soll befragt werden?); über ihre Ausdehnung, d.h. darüber, welche Mitarbeiter in die MAB einbezogen werden sollen (Sollen die gesamte Firma oder nur gewisse Teile befragt werden?); und über die zur Verfügung stehenden Ressourcen, insbesondere das maximale Budget. Zu den *Soll-Konditionen* zählen Forderungen wie „Keine Gruppe darf bei der MAB verlieren!" oder Absichtserklärungen darüber, dass die MAB alle zwei Jahre wiederholt werden soll.

Viele Konditionen sind *Nebenbedingungen*, die gewisse Spielräume bieten und gegenseitige *Trade-Offs* erlauben. Nur ihre Idealausprägungen sind leicht angebbar. So sollte eine MAB idealerweise nichts kosten, keine Arbeitszeit verbrauchen, keinerlei Risiken haben, 100% Qualität erfüllen und jeden Termin halten. Die Trade-Offs sind hier offensichtlich. So kann man i.d.R. Kosten einsparen, wenn man den Qualitätsanspruch absenkt. Umgekehrt lässt sich u.U. die Qualität (z.B. die Teilnahmequote) steigern, wenn man mehr ausgibt (z.B. für intensive Werbekampagnen zur MAB). Für diese Bedingungen gilt es also einen optimalen Kompromiss innerhalb der Muss-Konditionen zu finden.

Das Ausformulierung zumindest der *harten* Konditionen ist notwendig für das Design der MAB. Sie hängen zudem mit den Zielen der MAB zusammen. Ein Ziel wie z.B. „Einbindung aller Mitarbeiter in Ist-Diagnose und strategische Aktivitäten" erfordert i. Allg. eine Vollbefragung der Mitarbeiter mit umfangreichen Folgeprozessen, während ein Ziel wie „Zuverlässiges Meinungsbild der Sichtweisen der Mitarbeiter" schon mit einer Stichprobenbefragung zu erreichen ist.

Auch die oben diskutierten Kontextfaktoren einer MAB können große Bedeutung dafür haben, wie die Konditionen der MAB formuliert werden. Ein besonders offensichtliches Beispiel hierfür ist das Problem der Wahrung der Anonymität. Ein weiteres Beispiel ist die Frage, welche Aktivitäten überhaupt zu bewältigen sind.

Minimalanforderungen der GL an Mitarbeiter und Führungskräfte

Ein Teil der Muss-Konditionen der MAB wird oft ausformuliert in einer kompakten Liste von Minimalanforderungen, die seitens der GL regeln, welches Verhalten von den verschiedenen Führungskräften, Arbeitsgruppen und Mitarbeitern in der MAB mindestens erwartet wird. Typische Beispiele für derartige Minimalanforderungen sind die folgenden:

- Die Führungskräfte *müssen* sich aktiv werbend dafür einsetzen, dass sich ihre Mitarbeiter an der MAB beteiligen. Druck darf dabei aber nicht ausgeübt werden.
- Alle Mitarbeiter *müssen* Gelegenheit bekommen, sich über die Ergebnisse der MAB zu informieren[20].
- Alle Mitarbeiter *müssen* Gelegenheit bekommen, die MAB-Ergebnisse zu diskutieren[21].
- Die Führungskräfte aller Ebenen *müssen* die MAB-Ergebnisse sorgfältig analysieren und auf sie in geeigneter Weise reagieren; die Mitarbeiter sind hierüber zu informieren.
- Die GL wird nach der Befragung möglicherweise einige allgemeine Handlungsfelder definieren. Falls das der Fall ist, *muss* jede Org-Einheit zu mindestens einem

---

[20] Das heißt nicht, dass jeder informiert *wird*, sondern nur, dass die Informationen zugänglich sein müssen. Was genau mit „die Ergebnisse" gemeint ist, ist absichtlich etwas vage formuliert, damit noch ein gewisser Handlungsspielraum bleibt. Mögliche Interpretationen von „die Ergebnisse" sind „die wichtigsten Ergebnisse" oder „die Ergebnisse, die für die jeweilige Organisationseinheit relevant sind".

[21] Kann z.B. im Rahmen der Regelkommunikation erfolgen oder in Meetings mit den Vorgesetzen. Die genaue Vorgehensweise bleibt aber offen. Sie kann jeweils vor Ort entschieden werden.

dieser Handlungsfelder einen Beitrag in Form eines Aktionsplans liefern, den diese Org-Einheit auch selbst umsetzen kann.

- Werden Aktionspläne implementiert, dann *muss* deren Umsetzung systematisch verfolgt werden; die Mitarbeiter sind über den Stand der Umsetzung regelmäßig zu informieren.
- Alle Spielregeln des MAB-Prozesses (Wahrung der Anonymität des Befragten, Verwendung von Vergleichen, Weitergabe personenbezogener Informationen usw.) *müssen* strikt eingehalten werden.
- Alle Beurteilungen und Bewertungen von Personen oder Personengruppen *müssen* konstruktiv (=für Verbesserungen) verwendet werden.

Diese Minimalanforderungen sind so noch recht abstrakt formuliert. Damit sie die gewünschten Effekte haben, müssen sie weiter konkretisiert und erläutert werden, z.B. im Rahmen der allgemeinen Information und Kommunikation zur MAB (siehe Kapitel 8). Ein Beispiel hierfür ist der letzte Punkt, der eine „konstruktive" Verwendung der Feedbackinformationen fordert. Hierunter wird oft Unsinniges verstanden, insbesondere dass jede Kritik „konstruktiv" sein muss. Diese Forderung ist potentiell schädlich, weil (a) der Kritisierende möglicherweise selbst keine Lösungen weiß, sehr wohl eine Schwachstelle aufzeigen kann, und (b) weil Lösungsvorschläge oft unausgereift sind und dann einer sinnvollen Lösung sogar im Wege stehen. Werden diese Lösungsvorschläge dann nicht so wie vorgeschlagen umgesetzt, entsteht ein lästiger und meist aufwendiger Erklärungsbedarf dafür, warum die Vorschläge so nicht realisierbar waren. In den obigen Minimalanforderungen ist dagegen mit „konstruktiv" gemeint, dass alle Seiten aus den MAB-Ergebnissen Maßnahmen ableiten sollen, die zur Verbesserung der Situation führen, statt ihre Energie mit der Suche nach „Schuldigen" oder der Bestrafung von Kritikern zu vergeuden. Welche Art von Kritik in den MAB-Prozessen zulässig ist (z.B. sachliche, differenzierte, konkrete, nicht aber persönlich diffamierende), kann in weiteren Spielregeln zur MAB definiert werden.

Erwartete Beiträge der Gruppen zur MAB

Ein wichtiges Element der MAB-Positionierung ist es, die Beiträge, die die GL von verschiedenen Gruppen der Organisation zum bzw. im MAB-Projekt erwartet, explizit auszuformulieren. Eine dieser Gruppen sind die *Mitarbeiter*. Von ihnen wird in jeder MAB erwartet, dass sie sich an der Befragung beteiligen und die Fragen offen und ehrlich beantworten. Im Gegensatz zu den obigen Minimalanforderungen sind diese Erwartungen weder kontrollierbar noch einklagbar. Die Mitarbeiter müssen sich nicht beteiligen, sie sollten es aber – ganz so, wie der Bürger zur Wahl gehen sollte.

Anders verhält es sich bei den Beiträgen, die von den *Führungskräften* erwartet werden. Sie sind deutlich verbindlicher. Führungskräfte sind anfangs meist der Meinung, dass sie mit der MAB nicht viel zu tun haben, insbesondere nicht mit ihrer Vorbereitung, um das sich ja ein Projektteam kümmert. Folglich unternehmen sie wenig, um ihre Mitarbeiter zur Teilnahme an der MAB zu motivieren. Die Konsequenz ist eine geringe Beteiligung. Die GL sollte daher von den Führungskräften ausdrücklich einfordern, dass sie sich aktiv – aber ohne dabei Druck auszuüben – dafür einsetzen, dass sich ihre Mitarbeiter an der Befragung beteiligen[22]. Die Führungskräfte müssen sich an diesem Anspruch messen lassen und sollten daher gute Antworten auf evtl. spätere Nachfragen „von oben" haben, was sie getan haben, um ihre Mitarbeiter zur Beteiligung zu motivieren. Noch wichtiger ist, dass von den Führungskräften gefordert wird, mit den MAB-Ergebnissen konstruktiv umzugehen und diese für gezielte Verbesserungsmaßnahmen zu nutzen. Auch hier gilt, dass die explizite Formulierung dieses Anspruchs spätere Nachfragen legitimiert: „Was haben Sie in Ihrem Verantwortungsbereich mit/aus den MAB-Ergebnissen gemacht?" Diese Ansprüche der GL an die Führungskräfte sollten daher als *Auftrag* in die Positionierung der MAB aufgenommen werden.

Auch gegenüber dem *Betriebsrat* sollte die GL darlegen, welchen Beitrag sie von ihm erwartet. Die Erwartung ist wiederum eine aktive Unterstützung, zumindest aber keine Behinderung. Erzwingen lässt sich diese Einstellung nicht. Die GL kann aber dem BR signalisieren, dass sie ihn in das Projekt stark einbinden möchte, so dass er nicht nur informiert ist, sondern die MAB auch mitgestalten kann. Eine Sonderrolle (z.B. ein Vetorecht) kann dem BR dabei aber nicht eingeräumt werden.

Schließlich gibt es in einer MAB – wie in jedem Projekt – zahlreiche Sonderrollen. Dazu gehört vor allem der *MAB-Projektleiter* und ein entsprechendes Projektteam („Koordinationsteam", siehe Kapitel 3). Die Erwartung der GL an den Projektleiter (und sein Projektteam) ist i.d.R. die, dass dieser die MAB nicht nur technisch einwandfrei abwickelt, sondern dabei keinesfalls das Klima beschädigt, sondern eher positiv beeinflusst.

Commitments der Geschäftsleitung

Auch für sich selbst sollte die Geschäftsleitung klären, was sie selbst zur MAB beitragen sollte und wozu sie sich explizit verpflichten will. Ein minimaler Anspruch wäre, dass sich die GL klar zur MAB positioniert. Eine MAB ist selten erfolgreich, wenn sich die GL auf nichts *festlegen* will, sondern nur eine gut gemeinte „Macht ihr mal!"-Parole ausgibt. Eine solche Vorgabe lässt das Projektteam weitgehend allein – ohne klare Ziele und ohne Gewicht gegenüber den verschiedenen Interessensgruppen. Letztlich trägt die GL in jedem Fall die Gesamtverantwortung für die MAB und diese sollte sie auch deutlich erkennbar ausfüllen. Je klarer das im voraus wird, desto erfolgreicher wird die MAB – vorausgesetzt natürlich, dass die GL die MAB nicht einseitig für ihre Zwecke ausnützen will, sondern deutlich macht, dass sie eine „Win-Win"-Strategie verfolgt und dabei auch ihren Beitrag zu leisten gewillt ist.

In der Praxis zeigt sich oft, dass die GL die MAB am liebsten ganz delegieren möchte. Das schafft eine ungünstige Ausgangsposition. Die Mitarbeiter gehen nämlich mit ihrer Teilnahme an der MAB einen „psychologischen Kontrakt" ein (Domsch & Schneble, 1991), bei dem sie als Gegenleistung zumindest erwarten, dass ihnen die

---

[22] Dazu müssen diese Führungskräfte ggf. den Zweck der MAB vor Ort erklären; betonen, dass die Anonymität des einzelnen Befragten sichergestellt wird; darauf hinweisen, dass bei Nichterreichen der erforderlichen *Mindestbeteiligung* (meist: 8 Personen) kein gesonderter Auswertungsbericht für das Team erstellt werden kann; und einfach deutlich machen, dass sie von jedem Mitarbeiter erwarten, zum Erfolg dieser Aktion beizutragen.

GL den Rücken gegenüber ihren Vorgesetzten stärkt. Zudem erwarten sie meist, dass die Ergebnisse später publiziert werden und dass mit geeigneten Maßnahmen auf die Befragungsergebnisse reagiert wird[23].

Als Gegenleistung für derartige Erwartungen sollte die GL ein Minimum *offizieller Commitments* eingehen und Zusagen wie z.B. die folgenden machen:

Die Geschäftsleitung wird ...

- ... sichtbar Verantwortung für die MAB übernehmen
- ... die Ergebnisse ernst nehmen
- ... übcr die Ergebnisse informieren: offen, ehrlich, zeitnah
- ... Nutzen für das Unternehmen aus den Ergebnisse ziehen

Commitments dieser Art müssen wohlüberlegt sein, weil sie einen besonderen Fokus bekommen und weil die GL dann auch entsprechend *liefern* muss. Die obigen Festlegungen sind z.B. nicht so unverbindlich, wie sie vielleicht auf den ersten Blick erscheinen mögen. Sie legitimieren die Mitarbeiter oder den Betriebsrat, sich z.B. später an die GL zu wenden und nachzufragen, was diese konkret unternommen hat, um aus den MAB-Ergebnissen „Nutzen für das Unternehmen zu ziehen".

2.4 Hidden Agendas

Mit einer MAB sind stets viele Absichten und Hoffnungen verbunden. Die meisten davon sind – zumindest am Anfang – eher vage und verborgen (siehe Eisbergmodell in Abbildung 2.5). In einem Praxisfall wollte sich der Personalleiter mit einer von ihm getriebenen, strategisch orientierten MAB für höhere Aufgaben empfehlen. In einem anderen Fall setzte sich ein Mitglied des Betriebsrats sehr für eine MAB ein, um sich damit allgemein sichtbar zu machen als Interessensvertreter der Mitarbeiter und so letztlich Betriebsratsvorsitzender zu werden. Umgekehrt kann eine MAB aber auch von einzelnen Personen oder Gruppen aus privaten oder politischen Motiven insgeheim hintertrieben werden. Derartige *Hidden Agendas* können mächtige Bremser – oder Treiber! – einer MAB sein.

Nicht öffentlich sind zudem viele Vorstellungen und Vorurteile darüber, was eine MAB überhaupt ist, wie sie durchzuführen ist, welche Bedingungen dabei selbstverständlich zu gelten haben usw.

Für das Gelingen einer MAB ist es förderlich, im Rahmen der Positionierung möglichst viele Hidden Agendas, vage Erwartungen und unterschwellige Vorstellungen in *offizielle*, *rational nachvollziehbare* und *kommunizierbare* Festlegungen zu überführen. Damit wird die MAB für alle Beteiligten und Betroffenen transparenter. Das MAB-Projektteam ist aber gut beraten, wenn es davon ausgeht, dass trotzdem noch zahlreiche Hidden Agendas bestehen bleiben. Es sollte daher auf alle Hinweise achten, die Aufschluss über diesen verborgenen Kontext der MAB geben können. Wenn es gelingt, die MAB so zu gestalten, dass dabei auch die persönlichen Ambitionen

---

[23] Das bedeutet nicht, dass die GL für jedes Problem eine sofortige Lösung liefern muss. Unter Umständen kann sie auch klarmachen, welche Themen nicht bearbeitet werden, und warum nicht.

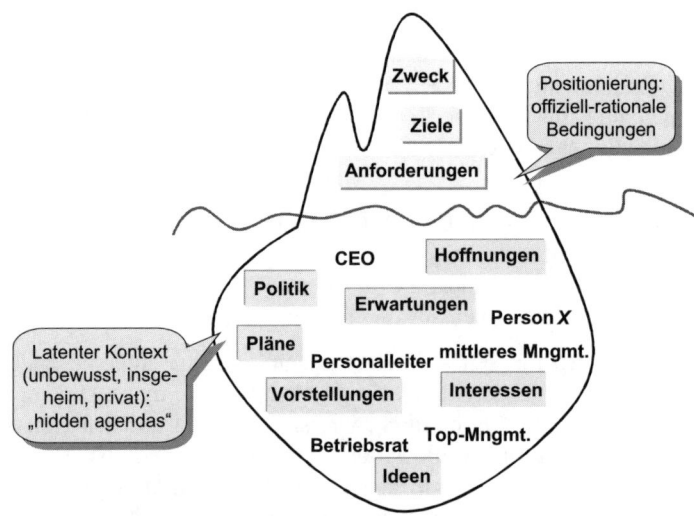

Abbildung 2.5. Offene und verborgene Bedingungen eines MAB-Projekts.

einzelner Key Player positiv bedient werden, kann dies für den Erfolg der MAB insgesamt nur nützlich sein.

2.5 Weitere Präzisierungen der Positionierung

Nach einer ersten Abstimmung mit der GL kann die MAB-Positionierung als konkrete Entscheidungsvorlage ausgearbeitet werden. Diese wird der GL bzw. dem Sponsor präsentiert, evtl. nochmals überarbeitet und schließlich verabschiedet. Ziel ist es, zu einer Positionierung zu kommen, die von der GL verstanden, als richtig empfunden und daher auch unterstützt wird. Zu den weiteren Präzisierungen der MAB gehört u.a. folgendes.

Allgemeine inhaltliche Orientierungen

Eine zentrale Frage der Mitarbeiter ist die, wer die Fragen der MAB formuliert hat und, vor allem, warum man gerade zu diesen, aber nicht zu anderen Themen Fragen stellt. Die Positionierung sollte hierzu eine Aussage machen. So kann man z.B. sagen, dass man bewährte Standardfragebögen verwendet, für die zuverlässige externe Benchmarks aus vergleichbaren Firmen vorliegen. Eine bessere Antwort wäre es, wenn man die Inhalte aus einer guten Theorie heraus ableiten kann[24], die sowohl die Mitarbeiterinteressen (insbesondere Zufriedenheit) als auch die Interessen des Unter-

---

[24] Eine solche Theorie könnte natürlich auch dem Standardfragebogen zugrunde liegen. In diesem Fall hat man gleich zwei gute Argumente: Inhaltlich-theoretische und empirische (Benchmarks).

nehmens (insbesondere Leistung) berücksichtigt. So bekommen die einzelnen Inhalte einen Zusammenhang, der auch eine Aussage darüber zulässt, ob die wichtigsten Themenfelder tatsächlich abgedeckt sind.

Eine solche Ausrichtung kann auch dazu dienen, zu verhindern, dass in letzter Minute noch ein Thema in die MAB „reingedrückt" wird. Oftmals sind solche Themen eher belanglos im Gesamtzusammenhang, erscheinen nur irgendwie „interessant", dienen nur den Interessen kleiner Gruppen oder werden deshalb in der MAB platziert, damit man dort auch eine Duftmarke setzt. Bisweilen sind diese Themen aber auch wenig durchdacht oder sogar heikel und für den Gesamtzweck schädlich.

Die GL sollte sich auch an der Definition der Inhalte der MAB beteiligen. Bisweilen versucht sie dies nur in Form thematischer *Ausklammerungen*. So wollte sie in einem Praxisfall das Thema Bezahlung in der MAB überhaupt nicht ansprechen, weil hierüber bereits kurz zuvor intensiv diskutiert worden war. Hier ist der Experte gefordert. Er muss die möglichen Konsequenzen einer solchen Entscheidung beurteilen und verdeutlichen. Ausklammerungen dieser Art stehen meist im Widerspruch zu den allgemeinen Zielen einer MAB. Themen, die *für die Mitarbeiter wichtig* sind, können nicht einfach unterdrückt werden: Oft werden sie gerade dadurch besonders thematisiert („Natürlich wird zur Bezahlung nichts gefragt!") und dann auch noch mit einem negativen Akzent, der für einen konstruktiven Dialog nicht hilfreich ist („Die haben versucht, uns ihre Themen aufzudrücken!").

Andererseits hat die GL immer Themen oder Fragen, bei denen sie gerne wüsste, was die Mitarbeiter denken oder bei denen sie die Mitarbeiter stärker einbinden möchte. Meist handelt es sich um *strategische* Themen, die die GL eher *abstrakt* oder *vage*, jedenfalls aber höchst selten in Form geeigneter Fragebogenitems formuliert. In der Praxis ist daher folgendes Vorgehen typisch. Der MAB-Experte präsentiert der GL den fertig ausformulieren MAB-Fragebogen und führt dabei insbesondere aus, zu welchen Themenfeldern die MAB Fragen stellen will. Die GL wird dann gebeten, zusätzlich noch das eine oder andere Thema, das ihr besonders wichtig erscheint, zu benennen. Es kommt zu einem Brainstorming mit Diskussionen. Dieses sollte möglichst genau dokumentiert werden, damit es genauer analysiert werden kann. Der Experte muss herausfinden, was die GL wirklich wissen bzw. erreichen will und ob und wie man das mit konkreten Items ansprechen kann. Selten werden die Themenfelder genauer benannt. Ein Beispiel hierfür wäre der Wunsch, in der MAB Fragen zu stellen, die „irgendwie" beim Thema „Halten der (guten) Mitarbeiter" helfen könnten.

Informationspolitik

MAB-Ergebnisse sind Daten, mit denen sorgsam umgegangen werden muss. Das sieht man an folgendem Beispiel. In einem mittelständischen Unternehmen wurde eine MAB durchgeführt. Sie enthielt u.a. die Frage, ob die Mitarbeiter der Zukunft mit Zuversicht entgegensehen oder nicht. Die Mitarbeiter beantworteten diese Frage eher negativ, aus verschiedenen aktuellen Gründen heraus. Da vereinbart worden war, dass es keine Zensur gibt, wurde jedem Mitarbeiter ein Schreiben mit einer statistischen Auswertung der MAB geschickt. Einige Tage später konnte man in der örtlichen Tageszeitung lesen, dass die Mitarbeiter die Zukunft des Unternehmens „düster" beurteilen. Diese Zeitungsmeldung war natürlich nicht im Interesse des Unternehmens und seiner Mitarbeiter. In späteren MABs in diesen Unternehmen wurde daher seitens der GL verdeutlicht, dass die MAB-Ergebnisse nur innerhalb des Unternehmens diskutiert werden dürfen. Schriftliche Auswertungsberichte wurden nur in begrenzter Zahl erstellt. Ihre Verteilung wurde genau kontrolliert. Kopien durften nicht angefertigt werden. Die Mitarbeiter sahen jedoch alle relevanten Statistiken auf Overhead-Folien in nachfolgenden Workshops. Dort konnten sie diese und ihre Konsequenzen auch weiter diskutieren.

Das Beispiel ist keineswegs exotisch. Fälle wie dieser kommen in der Praxis immer mal wieder vor, allein schon deshalb, weil auch Journalisten immer auf der Suche nach einer Story sind. Treffen sie auf entsprechende Informanten oder lancieren diese sogar aktiv entsprechende Mitteilungen an die Presse, kommt es schnell zu einer Presseveröffentlichung. Das gilt vor allem für Unternehmen, die aus irgendeinem Grund sowieso schon im Interesse der Öffentlichkeit stehen. Ob daher Maßnahmen wie die oben beschriebenen tatsächlich verhindern können, dass die MAB-Ergebnisse Unbefugten zugänglich werden, ist eher zweifelhaft. Sie verdeutlichen aber jedem, dass die MAB-Daten *nicht belanglos* sind und dass ihre Weitergabe nicht nur der Firma, sondern auch den Mitarbeitern schaden kann.

Mindestens ebenso wichtig ist es, dass in der Positionierung auch Festlegungen darüber gemacht werden, welche Politik für die Weitergabe der MAB-Ergebnisse *innerhalb* der Firma gelten soll. Hierzu wird nicht nur definiert, wer Zugang zu welchem Material haben soll, sondern auch, in welcher *Abfolge* die Rückspiegelung der Befunde erfolgt. Meist geht man sukzessiv von oben nach unten vor. Man beginnt bei der GL, geht dann zum Management der verschiedenen Geschäftsbereiche, dann zu den Führungskräften der nächsttieferen Organisationseinheiten usw., bis man zuletzt zu den Teams an der Basis kommt. Damit soll vermieden werden, dass z.B. das mittlere Management in eine Sandwich-Position zwischen der Top-Ebene und der Basis gerät, ohne selbst informiert zu sein über die MAB-Ergebnisse. Wenn das mittlere Management sich nicht mit den Ergebnissen beschäftigen kann, bevor sie an die Basis gehen, kann es zu Problemen kommen. Wenn eine Führungskraft negativ beurteilt wird, sollte sie etwas Zeit haben, sich hierauf einzustellen, evtl. sogar ein Gespräch mit ihrem Vorgesetzten oder mit einem Coach zu führen. Hat sie diese Zeit nicht, reagiert sie wahrscheinlich wie die meisten Menschen bei persönlicher Kritik, nämlich mit Abwehrverhalten, Aggression oder Verbitterung.

Vergleichen der Ergebnisse untereinander

Ein besonderer Teil der Informationspolitik ist die Frage, welche Vergleiche untereinander erfolgen sollen bzw. zugelassen sind. Hierzu sollte eine *allgemeine Philosophie* formuliert werden. Ein Beispiel aus der Praxis ist die Forderung, die MAB dürfe kein „Pferderennen" sein in dem Sinn, dass es nicht darum geht, wer auf welchem Platz durch das Ziel geht, d.h. wer die „besten" bzw. die „schlechtesten" Ergebnisse hat. Es wurde daher festgelegt, dass jede Abteilung nur jeweils „ihre" Ergebnisse zu sehen bekommt im Vergleich zu den Durchschnittswerten der übergeordneten Organisationseinheit. Ein Quervergleich wurde hier also nicht zugelassen. Das verhindert

Tabelle 2.3. Eine typisches Regelwerk für zulässige Vergleiche von MAB-Ergebnissen.

	Regel
1	Jede Abteilung erhält eine Auswertung ihrer Daten im Vergleich zu den Werten von übergeordneten Organisationseinheiten („Aufwärtsvergleich").
2	Führungskräfte (ab Ebene X), die mindestens zwei Organisationseinheiten führen, erhalten eine Auswertung dieser Einheiten im Quervergleich.
3	Die Mitglieder der GL erhalten einen Quervergleich aller Geschäftsbereiche.
4	Nur Organisationseinheiten mit besonders positiven Ergebnissen werden ggf. öffentlich herausgestellt; dies gilt ausdrücklich nicht für Organisationseinheiten mit besonders negativen Ergebnissen.

mögliche Ängste, hat aber den Nachteil, dass herausragende Abteilungen keine Anerkennung bekommen. Townsend & Gebhart (1992, S. 168) empfehlen daher folgende Regel: „Keiner außer den Mitarbeitern der Abteilungen, die die schlechtesten Ergebnisse haben, sollten wissen, dass ihre Abteilungen die meiste Arbeit vor sich haben. Andererseits verdienen die Abteilungen mit den besten Ergebnissen öffentliche Anerkennung."

Ein anderer Nachteil der Kein-Pferderennen-Regel ist, dass die oberen Führungskräfte damit schlecht bedient sind. Da es keine Quervergleiche gibt, können sie sich nur mühsam durch viele Einzelgespräche mit den ihnen unterstellten Führungskräften ein Bild von der Situation in ihrem Verantwortungsbereich machen. Daher verwendet man meist differenziertere Regeln wie die in Tabelle 2.3 gezeigten. Die Regeln 1 und 2 sind in Abbildung 2.6 veranschaulicht.

Regel 2 wird meist noch so verstärkt, dass die Führungskraft, die Quervergleiche bekommt, nur einen Quervergleich der ihr *direkt* unterstellten Einheiten bekommt. Sie bekommt keinen Quervergleich der Einheiten „weiter unten". Damit soll vermieden werden, dass die Führungskräfte, die für diese kleineren Einheiten direkt verantwortlich sind, übergangen werden. Mittlere Führungskräfte sind oft recht besorgt, dass ihr Vorgesetzter bis tief in ihren Verantwortungsbereich hinein sieht, ohne dass sie dazu etwas sagen können[25].

Es gibt allerdings auch Firmen, in denen keine derartigen Einschränkungen gemacht werden. Dort ist eher das Gegenteil richtig, d.h. man *forciert* den Vergleich z.B. durch *Ranglisten*. So werden z.B. die Niederlassungen geordnet nach der Zufriedenheit ihrer Mitarbeiter oder nach anderen Fragen aus der MAB. Diese Ranglisten werden dann ausgehängt „am schwarzen Brett". Ein solches Vergleichen führt zu enormem Druck auf die verantwortlichen Führungskräfte. Das kann positive (Motivation, etwas zu tun bei negativen Werten; öffentliche Anerkennung für gute Werte) und negative (Abwehrreaktionen; Resignation; Ressentiments, weil man sich unfair

---

[25] Mit der verschärften Regel 2 kann eine höhere Führungskraft natürlich trotzdem Einsicht in die Ergebnisse kleinerer Teams nehmen, muss dabei aber über die zuständigen unterstellten Manager gehen.

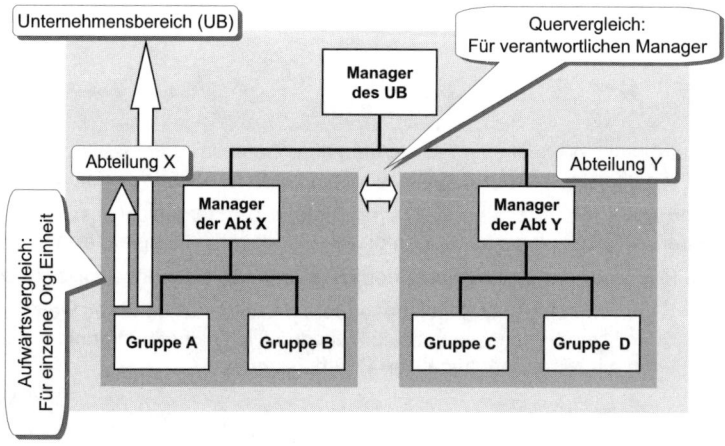

Abbildung 2.6. Veranschaulichung von zwei Regeln für zulässige Vergleichswerte.

behandelt fühlt) Effekte haben. Letztlich ist entscheidend, ob die Kultur des Unternehmens für derartige offene Vergleiche geeignet ist. Es gibt Firmen, da fordern die
Führungskräfte solche Ranglisten geradezu ein, wollen den „harten" Vergleich. Einschränkungen beim Vergleichen der MAB-Ergebnisse würden in einem derartigen
Umfeld dazu führen, dass die MAB keine Wirkung entfaltet („langweilig").

2.6 Anonymität und Datenschutz

Ein besonders heikles Thema der MAB-Positionierung sind Festlegungen, die Vertraulichkeit, Anonymität und Datenschutz der Umfragedaten betreffen. Es muss oder
soll ausgeschlossen werden, dass man herausfinden kann, wer in der MAB was gesagt hat. Im Fall von Vertraulichkeit ist ein solcher Rückschluss möglich (z.B. weil
der Name des Befragten zusammen mit seinen Antworten abgespeichert wird), wird
aber nicht durchgeführt. Im Fall von Anonymität ist ein solcher Rückschluss per
Konstruktion oder Vereinbarung ausgeschlossen.

Datenschutz

Für jede Befragung müssen Regelungen gefunden werden, die *personenbezogene* und
potentiell *sensible* Daten (Antworten im Fragebogen, Information über Teilnahme
oder Nichtteilnahme) vor Missbrauch schützen. Missbrauch heißt insbesondere, dass
diese Daten für einen anderen als den angegebenen Zweck verwendet werden. Der
Zweck ist eng verknüpft mit dem berechtigten Erkenntnisinteresse der Firma, das
nachvollziehbar arbeitsbezogen sein muss und den Mitarbeiter nicht in seinen Persön-
lichkeitsrechten beeinträchtigt. Was im Einzelnen dazu oder nicht dazu gehört, wird

zwischen der Firma und dem *Betriebsrat* ausgehandelt. Der *Datenschutzbeauftragte* muss sicherstellen, dass die Daten so *verarbeitet* werden, dass sie nur diesen Zwecken dienen können.

Bei einer MAB stellt sich zunächst die Frage, ob die Daten personenbezogen sind. Die Antwort hängt davon ab, wie die Daten erhoben werden. Erhält der Befragte z.B. bei Online-Befragungen seinen Zugang über seinen User Code und wird dieser zusammen mit seinen Antworten abgespeichert, dann sind die Daten personenbezogen. Man kann rückverfolgen, wer was geantwortet hat. Wird die Befragung dagegen postalisch durchgeführt ohne Namenserhebung und mit direkter Rücksendung an den Datenauswerter, dann lässt sich nur noch – und meist nur sehr eingeschränkt – über eine Kreuzung der demographischen Angaben auf den Einzelnen zurückschließen.

Dabei gilt i.d.R., dass der Befragte über die Informationen, die er gibt, *selbst bestimmen* kann. MABs sind fast immer *freiwillig*. Nimmt der Mitarbeiter teil, so kann er zudem noch einzelne Fragen auslassen. Nimmt er nicht teil, entstehen ihm dadurch keine Nachteile.

Oft übersehen wird der Datenschutz von Personen, die in der MAB (direkt oder indirekt) *beurteilt* werden. Fast jede MAB enthält z.B. Fragen zum Vorgesetzten. Kann man die Gruppe seiner Mitarbeiter identifizieren (z.B. als „Abteilung X"), dann ist klar, auf wen sich die Antworten beziehen. Die Verarbeitung dieser *Aufwärtsbeurteilungen* und ihr Verwendungszweck müssen vor der MAB geregelt werden.

Hierfür *muss* man den Datenschutzbeauftragten „rechtzeitig" in das MAB-Projekt einbinden und ihn informieren über die geplante Erhebung, Verarbeitung, Speicherung und Verwendung der MAB-Daten (§37 BDSG). Besser noch ist eine *aktive* Einbindung, möglichst schon dann, wenn das Grunddesign der MAB ausformuliert ist. Man trifft dann zusammen Festlegungen (für die Firma „ABC") wie folgt:

- Der Datenschutzbeauftragte und der Betriebsrat der ABC werden aktiv eingebunden in das MAB-Projekt.
- Es werden nur arbeitsbezogene, keine persönlichen Fragen gestellt.
- Die datenschutzrechtlichen Bestimmungen werden strikt eingehalten (z.B.):
    - Originalfragebögen werden nach Datenerfassung vernichtet.
    - Daten werden verschlüsselt archiviert beim externen Institut.
- Die ABC hat keinen Zugriff auf die Rohdaten (=Daten einzelner Personen); sie bekommt nur Datenauswertungen mit zusammenfassenden Statistiken.
- Bei der Datenerhebung werden technische und organisatorische Regelungen gefunden, die sicherstellen, dass hinreichender Datenschutz gilt und gleichzeitig (je nach Modus) ...
    - ... mehrfache Teilnahme verhindert wird
    - ... der Rücklauf der Fragebögen verfolgt werden kann
    - ... Nachfassaktionen möglich werden
    - ... die Daten kostengünstig an den Auswerter übermittelt werden
- Es muss für jeden Mitarbeiter deutlich gemacht werden, wann welche Daten wo liegen und wer darauf Zugriff hat.
- Es muss vorab geklärt werden, wer wann welche Ergebnisse zu sehen bekommt.
- MAB-Ergebnisse, die Aufwärtsbeurteilungen darstellen, dürfen nicht zur öffentlichen Bloßstellung von Führungskräften führen.

Ein Teil der obigen Regeln ist offen gelassen. Hier sind jeweils Antworten zu finden, *die dem Erhebungsmodus entsprechen*. Für eine Papier-und-Bleistift-Befragung sind z.B. folgende Spezifikationen denkbar:

1. Teilnahmeberechtigt sind alle nicht beurlaubten Mitarbeiter mit einem festen Arbeitsvertrag.
2. Bei Abgabe des Fragebogens oder, alternativ, beim Verteilen des Fragebogens wird der Name des Mitarbeiters in der Liste der Teilnahmeberechtigten, die von einer neutralen Person geführt wird, gestrichen; diese Liste ist nur dem MAB-Projektteam zugänglich; sie dient dazu, Doppelantworter zu verhindern; nach Abschluss der Datenerhebung wird sie vernichtet.
3. Die Fragebögen werden vom Mitarbeiter nach dem Ausfüllen in einen Umschlag gesteckt; dieser wird zugeklebt und in eine Urne eingeworfen; die Urnen stehen unter neutraler Aufsicht; sie werden nach Beendigung der Datenerhebung – ebenfalls unter neutraler Aufsicht – entleert, ihr Inhalt in Säcke verpackt, die plombiert und an das externe Institut verschickt werden.
4. Das externe Institut erfasst die Fragebogendaten auf elektronischen Datenträgern und vernichtet dann die Fragebögen qualifiziert.
5. Die Daten werden nur beim externen Institut gespeichert; die Firma hat keinen Zugriff auf diese Daten.

Die unter Punkt 2 beschriebenen zwei Alternativen illustrieren, was es mit dem Betriebsrat auszuhandeln bzw. sinnvoll festzulegen gilt. Streicht man den Namen des Mitarbeiters beim Abgeben des Fragebogens, hat man genauere Informationen über den Rücklauf und kann gezielter nachfassen. Andererseits kann so aber ein als lästig empfundener Teilnahmedruck entstehen. Zudem können Zweifel aufkommen, ob die Teilnahmelisten wirklich vertraulich bleiben. Beides begünstigt *Ausweichverhalten* (Nichtteilnahme, Abgabe geschönter Antworten im Fragebogen).

Ein weiterer Gesichtspunkt des Datenschutzes ist die Verteilung der Ergebnisse, die bereits oben diskutiert wurde. Innerhalb der Firma müssen sie so verteilt werden, dass sie nicht in falsche Hände geraten.

Anonymität des Befragten

Besonders im Vordergrund steht bei jeder MAB die Frage, wie die Anonymität des einzelnen Befragten sichergestellt wird. Transparenz, Nachvollziehbarkeit und Akzeptanz der Regelungen, die hierfür getroffen werden, bestimmen wesentlich den Entschluss des Mitarbeiters zur Teilnahme. Typische Regelungen sind die folgenden:

- Die Teilnahme an der MAB ist *freiwillig*.
- Der Name des Befragten wird *nicht* erhoben.
- Nur [drei] demographische Merkmale werden erhoben (um später wichtige Unterschiede sehen und gezieltes Feedback geben zu können):
    - Dauer der Betriebszugehörigkeit (in 5 Abstufungen)
    - Organisationseinheit
    - Hierarchische Ebene (5 Ebenen)

- Jede Frage sollte, muss aber nicht beantwortet werden: Auslassungen sind möglich.
- Die Ergebnisse der MAB werden nur in Form zusammenfassender Statistiken berichtet (z.B. Durchschnittswerte).
- Nur Gruppen von mindestens acht Teilnehmern werden gesondert ausgewertet.

Die dritte Regel („drei" Merkmale) ist eine spezielle Festlegung aus einem Praxisfall. Grundsätzlich sollte man *möglichst wenig* demographische Merkmale abfragen, nämlich nur die, die man für eine aussagekräftige Datenanalyse *wirklich braucht*. Dass man sie wirklich braucht, muss so erklärt werden, dass es jeder Mitarbeiter nachvollziehen kann.

Das ist z.B. bei Fragen, zu welcher Organisationseinheit oder zu welcher Hierarchieebene (von der Basis bis zur Geschäftsleitung) der Befragte gehört, offensichtlich: Diese Informationen sind nötig, um die Ergebnisse später entsprechend *aufbrechen* und *differenziert* zurückspiegeln zu können. Ohne diese Informationen wäre nur ein Ergebniseintopf möglich, der wenig Aussagekraft und Wirkung hätte.

Wozu dagegen eine Information wie die Dauer der Betriebszugehörigkeit dienen soll, ist nicht von vornherein klar. Man muss also erklären, warum man wissen will, ob sich neue und alte Mitarbeiter in ihrer Zufriedenheit, ihren Einstellungen und Meinungen systematisch unterscheiden. Die Notwendigkeit, hierüber verlässliche Trendaussagen zu bekommen, muss den Mitarbeitern einleuchten.

Die Darlegung der Verwendungsabsicht ist deshalb nötig, weil man[26] mit immer mehr demographischen Informationen per *Rasterfahndung* herausfinden kann, wer was gesagt hat, ohne den Namen selbst zu erheben: „Eine Person, die weniger als 2 Jahre an Bord ist, die eine Frau ist, die aus der Abteilung *X* ist usw. muss einfach 'die Müller' sein; wollen wir also mal sehen, was die über ihren Chef gesagt hat!" Um eine solche Zuordnungsmöglichkeit der Antworten auf bestimmte Personen zu verhindern, wird stets vereinbart, keine Antworten einzelner Personen zu berichten, sondern immer nur Statistiken (z.B. Durchschnittswerte), die die Antworten mehrerer Personen *zusammenfassen*. Der Einzelne bleibt damit in den Ergebnissen der Gruppe „versteckt". Die Regel lautet also, dass die *kleinste auswertbare Gruppe* mindestens N Teilnehmer haben muss, wobei man für N i.d.R. $N \geq 8$ setzt. Das erlaubt gerade noch eine Auswertung für ein Team von 12 Personen bei einer Zwei-Drittel-Beteiligung.

Größere Werte für N sichern zwar die Anonymität des Einzelnen noch besser, verhindern aber, dass kleine Gruppen (z.B. der Vorstand!) eine Auswertung „ihrer" Daten bekommen können. In Unternehmen mit vielen kleinen Teams sollte man daher eher z.B. $N \geq 6$ setzen bzw. mit den Mitarbeitern aushandeln. Das gilt vor allem für iMABs, bei denen man diese Ergebnisse für nachfolgende Workshops braucht, und verstärkt dann, wenn eine eher geringe Beteiligung absehbar ist.

Bisweilen werden diese Mindestgrößen sehr hoch angesetzt (z.B. auf 500 Personen). Dann spielen aber meist noch weitere Motive mit, z.B. die Frage nach den Res-

---

[26] Genauer gesagt gilt dies nur für Personen, die mit dem jeweiligen Profil etwas anfangen können. Sie müssen die Personen aus der Auswertungsgruppe so gut kennen, dass sie wissen, welches Profil welche Person beschreibt.

sourcen. Entscheidungen dieser Art sollten gut begründbar sein, damit sie allseits verstanden und akzeptiert werden. Im Extremfall ist totale Anonymität – nach unten zum Befragten und nach oben zum Vorgesetzten – sichergestellt, aber die Aussagekraft der Ergebnisse nur noch gering, weil nur noch Statistiken berichtet werden, die sehr hoch aggregiert sind. Diese erlauben nur entsprechend verallgemeinernde Trendaussagen, die für treffsichere Verbesserungsmaßnahmen u.U. wenig hilfreich sind. Sie werden zudem gerne als „Einheitssuppe" kritisiert und bewirken schon deshalb wenig, weil sich keiner angesprochen fühlt.

Plant man wiederholte MABs, dann kann man die Mindestgröße im ersten Zyklus eher ein wenig höher ansetzen, um damit evtl. bestehende Anonymitätsbedenken aus zuräumen. Wenn die MAB und der Umgang mit Feedback einmal eingeübt sind und entsprechendes Vertrauen aufgebaut ist, dann kommt von den Mitarbeitern und den Führungskräften automatisch der Wunsch nach kleineren Auswertungseinheiten.

Vertraulichkeit und Feedback müssen also für die Ziele der Mitarbeiter, der Vorgesetzten und des Unternehmens in ein optimales Gleichgewicht gebracht werden. Mitarbeiter, die sich aus Angst vor Identifikation an der MAB nicht beteiligen, müssen zugleich wissen, dass für ihre Organisationseinheit keine eigene Auswertung vorgenommen wird, wenn die kritische Anzahl von Personen nicht erreicht wird.

Manchmal fordert der Betriebsrat aus Gründen des Anonymitätsschutzes einen großen Minimalwert. Nach der Befragung beschweren sich dann aber die kleineren Teams, dass sie keine eigenen Auswertungen bekommen. Nach dieser Erfahrung, dass vollständige Anonymität und differenziertes Feedback nicht gleichzeitig zu haben sind, einigt man sich bei späteren MABs i.d.R. auf kleinere Minimalwerte. Bei Erstumfragen kann man also u.U. größere Minimalwerte akzeptieren, wenn dies aus klimatischen Gründen nötig ist. Damit verbaut man sich nichts für spätere MABs.

Wenn es im Unternehmen Teams sehr unterschiedlicher Größe gibt, ist eine feste N-Regel schwierig. Die kleinen Teams wollen dann oft eine *Ausnahmeregelung*, etwa der folgenden Art: „Gruppen, bei denen sich weniger als 8 Mitarbeiter an der MAB beteiligen, können nur in begründeten Ausnahmenfällen ausgewertet werden; auf jeden Fall muss dazu ein schriftliches OK von *jedem* Mitglied der Gruppe vorliegen."

Bei Befragungen, bei denen die Mitarbeiter frei formulierte Kommentare abgeben können, ist die Zusicherung von Vertraulichkeit schwierig, weil aus Inhalt und Ausdrucksweise des Kommentars ersichtlich werden kann, von welcher Person der Kommentar stammt. Die Kommentare müssen daher ebenfalls zu Trendaussagen zusammengefasst, auf jeden Fall aber sprachlich bearbeitet werden.

Anonymität der Vorgesetzten

Eine andere Art von Vertraulichkeit ist der Schutz des einzelnen Vorgesetzten. Fast jede MAB enthält Fragen zum Vorgesetzten, auf jeden Fall aber Fragen zu Themen, für die der Vorgesetzte verantwortlich ist. Bricht man die Befragungsdaten bis auf Teamebene herunter, dann beziehen sich die Ergebnisse bei diesen Fragen i.d.R. auf eine Person, den Vorgesetzten dieses Teams. Man muss klären: Ist diese Zuordbarkeit gewollt? Können die Vorgesetzten damit umgehen? Hat das Unternehmen hierfür die nötige Reife (Feedbackkultur, Zuhören bei den Vorgesetzten, Sachlichkeit bei den

Unterstellten, gegenseitiges Vertrauen, eine konstruktive Grundeinstellung usw.)? Bei einer eher vorsichtigen Antwort auf diese Fragen sollte man die Mindestgröße relativ groß wählen (z.B. mindestens 30 Personen), so dass sich die Ergebnisse nur noch auf *mehrere* Vorgesetzte beziehen. Evtl. kann man für die Vorgesetzten auch Hilfestellungen und Empfehlungen geben, wie sie mit diesen Daten umgehen können (siehe die Tabellen 11.1-3, S. 272ff.). Eine weitere Möglichkeit liegt in der Zusicherung, dass die Aufwärtsbeurteilungen nicht Teil ihrer Leistungsbeurteilung werden.

2.7 Vollbefragung versus Stichprobenbefragung

Bei der Positionierung einer MAB – vor allem in größeren Organisationen – steht die Frage, ob die MAB als Voll- oder Stichprobenbefragung durchgeführt werden soll, meist so im Vordergrund, dass auf sie etwas ausführlicher eingegangen werden soll.

Statistische Aspekte

Repräsentativität. Für den statistischen Laien ist es oft überraschend, mit welch kleinen Stichproben z.B. der Ausgang der Wahlen zuverlässig vorhersagbar ist. Gallup hat angeblich (Kagay & Elder, 1992) gesagt, dass man einem Menschen ja auch nicht sein gesamtes Blut entnehmen muss, um treffende Aussagen über seine Blutwerte machen zu können. Das ist allerdings nur deshalb der Fall, weil ein Tropfen Blut *repräsentativ* ist für die gesamte Blutmenge, d.h. weil er in allen relevanten Merkmalen jedem anderen Blutstropfen gleicht. Diese Repräsentativität herzustellen ist die größte Herausforderung für die Konstruktion einer Stichprobe[27].

Aussagengenauigkeit. Die Befunde einer Stichprobe sind immer nur Schätzungen für die eigentlich interessierenden Parameter der Population. Diese Schätzungen sind grundsätzlich mit Unsicherheit behaftet (z.B.: „20% der Mitarbeiter, ±3%, haben die Absicht die Firma zu verlassen, mit 95% Wahrscheinlichkeit"). Die Unsicherheit kann man zwar durch eine aufwendige Stichprobenkonstruktion und durch eine große Stichprobe reduzieren, aber sie bleibt immer bestehen.

Differenzierbarkeit. Stichproben erlauben i. Allg. gute Schätzungen für die Population insgesamt. Will man ebenso verlässliche Aussagen für Teilgruppen der Population machen (z.B. über die Führungskräfte im Geschäftsbereich Vertrieb im Saarland bei einem bundesweit operierenden Konzern), dann muss man sicherstellen, dass die Stichproben auch für diese Teilgruppen ausreichend groß und repräsentativ sind. Das führt dazu, dass die Stichproben insgesamt deutlich größer werden müssen[28]. Bei der

---

[27] Es sei angemerkt, dass relativ kleine Stichproben nur bei großen Organisationen ausreichen. Bei kleinen Organisationen muss dagegen u.U. eine Stichprobe gezogen werden, die deutlich mehr als 50% der Belegschaft umfasst, damit eine ausreichende Schätzgenauigkeit erreicht wird (siehe dazu Kapitel 7.5). Die Ziehung einer solchen Stichprobe ist möglicherweise teurer als eine Vollbefragung!

[28] Während bei Wahlprognosen i.d.R. nur wenig mehr als 1.000 Personen befragt werden, musste z.B. bei einer MAB bei der Deutschen Bahn AG in 1995 eine Stichprobe von 15.000 Mitarbeitern befragt werden. Selbst bei dieser großen Stichprobe waren aber nur relativ allgemeine Aussagen möglich, so

Konstruktion einer Stichprobe muss man also vorher überlegen, welche Teilauswertungen später nötig werden. Fragestellungen, die sich erst später bei der Analyse der Daten ergeben, können u.U. nicht weiter verfolgt werden. Beabsichtigt man zudem, MABs wiederholt durchzuführen, dann ist es oft nötig, aus älteren MABs Statistiken neu zu berechnen, um damit Entwicklungstrends aufzeigen zu können. Der einfachste Fall ist der, in dem infolge einer Reorganisation neue Strukturen entstanden sind: Um hier Veränderungstrends aufzuzeigen, muss man für die Mitarbeiter, die in neuen Gruppen zusammengefasst wurden, neue Auswertungen der alten Daten vornehmen. Das ist bei kleinen Stichproben i. Allg. mangels Masse schwierig.

Ausschöpfung. Bei Vollbefragungen kann man mit einer besseren Ausschöpfung (Rücklaufquote, Beteiligung) rechnen als bei Stichproben. Bei Stichproben sind Ausschöpfungsquoten von ca. 60% i. Allg. schon recht befriedigend; bei Vollbefragungen kann man (bei Gruppenerhebungen) mit 90% und mehr rechnen. Im übrigen ist es bei Vollbefragungen relativ leicht, nach dem ersten Erhebungszeitpunkt bei den Gruppen pauschal nachzufassen, bei denen der Rücklauf gering war.

Datenqualität. Bei knappen Kostenvorgaben können Stichproben qualitativ bessere Daten liefern als Vollbefragungen, weil dann mehr Zeit und Geld in Umfang und Konstruktion der Fragen, Motivierung der Befragten, Sorgfalt der Datenerhebung, -erfassung und -bereinigung u.ä. investiert werden kann.

Geschwindigkeit. Kleinere MABs zu eng begrenzten Themenbereichen (z.B. zur Qualität der Kantine) sind als Stichprobenbefragungen relativ schnell durchführbar. Die Ergebnisse liegen eher vor, weil der organisatorische Aufwand geringer ist.

Kosten und Kostenargumente

Kosten. Stichproben können bei *großen* Organisationen erheblich billiger sein als Vollbefragungen. Allerdings erfordert auch die Konstruktion, Erhebung und Überprüfung einer repräsentativen Stichprobe Geld und vor allem Zeit. Zudem führen Stichproben oft zu unvorhergesehenen Folgekosten. Bei ihnen ist z.B. die Möglichkeit, die Daten nach demographischen Merkmalen herunterzubrechen, begrenzt, weil die Teilstichproben zu klein werden für verlässliche Statistiken oder weil man an die vereinbarte Mindestgröße zur Wahrung der Anonymität stößt. Auswertungsprobleme dieser Art ziehen langwierige Überlegungen nach sich, welche Gruppen wie zusammengelegt werden könnten, um doch noch zu nützlichen Datenauswertungen zu kommen.

Kostenargumente. Die Berechnung der Kosten einer MAB ist teilweise eine Definitionsfrage. Eine Sichtweise ist, dass die MAB u.a. Schwachstellen aufzeigt und diese dann in den Folgeprozessen koordiniert bearbeitet werden. Das ist letztlich billiger, als diese Probleme zu ignorieren oder sie jeweils einzeln zu bearbeiten. Hier wird also nicht nur eine Kosten-, sondern eine Kosten-Nutzen-Rechnung aufgemacht. Andererseits ist der Nutzen einer MAB zunächst nur eine Hoffnung, die Kosten wie verlorene Arbeitszeit, Fragenbogendruck, Briefmarken, Datenauswertung usw. fallen dagegen sofort und ganz konkret an. Sie sind daher sichtbar und werden möglicherweise von den Mitarbeitern, dem Betriebsrat oder dem Management stark betont

---

dass ein Geschäftsbereich später noch eine Vollbefragung nachzog, um gewisse Unterscheidungen, die für diesen GB von besonderem Interesse waren, statistisch zuverlässig durchführen zu können.

(z.B.: „Das Geld könnte man sparen."). Eine vergleichsweise billige Stichprobe kann daher eine höhere Akzeptanz haben.

Psychologische Gesichtspunkte

Einbindung. Vollbefragungen bedeuten immer eine volle Einbindung aller Mitarbeiter. Auch wenn diese sich im Einzelfall nicht an der MAB beteiligen, werden sie doch in der Vorbereitung der MAB angesprochen und in die Folgeprozesse involviert als Personen, die zumindest die Möglichkeit hatten, sich zu äußern. Bei einer Stichprobenbefragung muss man dagegen erklären, warum eine bestimmte Person X befragt wird bzw. warum sie nicht befragt wird (Dunham & Smith, 1979). Die Logik der Stichprobenauswahl ist u.U. nur schwer zu vermitteln. Der Mitarbeiter vermutet oft eine Absicht dabei, warum man gerade ihn ausgewählt hat (z.B.: „Die wollen die Querdenker rausfinden und ausschalten.") oder ausgelassen hat (z.B.: „Ich bin als kritisch bekannt. Da hat man mich natürlich nicht genommen, damit das Ergebnis besser aussieht."). Ein anderes Problem entsteht dann, wenn einzelne Mitarbeiter den Wunsch äußern, auch einen Fragebogen ausfüllen zu dürfen – ein Fall, der in der Praxis häufig vorkommt. Aus statistischen Gründen muss man diesen Wunsch ablehnen, weil sonst die Repräsentativität der Stichprobe verfälscht wird. Zudem wäre auch die Datenakzeptanz gefährdet, weil die Ergebnisse mit dem Argument zurückgewiesen werden können, dass „wahrscheinlich die ewigen Meckerer" überrepräsentiert sind. Andererseits laufen derartige Zurückweisungen aber der Zielsetzung zuwider, Involvement zu erzeugen. Das kann zu Frustration gerade derjenigen führen, die bereit sind, sich zu engagieren.

Datenakzeptanz. Verwandt mit dem Obigen ist das Problem, die statistischen Befunde später den Mitarbeitern „verkaufen" zu müssen. Stichprobenbefunde sind i. Allg. weniger überzeugend als Aussagen, die auf Vollbefragungen beruhen. Ein Restzweifel bleibt immer bestehen, selbst beim Statistiker. Im übrigen sind die Daten auf der Ebene kleinerer Organisationseinheiten notwendigerweise weniger differenziert darstellbar: An Stelle einer spezifischen Ergebnisrückmeldung erhalten die einzelnen Gruppen nur allgemeine Trendaussagen. Das kann dazu führen, dass vor allem an der Basis kaum Folgeaktivitäten entwickelt werden, weil man sich nicht angesprochen fühlt. Die Stichprobe begünstigt damit auch Abwehrversuche im Fall unangenehmer Nachrichten. Ein wichtiges Beispiel hierfür ist der Umgang der Führungskräfte mit den in einer MAB normalerweise vorhandenen Elementen der Aufwärtsbeurteilung. Für sie ist es bequem, sich an den Daten vorbeizumogeln, z.B. mit dem Argument, dass einfach zu wenig Personen befragt wurden oder dass die Ergebnisse „nicht repräsentativ" sind: „Nach meiner Erfahrung denken die Mitarbeiter ganz anders. Da haben Sie zufällig die ewigen Meckerer erwischt."

Schwung. Die größere Visibilität, die höhere Einbindung, die zwingenderen Befunde von Vollbefragungen führen dazu, dass sie als Instrumente des Veränderungsmanagements i. Allg. deutlich mehr Schwung („Momentum") erzeugen. Das muss aber nicht immer gewollt sein. Zudem muss man den Schwung auch aufnehmen und fortführen können (Ressourcen, Skills, Wille). Wenn nur ein verlässliches Meinungsbild erstellt werden soll (z.B. mit folgenden Fragen: „Wie beurteilen die Mitarbeiter

die Zusatz- und Sozialleistungen der Firma? Was ist ihnen wichtig und was nicht?"),
dann genügt es, eine Stichprobe zu befragen. Es kann sogar sein, dass man bei manchen Themen bewusst größere Diskussionen vermeiden will. Will man nur wissen, was die Mitarbeiter denken, dann sollte man sogar eine recht kleine Stichprobe wählen.

Verwendbarkeit für die Unternehmensführung

Stichprobenbefragungen liefern ausreichende Informationen für die Diagnose großer Organisationseinheiten. Das ist für das Top-Management i. Allg. ausreichend. Für die übrigen Führungskräfte sind solche Trendwerte weniger interessant. Eine Vollbefragung ist Voraussetzung dafür, dass man jeder Führungskraft einen Auswertungsbericht zu den Antworten ihrer Mitarbeiter (evtl. noch weiter differenziert nach direkt und indirekt Unterstellten) geben kann. Diese Informationen können der Führungskraft wichtige Einsichten vermitteln, aus denen sie Vorsätze und Ziele für das eigene Handeln, Einstellungsänderungen, neue Sichtweisen oder gar Paradigmenwechsel ableiten kann, die für das tägliche Arbeits- und Führungshandeln u.U. viel folgenreicher sind als die von ganz oben her initiierten Megatrends. Vollbefragungen sind ebenso Voraussetzung dafür, für die höheren Führungskräfte Quervergleiche der Ergebnisse der ihnen unterstellten Org-Einheiten erstellen zu können. Diese sind Grundlage für Dialoge der Führungskraft X mit der ihr unterstellten Führungskraft Y über die MAB-Ergebnisse der Mitarbeiter von Y. Das gilt besonders für solche Führungskräfte, deren Mitarbeiter sind relativ negativ geäußert haben. In einigen Firmen werden derartige Informationen zudem zur Bonusallokation und zur Zielvereinbarung verwendet. Dann ist eine Vollbefragung natürlich zwingend erforderlich.

Plant man also die Verwendung der MAB-Daten zur Entwicklung der Führungslandschaft, dann sollte man eine Vollbefragung machen. Allerdings muss man dann auch bereit und willens sein, die entsprechenden umfangreichen Auswertungen der Daten durchzuführen. Hat man dazu weder die Skills noch die Ressourcen, ist eine Vollbefragung nicht empfehlenswert.

3 Planung und Vorbereitung

Bei wenig informierten MAB-Interessenten findet sich oft die Vorstellung, man müsse nur irgendwie einen Fragebogen erstellen und diesen dann an die Mitarbeiter „verteilen". Der erfahrene Anwender weiß dagegen zumindest, dass die Konstruktion des Fragebogens eine aufwendige Angelegenheit ist. Allerdings ist sie nicht die einzige wichtige Aufgabe in der Vorbereitungsphase der MAB. Hinzu kommen noch die Positionierung der MAB (Kapitel 2), die Information und Kommunikation zur MAB (Kapitel 8) und die Planung der MAB und ihrer Prozesse. Im folgenden gehen wir auf die Hauptelemente der MAB-Planung ein.

3.1 Architektur

Eine MAB wird in der Praxis nie vollständig von einem externen Dienstleister durchgeführt. Beteiligt an der MAB ist neben dem firmen-internen Projektleiter fast immer ein Team von Mitarbeitern, das die MAB koordiniert und teilweise mitgestaltet. Dieses *Koordinationsteam* (KT) besteht meist aus etwa 1 bis 2 Mitgliedern pro Geschäftsbereich und zusätzlich 1 bis 2 Mitarbeitern aus dem Betriebsrat. Dazu kommt noch der Projektleiter und ein kleines Kernteam von 3 bis 4 Personen.

Architektur des Koordinationsteams

Die Architektur des KT hängt davon ab, wie komplex die Organisation ist. Im einfachsten Fall ist die Organisation ein Unternehmen, dessen Mitarbeiter alle an einem Ort arbeiten (z.B. ein Produktionsbetrieb). In diesem Fall genügt ein relativ kleines, zentrales KT. Wenn die Organisation aber z.B. weltweit operiert und zudem noch stark divisionalisiert ist, dann braucht man ein KT, das stärker strukturiert ist und unterschiedliche Aufgaben und Rollen vorsieht. Ein Modell hierfür ist das in Abbildung 3.1 gezeigte Schema.

Zentrales Element des KT ist das *Kernkoordinationsteam* (KKT). Es übernimmt die Planung und Steuerung der MAB in allen Phasen. Innerhalb des KKT wird die Arbeit aufgeteilt. Für Aufgaben, die nicht vom gesamten KKT erarbeitet werden müssen, bestimmt man einen hierfür verantwortlichen *Teilprojektleiter* innerhalb des KKT. Dieser treibt und bearbeitet die Aufgabe alleine bzw. mit einem von ihm zusammengestellten *Spezialteam* und berichtet dann dem KKT. Ein typisches Beispiel hierfür ist der Teilprojektleiter „Information & Kommunikation", der für die Ausar-

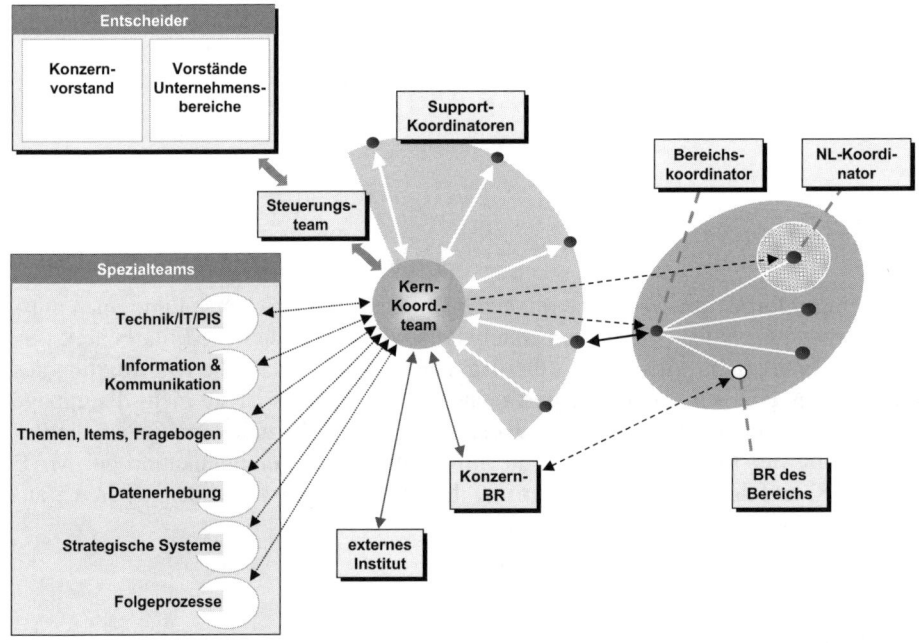

Abbildung 3.1. Architektur eines großen MAB-Projekts.

beitung einer zentralen Informationskampagne für die MAB verantwortlich ist. Diese
Person ist idealerweise ein Spezialist aus dem Bereich der Konzernkommunikation,
der die Kampagne mit Unterstützung einer Gruppe seiner Kollegen ausarbeitet und,
nach Genehmigung, umsetzt. Das KKT bleibt dabei immer für das Gesamtprojekt
verantwortlich und entscheidet somit über die Meilensteine der Teilprojekte.

Abbildung 3.1 zeigt eine Struktur möglicher Spezialteams in der linken unteren
Ecke. Diese Struktur beschreibt einen konkretes Beispiel aus der Praxis. Die MAB
war in diesem Fall groß und komplex. Entsprechend viele Spezialaufgaben waren
hierbei zu bearbeiten, z.B. Übersetzungen des Fragebogens in andere Sprachen. Diese
wurden dem Teilprojektleiter „Themen, Items, Fragebogen" zugeordnet, der u.a. ein
Übersetzer-Team organisierte, das durch ihn gesteuert wurde[29]. Er berichtete im KKT
regelmäßig über den Stand der Übersetzungen und informierte den Projektleiter frühzeitig über Probleme, die Auswirkungen auf das Gesamtprojekt zu haben schienen.

Das KKT wird im Modell in Abbildung 3.1 in seiner Arbeit unterstützt von einem
Team von *Support-Koordinatoren* (SKs). Support-Koordinatoren sind weniger an der
Planung und Konzeption der MAB beteiligt. Sie sind aber gut informiert über die
MAB und ihre Prozesse. Ihre Aufgabe ist die operative Umsetzung der Planungs- und
Steuerungsaktivitäten in die Organisation hinein. Sie sind die Linking Pins zwischen

---

[29] Dazu gehörte z.B., dass dieser Teilprojektleiter die Übersetzter entsprechend informierte über das
MAB-Projekt. Reine Übersetzungen von Textmaterial ohne dieses Hintergrundwissen führen selten zu
einem guten Ergebnis (siehe S. 145f.).

dem KKT[30] und den *Bereichskoordinatoren*. Ein Bereichskoordinator ist zuständig für einen bestimmten Unternehmensbereich (z.B. die Produktion oder die Entwicklung). Da die Unternehmensbereiche u.U. recht groß sind oder über die Fläche verteilt sind, müssen sie selbst wieder die notwendigen Strukturen für die Koordination der MAB in ihrem Unternehmensbereich aufbauen. Nicht selten sind Bereichskoordinatoren auch die Koordinatoren für große geografische Regionen (z.B. Europa oder Asien-Pazifik). Sie sind oft „weit weg vom Schuss" und brauchen daher eine entsprechende Betreuung und Unterstützung. Diese sollen die SKs leisten. Sie sind für die Bereichskoordinatoren der primäre Ansprechpartner für alle Fragen zur MAB und ihren Prozessen. Dabei beantworten sie nicht nur Fragen, sondern liefern auch Ideen, vermitteln Know-how, machen Vorschlägen, geben Check-Listen weiter usw. – auf der Grundlage der Informationen, die sie selbst vom KKT bekommen.

Eine Sonderrolle haben KT-Mitglieder, die dem Betriebsrat angehören. Sie sollten nur konzeptionelle und organisatorische Arbeiten in der MAB-Vorbereitung übernehmen, in Zusammenarbeit mit dem KKT. Eine Betreuung regionaler Koordinatoren durch Betriebsräte ist dagegen problematisch, weil sie zu Rollenkonflikten oder jedenfalls zu Misstrauen diesbezüglich führen kann. Grundsätzlich gilt, dass KT-Mitglieder aus dem BR keine „Beobachter" sind, sondern aktive Mitglieder, die mitverantwortlich für den Projekterfolg sind.

Die Aufgaben der Bereichskoordinatoren lassen sich – wie überhaupt die ganze MAB-Projektarchitektur – nicht allgemein gültig definieren. Tabelle 3.1 zeigt aber ein Liste, von der man ausgehen kann. Wie man sieht, sind die hier aufgeführten Aufgaben vielfältig und anspruchsvoll. Sie gehen jedenfalls weit über die Vorstellung hinaus, dass Koordinatoren nur dazu da sind, Fragebögen zu verteilen und wieder einzusammeln. Das sieht man z.B. an Aufgabe 1 in Tabelle 3.1. Der Bereichskoordinator sollte von der MAB so viel verstehen, dass er dem Bereichsmanagement überzeugend darlegen kann, welche Potentiale eine MAB hat und wie man diese ausschöpfen kann. Im Grunde muss er dafür die Positionierung der MAB, so wie sie von der GL entschieden wurde, darstellen und weiter erklären können. Ein weiteres Beispiel ist Aufgabe 8. Der Bereichskoordinator muss in der Lage sein bzw. dazu befähigt werden, die Koordinatoren der verschiedenen Teilregionen – in Abbildung 3.1 als „NL-Koordinator" (NL=Niederlassung) bezeichnet – so auszuwählen und zu trainieren, dass sie die MAB-Workshops (siehe Kapitel 13) moderieren können.

An Aufgabe 8 kann man auch die Zusammenarbeit zwischen KKT, SK und einem Bereichskoordinator illustrieren. In einem weltweit operierenden Unternehmen kann man nicht jeden Landeskoordinator oder gar jeden Moderator zu zentralen Trainings „nach Deutschland" einfliegen. Man holt vielmehr nur die Bereichskoordinatoren zu entsprechenden Trainings zusammen[31]. Diese leisten dann in ihrer Region die weitere Arbeit. Um sie dabei zu unterstützen, sollte das KKT geeignete Materialien (Check

---

[30] Das KKT sollte reine Informationen auch direkt an alle Koordinatoren weitergeben können und nicht in jedem Fall über die Support-Koordinatoren gehen müssen. Das ist in Abbildung 3.1 durch die gestrichelten Pfeile, die vom KKT ausgehen, angedeutet. Alles über die SKs laufen zu lassen, hat sich in der Praxis als unnötig kompliziert und vor allem als recht langsam erwiesen.

[31] Oft ist es auch sinnvoll, wenn ein Trainer-Team aus der Zentrale zu einem Training in die verschiedenen Regionen reist, an dem dann alle Landeskoordinatoren der Region teilnehmen. Regionale Trai-

Tabelle 3.1. Einige Rollen und Aufgaben der Bereichskoordinatoren.

1. *Informiere* Management über die Potentiale der MAB als Führungsinstrument.
2. *Baue/leite* Informationsteam, das die Mitarbeiter aller Ebenen über die MAB gut informiert (Zweck, Timing, Anonymität, Aktionspläne, Umsetzung usw.).
3. *Treibe* Input regionaler Items für die Fragebogen (inhaltliche Items).
4. *Prüfe/ergänze* demographische Items für die Region (Vollständigkeit, Logik, Rechtschreibung, Einhaltung legaler und politischer Normen).
5. *Prüfe* Übersetzungen des Fragebogens (Korrektheit, Verständlichkeit).
6. *Definiere*, welche Auswertungsberichte für die Region benötigt werden.
7. *Baue/leite* Datenerhebungsteam für die Region, das die Datenerhebung organisiert und durchführt.
8. *Identifiziere/schaffe* Skills vor Ort für kompetentes Feedback der MAB-Ergebnisse.
9. *Identifiziere/schaffe* Skills vor Ort für kompetentes Aktionsmanagement auf der Basis der MAB-Ergebnisse.
10. *Unterstütze* (moderiere, coache bzw. befähige entsprechend) Workshops auf allen Ebenen, die sich mit den MAB-Ergebnissen auseinandersetzen.
11. *Unterstütze* Führungskräfte und Mitarbeiter bei der Gestaltung von Aktionsplänen auf der Basis der MAB-Ergebnisse.
12. *Beobachte* nachfolgende Aktionen und informiere das KKT regelmäßig über den Stand der Dinge.

listen, Übungsbeispiele, Trainingspläne usw.) entwickeln, die die Bereichskoordinatoren dann an ihre Erfordernisse vor Ort anpassen können. Sie bleiben zudem über den SK in engem Kontakt mit dem KKT bzw. in einem vom KKT koordinierten Kommunikationsnetzwerk, in dem Fragen und Antworten, Materialien, Ideen usw. ausgetauscht werden.

Auf den Zeitablauf des MAB-Projekts bezogen liegen die Hauptaufgaben der Koordinatoren im ersten Drittel. Das ist in Abbildung 1.1 angedeutet durch den dunklen Sektor oben rechts unter dem MAB-Kreis (von Design/Positionierung bis Päsentation/Interpretation). In den Schritten danach bis zur Reaktionsplanung sind sie nur noch unterstützend und berichtend tätig. Danach ist ihre Aufgabe ganz oder weitgehend beendet. Dann übernimmt die Linie alle weiteren Aufgaben. Die Koordinatoren sammeln u.U. nur noch Informationen über laufende Folgeaktivitäten für zusammenfassende Medienberichte an die Mitarbeiter.

Auswahlkriterien für MAB-Koordinatoren

Abgesehen vom KKT haben die Bereichskoordinatoren die schwerste Aufgabe aller Koordinatoren. Sie sind einerseits weit weg von der Machtzentrale und vom MAB-Sponsor. Andererseits sind sie auch in fachlicher Hinsicht weitgehend auf sich alleine gestellt und können nicht regelmäßig an den Sitzungen des KT teilnehmen. Das bedeutet, dass bei der Auswahl der Bereichskoordinatoren besonders hohe Maßstäbe angelegt werden sollten. Die wichtigsten Kriterien dabei sind, dass diese Personen

nings dieser Art können insgesamt betrachtet eine günstige Kosten-Nutzen-Relation haben. Sie haben zusätzlich den Vorteil, dass ein globales Alignment der Folgeprozesse sichergestellt wird.

erfahren sind im *Projekt-* und *Personalmanagement*, dass sie die jeweilige *Organisation* und *Kultur* vor Ort sehr gut kennen, und dass sie eine gewisse *Machtbasis* (am besten auf Grund ihrer allgemein anerkannten Kompetenz und Integrität heraus) haben, die ihnen die Türen zu allen Interessensgruppen, insbesondere zum Management öffnet.

Die Zusammenstellung der verschiedenen Koordinationsteams erfordert auch sonst Sorgfalt und Überlegung. Man sollte nicht einfach nur „Personaler" nehmen, weil die MAB sonst leicht – vor allem beim Management – in den Verdacht gerät, „irgendeines dieser Personalprogramme" zu sein, das zwar möglicherweise notwendig ist, aber für das Business nicht direkt etwas bringt. Dem KT sollten also – wenn möglich – auch Führungskräfte der Linie angehören, insbesondere auch Macher, nicht nur Analytiker. Im KKT müssen zudem besondere Kompetenzen vorhanden sein in technischer (z.B. ein Informatiker), organisatorischer (z.B. ein Projektplaner oder ein Controller) und kommunikativer Hinsicht (z.B. ein Marketing-Fachmann). Der Mix dieser Kompetenzen ist je nach den Besonderheiten der MAB verschieden. Am besten sind natürlich Personen, die keine reinen Spezialisten sind, die aber mit solchen kompetent kommunizieren können und die auch das Gesamtprojekt verstehen.

Ansonsten sollte man bei der Auswahl von Koordinatoren beachten, dass eine MAB nicht nur Arbeit bedeutet, sondern auch eine exzellente Gelegenheit bietet, zahlreiche Skills und eine vertiefte Kenntnis der Organisation zu erwerben. Daher werden als Koordinatoren häufig Personen ausgewählt, die als „high potentials" gelten und die sich hier bewähren können.

Schließlich muss man berücksichtigen, dass eine MAB zeitweise hohe Anforderungen an Motivation und Belastbarkeit der Koordinatoren stellt. Da hilft es, wenn sie flexibel, findig und ergebnisorientiert sind. Zudem müssen sie natürlich eine besondere soziale Intelligenz besitzen und in der Organisation allgemein als zuverlässig, integer und kompetent gelten. Die Koordinatoren sind eine wesentliche Grundlage für das Vertrauen, das die Mitarbeiter der MAB gegenüber entwickeln: Wissen diese, dass „der Mayer" oder „die Schulze" in diesem Team mitarbeiten und für den Erfolg ihren Kopf hinhalten, dann sollten die Mitarbeiter zu dem Schluss kommen: „Wenn die dabei sind, dann ist das eine seriöse Sache, die auch zu etwas führt!" Daher ist es schädlich, wenn die Koordinatoren im Verdacht stehen, gerne Politik in eigener Sache zu betreiben. Sie sollten sich vielmehr für das Gemeinwohl des Unternehmen insgesamt engagieren.

Projektleiter

Der Projektleiter einer MAB hat eine komplexe Aufgabe, die vor allem Organisationstalent und soziale Skills erfordert. Von seiner Funktion her ist der Projektleiter meist ein Personalentwickler, der zum Sponsor der MAB einen guten Draht hat.

In der Praxis genügt es nicht, wenn der Projektleiter lediglich ein Prozessberater i.S. von Schein (1988) ist. Der Projektleiter sollte nicht nur Prozesskenntnisse haben, sondern auch die Welt der Linienmanager, zumindest aber die Welt einer Führungskraft verstehen, möglichst aus eigener Erfahrung heraus. Sonst wird es für ihn schwer, mit dem Management auf einer business-orientierten Ebene zu kommunizie-

ren bzw. sonst muss der Sponsor oder der MAB-Experte diese Rolle teilweise über-
nehmen. Zudem muss der Projektleiter eine gewisse Machtbasis haben oder von der
GL zugewiesen bekommen. Dazu genügt es möglicherweise schon, wenn die GL die
MAB so positioniert, dass über ihr besonderes Gewicht keine Zweifel möglich sind.

Varianten: MAB-Koordinatoren vs. MAB-Consultants

Vor allem in großen MAB-Projekten beschränkt man die Rolle des Koordinators heute zunehmend auf Organisatorisches und Operatives in der Vorbereitung der Befragung (Einbringen lokaler Items, Informieren über die MAB, Verteilen/Einsammeln
von Fragebögen usw.) und der Folgeprozesse (Bestellung von Auswertungsberichten,
Verteilung der Berichte, Organisation von Workshops usw.). Die Koordinatoren
übernehmen aber nicht die Rolle von *MAB-Consultants*. Insbesondere ist ihre Aufgabe nicht, die Führungskräfte zu Fragen der MAB zu beraten (Wie die Ergebnisse interpretieren? Was damit tun? Wie vorgehen? Usw.) Für diese Aufgaben wird ein anderes Team zusammengestellt, bestehend aus Führungskräften *mit besonderer Kompetenz* in Personal- und Führungsfragen (z.B. die Personalleiter der Geschäftsbereiche, kompetente Organisationsentwickler oder externe Coaches). Der Grund hierfür
ist der, dass die oben beschriebenen idealen Mitglieder des Koordinationsteams selten
zu bekommen sind. Die dann oft sehr unerfahrenen und jungen Mitarbeiter, die für
das KT abgestellt werden, sind zwar meist in der Lage, die koordinativen Aufgaben
der MAB zu erfüllen. Sie können aber von ihrer Kompetenz her keine Führungskräfte
beraten und werden von diesen in dieser Rolle auch nicht akzeptiert.

Das Team der MAB-Consultants muss für seine Aufgaben vom MAB-Experten
und MAB-Projektleiter entsprechend vorbereitet werden. Dazu sind i.d.R. aber nur
einige wenige Meetings erforderlich, in denen Kenntnisse zu MABs allgemein, die
wesentlichen Elemente des Designs der MAB (Ziele, Timing, Inhalte des Fragebogens, Folgeprozesse) und letztlich natürlich auch die Ergebnisse der Befragung selbst
vermittelt werden. Darüber hinaus kann man dieser Gruppe verschiedene Modelle
und Materialien (wie z.B. die Tipps in den Tabellen 11.1-3, S. 272ff.) zur evtl. weiteren Verwendung anbieten.

Zeiteinsatz der Koordinatoren

Eine wichtige Frage bei der Zusammenstellung der Koordinationsteams ist der für
den Koordinator veranschlagte Zeitverbrauch. Die idealen Koordinatoren sind tendenziell solche Leistungsträger, die einem als erste einfallen und hinter denen daher
auch andere her sind. Diese Personen sind i.d.R. bereits mit Arbeit eingedeckt und
wollen als gute Planer wissen, wie viel zusätzliche Arbeit der Job des Koordinators
bedeutet. Diese Frage genau zu beantworten, ist nicht leicht. Die benötigte Zeit hängt
von der Kompetenz des Koordinators selbst ab, aber auch von seinen besonderen
Aufgaben (KKT, SK, regionaler Koordinator, NL-Koordinator, Spezialist o.ä.) und
von der jeweiligen Organisation (Zahl der Mitarbeiter, Zahl der Führungsebenen,
regionale Gliederung, Kultur, Skills, Bereitschaft für eine MAB usw.).

Eine sehr grobe Schätzung sollte trotzdem gegeben werden. Aus praktischer Erfahrung kann man sagen, dass ein Richtwert für die Arbeit vor der eigentlichen Befra-

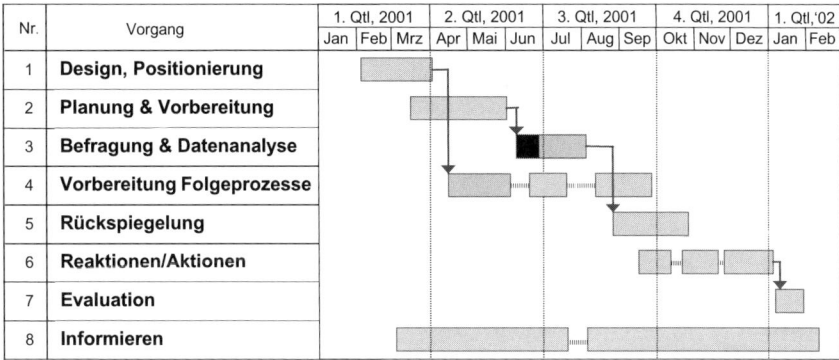

Abbildung 3.2. Rahmenplan eines MAB-Projekts aus der Praxis.

gung mindestens etwa 14 Manntage ist. Die Zeit, die ein Koordinator in den Prozessen nach der MAB benötigt, ist etwa die gleiche. Bevor man aber solche Schätzungen offiziell abgibt, sollte man zunächst einen groben Projektplan erstellen und die Aufgaben der Koordinatoren in diesem genauer definieren. Dazu macht der folgende Abschnitt entsprechende Ausführungen.

3.2 Projektplan

Eine MAB ist ein großes, bei umfangreichen Folgeprozessen sogar ein riesiges Projekt, das nicht nur eine komplexe Architektur erfordert, sondern auch einen guten Rahmenplan und eine sorgfältige Feinplanung der verschiedenen Vorgänge.

Der Rahmenplan

Eine erste Orientierung darüber, welche Hauptdimensionen im Rahmenplan eines MAB-Projekts zeitlich strukturiert werden sollten, zeigt Abbildung 3.2 an Hand eines Beispiels aus der Praxis. Dieser Plan ist natürlich nur ein Einzelfall, der auf die besonderen Erfordernisse und Bedingungen eines Unternehmens angepasst werden muss. Dabei sollte das große Muster aber i. Allg. erhalten bleiben: MAB-Rahmenpläne aus verschiedenen Unternehmen sind sich erfahrungsgemäß strukturell recht ähnlich (siehe z.B. Church & Waclawski, 2001; Domsch & Ladwig, 2000).

Dreh- und Angelpunkt bei der Rahmenplanung einer MAB ist die Befragung selbst (Vorgang 3 in Abbildung 3.2, schwarzer Abschnitt). Für die Befragung kommen nur Zeitfenster in Frage, die nicht im Konflikt stehen mit wichtigen Geschäftsereignissen wie z.B. dem Jahresabschluss oder auch großen Messen, auf denen sich das Unternehmen präsentiert und an denen viele Mitarbeiter beteiligt sind. Noch wichtiger sind Ferienzeiten, weil dann viele Mitarbeiter im Urlaub sind. In der Praxis werden MABs (in Deutschland) daher meist im Frühsommer oder im Herbst durchgeführt. Eine MAB liegt zeitlich dann ideal, wenn im Zeitraum der Befragung alle Mitarbeiter anwesend sind, wenn sie anschließend Urlaub machen, wenn sie nach dem Urlaub die Auswertungen der Befragung vorfinden und dann sofort in die weiteren Prozesse einsteigen können. Damit entsteht zwischen der Befragung und ihren Folgeprozessen subjektiv keine größere Lücke[32], in der der Schwung verloren gehen kann.

Im Projektplan in Abbildung 3.2 wurde festgelegt, dass die Befragung in einem zweiwöchigen Zeitfenster im Juni stattfinden soll. Plant man von diesem Termin aus rückwärts, dann ergibt sich daraus, dass die Vorbereitung der MAB Anfang Februar beginnen muss. Eine solch lange Vorlaufzeit stößt in der Praxis bisweilen auf Verwunderung. Das kommt daher, dass unter einer MAB oft nicht viel mehr als „eine Umfrage" verstanden wird[33]. Die Vorlaufzeit von vier Monaten ist aber leicht nachvollziehbar. Für sie wurden zunächst etwa acht Wochen für die Überlegungen und Prozesse zur Positionierung der MAB veranschlagt. Das ist angesichts der in Kapitel 2 dargelegten Komplexität der Thematik ein realistischer, aber keineswegs besonders großzügiger Zeitrahmen.

Abbildung 3.2 zeigt aber auch, dass nicht alle Vorgänge eines MAB-Projekts grundsätzlich „Schritt für Schritt" *nacheinander* ablaufen müssen oder sollen. So kann, ja sollte man z.B. mit einigen Elementen der Planung und Vorbereitung beginnen, während die Designüberlegungen noch laufen. Das gilt besonders für die Entwicklung des Fragebogens, weil die Ausformulierung von konkreten Items und die Überlegungen, die dabei angestellt werden (Warum gerade dies fragen? Was will man damit später anfangen? Usw.), oft erst deutlich machen, wie man die MAB positionieren will und welche Aktivitäten zur Erreichung ihrer Ziele erforderlich sind. Fragebogenentwicklung und Design stehen also in einer sich gegenseitig befruchtenden *Wechselbeziehung*.

Bei Vorgängen, die im Rahmenplan als untereinander *abhängig* dargestellt sind (Pfeile), ist ein erfolgreicher Abschluss des Vorgängervorgangs für den Nachfolgervorgang notwendig. Bei unverbundenen Vorgängen sind z.T. auch Abhängigkeiten vorhanden, aber sie sind nicht so zwingend. Hier können die Balken in gewissem Umfang auch gegeneinander verschoben werden. Die Freiheitsgrade, die man dabei hat, muss man in der Feinplanung der Vorgänge spezifizieren.

Zum Vorgang 8 („Information") sei angemerkt, dass er dann, wenn er einmal angelaufen ist, eigentlich während des ganzen MAB-Projekts mehr oder weniger durchgängig *begleitend* zu den anderen Vorgängen verläuft. Die Unterbrechung in der Zeit, in der die Datenanalyse läuft, soll hier nur andeuten, dass sich die Qualität des Vorgangs ändert: Vorher wird über die Positionierung der MAB und die Befragung informiert, danach über Ergebnisse und Folgeaktivitäten.

Überlappungen sehen wir auch bei den Vorgängen 3, 4 und 5. In Vorgang 3 ist der erste Teil die eigentliche Datenerhebung (dunkler Balkenabschnitt). Danach sind in

---

[32] Selbst wenige Wochen zwischen Datenerhebung und Rückmeldung der Ergebnisse erscheinen vielen als lang. So wurde bereits 3 Wochen nach einer MAB in einem deutschen Großkonzern in einer Talkshow im Fernsehen moniert, dass „dort neulich eine MAB durchgeführt wurde, von der man dann nichts mehr gehört hat".

[33] „Eine Umfrage" ist hier natürlich nicht i.S. einer wissenschaftlichen Umfrage gemeint, die oft eine jahrelange Vorbereitung erfordert, sondern soll hier dem naiven Verständnis einer Umfrage i.S. einer Passantenbefragung, einer Tor-des-Monats-Erhebung oder einer TED-Telefonaktion entsprechen.

diesem Rahmenplan fünf Wochen für die Datenerfassung, -bereinigung und Analyse veranschlagt[34]. Für Vorgang 4, die Vorbereitung der Folgeprozesse, sind hier drei Abschnitte unterschieden. Der erste enthält Vorgänge, die der Planung der Folgeprozesse und der Befähigung der Koordinatoren bzw. Consultants dienen. Im zweiten Abschnitt werden gewisse Ergebnisse der MAB benötigt und verwendet, z.B. in Trainings für die Moderatoren von Veranstaltungen in den Folgeprozessen. Der dritte Vorgang schließlich beinhaltet die konkrete logistische Organisation von Workshops und anderen Veranstaltungen in den Folgeprozessen.

Der Vorgang 5 schließlich beginnt in diesem Rahmenplan nach Ende der Datenanalyse (3). Das muss aber nicht so sein. Wenn möglich beginnt man mit der Rückspiegelung der Ergebnisse an die Geschäftsleitung so früh wie möglich. Dazu braucht man nicht zu warten, bis auch der letzte Auswertungsbericht fertiggestellt ist. Für die Geschäftsleitung sind andere Analysen erforderlich als für die Teams an der Basis. Während sich die Geschäftsleitung mit den allgemeinen Trends der MAB beschäftigt, kann die Erstellung stark fokussierter Einzelberichte parallel dazu durchgeführt werden.

Rollen in Projekten

Der MAB-Rahmenplan gibt nur einen ersten, groben Überblick. Die einzelnen Vorgänge müssen noch wesentlich detaillierter heruntergebrochen werden, bevor darüber entschieden werden kann, wer wann was macht. Bevor wir darauf etwas genauer eingehen, wollen wir vorab eine Differenzierung verschiedener Funktionen oder Rollen vornehmen, die Betroffene oder Beteiligte bei diesen Vorgängen haben können.

In der Praxis entstehen oft allerlei Reibungsverluste, weil übersehen wird, dass bei *jedem* Vorgang eines Projekts immer *mehrere* Personen oder Gruppen beteiligt oder betroffen sind. Eine reine Zuweisung von Aufgaben i.S. eines „Wer macht was bis wann?" oder eines „Wer ist dafür verantwortlich?" führt daher leicht dazu, dass wichtige Rollen übersehen werden. Die Funktion „verantwortlich" muss vielmehr differenziert werden: „Verantwortlich in welchem Sinn?"

Andersen et al. (1984) unterscheiden acht verschiedene Rollen in Projekten: „Executes the work; takes the decision solely or ultimately; takes the decision jointly or partly; manages work and controls progress; provides tuition on the job; must be consulted; must be informed; available to advise". Borg (1995) unterscheidet ähnliche Rollen, die sich aber – zumindest für den MAB-Kontext – auf fünf reduzieren lassen. Sie sind in der *Abtei-Regel* in Tabelle 3.2 beschrieben.

Der MAB-Experte spielt in den Planungsabschnitten der MAB vor allem eine „b"-Rolle, weil er hier seine Expertise beratend einbringt und z.B. die Koordinatoren in Trainings befähigt, ihre Aufgaben richtig auszuführen. In der Phase der Datenanalyse und der Präsentation hat er dagegen die „a"-Rolle, weil er hier die Arbeit selbst macht und dann ein fertiges Produkt vorlegt. Das KKT hat dagegen überwiegend eine „t"-Rolle, wobei der Begriff „treiben" nicht missverstanden werden darf i.S. eines Zuchtmeisters oder Peitschenschwingers der MAB. Der Akzent liegt hier auf Koordi-

---

[34] Das ist ein sehr knapp kalkulierter Zeitraum bei Papier-und-Bleistift-Befragungen, weil hier immer eine Datenbereinigung notwendig ist, die sich u.U. sehr aufwendig gestalten kann (siehe Kapitel 9.9).

Tabelle 3.2. Abtei-Rollen in Projekten.

Code	Rolle
a	= führt Arbeit durch, produziert, lernt aktiv
b	= berät, befähigt, gibt Ratschläge, macht Vorschläge, ist verfügbar für Beratung
t	= treibt den Vorgang, kontrolliert seinen Fortschritt, denkt vor, „managed" und verteilt die Arbeit, führt, organisiert
e	= entscheidet
i	= muß informiert/konsultiert werden

nieren, Motivieren und Organisieren, aber auch auf Vor-Denken und Planen, damit Arbeitsaufgaben als sauber definierte Aufträge, die Sinn ergeben und kosteneffizient sind, übergeben werden können. Die Geschäftsleitung hat dagegen vor allem eine „e"-Rolle: Sie entscheidet über die Vorlagen und Empfehlungen und delegiert dann die Arbeit. Der Betriebsrat hat in der Anfangsphase eine „i"-Rolle, weil es wichtig ist, ihn frühzeitig zu informieren. Über seine Vertreter im Koordinationsteam bekommt er im folgenden auch eine mitgestaltende Rolle („a").

Die Rollen der verschiedenen Gruppen sind jedoch nicht in allen Vorgängen konstant. So haben die GL bzw. der Sponsor nicht nur „e"-, sondern z.B. auch „a"-Rollen. Ein Beispiel hierfür wäre die Aufgabe, ein Anschreiben an die Mitarbeiter zu richten, in dem sie diese zur Beteiligung an der MAB auffordern. Ob die GL oder der Sponsor in diesem Fall das Anschreiben tatsächlich selbst verfassen („a") oder sich hierfür eine geeignete Vorlage ausarbeiten lassen („t") und diese dann nur noch unterschreiben („e"), ist für die Planung der Verantwortlichkeiten nicht wichtig. Wahrscheinlich werden sie sich eine Vorlage ausarbeiten lassen und diese dann selbst überarbeiten oder sie zur nochmaligen Überarbeitung und Wiedervorlage rückdelegieren.

Aus diesem Beispiel sieht man, dass die an einer Aktion Beteiligten oft in *mehreren* Rollen *gleichzeitig* agieren. Bei der Planung sollte man sich aber davor hüten, immer gleich alle diese Rollen aufzulisten. Wichtig ist die Identifikation der *Haupt*verantwortlichkeit. Berücksichtigt man jede Nebenrolle, ist die *Abtei*-Differenzierung überflüssig, weil dann die beabsichtigte Fokussierung des in der Praxis oft diffusen Begriffs „verantwortlich" wieder aufgeweicht wird.

Phasen, Vorgänge, Aufgaben und Rollen in einem MAB-Projekt

Die genauere Planung einer MAB ist für den Leser eigentlich erst dann möglich bzw. nachvollziehbar, wenn er genügend Verständnis für die verschiedenen Abschnitte der MAB entwickelt hat, also (hoffentlich) nach der Lektüre dieses Buchs. Im folgenden wollen wir trotzdem versuchen, eine Vorstellung von den verschiedenen Phasen, Vorgängen, Aufgaben und Rollen zu skizzieren. Der Leser kann später hierzu zurückkehren. In Tabelle 3.3a sind zwei Phasen aus dem Rahmenplan in Abbildung 3.2 etwas differenzierter gezeigt, die Phase Design & Positionierung und die Phase Planung & Vorbereitung. Für diese Phasen sind jeweils einige Vorgänge und darin

Tabelle 3.3a. Phasen, Vorgänge, Aufgaben und Rollen (1 von 4).

Phasen/Vorgänge/Aufgaben	MAB-Experte	Promoter/KKT	KTs, Spezial.	GL/Sponsor	Linienmngmt.	Betriebsrat	Mitarbeiter
Design & Positionierung							
Positionierung							
Kontext der Positionierung klären	b	a					
Erste Positionierung durch GL	a			e			
Betriebsrat einbinden	a			i		i	
Positionierung präzisieren, verabschieden	b	a		e			
Planung & Vorbereitung							
Planung							
Architektur definieren	b	a		e			
Projektplan für MAB und MAB-Prozesse erarbeiten	b	a		e			
Trainings							
Einführung für Koordinatoren	b	a	a				
Training für Einbringung spezifischer Items	b	a	a				
Training Berichtsbestellung	b	a	a				
Training Organisation der Datenerhebung	b	a	a				
Training Motivierung der Mitarbeiter	b	a	a				
Instrumente							
Fragebogen: Items, demographische Items, Aufbau	a	a	a				
Übersetzungen	b	t	a				
Spezifische Items einholen, überarbeiten	a	t	a		a	a	a
Pretest Fragebogen	a	i	i				a
Prognosefragebogen erstellen	a	i	i				
Fragebogen/Instrumente einsatzfertig produzieren	b	t	i	e		i	
Organisation I (Datenerhebung)							
Durchführung der Umfrage: Zeit, Räume, Material, Abläufe, Regelungen, elektronische Wahlstudios, HelpDesks, Support vor Ort, Infopunkte	b	t	a	i		i	

Legende. Rollen (siehe Tabelle 3.2); KKT=Kernkoordinationsteam, KTs=Koordinatoren, die nicht im KKT sind; Spezial.=Spezialteams (siehe Abbildung 3.1).

wiederum einige wichtige Teilaufgaben dargestellt. Im rechten Teil der Tabelle wird eine Rollenzuweisung für wichtige Beteiligte und Betroffene vorgenommen. Bei den Beteiligten/Betroffenen werden sieben Gruppen unterschieden: Der MAB-Experte; der Promoter bzw. das Kernkoordinationsteam (KKT), die hier zusammengefasst

Tabelle 3.3b. Phasen, Vorgänge, Aufgaben und Rollen (2 von 4).

Phasen/Vorgänge/Aufgaben	Rollen						
	MAB-Experte	Promoter/KKT	KT, Spezialt.	GL/Sponsor	Linienmngmt.	Betriebsrat	Mitarbeiter
Informieren							
Informieren I (vor MAB)							
Erstankündigung GL, GB-Leiter	b	t		e	i	i	i
Stellungnahme Betriebsrat	b	t			i	a	i
Media-Plan für Konzern, GBs, Regionen	b	t	a				
Schreiben an FK von Top-Management	b	t		a	i	i	
Fragen und Antworten zur MAB, Datenschutz	b	t	a	e	i	i	i
Info: Wann, wo, wer, wie	b	a	i	i	i	i	i
Aushänge, Email, Aufruf zur Beteiligung	b	t	a	a	a	a	i
Informieren II (nach MAB)							
Danke für Beteiligung, Info zur Beteiligung	b	t	a	e	i	i	i
Info zur Datenrückspiegelung, Workshops	b	t	a	i	i	i	i
Infos zu Aktionsplänen	b	t	a	e	a	i	i
Fortschrittsberichte zum Aktionsmanagement	b	t	a	a	a	i	i

werden, weil ihre Rollen ähnlich sind bzw. weil der Promoter nicht selten MAB-Projektleiter wird; die operativen, regionalen und Landes-Koordinatoren bzw. die Spezialteams (siehe Abbildung 3.1); die Geschäftsleitung bzw. der Sponsor; das Linienmanagement aller Ebenen; der Betriebsrat; und schließlich die Mitarbeiter. Ob diese Differenzierung im jeweiligen Einzelfall sinnvoll ist, muss geprüft werden. Sie dient hier nur als ein in der Praxis *typisches Ausgangsmodell*.

Zum Verständnis der Rollenzuweisungen betrachten wir zunächst die Aufgabe „Architektur definieren" im Vorgang „Planung". Hier sollte der MAB-Experte zunächst ein Modell einbringen, z.B. das in Abbildung 3.1 illustrierte. Er erläutert dieses Modell und berät das KKT dabei, dieses Modell auf die Erfordernisse der Organisation zuzuschneiden. U.U. schlägt er auch andere Modelle vor und zeigt ihre Vor- und Nachteile auf. Das KKT muss diese Modelle verstehen, anpassen und konkretisieren. So müssen vor allem Personen für die verschiedenen Koordinationsfunktionen ausgewählt werden. Mit diesen Personen muss Kontakt aufgenommen werden, die für sie vorgesehenen Aufgaben müssen dargestellt werden, der Zeitbedarf hierfür muss eingeschätzt werden, die Vorgesetzten dieser Personen müssen entsprechende Freistellungen genehmigen usw. Schließlich muss der Sponsor über die Architektur informiert werden und abschließend darüber entscheiden, ob sie so implementiert werden soll.

Tabelle 3.3c. Phasen, Vorgänge, Aufgaben und Rollen (3 von 4).

Phasen/Vorgänge/Aufgaben	Rollen						
	MAB-Experte	Promoter/KKT	KT, Spezialt.	GL/Sponsor	Linienmngmt.	Betriebsrat	Mitarbeiter
Befragung und Analyse							
Datenerhebung							
Prognosebefragung	b	t	a	a	a	a	
Durchführung der MAB-Umfrage	b	t	a	a	a	a	a
Nachfaßaktionen	b	t	a	a	a	a	a
Datenerfassung und -bereinigung							
Datenerfassung	a						
Datenbereinigung	a						
Editieren der Kommentare	a						
Datenanalyse							
Berichte (Fokus-, Kreuz-, Prognose u.a.)	a						
Zusammenfassungen (Text)	a						
Erstellen von Präsentationen, Empfehlungen	a						
Vorbereitung Folgeprozesse							
Organisation II (Workshops)							
Organisation der MAB-Workshops (wann, wer, wo, durch wen, ...)	b			i		i	
Training Folgeprozesse							
Train-the-Trainer-Veranstaltungen f. MAB-Workshops	a	t		i			
Training Moderatoren für MAB-Workshops		t	a				

Tabelle 3.3b zeigt einige Elemente des Sammelvorgangs „Information". Wie schon in Abbildung 3.2 angedeutet, empfiehlt es sich hier der Übersichtlichkeit wegen, zwei Abschnitte zu unterscheiden: Information vor der Befragung und Information nach der Befragung. Der erste Abschnitt dient vor allem dazu, die verschiedenen Gruppen der Organisation über die MAB zu informieren, insbesondere über die Merkmale, die in ihrer Positionierung festgelegt wurden. Zudem sollen die Mitarbeiter durch verschiedene Maßnahmen dazu motiviert werden, sich an der MAB zu beteiligen. Die Aktivitäten nach der Befragung dienen dazu, die Mitarbeiter über die Folgeprozesse und die verschiedenen Maßnahmen, mit denen auf die Ergebnisse reagiert wird, zu unterrichten. Über die Ergebnisse selbst wird nur allgemein informiert. Genaueres dazu erfahren die Mitarbeiter in den MAB-Workshops.

Tabelle 3.3c zeigt wichtige Aufgaben des Sammelvorgangs Befragung & Analyse und der dazu weitgehend parallel verlaufenden Vorbereitungen der Folgeprozesse.

Hier sieht man wieder recht deutlich, dass dieser Plan nur eine grobe Liste von Aufgaben darstellt. So ist die Aufgabe „Durchführung der MAB-Umfrage" meist eine große organisatorische Herausforderung, für die eine Reihe ganz unterschiedlicher Methoden existieren (siehe Kapitel 9). Sie hat zugleich Auswirkungen auf die nachfolgende Aufgabe der „Datenerfassung und -bereinigung". Eine gesonderte Datenerfassung fällt z.B. in elektronischen MABs nicht mehr an. Eine Datenbereinigung – i.S. einer Löschung oder Korrektur offensichtlicher Fehleinträge bei den demographischen Fragen – ist ebenfalls nicht mehr erforderlich, wenn diese Informationen aus einem Personalinformationssystem (PIS) stammen, das auf dem neuesten Stand ist. Das PIS lässt sich auch bei schriftlichen Befragungen entsprechend nutzen (siehe „Etikettenmethode", S. 146). Das bedeutet aber, dass sich ein Vorgang wie „Datenbereinigung" in Abhängigkeit vom Design der MAB z.B. in den Vorgang „Instrumentenerstellung" vor-verschieben lässt oder sich als ganz überflüssig erweisen kann.

Bei den Trainings für die Folgeprozesse sind hier nur Trainings für die Durchführung von MAB-Workshops aufgeführt. Ob weitere Trainings nötig sind – z.B. Trainings zum Aktionsmanagement –, muss nach einer Analyse der vorhandenen Skills entschieden werden.

Die Datenanalyse ist in Tabelle 3.3c vollständig dem MAB-Experten zugeordnet. Das entspricht dem in der Praxis üblichen Vorgehen. Die Auslagerung ist allein schon aus Gründen des Anonymitätsschutzes zu empfehlen. Zudem erfordert eine kompetente, schnelle und differenzierte Datenanalyse mit Hunderten oder Tausenden von Auswertungsberichten erhebliche Voraussetzungen an Software und Know-how.

Schließlich zu Tabelle 3.3d. Hier sind die Vorgänge skizziert, die nach der Datenerhebung und -analyse anstehen. Die Rückspiegelung an die Geschäftsleitung ist Baustein jeder MAB. Die weiteren Prozesse hängen vom MAB-Typ ab, sind aber z.T. eine Frage der Definition. Natürlich wird in jedem Unternehmen auf Daten vom Gewicht einer MAB „irgendwie" reagiert. Das ist selbst bei reinen Meinungsbefragungen oder bei Benchmarking-Umfragen der Fall. Ob diese Reaktionen allerdings als Aktionen und, falls ja, als genuine Bestandteile der MAB betrachten werden sollen oder eher dem normalen Management zuzurechnen sind, hängt vor allem vom Design der MAB ab. Bei einem AEMP sind Aktionen – u.U. sogar noch mit einer nachfolgenden Evaluationsphase – noch am ehesten als Teil des MAB-„Programms" zu verstehen. Bei systemischen MABs wird die Abgrenzung letztlich ganz aufgehoben, weil die MAB ein Bestandteil des Führungssystems ist und darin mit vielen anderen Aktivitäten vernetzt ist.

Tabelle 3.3d. Phasen, Vorgänge, Aufgaben und Rollen (4 von 4).

Phasen/Vorgänge/Aufgaben	MAB-Experte	Promoter/KKT	KT, Spezialt.	GL/Sponsor	Linienmngmt.	Betriebsrat	Mitarbeiter
Rückspiegelung							
Ergebnisse an Geschäftsleitung							
Vorabstimmungen mit Sponsor	a			a			
Präsentation für Geschäftsleitung	a			a			
Festlegen allgemeiner Handlungsfelder	b			a			
Ergebnisse an BR, GBL, GB-Management							
Präsentation für Betriebsrat	a					a	
Präsentation für Koordinatoren	a	a					
Präsentation für GB-Leitungen	a				a		
MAB-Workshops							
Workshops mit mittleren Führungskräften	b	t	a		a		
Workshops mit Mitarbeitern	b	t	a				a
Aktionen							
Aktionsplanung							
Planung von Aktionen: Unternehmensweit, global	b	t		a			
Planung von Aktionen: GB, regional	b	t			a		
Planung von Aktionen: lokal	b	t			a		a
Umsetzung der Aktionen							
Controlling der Aktionen	b			a	a		
Berichtswesen in den Linien	b			a	a		i
Evaluation							
Positionierung der Evaluation (Ziele, Zeit, Kriterien...)	b	a		e			
Methodenmix festlegen	b	a					
Instrumente erstellen	b	a					
Daten und Material sammeln, analysieren	b	t	a	a	a	a	a
Präsentation der Ergebnisse	a	i	i	a	i	i	i
Folgeprozesse durchführen	b			a	a		

4 Items und Fragebogen: Inhalte

Heutzutage werden MABs fast ausschließlich als schriftliche Befragungen durchgeführt. Der Mitarbeiter soll hierbei selbständig, also ohne die Unterstützung eines Interviewers, einen Fragebogen ausfüllen. Dieser enthält zahlreiche Einzelfragen, die so formuliert sind, dass der Befragte sein Urteil durch das Ankreuzen einer Antwortkategorie ausdrücken kann. Bei der Konstruktion eines MAB-Fragebogens gibt es zahlreiche Gesichtspunkte zu beachten. In diesem Kapitel konzentrieren wir uns zunächst auf die inhaltlichen Gesichtspunkte des Fragebogens.

4.1 MAB-Items und ihre Facetten

Ein MAB-Fragebogen enthält einen großen Satz von Fragen wie z.B. „Wie zufrieden sind Sie mit Ihrer Bezahlung?" oder „In welcher Abteilung arbeiten Sie?". Die erste Frage ist eine *inhaltliche* Frage. Sie soll ein *Urteil* des Mitarbeiters zu einem bestimmten *Inhalt* erheben. Die zweite Frage ist eine *demographische* Frage. Sie soll dazu dienen, die Befragten später in vorab definierte Klassen zu sortieren.

Die Antworten, die der Befragte auf die verschiedenen Fragen geben kann, kann man *offen* lassen oder aber „zum Ankreuzen" vorgeben („*geschlossene* Frage"). Ganz offen sind die Antworten allerdings nie. Reagiert der Befragte z.B. auf die Frage, wie zufrieden er mit seiner Bezahlung ist, mit einer Erzählung über seinen letzten Urlaub, dann ist dies keine Reaktion, die wir als Antwort auf diese Frage akzeptieren würden. Auf jede Frage gibt es also immer nur eine bestimmte Menge von Reaktionen, die wir als *zulässig* anerkennen[35]. Im Fall von geschlossenen Fragen ist diese Menge besonders klein: Sie besteht aus wenigen, vorgegebenen Antwortkategorien. Der Befragte kann nur eine dieser Antworten wählen, keine Antwort geben[36] oder „ungültig" (z.B. durch falsches Ankreuzen) antworten. Die Grundbausteine eines Fragebogens sind also nicht nur seine Fragen, sondern auch die jeweils dazu gehörige Menge möglicher

---

[35] Das gilt auch für freie Interviews. Auf die Frage „Wie geht's?" erwartet der Fragende Antworten wie z.B. „gut", „es geht so" oder „schlecht". Reaktionen des Befragten, die nicht relevant sind, werden ignoriert. Hustet der Befragte oder kratzt er sich nach der Frage am Kopf, wird das gar nicht erst aufgezeichnet, es sei denn, man interessiert sich für nonverbale Reaktionen. Das aber ist in einer MAB nie der Fall.

[36] Beantwortet der Befragte ein einzelnes Item nicht, spricht man von *Item Nonresponse*. Nimmt er an der Befragung überhaupt nicht teil, spricht man von *Unit Nonresponse* oder von *Total Nonresponse*.

Antworten. Die Kombination aus einer Frage und der Antwortmenge bezeichnet man als *Item* (Guttman, 1994; Borg & Shye, 1997).

Besonders im Vordergrund stehen zunächst immer die inhaltlichen Items. Die demographischen Items liefern selbst keine interessierenden Informationen, sondern dienen nur der späteren Unterteilung der Befragten in besondere Gruppen. Sie werden daher auch als *Hintergrundvariablen* bezeichnet.

Inhaltliche MAB-Items können sich nach zahlreichen Facetten unterscheiden. Für den Experten sind diese mehr oder weniger transparent. Für denjenigen, der gelegentlich einmal eine MAB im eigenen Betrieb durchführt, bleiben sie dagegen teilweise verborgen und können damit auch nicht systematisch berücksichtigt werden. Die wichtigsten Facetten von MAB-Items sind die vier folgenden:

- *Inhaltsbereich*: Welchen Inhaltsbereich spricht das Item an? (z.B. Bezahlung, Leistungsfeedback vom direkten Vorgesetzten, Wartung der technischen Arbeitsmittel)
- *Referenzperson/-gruppe*: Welche Person oder Gruppe steht im Item im Vordergrund? Der Befragte kann z.B. darüber befragt werden, wie zufrieden er *selbst* mit seiner Bezahlung ist oder wie zufrieden die *Kollegen* – seiner Meinung nach[37] – mit der Bezahlung sind. Die Referenzperson/-gruppe muss nicht immer explizit genannt werden.
- *Modalität:* Auf welche Modalität des Verhaltens der Referenzperson/-gruppe gegenüber dem Inhaltsbereich fokussiert das Item?
  - *emotional*: Ist der Befragte z.B. mit der Bezahlung zufrieden? Gefällt ihm die Strategie des Unternehmens? (beide Items fragen nach Einstellungen, wollen den Befragten platzieren auf einer Positiv-Negativ-Skala gegenüber dem Objekt der Frage)
  - *kognitiv*: Meint der Befragte z.B., dass die Bezahlung in seiner Firma dem entspricht, was andere Firmen bezahlen? (gefragt wird nach einer Meinung; nach einer Wertung wird nicht gefragt) Wurde das Arbeitsteam über die jüngsten Reorganisationsmaßnahmen informiert? (Der Befragte soll Fakten berichten)
  - *aktional*: Plant der Befragte, das Unternehmen bald zu verlassen? (gefragt wird nach einer Handlungsabsicht) Hat sein Vorgesetzter in den letzten 12 Monaten mit ihm über seine Leistung gesprochen? (Bericht über früheres Verhalten)
- *Zeitbezug*: Bezieht sich die Frage auf den gegenwärtigen Stand der Dinge, auf die Zukunft oder auf die Vergangenheit?

Zahlreiche weitere Facetten sind unterscheidbar (Borg, 2002a). Sie spielen aber meist nur eine Hilfsfunktion bei der Konstruktion von MAB-Items. Zu ihnen gehören:

- *Verantwortlichkeitsverortung*: MAB-Items verweisen immer – direkt oder indirekt – auf Personen oder Gruppen, die für die angesprochene Thematik verantwortlich sind ("das Management", "die IT-Abeilung", "meine Mitarbeiter", "der Kunde" o.ä.).

---

[37] Grundsätzlich gilt immer, das alles "aus Sicht des Befragten" beurteilt wird. Man könnte daher jede Frage einleiten mit einem Vorspann wie "Meiner Meinung nach...", "So wie ich die Dinge sehe...", "Ich glaube, dass..." oder Ähnlichem. Der Befragte spricht aber nicht immer über sich selbst, ist also nicht immer selbst Referenzperson.

- *Funktion*: Wozu soll das Item dienen? Was ist seine Aufgabe? Soll es etwas zuverlässig messen, soll es zum Denken anregen, soll es den Befragten an eine bestimmte Verantwortlichkeit erinnern?
- *Strategischer Blickwinkel*: Welchem Messfeld einer Strategiekarte ist das Item zuzuordnen? Liefert es Informationen, die nützlich sind für die Beurteilung von Zustand und Zukunft des strategischen Faktors Finanzen, Produktivität/Effizienz, Kunde oder Innovation/Lernen?

Jede dieser Facetten kann vollständig mit jeder anderen „gekreuzt" werden. Das führt zu außerordentlich vielen Itemtypen[38] und zu praktisch unendlich vielen Items. Man erkennt also deutlich, dass man in einer MAB niemals „alles" differenziert adressieren kann. Vielmehr muss man auswählen, welche Items besonders nützlich erscheinen, oder man muss den Fokus der Items etwas breiter einstellen. Ein Item mit einem ganz breiten Fokus ist z.B. die Frage danach, wie zufrieden der Mitarbeiter „alles in allem" mit seinem Job ist. Es spezifiziert nur die Referenzperson, die Modalität und, implizit, den Zeitbezug, lässt aber – mit Absicht! – den Inhaltsbereich offen. Ansonsten ist der Inhaltsbereich immer der erste und wichtigste Anfangspunkt für die Konstruktion von MAB-Items.

4.2 Standardthemen einer MAB: Die Sicht des Einzelnen

Ein zentrales Element jeder MAB ist die Frage, welche Inhalte oder Themen von den Items des Fragebogens angesprochen werden sollen. Die meisten MABs sprechen einen Mix von Standardthemen und speziellen Themen an – *selbst dann, wenn die Zielsetzung recht spezifisch ist*. Dafür gibt es zahlreiche Gründe. So kann eine enge thematische Ausrichtung u.U. bei den Mitarbeitern negative Stimmung oder sogar Reaktanz gegenüber der MAB erzeugen (z.B.: „Typisch, zur Bezahlung wird natürlich nichts gefragt!" oder „Die Führungskräfte haben sich selbst mal wieder aus allem herausgehalten!"). Ein anderer Grund ist, dass vor einer MAB selten klar ist, dass bestimmte Themen mit der Zielsetzung definitiv nichts zu tun haben. Meist zeigt die Befragung, dass fast alles mit allem vernetzt ist. Eine allzu enge Fokussierung der Items auf bestimmte Inhalte kann daher unangemessene Vereinfachungen oder sogar Fehldiagnosen zur Folge haben.

Die Standardthemen und -fragen entsprechen im wesentlichen dem, was die umfangreiche Forschung zur Arbeitszufriedenheit als wichtig identifiziert hat (z.B. Weiss et al., 1967; Smith et al., 1969; Fischer & Lück, 1972; Neuberger & Allerbeck, 1978; Neuberger, 1985; Fischer, 1989; Highhouse & Becker, 1993; Spector, 1997; Buckingham & Coffman, 1999). Diese Themen – und einige ihrer typischen Einzelinhalte – sind die folgenden:

---

[38] Borg (2002a) zeigt, dass die Kreuzung dieser Facetten zu ca. einer halben Million Klassen von Items führt. Eine solche Klasse ist eine relativ abstrakte Blaupause, ein Bauplan für konkrete Items, also z.B. ein Schema wie „Der Befragte (b) beurteilt zwecks *Messen* unter dem *finanziellen Blickwinkel* in *kognitiver Hinsicht*... ein Element seiner *Arbeitsbedingungen* ...". In jeder dieser Klassen gibt es wiederum Unmengen konkreter Items.

- *Arbeits(platz)bedingungen*: Hat der Mitarbeiter die zur Leistungserbringung nötigen Arbeitsmittel und Werkzeuge? Werden diese gut gewartet? Hat der Mitarbeiter genügend Platz? Ist der Lärmpegel erträglich? Ist die Beleuchtung gut? Ist die Belüftung ausreichend? Ist die Klimatisierung gut? Werden die Bestimmungen des Gesundheitsschutzes eingehalten? Ist der Arbeitsplatz sauber? Ist die Regelung der Arbeitszeiten in Ordnung? Usw. Hier sind viele Fragen möglich, auch sehr spezifische.
- *Ziele, Aufgaben, Arbeitstätigkeit*: Sind die Ziele klar? Versteht sie der Mitarbeiter? Sind sie nachvollziehbar? Akzeptiert er sie? Sind die Arbeitsaufgaben interessant? Entsprechen die Ziele seinen Werten und Bedürfnissen? Kann der Mitarbeiter seine Fähigkeiten und Fertigkeiten einbringen? Sind sie überschaubar, geordnet, widersprüchlich, herausfordernd, spezifisch und konkret, motivierend, erreichbar, zeitbezogen? Fühlt sich der Mitarbeiter bei der Zielsetzung ausreichend beteiligt? Macht die Arbeit Spaß? (Hackman & Oldham, 1976; Locke & Latham, 1990; Ganzach, 1998)
- *Entwicklung und Aufstieg*: Ist der Mitarbeiter zufrieden mit den Entwicklungsmöglichkeiten? Ist er zufrieden mit der Einarbeitung in neuen Aufgaben? Kann er sich im Job genügend entfalten, kann er dazu lernen? Weiß der Mitarbeiter, welche Kompetenzen er in Zukunft brauchen wird? Wie beurteilt der Mitarbeiter die Fort- und Weiterbildung in der Firma? Ist das Angebot qualitativ und quantitativ in Ordnung? Kann man es faktisch auch nutzen? Ist der Mitarbeiter mit den Aufstiegschancen zufrieden? Erfolgt Aufstieg und Entwicklung fair, hat jeder die gleichen Chancen, wird hierbei Leistung und Potential angemessen berücksichtigt? (Warr, 1987; Farr, 1993; Woehr & Roch, 1996)
- *Bezahlung und Zusatzleistungen*: Ist die Bezahlung zufriedenstellend? Ist sie gerecht im Vergleich zu dem, was andere (vermutlich) bekommen? Werden besondere Bedingungen (z.B. Nachtschicht, Schmutz) angemessen berücksichtigt? Ist die Bezahlung marktgerecht? Lohnt sich besondere Leistung finanziell? Erfolgt die Leistungsbeurteilung fair, nachvollziehbar, seriös, zuverlässig, objektiv? Ist der Mitarbeiter mit den Zusatzleistungen zufrieden? Sind diese vergleichsweise hoch, marktgerecht, leistungsbezogen usw.? Ist das Bezahlungssystem transparent? (Lawler, 1971; Miceli, 1993; Lambert, 2000)
- *Kollegen, Team*: Ist der Mitarbeiter mit den Arbeitskollegen zufrieden? Stimmt das Arbeitsklima? Haben die Kollegen ähnliche Wertvorstellungen? Gibt es Spannungen im Team? Gibt es im Team öfter Konflikte über Arbeitsziele, Strategie, Vorgehensweisen, Ressourcen, Zuweisung von Aufgaben und Arbeit an einzelne Personen, Leistung einzelner usw.? Hilft einer dem anderen, wenn nötig? Ist eine gegenseitige Vertretung geregelt? Funktioniert sie in der Praxis? Sind die Kollegen verlässlich? Sind sie ausreichend kompetent? Werden Hochleister als Streber niedergemacht? Werden Querdenker im Team akzeptiert? Hat das Team genügend Motivation zur Leistung? Bekommt das Team die nötige Unterstützung von anderen Teams? Funktioniert die Zusammenarbeit der Teams untereinander? (John & Mannix, 2001)
- *Direkter Vorgesetzter*: Weiß der Mitarbeiter, was der direkte Vorgesetzte von ihm will? Führt er mit klaren Zielen, klarem Zeitplan? Gibt er gutes Feedback zur Leis-

tung (klar, nachvollziehbar, zeitnah, kritisch, konkret, differenziert)? Ist er fair, gerecht? Delegiert er gut? Plant/organisiert er gut? Ist er fachlich kompetent? Ist er erreichbar? Steht er zu seinem Wort? Sind seine Aussagen, Anforderungen, Ankündigungen, Signale, Handlungen konsistent (oder widersprüchlich, ad hoc, instabil)? Setzt er sich für den Mitarbeiter ein? Fördert er den Mitarbeiter? Ermutigt er den Mitarbeiter zu neuen Ideen? Hält er sein Team zusammen? Kann er Konflikte konstruktiv lösen? Führt er das Team effektiv? Beteiligt er den Mitarbeiter ausreichend an Entscheidungen? Gelingt es ihm, ein wirksames Team zu schaffen? Behandelt er den Mitarbeiter mit Respekt? Gibt er dem Mitarbeiter genügend Freiraum? (Bass & Avolio, 1990; Yukl et al., 1990; Kouzes & Posner, 1995; Mealiea & Latham, 1996; Lepsinger & Lucia, 1997; Deller et al., 2000; Ribbert, 2000)

- *Höhere Führungskräfte*: Haben diese Personen eine klare Zielsetzung? Erklären sie die Strategie klar, überzeugend, nachvollziehbar, überzeugend? Führen sie ihren Bereich in eine erfolgreiche Zukunft? Ermutigen Sie Innovation, Beteiligung? Sind sie integer? Kann man ihnen vertrauen? Sie sind durchsetzungsfähig? Sind sie kompetent? Hören sie zu? Kann man sich auf ihre Zusagen verlassen? Treffen sie die richtigen Entscheidungen? Sind sie bereit, Entscheidungen zu korrigieren? Schaffen sie die für die Leistungserbringung nötigen Rahmenbedingungen (organisatorisch, technisch, finanziell)?

- *Information*: Fühlt sich der Mitarbeiter allgemein gut informiert? Wie gut ist die Information über wichtige Dinge im Konzern, in der Firma, im Bereich, in der Abteilung, in der Zentrale, in der Niederlassung usw.? Wie gut informieren Vorstand, Management, Vorgesetzter? Kommen die Informationen rechtzeitig? Sind sie übersichtlich? Kann sich der Mitarbeiter die für ihn wichtigen Informationen leicht selbst beschaffen? Wie gut sind die Informationsmedien? Welches sind die wichtigsten Informationsquellen? Welche Rolle spielen Gerüchte?

- *Firma*: Wie beurteilt der Mitarbeiter die Firma insgesamt? Ist die Firma ein guter Arbeitgeber? Wird sie als seriös, integer, zuverlässig erlebt? Werden Zusagen eingehalten? Wie werden die Mitarbeiter in der Firma behandelt? Hat jeder die gleichen Chancen, jeder die gleichen Rechte? Stimmt das Betriebsklima? Ist der Arbeitsplatz sicher? Meint der Mitarbeiter, dass die Firma um das Wohl ihrer Mitarbeiter besorgt ist?

- *Organisation*: Ist das Unternehmen klar organisiert? Sind die Betriebsabläufe transparent, sind sie sinnvoll? Sind die Schnittstellen klar zwischen Bereichen, zwischen den Arbeitsgruppen usw.? Erlebt der Mitarbeiter Rollenkonflikte (z.B. bei verschiedenen Vorgesetzten oder Aufgaben)? Dienen Reorganisationen der Produktivität? Werden die Mitarbeiter bei Reorganisationen angemessen eingebunden?

- *Commitment zur Firma*: Identifiziert sich der Mitarbeiter mit der Firma? Würde er sich heute wieder bei dieser Firma bewerben? Stimmen seine Werte mit denen der Firma überein? Hat er die Absicht, die Firma zu verlassen? Ist er stolz auf die Firma? Fühlt er sich der Firma emotional verbunden? Fühlt er sich der Firma verpflichtet? Ist er um das Wohl der Firma besorgt? Wirbt er für die Firma und ihre Produkte im Bekanntenkreis? Glaubt er, woanders mehr verdienen, schneller Karriere machen, sich besser entwickeln zu können? (Allen & Meyer, 1990; Becker et al., 1996; Tusi et al., 1997; Hom & Kinicki, 2001)

Zu jedem dieser Themen sind hier nur jeweils einige Fragen angeführt. Cook et al. (1981) haben ca. 3000 Items zusammengetragen, die (bis dato) hierzu in der Literatur publiziert wurden. Aber selbst diese große Zahl ist nur eine kleine Stichprobe aus dem, was möglich ist. Das ist leicht zu sehen, weil man z.B. zu einem Themenkomplex wie den Arbeitsmitteln fast beliebig viele Fragen stellen kann (für spezielle Arbeitstätigkeiten, für verschiedene Branchen usw.).

4.3 Inhaltliche Erweiterungen I: Leistungs- und Strategiethemen

Die obigen Fragen spiegeln vor allem die Sicht des einzelnen Mitarbeiters wieder. Der Oberbegriff hierbei ist Arbeitszufriedenheit. Die Fragen sind alles Themen, die als „Treiber" der Arbeitszufriedenheit (oder -unzufriedenheit) verstanden werden können. Aus Sicht der Firma ist Arbeitszufriedenheit letztlich aber nur ein instrumenteller Wert. Von primärem Interesse sind Themen, die mit Leistungsverhalten und Leistungserbringung zu tun haben. Für das Top-Management ist zudem immer von großem Interesse, was die Mitarbeiter zur Strategie sagen, ob sie sie kennen, hinter ihr stehen usw. Im folgenden sind einige Fragen zu diesen Themenfeldern aufgeführt:

- *Produktivität*: Denkt der Mitarbeiter in Kategorien von Kosten und Nutzen? Welchen Stellenwert hat Leistungserbringung bei den Kollegen? Sind Meetings gut vorbereitet? Werden sie effizient durchgeführt? Bringen sie Ergebnisse? Gibt es aus Sicht der Mitarbeiter Verschwendung von Ressourcen im Arbeitsumfeld? Wird Leistung sinnvoll gemessen? Was könnte getan werden, damit der Mitarbeiter produktiver arbeiten kann? Gibt es eine wirksame Kultur der Leistungsrückmeldung, des Leistungsmanagements? Tut die Firma, das Team, die Abteilung usw. das Nötige für den Kostenabbau? Gibt es ausreichend Feedback über Fortschritte beim Kostenabbau? (Pritchard, 1990; Boyett & Conn, 1995; Lepsinger & Lucia, 1997)
- *Qualität*: Gibt es im Arbeitsumfeld Commitment zur Qualität? Wie werden TQM-Programme vom Mitarbeiter beurteilt? Was bringen sie? Welchen Stellenwert hat Qualität in System der Arbeitsziele? Werden die Arbeitsergebnisse systematisch auf ihr Qualität hin geprüft? Lohnt es sich, Qualität zu liefern? Führt Nicht-Qualität zu Sanktionen? Besteht der Vorgesetzte auf Qualität? (Dolan, 1994; Lawler et al., 1995; Townsend & Gebhardt, 1992)
- *Veränderungsmanagement*: Wie beurteilt der Mitarbeiter die Entscheidungsfindung bei Veränderungen? Erfolgt sie systematisch, überschaubar, nach Plan, nachvollziehbar? Werden die davon Betroffenen dabei eingebunden, rechtzeitig informiert, gut informiert? Werden die Betroffenen bei Veränderungen ausreichend vorbereitet, werden sie in der Umsetzung unterstützt? Wird evtl. nur um der Veränderung willen verändert? Steht das Management voll hinter den Veränderungen? (Kanter et al., 1992; Howard, 1995)

- *Kunden*: Welches Image hat das Unternehmen, die Abteilung, das Team usw. nach Meinung des Mitarbeiters beim Kunden? Kennt der Mitarbeiter die Bedürfnisse des Kunden? Bekommt er ausreichend Feedback zur Kundenzufriedenheit? Wie beurteilt der Mitarbeiter Servicementalität, Liefertreue, Preisgestaltung, Kundenorientierung, Flexibilität der Firma? Fühlt sich der Mitarbeiter als interner Kunde behandelt? (Whiteley, 1991)

- *Strategie*: Kennt der Mitarbeiter die Strategie? Fühlt er sich ausreichend informiert? Kann er die Strategie nachvollziehen, könnte er sie erklären, versteht er sie richtig, akzeptiert er sie, identifiziert er sich mit ihr, findet er sie richtig, findet er sie motivierend? Kann er die Strategie in seinen Arbeitszielen wiederfinden? Weiß er, was er zur Umsetzung der Strategie beitragen kann; welche Beiträge von ihm zur Strategie erwartet werden; welchen Nutzen ihm der Einsatz für die Strategie bringt? Weiß er, welche Anstrengungen auf ihn zukommen werden? Ist er bereit, diese zu erbringen?

- *Innovation*: Herrscht in der Firma, im Arbeitsteam ein Klima, das Innovationen und neue Ideen ermutigt? Werden neue Ideen zügig akzeptiert und umgesetzt? Gibt es genug Zeit, Geld, Ressourcen zur Entwicklung neuer Ideen? Gibt es ein gut funktionierendes Vorschlagswesen? Werden neue Ideen vom Vorgesetzten, vom mittleren Management, von der Geschäftsleitung ermutigt, unterstützt, zügig geprüft und ggf. umgesetzt? Wie groß ist das Risiko, bei neuen Ideen niedergemacht zu werden? Wie beurteilt der Mitarbeiter die Produktpipeline? (Amabile et al., 1995; Amabile & Conti, 1999)

- *Projekte*: Wie beurteilt der Mitarbeiter das Management von Projekten in seinem Arbeitsumfeld? Findet er es effektiv, effizient, transparent? Wie gut werden Projekte gemanagt? Wie gut funktioniert Monitoring, Controlling von Meilensteinen, Qualitätskontrolle, Planen, Nachsteuern? Haben Projekte klare Aufträge und Kompetenzen? Werden sie von oben her ausreichend unterstützt? Werden die jeweils richtigen Personen eingesetzt? Werden diese zufriedenstellend rekrutiert, eingewiesen, beteiligt, belohnt? Sind die Projektmitarbeiter motiviert, diszipliniert, verlässlich? Wie eng ist die Zusammenarbeit? (Brown & Eisenhart, 1995; Lewis et al., 2002)

- *Sozialkapital*: Ist der Mitarbeiter in verschiedene soziale Netzwerke eingebunden? Kennt er viele andere Mitarbeiter, auch solche in anderen Abteilungen, Funktionen und Hierarchien? Weiss er, wo er sich unbürokratisch Informationen, Entscheidungen, Ressourcen usw. besorgen kann? Sind die Mitarbeiter allgemein stark vernetzt (z.B. durch persönliche Bekanntschaften, Beziehungen, Kooperationen)? Wird relevante Information unter den Mitarbeitern frei und schnell ausgetauscht? Hilft man sich gegenseitig? Wie ist der soziale Zusammenhalt im Team, in der Firma? Stehen sich die verschiedenen Interessensgruppen konfrontativ gegenüber? (Adler & Kwon, 2002; Seibert et al., 2001)

- *Mergers, Änderungen der Geschäftsformen, große Reorganisationen*: Welche Ängste und Hoffnungen hat der Mitarbeiter bei Mergern, Verkäufen, Umwandlungen (z.B. von einer Behörde in eine AG, Integration in andere Einheiten, Regionalisierung und Zentralisierung)? Fühlt er sich ausreichend beteiligt? Weiß er, was von ihm erwartet wird? (Mirvis, 1990)

Themen dieser Art scheinen oft nur „alter Wein in neuen Schläuchen" (Oechsler, 1998) zu sein. Bei genauerer Betrachtung handelt es sich aber selten um simples Recycling. Im übrigen ist dies aus praktischer Sicht betrachtet nicht entscheidend. Vielmehr verweist eine Wiederbelebung darauf, dass hier ein Thema vernachlässigt wurde. Selbst die gerne kritisierten Managementmoden eignen sich oft dazu, wieder Schwung in Vorhaben zu bringen, die angegangen werden müssen.

4.4 Inhaltliche Erweiterungen II: Weitere psychologische Themen

Auch innerhalb der Organisationspsychologie haben sich in den letzten Jahren eine Reihe von Themen entwickelt, die für eine MAB interessant sein können, weil sie wichtige Bedingungen für die Organisationsentwicklung ansprechen. Sie sind z.T. recht ähnlich und empirisch hoch korreliert. Hierzu gehören z.B.:

- *Empowerment*: Entsprechen die Arbeitsaufgaben und Ziele des Mitarbeiters seinen Wertvorstellungen? Findet er seine Arbeit wichtig? Fühlt er sich kompetent genug für diese Aufgaben? Kann er genügend selbst entscheiden? Hat er die für seine Aufgaben nötigen Freiräume? Kann er diese auch ausfüllen? Glaubt er daran, etwas bewegen zu können? Kann er wichtige Rahmenbedingungen mitbestimmen? Kann er es riskieren, kalkulierte Risiken einzugehen? Bekommt er Rückdeckung, wenn er einen Fehler macht? Wurde er für seine Aufgaben genügend befähigt? (Conger & Kanungo, 1988; Kanungo & Mendonca, 1992; Spreitzer, 1995; Pfeffer, 1995)
- *Stress, Strain, Burnout*: Fühlt sich der Mitarbeiter mit Arbeit überlastet? Fühlt er sich ausgebrannt? Wurden die Erwartungen und Hoffnungen des Mitarbeiters enttäuscht? Hat er das Gefühl, seine Handlungsfreiräume kontrollieren zu können? Fühlt er sich überfordert? Sind seine Rollen klar? (Warr, 1987; Locke & Taylor, 1990; Nelson & Sutton, 1990; Kahn & Byosiere, 1992)
- *Organisationsbürgerverhalten (prosoziales Verhalten, Extrarollen-Verhalten)*: Handeln die Mitarbeiter wie Bürger, zeigen sie zivile Tugenden? Wird in der Firma Dienst nach Vorschrift gemacht? Hilft einer dem anderen? Ist es leicht, Freiwillige für Kommissionen, Arbeiten zum Gemeinwohl u.ä. zu finden? Nehmen sich die Mitarbeiter Privilegien heraus? Gehen die Mitarbeiter sorgsam mit Firmeneigentum um? Engagieren sich die Mitarbeiter auch für Veränderungen, die anderen zu Gute kommen? Tun die Mitarbeiter etwas, wenn sie Missstände sehen, von denen sie selbst nicht betroffen sind? Lesen die Mitarbeiter die Firmeninfos, halten sie sich informiert, geben sie Informationen weiter? Streuen sie gerne Gerüchte? Beschweren sie sich über jeden Kleinkram? Kommen sie zu wichtigen Meetings, auch wenn sie nicht müssen? (Organ, 1984; Brief & Motowidlo, 1986; Tusi et al., 1997; Van Dyne & LePine, 1998; Morrison & Phelps, 1999)
- *Arbeitsbezogenes Selbstwertgefühl*: Meint der Mitarbeiter, dass er in seinem Umfeld „jemand ist", dass er dort „zählt"? Wird ihm zugehört? Vertraut man ihm? Glaubt er, dass er einen wertvollen Beitrag liefert, dass es auf ihn ankommt? Fühlt er sich als kleines Rädchen? Empfindet er Machtlosigkeit? Bekommt er Respekt

und Anerkennung von den Führungskräften? Fühlt er sich übermäßig kontrolliert? (Pierce et al., 1989; Duffy et al., 2000; McAllister & Bigley, 2002)

- *Selbstwirksamkeitsüberzeugungen*: Glaubt der Mitarbeiter, etwas bewegen zu können? Fühlt er sich als Spielball des Umfelds? Fühlt er sich kompetent? Fühlt er sich „stark"? Glaubt er, dass er genügend Unterstützung bekommt? Erwartet er schwer überwindbare Widerstände, Hindernisse, Hemmnisse im Arbeitsumfeld, bei Kollegen, bei Vorgesetzen, bei den Systemen? Fühlt sich der Mitarbeiter verunsichert? Plagen ihn Selbstzweifel? (Thomas & Velthouse, 1990; Bandura, 1997)

- *Systemvertrauen*: Glaubt der Mitarbeiter, dass seine Leistung fair beurteilt wird? Werden hierbei auch die Rahmenbedingungen angemessen berücksichtigt? Spielt der „Nasenfaktor" eine wichtige Rolle bei der Leistungsbeurteilung? Wird gute Leistung angemessen belohnt (mit Geld, Förderung, Aufstieg, interessanterer Arbeit usw.)? Werden dabei Verfahren verwendet, die transparent, nachvollziehbar, überzeugend sind? Werden diese Verfahren seriös angewendet? Werden freiwillige Leistungen (z.B. Organisationsbürgerverhalten) angemessen berücksichtigt? Werden Entscheidungen so getroffen, dass alle Interessensgruppen fair bedacht werden? Werden persönliche Daten vertraulich behandelt? Geht es in der Verwaltung seriös zu? Funktioniert das Vorschlagswesen ohne Ansehen der Person?

- *Gerechtigkeit und Fairness*: Fühlt sich der Mitarbeiter gerecht bezahlt? Bekommt man in dieser Firma für vergleichbare Arbeit ähnliche Entlohnung? Werden bei der Bezahlung auch besondere Bedingungen (Nachtarbeit, schmutzige Arbeit usw.) angemessen berücksichtigt? Ist der Mitarbeiter zufrieden mit der Leistungsbeurteilung? Hat jeder Mitarbeiter die gleichen Aufstiegschancen? Bekommt der Mitarbeiter die nötige Aufmerksamkeit? Werden Kriterien für alle gleich verwendet? Bekommt der Mitarbeiter ehrliches Feedback? (Folger & Konovsky, 1989; Fryxell & Gordon, 1989; Greenberg, 1990; Mooreman et al., 1998; Masterson et al., 2000)

- *Psychologische Kontrakte*: Werden ex- bzw. implizite Zusagen eingehalten? (z.B. in Bezug auf Trainings, Bonus, Beförderung, Arbeitsplatzsicherheit, Leistungsbeurteilung, Arbeitsplatzbedingungen)? Gelten mündliche Versprechungen des Vorgesetzten etwas? Tut das Management genug für die Sicherheit der Arbeitsplätze? Wird die Arbeit angemessen und fair bezahlt? Muss man sich alles schriftlich geben lassen? (Robinson & Rousseau, 1995; Rousseau, 1995)

- *Vertrauen in Führung und Firma*: Vertraut der Mitarbeiter der Geschäftsleitung, dem Senior Management, dem mittleren Management? Wie sieht er die Kompetenz der Führungskräfte? Hält der sie für integer? Würde er von Führungskraft *X* einen Gebrauchtwagen kaufen? Tun die Führungskräfte, was sie ankündigen? Tun die Führungskräfte selbst, was sie von anderen fordern? Glaubt der Mitarbeiter an die Firma? Sind ihre Produkte und Dienstleistungen wettbewerbsfähig? Haben sie eine Zukunft? Macht sich der Mitarbeiter Sorgen um die Firma? (Oswald & Wendt, 1993; Borg & Braun, 1995; Rousseau et al., 1998; Wicks et al., 1999)

- *Mobbing*: Hat der Mitarbeiter Angst vor Vorgesetzten? Wird er von den Kollegen drangsaliert? Wird ihm seine Arbeit durch andere systematisch und absichtlich erschwert? Glaubt der Mitarbeiter, dass Mobbing den Grundwerten der Firma widerspricht? Meint er, sich im Fall von Mobbing an die Personalabteilung wenden zu können? (Leymann, 2002)

- *Diskriminierung:* Glaubt der Mitarbeiter, dass in der Firma jeder die gleichen Chancen hat? Haben Frauen die gleichen Chancen wie Männer? (auch: ältere Mitarbeiter, Ausländer, Schwarze vs. Weiße usw.) Wird in der Firma Verschiedenheit als Wert gesehen? Wird Diskriminierung in der Firma sanktioniert? Behindern Vorurteile gegenüber Minderheiten die Zusammenarbeit untereinander? (Woehr & Roch, 1966; Hall & Parker, 1993; Roosevelt, 1996)
- *Arbeitsplatzunsicherheit*: Rechnet der Mitarbeiter damit, seinen Job zu verlieren? Hat er davor Angst? Rechnet er mit dem Verlust positiver Arbeitsmerkmale? Hat er Angst vor dem Obsoletwerden von Skills? Erwartet er, dass er seitens der Firma unterstützt wird? Wie abhängig fühlt er sich vom direkten Vorgesetzten? Wie geht er mit diesen Risiken um? (Hartley et al., 1991; Borg, 1992c)
- *Arbeit und Familie/Privatleben*: Stehen Arbeit und Nicht-Arbeit in einem gesunden Verhältnis? Gibt es für den Mitarbeiter Rollenkonflikte zwischen seiner Arbeit und seiner Familie? Kann er Arbeits- und Familienpflichten vereinbaren? Fühlt er sich wegen der Arbeit zu Hause unter Druck gesetzt? Kann er seine Zeit angemessen planen? Unterstützt die Firma in angemessener Weise Kinderbetreuung, Telearbeit, Doppelkarrieren u.ä.? (Thomas & Ganster, 1995; Lambert, 2000)

Diese Liste ließe sich unschwer weiter fortsetzen. Man findet dabei aber (wie auch schon im Obigen), dass sich die Themen teilweise wiederholen und überlappen. Allgemein betrachtet sehen wir, dass sich für den MAB-Fragebogen mehr als genug Themen und Items anbieten. Die eigentliche Herausforderung ist also nicht, interessante Fragen zu formulieren, sondern die richtigen auszuwählen.

4.5 Ungeeignete Themen

Eine Reihe von Themen eignet sich grundsätzlich nicht oder nur wenig für eine MAB. Hierzu gehören z.B. Items zur Persönlichkeit des Befragten. Betrachten wir ein Beispiel. Bei den Vorüberlegungen zu einer MAB bei einem großen deutschen Industrieunternehmen wurde die Hypothese formuliert, dass Mitarbeiter mit internalen Kontrollüberzeugungen eher bereit sind, bestimmte Veränderungsmaßnahmen mitzutragen als Mitarbeiter, die ihren Erfolg stärker vom Glück oder von den Umständen bestimmt sehen. Es wurde vorgeschlagen, diese Hypothese empirisch zu untersuchen. Nun lässt sich aber in diesem Fall schon vorab sehen, dass sich dieser Aufwand aus praktischer Sicht nicht lohnt: Schließlich kann man die Mitarbeiter nicht nach Persönlichkeitsmerkmalen in Gruppen einteilen, mit denen man dann getrennt weiter arbeitet. Zudem ist nicht zu erwarten, dass die Befragung selbst Veränderungsprozesse bei den Befragten auslöst, weil Persönlichkeitsmerkmale dafür zu stabil sind.

Ein wichtiges Auswahlkriterium für MAB-Themen ist also, ob diese einer Veränderung zugänglich sind oder, allgemeiner, ob man mit diesen irgend etwas Sinnvolles *bewegen* kann. Zatz (2000) bezeichnet derartige Items als „actionable items": Wenn niemand mit den Informationen etwas „machen" kann, dann ist das Item fragwürdig.

So könnte man z.B. argumentieren, dass es wenig Sinn macht, die Mitarbeiter darüber zu befragen, ob sie mit den Parkmöglichkeiten bei ihrer Firma zufrieden sind, wenn sich an der Situation nichts ändern lässt. Andererseits kann gerade deshalb die Frage wichtig sein, weil man auf der Grundlage der zu erwartenden Unzufriedenheitsäußerungen das Thema systematisch aufgreifen und die Unmöglichkeit einer Änderung der Situation klar machen könnte. Ziel wäre es, auf diesem Weg zu einer realistischen Neubewertung des Parkplatzproblems zu kommen.

Grundsätzlich empfiehlt es sich also, bei jedem Item zu fragen, was man mit den so erhobenen Daten *machen* will, oder ob die Information nur „interessant" erscheint. Fragen, die keine Ansatzpunkte für Verbesserungsmaßnahmen, weitere Aktionen oder zumindest für einen konstruktiven Dialog bieten, sind fast immer überflüssig. Angesichts der meist sehr vielen Themen, die relevant sind, sollte man im Zweifelsfall einen Inhalt eher als ungeeignet aussortieren als ihn beibehalten.

Es gibt auch Themen, die unter bestimmten Umständen zu *heikel* sein können, um in einer MAB angesprochen zu werden. Ein Item wie „Ich glaube, dass meine Stelle sicher ist" kann in einer wirtschaftlichen Rezession beträchtliche Diskussionen und Misstrauen auslösen. Im übrigen gilt auch hier wieder das Kriterium: Was soll mit der erfragten Information gemacht werden? Wenn beispielsweise die Entscheidung für einen Personalabbau schon gefallen ist, dann ist es wenig sinnvoll, die Mitarbeiter zu dieser Entscheidung, die so oder so implementiert wird, zu befragen.

Grundsätzlich ausschließen aus einer MAB sollte man Fragen, die keine Relevanz für den Arbeitskontext haben. Die Entscheidung darüber ist allerdings nicht immer einfach. So kann z.B. das Thema von Kindern und Familie durchaus relevant sein für die Arbeit, vom einzelnen Mitarbeiter aber als ein unberechtigtes Eindringen in seine *Privatsphäre* verstanden werden. Die Relevanz des Themas sollte dem Mitarbeiter entweder direkt einleuchten oder sie muss vorher erklärt werden.

Unbedingt zu beachten ist auch, in einer MAB *keine Kontrollitems* zu verwenden. Das gleiche oder ein sehr ähnliches Item sollte also nicht mehrfach im Fragebogen erscheinen. Solche Kontrollitems – auch solche, die gar nicht in einer Kontrollabsicht formuliert wurden! – werden i.d.R. von den Befragten entdeckt und dann möglicherweise so thematisiert, dass dadurch das Klima für konstruktive Folgeaktionen ruiniert wird. Wirklich benötigt werden Kontrollitems ohnehin nicht, weil sich die Konsistenz der Antworten auch ohne sie prüfen lässt durch statistische Analysen oder einfach durch die Untersuchung der inhaltlichen Stimmigkeit der Antworten („Formt sich ein Gesamtbild?"). Zudem gibt es in MABs meist so viele relevante Themen, zu denen man Daten erheben will, dass sich Fragewiederholungen schon aus Gründen der Ökonomie verbieten.

4.6 Demographische Items

Den Hauptanteil der Items einer MAB bilden inhaltliche Items. Sie machen i.d.R. über 90% der Items aus. Der Rest der Items sind demographische Items (DIs). Einige typische Beispiele sind in Abbildung 4.1 gezeigt. DIs sollten es ermöglichen, ...

- ... die MAB-Ergebnisse *herunterzubrechen* nach gewissen *Schichten* (z.B. Männer vs. Frauen, Führungskräfte vs. Nichtführungskräfte, Mitarbeiter nach der Dauer ihrer Betriebszugehörigkeit)
- ... in die MAB-Daten *hineinzubohren* („drill down"), um so zu sehen, was die Mitarbeiter bestimmter *Gruppen* gesagt haben (z.B. die Mitarbeiter der Niederlassung *X* oder des Arbeitsteams *Y*)

So ist z.B. eine Analyse der Daten im Hinblick auf die Frage, ob die MAB-Ergebnisse von Führungskräften anders ausfallen als die der anderen Mitarbeiter, fast immer von großem Interesse. Die Frage lässt sich aber offensichtlich nur beantworten, wenn man für die Befragten in der MAB erhoben hat, ob sie Führungskräfte sind oder nicht.

Neben der Möglichkeit, durch DIs zu einer *differenzierteren* Interpretation der MAB-Ergebnisse zu kommen, muss man die MAB-Daten auch für evtl. Folgeprozesse und Workshops nach bestimmten Kriterien *filtern* können. Ein Workshop z.B. mit den Niederlassungsleitern des Geschäftsbereichs *X* funktioniert am besten auf der Grundlage der MAB-Ergebnisse genau dieser Gruppe. Um aber der Gesamtdatei die Daten dieser Gruppe entnehmen zu können, muss man geeignete DIs haben. Am einfachsten ist es, wenn jede Gruppe, mit der später ein MAB-Workshop durchgeführt wird, genau einer Kategorie in einer bestimmten DI entspricht.

Wenn man intensive Nacharbeit mit den MAB-Daten plant, dann ist z.B. das vierte Item in Abbildung 4.1 („Abteilung/Hauptabteilung") nur für ein relativ kleines Unternehmen differenziert genug. In großen Unternehmen kann es sein, dass man Hunderte oder sogar Tausende (!) von Kategorien braucht, damit man die Daten später entsprechend herunterbrechen kann. Das führt zu Problemen, weil der Fragebogen natürlich nicht beliebig umfangreich sein kann[39].

Hinzu kommt noch ein grundsätzliches Problem von einigen besonders wichtigen DIs. So ist den Mitarbeitern großer Unternehmen die genaue bzw. die gerade aktuelle Bezeichnung ihrer Abteilung nicht immer geläufig. Umgangssprachlich bezeichnen sie diese oft ganz anders als dies vom Organigramm oder vom Controller („Kostenstellen") getan wird. Typisch sind Bezeichnungen wie „die Abteilung Mayer im Lager München" oder „die Konzernkommunikation, die an Max Schmidt berichtet". Bei genauerer Prüfung zeigt sich in der Praxis nicht selten, dass derartige Bezeichnungen für die tägliche Arbeit hinreichend zuverlässig sind. Das ist vermutlich der Grund dafür, dass ein genaues und vor allem aktuelles Organigramm oft gar nicht existiert[40].

Unkenntnis über die eigene Position in der Organisationsstruktur zeigt sich erfahrungsgemäß auch häufig bei der Frage nach der hierarchischen Ebene. So bezeichnen sich meist mehr Personen als Führungskraft, als dies offiziell richtig sein kann. Ein Beispiel hierfür wäre, wenn eine MAB 20 Personen als Mitglieder der Geschäftsleitung ausweist, diese aber nur aus 10 Personen besteht. Derartige Abweichungen von

---

[39] Dicke Fragebogen führen zu niedriger Teilnahme, zu Fehlern und Auslassungen – ganz abgesehen von den Kosten für Druck, Verteilung, Versenden, Transportieren usw.

[40] Eine MAB führt daher bisweilen dazu, dass dabei auch die Dokumentation der Organisationsstruktur überholt oder überhaupt erst explizit ausformuliert wird.

1. Was ist Ihr Geschlecht?
   - ○ weiblich
   - ○ männlich
2. Seit wie vielen Jahren arbeiten Sie für die Firma ABC?
   - ○ weniger als 2 Jahre
   - ○ 2-5 Jahre
   - ○ 6-10 Jahre
   - ○ mehr als 10 Jahre
3. Welche der folgenden Beschreibungen trifft auf Ihre Funktion/Stelle zu?
   - ○ Führungskraft, an die Führungskräfte berichten/Geschäftsleitung
   - ○ Führungskraft mit Personalverantwortung
   - ○ Führungskraft ohne ständige Personalverantwortung
   - ○ Angestellte(r) ohne Personalverantwortung
   - ○ Arbeiter/Arbeiterin
   - ○ Azubi
4. In welcher Abteilung/Hauptabteilung bzw. in welchem Bereich arbeiten Sie?
   - ○ Entwicklung
   - ○ Produktion/Fertigung/Qualitätskontrolle
   - ○ Marketing/Vertrieb/Auftragsabwicklung
   - ○ Logistik/Lager
   - ○ Kundendienst/Technische Schulung/Technischer Support
   - ○ Support/Service
   - ○ Finanzen/Controlling
   - ○ Einkauf
   - ○ Personal
   - ○ Verwaltung/EDV
   - ○ Geschäftsleitung
5. An welchem Standort arbeiten Sie?
   - ○ Zentrale
   - ○ Geschäftsstelle

Abbildung 4.1. Einige demographische Items eines kleinen Unternehmens.

Soll und Ist ziehen immer aufwendige Datenbereinigungen nach sich und potentiell ein grundsätzliches Anzweifeln der Glaubwürdigkeit der Befunde.

DIs werden auch als *Fragen zur Person* bezeichnet. Das ist zwar sachlich richtig, aber diese Bezeichnung sollte wegen möglicher Missverständnisse vermieden werden. DIs sollen nicht dazu dienen, herauszufinden, wie sich der *einzelne* Mitarbeiter („Hans Maier") geäußert hat. Vielmehr sollen sie eine Ergebnisschichtung oder -fokussierung für bestimmte, vorab definierte Teilgruppen der Mitarbeiter ermöglichen. Es ist sinnvoll, von vornherein sorgfältig zu überlegen, welche Analysen wirklich erstellt werden sollen. Verwendet werden dann nur DIs, die man hierfür braucht. Jedes zusätzliche DI führt potentiell zu verschärften Anonymitätsdiskussionen.

DIs sind jedenfalls *immer heikle Fragen*, weil sie die Anonymität des Befragten gefährden: Durch Kombination mehrerer DIs lässt sich der einzelne Befragte oft weitgehend identifizieren („Rasterfahndung"). Personen lassen daher offenbar z.T. mit voller Absicht einige DIs unbeantwortet, um so sicher zu gehen, nicht identifiziert zu werden. Die Absicht kann man daraus ableiten, dass sich diese Personen bei den inhaltlichen Fragen signifikant negativer äußern als Personen, die die DIs vollständig ausfüllen (Borg, 1991a). Es sollten daher nur solche DIs verwendet werden, die für eine aussagekräftige Datenanalyse wirklich gebraucht werden.

4.7 Ansätze für das Zusammenstellen einer Itembatterie

Eine Grundvoraussetzung für das Suchen oder Konstruieren sinnvoller Fragen ist das Vorliegen von Zielen, die die MAB erreichen soll. Diese Ziele führen allerdings selten direkt zu thematischen Schwerpunkten oder gar zu konkreten Fragen: Sie zeigen nur, wie breit die MAB angelegt werden soll und welche Akzente sie bekommen soll. Ansonsten lassen sie dem Fragebogenkonstrukteur freie Hand, machen aber dadurch die Aufgabe nicht leichter. Wie also vorgehen?

Grundansätze für das Auffinden von MAB-Items

Grundsätzlich lassen sich zwei Gruppen von Ansätzen für das Auffinden von MAB-Items unterteilen: Schreibtischarbeit einerseits und empirische Forschung mittels Interviews und Diskussionen andererseits (Tabelle 4.1).

In der Praxis ist ein Anfang meist damit gemacht, sich einige Fragebögen aus *anderen Firmen*[41] anzusehen. Ein reines „Abkupfern" ist jedoch selten sinnvoll. Dazu sind die meisten Fragebögen zu sehr auf die Besonderheiten der jeweiligen Firma zugeschnitten. Das gilt zunächst für ihre Ausdrucksweise: Was in der einen Firma „Vorgesetzter" heißt, heißt in der anderen Firma „Führungskraft" und in einer dritten Firma „Manager". Des weiteren gilt, dass die Themen in verschiedenen MABs zwar meist recht ähnlich sind, aber anders artikuliert werden. So sind etwa Qualität oder Innovation gängige MAB-Themen: Sie müssen aber anders angesprochen werden für Arbeiter eines mittelständischen Produktionsbetriebs als für Entwickler einer Software-Firma.

Ähnlich problematisch ist die Verwendung von *Standardinstrumenten* (z.B. die SAZ von Fischer & Lück, 1972 oder der JSS von Spector, 1997). Für sie gilt das Umgekehrte wie bei firmenspezifischen Fragebögen: Sie sind zu allgemein, zu unspezifisch für eine effektive MAB im jeweils besonderen Unternehmen[42]. Im übrigen gilt für sie, dass sie überwiegend aus der Arbeitszufriedenheitsforschung stammen und daher natürlich viele Fragen stellen, die mit dieser Thematik mehr oder weniger direkt verknüpft sind, während „Business-Themen" (z.B. Meinungen zur Firmenstrategie oder zur Kundenorientierung) gänzlich ignoriert werden. Standardinstrumente können aber den Vorteil haben, dass für ihre Items aktuelle externe Vergleichsnormen zugänglich sind, die die Interpretation der Befunde erleichtern. Es ist daher immer zu überlegen, ob man nicht *das eine oder andere* Item aus einem solchen Fragebogen verwenden kann.

---

[41] Wallner (2000) berichtet z.B. den kompletten MAB-Fragebogen der Siemens AG.

[42] Unspezifische, allgemeine Items können dazu führen, dass es in den Folgeprozessen zu zeitaufwendigen Diskussionen darüber kommt, wie das Ergebnis zu verstehen ist. Der Effekt ist immer, dass die MAB an Durchschlagskraft verliert. Letztlich ist es daher ökonomischer, mehr Zeit in die Konstruktion unternehmensspezifischer Items zu investieren.

Tabelle 4.1. Ansätze zum Finden von MAB-Items.

Schreibtischarbeit:
- Fragebögen aus anderen Firmen verwenden, Teile abschreiben, abändern
- Einen Standardfragebogen verwenden
- Itemsammlungen als Steinbruch verwenden
- Dimensionen der Arbeitszufriedenheit als „Überschriften" verwenden
- Wissenschaftliche Literatur durchsehen
- Theorie befragen: Stellschrauben/Zusammenhänge abgedeckt?
- Wege zu Zielen durchdenken: Hemmnisse, Hindernisse, Chancen?
- Strategie befragen: Wo soll es hingehen? Was ist dafür wichtig?
- Funktionen? (Messen, Platzieren, Einbinden, Erinnern, Ent-Täuschen)
- Kategoriensysteme, Abbildungssätze als Baupläne verwenden

Interviews:
- Interviews mit Mitarbeitern oder Führungskräften (zufällig ausgewählt, max. divergent, repräsentativ, besondere Spezialisten/Experten), einzeln oder in Fokusgruppe
- Diskussion führen mit MAB-Projektteam, MAB-Experten

Itemsammlungen[43] sind prinzipiell auch nützlich, haben aber eher einen wissenschaftlichen Akzent. Das gilt natürlich noch stärker für wissenschaftliche Originalarbeiten (z.B. im Journal of Applied Psychology oder im Academy of Management Journal), in denen jeweils nur wenige Themenfelder (z.B. Vertrauen oder Commitment) mit sehr vielen Items gemessen werden. Die Durchsicht dieser Literatur ist also eher für die Vertiefung spezieller Themen geeignet. In einer MAB muss man dagegen *oft mit einem einzigen Item* für ein Themenfeld auskommen, weil man i.d.R. viele Themen abdecken will und dabei Vollständigkeit wichtiger ist als Tiefe und Details.

Mit „Dimensionen der Arbeitszufriedenheit" sind in Tabelle 4.1 insbesondere Ergebnisse aus der wissenschaftlichen Forschung gemeint, die zeigen, in welche psychologischen Komponenten die Thematik Arbeitszufriedenheit psychologisch strukturiert ist: Befragt über seine Arbeitszufriedenheit fühlt und denkt der Mitarbeiter in gewissen Kategorien wie z.B. Bezahlung,Vorgesetzter oder Fortkommen/Entwicklung. Damit ergeben sich natürliche *Überschriften für wichtige Themenfelder* einer MAB.

Zusammenhangshypothesen muss man dagegen aus Theorien ableiten wie z.B. dem Leistungs-Zufriedenheitsmotor (siehe Abbildung 4.2), der mit seinen Blöcken und Abhängigkeitsbeziehungen viele Hinweise auf wichtige Themen gibt. Neben *Arbeitszufriedenheit als Leitmotiv* sind i.d.R. auch Themen relevant, die sich aus den *operativen und strategischen Zielen* ableiten lassen.

Zusätzlich wird das Auffinden sinnvoller Items immer durch Interviews oder Diskussionen mit wichtigen Interessensgruppen oder Personen ergänzt. Oft will z.B. der Betriebsrat das eine oder andere Item einbringen oder der Geschäftsführer mit einigen Fragen bestimmte inhaltliche Akzente setzen bzw. einfach spezifische Antworten bekommen.

---

[43] Z.B. Cook et al. (1981). Siehe auch das elektronische Handbuch sozialwissenschaftlicher Skalen ZIS unter www.gesis.org/methodenberatung/zis/index.htm.

Theoriegeleitete Auswahl

Nicht jede MAB spricht vollkommen Neues an, sondern versucht i.d.R. die wichtigen („ewigen") *Standardthemen* abzudecken. Diese Standardthemen haben sich z.T. aus der Arbeitszufriedenheitsforschung entwickelt oder sich einfach empirisch als typische Ähnlichkeiten von MABs erwiesen. Letztlich ist dies aber keine befriedigende Ausgangssituation, weil sie theoretisch undurchsichtig ist. Die Logik der Itemauswahl kann dann natürlich den Mitarbeitern, den Führungskräften oder dem Betriebsrat auch nicht wirklich nachvollziehbar erklärt werden.

Prinzipiell gut geeignet nicht nur zur Konstruktion von Items, sondern auch für die spätere Interpretation der MAB-Ergebnisse ist eine Theorie, die sowohl die Interessen des einzelnen Mitarbeiters („Zufriedenheit") als auch die des Unternehmens („Leistung") berücksichtigt. Eine solche Theorie ist der *Leistungs-Zufriedenheitsmotor* (LZ-Motor[44]), der die Voraussetzungen, Verknüpfungen und Spielarten von Zufriedenheit und Leistung in einem Netzwerk zusammenbringt (Abbildung 4.2). Der LZ-Motor basiert in seinem Kern auf kognitiven Motivationstheorien (Heckhausen, 1989), insbesondere auf dem Modell von Porter & Lawler (1968) und seinen Varianten (z.B. Pinder, 1984; Mealiea & Latham, 1996; Schuler, 1991), schließt aber auch praxisbewährte Formeln des Leistungsmanagements ein (Stewart, 1986), logische Überlegungen und vor allem zahlreiche psychologische *Gesetzmäßigkeiten* wie das z.B. das „Gesetz des Effektes" (Thorndike, 1911) oder die etablierten Verursachungszusammenhänge aus dem Bereich der Zielsetzungs- und Feedbacktheorien (Locke & Latham, 1990).

Beginnen wir in Abbildung 4.2 mit der Box „Leistung i.S. von Ergebnissen" in der zentralen linken Hälfte des Netzwerks und fragen nach den *Voraussetzungen* für die Leistungserbringung. Das führt uns unmittelbar zu wichtigen Themen für einen MAB-Fragebogen. Der LZ-Motor unterscheidet als unmittelbare Bedingungen: (1) Befähigung, Know-how, Skills; (2) Chancen und organisatorisch-technisches Umfeld; und (3) Anstrengung (siehe entsprechende Kästchen in Abbildung 4.2). Jede dieser Voraussetzungen sollten wir mit entsprechenden Items messen: Fühlen sich die Mitarbeiter qualifiziert für ihre Aufgaben? Werden sie entsprechend weiterbefähigt? Bekommen sie ausreichend Gelegenheit, sich beweisen zu können? Haben sie die erforderlichen Arbeitsmittel? Usw.

Das Messfeld „Anstrengung" lässt sich allerdings nicht direkt abfragen: Die Frage „Strengen Sie sich an?" würde in einer MAB bei den allermeisten Personen vermutlich zu einem automatisch-defensiven „Ja, natürlich. An mir liegt es nicht!" führen. Man kann aber die Voraussetzungen für Anstrengung oder, genauer, für zielrelevante Anstrengung messen. In jeder Organisation gelten für die Mitarbeiter gewisse *Leistungserwartungen* ex- und impliziter Art (Aufgaben in der Arbeitsplatzbeschreibung, Aufträge, Ziele, Targets usw.). Um Leistung i.S. dieser Erwartungen zu erzielen, müssen diese SMART (Locke & Latham, 1990) sein, d.h. S=spezifisch; M=messbar; A=anfordernd aber erreichbar; R=relevant für die Person und schriftlich ausformuliert

---

[44] Der Name LZ-Motor (Borg, 1997a, 2001a, 2002a) soll u.a. nahe legen, dass man diesen Motor „zum Laufen" bringen kann, eine Prämisse, die jeder Art von Interventionsmethodik zugrunde liegt. Im übrigen handelt es sich letztlich um eine Motivationstheorie, daher der Begriff „Motor".

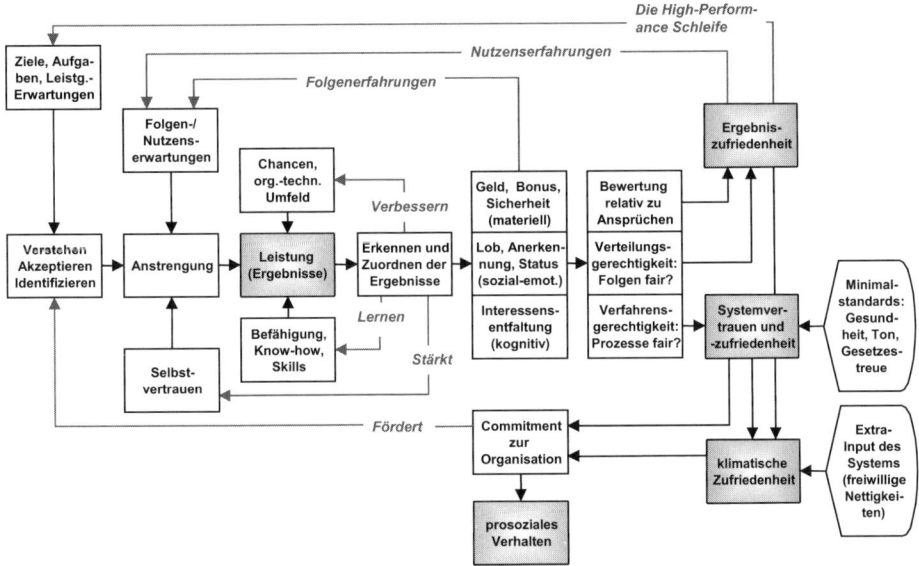

Abbildung 4.2. Der Leistungs-Zufriedenheits-Motor.

(„recorded"); und T=zeitbezogen („have a time frame"). Die MAB sollte also wenigstens ungefähr messen, wie gut diese Bedingungen erfüllt sind.

Für die Leistungsergebnisse stellt sich die Frage, ob und wie sie der Mitarbeiter
wahrnimmt. Wenn unklar bleibt oder nur sehr zeitverzögert darüber informiert wird,
wozu das eigene Handeln führt, wird weder etwas gelernt, noch Selbstvertrauen gebildet („Erfolgserlebnisse"). Zudem kann keine zielorientierte Anstrengung zur Verbesserung der Rahmenbedingungen entstehen (siehe entsprechende Rückverschlei-
fungen ausgehend von der Box „Erkennen und Zuordnen der Ergebnisse"). *Feedback
zur Leistung* ist also eine zentrale Stellgröße des Leistungsmanagements, die in jeder
MAB gemessen werden sollte (z.B. durch Items wie „Mein Vorgesetzter sagt mir
ausreichend oft, wie er meine Leistung sieht" oder „Ich kann jederzeit selbst feststel-
len, wie gut meine Arbeitsleistungen sind").

Weitere Items ergeben sich aus der Frage, welche Folgen – materieller, sozial-
emotionaler oder kognitiver Art – Leistung oder Nicht-Leistung haben und ob sich
diese zuverlässig und angemessen einstellen.

Zu fragen ist dann, wie diese Folgen bewertet werden. Entsprechen die Folgen den
Erwartungen und den Vorstellungen von Gerechtigkeit und Fairness (*Verteilungsge-
rechtigkeit*)? Bezahlt z.B. die Firma so gut wie andere Firmen? Wird Nacht- oder
Schichtarbeit angemessen entlohnt? Wird gute Arbeit ausreichend anerkannt? Usw.
Bei positiver Bewertung entsteht *Ergebniszufriedenheit* (Kästchen oben rechts in Ab-
bildung 4.2).

Die Zuweisung angemessener Folgen ist bedeutsam für den *psychologischen Kontrakt* zwischen Mitarbeitern und Arbeitgeber. Items hierzu sprechen Themen an, die mit der Einhaltung von (ex- oder impliziten) Versprechen zu tun haben. Hierzu gehören auch nicht-materielle Versprechen wie z.B.: „Die vereinbarten Mitarbeitergespräche werden von meinem Vorgesetzen regelmäßig durchgeführt."

Wichtig ist weiter die Frage nach der *Verfahrensgerechtigkeit* bei der Zuweisung von Belohnungen (z.B. Mitsprachemöglichkeiten, striktes Einhalten von Regeln versus Willkürlichkeit), von der *Systemzufriedenheit* abhängt. Zusammen mit der Einhaltung von Minimalstandards (bzgl. Gesundheitsschutz, Legalität, Höflichkeit usw.) ist sie die entscheidende Voraussetzung für eine zweite Form von Leistung (!), die als *prosoziales Verhalten* oder als *Organisationsbürgerverhalten* bezeichnet wird (siehe Kästchen ganz unten in Abbildung 4.2). Es ist gekennzeichnet durch Uneigennützigkeit, Gewissenhaftigkeit, Respekt für andere, Fairness und Engagement für das Gemeinwohl. Ein Item zu dieser Thematik wäre: „Ich engagiere mich stets für die Firma, auch wenn keiner hinsieht."

Entsteht aus der eigenen Leistung heraus zuverlässig Ergebniszufriedenheit, dann entwickelt der Mitarbeiter die Bereitschaft zu neuen Herausforderungen[45]. Die Grundidee hierbei ist die, dass z.B. ein Hochspringer, der so gut geworden ist, dass er die 2 Meter „im Straßenanzug" überspringt, von sich aus die Latte höher legt. Er sucht dann nach neuen Herausforderungen, eine Rückverschleifung, die von Mealiea & Latham (1996) als *High-Performance Zyklus* bezeichnet wird.

In Abbildung 4.2 ist schließlich noch die *klimatische Zufriedenheit* aufgeführt. Sie wird von Ergebnis- und Systemzufriedenheit positiv beeinflusst, hängt aber noch von weiteren atmosphärischen Faktoren ab. Klima und Vertrauen wirken sich aus auf *Darf-Überzeugungen* („Kann ich auch mal einen Fehler machen?", „Darf ich mir Kritik erlauben?") und auf das *Commitment* des Mitarbeiters der Organisation gegenüber (Item hierzu: „Ich bin stolz darauf, bei *X* zu arbeiten"). Dieses Commitment wiederum fördert die Akzeptanz der vorgegebenen Ziele und führt möglicherweise sogar zur Identifikation mit ihnen.

Auf der Grundlage einer Theorie wie dem LZ-Motor[46] ist es leichter, systematisch die Themenbereiche zu finden, die die MAB ansprechen soll, ja muss, weil ansonsten Informationen für wesentliche *Stellschrauben des Leistungsmanagements* fehlen.

Berücksichtigung von Strategiekarten

Von zunehmend großer Bedeutung ist die Frage, wie man MAB-Daten und *Strategiekarten* zusammen bringen kann. Eine Strategiekarte ist ein System von Messfeldern, die aufzeigen sollen, wie „gesund" ein Unternehmen ist bzw. ob es strategisch auf dem richtigen Weg ist. Die bekannteste Strategiekarte ist die *Balanced Scorecard* (Kaplan & Norton, 1996). Sie weist vier Messfelder auf und basiert auf der Hypothese, dass ein Management, dass nur die *finanzielle Gesundheit* des Unternehmens, nur

---

[45] Das gilt nicht für alle Personen, sondern nur für die, die ein entsprechend ausgeprägtes Wachstumsbedürfnis („growth need") haben (Hackman & Oldham, 1976).

[46] Gelegentlich wird vermutet, dass der LZ-Motor ein Perpetuum Mobile sei. Das ist natürlich nicht so. Das „Benzin" für den LZ-Motors kommt vielmehr von den Bedürfnissen der Person.

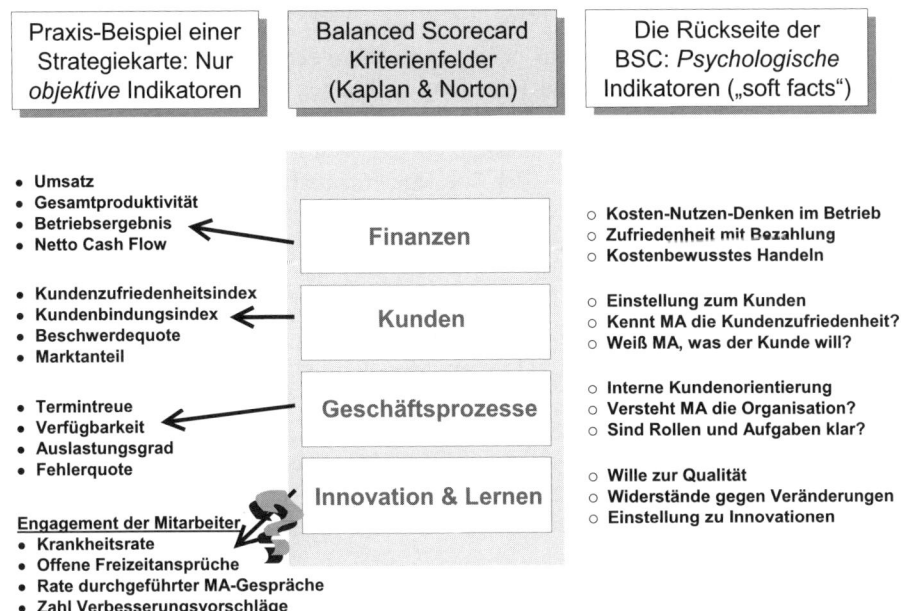

Abbildung 4.3. Die harte und die weiche Seite der BSC.

die *Kundenzufriedenheit* oder nur die *Geschäftsprozesse* beachtet, jeweils zu einseitig und zu riskant ist. Die BSC adressiert alle diese Aspekte *gleichzeitig*. Allerdings tut sie dies nur i.S. objektiver Indikatoren („hard facts"). Abbildung 4.3 zeigt hierfür ein Beispiel aus der Praxis (linke Seite). Auffällig ist dabei – wie in der Praxis typisch – , dass die BSC Schwierigkeiten hat, die *psychologischen* Tatbestände des Unternehmens ebenso ausgewogen darzustellen wie die betriebswirtschaftlichen. Das Problem hat man hier dadurch zu lösen versucht, dass man das BSC-Feld „Innovation und Lernen" durch das Feld „Engagement der Mitarbeiter" ersetzt hat. In anderen Fällen hat man ein fünftes Messfeld („Mitarbeiter") neben die vier betriebswirtschaftlichen gestellt (Olve et al., 1997). Überzeugender wäre dagegen eine ganz andere Perspektive, die *die Psychologie jedes der vier Messfelder* berücksichtigt, also für jedes Messfeld danach fragt, wie sich die Gesundheit dieses Feldes in entsprechenden Einstellungen, Meinungen und Verhaltensweisen der Mitarbeiter ausdrückt. So kann man Innovation z.B. durch die Zahl der Verbesserungsvorschläge messen (wie in Abbildung 4.3). Man kann aber auch die Mitarbeiter nach ihren Einstellungen und Sichtweisen zur Innovation fragen. Das liefert möglicherweise viel interessantere Informationen über den *Zustand* und vor allem die *Zukunft* dieses Unternehmensaspekts.

Die BSC-Messfelder kann man dazu nutzen, die Konstruktion von MAB-Items zu leiten. Man sucht dann Items, die möglichst eindeutig anzeigen, wie es um diese Messfelder bestellt ist i.S. eines Gut-bis-Schlecht-Kriteriums[47].

---

[47] Hält man MAB-Fragebögen gegen die BSC-Kategorien, dann findet man i.d.R., dass Items für das Messfeld Finanzen kaum oder jedenfalls nur in der Form von Bezahlungszufriedenheit vorkommen.

Berücksichtigen der Funktion der Items

Die Items eines MAB-Fragebogens haben im Rahmen der MAB verschiedene Funktionen zu erfüllen. Man sollte mindestens fünf Funktionen unterscheiden:

Messitems. Diese Items sollten Meinungen und Einstellungen möglichst wissenschaftlich, also reliabel und valide messen. Hierzu zwei Beispiele. Ein in MABs viel verwendetes Item ist das folgende: „Ich überlege ernsthaft, die Firma in den nächsten 12 Monaten zu verlassen". Der Zweck dieses Items ist, ein präzises Bild der Fluktuationsneigung der Mitarbeiter zu bekommen[48]. Der Prozentsatz der Befragten, die auf dieses Item mit Ja antworten, sollte den Prozentsatz der Mitarbeiter vorherzusagen erlauben, die tatsächlich die Firma in den kommenden 12 Monaten verlassen – falls sie anderswo einen Job finden und falls kein Versuch unternommen wird, sie in der Firma zu halten. Ein zweites Beispiel für ein Messitem ist: „Ich bin an Halbtagsarbeit nach dem Modell *X* interessiert". Mit diesem Item will z.B. die Personalabteilung in Erfahrung bringen, wie groß der Anteil der Mitarbeiter ist, die sich für dieses Arbeitszeitmodell interessieren. Diese Information ist wichtig, weil vor der Einführung eines solchen Modells abgeschätzt werden muss, mit welchen Konsequenzen es verbunden sein wird. Ist das Interesse zu groß oder zu klein, muss das Modell entsprechend verändert werden.

Platzierungsitems (Transportitems). Items dieses Typs dienen dazu, bestimmte Themen im Unternehmen zu platzieren[49]. Nehmen wir einmal an, wir würden das folgende Item an die Führungskräfte eines Unternehmens richten: „Ich fände es nützlich, von den mir unterstellten Mitarbeitern regelmäßig eine Aufwärtsbeurteilung zu bekommen". Es kann durchaus sein, dass viele Führungskräfte mit dem Begriff „Aufwärtsbeurteilung" wenig anfangen können. Wenn das so ist, dann ist zu vermuten, dass sie zu dieser Thematik Fragen stellen, evtl. sogar protestieren, dass dieses Item reichlich unverständlich war und dass man doch bitte einmal erklären solle, was denn die Frage eigentlich heißen soll. Genau dies aber ist der Zweck des Items: Man *will* die Nachfrage, die Diskussion. Ein zweites Beispiel könnte heißen: „Ich würde es begrüßen, wenn unsere Abteilung als Profit-Center arbeiten würde". In vielen Betrieben würde das Item von der Mehrzahl der Mitarbeiter nicht oder nur teilweise verstanden. Die MAB hätte aber zumindest geholfen, das Wort „Profit-Center" zu verbreiten und gleichzeitig zu verdeutlichen, dass über gewisse Neuausrichtungen der Abteilungen nachgedacht wird. Die Befragungsergebnisse können dann in den Folgeprozessen dazu genutzt werden, die Thematik wieder aufzugreifen.

Aktionsitems. Diese Items dienen dazu, eine spätere Einbindung der Befragten in die Folgeprozesse vorzubereiten. So ist z.B. das Item „Unter anderen Rahmenbedingungen könnte ich erheblich produktiver sein" als Messitem für den MAB-Experten ziemlich uninformativ, weil diesem Item erfahrungsgemäß die Mehrzahl der Befrag-

---

[48] Es existieren zahlreiche Forschungsarbeiten dazu, welche Items diese Fluktuationsneigung – unter normalen Umständen – am besten voraussagen. Items, die einen konkreten Zeitraum und eine klare Handlungsintention artikulieren, haben sich dabei als geeignet erwiesen, zumindest das Ausmaß zu messen, in dem sich die befragte Person nach alternativen Stellen umsieht (Spector, 1997).

[49] In der ersten Auflage dieses Buches wurden diese Items als „trojanische Pferde" bezeichnet. Das beschreibt die Absicht dieser Items, eignet sich aber wenig für den praktischen Sprachgebrauch, weil damit fälschlicherweise nahegelegt wird, dass hier jemand hintergangen und ausgetrickst werden soll.

ten zumindest teilweise zustimmt. Dieses Ergebnis ist also per se relativ trivial, eignet sich aber hervorragend dafür, die Befragten in einen Dialog einzubinden, aus dem heraus Maßnahmen zur Steigerung der Produktivität entwickelt werden können. Nehmen wir einmal an, dass 60% der Befragten diesem Item zugestimmt haben. Dann kann sich ein Moderator oder der Vorgesetzte später an die Mitarbeiter wenden und fragen: „Es haben hier 60% von Ihnen zugestimmt. An was haben Sie denn dabei gedacht? Können wir einmal versuchen, das herauszuarbeiten?" Angesichts der Statistik von 60% werden sich viele „verpflichtet" fühlen, hierzu Stellung zu nehmen. Zumindest legitimiert das Item den Moderator dazu, die Thematik „Produktivität" anzusprechen und nach Gründen für dieses Ergebnis zu suchen.

Erinnerungsitems. Ein Beispiel für ein Item dieses Typs ist das folgende, das sich nur an Führungskräfte richtet: „Ich glaube, dass sich ____% der Mitarbeiter in meinem Verantwortungsbereich mit der Strategie unseres Geschäftsbereichs identifizieren." Auf den ersten Blick misst das Item indirekt die Identifikation der Mitarbeiter mit der Strategie. Es enthält aber gleichzeitig einen deutlichen Hinweis für die Führungskraft selbst: Es erinnert sie daran, dass sie selbst zumindest mitverantwortlich für diese Identifikation ist[50]. Ähnliche Erinnerungsitems kann man auch an die Mitarbeiter richten. Zumindest aber gibt man den MAB-Items nicht selten einen Akzent in dieser Richtung. Beispielsweise verwendet man an Stelle des Items „Ich werde in dieser Firma gut informiert" lieber das Item „Ich kann mir in dieser Firma die für mich wichtigen Informationen leicht beschaffen". Damit erinnert man an die Holschuld in dieser Sache, statt die Bringschuld zu betonen.

Debiasing-Items. Verwendet man das obige Erinnerungsitem für Führungskräfte in einer Prognosebefragung (siehe Abschnitt 5.13), dann hat es noch eine zusätzliche Funktion. Es dient dazu, durch den Vergleich der vorhergesagten Antworten der Mitarbeiter mit den tatsächlichen Antworten die normale *Rückschau-Täuschung* zu entkräften, alles sowieso schon gewusst zu haben. Die Frage dient also der späteren *Ent-Täuschung*, also dazu, die Dinge realistischer zu sehen.

Platzierungs-, Aktions-, Erinnerungs- und Debiasingitems sind Besonderheiten von MABs. Sie sind in sozialwissenschaftlichen Umfragen unbekannt. Für diese Items sind auch die üblichen psychometrischen Kriterien der Reliabilität und Validität irrelevant. Was zählt, ist ihr *Effekt* im gewünschten Sinn, also z.B. die Frage, wie gut sie sich dazu eignen, die Mitarbeiter in Folgeaktivitäten zu involvieren.

4.8 Das Beurteilungskriterium Wichtigkeit

Viele MABs fragen vor allem danach, wie zufrieden der Befragte mit einem Aspekt seiner Arbeitswelt ist (z.B.: „Ich bin zufrieden mit meiner Tätigkeit.") oder wie er einen Ist-Zustand beurteilt (z.B.: „Ich weiß genau, was von mir erwartet wird."). In der Praxis wird häufig überlegt, ob man auch nach der *Wichtigkeit* des Aspekts fragen

---

[50] Die Führungskraft kann jedoch nicht einfach mit „100%" antworten, um sich so bei ihrem Vorgesetzen positiv darzustellen, weil die Mitarbeiter natürlich auch selbst dazu befragt werden, ob sie hinter der Strategie stehen. Insofern muss ihre Angabe realistisch bleiben.

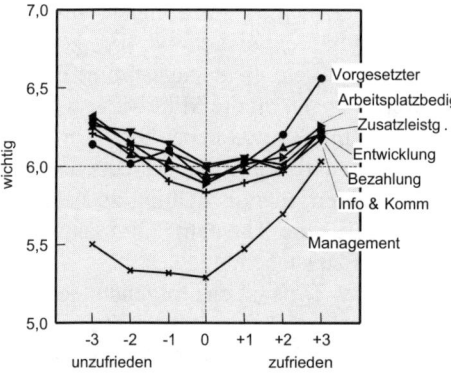 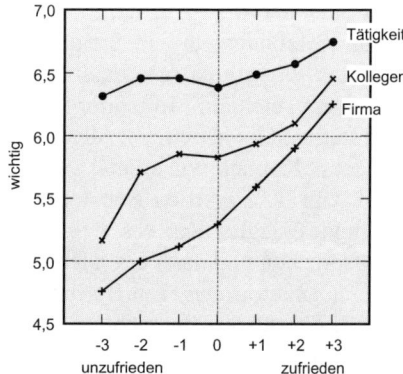

Abbildung 4.4. Zufriedenheits- vs. Wichtigkeitsurteile für verschiedene Arbeitsaspekte.

sollte. Es gibt Fragebögen, die für jedes Item ein solches *Werturteil* vornehmen lassen
(siehe Abbildung 5.3a). Damit verdoppelt sich zwar die Zahl der Items, aber man
hofft, so erfahren zu können, was wesentlich und was eher nebensächlich ist[51]. Die
Verwendung solcher Wichtigkeitsurteile ist aber problematisch. Sie führt z.b. nicht
zur Verbesserung von Vorhersagen (Quinn & Mangione, 1973; Neuberger, 1974).
Warum ist das so?

Allgemein gilt, dass Wichtigkeits- und Zufriedenheitsurteile nicht unabhängig
voneinander sind. Beide Urteile sind vielmehr positiv korreliert (Borg & Galinat,
1989): Personen, die mit einem Aspekt ihrer Arbeit eher zufrieden sind, bezeichnen
diesen als wichtiger als Personen, die damit nicht so zufrieden sind. Bei genauerer
Betrachtung gilt diese positive Korrelation allerdings nur für den Bereich von „neutral" bis „sehr zufrieden". Für Unzufriedene gibt es verschiedene Trends: Den direkt-
monotonen (Abbildung 4.4, rechts) und den U-förmigen[52]. Bei letzterem steigt die
Wichtigkeit also sowohl mit höherer Zufriedenheit als auch mit höherer Unzufriedenheit. Das lässt sich verschieden interpretieren. Am einfachsten ist die Erklärung, dass
mit größerer Wichtigkeit der Streubereich der Affekte größer wird (Mobley & Locke,
1970). Extrem unzufrieden und extrem zufrieden kann man nur dann sein, wenn es
um etwas Wichtiges geht. Damit liegen die Antworten in einem Wichtigkeits- vs.

---

[51] Die Frage danach, wie „wichtig" etwas ist, taucht vor allem bei der Interpretation der MAB-
Ergebnisse auf. Dabei wird allerdings oft nicht genauer bedacht, was mit „wichtig" gemeint ist: Wichtig *wofür*? Hierauf gibt es viele Antworten, z.B. wichtig für das Erreichen bestimmter Ziele des Unternehmens oder wichtig für die Zufriedenheit des Befragten. Wichtig „per se" gibt es nicht.

[52] Abbildung nach Borg (1991b). Die Wichtigkeit der Aspekte wurde gemessen mit einer 7-stufigen
Skala von 1="very unimportant" bis 7="very important" mit der Instruktion „How important are the
following job aspects to you personally?". Zufriedenheit wurde gemessen mit einer 5-stufigen Likert-
Skala von „strongly agree" to „strongly disagree" für Items vom Typ „All in all, I am very satisfied
with [X]".

Zufriedenheitsdiagramm innerhalb eines V und damit die Mittel der Y-Werte für gegebene X-Werte ebenfalls auf einer V-Kurve (wie in Abbildung 4.4, links).

Das rechte Diagramm in Abbildung 4.4 lässt sich so jedoch nicht erklären. Hier ist folgende Interpretation möglich: Da es unangenehm ist, mit einem Arbeitsaspekt sehr unzufrieden zu sein, den man gleichzeitig für sehr wichtig hält, entsteht ein Dilemma, dass der Betroffene durch eine Neubewertung der Dinge auflösen kann, falls dies die Realität zulässt. Man erklärt also die hoch-hängenden Trauben für sauer, den Arbeitsaspekt als „(doch) nicht so wichtig". Evidenz für ein derartiges intrapsychisches Copingverhalten präsenticren Borg & Noll (1990) und Borg (1994). Sie zeigen z.B., dass die Wichtigkeits- und die Zufriedenheitsurteile ängstlicher Personen bei einigen Arbeitsaspekten direkt-monoton zusammenhängen (wie in Abbildung 4.8, rechts), während sie bei nichtängstlichen Personen U-förmig sind. Es ist also ganz so, als ob die Nichtängstlichen das Dilemma hoher Unzufriedenheit bei gleichzeitig hoher Wichtigkeit eher aushalten können, weil sie sich zutrauen, es in der realen Welt lösen zu können. Bei Arbeitsaspekten, wo sich diese Personentypen nicht unterscheiden, sind die Zusammenhänge gleichermaßen U-förmig. Derartige Arbeitsaspekte ermöglichen offenbar kein intrapsychisches Coping. Ist man z.B. mit seinem Einkommen extrem unzufrieden, wird sich das Dilemma kaum dadurch lösen lassen, dass man Geld für unwichtig erklärt. Für die Arbeitsaspekte in Abbildung 4.4 (rechts) ist das schon eher möglich.

Diese recht komplizierten Abhängigkeiten zeigen, dass eine simple Interpretation der Wichtigkeitsurteile nicht möglich ist. Rein logisch erkennt man zudem, dass die Frage danach, wie „wichtig" es für den Befragten ist, z.B. „gut zu verdienen", recht ungenau spezifiziert ist. Insbesondere wird das „wofür" nicht ausgeführt. Man kann aber vermuten, dass der Befragte die Frage i.S. eines „wichtig für mein Wohlbefinden, für meine Zufriedenheit" beantwortet, nicht etwa i.S. von „wichtig für den Erfolg des Unternehmens" oder anderer Kriterien.

Die Hoffnung, durch solche Wichtigkeitsfragen Hinweise darauf zu bekommen, wo echter Handlungsbedarf besteht, erweist sich also als naiv. Das gilt selbst dann, wenn die Zufriedenheit des Mitarbeiters das einzige Kriterium ist. Der Arzt überlässt die Diagnose auch nicht dem Patienten, sondern verknüpft die Test- und Befragungsdaten mittels seines medizinisch-theoretischen Fachwissens. Ähnliches gilt im MAB-Kontext. Die Bedeutsamkeit der verschiedenen Antworten eröffnet sich letztlich erst dann, wenn man sie in einen theoretischen Kontext stellt. So zeigt der LZ-Motor z.B., dass der Mitarbeiter, der nur schlechte Informationen über seine Arbeitsergebnisse hat oder bekommt (zu wenig, zu undifferenziert, zu spät, nicht nachvollziehbar usw.), letztlich auch keine hohe Ergebniszufriedenheit entwickeln kann, weil die Wirkungskette von Leistungserbringung und ihren Folgen nicht entwickelt werden kann. Also ist Leistungsfeedback wichtig für die Ergebniszufriedenheit, ganz gleich, ob der Befragte dieses selbst wichtig findet oder nicht.

Ein anderer Ansatz, die Wichtigkeit bestimmter Themen herauszufinden, ist eine tiefergehende statistische Analyse der Itemzusammenhänge. Im einfachsten Fall konzentriert man sich hierbei auf ein Item von besonderem Interesse (z.B. Fluktuationsneigung) oder auf eine Batterie von Items zu einem besonderem Thema (z.B. Commitment). Man versucht, diese „abhängige(n) Variable(n)" aus anderen Variablen statistisch zu erklären. Die Items, die sich dazu am besten eignen, werden dann als wichtig für das gewählte Kriterium interpretiert (siehe dazu Abschnitt 12.6, S. 294). Schließlich sei noch angemerkt, dass man die Wichtigkeit eines Themas für die Strategie des Unternehmens ebenfalls nicht aus simplen „Mir ist das so und so wichtig"-Urteilen entnehmen kann. Hier sind vielmehr Denkanstrengungen erforderlich, ein analytisches Eindringen in kausale Zusammenhänge. Man kann daher allgemein empfehlen, auf die Erhebung von Wichtigkeitsurteilen in einer MAB i. Allg. ganz zu verzichten.

4.9 Typische Zusammenstellungen von Items

Wie viele Items sollte eine MAB haben? In der Praxis verwendet man heute zwischen 12 (Buckingham & Coffman, 1999) und ca. 300. Der Normalfall liegt bei etwa 70 Items, abhängig allerdings vom MAB-Typ, von den angesprochenen Inhalten und von der Formulierung der Items. Offene Fragen z.B. erfordern relativ viel Zeit. Dagegen ist ein Fragebogen, der nur Likert-Items verwendet, sehr zeiteffizient und kann daher mehr Items enthalten. Eine feste Regel für die *Zahl* der Items kann somit nicht aufgestellt werden. Die Entscheidungen müssen vielmehr von der für die Beantwortung des Fragebogens erforderlichen *Zeit* her fallen: Insgesamt sollte hierfür nicht mehr als etwa eine halbe Stunde angesetzt werden.

Im Anhang 1 ist ein typisches Beispiel für die Items eines MAB-Fragebogens gezeigt. Die Auflistung enthält nur inhaltliche, keine demographischen Items, weil DIs immer sehr unternehmensspezifisch formuliert werden müssen. Die Items sind alle als Feststellungen formuliert, auf die sich der Befragte auf einer Zustimmungs-Ablehnungsskala äußern soll (siehe dazu Kapitel 5). Die ersten 45 Items können so oder in ähnlicher Form in jeder MAB verwendet werden. Sie sprechen Themen an, die immer und überall bedeutsam und auch wichtig sind: Arbeitsplatzbedingungen, Ziele und Aufgaben, Tätigkeit, Entwicklung usw. Es ist wenig ratsam, hier Themen ohne guten Grund einfach wegzulassen, weil sich sonst ein Gesamtbild ergibt, das unvollständig und u.U. sogar schief ist.

Die folgenden Items im Anhang 1 zeigen mögliche besondere Themen, vor allem solche, die eher das Management interessiert: Einstellungen, Meinungen und Verhalten in Bezug auf Innovation, Produktivität, Qualität, Kosten, Kunden, Strategie.

Ganz zum Schluss kommen Items zum Vertrauen der Mitarbeiter mit dem Management, zur Unternehmenskultur und zum Commitment. Vor allem Commitment sollte ebenfalls als „ewiges" Thema betrachtet werden, das in keiner MAB fehlen darf. Es wurde hier an den Schluss der Itemliste gerückt, weil es dort von der Psychologie der Urteilsbildungen her (siehe S. 131ff.) am sinnvollsten platziert erscheint.

Eine weitere Überlegung bei der Zusammenstellung von Itembatterien ist die, auch Items zu berücksichtigen, für die Benchmarkwerte vorliegen. Plant man wiederholte MABs (z.B. regelmäßig einmal pro Jahr eine MAB im Unternehmen), dann sollten die ewigen Items besonders sorgfältig sortiert sein und von vornherein möglichst zeitneutral formuliert werden.

Darüber hinaus werden in den meisten MABs immer auch noch einige Items eingesetzt, die (1) aktuelle Themen („hot topics") ansprechen; die (2) nur für besondere Gruppen zutreffen wie z.B. für Führungskräfte, für die Niederlassung X oder für das Land Y. Hier bieten vor allem elektronische MABs einigen Gestaltungsspielraum, während traditionelle Papier-und-Bleistift-Befragungen i.d.R. nur zwei Extrablöcke aufweisen mit Führungskräfte-Items bzw. mit bereichsspezifischen Themen.

Zur Zahl der Items berichtet Colihan (1999) eine Studie bei 31 internationalen Konzernen, die regelmäßig MABs durchführen. Sie zeigt, dass im Mittel 64 Items verwendet werden (Median=65, Std.Abw.=19.3, Range=31-100). Ein typischer MAB-Fragebogen hat in Deutschland zwischen 60 und 100 Items, die sich wie folgt zusammensetzen. Man rechnet – neben den demographischen Items – i.allg. etwa

- 50 Items für die Messung der wichtigen Leistungs- und Zufriedenheitsthemen; sie sollen so gewählt werden, dass sie über mehrere Befragungszyklen in einer Organisation Bestand haben und damit Benchmarking-Funktionen erfüllen.
- 10 Items für aktuelle (oft „strategische") Themen,
- 10 Items für spezielle regionale/lokale Themen,
- evtl. noch einige Items, die zur Evaluation von Maßnahmen dienen (insbesondere solcher Maßnahmen, die aus früheren MABs abgeleitet wurden).

5 Items und Fragebogen: Methodische Aspekte

Hat man die Inhalte der Items festgelegt, dann bleibt zu klären, wie man die Items formulieren und formatieren soll. Items stellen nicht nur Fragen, sondern erwarten auch Reaktionen bestimmter Art. Nur diese werden gelten als zulässige Antworten und nur diese werden registriert. Selbst bei offenen Items, bei denen der Befragte seine Antwort „mit eigenen Worten" formulieren soll, ist die Menge der zulässigen Antworten letztlich immer recht begrenzt. Antworten, die mit der Frage offensichtlich überhaupt nichts zu tun haben, gelten als irrelevant. Am deutlichsten sind diese Einschränkungen bei geschlossenen Items, also bei Items, bei denen von vornherein nur eine begrenzte Zahl von Antworten zur Auswahl vorgegeben wird. Sie sind für MAB-Fragebogen typisch. Der wichtigste Sonderfall solcher Items ist der, bei dem eine Antwortskala verwendet wird.

5.1 Items mit Ratingskalen

Die meisten MABs verwenden heute Items des folgenden Typs: Die Frage wird als *Feststellung* formuliert; die Antwort erfolgt durch eine Angabe auf einer *bipolaren Ratingsskala*, die erfasst, wie stark die befragte Person dieser Feststellung zustimmt bzw. wie stark sie diese ablehnt[53]. Zwei Beispiele für derartige formatierte Items, die als *Likert-Items* bezeichnet werden, zeigt Abbildung 5.1a.

Eine ebenfalls häufig verwendete Form ist ein Item, das aus einer echten Frage besteht, zusammen mit einer *gerichteten (unipolaren)* Antwortskala, die direkt nach der Intensität der Meinung oder Einstellung fragt (Abbildung 5.1b). Die kleinste Intensität ist „Null", die größte eine beliebig gewählte Skalenkategorie (hier: „10").

Ganz gleich, welche der vielen Darstellungsformen (graphische Gestaltung, Kategorienetikettierung, Zahl der Abstufungen usw.) man wählt, sieht man unschwer, dass das unipolare Format eine *direkte* Antwort auf die gestellte Frage liefert, während man bei der Likert-Version die Meinung des Befragten nur *indirekt* erfährt, nämlich daraus, wie stark er einer Feststellung zustimmt bzw. diese ablehnt. Das führt zu gewissen Interpretationsproblemen. So kann man z.B. argumentieren, dass ein Befragter, der seinen direkten Vorgesetzten für ganz außerordentlich kompetent hält, auf das

---

[53] Trost et al. (1999) sprechen sich dafür aus, statt Feststellungen echte Fragen zu verwenden. Also statt „Ich bin mit der Firma zufrieden" die Frage „Sind Sie mit der Firma zufrieden?", zusammen mit einer Zustimmungs-Ablehnungsskala (z.B. JA-ja-teils/teils-nein-NEIN). Das soll einfacher für den Befragten sein. Theoretische oder empirische Belege dafür werden allerdings nicht aufgeführt.

	Stimme voll zu ◀◀	Stimme zu ◀	Teils-teils ‖	Stimme nicht zu ▶	Stimme überhaupt nicht zu ▶▶
Meine Tätigkeit ist interessant.	☐	☐	☐	☐	☐
Mein Vorgesetzter ist fachlich kompetent.	☐	☐	☐	☐	☐

Abbildung 5.1a. Zwei Meinungsitems mit Likert-Antwortkategorien.

„Wie fachlich kompetent ist Ihr Vorgesetzter?" (Bitte entsprechende Skalenkategorie ankreuzen!)

☐ ☐ ☐ ☐ ☐ ☐ ☐ ☐ ☐ ☐ ☐

Nicht kompetent = 0 1 2 3 4 5 6 7 8 9 10 = Sehr kompetent

Abbildung 5.1b. Ein Wichtigkeitsitem mit gerichteter Antwortskala.

Item in Abbildung 5.1a mit „Stimme überhaupt nicht zu" antworten müsste, weil der Vorgesetzte mehr als nur kompetent ist[54]. Das Likert-Format nimmt dagegen an, dass der Befragte hier mit „Stimme voll zu" antwortet.

Diese Annahme erweist sich aus empirischer Sicht als gerechtfertigt, weil unipolare und Likert-Items zum gleichen Inhalt sehr ähnliche Antworttendenzen zeigen. Überhaupt sind rein logische oder semantische Argumente nicht hinreichend. Ein Item wird vom Befragten nicht buchstäblich gelesen und formal-logisch analysiert. Er *interpretiert* das Item eher i.S. von „Was wollen die hier von mir wissen? Wie kann ich das auf der Antwortskala ausdrücken?" Das Item ist Element der *Kommunikation* zwischen Interviewer und Befragtem. In dieser spielt auch die *Konversationslogik* (Levinson, 1983) eine wichtige Rolle, ein Regelwerk stillschweigender Übereinkünfte, das die Kooperation der Partner regelt (wie z.B. die Maxime, in relevanter Weise zum Zweck der Konversation beizutragen). Das lässt sich am besten mit einem Praxisbeispiel verdeutlichen. In einer früheren MAB hat der Autor das – eher unglücklich formulierte – Item „Ich bin mit meinem Entwicklungsmöglichkeiten sehr zufrieden" verwendet. In einem späteren Workshop meinte dazu ein Befragter: „Eigentlich hätte ich hier mit ‚Stimme überhaupt nicht zu' antworten müssen, weil ich eben nicht ‚sehr' zufrieden, sondern lediglich ‚zufrieden' bin. Ich wusste aber, was Sie wissen

---

[54] Diese Argumentation ist natürlich reichlich spitzfindig. Sie dient i.d.R. auch eher dazu, die Bedeutung der Befunde in Frage zu stellen. Natürlich nur dann, wenn diese negativ für den Kritiker sind. Positive Befunde werden dagegen so gut wie nie bezweifelt.

wollen, nämlich wie groß meine Zufriedenheit mit meinen Entwicklungsmöglichkeiten ist. Also habe ich mit ,stimme zu' geantwortet."[55]

Den semantischen Eindeutigkeitsnachteil gleicht das Likert-Format durch einen anderen Vorteil mehr als aus: Alle Items können – bei entsprechender Formulierung – mit der gleichen Antwortskala beantwortet werden. Das führt dazu, dass der Fragebogen relativ schnell ausgefüllt werden kann. (Mehr als eine halbe Stunde sollte man hierfür prinzipiell nicht ansetzen!) Bei unipolaren Items muss man dagegen sehr viele spezifische Antwortskalen bereitstellen, die jeweils inhaltlich auf die Frage abgestimmt sein müssen. Das hat den Nachteil, dass der Fragebogen abschreckend dick wird, der Befragte viel lesen muss und auch eher Antwortfehler macht, weil er sich von Item zu Item auf immer neue Antwortformate einstellen muss.

Semantische Probleme können sich jedoch auch bei der unipolaren Skala einstellen, wenn die verbale Kennzeichnung der Pole der Antwortskala nicht sorgfältig überdacht wird. Nehmen wir als Beispiel das Item „Wie wichtig ist es Ihnen, viel Geld zu verdienen?". Nicht selten findet man hierzu eine Antwortskala, in der der „negative" Pol mit „sehr unwichtig" statt mit „nicht wichtig" charakterisiert ist. Ob diese beiden Begriffe aber psychologisch äquivalent sind, darf bezweifelt werden.

Zahl der Kategorien bei Likert-Antwortskalen

Bei Likert-Items sind fünf oder, seltener, sieben Antwortkategorien üblich. Mehr Kategorien sind weder aus Gründen der Reliabilität, noch der Validität[56] sinnvoll (Krosnik & Fabrigar, 1997). Sie unterstellen zudem ein unrealistisch feines Differenzierungsvermögen beim Befragten. Bei nur drei Abstufungen fühlen sich die Befragten dagegen oft in ein allzu enges Antwortkorsett gepresst.

Vom Ergebnis her ist die Frage, ob man eher 5- oder 7-stufige Antwortskalen wählen sollte, wenig relevant. Bei entsprechender Skalierung der Werte zeigen sich so gut wie keine Unterschiede in den resultierenden Statistiken.

Die mittlere Antwortkategorie bei Likert-Antwortskalen

Bisweilen findet man auch bipolare Antwortskalen mit vier oder sechs Antwortkategorien. Dabei entfällt die „mittlere" Antwortkategorie. Der Befragte *muss* also angeben („forced choice"), ob er eher einer Zustimmung oder einer Ablehnung zuneigt – oder das Item ganz auslassen. Das ist vor allem aus theoretischen Gründen nicht unproblematisch. Betrachten wir das Item zur Kompetenz des Vorgesetzten in Abbildung 5.1a. Diese Frage hat viele Facetten und es ist durchaus denkbar, dass der Vorgesetzte in mancher Hinsicht kompetent, in anderer aber wenig oder nicht kompetent ist. Insgesamt ergibt dieses „Einerseits-Andererseits" dann eine „mittlere" Kompe-

---

[55] Die Kehrseite dieser Anekdote ist natürlich, dass Items vom Befragten auch anders interpretiert werden können, als vom Frager intendiert. Um dieses Risiko zu minimieren, sollten die Items nicht nur sorgfältig formuliert, sondern immer auch in *Pretests* empirisch untersucht werden (siehe Abschnitt 6.4).

[56] Items sind dann *reliabel*, wenn sie zuverlässig messen (wiederholbar, konsistent). Sie sind *valide*, wenn ihre Messwerte das messen, was sie messen sollen und sich z.B. dazu eignen, gute Vorhersagen über tatsächliches Verhalten der Befragten zu machen (Borg & Staufenbiel, 1997).

tenz. Gemischte Einstellungen und mittlere Ratings sind also psychologisch durchaus nicht abwegig. Auch auf eindimensionalen Merkmalen ist eine mittlere Position denkbar (z.B. auf dem politischen Links-Rechts-Spektrum). Allerdings lässt sich auch hier vermuten, dass derartige Kontinua bei genauerer Betrachtung ebenfalls aus einem Bündel vieler einzelner Komponenten bestehen (Feger, 1980).

Mittlere Positionen können vom Befragten aber auch deshalb gewählt werden, weil sie eine bequeme *Ausweichantwort* anbieten: Der Befragte will sich nicht die Denk-Arbeit machen, eine adäquate Antwort zu generieren. Möglicherweise kommt er auch zu keiner für ihn befriedigenden Antwort. Da bietet es sich an, mit „Teils-teils" zu antworten. Das ist schließlich eine legitime Antwort. Sie drückt die Meinung des Befragten sogar in gewisser Weise richtig aus: Er hat seine Gedanken zu dieser Frage nämlich noch nicht klar sortiert, so dass keine Richtung auszumachen ist. Für den Befrager gibt aber keine Möglichkeit, aus einer „Teils-teils"- Antwort abzuleiten, ob der Befragte eine echt mittlere oder eigentlich „keine" Meinung hat (oder sich nur unsicher ist; oder die Frage nicht genau gelesen hat; oder...). Will man dies genauer wissen, kommt man mit einem einzigen Item nicht aus.

Der Forced-Choice-Ansatz löst dieses Problem nicht. Er ist auch deshalb problematisch, weil man den Befragten nicht zu etwas zwingen kann oder will. Nimmt er in den Fragestellungen eine *manipulative Absicht* wahr, dann kann das leicht dazu führen, dass er die MAB ganz abbricht. Es scheint daher das kleinere Übel zu sein, bei einigen Items einen gewissen Anteil an Ausweichantworten in Kauf zu nehmen, als das Risiko einer insgesamt kleineren Beteiligungsquote einzugehen.

Letztlich bleiben die Antworten der Mittelkategorie mehrdeutig. Allerdings kann man diese Mehrdeutigkeit durch eine sinnvolle Etikettierung beeinflussen. So sind z.B. die früher häufig gewählten Labels „Stimmt voll und ganz", „Stimmt", „Weder richtig noch falsch", „Stimmt nicht" bzw. „Stimmt überhaupt nicht" (Neuberger, 1974) wenig überzeugend, weil bei ihnen die mittlere Kategorie ganz aus dem Zustimmungs- und Ablehnungskontinuum herausfällt (Paul & Bracken, 1995). Semantisch und theoretisch besser sind dagegen die Labels „Völlig falsch", „Ziemlich falsch", „Unentschieden", „Ziemlich richtig", „Völlig richtig" (Rohrmann, 1978) bzw. „Trifft gar nicht zu", „Trifft wenig zu", „Teils-teils", „Trifft ziemlich zu", „Trifft völlig zu" (Bortz (1984). Heute findet man für die Mittelkategorie meist die Bezeichnung „Teils-teils", weil sie wohl am besten ausdrückt, dass die Antwort *ambivalent* ist und nicht, dass man *keine* Meinung hat. Um letzteres zu erfassen, kann man evtl. eine „weiß nicht" Kategorie hinzufügen (siehe S. 128).

Neben diesen theoretischen Gründen gibt es aber noch einen wichtigen Grund, der für die Beibehaltung der mittleren Kategorie spricht. Nehmen wir ein Item wie „In meinem Arbeitsbereich gibt es noch viel Spielraum für Qualitätsverbesserungen". In vielen MABs hat sich gezeigt, dass ein hoher Prozentsatz der Befragten diesem Item zustimmt und ein beträchtlicher Teil mit „Teils-teils" antwortet. Wenn also z.B. 50% zustimmen und 30% die mittlere Kategorie ankreuzen, dann lässt sich damit folgendes konstatieren: „80% der Befragten stimmen zumindest teilweise der Aussage zu, dass es in ihrem Arbeitsbereich noch viel Spielraum für Qualitätsverbesserungen gibt." Mit diesem Befund kann man die Mitarbeiter hervorragend motivieren, sich in nachfolgende Verbesserungsprozesse aktiv einzubringen. Die Mittelkategorie ermöglicht also einen gewissen *Spielraum für die Interpretation* der Ergebnisse, der für die Zielsetzung der MAB sehr fruchtbar sein kann. Wenn also eine MAB – wie meist der Fall – eher als ein Programm des Veränderungsmanagements verstanden wird, sollte man aufpassen, nicht zum Knecht der MAB-Statistiken zu werden, sondern die Fragen so zu stellen, dass sie noch einen gewissen Verwendungsspielraum offen lassen.

Numerische Etikettierungen der Kategorien der Antwortskala

Oft werden die Skalenkategorien noch zusätzlich durchnummeriert (wie in Abbildung 5.1b gezeigt). Guilford (1954) argumentiert, dass dadurch eine „größere Gleichheit der psychologischen Abstände zwischen den Kategorien" (S. 264) erreicht würde. Es gibt aber auch praktische Gründe: Numerische Codierungen erleichtern die Dateneingabe oder sind dann nötig, wenn der Befragte seine Antwort nicht durch Ankreuzen einer Skalenkategorie ausdrücken soll, sondern durch das Eintragen eines Antwortcodes in ein Antwortfenster (siehe Abbildung 5.3a).

Bei numerischen Codierungen muss man jedoch beachten, dass sie die Bedeutung der Skalenkategorien verändern können. Dies zeigen Schwarz et al. (1991) in einem Experiment, in dem die Frage „Wie erfolgreich verlief bislang ihr Leben?" jeweils mit einer 10-stufigen Antwortskala kombiniert wurde, die einmal bei „0=erfolglos", ein andermal bei „–5=erfolglos" begann: Die letztere Variante führte zu deutlich weniger Antworten in der ersten Hälfte der Skala[57].

Guilford (1954, S. 264) argumentiert grundsätzlich gegen die Verwendung von Codes mit negativen Zahlen wie einer Codierung von –2 bis +2 für die 5-stufige Likertskala mit folgendem Argument: „Dies mag eine natürlichere Skala sein für manche Personen, die sich in Algebra auskennen, aber sie kann unnatürlich, ja sogar verwirrend sein, für die weniger Gebildeten". Hippler et al. (1991) empfehlen dagegen, „die numerischen Skalenwerte mit der intendierten Uni- oder Bipolarität der zugrunde liegenden Dimension in Übereinstimmung zu bringen: Urteile entlang einer bipolaren Dimension sollten mit bipolaren Skalen erfasst werden, deren Wertebereich von minus bis plus reicht. Urteile, die sich lediglich auf die Ausprägung eines Merkmals beziehen, ohne sein Gegenteil anzusprechen, sollten hingegen mit unipolaren Skalen erfasst werden, deren Wertebereich vorzugsweise mit '0' beginnen sollte, um die Abwesenheit des Merkmals eindeutig zu markieren" (S. 61). Es gibt allerdings Skalen, die auch ohne diese Bezeichnung der Kategorien mit negativen Zahlen eindeutig bipolar sind und daher nicht verändert werden sollten. In Mitarbeiterbefragungen werden z.B. häufig Notenskalen als Antwortskalen verwendet, in denen eine „1" eindeutig als „gut" und eine „5" als „schlecht" verstanden wird.

Nicht immer ist aber klar, ob eine Skala bipolar ist. Antwortet der Befragte auf das Item „Eine interessante Tätigkeit ist mir sehr wichtig" mit „Stimmt überhaupt nicht", so kann man das eher als Aussage darüber deuten, dass er diesen Aspekt der Arbeit für „nicht wichtig" hält, nicht dass er „dagegen" ist, dass seine Arbeit interessant ist.

---

[57] Der Grund hierfür könnte sein, dass die Befragten den Begriff „erfolglos" in Kombination mit dem negativen Vorzeichen des Codes „-5" als „riesiger Misserfolg" interpretieren. Das ist etwas anderes als „kein Erfolg". Der Code gibt also dem Etikett eine andere Bedeutung.

Die beste Lösung ist daher, auf zusätzliche numerische Kennzeichnungen der Kategorien ganz zu verzichten. Das erfordert allerdings, dass der Befragte seine Antworten durch Ankreuzen einer Skalenkategorie ausdrücken kann, nicht durch das Eintragen eines numerischen Codes in ein Antwortfenster.

Man sollte jedoch festhalten, dass sich derartige „kleine" Änderungen in der Codierung der Skalenkategorien – außer in besonders konstruierten Ausnahmefällen – nicht nachweisbar auf das Antwortverhalten auswirken. Semantische Fragen dieser Art können aber in den Folgeprozessen zu langen Diskussionen führen oder zur Ablehnung der Befunde als uneindeutig, vor allem dann, wenn sie unangenehm sind.

Im Auge behalten sollte man auch die folgende praktische Auswirkung. Soll der Befragte Skalenwerte nicht ankreuzen, sondern in entsprechende Antwortfelder per Hand eintragen, dann bedeuten negative Zahlen einen größeren Zeitaufwand für den Befragten. Zudem ist bei manueller Datenerfassung die Vorgabe negativer und positiver Antwortwerte eine zusätzliche Quelle für mögliche Erfassungsfehler, weil vom Datentypisten alle Codes erst in natürliche Zahlen umgesetzt werden müssen.

Items mit „Weiß-Nicht"-Kategorien

Converse & Presser (1986) empfehlen, die Befragten in Umfragen dazu zu zwingen, anzugeben, welcher Antwortrichtung sie eher zuneigen, ihnen aber gleichzeitig eine *Weiß-Nicht-Kategorie* (WN-Kategorie) anzubieten. Dieser Empfehlung kann man jedoch nicht ohne weiteres folgen. WN-Kategorien werden von Befragten nämlich nicht nur deshalb gewählt, weil sie zu den jeweiligen Items keine Meinung/Einstellung haben, sondern auch z.B. aus Bequemlichkeit oder weil durchgängig angebotene WN-Kategorien nahe legen, dass man sich sicher sein müsse, die „richtige" Antwort zu geben (Krosnik & Fabrigar, 1997).

Ein Urteil – wenn auch vielleicht nur eines i.S. eines ersten Eindrucks oder einer vorläufigen, unsicheren Stellungnahme – sollten die Befragten zu den allermeisten Items einer MAB abgeben können, wenn der Fragebogen *sorgfältig konstruiert und überprüft* wurde. In der Umfrageforschung versucht man bisweilen durch zusätzliche Fragen zur *Konfidenz* in das Urteil (z.B.: „Wie sicher sind Sie sich bei Ihrer Antwort?", „Haben Sie über diese Thematik schon öfter nachgedacht?") abzutesten, in welchem Ausmaß die Antwort eine feste Einstellung oder Meinung aufzeigt[58].

Antwortvermeidungen entsprechen nicht der üblichen Zielsetzung einer MAB, Einbindung zu erzielen[59]. Erzwungene Antworten können anderseits dazu führen, dass der Befragte das Ausfüllen des Fragebogens abbricht, weil er keine Gelegenheit bekommt, ambivalente Meinungen auszudrücken (Bradburn & Sudman, 1991). Man sollte daher in einer MAB i. Allg. keine WN-Kategorien anbieten, wohl aber mittlere Kategorien. Man kann zusätzlich im Einleitungsteil des Fragebogens (siehe Abbildung 5.7, S. 152) darauf hinweisen, dass der Befragte dann, wenn er „wirklich" keine

---

[58] Das wird in MABs jedoch fast nie gemacht, weil hier die Frage, ob eine Meinung oder Einstellung kristallisiert ist oder nicht, selten so wichtig ist, dass man hierfür die Zahl der Fragen erhöhen will.
[59] Man kann u.U. sogar Items („Platzierungsitems") verwenden, die die Ausbildung einer Meinung anregen sollen dadurch, dass sie ein bislang weniger bekanntes Thema ansprechen (siehe S.116).

Meinung zu einem Item hat, dieses Item einfach überspringen kann. Derartige Auslassungen sind aber in einem wohlkonstruierten Fragebogen eher selten.

5.2 Items: Antwortkriterien

Bei der Konstruktion eines MAB-Fragebogens werden die Inhalte der Fragen und die Antwortkriterien so kombiniert, dass ein sinnvolles Item entsteht. So können sich z.B. Items, die nach der Zufriedenheit mit einem gewissen Arbeitsaspekt fragen, abwechseln mit Items, die nach der Wichtigkeit dieser oder anderer Arbeitsaspekte fragen. Vor allem in der älteren Literatur zur Arbeitszufriedenheit wurde dabei vielfach ganz systematisch vorgegangen (siehe Beispiele in Tabelle 1.4, S. 41, und Abbildung 5.3a, unten). Die wichtigsten Kriterien, die in der Praxis Verwendung finden, sind:

- Zufriedenheit mit dem jeweiligen Inhalt
- Wahrgenommene Wichtigkeit des Inhalts für die eigene Zufriedenheit
- Wahrgenommene Wichtigkeit des Inhalts für das Wohl der Organisation
- Verbesserbarkeit des Inhalts
- Ist-Zustand des Inhalts
- Soll-Zustand des Inhalts

Diese Kriterien sind offensichtlich noch weiter differenzierbar. So kann man z.B. das „Wohl der Organisation" nach weiteren Gesichtspunkten – z.B. in Bezug auf eine kurz-, mittel- oder langfristige Perspektive – in weitere Unterformen differenzieren. Ähnliches gilt für die Thematik „Verbesserbarkeit".

Besonders naheliegend scheint die Frage nach der Wichtigkeit zu sein. In vielen MABs werden die Mitarbeiter gebeten, zu jedem Thema, zu dem sie nach einer Meinung oder Einstellung gefragt werden, noch zusätzlich anzugeben, wie wichtig dieses Thema für sie ist. Abbildung 5.2b zeigt hierzu ein typisches Beispiel, in dem für zwei Items jeweils eine Likert-Antwortskala und eine 4-stufige unipolare Wichtigkeits-Skala verwendet wurde.

Ein offensichtlicher Nachteil dieser Abfrage liegt darin, dass sich die Zahl der vom Befragten verlangten Urteile verdoppelt. Da der Fragebogen nicht beliebig lang sein kann, bedeutet dies, dass insgesamt deutlich weniger Items zum Einsatz kommen können. Das ist ein schwerwiegendes Problem, weil man in der Praxis der Fragebogenkonstruktion zunächst immer viel zu viele Items hat. Zudem sind Wichtigkeitsfragen so kompliziert in ihrer Interpretation (siehe Abschnitt 4.8, S. 117), dass sie wenig verwertbare Informationen liefern. Stellt man dennoch Wichtigkeitsfragen, dann sollte man sorgfältig überlegen, wie man diese Fragen formulieren und abfragen will. Abbildung 5.3a zeigt hierfür ein Beispiel aus einem großen amerikanischen Konzern. Hier soll der Befragte jedes Item zweifach beantworten: Wie zufrieden er mit dem angesprochenen Inhalt ist bzw. wie wichtig er ihn findet. Die Beurteilung soll jeweils durch Eintragen einer Zahl zwischen 0 und 10 in ein entsprechendes Antwortfeld erfolgen. Alternativ steht auch noch die Kategorie „NA" (=not applicable), deren Bedeutung diffus ist (für mich nicht relevant, habe dazu keine Meinung, dazu kann ich nichts sagen, dazu will ich nichts sagen?). Das Beispiel zeigt weitere technische Feh-

unwichtig ——————————**Wichtigkeit (Wi)** —————— sehr wichtig

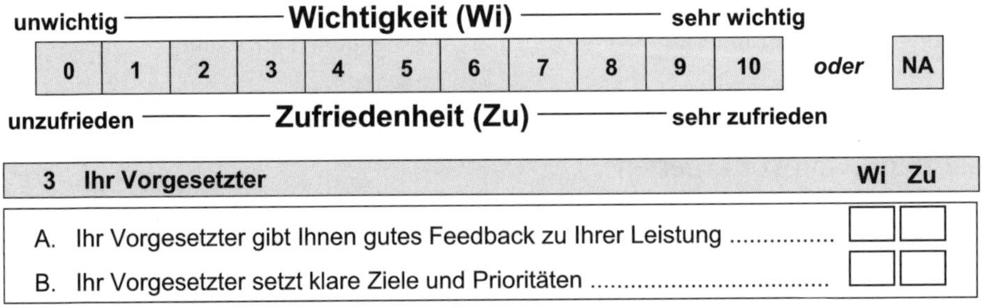

0	1	2	3	4	5	6	7	8	9	10	*oder*	NA

unzufrieden ——————**Zufriedenheit (Zu)** —————— sehr zufrieden

3 Ihr Vorgesetzter	**Wi**	**Zu**
A. Ihr Vorgesetzter gibt Ihnen gutes Feedback zu Ihrer Leistung	☐	☐
B. Ihr Vorgesetzter setzt klare Ziele und Prioritäten	☐	☐

Abbildung 5.3a. Ausschnitt aus einem Fragebogen mit Wichtigkeits- und Zufriedenheitsitems (amerikanischer Konzern).

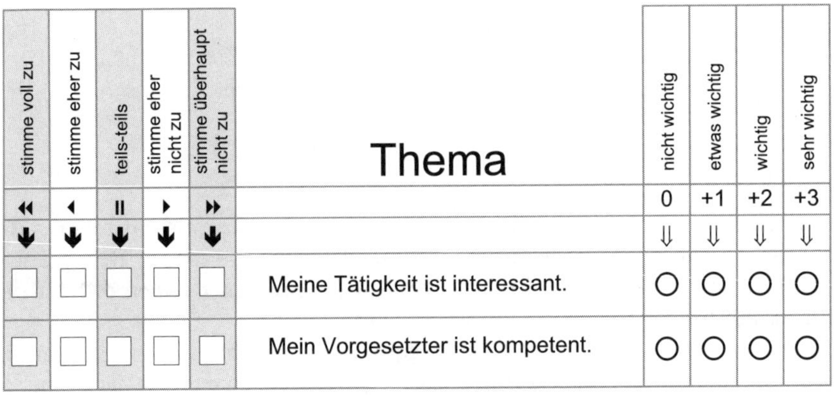

stimme voll zu	stimme eher zu	teils-teils	stimme eher nicht zu	stimme überhaupt nicht zu	Thema	nicht wichtig	etwas wichtig	wichtig	sehr wichtig
◀◀	◀	‖	▶	▶▶		0	+1	+2	+3
⬇	⬇	⬇	⬇	⬇		⇓	⇓	⇓	⇓
☐	☐	☐	☐	☐	Meine Tätigkeit ist interessant.	○	○	○	○
☐	☐	☐	☐	☐	Mein Vorgesetzter ist kompetent.	○	○	○	○

Abbildung 5.3b. Ausschnitt aus einem Fragebogen mit Wichtigkeits- und Zufriedenheitsitems (Demo).

ler. Die Zufriedenheitsurteile reichen von unzufrieden bis zufrieden, sind also bipolar. Die Wichtigkeitsurteile variieren von „nicht wichtig" (Nicht etwa von „unwichtig"!) bis wichtig, sind also unipolar. Verwendet wird trotzdem in beiden Fällen die gleiche numerische 11-er Skala, die unipolar ist. Außerdem hat die Zahl Null auch noch semantische Konnotationen, wie schon oben diskutiert (Hippler et al., 1991).

Ein Problem stellt auch die grundsätzliche Bezeichnung „Zufriedenheit" für jede Art von Zustimmung oder Ablehnung dar: Die Frage z.B., ob der Vorgesetzte klare Ziele setzt, sollte eigentlich mit Ja oder Nein, nicht mit „zufrieden" und „unzufrieden" beantwortet werden. Zudem können alle Antworten durch das ständige Betonen von Zufriedenheit als Kriterium einen affektiven Charakter bekommen, auch dann, wenn man eigentlich ein kognitiv-rationales Urteil haben will. Die Folge ist, dass die Items deutlich positiv untereinander korrelieren, weil alle Antworten von einem allgemeinen *affektiven Halo* überlagert werden (siehe Abschnitt 5.3).

Weiter ist zu Abbildung 5.3a noch anzumerken, dass das Eintragen von Zahlen mehr Arbeit für den Befragten ist als das Ankreuzen. Und schließlich sind handschriftliche Einträge weniger zuverlässig beim Einscannen, weil z.B. die Zahlen 1 und 7 individuell recht verschieden geschrieben werden. Man sieht aus diesem Beispiel recht anschaulich, wie leicht es ist, rein technische Fehler zu machen bei der Fragebogenformulierung.

Abbildung 5.3b zeigt eine bessere Lösung für die Erhebung von Items dieser Art. Hier wird links die übliche 5-stufige Likertskala für die Meinungs- und Einstellungsurteile verwendet und rechts eine 4-stufige, unipolare Wichtigkeitsskala. Letztere ist auch optisch anders gestaltet als die Likertskala.

5.3 Zur Psychologie des Antwortens auf MAB-Items

Selten wird bei einer MAB genauer darüber nachgedacht, wie die Antworten auf die Items des Fragebogens zustande kommen. Tourangeau et al. (2000, S. 12) schreiben dazu: „Die meiste Forschung zu Einstellungen scheint es als gegeben anzunehmen, dass eine Einstellung zu haben bedeutet, dass ein Urteil über ein Thema oder eine Personen vorliegt und dass die befragten Personen diese Urteile automatisch aufrufen, wenn sie eine hierfür relevante Frage beantworten". Anders ausgedrückt: Die Einstellungen bzw. die Urteile sind fertig ausgeformt („*kristallisiert*"); sie werden auf die Frage hin aus einer „mentalen Schublade" entnommen bzw. von der Frage direkt aktiviert und dann vom Befragten schlicht *berichtet* (Fazio, 1989; Wilson & Hodges, 1992). Eine andere Theorie besagt dagegen, dass das Item ein Urteil verlangt, das erst auf die Frage hin *gebildet* wird, z.B. als eine Art mentale Durchschnittsbildung über die Urteile zu den verschiedenen Komponenten des Gegenstands (Ajzen, 1988; Feger, 1980). Auf die Frage „Wie zufrieden sind Sie mit Ihrem Vorgesetzten?" beispielsweise würde der Befragte gleichsam überlegen „Lassen Sie mich mal nachdenken. In dieser Hinsicht bin ich zufrieden mit dem Vorgesetzten, in dieser nicht so ... Insgesamt also, wenn ich das dann zusammenfasse, komme ich zu dem Urteil ... ".

Beide Ansätze sind je nach Gegenstand plausibel. Fischoff (1991) sieht sie als Extreme eines Kontinuums an. Es gibt sicher Aspekte der Arbeit, zu denen der Befragte fast reflexartig ein Urteil abgibt. Bei anderen muss er erst nachdenken. Aber auch im ersteren Fall kann die Antwort nicht mechanisch i.S. eines Cola-Automaten, der auf Einwurf einer Münze (=Frage) eine Flasche (=Antwort) auswirft, erfolgen. Gewisse Kognitionen sind immer von Bedeutung:

- *Verstehen.* Zunächst verstehen die Befragten in irgendeiner Form ihre Aufgabe. Dazu lesen sie z.B. vorab die Instruktionen. Evtl. gehen sie auch gleich zu den Items über und antworten so, wie sie es für richtig halten. Antworten sie überhaupt auf den Inhalt des Items, dann müssen sie dieses zunächst lesen und sich eine Vorstellung davon bilden, wonach hier gefragt wird. U.U. lesen sie die Frage aber ungenau, verstehen sie anders als sie vom Frager gemeint ist oder meinen, dass sie verstehen, was der Frager „eigentlich" wissen will, obwohl die Frage dies so nicht ausdrückt.

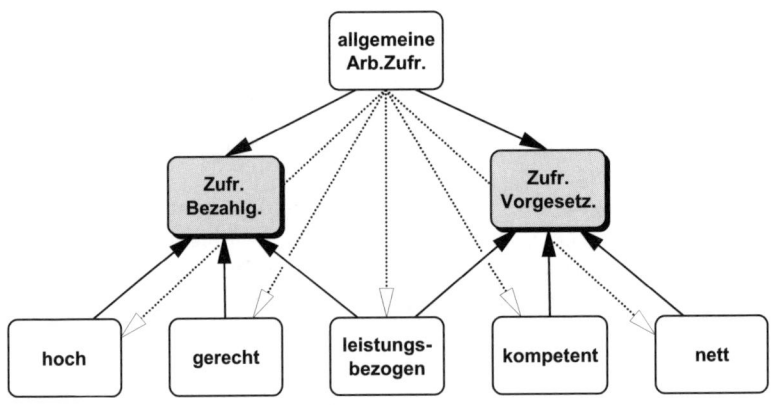

Abbildung 5.4. Illustration des Sandwich-Modells.

- *Aktivieren.* Eine „ehrliche" Antwort auf ein Item – d.h. eine, in der der Befragte tatsächlich seine Sicht der Dinge auszudrücken versucht statt nur „irgend etwas" anzukreuzen oder anzugeben – erfordert vom Befragten, dass er dazu relevante Gedächtnisinhalte aktiviert. Diese können die oben erwähnten mentalen Schubladen sein, aus denen er die relevanten Informationen entnimmt, oder ein Nachdenken über den Gegenstand i.S. eines „Was fällt mir dazu ein?"
- *Urteilen.* Das, was dem Befragten zu der Frage eingefallen ist, muss von ihm sortiert, gewichtet, bewertet und zu einem Gesamturteil verrechnet werden.
- *Antworten.* Schließlich drückt der Befragte sein Urteil irgendwie aus. Dazu stehen ihm i.d.R. nur bestimmte Kategorien zur Verfügung (z.B. eine Antwortskala). Er muss sein Urteil also entsprechend formatieren. Dabei kann er sein Urteil auch motiviert verzerren (z.B. es absichtlich „drastisch" ausdrücken). Möglich ist auch, dass er sich entschließt, die Frage überhaupt nicht zu beantworten.

In einer MAB kommt zu diesen Gesichtspunkten hinzu, dass höchst selten nur ein einziges Item, sondern fast immer viele Items verwendet werden. Das kann zu den verschiedensten Reihefolge- und Kontexteffekten führen in Abhängigkeit z.B. davon, mit welchen Themen oder mit welchen Fragen man beginnt. Zudem kommt der Befragte nicht unvorbereitet in die MAB. Vielmehr kann man davon ausgehen, dass bereits zu Beginn der Befragung eine gewisse mentale Repräsentation, zumindest aber eine Art *Stimmungshintergrund* aktiviert ist, vor dem die Antworten ausgeformt werden. Das Zustandekommen der Urteile, die diesen zu Grunde liegen, kann man wie in Abbildung 5.4 gezeigt erklären. Ein Urteil „mittlerer Breite" – wie z.B. zur Frage „Wie zufrieden sind Sie mit Ihrem Vorgesetzten?" – bildet der Mitarbeiter auf der Grundlage seiner Bewertungen der Komponenten des Gegenstands G der Frage (=Vorgesetzter) in Bezug auf das Kriterium (=Zufriedenheit). Er fragt sich also z.B. wie „nett" der Vorgesetzte ist, wie „kompetent" er ist oder „welche Rolle der Vorgesetzte dabei spielt, dass er leistungsbezogen bezahlt wird". Gleichzeitig wird das Urteil über *G* aber auch noch beeinflusst von der Gesamtzufriedenheit des Mitarbeiters, die als *affektiver Halo* auf alle Einstellungsurteile ausstrahlt – und zwar umso stärker, je allgemeiner die Gegenstände sind und je stärker das Beurteilungskriterium mit Zufriedenheit korreliert. Dieses *Sandwich-Modell* (Borg, 2003) sagt damit voraus, dass bei einem positiven Anstieg der allgemeinen Stimmung alle Zufriedenheitsurteile des Befragten – insbesondere solche, die sich nicht auf sehr spezielle, konkrete Einzelaspekte seiner Arbeit beziehen – positiv ansteigen. Bei besserer Grundstimmung wird daher tendenziell alles positiver gesehen[60]. Das Modell erklärt zudem, warum die Bewertungen der verschiedenen Dimensionen der Arbeit (Bezahlung, Vorgesetzter, Tätigkeit usw.) in einer normalen MAB stets positiv untereinander korrelieren (siehe dazu auch Neuberger, 1970; Borg, 2001b; Spector, 1997[61]).

Für die Konstruktion von MAB-Items bedeutet dies, dass man gut beragten ist, die affektiven Bestandteile der Items möglichst im Auge zu behalten. Die verbreitete (weil bequeme) Formulierung von MAB-Items nach dem Schema „Wie zufrieden sind Sie mit ...?" (siehe z.B. Abbildung 5.3a, oben) tut gerade dies nicht. Sie führt vielmehr dazu, dass der affektive Halo durch die ständige Wiederholung von Zufriedenheit verstärkt wird. Es ist durchaus richtig, einige Fragen zur Zufriedenheit zu stellen. Was aber vermieden werden sollte ist eine Inflation von Zufriedenheitsfragen. Statt ihrer sollte man eher kognitiv akzentuierte Items formulieren, die den Befragten um seine Meinung zu spezifischen, konkreten Aspekten seiner Arbeit (mit klarem Zeitbezug) fragen („factual items"). Tut man dies nicht, kann man damit rechnen, dass die verschiedenen Items nicht sonderlich gut differenzieren, sondern alle mehr oder weniger das Gleiche messen (nämlich: die „Stimmung").

5.4 Items mit qualitativen Antwortkategorien

Items, bei denen der Befragte seine Antworten durch Ankreuzen von Textvorgaben einer Liste abgibt, sind in Mitarbeiterbefragungen relativ selten. Sie bilden eine Zwischenform zwischen freien Kommentaren und Rating-Items. Als Beispiel sei ein Item aus dem Standardfragebogen der Bertelsmann-Gruppe (Domsch, 1985) genannt, das in Abbildung 5.5 gezeigt ist. Coombs (1964) bezeichnet ein solches Item als ein „pick-*n*" Item (bei dem hier *n*<4 ist).

In Abbildung 5.5 erkennt man das für pick-*n* Items typische Problem eines Durcheinanders der Antwortkategorien. Für den Befragten ist es ziemlich aufwendig, sich Übersicht zu verschaffen über die Kategorien, die angeboten werden. Da keine offene Kategorie bereitgestellt wird, in die der Befragte eine ihm persönlich zutreffende Antwort, die nicht den Vorgaben entspricht, eintragen kann, muss zudem sicherge-

---

[60] Von dieser Grundstimmung profitiert z.B. auch der Vorgesetzte. Er bekommt bessere „Noten" von seinen Mitarbeitern und damit möglicherweise einen höheren Leistungsbonus, obwohl er selbst dazu keinen positiven Beitrag geleistet hat.

[61] Die „JSS Subscales" der Spector-Skala korrelieren mit 0,17 bis 0,58 untereinander. In deutschen MABs findet man meist Korrelationen der Dimensionen der Arbeitszufriedenheit zwischen 0,30 und 0,60. Die Korrelationen sind geringer bei Führungskräften, die offenbar die verschiedenen Arbeitsaspekte besser differenzieren als Nicht-Führungskräfte (Borg, 2003).

Hindert Sie etwas daran, beruflich weiterzukommen? (nicht mehr als drei Antworten ankreuzen)	○	1	**nein**, mich hindert nichts
	○	2	**nein**, ich möchte auch zur Zeit nichts anderes machen
			ja, mich hindert vor allem:
	○	3	in jetzt ausgeübter Tätigkeit gibt es keine Aufstiegsmöglichkeiten/Endposition ist erreicht
	○	4	die Firma erkennt nicht, daß ich noch mehr leisten kann
	○	5	in Frage kommende Positionen sind bereits besetzt
	○	6	offene Positionen im Unternehmen sind mir nicht ausreichend bekannt
	○	7	bin zu alt
	○	8	in Frage kommende Plätze werden mit Betriebsfremden besetzt
	○	9	gerechte Auswahlmethoden fehlen
	○	10	meine Schul- und Berufsausbildung ist nicht ausreichend
	○	11	habe noch zu wenig betriebliche oder berufliche Erfahrung
	○	12	werde als Frau benachteiligt
	○	13	werde von Vorgesetzten zu wenig gefördert
	○	14	Vorgesetzter will gute Arbeitskräfte nicht verlieren
	○	15	Aufstiegsmöglichkeiten sind mit Ortswechsel verbunden, den ich nicht will (Haus, Familie, Freunde usw.)

Abbildung 5.5. Ein Item mit qualitativen Antwortkategorien (Fragebogen der Bertelsmann-Gruppe).

stellt sein, dass die angebotenen Kategorien *erschöpfend* sind. Ansonsten kann es dazu kommen, dass die Vorgaben übermäßig häufig gewählt werden. Bishop et al. (1988) berichten eine Untersuchung, in der mit einer pick-*n* Liste gefragt wurde, was die Befragten für ihre Arbeit besonders wichtig finden. Die Angebote waren „gut bezahlte Arbeit", „sicherer Arbeitsplatz", „gute Aufstiegsmöglichkeiten" und ähnliches. Einer anderen Gruppe wurden diese Vorgaben nicht gemacht. Es zeigte sich, dass beide Gruppen etwa gleich viele Antworten abgaben, die zweite Gruppe aber viel mehr Verschiedenes nannte. Betrachtet im Raster der Vorgaben ergaben sich Unterschiede von teilweise mehr als 30% in der Nennung bestimmter Antworten.

Pick-*n* Listen sollten also nicht nur erschöpfend, sondern auch *treffend* für jede Person sein, eine offensichtlich kaum realisierbare Forderung. In einer MAB kann es allerdings sinnvoll sein, bestimmte Antworten, die spontan nicht oder nur sehr selten genannt würden, dennoch anzubieten, um damit das Thema zu platzieren.

Neben den Kategorien selbst hat deren Anordnung in den Listen Auswirkungen auf die Verteilung der Antworten. Man beobachtet hierbei sowohl *Primacy-* wie *Recency-Effekte* (Noelle-Neumann & Petersen, 1998). Im ersten Fall wird eine Antwortalternative dann eher gewählt, wenn sie am Anfang der Liste steht, im letzten Fall wird sie eher gewählt, wenn sie am Ende der Liste dargeboten wird. In typischen MABs, bei denen der Befragte meist unter einem gewissen Zeitdruck steht, erscheinen Primacy-Effekte wahrscheinlicher, weil der Befragte nicht erst alle Antwortalternativen sorgfältig durchliest und gegeneinander abwägt, sondern eher sequentiell vorgeht und jede Antwort ankreuzt, die ihm zustimmungsfähig erscheint, bis *n* Antworten erreicht sind oder bis er meint, jetzt hätte er sich ausreichend geäußert. Aus diesem Grund empfehlen Schuman & Presser (1996) und Sudman & Bradburn (1974) in „langen" Listen die wahrscheinlich bevorzugten Alternativen an den Anfang zu stellen. Ob allerdings Befragte immer sequentiell von oben nach unten vorgehen, ist nicht klar. So zeigen Schwarz et al. (1989), dass es in langen Listen vor allem die mittleren Alternativen schwer haben, gewählt zu werden, d.h. dass sowohl Primacy- wie Recency-Effekte auftreten.

Neben Positionseffekten wirkt sich auf die Wahl einer Antwortkategorie vor allem aus, welche anderen Kategorien noch angeboten werden und welche inhaltlichen Beziehungen sie zueinander haben. Fragt man z.B. nach den Gründen, aus denen frühere Mitarbeiter gekündigt haben, und bietet hier neben einer plausiblen Antwort eine ganz exotische an, dann wird die Wahrscheinlichkeit, dass die erstere angekreuzt wird, erhöht (*Kontrasteffekt*, nach Noelle-Neumann, 1970). Eine Kategorie kann auch deshalb häufiger gewählt werden, weil sie mit bevorzugten anderen Kategorien „irgend etwas" gemeinsam hat (*Ähnlichkeitseffekt*).

Aus diesen Überlegungen heraus lassen sich einige Empfehlungen für qualitative MAB-Items ableiten. Die Items sollten in ihren Antwortkategorien...

* ... *disjunkt* sein und eindeutige Antworten erlauben (Ein Brei von überlappenden Inhalten, Ober- und Unterbegriffen erlaubt keine sinnvolle Deutung.)
* ... *erschöpfend* sein für den Inhaltsbereich, also alle Antwortkategorien abdecken (Im Zweifelsfall kann man die Kategorie „Anderes" hinzufügen; siehe unten.)
* ... *bedeutsam* für den Befragten sein, d.h. vom Befragten überhaupt verstanden werden und zudem in dem Sinn, wie sie vom Frager gemeint sind
* ... *überschaubar* sein, d.h. nicht mehr als etwa 10 Antwortkategorien bereitstellen oder die Antwortkategorien entsprechend untergliedern (Bei komplizierten Inhalten müssen mehrere Fragen gestellt werden.)

Die Anforderungen an die Antwortvorgaben sind also erheblich. Sie erfordern gründliche Vorarbeit wie die Verwertung alter Befragungen mit offenen Fragen, die Durchführung von Fokusgruppen zu der Thematik des Items (z.B. zur Thematik aus Abbildung 5.5: „Was hindert Sie, hier beruflich weiterzukommen?"), Interviews mit gut ausgewählten einzelnen Mitarbeitern und sorgfältiges Pretesting der Itementwürfe. Ist man sich dann immer noch unsicher, ob man wirklich die wichtigsten Antwortkategorien gefunden hat, kann man die Liste ergänzen durch eine Kategorie „Anderes". Am Beispiel aus Abbildung 5.5 wäre dies z.B.:

	O	15	Vorgesetzter will gute Arbeitskräfte nicht verlieren Aufstiegsmöglichkeiten sind mit Ortswechsel verbunden, den ich nicht will (Haus, Familie, Freunde usw.)
	O	16	andere Gründe (*bitte beschreiben Sie diese mit eigenen Worten*): _____ _____

In der Praxis wird oft zu wenig Anstrengung in die Ausarbeitung der Antwortvorgaben investiert. Das führt dazu, dass die Antwortalternativen nicht mehr sind als ein Potpourri irgendwelcher „Spiegelstriche", das durch die Verlegenheitskategorie „Anderes" ergänzt wird. Eine solche Itemkonstruktion holt den Befrager aber bei der Datenanalyse wieder ein, weil die Items dann schlecht interpretierbar sind und auch keine Wirkung bei den Rezipienten der MAB entfalten.

5.5 Kommentare

In vielen MABs werden die Items ergänzt durch Felder, in die der Befragte weitere Kommentare in freier Formulierung eintragen kann. Kommentarfelder erscheinen meist nach einer Batterie inhaltlicher Items zu einer bestimmten Thematik. Die Instruktion für den Befragten lautet dann z.B.: „Falls Sie noch zusätzliche Anmerkungen zum Abschnitt Bezahlung abgeben wollen, dann formulieren Sie diese bitte hier mit eigenen Worten." Manchmal werden Kommentarfelder auch am Ende des Fragebogens eingefügt mit einer Instruktion wie „Wenn Sie der Meinung sind, dass in diesem Fragebogen wichtige Punkte nicht zur Sprache gekommen sind, so haben Sie hier Gelegenheit, diese mitzuteilen" oder „Hier haben Sie die Möglichkeit, weitere Probleme, Ideen und Anregungen zu nennen" (Praxisbeispiele).

Kommentarfelder scheinen eine gute Methode zu sein, potentiell interessante Zusatzinformationen zu bekommen, auch zu Themen, die nicht direkt von den Items angesprochen werden. Bei genauerer Prüfung zeigt sich aber, dass solche Kommentarfelder eher *nicht* verwendet werden sollten[62].

Die augenfälligste Problematik freier Kommentare ist ihre Erfassung und Auswertung. Es ist schwer, derartiges Textmaterial zu kategorisieren, um es sinnvoll ordnen zu können. Die Kategorisierung ist vor allem deshalb so schwierig, weil die Kommentare vielfach in einem für den Außenstehenden unverständlichen betriebs- und abteilungsspezifischen *Jargon* formuliert sind. So sind z.B. Kommentare aus dem Entwicklungsbereich der Software-Industrie nur für denjenigen verständlich, der selbst beträchtliches Fachwissen in Informatik oder sogar auf dem jeweiligen Spezialgebiet der Informatik hat. Zudem fehlt dem Außenstehenden grundsätzlich die *Kontextinformation*, die vielen Kommentaren erst ihre eigentliche Bedeutung gibt.

Beimel (1990) hat trotzdem versucht, den Nutzen freier Kommentare systematisch zu untersuchen. Er fand dabei z.B., dass nur relativ wenig Kommentare positiv sind (höchstens ca. 10%, je nach Themenbereich, Rest überwiegend negativ-kritisch oder vom Typ „Zu diesem Thema kann ich nichts sagen."). Kommentare ergeben also in der Tendenz ein – relativ zu den Antwortstatistiken der verschiedenen Meinungs- und Einstellungsitems – *überzogen negatives Bild*. Konsistent damit ist, dass weniger Zufriedene deutlich mehr Kommentare abgeben als Zufriedene. Interessant ist aber vor allem, dass „die Kommentare keine neuen, über die Items hinausgehenden *Informati-*

---

[62] Kommentierungen haben ihren angemessenen Platz in der qualitativen Aufarbeitung der Befragungsergebnisse innerhalb der Folgeprozesse, insbesondere in den MAB-Workshops (Kapitel 13).

onen enthalten" (Beimel, 1990, p.79). Das ist ein angesichts des hohen Aufwands der Erhebung, Erfassung und Auswertung dieses Materials enttäuschender Befund.

Mindestens ebenso gravierend ist aber folgendes Problem: Schriftliche Umfragen basieren wesentlich auf der Zusage von Anonymität in der Datenauswertung. Man kann Kommentare daher nicht einfach wörtlich wiedergeben, weil sonst i. Allg. leicht (z.B. wegen der gewählten Formulierungen in Verbindung mit den Inhalten) auf den Verfasser geschlossen werden kann („Das hat der Möllemann gesagt. Der Begriff ‚pfiffig‘ ist kennzeichnend für seine Ausdrucksweise."). Eine derartige Identifizierbarkeit, ja selbst Spekulationen vom Typ Wer-hat-was-gesagt sind nicht nur psychologisch ungünstig und im Widerspruch zur vereinbarten *Anonymität*, sondern auch datenschutzrechtlich bedenklich. Zudem sind die Kommentare bisweilen unsachlich, spekulativ und i.S. der Ziele der MAB kontraproduktiv. Nehmen wir an, man hätte den folgenden Kommentar bekommen (ein Fall aus der Praxis!): „Mein Chef, Herr Müller hat ein Verhältnis mit seiner Sekretärin, Frau Mayer". Soll man dies berichten? Tut man es nicht, kann der Vorwurf der Zensur kommen. Tut man es doch, dann kann Herr Müller möglicherweise sogar juristische Schritte einleiten. Beides dient sicher nicht dem Betriebsfrieden oder den eigentlichen Absichten der MAB.

Ein Ausweg scheint eine nachträgliche *Bearbeitung* der heiklen Kommentare zu sein. Allerdings ist es für den Außenstehenden oft nicht klar, ob ein Kommentar heikel ist oder nicht. Zudem kann das Editieren den Kommentar verfälschen, ihn zumindest aber verwässern. Im übrigen kann es dazu kommen, dass sich der Kommentator später beschwert, dass man seine Aussagen zensiert oder verändert hat („Mit welchem Recht? Ich stehe dazu, was ich sage!")[63].

Ein weiterer Nachteil von Kommentaren liegt darin, dass sie in den weiteren Prozessen der MAB fast unvermeidbar ein überaus großes *Gewicht* bekommen. So suchen sich Manager z.B. gerne die Kommentare heraus, die ihre Meinung bestätigen oder die ihnen sonst irgendwie nützlich sind. Diese Kommentare werden dann von ihnen als „Ergebnis der MAB" propagiert. Die quantitativen Ergebnisse, die oft auf Tausenden und Abertausenden von Befragten beruhen, zählen dann oft nicht mehr viel.

Als Fazit bleibt also, dass Kommentare durchaus interessante Informationen liefern können. Ihr potentieller Nutzen steht aber in einem ungünstigen Verhältnis zu den hohen Kosten, die bei ihrer Verarbeitung entstehen, und zu den Risiken, die sie mit sich bringen.

5.6 Offene Fragen

Kommentare im obigen Sinn werden in heutigen MABs nur noch selten erhoben. Dagegen sind *offene Fragen*, die einen speziellen und genauen Fokus haben, in den letzten Jahren wieder populärer geworden. Die Gründe dafür sind einerseits techni-

---

[63] In amerikanischen Firmen ist eine Editierung von Kommentaren nach legalen Kriterien und nach politischer Korrektheit üblich. Dabei werden z.B. rassistische Anmerkungen oder persönliche Beleidigungen entfernt.

scher Art. Führt man die MAB elektronisch durch, dann entfällt die ansonsten sehr aufwändige Erfassung der Texte: Die Antworten stehen sofort für die weitere Verarbeitung zur Verfügung. Dazu kommen aber auch inhaltliche Gründe. In der Praxis wird bisweilen gefragt, ob man die MAB nicht auch zur Sammlung von Ideen nutzen könnte. Im Gegensatz zu Verbesserungsvorschlägen für das betriebliche Vorschlagswesen könnten die Mitarbeiter in der MAB auch erste Ansätze, schräge Ideen, unfertige Lösungsvorschläge u.ä. artikulieren, ohne das Risiko einzugehen, ausgelacht oder kritisiert zu werden. Zwei typische Beispiele für Fragen dieser Art sind die folgenden Items aus einem amerikanischen IT-Konzern („ABC"):

- What are the top 1-2 actions that ABC can take to improve our rate of profitable growth?
- What are the top 1-2 actions that your manager can take to increase productivity and contribution of your workgroup?

Man bemerkt, dass beide Items einen recht *genauen Fokus* haben: Profitables Wachstum bzw. Produktivität/Beitrag zur Wertschöpfung. Sie fragen zudem nur nach „1-2 top actions" und fordern damit, dass der Befragte seine Antworten vorher sortiert und nicht irgendwelche Spontaneinfälle in zufälliger Reihenfolge berichtet.

Trotzdem bleibt immer noch das grundsätzliche Problem, die Antworten später irgendwie ordnen zu müssen. Das ist oft schwer, weil der Auswerter die einzelnen Antworten nicht immer versteht, wie schon im obigen Abschnitt ausgeführt. Man kann dieses Problem jedoch bei fokussierten Fragen dadurch reduzieren, dass man eine *Liste relevanter Kategorien* für die Antworten vorgibt, denen der Befragte dann seine Antworten *selbst zuordnet*. Diese Antwortkategorien kann man aus der Sicht der Kommunikation zwischen Frager und Befragtem auch verstehen als Teil der Frage selbst, weil sie dazu dienen, *klarer* zu machen, welche Art Antworten hier erwartet werden[64]. Sie können zudem die Produktion guter Antworten anregen. Zur Illustration dieses Ansatzes sind im folgenden die Antwortkategorien aufgelistet, die für das erste der beiden obigen Items im Fragebogen von ABC vorgegeben wurden:

Code	Major Focus Area
1	Business Strategy Execution
2	Client Services Improvements
3	Staffing & Deploying Resources
4	Process & Bureaucracy Simplification
5	Employee Development
6	Marketing Effectiveness
7	Cost Containment
8	Paying & Rewarding Employees
9	Employee Involvement/Respect-based Practices
10	Communication
11	Managing Performance

---

[64] Jedes Item, egal ob geschlossen oder ob offen, ist immer so angelegt, dass nicht jede beliebige Antwort als zulässig akzeptiert wird. Bei den hier diskutierten offenen Fragen mit zusätzlicher Zuordnung zu vorgegebenen Inhaltsklassen bleibt dem Befragten aber erheblich mehr Spielraum für die freie Formulierung von Antworten als beim reinen Ankreuzen irgendwelcher Vorgaben.

Code	Ihre Antwort
☐	
☐	

Abbildung 5.6. Antwortfelder (mit Codeboxen) für ein offenes Item.

Für die Kategorien selbst gelten die Forderungen für qualitative Antwortvorgaben, d.h. sie sollten bedeutsam, disjunkt, erschöpfend und überschaubar sein (siehe S. 135). Ihre Formulierung erfordert i.d.R. erhebliche Expertise und Denkanstrengungen. Die Qualität der Vorgaben bestimmt maßgeblich, wie nützlich die offene Frage ist.

Der Fragebogen selbst wird wie folgt gestaltet. Bei Papierfragebögen kann man für die obigen Items der Firma ABC jeweils zwei Textfelder vorsehen, die der Befragte entsprechen codieren soll. Schematisch dargestellt ergibt sich damit ein Antwortformat wie in Abbildung 5.6 gezeigt. Die Aufgabe kann z.B. wie folgt formuliert werden: „Bitte kennzeichnen Sie, zu welchem der aufgeführten Themenbereiche Ihr Kommentar gehört. Vermerken Sie dazu am Beginn des Kommentars die Codenummer des Themenbereichs." [65]

In elektronischen Fragebögen hat man natürlich mehr Gestaltungsmöglichkeiten. Insbesondere lässt sich die Zuordnung der Antworten zu den Codekategorien dynamisch gestalten, z.B. durch Anklicken einer Kategorie in einem Fenster, das sich nach Abgabe des Kommentars öffnet und das die Zuordnung der Antwort dadurch erzwingt, dass ohne diese Codewahl die Befragung nicht fortgesetzt werden kann.

Wenig geeignet für offene Fragen sind neben diffusen Restkategorien, allgemeinen Kommentierungen, völlig offenen Anmerkungen u.ä. vor allem solche Items, die eher auf Affektives, insbesondere auf die Zufriedenheit oder die Motivation des Befragten abzielen. Ein Beispiel wäre die Frage: „Was könnte getan werden, damit Sie mit mehr Engagement arbeiten?". Diese Frage provoziert geradezu simple Antworten i.S. eines ganz und gar offenen „Wunschzettels für Weihnachten", die schwer zu erfüllen sein werden und die die Folgeprozesse eher schwierig machen (z.B. „Mehr Geld!", „Mehr Leute einstellen!"). Statt dessen könnte man fragen: „Was könnte getan werden, damit Sie hier mehr Leistung bringen können?"[66] Hier ist nicht einzusehen, in welcher

---

[65] Diese aus der Praxis entnommene Formulierung aus einer MAB in einem deutschen Unternehmen ist natürlich nicht auf das Beispiel aus der Firma ABC abgestimmt. Bei ABC werden die „Themenbereiche" als „major focus areas" bezeichnet.

[66] Man bemerke: Nicht „bringen", sondern „bringen können"! Das Item kann man noch weiter fokussieren, z.B. durch Ergänzungen wie folgt: „Nennen Sie bitte nur die *eine* Maßnahme, die Ihrer Meinung nach am meisten bringen würde. Bitte keine Auflistung von Nebensächlichkeiten! Beschreiben Sie diese *eine* Maßnahme möglichst konkret." Zusätzlich dazu kämen noch Vorgaben zur Vorcodierung der Antworten.

Weise „mehr Geld" die Frage nach dem „können" beantwortet. Auch die beliebte Forderung nach mehr Personal müsste genauer erklärt werden. Zudem kann eine Antwort, die eher auf Irrelevantes abzielt, in nachfolgenden Diskussionen schnell in differenziertere Überlegungen überführt werden (z.B. in die Überlegung, wie die Bezahlung stärker leistungsbezogen erfolgen könnte).

5.7 Formulierung von MAB-Items

Forschungen zur richtigen Formulierung von Items haben eine lange Tradition. Kochbuchartige Empfehlungen können aber trotzdem nicht gegeben werden, weil die formalen und die inhaltlichen Gesichtspunkte von Items nicht ganz zu trennen sind. So ist beispielsweise nicht entscheidbar, welches Antwortformat prinzipiell am besten ist, weil ein Item immer auch eine Frage enthält. Frage und Antwort aber müssen gut aufeinander abgestimmt sein, d.h. beide Elemente des Items müssen zusammen betrachtet werden. Zudem ist das, was „am besten" ist, auch immer abhängig vom jeweiligen Zweck. Auf der Basis von Split-Sample Forschung (d.h. Untersuchungen, in denen eine Stichprobe aufgeteilt wird und jede der Teilgruppen jeweils eine andere Variante des Fragebogens bekommt), Experimenten, Praxiserfahrung und schierer Logik lassen sich aber dennoch einige allgemeine *Regeln* für die Formulierung von Items nennen (Brislin, 1986; Converse & Presser, 1986; Rea & Parker, 1992; Schuman & Presser, 1996; Spector, 1992; Borg, 2002a). Sie gelten z.T. für Umfragen jeder Art, teils sind sie speziell für MABs relevant.

Folgende Regeln gelten für Umfrageitems allgemein:

Die Items sollten ...

1. *möglichst kurz und kompakt sein*
   „Wenn ich darüber nachdenke, dann komme ich letztlich zu dem Schluss, dass mein Job eigentlich recht zufriedenstellend ist." → „Mein Job gefällt mir." [Die Kurzform misst das Gleiche.]
2. *verständlich (für alle Befragten im selben Sinn) sein*
   „Das ROI in unserer Branche..." → „Die Gewinne in unserer Branche... " [ROI? Wer soll das verstehen? Zu akademisch.]
3. *nicht allzu vage und allgemein sein*
   „Mein Vorgesetzter spricht selten mit mir." → „In den letzten 12 Monaten hat mein Vorgesetzter ausführlich mit mir über meine Arbeitsziele gesprochen." [Selten? Spricht? Was soll das heißen?]
4. *nicht allzu konkret und eingeengt sein*
   „In den letzten 12 Monaten hat mein Vorgesetzter in jedem Monat 1 Mal mit mir über meine Arbeitsziele gesprochen." [Wer kann das beantworten?]
5. *nur jeweils 1 Thema ansprechen*
   Nicht: „Mein Vorgesetzter ist nett und kompetent." [Antwort ist mehrdeutig. Was bedeutet es z.B., wenn eine Person hier mit „Nein" antwortet? Der Vorgesetzte ist

nicht nett oder nicht kompetent oder beides? Will man beides wissen, dann sollte man lieber zwei Fragen stellen.[67]]

6. *keine Negationen enthalten*
   „Es ist nicht gut, wenn die Arbeiten nicht termingerecht erledigt werden." [Antwort ist nicht eindeutig interpretierbar[68].]

7. *nicht allzu extrem sein*
   „Mit meinem Job bin ich außerordentlich zufrieden." → „ ... bin ich zufrieden." [Der Befragte kann ja abgestuft antworten.]

8. *keine fragwürdigen Prämissen enthalten*
   „Um Konflikte zu vermeiden, sollten die Mitarbeiter... " [Was ist, wenn es keine Konflikte gibt?]

9. *modische Ausdrucksweisen vermeiden*
   „Mein Vorgesetzter ist echt cool." [Moden ändern sich schnell. Für eine Wiederholungsbefragung möglicherweise nicht mehr geeignet.]

10. *eindeutig interpretierbar sein*
    „Meine Arbeit läuft immer im gleichen Trott; daran kann man nichts machen." [Ein „Nein" heißt was? Läuft nicht im gleichen Trott, daran kann man nichts machen, oder beides?]

11. *gelegentlich ihre Polung wechseln*[69]
    „Meine Arbeitsziele sind klar." → „ Meine ... sind vage." [Grund: Stereotype Antworttendenzen wie monotones Zustimmen (*Akquieszenz*) sollen dadurch vermieden werden.]

12. *die Befragungszeit effizient nutzen* [z.B. nicht ständig die Antwortskala wechseln]

Besonderheiten von MAB-Items:

Die Items sollten...

13. *von allen Mitarbeitern beantwortbar sein*
    Items, die nicht von den allermeisten MA beantwortet werden können, sollten in einer MAB nicht verwendet werden (außer in speziell gekennzeichneten Abschnitten). „Weiß-nicht"-Antwortkategorien sollten überflüssig sein.

14. *für die MAB-Ziele relevant sein*
    Items müssen den Zielen der MAB dienen. Das sollte den Befragten unmittelbar einleuchten oder zumindest nachvollziehbar erklärbar sein. [Ist das nicht so, können die Befragten die Beantwortung verweigern oder verfälschen.]

---

[67] Man sagt auch: Das Item sollte eindimensional sein. Allerdings ist ein wirklich eindimensionales Item eine eher abstrakte Vorstellung. Fast alles ist bei genauerer Betrachtung ein Konglomerat verschiedener Aspekte, ein „mixed bag".

[68] Paul & Bracken (1995, S.48) merken zudem an, dass die Unklarheit des Items bewirken kann, dass „die Befragten dadurch das Gefühl haben könnten, dass sie 'reingelegt' werden sollten und dass die Befragung eine Art Test sei". Derartige über die Frage hinaus gehende Deutungen des „eigentlichen Zwecks" der Items sind nicht nur den Fall der doppelten Negation beschränkt (siehe auch Punkt 15).

[69] Achtung: Hierfür eignen sich Verneinungen nicht. Man muss das Item vielmehr semantisch umpolen. So wird aus „Ich liebe meine Arbeit" das Item „Ich hasse meine Arbeit", nicht jedoch „Ich liebe meine Arbeit nicht".

15. *Verdoppelungen vermeiden*
    Keine „Kontrollitems" in MABs [Kann Misstrauen erzeugen und zum Abbruch
    führen!], ähnliche Items ggf. zusammen in einem Block gruppieren, damit der Be-
    fragte die Unterschiede leichter sieht.

16. *nichts Persönliches oder Privates fragen*
    „Mein Privatleben leidet unter der vielen Arbeit, die ich habe." [Ein Grenzfall,
    heikel: Grundsätzlich sollte nur Arbeitsbezogenes gefragt werden.]

17. *die Sprache der Organisation verwenden*
    „Mein unmittelbarer Vorgesetzter..." oder „Meine direkte Führungskraft..." ?
    [Was ist üblich in dieser Firma?]

18. *keine „Ich-werde-nicht-bedient"-Haltung fördern*
    „Ich werde hier gut informiert" → „Ich kann mir die für mich wichtigen Informa-
    tionen leicht beschaffen." [Ganz wichtig: Die MAB ist kein Wunschzettel, auf
    dem der Mitarbeiter ankreuzt, was vom Management geliefert werden muss!]

19. *eher einen „Ich"- als einen „Man"-Bezug haben*
    „In dieser Firma wird man schlecht informiert." → „Wichtige Informationen sind
    für mich nur schwer zugänglich." [Ergibt eindeutigere Antworten. Jeder soll für
    sich antworten. Wer ist „man"?]

20. *möglichst „positive" Formulierungen wählen*
    „In unserem Team gibt es ständig Ärger." → „Die Atmosphäre in meinem Team
    ist gut." [Nicht das Klima ruinieren durch ständige Fragen danach, was alles
    schlecht ist.] Aber: „Ich überlege ernsthaft, die Firma in den kommenden 12 Mo-
    naten zu verlassen." [Nicht alles lässt sich „positiv" ausdrücken!]

21. *nicht „manipulativ" erscheinen*
    „Ich würde auch am Wochenende arbeiten, wenn es die wirtschaftliche Situation
    des Unternehmens erfordert." [Das riecht nach einer Falle. Wenn sich die Mitar-
    beiter reingelegt fühlen, wird das Klima der MAB beschädigt. Die Arbeitsbereit-
    schaft lieber ohne den Verweis auf die wirtschaftliche Situation abfragen.]

22. *eher Handlungsabsichten (mit Zeitbezug) als Affekte ansprechen*
    „Mir stinkt mein Job oft gewaltig." → „Ich habe ernsthaft vor, die Firma in den
    kommenden 12 Monaten zu verlassen." [Handlungsabsichten sind konkreter. Sie
    sagen zudem das tatsächliche Verhalten am besten voraus.]

Diese Regeln lassen sich nicht immer alle gleichzeitig strikt durchhalten, weil sie bei
extremer Auslegung z.T. widersprüchlich werden. Formuliert man z.B. ein Item sehr
knapp, erfüllt man Regel 1. Andererseits macht eine gewisse Ausführlichkeit das Item
aber u.U. verständlicher (Regel 2). Offensichtlich im Widerstreit sind die Regeln 3
und 4: Auch hier muss man einen *optimalen Kompromiss* finden. Regel 5 ist ebenfalls
keine absolute Forderung. Oft fragt man z.B. „Alles in allem betrachtet bin ich zufrieden mit meinem Vorgesetzten." Der Befragte soll hier letztlich verschiedene Gesichtspunkte zu einem Gesamturteil verrechnen. Das Item ist also eigentlich nicht,
wie von Regel 5 gefordert, ein-dimensional: Die Antwort bleibt mehrdeutig, allerdings nur in Bezug auf die Einzelaspekte. Wesentlich ist hierbei aber, dass der Befragte aufgefordert wird, selbst eine Art „Quer-Beet"-Urteil abzugeben. Das ist dann
in Ordnung, wenn dabei die Einstellung zu einem für den Mitarbeiter *natürlichen*

Objekt gemessen wird, während bei dem oben diskutierten Item (in Regel 5: „Mein Vorgesetzter ist nett und kompetent") gewissermaßen das „usw. usw." fehlt. Ein zusammenfassendes Urteil zum Vorgesetzten ist für die meisten Mitarbeiter leicht. Eine zusammenfassende Beurteilung des Vorgesetzen in Bezug auf zwei (logisch und psychologisch) unverbundene Merkmale ist dagegen eine kaum lösbare Aufgabe. Reine Platzierungsitems verletzen naturgemäß immer verschiedene Regeln. Sie sind insbesondere nicht für alle Befragten verständlich. Ebenso dienen Aktions- und Debiasing-Items besonderen Zwecken. Für sie gelten diese Regeln also weniger. Ihre Qualität ergibt sich aus ihrer *Funktionalität*.

Grundsätzlich sind alle Regeln eher *handwerklicher* Natur. Vorgeordnet sind inhaltliche Überlegungen, theoretisch-empirisches Wissen zu den Inhalten und Überlegungen zur *Durchschlagskraft* der Items in der MAB insgesamt.

Typische Fehler bei der Formulierung von Items in der Praxis (siehe dazu Beispiele in Abbildung 6.2, S. 165) sind folgende. Die Items sind oft...

- „technisch" problematisch (sie enthalten z.B. doppelte Verneinungen);
- allzu akademisch, im Expertenjargon formuliert und für eine allgemeine MAB nicht geeignet;
- nicht von allgemeinem Interesse (Das Item interessiert nur den, der es vorgeschlagen hat.);
- den Zielen der MAB nicht dienlich (Items können z.B. das „Klima" gefährden oder die Führungskräfte in die Rolle von Angeklagten bringen.);
- unklar in ihrer Funktion (Sie sind nur irgendwie „interessant".).

5.8 Skalen und Einzelitems

Zu praktisch jedem inhaltlichen Standardthema einer MAB kann man in der Literatur nicht nur einzelne Items, sondern ganze Itembatterien finden, die sog. *Skalen* bilden[70]. Skalen haben i.d.R. besondere formale Eigenschaften (Borg & Staufenbiel, 1997; DeVellis, 1991). Die Antworten auf ihre Items korrelieren untereinander positiv, woraus man entnimmt, dass sie im Wesentlichen das Gleiche messen, nämlich die gleiche Dimension eines Konstrukts[71] (wie z.B. die Einstellung eines Mitarbeiters zu seinem direkten Vorgesetzten oder das Commitment des Mitarbeiters zur Organisation), allerdings mit verschieden „schwierigen" Fragen[72]. Zur Messung dieser Dimensionen verwendet man deshalb – aus Sicht der psychometrischen Theorie betrachtet – mehrere Items, weil man aus den verschiedenen Antworten einen Mittelwert bilden

---

[70] Es gibt sogar zahlreiche Sammlungen solcher Skalen (z.B. Allmendinger et al., 1983; Robinson et al., 1991; Bearden et al., 1993).

[71] Skalen können auch mehrdimensional sein. Dann gilt, dass ihre Items Gruppen bilden derart, dass die Items innerhalb solcher Gruppen substantiell miteinander korrelieren, die Items aus verschiedenen Gruppen aber eher unkorreliert sind. Jede dieser Gruppen entspricht einer „Dimension".

[72] Mit der *Schwierigkeit* eines Items meint man in der Psychometrie die Extremität der Frage: Stimmen dem Item z.B. viele Personen zu, dann ist es „leicht". Das Item „Sind Sie manchmal schlecht gelaunt?" ist in diesem Sinn leicht. Das Item „Sind Sie immer bester Laune?" ist dagegen „schwer".

kann, der das Konstrukt *differenzierter* (feiner abgestuft) und *zuverlässiger* („reli-abler", weil die Mittelung von Antworten Fehler ausgleichen sollte) misst als der rela-tiv grobe Antwortwert auf ein einziges Item (Nunnally & Bernstein, 1994).

Ein wesentlicher Nachteil derartiger Skalen ist jedoch, dass sie für alles und jedes, das sie messen wollen, stets eine ganze Batterie von Items benötigen. Als Beispiel sei hier die Skala zur Messung psychologischer Arbeitsplatzunsicherheit von Ashford et al. (1989) genannt, die 56 Items enthält – nur zur Messung dieses *einen* Konstrukts!

Sind aber Skalen wirklich „besser" als Einzelitems? Wanous et al. (1997) haben untersucht, wie gut Einzelitem-Messungen der allgemeinen Arbeitszufriedenheit (z.B. mit der Kunin-Skala aus Abbildung 1.2) mit Skalenmessungen (z.B. mit dem JDI oder dem MSQ) übereinstimmen. Das Ergebnis war, dass beide Messungen im Durchschnitt recht hoch (ca. r=0,70) korrelierten. Nagy (2002) findet ein ähnliches Ergebnis für Messungen der Zufriedenheit mit den verschiedenen Dimensionen der Arbeit (Tätigkeit, Bezahlung, Vorgesetzter usw.). Diese wurden sowohl mit den JDI-Skalen als auch mit Einzelitems vom Typ „Wie schätzen Sie die Höhe Ihres Gehalts ein im Vergleich dazu, wie hoch es sein sollte?", mit der Antwortskala „überhaupt nicht zufriedenstellend" bis „sehr zufriedenstellend". Über die Befragten korreliert zeigten die Skalen- und die Einzelitems recht hohe Übereinstimmung: Die Korrelati-onen lagen für die verschiedenen Dimensionen zwischen 0,60 und 0,72. Gleichzeitig zeigte sich, dass mit den Einzelitem-Messungen einige abhängige Variablen (wie z.B. die Fluktuationsneigung) sogar *besser* vorherzusagen waren als mit den JDI-Skores. Der Grund mag sein, vermutet Nagy (2002), dass die Items der verschiedenen Skalen u.U. nicht für jeden Befragten die jeweils für ihn wichtigen Inhalte ansprechen. Beim Einzelitem kann dieses Problem nicht auftreten, weil sich der Befragte selbst sein Urteil bilden kann, nach eigenen Kriterien.

Die in der Wissenschaft bislang eher verpönten Einzelitems sind also nicht unbe-dingt so problematisch, wie es mancher Theoretiker suggeriert. In der Praxis kommen ohnehin noch andere Anforderungen hinzu. Bei den meisten MABs will und muss man normalerweise *viel zu viele* verschiedene Themen messen, um dafür jeweils Ska-len verwenden zu können. Zudem ist man in einer MAB nicht an einzelnen Personen interessiert, sondern immer nur an Gruppen. Durch die *Aggregation* individueller Daten zu Gruppendaten kommt man aber auch zu einem differenzierten und robusten Messwert. In der Praxis ist es daher normal, sich an Skalen – dort, wo sie vorliegen – zu orientieren, von ihnen aber nur einige wenige Items zu verwenden, die besonders interessant (klar, eindeutig, verständlich, relevant usw.) erscheinen. Sie sind billiger und schneller zu erheben, führen zu dünneren Fragebögen mit höheren Beteiligungs-quoten und sind auch nicht weniger valide.

5.9 Items in verschiedenen Sprachen

Im Rahmen der Globalisierung gewinnen internationale MABs immer mehr an Be-deutung. Solche MABs werden schon seit langem z.B. in der HighTech-Industrie durchgeführt. Sie werden jetzt aber infolge der technischen Möglichkeiten von Inter-

und Intranets auch allgemein möglich. Bei internationalen MABs gibt es einige Besonderheiten zu beachten, u.a. die Frage der Übersetzung.

Eine naheliegende Forderung hierbei ist, dass sich bei Übersetzungen in andere Sprachen *äquivalente* Items ergeben sollen. Die Frage, was darunter zu verstehen ist, erweist sich bei genauerer Betrachtung jedoch als überraschend facettenreich. So unterscheidet Johnson (1998) nicht weniger als 51 Varianten des Begriffs Itemäquivalenz.

Rückübersetzungen

Von dieser Vielzahl der Äquivalenzvarianten ist bislang in der Praxis eigentlich nur eine Form beachtet worden, die Äquivalenz i.S. der Rückübersetzung. Um sie sicherzustellen, werden die Items von einem Übersetzer z.B. aus dem Deutschen in das Englische übersetzt. Die englischen Items werden dann von einem zweiten Übersetzer wieder in das Deutsche rückübersetzt. Geprüft wird anschließend, ob die rückübersetzten Items den Originalitems entsprechen (van de Vijver & Leung, 1997).

Itemäquivalenz i.S. der Rückübersetzbarkeit garantiert aber nicht, dass das übersetzte Item immer etwas Gleichbedeutendes fragt (Harkness, 2002). So kann man z.B. das Item „Wie geht es Ihnen?" in zwei Formen in das Spanische übersetzen: Die eine fragt mehr nach dem emotionalen Wohlbefinden, die andere mehr nach dem materiellen Wohlbefinden (Borg, 1998a). Beide Fragen ergeben in der Rückübersetzung wieder das Ausgangsitem. Die spanischen Items lassen sich aber trotzdem nicht direkt mit dem deutschen Item vergleichen, weil beide nur jeweils eine Teilkomponente des deutschen Items ansprechen.

Wird das gleiche Thema gemessen?

Der klassische Rückübersetzungsansatz der Itemäquivalenz ist im Grunde ein blindmechanischer Ansatz. Die Hin- und Rückübersetzung orientiert sich vorwiegend an Worten, nicht an Bedeutungen. Bei der üblichen Vorgehensweise ist es nicht erforderlich, dass der Übersetzer bei der Konstruktion der Items beteiligt ist. Er soll lediglich das Item übersetzen und braucht nicht weiter zu verstehen, was das Item eigentlich bezweckt, warum es so und nicht anders formuliert ist und was damit gemessen werden soll. Dass dies Nachteile hat, ist leicht zu sehen: Wenn im obigen Beispiel z.B. erklärt würde, dass die Frage „Wie geht es Ihnen?" dazu dienen soll, die „Stimmung" zu messen, dann wird auch die Übersetzung wesentlich leichter. Für die Praxis bedeutet dies, dass es ratsam ist, den Übersetzer möglichst weitgehend zu informieren über die Hintergründe der Items. Die Übergabe eines reinen Itemlistings ist für die Übersetzungsarbeit nicht optimal. Ziel der Übersetzung sollte im Idealfall keine möglichst wörtliche Übersetzung sein, sondern eine, bei der Items resultieren, die Antworten auf die gleichen inhaltlichen Fragen liefern.

Andere Gesichtspunkte bei Fragebogenübersetzungen

Übersetzungen des Fragebogens in andere Sprachen unterliegen aber auch anderen Kriterien. So ist es z.B. in Kanada per Gesetz geregelt, dass jede Umfrage stets in englischer und in französischer Sprache durchgeführt werden muss (Johnson, 1996). Sobald in internationalen MABs jedoch ein Land zwei Sprachversionen bekommt, werden i.d.R. auch andere Länder fordern, ebenso bedient zu werden. Im Fall Kanada kann man sogar erwarten, dass die Franzosen eine eigene europäisch-französische Variante haben wollen. Die hierbei vorhandenen Empfindlichkeiten sollte man nicht unterschätzen. Sie gelten z.b. auch für portugiesisches Portugiesisch und brasilianisches Portugiesisch: Ein Fragebogen im „falschen" Portugiesisch kann zu unerwünschten Nebeneffekten führen (Vorwurf von Kolonialismus und Kulturarroganz, Empfinden einer geringen Wertschätzung usw.).

Nicht übersehen sollte man bei weltweiten MABs auch die möglichen technischen Probleme. So können ostasiatische, kyrillische oder hebräische Schriftzeichen nicht ohne weiteres auf denselben Software-Plattformen dargestellt werden. Ähnliche – und weniger offensichtliche – Probleme ergeben sich aber auch für weniger exotische Sprachen. Wenn ein Übersetzer z.B. einen ins Türkische übersetzten Fragebogen per Diskette anliefert und dieser dann unter einer deutschen Winword-Installation ausgedruckt wird, dann ist der Ausdruck inkorrekt, weil die Sonderzeichen des Türkischen falsch wiedergegeben werden. Analoges gilt für den Ausdruck eines deutschen Dokuments in einer englischen Installation, bei der z.B. die Umlaute durch unsinnige Zeichen ersetzt werden. Das bedeutet, dass die Endversion eines übersetzten Fragebogen in der Form, in der sie schließlich den Mitarbeiter erreicht, grundsätzlich nochmals vom Übersetzer überprüft werden muss.

Aus diesen und zahlreichen anderen Gründen wird daher in der Praxis gerne argumentiert, dass es am einfachsten wäre, eine weltweite MAB gleich auf Englisch durchzuführen, weil „schließlich doch jeder hier Englisch kann". Nach Erfahrung des Autors (z.B. in Pretests) hat sich aber immer wieder herausgestellt, dass diese Englischkenntnisse zwar ausreichen oder sogar gut sind für die normalen Tätigkeiten, aber nicht unbedingt auch ausreichen für die Beantwortung von differenzierten Meinungs- und Einstellungsitems.

5.10 Erhebung der demographischen Items

Ein besondere Herausforderung in großen MABs ist die Erhebung der notwendigen demographischen Informationen, insbesondere der Organisationseinheit, der der Befragte angehört. Das Hauptproblem ist hierbei, dass des einfach zu viele solche Org-Einheiten gibt, um diese im Fragebogen (z.B. so, wie in Abbildung 4.1, S. 109, gezeigt) „zum Ankreuzen" aufzulisten. Ein weiteres Problem ist, das viele Mitarbeiter die gerade gültige, exakte Bezeichnung ihrer Org-Einheit gar nicht kennen. Eine Vorgehensweise zur Erhebung von DIs, die sowohl das Problem des Ausfüllfehlers wie das sehr dicker Fragebögen vermeidet, ist die *Etikettenmethode*.

Der Befragte bekommt in seinem Fragebogenpaket (Fragebogen selbst, Instruktionen, Rückumschlag usw.) einen *Aufkleber*, auf dem seine Werte für die wichtigsten DIs (z.B. die Abteilungszugehörigkeit oder die hierarchische Ebene) aufgedruckt sind. Der Aufdruck erfolgt am besten in normaler Sprache, nicht als Code (numerisch, Barcode o.ä.). Der Befragte klebt dann diesen Aufkleber in ein dafür vorgesehenes Feld im Fragebogen.

Die Etikettenmethode setzt voraus, dass ein Personalinformationssystem – im Idealfall eine elektronische Datenbank – existiert, das einfach, differenziert und vor allem sorgfältig eingepflegt ist. Ist diese Voraussetzung gegeben, dann kann man hieraus einen Auszug erstellen und z.B. ein entsprechendes Excel-Sheet aufbauen, das als Grundlage für den Ausdruck der Etiketten und die spätere Schichtung der Daten dient[73].

Etiketten haben sich in der Praxis sehr gut bewährt. Sie werden von den Befragten i.d.R. als Dienstleistung ihnen gegenüber begrüßt, die das Ausfüllen des Fragebogens erleichtert. Die Zahl der Personen, die die Etiketten nicht verwenden (z.B. aus Anonymitätsbedenken), ist meist verschwindend klein. Voraussetzung hierfür ist allerdings eine vorbereitende Information, die Aufbau und Zweck der Etiketten erklärt. Zudem sollten die Etiketten in Normaltext geschrieben werden. Von Codierungen oder Barcodes sollte man Abstand nehmen, außer wenn es sich um geläufige Codes handelt (wie z.B. Kostenstellen).

Da DIs immer etwas heikle Fragen sind, kann man dann, wenn sich die Bedenken der Mitarbeiter in Bezug die Anonymität nicht ausräumen lassen, eine Variante der Etikettenmethode verwenden. Man stellt es dem Befragten dann ausdrücklich frei, das Etikett direkt als Aufkleber zu verwenden oder seine Informationen *per Hand* in ein entsprechendes Antwortfeld zu übertragen. Auf diese Weise kann der Befragte ggf. die eine oder andere Information weglassen, die ihm zu heikel erscheint.

Eine weitere Variante ist die, verschiedene Fragebogenvarianten zu drucken, bei denen die *unverzichtbaren* DIs (z.B. der Standort oder der Geschäftsbereich) jeweils aufgedruckt sind. Der Aufdruck ist verzichtbar, wenn für den jeweiligen Teilbereich des Unternehmens besondere Fragen gestellt werden. In großen Unternehmen ist es normal, für die verschiedenen Geschäftsbereiche, Standorte, Länder o.ä. eine Batterie spezieller Items zu formulieren, die ohnehin den Druck verschiedener Fragebogenversionen nötig machen. Diese identifizieren den Befragten automatisch als Mitarbeiter der jeweiligen Teilorganisation.

Weniger wichtige DIs (z.B. Geschlecht) können als Selbstausfüller in den Fragebogen aufgenommen werden. Beantwortet der Befragte sie nicht, um so z.B. seine Anonymität zu schützen, bleiben seine Daten trotzdem wertvoll.

5.11 Aufbau des Fragebogens

Sind die Items für den Fragebogen zusammengestellt, bleibt die Frage, wie man sie ordnen soll. Prinzipiell gibt es hierfür zwei Antworten: Die Items werden entweder *zufällig* oder nach *inhaltlichen* Gesichtspunkten sortiert. Die Zufallssortierung kommt aus der psychometrischen Tradition: Sie soll die Ausbildung von Antworttendenzen

---

[73] Bei elektronischen MABs kann man den Fragebogen auch direkt mit dieser Datenbank verknüpfen. Als Schlüssel dient dabei die Benutzernummer des Befragten oder ein vorher zugewiesener Zufallscode.

verhindern, die nichts mit dem Inhalt zu tun haben. Die inhaltliche Sortierung ist dagegen kognitionspsychologisch begründet: Sie soll es den Befragten besser ermöglichen, die Items im jeweiligen inhaltlichen Kontext zu beantworten. Die verschiedenen Itemblöcke selbst werden ebenfalls geordnet. Man beginnt mit konkreten Themen
wie den Arbeitsplatzbedingungen und der Tätigkeit selbst, um dann immer abstrakter
und allgemeiner zu werden. Themen wie die Firma insgesamt oder die Strategie
kommen ganz zum Schluss des Fragebogens. Innerhalb der Itemblöcke findet sich ein
analoger Aufbau von Konkret zu Allgemein. So endet ein Block oft mit einem Item
wie „Alles in allem bin ich zufrieden mit meinen Arbeitsplatzbedingungen".

Gründe für einen strukturierten Aufbau des Fragebogens

Es gibt gute Gründe, die für eine inhaltlich-systematische und nicht eine zufällige
Itemreihenfolge sprechen. Der Befragte muss auf jede Frage erst eine Antwort finden.
Das hierfür nötige Urteil liegt entweder kristallisiert vor, muss nur aktiviert und im
vorgegebenen Antwortformat berichtet werden, oder es muss erst generiert werden
(siehe Abschnitt 5.3). Im ersteren Fall spielt der Kontext keine Rolle, vorausgesetzt
der Befragte antwortet überhaupt inhaltlich auf das Item und nicht einfach blind-
mechanisch (z.B. dadurch, dass er immer die „Teils-teils"-Kategorie ankreuzt[74]).
Liegt kein abrufbares Urteil vor, muss der Befragte zunächst relevante Informationen
aus dem Gedächtnis holen und diese dann verrechnen: „Was fällt mir dazu ein? Wie
ist das zu bewerten? Wie kann ich das zusammenfassen? Wie soll ich das ausdrücken?" Diese Vorgänge erfordern Anstrengung und Zeit (Sudman et al., 1996).
Wechselt der Kontext ständig, weil die Items zufällig sortiert sind, dann kann man
davon ausgehen, dass die Befragten weniger detaillierte Repräsentationen aufbauen
selbst dann, wenn sie sehr kooperativ sind, weil sie sich i. Allg. nur so weit anstren-
gen wie nötig für ein adäquates Urteil (Tourangeau et al., 2000). Sortiert man die
Items hingegen in inhaltlich homogene Blöcke, bleibt der Befragte abschnittsweise in
selbem inhaltlichen Kontext. Die Urteilsbildung kann so besser fundiert werden. Zudem wird sie leichter, weil klarer wird, was und was nicht gemeint ist. Die Zugäng-
lichkeit für relevante Gedächtnisinhalte wird zudem durch vorausgehende Fragen
ähnlichen Inhalts erleichtert (priming). Das ist vor allem für allgemeinere Fragen
wichtig, bei denen sich die Reliabilität und Validität der Antworten durch den Aufbau
eines relevanten Kontextes verbessert (Bradburn & Sudman, 1991). Daher ist auch
die Sortierung der Items innerhalb der Blöcke von Konkret zu Allgemein gut begründet.

Edwards et al. (1997, S. 54) weisen zudem darauf hin, dass die Befragten ärgerlich
werden könnten, wenn jede Frage ein gänzlich anderes, mit dem Vorausgehenden
nicht in Beziehung stehendes Thema anspricht („Da hat man sich wenig Mühe gegeben! Eine Zumutung!"). Das könnte dazu führen, dass der Befragte das Ausfüllen des
Fragebogens ganz abbricht.

---

[74] Krosnick (1991) bezeichnet eine Antwort dieser Art als „satisfycing". Das soll heißen, dass der
Befragte hier die Anforderung des Interviewers bzw. der Konversationskonventionen nur formal zufrieden stellt. Niemand kann ihm „vorwerfen", sich hier nicht kooperativ zu verhalten. „Teils-teils" ist
schließlich eine legitime Antwort. Sie ist aber nicht unbedingt die optimale Antwort.

Für die Sortierung der Itemblöcke von Konkret zu Allgemein-Abstrakt spricht noch ein weiteres Argument. Der Befragte muss nicht nur die verschiedensten Urteile abrufen oder generieren, sondern er muss diese Urteile auch i.S. der Antwortskala formatieren. An diese Form des Antwortens muss sich der Befragte aber zunächst gewöhnen. Das sieht man daran, dass der Zeitaufwand für die Beantwortung der ersten Fragen einer MAB immer relativ lang ist[75]. Später werden die Latenzzeiten kürzer, obwohl die Fragen abstrakter werden. Die Gewöhnung an das Antwortformat fällt leichter, wenn dabei nicht auch noch zusätzlich ein schwieriges Urteil zu fällen ist, wenn also der Gegenstand der Frage relativ konkret ist.

Zufallssortierungen von Items findet man aus diesen Gründen heute in MAB-Fragebögen nur noch selten. Sie sind aber in der wissenschaftlichen Forschung nach wie vor beliebt. Die verschiedenen Standardfragebögen und „Skalen", die aus diesem Umfeld kommen (z.B. Spector, 1997), sind daher meist zufallssortiert.

Inhaltliche Sortierung der Items

Die obigen Überlegungen beantworten allerdings die Frage nur unzureichend, in genau welche Inhaltsklassen man gegebene MAB-Items sortieren soll. Hier lassen sich verschiedene Antworten geben. Der naheliegendste Ansatz ist, die Items nach *semantischen* und *logischen* Überlegungen zu ordnen. Besser ist es, die Sortierung aus Sicht des Befragten zu tun (also: aus seiner *Psycho*-Logik heraus): In welchen Kategorien denkt der Befragte? Gute Hinweise hierfür lassen sich aus den Daten früherer MABs ableiten. Man kann ihre Items auf ihre *statistische Homogenität* untersuchen, also prüfen, welche Items Skalen bilden[76]. Dabei findet man, dass sich i. Allg. Items aus den folgenden Themenbereichen als relativ homogen erweisen:

- Arbeitsplatzbedingungen
- Bezahlung und Sozialleistungen
- Aufstieg, Entwicklung, Lernen
- Kollegen, Zusammenarbeit untereinander, Team
- Vorgesetzter
- Management, Zukunft des Unternehmens
- Information

Items, die in diese Inhaltsklassen fallen, kann man in entsprechende Blöcke sortieren. Nicht immer ein-dimensional sind dagegen die Items zur Thematik

- Ziele, Aufgaben, Tätigkeit

Für sie zeigen sich oft zwei Dimensionen:

- Klarheit der Ziele und Aufgaben
- Spaß an der Arbeit

---

[75] Empirische Untersuchungen (Borg, 2002b) zeigen, dass die Items des ersten Blocks (i.d.R. die Items zu den Arbeitsplatzbedingungen) in elektronischen MABs durchschnittlich etwa 22 Sekunden Antwortzeit benötigen, die Items der folgenden Itemblöcke nur ca. 10 bis 15 Sekunden.

[76] Methodisch fragt man, welche Items ein-dimensionale Strukturen bilden, also z.B. in einer Faktorenanalyse alle hoch auf dem gleichen Faktor laden. Wenn das der Fall ist, dann korrelieren diese Items auch alle hoch untereinander und weniger hoch mit Items aus anderen Inhaltsbereichen.

Trotzdem ergibt sich für diese Items ein gewisser logischer Zusammenhang, der es rechtfertigt, hier einen Block zu bilden. Die statistische Ein-Dimensionalität ist schließlich nur ein Hilfskriterium: Entscheidend ist, ob die Thematik einen Bedeutungskontext bildet, der zu mentalen Repräsentationen führt, die die Ausbildung reliabler und valider Antworten befördern.

Eine andere Überlegung kann *interventionistisch* motiviert sein: Man will durch die Gruppierung der Items unter bestimmte *Überschriften* die Ausbildung bestimmter Denkkategorien *befördern*. Beispiele hierfür sind Itemblöcke mit den Überschriften

- Produktivität
- Kunde
- Strategie

5.12 Fragebogenlayout

Nicht unwesentlich für den Erfolg einer MAB ist das Erscheinungsbild des Fragebogens. Ein gutes Beispiel hierfür ist das Konzept der SAP, bei dem für die MAB und alle damit zusammenhängenden Kommunikationsmaßnahmen von Marketingexperten eine visuelles und textliches Gesamtkonzept erarbeitet wurde. Hierzu gehörten u.a. ein Motto („SAP=Satisfaction and Performance"), das verdeutlichen sollte, worum es bei der MAB ging. Weiterhin wurde ein Logo entwickelt, das bei jeder Kommunikation zur MAB verwendet wurde und sofort zu erkennen gab, worauf sich die Nachricht bezog. Das Logo funktionierte sowohl auf Papier, als auch – sogar dynamisch – bei elektronischen Informationen im Intranet. Zudem wurde ein visuelles Gesamtbild entwickelt, das in die Corporate Identity der SAP passte, aber trotzdem hinreichend spezifisch war.

Das Erscheinungsbild des Fragebogens kann sich wesentlich auf die Beteiligung der Mitarbeiter an der MAB auswirken. Das wird vielfach übersehen, weil andere Aspekte der Fragebogengestaltung mehr im Vordergrund stehen. Zu diesen gehören ein transparenter Aufbau des Fragebogens und gute Lesbarkeit (insbesondere keine zu kleine Schrift), aber auch eine Formatierung, die für die spätere Datenerfassung optimiert ist.

Deckblatt und Einleitung

Ein MAB-Fragebogen beginn i.d.R. mit einem Deckblatt, auf dem Textelemente stehen wie „Mitarbeiterbefragung 1998 – ABC AG", evtl. auch der Geschäftsbereich des Mitarbeiters, das Motto der MAB usw., alles natürlich attraktiv gestaltet, aber ohne den Eindruck von Verschwendung zu erzeugen. Es zahlt sich aus, bei der Gestaltung des Titelblatts Werbe- oder Kommunikationsexperten zu beteiligen und nicht zu versuchen, dies z.B. in der Personalabteilung nach eigenen Vorstellungen zu entwerfen. Das kann leicht zum Eindruck einer Schülerzeitung führen.

Der Fragebogen enthält dann normalerweise eine Seite, auf der nochmals kurz dargestellt wird, welcher Art Fragen hier gestellt werden, dass die Antworten vertraulich behandelt werden (inkl. der minimalen Gruppengröße für Gruppenauswertungen), wie der Fragebogen auszufüllen ist und wie lange die Bearbeitung des Fragebogens in etwa dauert. Abbildung 5.7 zeigt hierfür ein Beispiel.

Gestaltung und Platzierung der demographischen Items

Demographische Items sollte man nach ihrer Wichtigkeit ordnen. Unverzichtbare DIs müssen automatisch erhoben werden. Bei anderen DIs gibt man dem Befragten die Wahl, sie auch wegzulassen. Allerdings sollte man diese Wahlfreiheit nicht zu stark betonen, damit es hier nicht zu Auslassungen aus Bequemlichkeit kommt. Abbildung 5.8 zeigt ein Beispiel für die Gestaltung von DIs. Hier erscheint zunächst eine Überschrift, in der die DIs als „statistische Fragen" bezeichnet werden[77]. Dann kommen drei demographische Items als Selbstausfüller. Dies sind DIs, die nur *nachgeordnete* Bedeutung haben. Die *wichtigen* DIs sind auf den Aufkleber gedruckt. Für diesen ist das Feld „Aufkleber" vorgesehen.

Die Seite mit den DIs wird entweder am Ende oder am Anfang des Fragebogens als Block platziert. Für die Platzierung am Ende spricht, dass der Befragte dann bereits die inhaltlichen Fragen kennt und ihren Nutzen beurteilen kann (Edwards et al., 1997). Der Nachteil dieser Platzierung ist aber, dass die Befragten in der Praxis nicht selten nach dem letzten inhaltlichen Item „abschalten" und dann vergessen, die DIs auszufüllen. Daher ist eine Platzierung nach den Instruktionen und vor den inhaltlichen Items heute die gängige Praxis. Entscheidet man sich dennoch für eine Platzierung am Ende des Fragebogens, sollte man aber bei einem Papierfragebogen dem Rat von Salant & Dillman (1994) folgen, hierfür nicht das äußere, hintere Deckblatt zu verwenden. Der Grund ist, dass der Befragte einen solchen Fragebogen oft erst in die Hand nimmt, ihn hin- und herwendet und dann sogleich auf die „heiklen" DIs trifft, bevor er hierzu weitere Erklärungen gelesen hat.

Layout der inhaltlichen Itemblöcke

Abbildung 5.9 zeigt ein Beispiel für die Gestaltung einer Seite mit inhaltlichen Items. Auf der Seite erkennt man oben, um welchen Abschnitt des Fragebogens es sich handelt. Dann folgen drei Itemblöcke (der dritte ist nur angedeutet), jeweils mit einem Alles-in-allem-Zufriedenheitsitem am Ende des Blocks.

Das Layout in diesem Beispiel ist sehr kompakt, so dass sich viele Items auf einer Seite platzieren lassen. Ein weniger gedrängtes Druckbild wäre vielleicht ästhetisch schöner. Man muss aber auch die Druck- und evtl. die Versandkosten berücksichtigen, die natürlich auch die Mitarbeiter beachten. Wichtiger noch ist es, dass der Fragebogen insgesamt dünn *erscheint*. Ein dicker Fragebogen sieht nach viel Arbeit aus, was sich ungünstig auf die Beteiligung auswirkt.

Berücksichtigt ist im Beispiel zudem, dass sich der Fragebogen für die Datenerfassung per Scanner eignet. Die genauen Erfordernisse hierfür sind aber vorab mit den Datenerfassern abzuklären.

---

[77] Andere Bezeichnungen – vor allem der naheliegende Ausdruck „Fragen zur Person" – verursachen in der Praxis nicht selten Proteste und Verwirrung: „Ich dachte, die Befragung sollte anonym sein!"

Vorspann

Was ist zu tun?

In diesem Fragebogen geht es um Ihre Meinung. Also darum, wie Sie persönlich die Dinge sehen. Ihre Antworten sind dann „richtig", wenn sie Ihre Meinung richtig ausdrücken.

Lesen Sie jede Frage sorgfältig durch und antworten Sie dann zügig. Ihr erster Eindruck ist meist auch der treffende.

Lassen Sie nach Möglichkeit keine Frage aus, es sei denn, Sie haben zu einer Frage wirklich keine Meinung. Wie Vortests gezeigt haben, ist dieser Fall für die meisten Mitarbeiter der ABC AG aber sehr unwahrscheinlich.

Anonymität

Ihr Fragebogen geht direkt an das externe Umfrageinstitut XYZ. Dort werden die Fragebögen für die Datenauswertung eingelesen und anschließend vernichtet.

Die Befragung wird nur für **Gruppen** ausgewertet, bei denen **mindestens 8 Personen** geantwortet haben. Die Antworten der einzelnen Personen werden dafür **zusammengefasst**. Die Ergebniswerte beschreiben also das Meinungsbild der Gruppe. Ein Rückschluss auf die Antworten einzelner Personen ist **nicht möglich**.

Wie ausfüllen?

Benutzen Sie zum Ankreuzen bitte einen Kugelschreiber mit schwarzer oder blauer Tinte!

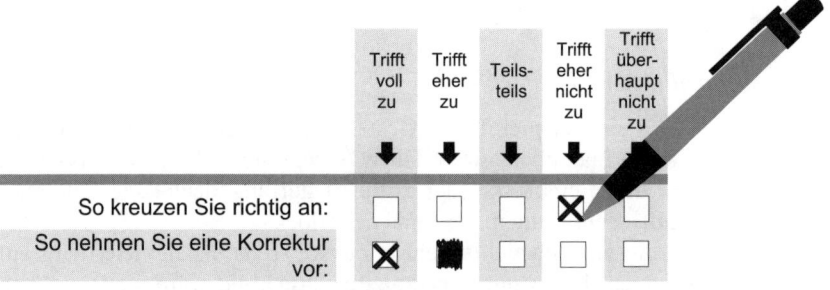

Das Ausfüllen des Fragebogens dauert ungefähr 20 Minuten.

Vielen Dank für Ihre Zeit und Unterstützung!

Abbildung 5.7. Einleitungsseite aus einem MAB-Fragebogen.

Demographie

Im folgenden bitten wir Sie, einige Angaben über sich und Ihre Aufgaben zu machen. Diese Angaben sind wichtig, um eine Auswertung für Ihre Gruppe vornehmen zu können. Ohne diese Informationen gehen Ihre Angaben nur in die Gesamtergebnisse der Firma ein. Gezielte Verbesserungsmaßnahmen sind damit kaum möglich.

Bitte kleben Sie den Aufkleber aus Ihrem persönlichen Anschreiben in das nebenstehende Feld. Aus ihm geht hervor, zu welcher Gruppe und zu welcher Ebene Sie gehören.

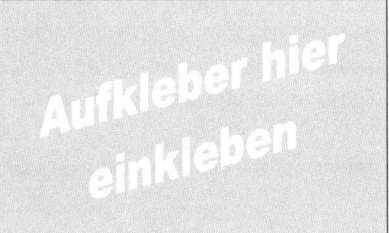

1. Geschlecht?

☐ männlich

☐ weiblich

1. Seit wie vielen Jahren arbeiten Sie für die ABC AG?

☐ weniger als 2 Jahre

☐ 2-5 Jahre

☐ 6-10 Jahre

☐ mehr als 10 Jahre

Abbildung 5.8. Beispiel für die Erhebung demographischer Items (per Etiketten und per Selbstausfüller).

Teil I: Allgemeine Themen

	Stimme voll zu	Stimme zu	Teils-teils	Stimme nicht zu	Stimme überhaupt nicht zu
	◀◀	◀	II	▶	▶▶
	⬇	⬇	⬇	⬇	⬇

Arbeitsplatzbedingungen

Ich habe die Hilfsmittel und die Technik, die ich benötige, um gute Arbeit zu leisten.	☐	☐	☐	☐	☐
Ich bin zufrieden mit Service und Wartung meiner Arbeitsmittel.	☐	☐	☐	☐	☐
Alles in allem bin ich mit meinen Arbeitsplatzbedingungen zufrieden.	☐	☐	☐	☐	☐

Aufgaben, Arbeitstätigkeit

Ich weiß genau, was von mir bei meiner Arbeit erwartet wird.	☐	☐	☐	☐	☐
Meine gegenwärtigen Aufgaben spornen mich an.	☐	☐	☐	☐	☐
Meine Arbeit gibt mir das Gefühl, einen wichtigen Beitrag zur ABC zu leisten.	☐	☐	☐	☐	☐
Alles in allem bin ich mit meinen Aufgaben und meiner Arbeitstätigkeit zufrieden.	☐	☐	☐	☐	☐

Entwicklung

In den letzten 12 Monaten konnte ich bei meiner Arbeit viel dazulernen.	☐	☐	☐	☐	☐

Abbildung 5.9. Ausschnitt aus einer Fragebogenseite der Firma ABC AG.

Andere Layouts von MAB-Fragebögen

Das Layout der Items in Abbildung 5.9 ist nicht das einzig mögliche. Viele andere Formate werden in der Praxis verwendet. Dies illustriert Abbildung 5.10 mit einer Seite aus dem Standardfragebogen der Bertelsmann-Gruppe (Domsch, 1985). Die Items sind hier als Fragen formuliert, mit Likert-artigen Antwortskalen. Alle Antwortskalen – mit Ausnahme von Frage 36 – enthalten eine „weiß nicht/keine Meinung" Kategorie. Der offensichtliche Nachteil dieses Layouts ist, dass hier ein recht langer Fragebogen entsteht. Auf den Befragten kommt viel Text zu, der erst einmal gelesen und verstanden werden muss. Das kann für manche Mitarbeiter ein Grund sein, den Fragebogen ganz oder teilweise unbeantwortet zu lassen.

Das Layout in Abbildung 5.9 ist ökonomischer. Der Fragebogen enthält wegen des konstanten Antwortformats viel weniger Text. Das hat auch zur Folge, dass die Befragten die Items nach Gewöhnung an den Antwortmodus recht zügig beantworten. So können sie im gegebenen Zeitfenster relativ viele Items bearbeiten. Zudem reduziert das konstante Antwortformat die Wahrscheinlichkeit von Antwortfehlern.

In der einschlägigen Literatur findet man viele weitere Beispiele für die Gestaltung eines MAB-Fragebogens (z.B. Domsch & Schneble, 1991; Töpfer & Zander, 1985). Oft sind die Fragebögen, die dort präsentiert werden, aber eher Ad-hoc-Gebilde. So wird z.B. nicht deutlich, nach welcher Logik sie aufgebaut sind (Likert-Items mit und ohne Mittelkategorie gemischt, Items mit und ohne „Weiß-Nicht"-Kategorien gemischt, uni- und bipolare Antwortskalen gemischt, keine Itemblöcke usw.). Vielfach geraten sie auch wegen ihrer unökonomischen Konstruktion abschreckend voluminös und zwingen den Befragten zu anstrengendem Lesen[78]. Wie wir gesehen haben, muss man bei der Konstruktion der Items, bei der Organisation des Fragebogens und bei seinem Layout zahlreiche semantische, psychologische und praktische Gesichtspunkte beachten (klare Fragen in natürlicher Sprache, Abstimmung von Frage- und Antwortteil des Items, Vermeidung von unverbindlichen Weiß-Nicht-Antworten, wenig Antwortfehler, möglichst vollständiges Ausfüllen, hoher Rücklauf, geringer Zeitbedarf, Erzeugung von Interesse seitens der Befragten an weiteren Aktionen usw.). Nicht alle diese Forderungen sind miteinander verträglich. So erfordert die semantische Klarheit der Antworten z.B. unipolare Antwortskalen. Diese benötigen aber mehr Zeit zum Lesen und Beantworten, führen zu einem dickeren Fragebogen und damit auch zu mehr Verweigerern. Man muss also die verschiedenen Vor- und Nachteile dieser Konstruktionsmerkmale sorgfältig untereinander abwägen.

Total Design Methode

Dillman (1983) hat die vielfältigen Faktoren, die bei der Konstruktion eines Fragebogens zu beachten sind, unter dem Namen „Total Design Methode" (TDM) unter einer

---

[78] Das Beispiel in Abbildung 5.10 demonstriert einige handwerkliche Fehler. So ist es wenig überzeugend, die „Weiß-nicht"-Kategorie sowohl optisch wie numerisch als Kategorie „6" in die Antwortskala zu integrieren, weil sie sich *qualitativ* von den Kategorien 1-5 unterscheidet. Weiter sind die Formulierungen der Antwortskalen zu den Fragen 40 und 41 semantisch unklar: Die natürliche Charakterisierung der Antworten für die Frage danach, für wie leistungsgerecht ein Mitarbeiter seine Bezahlung hält, ist „sehr gerecht, ..., sehr ungerecht" und nicht „bin sehr zufrieden, ..., bin sehr unzufrieden".

Frage		
36. Wie arbeiten die Kollegen **Ihrer Abteilung/ Gruppe** mit Ihnen zusammen?	○ 1	sehr gut
	○ 2	gut
	○ 3	durchschnittlich
	○ 4	schlecht
	○ 5	sehr schlecht
37. Wie arbeiten die Kollegen **anderer Abteilungen/ Gruppen** mit Ihnen zusammen?	○ 1	sehr gut
	○ 2	gut
	○ 3	durchschnittlich
	○ 4	schlecht
	○ 5	sehr schlecht
	○ 6	habe mit anderen Abteilun-gen/Gruppen nichts zu tun
38. Wie sind die Aufgaben Ihrer Abteilung/Gruppe mit denen anderer Abteilungen/Gruppen abge-stimmt?	○ 1	sehr gut
	○ 2	gut
	○ 3	durchschnittlich
	○ 4	schlecht
	○ 5	sehr schlecht
	○ 6	kann ich nicht beurteilen
39. Wenn Sie einmal alle Zahlungen der Firma zu-sammennehmen (Gehalt/Lohn, Weihnachts- und Urlaubsgeld sowie Gewinnbeteiligung), was schätzen Sie dann? Wie bezahlt XY Sie im Ver-gleich zu dem, was Sie bei anderen Unterneh-men bekommen würden?	○ 1	sehr gut
	○ 2	gut
	○ 3	durchschnittlich
	○ 4	schlecht
	○ 5	sehr schlecht
	○ 6	kann ich nicht beurteilen
40. Glauben Sie, dass Sie im Vergleich zu Ihren **Kollegen** gerecht bezahlt werden?	○ 1	bin sehr zufrieden
	○ 2	bin zufrieden
	○ 3	teils, teils
	○ 4	bin unzufrieden
	○ 5	bin sehr unzufrieden
	○ 6	kann ich nicht beurteilen
41. Finden Sie, dass Ihre Arbeit **leistungsgerecht** gezahlt wird?	○ 1	bin sehr zufrieden
	○ 2	bin zufrieden
	○ 3	teils, teils
	○ 4	bin unzufrieden
	○ 5	bin sehr unzufrieden
	○ 6	kann ich nicht beurteilen

Abbildung 5.10. Eine Seite aus dem Standardfragebogen der Bertelsmann-Ar-beitsgruppe (nach Domsch, 1985, S. 123).

gewissen theoretischen Perspektive integriert. Die TDM zielt darauf ab, jeden Aspekt einer Umfrage so zu gestalten, dass Qualität und Quantität der Antworten und die Rücklaufquote optimiert werden. Das soll dadurch erreicht werden, dass jede Gestaltungsmaßnahme daran ausgerichtet wird, für den Befragten die „Kosten" des Antwortens zu minimieren und den vermeintlichen „Nutzen" zu maximieren.

So sieht für den Befragten z.B. ein dicker Fragebogen – mit vielen Seiten und gedruckt auf dickem Papier – auch dann nach viel Arbeit aus, wenn die Zahl der Items gar nicht groß ist. Zum gleichen Eindruck führen verbos formulierte Items. Höhere Kosten für den Befragten verursachen auch schwierige Antwortskalen, inhaltlich inhomogene Itemgruppierungen, uninteressante und persönlich irrelevante Inhalte, aber auch schlechte Lesbarkeit und ein unübersichtliches Layout. Selbst Druckqualität und Gestaltung des Fragebogens sind relevant: Sie signalisieren dem Befragten den Eindruck, ob es bei der MAB um eine wichtige oder eher nebensächliche Sache geht.

Um die Kosten für den befragten Mitarbeiter zu reduzieren, muss natürlich nicht nur der Fragebogen selbst beachtet werden. So sollte Vertraulichkeit zugesichert werden, die Zielsetzung der MAB erklärt werden, die Visibilität und das Commitment der Geschäftsleitung in dieser Sache groß sein usw. Letztlich kann die gesamte Vorbereitungsphase unter dem TDM-Gesichtspunkt gesehen werden.

5.13 Prognosefragebögen

Bei der Präsentation der Befragungsbefunde vor der Geschäftsleitung (oder anderen Gruppen) wird oft geäußert, dass die Ergebnisse „nicht überraschend", „zu erwarten" oder „trivial" seien. Das hat zur Folge, dass die Aufmerksamkeit für die Befunde entsprechend abnimmt und die Motivation schwindet, sich mit den Befunden ernsthaft auseinander zu setzen. Dieses Problem lässt sich dadurch lösen, dass man bei den relevanten Personen beizeiten schriftliche Vorhersagen der Umfragebefunde erhebt. Hierfür könnte man der Geschäftsleitung (oder anderen Gruppen) den Fragebogen, der in der Umfrage zur Anwendung kommt, geben und sie bitten, gewisse Statistiken (z.B. mittlere Ratings) für jedes Item vorherzusagen. Es ist jedoch besser, für die Prognosen einen besonderen Fragebogen zu entwerfen etwa so, wie in Abbildung 5.11 auszugsweise illustriert. Die ersten drei Items dieses Fragebogens entsprechen Items des MAB-Fragebogens in Abbildung 5.9. Nur ihr Antwortformat ist anders: Es fragt danach, welcher Prozentsatz der Mitarbeiter dem Item vermutlich zustimmen wird.

Ein Prognosefragebogen kann und muss recht kurz sein. Er muss kurz sein, damit sich die Mitglieder der Geschäftsleitung überhaupt dazu motivieren lassen, ihn auszufüllen. Er kann kurz sein, weil es für den beabsichtigten Zweck der Enttrivialisierung der Befunde genügt, die Übereinstimmung von Prognosen und Befunden exemplarisch an einigen Items zu demonstrieren. Dazu wählt man am besten die Items, die für die Geschäftsleitung besonders interessant sind oder für die die Vorhersagen erfahrungsgemäß besonders ungenau sind. Das vorletzte Item in Abbildung 5.11 erfüllt Ausmaß die Mitarbeiter dieser Aussage zustimmen. Andererseits unterschätzt sie oft,

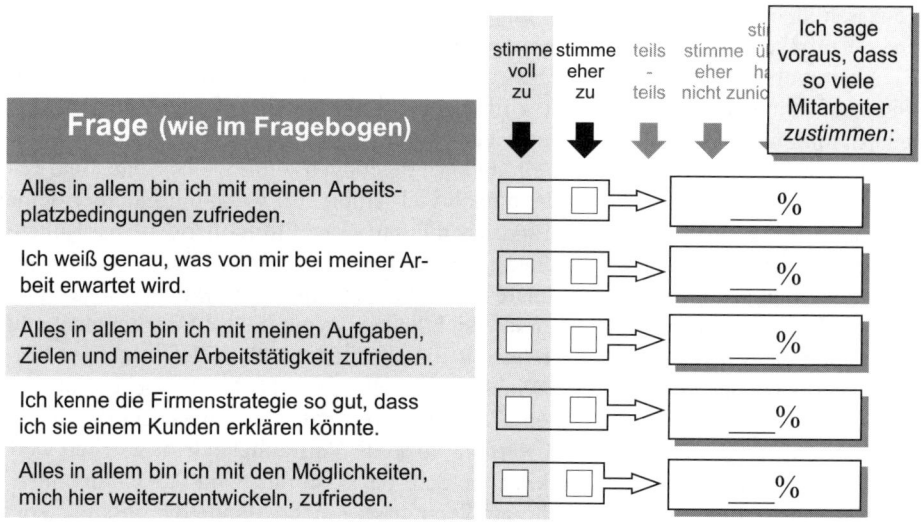

Abbildung 5.11. Auszug aus einem Prognosefragebogen.

wie stark sich die Mitarbeiter der Firma verbunden fühlen oder wie leistungsorientiert viele Mitarbeiter im Grunde sind. Kontrastiert man dann die MAB-Ergebnisse mit den Prognosen, dann ist der Einwand des Trivialen vom Tisch und die volle Aufmerksamkeit der Zuhörer gesichert.

5.14 Elektronische Fragebögen

Elektronische Fragebögen sind heute noch die Ausnahme. Sie werden in Zukunft aber an Bedeutung gewinnen, weil Befragungen über Inter- oder Intranets gegenüber der traditionellen Papier-und-Bleistift-Methode zahlreiche Vorteile haben, vor allem bei der Datenerhebung. Vom Design her kann man einen elektronischen Fragebogen nach den gleichen Prinzipien zusammenstellen und strukturieren wie einen gedruckten Fragebogen. Das Medium erlaubt aber die Verwendung zusätzlicher Elemente.

Abbildung 5.12 zeigt eine Seite aus einem elektronischen Fragebogen, der bei der SAP in einer weltweiten MAB innerhalb des SAP-Intranets (SAP*Net*) verwendet wurde. Man erkennt hier im Kopfbereich der Seite die Schalter des Microsoft Internet Browsers. Darunter erscheint eine Seite des eigentlichen Fragebogens, auf der ein demographisches Item (Dauer der Betriebszugehörigkeit) als Selbstausfüller erhoben wird. Die Antwort des Befragten erfolgt durch Anklicken eines „Radio Buttons". Darunter sind vier weitere Informationen eingeblendet, die von der Funktion her einem Etikett wie in Abbildung 5.8 entsprechen. Die Informationen werden hier aber erst beim Einloggen des Benutzers aus einer Datenbank entnommen und in die Felder der Fragebogenseite eingesetzt. In diesem Beispiel hatte der Befragte keine Möglichkeit, diese Informationen zu ändern oder zu löschen. Dem Befragten sollte jedoch

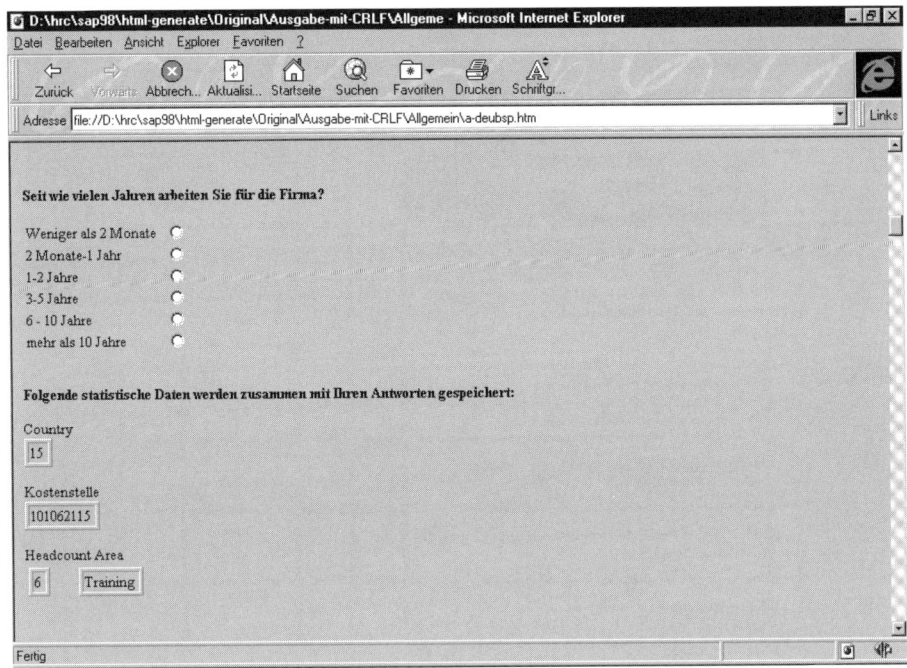

Abbildung 5.12. Seite aus einem elektronischen Fragebogen mit DIs.

gezeigt werden, genau welche Informationen zusammen mit seinen Antworten abgespeichert würden. Die Datenbank war so eingepflegt, dass es nicht wahrscheinlich schien, dass durch Änderungen dieser Einträge Verbesserungen erzielt werden konnten. Möglichen Anonymitätsbedenken sollte durch entsprechend intensive Vorinformationen an die Mitarbeiter begegnet werden.

Abbildung 5.13 zeigt eine weitere Seite aus einem elektronischen Fragebogen. Hier sind inhaltliche Items zum direkten Vorgesetzten wiedergegeben. Sie entsprechen vom Aufbau her denen des Papierfragebogens in Abbildung 5.9. Der Unterschied ist nur, dass die Antwort nicht durch Ankreuzen eines Kästchens, sondern durch Anklicken eines Radio Buttons erfolgt. Ein zweiter Unterschied ist, dass der Name des direkten Vorgesetzten explizit ausgewiesen ist. Dieser Name wird aus einer Datenbank gezogen in Abhängigkeit vom Zugangscode des jeweiligen Befragten.

Das Zeigen des Namens des Vorgesetzten ist ein Vorteil, den nur diese Form des Fragebogens ermöglicht. Der Name macht dem Befragten ganz klar, welche Person von ihm beurteilt werden soll. Seine Aufgabe wird also leichter und spätere Diskussionen darüber, wen die Befragten bei ihren Beurteilungen eigentlich gemeint haben könnten, entfallen automatisch.

Der elektronische Ansatz erlaubt also die Konstruktion von maßgeschneiderten, *adaptiven* Fragebögen. Im Beispiel der SAP wurde für den Befragten nicht nur die passende demographische Information und der Name seines direkten Vorgesetzten in

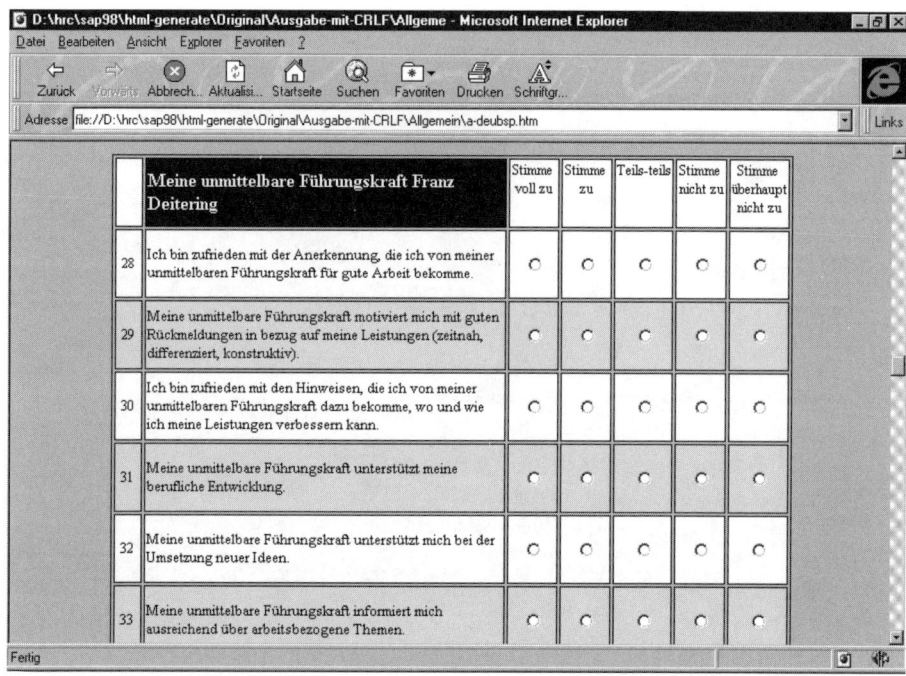

Abbildung 5.13. Ausschnitt aus einem elektronischem Fragebogen mit Items zum Vorgesetzten.

den Fragebogen eingesetzt, sondern es wurden auch noch Blöcke von Items aufgebaut, die nur für Personen seiner Organisationseinheit bzw. seiner hierarchischen E-bene bedeutsam waren und jeweils in den notwendigen Sprachen zur Verfügung standen. Bei gedruckten Fragebögen hätte man – um Ähnliches zu erreichen – entweder eine große Menge verschiedener Fragebogen-Varianten drucken und entsprechend verteilen müssen, oder man hätte enorm dicke Fragebögen (in vielen Sprachen) mit zahlreichen Filterfragen herstellen müssen. Beides lässt sich nur sehr begrenzt realisieren, weil damit immense Kosten verbunden sind und Erhebungsfehler (Verteilungs- und Zuordnungsfehler, Antwortfehler usw.) fast zwangsläufig entstehen.

Beim Design eines elektronischen Fragebogens muss berücksichtigt werden, welche Computer-Erfahrungen die Personen haben, denen der Fragebogen vorgelegt wird. Das Design in Abbildung 5.13 eignet sich nur für Personen, die sich einigermaßen sicher und schnell auf einer Windows-Oberfläche bewegen können, also die Maus und ihre Funktionen beherrschen. Für Personen, die noch nie vor einem PC gesessen haben, sollte man eher einen einfacheren Fragebogen konstruieren. Gut bewährt hat sich hierbei z.B. ein Design, das nur jeweils eine Frage pro Bildschirmseite präsentiert und Antworten als Zahlenangaben („Noten") über das Keyboard verlangt oder zumindest zulässt.

6 Items und Fragebogen: Entwicklungsprozesse

Im vorausgegangen Kapitel haben wir technische und handwerkliche Aspekte der Item- und Fragebogenkonstruktion betrachtet. Sie sind Teil des Know-hows, das i.d.R. von einem Experten eingebracht wird. Viele Organisationen gehen sogar davon aus, dass der Experte einen „Standardfragebogen" vom Regal nehmen, ihn evtl. an die Besonderheiten der Firma anpassen oder sogar einen für die Firma spezifischen Fragebogen so weit fertig ausarbeiten kann, dass dieser so, wie er ist, an die Mitarbeiter verteilt werden kann. Obwohl gelegentlich tatsächlich so in der Praxis verfahren wird, ist dieses Vorgehen nicht empfehlenswert. Der Experte kann allein keinen optimalen Fragebogen entwickeln. Hierzu sind vielmehr die Beiträge wichtiger Gruppen der Organisation notwendig.

6.1 Fragebogen: Erstversion

Bisweilen wird vorgeschlagen, den Fragebogens von einer Ad-hoc-Arbeitsgruppe erstellen zu lassen, die ausgehend von einer Tabula rasa z.B. per Brainstorming herausarbeitet, welche Themen in der MAB adressiert werden sollen. Die Erfahrung zeigt aber, dass dieser Ansatz sehr aufwendig ist. Wesentlich ökonomischer und vom Ergebnis her mindestens gleichwertig ist es, wenn der MAB-Experte zunächst einen *Erstentwurf* des Fragebogens als Vorlage für die weitere Diskussion ausarbeitet.

Bei der Ausarbeitung des Erstentwurfs muss der Experte einerseits die MAB-Positionierung (Kapitel 2) und andererseits die zahlreichen technischen Gesichtspunkte von Item- und Fragebogenkonstruktion (Kapitel 5) berücksichtigen. Dabei ist eine diskursive Vielfalt von Meinungen und Diskussionsbeiträgen zunächst nicht sachdienlich. Die Aufgabe erfordert vielmehr ein Literaturstudium, die Durchsicht von Materialien und Dokumenten aus der Organisation, die Abfrage von Item-Datenbanken (z.B. Cook et al., 1981) und eine sorgfältige semantische Bearbeitung der einzelnen Items – alles Tätigkeiten, die eher der Erstellung einer akademischen Thesis entsprechen, und die sich nicht in der Gruppe lösen lassen.

Wenn der Experte das Unternehmen nur wenig kennt oder gar mit der Branche überhaupt nicht vertraut ist, wird sein Erstentwurf des Fragebogens in Ausdrucksweise, Ton und thematischen Nuancierungen noch nicht gut zur Organisation passen. So sind Erstentwürfe von Fragebögen z.B. häufig allzu akademisch in ihrer Sprache und für viele Mitarbeiter schwer verständlich. Zur Überbrückung der Kluft zwischen abstrakten Standarditems und Items, die zur jeweiligen Organisation passen, muss sich der Experte also ein Bild von der Kultur des Unternehmens, aber auch von seiner Mission-Vision-Strategie, seinen Produkten und Kunden usw. machen. Neben den üblichen diagnostischen Zugängen hierzu (Harrison & Shirom, 1999) ist es besonders nützlich, sich mit Schlüsselpersonen der Organisation zu beschäftigen. Schieman (1991) und Verheyen (1988) empfehlen, hierzu Interviews mit dem Top-Management zu führen. Ihre Empfehlung erweist sich allerdings bei genauerer Betrachtung als eine Art MAB-Positionierung, bei der der Experte „erklärt" um was es geht und bei der Themen, die das Management interessiert, in die MAB aufgenommen werden können. Eine systematische Positionierung wie in Kapitel 2 beschrieben ist hierfür der bessere Weg. Sie führt nämlich nicht nur zu einer expliziten MAB-Positionierung, sondern gewährt dem Experten durch die verschiedenen Interaktionen und Sitzungen auch zahlreiche Einblicke in die Unternehmenskultur.

Interviews mit Mitarbeitern der Basis oder des mittleren Managements zum Thema MAB („Was halten Sie davon? Haben Sie irgendwelche Bedenken? Was sollte man Ihrer Ansicht nach fragen? Gibt es besondere Themen?") können ggf. zusätzlich nützlich sein, um weitere Eindrücke von den Besonderheiten der Unternehmenskultur zu gewinnen. Ganz unmittelbar für den Fragebogen bringen solche Interviews allerdings i.d.R. wenig. Für den Experten sind die Themen und selbst die Items durch viele theoretische und strategische Vorüberlegungen hinreichend klar: Die Interviews bringen hier allenfalls gewisse Anregungen. Zum anderen ist ein Interview als künstliche Situation gerade für die Diagnose der Unternehmenskultur weniger aufschlussreich als simple Beobachtungen des Verhaltens der Mitarbeiter der Organisation „aus der Distanz" (z.B. in der Cafeteria, in Meetings, am Empfang, am Arbeitsplatz) oder das Studium von Betriebszeitungen, schwarzen Brettern, offiziellen Publikationen oder anderer Artefakte (Neuberger & Kompa, 1987).

MAB-Experten, die schon in vielen verschiedenen Unternehmen und Branchen MABs durchgeführt haben, haben zudem umfangreiche Sammlungen von Fragebögen, die in Produktionsbetrieben, in Vertriebsfirmen, in High-Tech-Unternehmen, in Banken und Versicherungen o.ä. verwendet wurden. Sie sind oft eine nützliche weitere Informationsbasis für die Erstversion des Fragebogens, weil sich aus ihnen typische Themen dieser Unternehmen ableiten lassen und weil evtl. sogar statistische Vergleichsnormen für einige Items vorliegen.

6.2 Rolle des Koordinationsteams bei der Fragebogenkonstruktion

Eine Gruppe, die bei der Konstruktion des Fragebogens immer eine besondere Rolle spielt, ist das Koordinationsteam (KT). Normalerweise wird der Erstentwurf des Fragebogens vom Experten zusammen mit dem KT überarbeitet und ergänzt. Dabei sind drei Aufgaben zu erledigen.

Anpassen der Sprache und Übersetzungen

Die erste Aufgabe, die der Experte zusammen mit dem KT bearbeiten muss, ist die Anpassung der Items der Fragebogen-Erstversion an die Sprache der Organisation. So spricht man z.B. in der einen Firma von „Training", in einer anderen von „Fort- und Weiterbildung"; in der einen Firma gibt es den „unmittelbaren Vorgesetzten", in der anderen heißt diese Person „direkte Führungskraft". Zudem wird in jeder Organisation ein bestimmter kulturspezifischer *Jargon* gesprochen. Hier muss jedes Item geprüft und ggf. sprachlich so umformuliert werden, dass es „natürlich" klingt und problemlos von allen Mitarbeitern verstanden wird.

Eine damit verwandte Aufgabe ist die *Übersetzung* des Fragebogens aus seiner Ausgangssprache (Deutsch oder, in internationalen MABs, Englisch) in andere Sprachen. In deutschen Industriebetrieben ist häufig eine türkische Version erforderlich[79].

Festzulegen, welche Übersetzungen erstellt werden sollen, ist immer ein langwieriger Entscheidungsprozess, bei dem die Interessen von vielen Mitarbeitern und Gruppen tangiert werden. Zudem sind Übersetzungen teuer und nicht von heute auf morgen zu machen. Das KT ist gut beraten, dies im Auge zu behalten. In der Praxis wird das Problem oft unterschätzt. So kommt schnell eine Liste zusammen mit vielen Sprachen, die angeblich alle notwendig sind – oft nur deshalb, um so dem Mitarbeiter die entsprechende „Wertschätzung" zu zeigen. So insistierte ein Betriebsrat in einem Großunternehmen auf einer Übersetzung in das Äthiopische, obwohl nur ein einziger Mitarbeiter aus Äthiopien war („Es geht um's Prinzip!"). Andererseits beschloss die Werkleitung in einem deutschen Produktionsbetrieb, der viele ausländische Mitarbeiter beschäftigt, Übersetzungen in verschiedene Sprachen, die in früheren MABs erstellt wurden, nicht mehr durchzuführen – nicht nur um Kosten zu sparen, sondern auch um damit ein Zeichen zu setzen, dass die Betriebssprache Deutsch ist.

Das KT muss Wege finden, wie man dieses oft heikle Thema löst. In dem oben erwähnten Produktionsbetrieb wurde als Lösung vereinbart, dass am Tag der Datenerhebung gewisse „Info-Punkte" aufgebaut wurden, wo geschulte Mitarbeiter ihren Kollegen bei Sprachproblemen (und anderen Fragen zur MAB) weiterhelfen konnten (siehe Abbildung 9.4). In anderen Fällen wurden Übersetzungen erstellt, die aber (u.a. aus Kostengründen) nicht zu entsprechenden Versionen gedruckter Fragebögen führten, sondern nur zu Textfiles, die bei Bedarf vor Ort heruntergeladen und als Ausdruck neben den Fragebogen gelegt werden konnten. Ein Beispiel hierfür ist eine weltweite MAB, die auf Englisch durchgeführt wurde, für die aber in einigen Ländern *vor Ort* Übersetzungen in die Landessprache erstellt wurden. Organisiert wurden derartige Übersetzungen vom MAB-Koordinator des Landes, nach Konsultation mit dem lokalen Management und dem Betriebsrat.

Einbringen spezieller Items

Eine weitere Aufgabe des KT liegt darin, das Einbringen zusätzlicher, spezieller Items zu koordinieren. Diese sollen insbesondere Themen ansprechen, die für bestimmte Organisationseinheiten oder Gruppen von besonderem Interesse sind. In vielen Unternehmen wird ein gemeinsamer Kernfragebogen konzipiert, der dann durch weitere Items ergänzt wird, die nur im Geschäftsbereich *X*, nur in der Niederlassung

---

[79] Auch diese Version sollte vom Jargon her passen. Sie sollte daher nach Möglichkeit von einem Übersetzer gemacht werden, der das Unternehmen kennt und der dort auch sonst für Übersetzungen zuständig ist. Siehe dazu auch S. 144ff.

- *F*: Warum werden nur geschlossene Items verwendet? *A*: Um Zeit beim Ausfüllen und beim Auswerten zu sparen; um die Anonymität der Befragten besser zu schützen; und um die Antworten statistisch einfacher auswerten zu können.

- *F*: Warum verwendet man eine 5-stufige Antwortskala? *A*: Ist gängige Praxis. Die meisten Benchmarks basieren auf diesem Antwortformat.

- *F*: Warum eine „Teils-teils" Mittelkategorie? *A*: Weil es Dinge gibt, zu denen man eine „gemischte" Meinung hat.

- *F*: Sollte man eine „Weiß-Nicht" Antwortkategorie vorsehen? *A*: Nein. Die Fragen sollten so gewählt werden, dass die Mitarbeiter dazu alle eine – wenn vielleicht auch nur vorläufige und unsichere – Meinung haben.

- *F*: Wie wirken sich kleine Veränderungen der Itemformulierungen aus? *A*: Meist nur gering oder gar nicht, wenn der Befragte versteht, was Sie wissen wollen. Die genauen Formulierungen können sich aber deutlich auf die Akzeptanz der Befunde auswirken und später lange Diskussionen nach sich ziehen.

- *F*: Könnte man die Items nicht auch „positiv" formulieren? *A*: Das ist nicht immer möglich. Nicht alles lässt sich positiv ausdrücken. Auch die 10 Gebote sind nicht alle positiv formuliert („Du sollst nicht ... ").

- *F*: Warum sollte man nicht zusätzlich nach „weiteren Kommentaren mit eigenen Worten" fragen? *A*: Sie liefern i.d.R. keine zusätzlichen Informationen; sind fast ausschließlich negativ; führen zu Problemen mit der Anonymität, evtl. auch zu juristischen Problemen; sind zudem teuer und langsam in der Auswertung.

- *F*: Sollte man nicht evtl. nach "Lösungsvorschlägen" und "Ideen" fragen? *A*: Kann eine gute Idee sein. Sind aber aufwändig in der Datenverarbeitung. Es ist einfacher, darüber in den Folgeprozessen nach der MAB reden. Die Diagnose ist vorrangig.

Abbildung 6.1. Einige Fragen (F) und Antworten (A) für den Itemerzeuger.

N, nur im Land *Y* usw. gefragt werden. Die Zahl dieser Items wird meist begrenzt (z.B. auf höchstens 10), so dass die Gesamtzahl der Items in jedem Fragebogen nach oben beschränkt bleibt (siehe S. 121).

Vor der Generierung derartiger Items müssen die MAB-Koordinatoren instruiert werden darüber, wie man „gute" Items findet und formuliert. Sie sollten dazu auf jeden Fall ein schriftliches Listing von Regeln (wie in Abschnitt 5.7 beschrieben) bekommen; eine Ausarbeitung von Fragen und Antworten zur Itemkonstruktion (Beispiel hierfür in Abbildung 6.1; Weiteres dazu in Kapitel 5); und Beispiele für fehlerhafte Items aus der Praxis (Abbildung 6.2). Solches Material kann dazu verwendet werden, die Koordinatoren vorab in der Beurteilung von Items und der Anwendung der Konstruktionsregeln zu trainieren. Es empfiehlt sich, dieses Training sorgfältig durchzuführen: Die hierfür aufgewendete Zeit wird leicht wettgemacht durch Einsparungen bei der Überarbeitung der Itemvorschläge. Experten unterschätzen oft, wie schwierig es für Nicht-Fachleute ist, korrekte und gute MAB-Items zu formulieren (Noelle-Neumann & Petersen, 1998).

Bei der Formulierung der speziellen Items sollten die Koordinatoren verschiedene Gruppen einbinden. Die wichtigste dieser Gruppen sind die Top-Führungskräfte des

- *V*: Die Gleichstellung von Männern und Frauen und die Vereinbarkeit von Beruf und Familie werden konsequent umgesetzt. *K*: Zwei Themen in einer Frage. Ist zudem klar, was man mit diesen Themen später machen will?

- *V*: Die Gehälter bei ABC entsprechen dem, was in der Branche üblich ist. *K*: Die Antwort „Nein" ist nicht eindeutig interpretierbar: Bezahlt ABC besser oder schlechter?.

- *V*: Die aktuelle Ergebnislage der ABC AG wird den Mitarbeitern hinreichend kommuniziert. *K*: Konkreter ist besser: „Mir ist die ... hinreichend bekannt."

- *V*: Die Zusammenarbeit zwischen den Mitarbeitern unterschiedlicher Geschäftsbereiche braucht nicht verbessert zu werden. *K*: Formulierung technisch inkorrekt: Ein „Nein" ist nicht deutbar. Führt später zu langen Diskussionen.

- *V*: Das Investitions- und Planungsprocedere im GB X ist für mich transparent und übersichtlich. *K*: Zu akademisch für eine allgemeine MAB.

- *V*: Sie sind sicher auch der Meinung, dass die neue Strategie des GB zum Erfolg führen wird. *K*: Suggestivfrage, die durch das „Sie sind sicher auch ..." eine Zustimmung nahe legt. Kann als Versuch der Manipulation empfunden werden.

- *V*: Die Aktivitäten von ABC zur Verbesserung der Markt- und Kundenorientierung sind ausreichend und wirksam. *K*: Recht akademisch. Markt- und Kundenorientierung von wem/was? Der Mitarbeiter? Des Geschäftsbereichs? Der Produkte?

- *V*: Die Motivation und berufliche Entwicklung der Mitarbeiter haben bei ABC genau den richtigen Stellenwert. *K*: Unklar, wonach hier eigentlich gefragt wird.

- *V*: Bei ABC besteht eine Unternehmenskultur, wie sie in einem modernen Dienstleistungsunternehmen notwendig ist. *K*: Zu abstrakt. Versteht jeder Mitarbeiter den Begriff „Unternehmenskultur"? Was weiß man, wenn hier mit Ja oder Nein geantwortet wird? Oder ist dies ein Platzierungsitem?

Abbildung 6.2. Einige Itemvorschläge (V) aus der Praxis, zusammen mit kritischen Kommentierungen (K).

jeweiligen Bereichs. Diese können die Aufgabe an die Koordinatoren rückdelegieren bzw. sich von diesen Vorschläge ausarbeiten lassen.

Der Experte muss sich trotz aller Vorkehrungen darauf einstellen, dass viele der so erzeugten Items nicht direkt verwendet werden können (siehe typische Fehler auf S. 143). Das bedeutet i.d.R. viel Arbeit für den Experten, weil dieser alle Items durcharbeiten, ggf. ausführlich kommentieren und vorschlagen muss, wie man sie umformulieren könnte. Zudem kommt es oft vor, dass die maximale Zahl der Items überschritten wird und die MAB-Koordinatoren dann über Ausnahmeregelungen verhandeln wollen. Die Itemkorrekturen und die Durchsetzung der Spielregeln erfordern vom Experten also nicht nur Anstrengung und Arbeit, sondern auch Diplomatie.

Auswahl und Gestaltung demographischer Items

Schließlich hat das KT noch eine dritte Aufgabe bei der Konstruktion des Fragebogens: Die Formulierung der demographischen Items. Der Experte erklärt hierzu zunächst, wozu die DIs dienen. Ihr wichtigster Zweck ist es, die MAB-Ergebnisse später so differenzieren zu können, dass für die Gruppen, mit denen im Anschluss an die MAB Workshops durchgeführt werden oder die mit den Ergebnissen der Befragung gezielt weiterarbeiten sollen, jeweils zielgenaue Auswertungen angefertigt werden können. Die Koordinatoren müssen dazu im Prinzip weit vorausdenken und eine Aufgabe wie folgt erledigen:

> *„Setzen Sie (=Koordinator) sich mit den oberen Führungskräften des Bereichs, den Sie betreuen, zusammen und überlegen sie in Grobplanung, wie die Prozesse nach der Befragung ablaufen sollen. Beachten Sie dabei die Vorgaben, die die MAB-Positionierung macht. Die genaue Vorgehensweise der Folgeprozesse kann noch offen bleiben: Es können Präsentationen sein, Versammlungen, moderierte oder selbst-organisierte Workshops, Gruppengespräche, Nacharbeit im Rahmen der Regelkommunikation usw. Erstellen Sie aber jetzt eine Liste aller Organisationseinheiten, für die spezifische Ergebnisauswertungen („Berichte") benötigt werden. Jede dieser Organisationseinheiten soll einen Bericht bekommen, der für sie aussagekräftig ist und der 'ihre' Ergebnisse widerspiegelt!"*

Neben Items, die die Identifikation der „Endverbraucher"-Gruppen ermöglichen, gibt es demographische Items, die für aussagekräftige Präsentationen wichtig sind. Dazu gehören Geschlecht, Dauer der Betriebszugehörigkeit, Geschäftsbereich, Niederlassung oder Zentrale, hierarchische Ebene, Abteilung, Land u.ä. Die Aufgabe der Koordinatoren ist es, diese DIs zunächst auszuwählen und dann im Detail zu konkretisieren. Nehmen wir als Beispiel die Dauer der Betriebszugehörigkeit. Normalerweise wird hierfür ein Antwortraster vorgegeben, z.B. eines wie in Abbildung 5.8 gezeigt mit den Kategorien „weniger als 2 Jahre", „2-5 Jahre", „6-10 Jahre" und „mehr als 10 Jahre". Dieses Raster kann man jedoch nicht in jeder MAB verwenden. So sind z.B. Mitarbeiter, die zwei Jahre bei einer HighTech-Firma sind, schon Veteranen, während es möglicherweise überhaupt niemand gibt, der länger als zehn Jahre bei der Firma ist. Es kann also sinnvoll sein, hier ein Raster wie in Abbildung 5.12 einzuführen, das im Bereich von unter zwei Jahren stärker differenziert, z.B. „weniger als 2 Monate", „2 Monate bis 1 Jahr", „1-2 Jahre", „3-5 Jahre", „6-10 Jahre" und „mehr als 10 Jahre". Die letzte Kategorie wird beibehalten mit Blick auf Wiederholungen der MAB zu späteren Zeitpunkten.

Dieses DI stellt einen Idealfall dar. Das Item *partitioniert* die Menge der Befragten, d.h. es führt jeden Befragten genau einer Kategorie zu. In der Praxis sind solche DIs leider nicht immer verfügbar. Das gilt insbesondere für die DIs, die die einzelnen Organisationseinheiten unterscheiden sollen. Man muss hier teilweise mit recht komplizierten Kombinationen *mehrerer* DIs arbeiten, um bestimmte Gruppen identifizieren zu können, für die man später Auswertungen braucht. Das macht die Auswertung schwierig und fehleranfällig. Es lohnt sich daher, einige Energie darauf zu verwenden, DIs zu finden oder ggf. zu *konstruieren*, mit denen die später benötigten Ergebnisberichte durch einfache Filterregeln wie z.B. „DI4=123" angefordert werden können (siehe dazu S. 256f.).

6.3 Einbindung anderer Gruppen in die Fragebogenkonstruktion

Nach Möglichkeit sollte der Fragebogen nicht nur von einem Projektteam oder dem Experten konstruiert werden, sondern auch unter Mitwirkung der Mitarbeiter, des Betriebsrats und, insbesondere, der Geschäftsleitung erarbeitet werden. Was gibt es hierbei zu beachten?

Einbindung der Mitarbeiter

Die Mitarbeiter sind bei der Konstruktion des Fragebogens i.d.R. mindestens indirekt über die MAB-Koordinatoren beteiligt und weiter durch die Testpersonen, die an den Pretests des Fragebogens (siehe hierzu Abschnitt 6.4, S. 168f.) beteiligt sind.

Bei der Einbringung spezifischer Items *können* die Mitarbeiter auch direkt beteiligt werden. Bisweilen werden regelrechte Umfragen durchgeführt, in denen die Mitarbeiter aufgefordert werden, Items von Interesse vorzuschlagen. Diese Vorgehensweise ist aber nicht empfehlenswert. Im günstigsten Fall führt sie nur zu viel Arbeit bei der Sortierung der Itemvorschläge, im ungünstigsten zu Ärger bei „Ablehnungen" von Items wegen zu enger Ausrichtung, technisch inkorrekter Formulierung, unverständlicher Fragestellung o.ä. Statt einer Umfrage sollte man lieber einige Fokusgruppen durchführen, in denen derartige zusätzliche Items generiert und diskutiert werden. Die Fokusgruppen kann man nach Zufall oder nach Quote zusammenstellen.

Nicht übersehen sollte man im übrigen, dass die spezifischen Items einer Org-Einheit nicht am Management dieser Einheit vorbei in den Fragebogen transportiert werden sollten. Zumindest der Leiter des GB muss diesen Items letztlich zustimmen.

Einbindung des Betriebsrats

Der Betriebsrat ist im Normalfall automatisch über seine Mitglieder im Koordinationsteam in die Konstruktion des Fragebogens eingebunden. Ansonsten sollte seine Rolle dem entsprechen, was in der Positionierung der MAB festgelegt wurde. Evtl. kann der BR als wichtige Institution des Unternehmens aber zusätzlich dazu eingeladen werden, selbst ein oder zwei „Items zum BR" im Fragebogen zu platzieren wie z.B. die folgenden: „Ich fühle mich durch den Betriebsrat gut vertreten" oder „Ich bin mit dem Betriebsrat zufrieden". Eine solche Einladung löst i.d.R. eine heftige Diskussion im BR aus darüber, ob das Befragungsergebnis bei diesen Items allgemein bekannt gemacht werden darf oder ob es nur ihm, dem BR, mitgeteilt werden darf. (Die Antwort muss natürlich lauten, dass auch dieses Ergebnis keiner Zensur unterliegen darf. Der BR würde sich mit derartigen Items also einer ähnlichen Beurteilung stellen wie die Führungskräfte aller Ebenen und wie die Geschäftsleitung.)

Einbindung der Geschäftsleitung

Die Geschäftsleitung (GL) ist der eigentliche Auftraggeber der MAB. Ihre Aufgabe bei der Fragebogenkonstruktion ist zumindest die, den ausgearbeiteten Fragebogen zu *genehmigen*, bevor dieser ins Feld geht. Das Einholen dieser Genehmigung kann vom Projektleiter oder Experten dazu genutzt werden, der GL gegenüber zu erläutern, warum der Fragebogen so konstruiert wurde, wie er konstruiert wurde (Antwortskalen, Gliederung, Layout usw.); welche Themen angesprochen werden und wie diese mit den Zielen der MAB im Einklang stehen; wie viel Zeit das Ausfüllen des Fragebogens in Anspruch nehmen wird; wie die Datenerhebung erfolgen soll usw.

Dabei sollte aber nicht versucht werden, mit der GL als Gremium einen Fragebogen Item für Item zu diskutieren. Nützlich ist es dagegen, die Items vorab im kleinem Rahmen mit dem MAB-Sponsor durchzugehen. Die Praxis zeigt, dass Manager anfangs wenig geneigt sind, sich auf derartigen „Kleinkram" wie die Formulierung von Fragebogenitems einzulassen – bis sie erkennen, welche Hebel sie damit bekommen für die Folgeaktionen. So bald sie dies verstanden haben, werden sie auch weitere Item-, zumindest aber Themenvorschläge einbringen.

Hierzu ein Beispiel aus der Praxis. Der Personalleiter eines Großkonzerns hatte die Absicht, mittelfristig Leistungskomponenten im Gehaltssystems einzuführen. Er schlug dazu vor, das folgende Item in den Fragebogen aufzunehmen: „Ich würde es begrüßen, wenn bei ABC mehr nach Leistung bezahlt würde." Er hoffte dabei, dass ein großer Prozentsatz der Mitarbeiter diesem Item zustimmen würde und damit die Diskussion eines leistungsbezogenen Gehaltssystems erheblich erleichtert würde. Nun stellt sich aber gleich die Frage, was wäre, wenn dem Item nur wenige Mitarbeiter zustimmen. Hier ist der Experte gefordert. Er muss Antworten geben auf Fragen wie: „Ist es wahrscheinlich, dass es hierbei zu einer hohen Zustimmungsquote[80] kommt? Was passiert, wenn die Zustimmung nicht hoch ist? Hat das Nachteile für die strategischen Absichten? Sollte man das Item lieber anders formulieren? Wie haben andere Unternehmen in einer ähnlichen Situation entsprechende Items formuliert?" usw.

Da Manager normalerweise wenig Zeit haben und daher schnell entscheiden, kann diese Beratung nur von einer Person durchgeführt werden, der den gesamten MAB-Prozess im Auge behält. Spätere Probleme mit den Items gehen immer zu Lasten des Experten. Er sollte daher die Items nach dem Meeting mit der GL sorgfältig durchsehen und dann den Fragebogen in seiner Endform – versehen mit einem kommentierenden Schreiben – der GL nochmals zur Genehmigung vorlegen.

6.4 Pretesting von Fragebögen

Für jede professionell durchgeführte MAB ist es selbstverständlich, dass der Fragebogen in einem *Pretest* (Vorstudie, Instrumententest) überprüft wird (AAPOR, 1997). Pretests sollen sicherstellen, dass der Fragebogen von den Befragten richtig verstanden und ausgefüllt wird[81]. Diese Überprüfung erfolgt empirisch, weil „trotz

---

[80] Zu erwarten ist bei diesem Item, dass viele zustimmen werden, weil sie vermuten, dass Bezahlung nach Leistung mehr Geld bedeutet. Grund: Die meisten glauben, dass sie überdurchschnittliche Leistungen bringen oder zumindest bringen könnten. Das ist wie bei den Umfragen, ob man sich für einen durchschnittlichen Autofahrer hält oder für eher für einen über- oder unterdurchschnittlichen. Auch hier meint die klare Mehrheit, überdurchschnittlich gut zu sein!

[81] Gemeint sind also *qualitative* Pretests. *Quantitative* Pretests behandeln wir hier nicht, d.h. Verfahren, bei denen die statistischen Eigenschaften des Instruments im Vordergrund stehen, also z.B. die

Befolgung aller vorhandenen Regeln und Informationen bei der Konstruktion von Fragen ein Restrisiko verbleibt, das auch durch noch so große Erfahrung des Fragenkonstrukteurs nicht vermieden werden kann" (Prüfer & Rexroth, 1996, S. 96). Pretests sind in MABs aber auch deshalb nötig, weil damit das wohlfeile Argument zur Abwehr unangenehmer Ergebnisse, dass nämlich die Befragten die Fragen nicht verstanden haben, entkräftet werden kann[82].

Die meisten aus der Umfrageforschung bekannten Pretest-Verfahren unterstellen den Normalfall sozialwissenschaftlicher Umfragen, in dem ein Interviewer im Face-to-face-Interview die Items vorliest und die Antworten des Befragten dazu aufzeichnet. *Standard-Pretests* bestehen dann darin, unter möglichst realistischen Bedingungen systematisch zu beobachten, wie die Interaktion zwischen Interviewer und Befragtem verläuft. So wird z.B. registriert, ob der Befragte Verständnisfragen zu den einzelnen Items stellt, ob er formal korrekte Antworten gibt, ob er vorzeitig antwortet, ob er den Interviewer unterbricht oder ob er die Antwort verweigert (Oksenberg et al., 1991).

Ein Pretest-Ansatz für MAB-Fragebögen

Das Standard-Pretest-Vorgehen ist nur sehr eingeschränkt auf den MAB-Kontext übertragbar, weil MABs i.d.R. nicht per Interview, sondern schriftlich als Selbstausfüller durchgeführt werden. Man kann aber ebenfalls Testpersonen per Quoten- oder Zufallsziehung auswählen und diese dann unter realistischen Umständen (z.B. wie in der Wahllokalsituation) bitten, den Fragebogen ernsthaft und ehrlich auszufüllen. Sie brauchen den ausgefüllten Fragebogen später niemand zu zeigen: Er sollte nur ihnen selbst in der späteren Phase des Pretests vorliegen und danach vernichtet werden.

Beim Ausfüllen des Fragebogens kann man[83] die Testpersonen diskret beobachten und dabei insbesondere registrieren, wie lange sie für die verschiedenen Abschnitte und evtl. sogar einzelne Items des Fragebogens benötigen. (Diese Bearbeitungszeiten sind besonders leicht registrierbar bei elektronischen Fragebögen.). So bekommt man Vorstellungen von der Gesamtbearbeitungszeit und evtl. auch Hinweise auf besondere „Hänger", die auf Schwierigkeiten verweisen können.

Nach dem Ausfüllen sollte man mit den Befragten ein Interview – individuell oder, besser, in einer Fokusgruppe – durchführen. Der Interviewer fragt dabei zunächst nach Gesamturteilen zum Fragebogen:

Struktur und Konsistenz der Antworten über die Items oder die „Schwierigkeit" der Items i.S. extremer Antwortverteilungen (siehe hierzu Borg & Staufenbiel, 1997, Kapitel 4).

[82] Aus der Praxis ist dem Autor der Fall einer MAB bekannt, die über die Rückspiegelung an die Geschäftsleitung nie hinaus kam, weil genau dieses Argument – wie berechtigt oder unberechtigt es auch gewesen sein mag – nicht entkräftet werden konnte.

[83] Die Pretests sollten zumindest teilweise vom Fragebogenkonstrukteur selbst durchgeführt werden, weil die unmittelbare Beobachtung in den Pretests viel reichere Informationen liefert als ihre Dokumentation: „George Gallup erzählte einmal, nach seiner verheerenden Fehlprognose bei der Präsidentschaftswahl von 1948 habe er sich sofort gedacht: 'Wenn ich selbst Probeinterviews durchgeführt hätte, wäre mir das nicht passiert.' Von da an, von 1948 an, habe er, so lange er das Institut leitete, bei jeder Umfrage selbst Probeinterviews gemacht" (Noelle-Neumann & Petersen 1998, S. 118f.).

„Hat Ihnen der Fragebogen insgesamt zugesagt? Wie fanden Sie sein Erschei-nungsbild? War die Schrift leicht zu lesen? Fanden Sie die Fragen interessant? Wie schwer fiel es Ihnen, diesen Fragebogen zu beantworten?"

Er geht dann den Fragebogen Seite für Seite durch und fragt:

„Waren die Instruktionen zum Ausfüllen des Fragebogens verständlich? Gab es Items, die unklar oder verwirrend waren? Gab es Items, die besonders schwierig zu beantworten waren? Gab es Items, bei denen Bedenken bestanden, eine offene und ehrliche Antwort zu geben?"

Mit diesen Fragen soll herausgefunden werden, wo – und evtl. auch wie – der Frage-bogen nachgearbeitet werden muss.

Weniger sinnvoll im MAB-Kontext ist es, die Testpersonen danach zu fragen, welche Inhalte ihrer Meinung nach fehlen. Ein MAB-Fragebogen ist i. Allg. viel zu sorgfältig zusammengestellt, um Platz für irgendwelche Spontanvorschläge zu haben. Etwas anderes ist es, wenn die Testpersonen *von sich aus* monieren, dass bestimmte Inhalte fehlen oder gar „mit Absicht" ausgeklammert zu sein scheinen.

Grundsätzlich sollte man die Testpersonen also nach ihren Eindrücken fragen, sie aber nicht in die Rolle von Testkonstrukteuren heben, weil „wir wissen, dass Befragte i. Allg. keine guten Kritiker von Umfrageitems sind" (Fowler, 1995, S. 130). So zei-gen z.B. Hunt et al. (1982) in einer Reihe von Experimenten mit absichtlich schlecht konstruierten Items, dass nur wenige der Testpersonen, deren Aufgabe es war, sich „kritisch" zu diesen Items zu äußern, fehlende Antwortalternativen, zweideutige Fra-geformulierungen, doppelte Verneinungen u.ä. bemerkten. In der Praxis zeigt sich entsprechend, dass die Pretest-Testpersonen selten in der Lage sind, die genauen Ur-sachen für Probleme, die sie mit einzelnen Items haben, darzulegen oder gar selbst bessere Items zu formulieren. Dies bleibt Aufgabe des Fragebogenkonstrukteurs.

Mangione (1995, S. 25) bemerkt, dass Befragte manchmal zögerlich sind, Kritik zu üben, insbesondere gegenüber einem vermeintlichen Experten. Der Interviewer sollte daher für eine entspannte Atmosphäre sorgen und den Befragten das Gefühl vermitteln, dass sie eine wichtige Rolle im MAB-Projekt haben. Ein anderer Zungen-löser ist es, die Befragten danach zu fragen, ob sie glauben, dass „andere" Schwierig-keiten hätten, den Fragebogen auszufüllen.

Kognitives Pretesting

Ein anderer Ansatz des Pretestings ist der, die Testpersonen in Einzelinterviews zum *lauten Denken* aufzufordern und sämtliche Gedankengänge, die ihr beim Bearbeiten des Fragebogens kommen („Methode des lauten Denkens") oder kamen (Retrospek-tivansatz), frei heraus zu äußern. Diese Äußerungen kann man auf Tonträger auf-zeichnen und später auswerten.

Zur Illustration zwei Beispiele aus der allgemeinen Umfrageforschung, die sich leicht auf den MAB-Kontext übertragen lassen. Loftus (1984) ging mit der Methode des lauten Denken der Frage nach, wie ein Item „Wie oft waren Sie in den letzten 12 Monaten beim Arzt?" vom Befragten eigentlich „gelöst" wird. Er fand, dass die Test-personen bei dieser Frage nicht von heute aus 12 Monate zurückrechnen, sondern umgekehrt von einem Punkt in der Vergangenheit ausgehen und die Arztbesuche bis heute aufaddieren. Eine bessere Formulierung des Items – eine, die der natürlichen Denkweise der Befragten entspricht – wäre daher z.B. „Wie oft waren Sie seit dem 1. Januar dieses Jahres beim Arzt?" Prüfer & Rexroth (1996) berichten andererseits, dass die Antwort auf eine Frage nach Alltagsereignissen (z.B. nach dem Fernsehkonsum in der letzten Woche) eher auf der Basis einer hochgerechneten Tagesschätzung vorgenommen wird. Das ist nützlich zu wissen, weil man in diesem Fall auch gleich nach dem normalen täglichen Konsum fragen kann. Zudem sollten die Antworten auf dieses Item zu zuverlässigeren Schätzungen führen.

Derartige Informationen über das Zustandekommen einer Itemantwort bekommt man auch in den oben beschriebenen nachfolgenden Interviews. Man kann die Testpersonen z.B. bei schwierigen Items danach fragen, welche Gedanken sie sich gemacht haben, als sie diese Items beantwortet haben (Retrospektivansatz) oder wie sie bestimmte Begriffe (z.B. den Begriff des direkten Vorgesetzten) verstanden haben.

Eine andere Variante des kognitiven Pretestings ist das *Paraphrasieren*. Hierbei werden die Testpersonen aufgefordert, für bestimmte Items einmal mit eigenen Worten zu formulieren, wonach hier gefragt wird.

Ganz ähnlich ist das Nachfragen (*Probing*). Nachfragen kann man z.B. ganz allgemein („Gibt es etwas, das Sie nicht verstanden haben?"), zum Zustandekommen der Antwort („Wie sind Sie vorgegangen, als Sie diese Frage beantwortet haben?") oder zu einzelnen Begriffen, die die Testpersonen mit eigenen Worten erklären sollen. Prüfer & Rexroth (1996) und Kurz et al. (1999) berichten frappierende Beispiele dafür, wie scheinbar einfache Items von verschiedenen Personen ganz verschieden verstanden werden. Ein Beispiel ist das folgende Item: „Volksbegehren und Volksentscheide sind eine notwendige Ergänzung der repräsentativen Demokratie." Auf die Nachfrage „Was verstehen Sie unter repräsentativer Demokratie?" wurde u.a. geantwortet:

- „Die Demokratie wird hier repräsentiert, die wird eben repräsentiert, dargestellt."
- „Dass unterschiedliche Meinungen gelten, diese auch vertreten werden können, dass man Demokratie praktiziert und wirklich dahintersteht, das ist repräsentativ."
- „Schwierig, was soll ich hier sagen, wenn man sie vorzeigen kann, wenn andere Länder sagen: Da schau mal her!"

Hieraus schließen Kurz et al. (1999, S. 93) unter anderem, dass der „Zusatz 'repräsentativ' bei dem Wort 'Demokratie' verzichtbar erscheint". Nach Auswertung der weiteren Kommentare revidieren sie schließlich das Item zu: „Volksabstimmungen sind ein notwendiger Bestandteil der Demokratie."

Ein ähnliches Probing kann man u.U. auch zur Antwortskala durchführen: „Warum haben Sie hier den Wert [*X*] angekreuzt?". Wie sind Sie auf diese Antwort gekommen?" Die Erklärungen hierzu können in verschiedener Weise nützlich sein. Sie können z.B. auf Unklarheiten im Frageteil des Items verweisen, z.B.: „Ich habe hier das 'Teils-teils'-Kästchen angekreuzt, weil ich nicht wusste, was ich sagen soll." Sie können auch aufzeigen, dass der Frageteil des Items zu extrem formuliert wurde. So argumentieren manche Testpersonen z.B. beim Item „Mein Vorgesetzter ist sehr kompetent", dass sie hier eigentlich „Stimmt überhaupt nicht" ankreuzen müssten,

weil ihr Vorgesetzter nicht „sehr kompetent", sondern nur „kompetent" ist. Man sollte dieses Item daher eher wie folgt formulieren: „Mein Vorgesetzter ist kompetent."
Die Antwortskala „Stimmt genau ... Stimmt überhaupt nicht" harmonisiert besser mit
dieser Variante des Items.

Erklärungen für „Teils-teils"-Antworten bei Items zum Vorgesetzten lauten häufig
wie folgt: „Ich kenne diesen Vorgesetzten erst zwei Wochen. Ich habe über ihn noch
keine feste Meinung. Deshalb habe ich Teils-teils angekreuzt." Diese Antwort verweist weniger auf eine Unzulänglichkeit der Itemformulierung, als vielmehr darauf,
dass diese Testperson die Instruktionen nicht richtig umsetzt, weil sie im geschilder-
ten Fall entweder das Item ganz auslassen oder aber ihren jetzigen Eindruck wiedergeben sollte[84].

Die Beobachtungen aus Probings sind nicht nur für die Formulierung der Items
und anderer Teile des Fragebogens interessant. Sie zeigen auch auf, mit welchen Reaktionen man bei der späteren Rückspiegelung der MAB-Ergebnisse an Mitarbeiter
und Führungskräfte zu rechnen hat. Bei missverständlichen und mehrdeutigen Items
lässt sich so gleich absehen, dass sie weitere Kommunikationsprobleme nach sich
ziehen werden.

Wie viele Pretests?

Wie viele Pretests sollte man durchführen? Mangione (1995) empfiehlt „mindestens
25" bei einer Durchführung mit Pretest-Gruppen. Friedrichs (1973) nennt etwa die
gleiche Zahl für „Probeinterviews" mit einzelnen Personen. Diese Zahlen sind aber
nur grobe Richtwerte. Im MAB-Kontext muss man natürlich jeweils bedenken, wie
komplex die Organisation ist und wie vielschichtig die Stichprobe der Testpersonen
daher sein muss, um einigermaßen repräsentativ zu sein. Im übrigen ist eine reine
Erhöhung der Zahl der Pretets weniger fruchtbar als ein *stufenweises* Vorgehen über
mehrere *Pretest-Runden*. In jeder Runde werden einige Pretests durchgeführt, deren
Ergebnisse anschließend zu einer Überarbeitung des Fragebogens genutzt werden. In
der nachfolgenden Runde wird dann mit dem verbesserten Fragebogen gearbeitet
usw. Im MAB-Kontext gilt dabei, dass die ersten Prest-Runden bereits auf einem relativ hohen Niveau der Feinabstimmung liegen, weil man hier in der Lage ist, sich
von vornherein auf viele gut erprobte Items zu stützen. MAB-Items und -Texte sind
oft nur Anpassungen an die Kultur der jeweiligen Organisation.

Zu beachten ist schließlich, dass Pretests – vor allem in kleinen Organisationen –
einen gewissen Interventionseffekt haben können. Die Testpersonen werden nämlich
sehr wahrscheinlich ihren Kollegen *berichten*, was und wie gefragt wird, ob die Fragen „schwer" sind, ob interessante Themen angesprochen werden, ob unangemessene
(z.B. „persönliche") Fragen gestellt werden, wie die Anonymität des Einzelnen gesichert wird usw. Die Testpersonen sollten daher nach einem Pretest immer darüber
informiert werden, in welcher Entwicklungsphase sich der Fragebogen befindet (erste
Version mit erstem Pretest, Feinabstimmung mit „in-depth probing" der Items o.ä.).

---

[84] Man sollte daher auf jeden Fall auch die Einleitung des Fragebogens in das Pretesting einbeziehen,
um zu sehen, ob diese in allen ihren Teilen verstanden wird. Idealerweise macht man den Pretest für
den gesamten Fragebogen und zwar in der Form, in der er später den Mitarbeitern vorgelegt wird.

Die *laterale Kommunikation* der Testpersonen zum Fragebogen kann dann eine nützliche Unterstützung dafür sein, das Interesse der Mitarbeiter an der MAB zu wecken und ihre Teilnahmebereitschaft zu erhöhen.

7 Auswahlverfahren

Vor der Durchführung einer Mitarbeiterbefragung muss geklärt werden, welche Personen der Organisation befragt werden sollen. Falls man sich für die Befragung einer Stichprobe dieser Personen entscheidet (siehe die Überlegungen hierzu auf S. 117ff.), muss überlegt werden, wie man diese Stichprobe zieht und wie groß sie sein soll. Auf diese Fragen wird im folgenden eingegangen.

7.1 Die Population

In einer MAB wird grundsätzlich der Personenkreis befragt, für den später auf der Grundlage der Befragungsdaten Aussagen möglich sein sollen (*Zielpopulation*). Eine Definition der Zielpopulation kann z.B. lauten: „Alle Mitarbeiter der Firma, die einen festen Arbeitsvertrag von mindestens einem halben Jahr haben". Hiermit sind z.B. Praktikanten oder Aushilfen ausgeschlossen. Andererseits werden Personen aufgenommen, die im Erziehungsurlaub sind und die die Firma möglicherweise schon lange nicht mehr betreten haben. Ob man diese befragen will, ist eine facettenreiche Entscheidung. Sie hat nicht nur Konsequenzen für die Aussagegültigkeit der erhobenen Daten, sondern ist gleichzeitig auch ein Signal i.S. eines „Du gehörst dazu!" und „Du gehörst nicht dazu!". Zudem erfordert diese Entscheidung konkrete Überlegungen zur praktischen Realisierbarkeit der Datenerhebung und zu ihren Kosten.

Im Normalfall sind alle Mitarbeiter der Organisation zur Teilnahme an der MAB aufgefordert – vom Pförtner bis zum Geschäftsführer. Die Ausgrenzung einzelner Gruppen von der MAB muss gründlich überlegt sein und gegenüber den Mitarbeitern überzeugend begründet werden. So ist es z.B. ein falsches Signal, wenn sich die Geschäftsleitung von der Teilnahme selbst ausnimmt[85]. Einleuchtender ist es dagegen, wenn Mitarbeiter mit relativ kurzen Zeitverträgen nicht zur Befragung zugelassen werden, weil die befragten Mitarbeiter i.d.R. auch in den Folgeprozessen der MAB beteiligt sind und eine mögliche „Hit-and-Run"-Situation vermieden werden sollte. Möglich ist aber auch, solche Mitarbeiter durch eine entsprechende demographische Variable später zu identifizieren und gesondert auszuwerten.

Nach Festlegung der Zielpopulation stellt sich die Frage, wie man die hierzu gehörigen Personen erreichen kann. Im einfachsten Fall kann man eine Liste dieser Personen durch Ausdruck der Namen aus dem Personalinformationssystem (PIS) erstellen.

---

[85] Umgekehrt sind jedoch MABs möglich, bei denen *nur* die Führungskräfte befragt werden. Eine MAB nur von *Nicht*-Führungskräften ist dagegen problematisch und selten sinnvoll.

Das ist allerdings nicht immer möglich. In einem Beispiel aus der Praxis existierte nur ein PIS in Form von Karteikarten, die nicht alle auf dem neuesten Stand waren. Da die Befragung per Post an die Privatadresse erfolgen sollte, führte der *Auswahlrahmen* „PIS-Listen" dazu, dass einige Personen, die zur Zielpopulation gehörten (z.B. neue Mitarbeiter, die in den Listen noch nicht erfasst waren), prinzipiell keine Chance hatten, befragt zu werden (*undercoverage*). Gleichzeitig wurden aber auch Personen angeschrieben, die dieser Zielpopulation nicht angehörten, z.B. solche, die die Firma verlassen hatten, aber noch in den Listen standen (*overcoverage*). Die durch diesen Auswahlrahmen definierte *Auswahlpopulation* oder *Erhebungsgesamtheit* unterschied sich somit von der Zielpopulation.

Bei der Durchführung der Befragung kann es zu zusätzlichen Under- oder Overcoverage-Effekten kommen. Nehmen wir an, eine MAB würde über ein Computernetz durchgeführt. Dann würden dadurch alle Personen aus der Auswahlpopulation ausgegrenzt, die dieses Netz zwar zur Verfügung haben, es aber nie verwenden. Die damit implizit definierte *Inferenzpopulation* würde sich also nochmals von der Auswahlpopulation unterscheiden. Sie umfasst genau die Personen der Auswahlpopulation, die eine Chance haben, befragt zu werden. Die Daten erlauben prinzipiell nur Aussagen über die Mitglieder dieser Inferenzpopulation.

In der Praxis ist es fast immer wahr, dass der Auswahlrahmen und die Durchführung der Datenerhebung einige Elemente der Zielpopulation unerfasst lassen. Beispiele hierfür sind Mitarbeiter, die während der Erhebung krank oder im Urlaub sind, schwer erreichbare Außendienstler, beurlaubte Mitarbeiter oder Dienstreisende. Overcoverage ist dagegen selten bedeutungsvoll.

7.2 Nicht-Zufallsstichproben

Stichproben kann man grundsätzlich unterscheiden in *Zufallsstichproben* und *Nicht-Zufallsstichproben*. Bei Zufallsstichproben lässt sich für jedes Element der Population angeben, mit welcher Wahrscheinlichkeit es in die Stichprobe aufgenommen wird. Bei Nicht-Zufallsstichproben lassen sich solche Wahrscheinlichkeiten nicht bestimmen. Ein Beispiel für eine Zufallsstichprobe ist die Ziehung der Lottozahlen, bei der jede Kugel die gleiche Wahrscheinlichkeit hat, in die Stichprobe zu kommen. Dagegen lässt sich für eine Befragung von Passanten in der Fußgängerzone oder für eine TED-Umfrage im Fernsehen nicht angeben, mit welcher Wahrscheinlichkeit ein beliebiger Passant bzw. Zuschauer in die Stichprobe gelangt.

Gelegenheitsstichproben

Im Bereich von Nicht-Zufallsstichproben kann man zunächst unterscheiden, ob die Auswahl der Befragten *willkürlich* oder *bewusst-systematisch* ist. Die erstere Methode erzeugt *Gelegenheitsstichproben*. Ihr Hauptvorteil ist, dass die Teilnehmer für die Befragung mit geringem Aufwand zu gewinnen sind. Man geht z.B. in die Cafeteria, spricht dort die erstbeste Person an und fragt sie, ob sie bereit ist, einige Fragen zum Thema X zu beantworten. Das Verfahren wiederholt man so lange, bis man z.B. 20

Interviews durchgeführt hat. Opgenoorth (1985) berichtet zwei weitere Beispiele, bei denen der Fragebogen einer MAB der Werkszeitung beigelegt bzw. „in der Nähe der schwarzen Bretter ausgelegt" wurde. Auch hier wird offensichtlich keine bewusst-systematische Auswahl getroffen. Man hofft vielmehr, auf „rege Beteiligung".

Man könnte für eine solche Gelegenheitsstichprobe nachträglich prüfen, ob ihre Elemente ähnliche Merkmale wie die Population aufweisen, also z.B. ob in ihr Führungskräfte und Nicht-Führungskräfte anteilig so vertreten sind wie in der Population. Der Ausgang solcher Prüfungen dürfte i.d.R. negativ sein. Ohne besondere Anstrengungen ist Repräsentativität nicht zu erreichen. Meist verwendet man willkürliche Stichproben daher nur, um einige Eindrücke oder Ideen zu sammeln, die dann später systematischer weiterverfolgt werden können. Im Rahmen einer MAB sind Gelegenheitsstichproben allenfalls in der Vorbereitung von Wert.

Freiwilligenstichproben

Eine weitere Methode zur Bildung einer Stichprobe ist es, „Freiwillige" zu suchen. Teilnahmebereitschaft wird hier zum Auswahlkriterium. Das ist zu unterscheiden von Freiwilligkeit der Teilnahme, die für fast alle MABs als Nebenbedingung formuliert wird. Die Stichproben der meisten MABs werden bewusst konstruiert, d.h. bestimmte Personen werden entweder aufgefordert, sich an der MAB zu beteiligen oder nicht. Die Freiwilligkeit kann dann dazu führen, dass die Stichprobe nicht ausgeschöpft wird. Freiwilligkeit ist aber nicht das Auswahlkriterium.

Ein Beispiel für eine Freiwilligenstichprobe ist eine TED-Umfrage („Wer soll Wettkönig werden? Wenn Sie für *A* sind, dann wählen Sie bitte ... "). Dabei können Zehntausende von Anrufen zusammen kommen. Trotzdem bleibt die allgemeine Aussagekraft dieser Stichprobe völlig unklar.

Typische Fälle, extreme Fälle, Experten

Bei bewusst-systematischen Stichproben wird vorab festgelegt, welche Personen „per Design" in die Stichprobe aufgenommen werden dürfen. Beispiele hierfür sind Stichproben von *typischen Fällen*, von *extremen Fällen* oder von *Experten*. Ein „typischer" Mitarbeiter könnte z.B. ein verheirateter Arbeiter mit zwei Kindern sein, der dem Unternehmen ca. 5 Jahre angehört. Er ist deshalb typisch, weil die meisten anderen Mitarbeiter ebenfalls Arbeiter sind, verheiratet sind, Kinder haben usw. Man unterstellt dann, dass die in dieser Hinsicht typischen Mitarbeiter auch Meinungen und Einstellungen haben, die denen der meisten anderen Mitarbeiter ähnlich sind.

Bei extremen Fällen ist die Absicht anders. Man befragt hier z.B. Personen, die besondere Leistungen gebracht haben, nach ihren Meinungen und Einstellungen, um damit Hinweise zu bekommen, wie man die Bedingungen für hohe Leistung verbessern kann. Andere extreme Fälle sind z.B. Meinungsführer oder Prominente. Extreme Fälle sind auch Mitarbeiter, die die Organisation verlassen. Bei ihnen werden bisweilen Exit-Interviews durchgeführt, in denen sie nach den Gründen für ihr Ausscheiden befragt werden.

Für besondere Themen ist auch die Befragung von Experten sinnvoll, wie z.B. dann, wenn Prognosen zu technologischen Trends erhoben werden sollen.

Tabelle 7.1. Illustration einer Quotierungsvorgabe.

(a) Randverteilung				(b) Fall 1				(c) Fall 2		
	GB A	GB B	N	GB A	GB B			GB A	GB B	
FK	a	b	100	10%	0%	10%		0%	10%	10%
NFK	c	d	900	60%	30%	90%		70%	20%	90%
N	700	300	1000	70%	30%	100%		70%	30%	100%

Abschneideverfahren

Beim Abschneideverfahren werden nur die Fälle befragt, die die Population in irgendeinem wichtigen Sinn dominieren. Ein Beispiel hierfür ist, nur die Geschäftsstellen zu befragen, die viel Umsatz machen und die 20% umsatzschwächsten abzuschneiden. In MABs wird gelegentlich eine solche Regel verwendet. Sie muss aber gegenüber den Mitarbeitern gut begründbar sein, weil sie leicht Signale setzen kann i.S. eines „Ihr seid wichtig, ihr nicht".

Schneeballverfahren

Gelegentlich will man Befragungen in sozialen Netzwerken (z.B. Freundesgruppen oder Projektgruppen) durchführen. Man beginnt dazu bei einer Person und befragt anschließend die von dieser Personen benannten weiteren Personen bzw. lässt von diesen Fragebögen weiterreichen, die dann anonym an eine Sammelstelle zurückgeschickt werden (Gabler, 1993). Das Verfahren eignet sich insbesondere für Populationen, deren Anteil an der Gesamtpopulation nur sehr klein ist (z.B. Alkoholiker) oder die nur schwer erreichbar sind (z.B. Außendienstler).

Quotenverfahren

Beim Quotenverfahren wird vorgegeben, dass die Stichprobe Erhebungseinheiten mit bestimmten Merkmalsprofilen zu bestimmten Anteilen enthalten soll. Weiß man z.B., dass in einer Firma 80% Männer und 20% Frauen arbeiten, dann kann eine Quotierungsvorgabe lauten, dass in der Stichprobe ebenfalls 80% Männer und 20% Frauen vertreten sein sollen. Mit dieser *proportionalen* Quotierung soll sichergestellt werden, dass die Stichprobe in dieser Hinsicht repräsentativ ist.

Als Quotierungsvorgaben werden in MABs meist die hierarchische Ebene und der Geschäftsbereich verwendet. Diesen Fall illustriert Tabelle 7.1. Gegeben ist hier eine Population von N=1.000 Personen. Von diesen 1.000 Personen gehören 700 zum Geschäftsbereich A und 300 zum Geschäftsbereich B. Es gibt 100 Führungskräfte (FK) und 900 andere Mitarbeiter (NFK). Diese Zahlen bilden die *Randverteilungen* der Tabelle. Bei einer *einfachen* proportionalen Quotierung fordern wir, dass eine bestimmte Randverteilung der Stichprobe der entsprechenden Randverteilung der Population proportional sein soll. Es sollen also z.B. 10% Führungskräfte und 90% Nicht-führungskräfte in der Stichprobe enthalten sein. Darüber hinaus könnte man fordern, dass der GB *A* mit 70% und der GB *B* mit 30% in der Stichprobe vertreten sind.

Einfache Quotierungen garantieren leider nicht, dass die einzelnen Zellen der Population repräsentativ in der Stichprobe vertreten sind. Das sieht man an den Tafeln (b) und (c) in Tabelle 7.1. In beiden Fällen sind die einfachen Quotierungsforderungen erfüllt. Im einen Fall werden jedoch nur Führungskräfte aus dem Geschäftsbereich *A* befragt, im anderen nur solche aus dem GB *B*. Damit die Zellen repräsentativ vertreten sind, nicht nur die „Ränder", muss man daher i. Allg. eine *kombinierte* Quotierung vorgeben. Sie schreibt vor, wie viele Erhebungseinheiten aus jeder Zelle zu ziehen sind. Diese Anteile der Zellen lassen sich *nicht* aus den Randverteilungen errechnen. Sie müssen vielmehr für jede Zelle der Population bekannt sein.

In der Praxis sind einfache Quotierungen oft das einzig Mögliche, weil die Zellenhäufigkeiten der Population nicht vorliegen oder nur mit großem Aufwand zu ermitteln sind (insbesondere bei mehrfacher Schichtung). In derartigen Fällen kann man als Schätzwert für die Zahl der Elemente jeder Zelle nur das Produkt der Randhäufigkeiten dividiert durch das Gesamt-N angeben. In Tabelle 7.1 ergäbe das z.B. für die Zelle *a* den Wert $(700 \cdot 100)/1.000=70$. Schätzungen dieser Art sind aber nur dann richtig, wenn die Anteilswerte in den entsprechenden Schichten proportional sind. In Tabelle 7.1 müsste z.B. $a:b=c:d$ gelten, also in jedem Geschäftsbereich das Verhältnis von Führungskräften zu Nichtführungskräften gleich sein. Wo solche Proportionalitäten gelten oder wo sich abschätzen lässt, dass sie zumindest näherungsweise gelten, braucht man keine kombinierte Quotierung.

Quotenstichproben haben in den Sozialwissenschaften zu einiger Diskussion geführt (Diekmann, 1995; Gabler & Hoffmeyer-Zlotnik, 1997). Sie können eine Repräsentativität der Stichprobe *vortäuschen*, die nicht gegeben ist. Das Problem ist nämlich, dass jede beliebige Person ausgewählt werden kann, solange nur die Quotierung eingehalten wird. Das bedeutet in der Praxis häufig, dass eher diejenigen Personen in die Stichprobe gelangen, die leicht erreichbar oder besonders kooperativ sind.

Man sollte daher auch bei Quotenstichproben versuchen, innerhalb der Zellen wenigstens annähernd eine Zufallsauswahl zu treffen. Das ist z.B. dadurch möglich, dass man zunächst per Zufall für jede Zelle einen Buchstaben aus dem Alphabet auswählt. Dann nimmt man eine Namensliste der Mitarbeiter und zieht die erste Person, deren Name mit diesem Buchstaben beginnt. Die Namensliste wird anschließend auf- oder absteigend so lange abgearbeitet, bis die vorgegebene Anzahl von Personen für diese Zelle erreicht ist. Mit den anderen Zellen verfährt man ebenso.

7.3 Zufallsstichproben

Zufallsstichproben sind den oben dargestellten willkürlichen oder den bewusst-systematischen Stichproben in vieler Hinsicht überlegen. Ihr Hauptvorteil liegt darin, dass nur für sie eine statistische Theorie existiert, mit der man Aussagen z.B. über die Güte der Stichprobenparameter machen kann. Nicht-Zufallsstichproben müssen dagegen von Fall zu Fall immer neu und zudem nach subjektiven Kriterien bewertet werden. Auch „gute Erfahrungen" mit irgendwelchen Nicht-Zufallsstichproben lassen sich so nicht übertragen (Kalton, 1988).

Einfache Zufallsstichproben

Die einfache Zufallsstichprobe (uneingeschränkte Zufallsauswahl) ist der Prototyp der Zufallsstichprobe. Sie entspricht der Ziehung der Lottozahlen: Die Stichprobe wird so aus der Population gezogen, dass jedes Element der Population und jede n-elementige Teilmenge die gleiche Chance hat, in die Stichprobe zu gelangen (Stenger, 1986). Dazu ist eine Auflistung aller Elemente der Population erforderlich, z.B. in Form einer vollständigen Namensliste. Nehmen wir an, diese Liste umfasst $N=8.500$ Personen. Wenn wir hieraus eine Stichprobe von $n=100$ Personen ziehen wollen, müssen wir zuerst die Namen der Liste von 1 bis 8.500 durchnummerieren. Dann ziehen wir zufällig 100 Zahlen aus dem Intervall [1, 8.500] und wählen die Personen mit diesen Nummern aus der Liste aus. Die Zufallszahlen liefern Statistik-Computerprogramme wie z.B. Systat oder SPSS.

Systematische Zufallsstichproben

Eine einfache Zufallsauswahl lässt sich nicht direkt durchführen, wenn die Namensliste nicht durchnummeriert ist. Das ist in der Praxis häufig der Fall, z.B. dann, wenn die Liste ein firmeninternes Telefonbuch oder ein Karteikartenkasten ist. Wenn man hier erst jedem Namen eine Nummer geben wollte, wäre das ein erheblicher Aufwand. In diesem Fall trifft man eine „systematische" Auswahl aus der Liste: Wenn wir wieder $n=100$ Personen aus $N=8.500$ ziehen wollen, dann beginnen wir zufällig mit der Person s, die zufällig aus den ersten $k=N/n$ Personen bestimmt wird. (Falls sich bei k Dezimalstellen ergeben, werden diese abgeschnitten.) Nun wählen wir, beginnend mit s, jede k-te Person in der fortlaufenden Liste aus.

Diese Form der Auswahl kann im Prinzip zu einer verzerrten Stichprobe führen. Ein Grund dafür kann z.B. der sein, dass bei einer alphabetisch sortierten Liste namentlich eng benachbarte Elemente infolge der festen Schrittweite k nicht zusammen in die Stichprobe kommen können. Aus der Praxis von MABs ist allerdings kein überzeugendes Beispiel für den Fall bekannt, in dem eine systematische Listenauswahl schlechter gewesen wäre als eine einfache Zufallsauswahl.

Geschichtete Zufallsstichproben

Eine besondere Zufallsstichprobe ist die geschichtete Stichprobe. Hierbei wird die Population zunächst wie bei Quotenstichproben nach einem oder mehreren Kriterien unterteilt („partitioniert") in *Schichten* bzw. *Zellen*. Dann zieht man jeweils gesondert in den Schichten/Zellen Zufallsstichproben bestimmter Größe.

Den Vorteil der Schichtung sehen wir aus folgendem Extrembeispiel. Im Geschäftsbereich X haben 0% der Mitarbeiter die Absicht, die Firma zu verlassen. Im Geschäftsbereich Y sind es 100%. Der GB X hat 50 Mitarbeiter, der GB Y 12. Insgesamt beträgt die Fluktuationsneigung also 0% · (50/62) + 100% · (12/62) = 19,4%. Diesen Wert bekommen wir in einer reinen Zufallsstichprobe nur dann, wenn sie „zufällig" Personen aus X und Y im Verhältnis $50:12$ enthält. In einer geschichteten Zufallsstichprobe können wird dieses Verhältnis *garantieren*.

Das Beispiel ist deshalb extrem, weil die einzelnen Zellen in Bezug auf das interessierende Merkmal völlig homogen[86] sind. Das ist i. Allg. natürlich nicht der Fall. Wenn die Zellen aber relativ homogen sind und sich gleichzeitig untereinander unterscheiden bezüglich des interessierenden Merkmals, dann wird durch die Schichtung ein Teil der Fehlervarianz abgeschöpft. Besteht kein derartiger Zusammenhang zwischen dem Schichtungsmerkmal und dem interessierenden Merkmal, bringt die Schichtung keine Vorteile. Statistisch gesehen hat sie allerdings auch keine Nachteile.

Bei MABs wird fast immer zumindest nach zwei Merkmalen, nämlich nach Geschäftsbereichen und nach hierarchischer Ebene, geschichtet, damit die Stichprobe in diesen Merkmalen repräsentativ ist. Nehmen wir z.B. an, es gäbe drei GBs mit 300, 700 und 50 Mitarbeitern. Zieht man eine 10% Stichprobe, also 105 Personen, dann würde man bei einer *proportionalen* Ziehung aus den 300 Mitarbeitern des ersten Geschäftsbereichs $(300/1.050) \cdot 105 = 30$. Personen zufällig auswählen, aus dem zweiten 70 und aus dem dritten 5. Die GBs sind damit in der Stichprobe entsprechend ihren Anteilen an der Grundgesamtheit repräsentiert. Bei einer einfachen Zufallsstichprobe wäre dagegen nicht sichergestellt, dass der kleine Geschäftsbereich überhaupt in der Stichprobe vertreten wäre. Noch viel weniger sicher wäre, ob auch aus jedem GB Führungskräfte in die Stichprobe kommen und, wenn doch, mit welchen Anteilen.

Die Frage nach den Führungskräften bringt uns zur *disproportionalen* Stichprobe, bei der der Anteil der Personen in gewissen Schichten oder Zellen gemessen am Anteil in der Population absichtlich über- oder unterrepräsentiert ist. So werden die Führungskräfte in vielen MABs vollständig befragt, die anderen Mitarbeiter dagegen nur in einer Auswahl. Ein Grund dafür ist, dass der Anteil der Führungskräfte an der Population so klein ist, so dass es einfacher ist, sie alle zu befragen. Der Extremfall ist die Geschäftsführung. Ihre Mitglieder werden immer vollständig befragt, damit man für diese meist recht kleine Gruppe überhaupt eine aussagekräftige Auswertung machen kann. Ein weiteres Beispiel aus der Praxis ist folgendes. Die Deutsche Bahn AG hatte in 1995 ca. 320.000 Mitarbeiter, der Geschäftsbereich „Personenbahnhöfe" aber nur 7.000. In einer proportionalen Stichprobe wären die Mitarbeiter der Personenbahnhöfe somit nur mit ca. 2,2% vertreten. Bei einer Gesamtstichprobe von 1.000 Personen, sind in einer proportionalen Stichprobe also nur 22 Mitarbeiter aus dem GB „Personenbahnhöfe". Von diesen 22 Personen lässt sich aber nicht mehr zuverlässig auf den Geschäftsbereich insgesamt schließen. Man könnte daher in diesem GB ein *Oversampling* durchführen – z.B. ein zehnfaches, bei dem 220 Personen gezogen werden. Diese Überrepräsentanz muss dann allerdings bei späteren Schätzungen der Populationsparameter des Gesamtunternehmens durch entsprechende *Gewichtungen* (hier: mit 1/10) ausgeglichen werden.

---

[86] Bei völliger Homogenität braucht man eigentlich nur noch eine Stichprobe von *einer* Person, weil dann jede Person in Bezug auf das interessierende Merkmal mit jeder anderen austauschbar ist.

Klumpenstichproben

In der Umfrageforschung verwendet man aus Kostengründen selten die obigen Auswahlverfahren, weil sie u.U. Personen auswählen, die sehr weit verstreut wohnen. Zudem existieren oft auch keine vollständigen Listen für die Population. Ein entsprechendes Beispiel aus dem MAB-Kontext wäre, wenn wir eine Zufallsstichprobe von Mitarbeitern der Automobil-Zulieferindustrie befragen wollten. Eine Liste dieser Personen existiert nicht. Vermutlich könnten wir aber eine Liste der wichtigsten Zulieferer beschaffen. Diese Betriebe sind dann unsere *primären Erhebungseinheiten* (primary sampling units, PSUs): Sie bilden *Klumpen* (*Cluster*) der uns eigentlich interessierenden Personen. Wir wählen also zunächst zufällig Betriebe aus und dann in diesen als *sekundäre Erhebungseinheiten* die Mitarbeiter. Wählen wir die Mitarbeiter auch nach Zufall aus, dann liegt eine *zweistufige* Zufallsauswahl vor. Ähnlich könnten wir in einem Unternehmen vorgehen, das sehr viele Niederlassungen unterhält, die räumlich weit gestreut liegen.

Die übliche Vorgehensweise bei der Auswahl auf der zweiten Stufe ist, die Stichprobengrößen proportional zur Größe der Klumpen zu bestimmen, also in den großen Klumpen entsprechend viele Personen auszuwählen und umgekehrt.

Die Klumpenstichprobe hat dann potentiell Nachteile gegenüber einfachen Zufallsstichproben, wenn ihre Klumpen in sich relativ *homogen*, untereinander aber *heterogen* sind: Dann hängen die Schätzungen für die Populationsparameter stark davon ab, welche und wie viele Klumpen ausgewählt wurden. Man sollte unter diesen Umständen nach Möglichkeit also lieber viele Cluster auswählen und innerhalb der Cluster nur kleine Stichproben ziehen.

Mehrstufige Zufallsstichproben

In großen Organisationen kann es u.U. sinnvoll und vor allem kostengünstig sein, Stichproben in einem *mehrstufigen* Prozess zu ziehen. Ein solches Vorgehen ist bei allgemeinen Bevölkerungsumfragen üblich. Wenn die interessierende Population z.B. den Wahlberechtigten entspricht, dann wird zunächst eine *Flächenstichprobe* gezogen, deren Erhebungseinheiten Stimmbezirke sind. Auf der zweiten Stufe wird eine Zufallsstichprobe von Adressen ermittelt (Haushalte). Auf der dritten Stufe wird in jedem Haushalt nach einem Zufallsschlüssel eine bestimmte Person aus den nach einem bestimmten Merkmal (z.B. Alter) geordneten Haushaltsmitgliedern ausgewählt. Der Vorteil dieses Vorgehens ist, dass man auf der ersten Stufe zunächst nur eine Liste der Stimmbezirke braucht. Erst nach der ersten Auswahl kümmert man sich um die Beschaffung von Adressen und erst danach um die Auswahl der Personen.

Im obigen Beispiel muss sichergestellt werden, dass Personen aus kleinen – also z.B. ländlichen – Stimmbezirken nicht überrepräsentiert sind. Um dies zu vermeiden, sollten die Stimmbezirke in der Stichprobe in Anteilen vertreten sein, die den Anteilen ihrer Wähler an der Population entsprechen (proportionale Zufallsauswahl). Dazu kann man z.B. zunächst Stimmbezirke zufällig ziehen und dann aus ihnen im zweiten Schritt entsprechend mehr oder weniger Haushalte auswählen.

7.4 Stichprobenfehler

Nehmen wir an, dass sich 20% der Mitarbeiter ernsthaft überlegen, die Firma in den nächsten 12 Monaten zu verlassen (Fluktuationsneigung). Nehmen wir weiter an, dass die Mitarbeiter ihre Fluktuationsneigung in der (anonymen) Befragung ehrlich berichten. Wenn wir nun eine Stichprobe aus der Population der Mitarbeiter ziehen, dann ist es nicht wahrscheinlich, dass wir darin exakt 20% Fluktuationsgeneigte finden. Nehmen wir z.B. an, unsere Stichprobe besteht aus 200 Mitarbeitern, von denen 10% fluktuationsgeneigt sind. Da wir den wahren Wert (p) nicht kennen, wollen wir abschätzen, wie wahrscheinlich es ist, dass p in der Nähe des in der Stichprobe beobachteten Anteilswerts ($\hat{p}$) liegt.

Stichprobenfehler

Dazu folgende Überlegung. Angenommen wir ziehen aus einer sehr großen Population, in der p=20% gilt, eine Million Stichproben von jeweils n=200 Personen. Dann können wir erwarten, dass der Mittelwert der $\hat{p}$-Werte ungefähr gleich p ist, weil wir einmal mehr, einmal weniger Fluktuationsgeneigte zufällig auswählen. In jeder einzelnen Stichprobe aber sollte $\hat{p}$ selten exakt gleich p sein. Die Differenz $e = p - \hat{p}$ ist der *Stichprobenfehler*. Die Verteilung dieser Stichprobenfehler ist bei n>30 annähernd normal mit der Standardabweichung[87]

$$s_e = \sqrt{p(100-p)/n} \ . \qquad (7.1)$$

Da bei einer normalverteilten Variable 95% der Werte im Bereich von ±1,96 Standardabweichungen liegen, kann man voraussagen, dass der Stichprobenfehler in 95% unserer vielen 200er Zufallsstichproben im Intervall

$$-1,96 \cdot s_e \le p - \hat{p} \le +1,96 \cdot s_e \qquad (7.2)$$

liegt. Die Ungleichung gilt auch, wenn wir in allen Termen $\hat{p}$ addieren. Sie besagt dann, dass für 95% der 200er Stichproben zu erwarten ist, dass

$$\hat{p} - 1,96 \cdot s_e \le p \le \hat{p} + 1,96 \cdot s_e \qquad (7.3)$$

Diesen Bereich bezeichnet man als *Konfidenzintervall* oder, genauer, als 95%-Konfidenzintervall[88].

Um das Konfidenzintervall berechnen zu können, braucht man allerdings s_e und dafür wiederum p. Da man den Wert für p nicht kennt, muss man hierfür eine Schät-

---

[87] Die Standardabweichung s ist ein Maß, das angibt, in welchem Ausmaß die beobachteten Werte um den Mittelwert streuen (Bortz, 1984). Bei n<30 verwendet man die t-Verteilung. Statt 1,96 muss man dann in Gleichung (7.2) einen variablen Wert einsetzen, der „etwas" größer ist als 1,96 in Abhängigkeit von n. Bei n=10 ist dieser Wert gleich 2,23; bei n=20 ist er 2,09.

[88] Das Konfidenzintervall wird meist für eine Wahrscheinlichkeit von 95% konstruiert, gelegentlich aber auch für 99%. Wir nehmen hier und im folgenden stets ein 95%-Konfidenzintervall an.

Tabelle 7.2. 95%-Konfidenzintervalle für verschiedene prozentuale Anteilswerte in der Stichprobe ($\hat{p}$).

Stichprobenumfang (n)	proz. Anteilswert in Stichprobe ($\hat{p}$)				
	5% oder 95%	10% oder 90%	20% oder 80%	30% oder 70%	50%
35	7	10	14	15	17
50	6	8	11	13	14
75	4	7	9	11	12
100	4	6	8	9	10
200	3	4	6	6	7
300	3	3	5	5	6
500	2	3	4	4	4
1.000	1	2	3	3	3
2.000	1	1	2	2	2
6.000	1	1	1	1	1

Legende. Bei einem Stichprobenumfang von *n* liegen die wahren Anteilswerte mit einer Wahrscheinlichkeit von 95% im Bereich von $\hat{p}$ plus/minus dem in der Tabelle angezeigten Wert.

zung oder eine Annahme verwenden. Oft schätzt man *p* durch $\hat{p}$, weil $\hat{p}$ bei immer größeren Stichproben gegen *p* konvergiert (Erwartungswert).

Nehmen wir nun an, wir hätten in unserer Stichprobe $\hat{p} = 10\%$ beobachtet. Dann würden sich die Schranken des Konfidenzintervalls berechnen als

$$\hat{p} - 1{,}96 \cdot \sqrt{\hat{p}(100 - \hat{p})/n} = 10 - 1{,}96 \cdot \sqrt{10(100 - 10)/200} = 5{,}84\%$$

bzw. als 14,16% für die obere Schranke des Konfidenzintervalls. Ausgehend von unserem Stichprobenparameter von 10% in der 200er Stichprobe würden wir also mit einem Vertrauen (Konfidenz) von 95% vermuten, dass der wahre Anteilswert zwischen etwa 6% und 14% liegt. Die Konfidenz ist aber nicht gleich 100%, d.h. es bleibt ein Restzweifel. In diesem Beispiel ist er begründet, weil das wahre *p* (=20%) eben nicht zwischen 6% und 14% liegt. Das Risiko für einen solchen Fehlschluss ist aber sehr klein, weil es wenig wahrscheinlich ist, in einer Stichprobe von 200 Personen einen Anteil von 10% zu beobachten, wenn der wahre Wert 20% ist. Tabelle 7.2 zeigt nämlich, dass man in 95% der Stichproben erwarten kann, dass der beobachtete Anteil für diesen Fall zwischen $20\% - 6\% = 14\%$ und $20\% + 6\% = 26\%$ liegt. Man kann sogar ausrechnen[89], dass 99% zwischen 13% und 27% liegen und 99,9% zwischen 11% und 29%. Wir sehen also: 10% zu beobachten, wenn 20% wahr sind, ist fast unmöglich, wenn die Stichprobe eine Zufallsstichprobe mit 200 Fällen ist.

---

[89] Zur Berechnung von 99%- bzw. von 99,9%-Konfidenzintervallen ersetzt man in Formel (7.3) den Wert 1,96 durch 2,33 bzw. durch 3,09.

Aber nochmals zurück zur Berechnung des Konfidenzintervalls. Die Berechnung des Standardfehlers s_e dadurch, dass $\hat{p}$ als Schätzung von p verwendet wird, lässt sich auch umgehen. In Tabelle 7.2 sehen wir, dass die *Fehlermargen* (d.h. die Größe des Konfidenzintervalls) für Anteilswerte von 50% am größten werden. Wenn wir unser Konfidenzintervall unter diesen *ungünstigsten* Bedingungen schätzen, dann erhalten wir die *konservativen* Schranken $\pm 7\%$.

Tabelle 7.2 zeigt außerdem einige allgemeine Effekte des Stichprobenumfangs. Zunächst sieht man, dass eine größere Stichprobe immer zu einem kleineren Konfidenzintervall führt. Der Effekt ist am größten für kleine Stichproben. Bei etwa $n=2.000$ erreicht man jedoch praktisch eine Asymptote: Weitere Erhöhungen des Stichprobenumfangs reduzieren das Konfidenzintervall dann kaum noch[90]. Natürlich gelten diese Aussagen aber nur für reine Zufallsstichproben. Zudem ist der Stichprobenfehler auch nicht die einzige mögliche Fehlerquelle, so dass man die hier dargestellten Fehlermargen eher als untere Schranken ansehen sollte.

Stichprobenfehler bei kleinen Populationen

Die obigen Überlegungen sind für die allgemeine Umfrageforschung ausreichend. Sie kann davon ausgehen, dass die untersuchte Population „groß" ist, d.h. mindestens $N=100.000$ Einheiten umfasst (Rea & Parker, 1992). Solche Populationsgrößen sind jedoch in MABs eher selten. Die Fehlermargen sollten daher multipliziert werden mit dem Korrekturfaktor $\sqrt{1-n/N}$, in dem der Quotient n/N den *Auswahlsatz* bezeichnet (Stenger, 1986). Für eine 200er Stichprobe aus einer Population von 1.000 Personen ist der Korrekturfaktor also gleich $\sqrt{1-200/1.000}=0,89$. Die Fehlermargen würden somit merklich *kleiner*.

Stichprobenfehler für Mittelwerte und andere Statistiken

Prozentuale Anteilswerte sind in MABs die wichtigsten Statistiken. Man kann aber auch für andere Statistiken Konfidenzintervalle konstruieren, z.B. für den Mittelwert einer Variablen X, also für $\bar{x}$. Die Logik ist dieselbe wie oben. Wir bezeichnen den wahren Mittelwert zunächst wie üblich mit μ. Der Stichprobenfehler ist dann $e=\mu-\bar{x}$. Seine Standardabweichung ist $s_e=\sqrt{\left(\sigma_x^2/n\right)\cdot\left(1-n/N\right)}$, worin σ_x^2 die Varianz der Variablen X in der Population ist. Nehmen wir an, wir hätten in der MAB das Item „Alles in allem bin ich mit meiner Bezahlung zufrieden" zusammen mit der üblichen 5-stufigen Likert-Skala verwendet. In einer Stichprobe von $n=200$ Befragten einer großen Organisation habe sich dabei ein mittlerer Skalenwert von $\bar{x}=2,3$ ergeben. Das Konfidenzintervall dieses Mittelwertes ergibt sich analog Formel (7.3) aus

$$\bar{x}-1,96\cdot s_e \leq \mu \leq \bar{x}+1,96\cdot s_e. \qquad (7.4)$$

---

[90] Aus diesem Grund werden in allgemeinen Bevölkerungsumfragen selten mehr als etwa $n=2.000$ Personen befragt.

Zur Berechnung von s_e wird σ_x^2 i.d.R. geschätzt durch die Varianz der beobachteten x-Werte. Man kann aber auch Erfahrungswerte verwenden: Bei den üblichen MAB-Items mit 5-stufigen Likertskalen ergeben sich meist Standardabweichungen von ungefähr 1,00. Nehmen wir also an, dass $\sigma_x \approx 1$, dann ist $s_e = 0,14$ nach Formel (7.4), so dass der Mittelwert in der Population, μ, mit 95% Wahrscheinlichkeit zwischen 2,16 und 2,44 liegen sollte.

Stichprobenfehler bei anderen Auswahlmethoden

Bislang haben wir angenommen, dass unsere Stichproben reine Zufallsstichproben sind. Das ist in der Praxis selten der Fall. Bei systematischen Zufallsstichproben sollten die Fehlermargen aber in der Praxis gleich sein wie in einfachen Zufallsstichproben. Bei geschichteten Zufallsstichproben können wir sogar mit kleineren Fehlermargen rechnen als bei einfachen Zufallsstichproben, wenn die Schichtungsmerkmale mit den Variablen korrelieren, für die wir Aussagen machen wollen (Wonnacott & Wonnacott, 1977).

Obwohl MABs fast immer viele Themen bearbeiten und viele Items enthalten, sind Schichtungen trotzdem fast immer statistisch sinnvoll. Ist die Stichprobe z.B. geschichtet in Hierarchieebenen, so kann man für diese Schichten einigermaßen genau voraussagen, wie sich die Befragten zu Fragen äußern werden, die in irgendeiner Weise Zufriedenheit ansprechen. Dieses Vorwissen kann dazu verwendet werden, für diese Fragen präzisere Statistiken für die Gesamtstichprobe abzuleiten. Wir berechnen dann z.B. den Gesamtmittelwert nicht mehr als einfaches Mittel aller Personen in der Stichprobe, sondern als gewichtete Summe der Schichtmittelwerte und den Stichprobenfehler ebenso als gewichtete Summe der Stichprobenfehler in den Schichten. (Entsprechende Formeln finden sich z.B. in Stenger, 1986.) Weil sich die Personen innerhalb der Schichten einigermaßen ähnlich sind und sich gleichzeitig von denen in anderen Schichten unterscheiden, reduziert sich damit der Stichprobenfehler.

Eine disproportionale Auswahl der Schichten oder Zellen führt dazu, dass die Fehlermargen in den überrepräsentierten Gruppen kleiner, in der Gesamtstichprobe dagegen i. Allg. größer werden als in reinen Zufallsstichproben. Das ist nur dann nicht der Fall, wenn die Schichten/Zellen überrepräsentiert sind, deren Varianzen überdurchschnittlich groß sind. Lassen sich die Varianzen vorab abschätzen, dann kann man eine optimale Schichtung berechnen (Stenger, 1986).

Klumpenstichproben führen zu größeren Fehlermargen als Zufallsstichproben bei solchen Variablen, die in den Klumpen homogener sind als in der Population. Der Effekt ist um so ausgeprägter, je weniger Klumpen verwendet werden.

7.5 Stichprobengröße

Unter Kostengesichtspunkten ist vor allem die Frage wichtig, welche Stichprobengröße mindestens erforderlich ist. Ihre Beantwortung erfolgt meist durch Umkehrung der obigen Überlegungen zu den Fehlermargen. Im Prinzip legt man zunächst fest, mit welchen Fehlermargen man „leben" kann. Nehmen wir beispielsweise an, wir wollten den Anteil der Fluktuationsgeneigten innerhalb von ±3% genau schätzen (mit der üblichen Konfidenz von 95%). Nehmen wir weiter an, unsere Firma habe insgesamt N=2.000 Mitarbeiter. Dann muss die Stichprobe bei konservativer Schätzung – d.h., wenn wir den für die Schätzung *ungünstigsten* Fall annehmen, dass der wahre Anteilswert gleich 50% ist – einen Umfang von mindestens n=696 haben (Tabelle 7.3).

Die Werte in Tabelle 7.3 berechnen sich wie folgt. Wir fordern, dass der Faktor $1{,}96 \cdot s_e$ in Formel (7.3) nicht größer als ±3% sein darf. Welches n führt genau zu diesem Wert? Wir setzen $3\,[\%] = 1{,}96 \cdot s_e$. Das ergibt $n = p(100-p)(1{,}96/3)^2$ oder allgemein:

$$n = \left[\frac{1{,}96\sqrt{p(100-p)}}{M}\right]^2,$$
(7.5)

In (7.5) ist M die geforderte Fehlermarge. In unserem Beispiel ist M=3 [%]. Setzen wir in (7.5) für p den konservativsten Wert ein, also 50%, dann ist n=1.067. Für eine unendlich große Population müsste die Stichprobe also mindestens 1.067 Personen umfassen, damit wir mit 95% Sicherheit den wahren Anteilswert mit einer Fehlermarge von ±3% – im unterstellten ungünstigsten Fall von p=50% – schätzen könnten, vorausgesetzt wir ziehen eine einfache Zufallsstichprobe. Wir können aber noch berücksichtigen, dass unsere Population nur N=2.000 Personen umfasst. Die Stichprobe kann daher kleiner sein. Setzt man in (7.5) noch die Endlichkeitskorrektur ein, dann ergibt sich

$$n = \left[\frac{1{,}96\sqrt{p(100-p)}}{M} \cdot \sqrt{1-n/N}\right]^2,$$
(7.6)

und hieraus nach Auflösung nach n:

$$n = \frac{1{,}96^2\left[p(100-p)\right]N}{1{,}96^2\left[p(100-p)\right]+N \cdot M^2}.$$
(7.7)

Mit (7.7) ist Tabelle 7.3 berechnet. Sie widerlegt die weitverbreitete Meinung, dass eine gute Stichprobe immer einen substantiellen Anteil der Population erfassen muss. Wir sehen vielmehr, dass man bei einer Population von 100.000 Einheiten mit einer 383er Stichprobe auskommt (bei 5% Fehlermarge). Man kann mit Formel (7.7) zudem nachrechnen, dass die minimale Stichprobengröße für eine Population von 10 Millionen lediglich 384 ist. Auch bei 100 Millionen braucht man nur 384 Personen.

Andererseits zeigt Tabelle 7.2 aber auch, dass die minimale Stichprobengröße bei kleinem N einen erheblichen Anteil der Population ausmacht. Will man *kleine Fehlermargen* bei gleichzeitig *hoher Sicherheit* und dies selbst in dem für die Schätzung *ungünstigsten Fall* von p=50%, dann kann die minimale Stichprobe u.U. mehr als die Hälfte der Population ausmachen!

Tabelle 7.3. Kleinste Stichprobengrößen (*n*), um bei Populationen verschiedener Größe (*N*) einen wahren Anteilswert von *p*=50% bzw. 80% (oder 20%) innerhalb verschiedener Fehlermargen (±*M*) mit 95% Vertrauen zu schätzen.

p=50%				*p*=80% (oder 20%)			
N	±3%	±5%	±10%	*N*	±3%	±5%	±10%
200	168	132	65	200	155	110	47
300	234	168	73	300	208	135	51
400	291	196	77	400	252	152	53
500	340	217	81	500	289	165	55
750	440	254	85	750	357	185	57
1.000	516	278	88	1.000	406	197	58
1.500	624	306	90	1.500	469	211	59
2.000	696	322	92	2.000	509	219	60
3.000	787	341	93	3.000	556	227	60
6.000	879	357	94	6.000	601	234	61
7.500	934	365	95	7.500	626	238	61
10.000	964	370	95	10.000	639	240	61
50.000	1045	381	96	50.000	674	245	61
100.000	1056	383	96	100.000	678	245	61

Rea & Parker (1992) und mit ihnen Edwards et al. (1997) empfehlen in solchen Fällen, nur eine Stichprobe von *n*=*N*/2 zu ziehen. Die statistischen Begründungen, die sie dafür geben, sind jedoch nicht stichhaltig. Vielmehr ist – auch aus Kostengründen – gerade das Gegenteil ihrer Empfehlung sinnvoll, d.h. in derartigen Fällen sollte eine Vollbefragung durchgeführt werden[91].

Eine andere Frage ist, wie sich der Anteilswert auf das minimale *n* auswirkt. In Tabelle 7.3 sieht man aus dem Vergleich der Werte für *p*=50% und *p*=80%, dass das erforderliche *n* für *p*=80% (oder *p*=20%) deutlich kleiner wird. Mittels Formel (7.7) ergeben sich weitere Werte. So ist z.B. die minimale Stichprobengröße zur Schätzung eines wahren Anteilswerts von 30% (oder 70%) in einer Population mit *N*=200 Elementen mit einer Fehlermarge von 10% bei 95% Vertrauen nur *n*=57. Bei 10% (oder 90%) ist sogar nur noch *n*=29 erforderlich, also weniger als die Hälfte des für *p*=50% erforderlichen Stichprobenumfangs von *n*=65. Insbesondere extreme Anteilswerte können also offensichtlich schon bei vergleichsweise kleinen Stichprobengrößen einigermaßen zuverlässig geschätzt werden.

Schließlich noch die Frage, um welchen Faktor man eine Stichprobe vergrößern muss, um das Konfidenzintervall eines Parameters zu halbieren. Formel (7.7) zeigt, dass eine Halbierung des Konfidenzintervalls – bei sehr großem *N* – einen praktisch

---

[91] Gabler (1999) hat unter Verwendung der exakten Schätzformeln für kleine, endliche Populationen (Wright, 1991) die Werte aus Tabelle 7.3 nachgerechnet und kommt dabei für kleine *N*'s zu dem Schluss, „dass der asymptotisch berechnete notwendige Stichprobenumfang immer *zu klein* ist, allerdings nicht dramatisch". Er wird also nicht, wie Rea & Parker (1992) offenbar annehmen, *über*schätzt.

vierfachen Stichprobenumfang erfordert, weil M^2 umgekehrt proportional zu n ist. Bei kleinen Populationen genügt dagegen, wie man aus Tabelle 7.3 sieht, eine weniger große Erhöhung des Stichprobenumfangs.

7.6 Ausschöpfung

Ein großes Thema bei MABs ist die Frage der *Ausschöpfung*. Sie stellt sich sowohl bei Voll- wie bei Stichprobenbefragungen: Wie viele Mitarbeiter haben sich an der MAB beteiligt und wie viele nicht? Viele *Ausfälle* (*Nichtantworter, total nonresponse*) führen zu zahlreichen Fragen und Problemen[92].

Theoretisch wichtig, aber in der Praxis nur schwer zu belegen, ist die Unterscheidung *neutraler* Ausfälle von *Verweigerern*. Zu den neutralen Ausfällen zählen Mitarbeiter, die sich aus objektiven Gründen gar nicht beteiligen konnten, z.B. deshalb, weil sie während der MAB krank oder in Urlaub waren. Eine zweite Gruppe von Nichtantwortern sind Personen, die sich prinzipiell beteiligen wollen, dies auch so angeben, sich dann aber doch nicht beteiligen, z.B. weil sie vergesslich sind, weil sie den Fragebogen verlegt haben oder weil sie den Abgabetermin verpasst haben. Rogelberg (2001) berichtet Studien, nach denen der Anteil dieser von ihm als *passive Nichtantworter* bezeichneten Personen deutlich größer ist als der der *aktiven Nichtantworter*, die sich absichtlich nicht beteiligen, z.B. weil sie Anoymitätsbedenken haben oder weil sie von der MAB nichts halten.

Für die Berechnung der *Rücklaufquote* in der Praxis werden diese Unterscheidungen selten berücksichtigt. Hier wird die Rücklaufquote meist ganz simpel berechnet als Zahl der eingesammelten Fragebögen relativ zur Zahl der ausgegebenen Fragebögen („Bruttorücklauf"). Damit ist die Ausschöpfung auf jeden Fall recht konservativ angegeben, u.a. auch deshalb, weil es immer auch Fragebögen gibt, die leer abgegeben werden.

Eine wichtige Frage in diesem Zusammenhang ist natürlich, ob und wie sich Nichtbeteiligung auf die Ergebnisse auswirkt. Nehmen wir an, die Rücklaufquote ist nur 50%. Beschreiben die Ergebnisse dann überhaupt noch die Situation in der Grundgesamtheit adäquat oder sind sie „verzerrt" („biased")? Die Antwort hängt stark davon ab, wie groß der Anteil der aktiven Nichtantworter ist und ob diese eine besondere Beziehung zu Fragen der MAB haben oder ob sie nur einfach gegen die Befragung als solche sind.

Betrachten wir ein Beispiel. Nehmen wir an, 25% der Mitarbeiter haben die ernsthafte Absicht, die Firma zu verlassen. Nun führen wir eine Stichproben-MAB durch und erreichen dabei eine Ausschöpfung von 70%. Wenn die Ausfälle zufällig sind, dann sollten wir ungefähr 25% Fluktuationsgeneigte in der Stichprobe haben. Wenn aber der Anteil der Fluktuationsgeneigten bei den Nichtantwortern relativ groß ist (z.B. deshalb, weil sie innerlich schon gekündigt haben) oder relativ klein ist (z.B.,

---

[92] Bei Nicht-Zufallsstichproben wird das Problem geringer Beteiligung oft verdeckt, weil einfach so lange weiter erhoben wird, bis die Vorgaben erfüllt sind.

Tabelle 7.4. Schätzungen des wahren Anteils von Personen mit Eigenschaft
X bei verschiedenen Anteilen dieser Personen an der Gruppe der Nichtantworter und bei verschieden großer Ausschöpfung.

Ausschöpfung der Stichprobe (in %)	Prozentsatz von Personen mit Eigenschaft X unter den Nichtantwortern						
	10	20	25	30	40	50	75
90	27	26	25	24	23	20	19
70	31	27	25	23	19	14	4
50	40	30	25	20	10	0	
30	60	37	25	13			

Legende. Zahlen in der Tabelle sind die Prozentanteile Fluktuationsgeneigter in der
Stichprobe; der wahre Anteil der Fluktuationswilligen ist immer 25%.

weil sie besonders motiviert sind, ihre Meinung zu sagen), dann ist die Stichprobe
verzerrt. Wenn unter den Nichtantwortern z.B. relativ viele fluktuationsgeneigt sind
(etwa: 50%), dann würde die Stichprobe bei einer Ausschöpfung von 70% nur 14%
(statt der wahren 25%) Fluktuationsgeneigte enthalten (siehe Tabelle 7.4). Da man
den wahren Anteil nicht kennt, würde man ihn also auf der Basis der Information, die
die Stichprobe liefert, deutlich unterschätzen.

Wenn Nonresponse nicht mit dem interessierenden Merkmal (im obigen Beispiel:
Fluktuationsneigung) korreliert, dann hat der geringe Rücklauf keine Nachteile für
die Schätzungen. Das ist grundsätzlich bei passiven Nichtantwortern (d.h. keinen echten Verweigerern) zu erwarten. Wenn also der von Rogelberg (2001) geschätzte hohe
(4-fache!) Anteil passiver Nichtantworter im jeweiligen Einzelfall auch zutrifft, dann
sind die Ergebnisse problemlos auf die Grundgesamtheit verallgemeinerbar.

Das offensichtliche Problem ist, dass sich im Einzelfall nicht nachweisen lässt, ob
die Nichtantworter überwiegend passive Nichtantworter sind. Da MABs fast immer
anonym sind, kann man die Nichtantworter i. Allg. auch nicht nachträglich befragen.
Zudem hat die Forschung bislang nur wenige Merkmale identifiziert, die Antworter
von Nichtantworten unterscheiden. Diese sind vor allem soziologischer Natur: Ältere
Personen sind eher Nichtantworter; Personen der Mittelschicht sind eher kooperati-
onsbereit (Diekman, 1995). Aus psychologischer Sicht weiß man nur, dass „gewis-
senhafte" Personen eher bereit sind zu antworten (Rogelberg, 2001).

Borg (2001c) und Borg & Tuten (2003) haben jedoch gezeigt, dass es keinerlei
Unterschiede in der Zufriedenheit und dem Commitment von Früh- und von Spätant-
wortern gibt. Folgt man dem üblichen Argument, dass Spätantworter fast Nichtantworter sind, dann zeigt dieser Befund, dass es keinen Grund gibt anzunehmen, dass
sich die Meinungen und Einstellungen von Nichtantwortern deutlich von denen der
Antworter unterscheiden. Andererseits zeigt Borg (1991a), dass Personen, die auf
eine oder mehrere demographische Items keine Antwort geben, signifikant unzufriedener sind und sich allgemein negativer äußern als Personen, die die DIs ausfüllen.
Die Erklärung dafür ist, dass sie sich durch das Nichtantworten auf diese Fragen nicht
identifizierbar machen wollen, um so kein Risiko einzugehen, wenn sie sich negativ
äußern. Die Unterschiede zwischen den Personengruppen sind allerdings gering.

Letztlich gilt natürlich, dass Nichts über eine hohe Beteiligung geht, weil sich dann derartige Überlegungen und Argumentationen erübrigen.

Markt- und Meinungsforscher versuchen nicht selten, Ausfälle durch entsprechende Gewichtungen zu korrigieren („*Redressment*") (Gabler & Hoffmeyer-Zlotnik, 1997). Ist z.B. bekannt, dass in der Population 60% Arbeiter sind, in der Stichprobe aber nur 40%, dann werden die Daten der Arbeiter bei der Berechnung von Gesamtparametern mit 60/40=1,5 gewichtet und die der Nichtarbeiter entsprechend mit 40/60=0,67. Das führt dann zu besseren Schätzungen, wenn die Ausfälle nicht systematisch sind. Schnell (1993) zeigt jedoch, dass diese Annahme meist unrealistisch ist. In MABs erscheint es zudem besser, ein eventuelles Nonresponse-Problem nicht durch derartige „Tricks" zu verdecken, sondern zu thematisieren.

7.7 Stichprobenkonstruktion in der Praxis

Wir haben gesehen, dass für Stichprobenbefragungen die geschichtete Zufallsstichprobe i. Allg. die beste Methode ist. Sie wird jedoch in der Praxis nicht immer verwendet. Ein Grund dafür ist, dass die nötigen Schichtungsvariablen nicht verfügbar sind oder es zu teuer käme, entsprechende Listen zu erzeugen. In diesem Fall ist es sinnvoll, ein mehrstufiges Verfahren zu wählen, statt ganz auf eine Zufallsstichprobe zu verzichten[93].

Die obigen Darstellungen sind zudem überwiegend formaler Natur. Sie sind für die Praxis nur teilweise relevant. Stichproben werden nämlich oft nach einer eher *hybriden* Methodik konstruiert, die viele weitere, nicht-statistische Gesichtspunkte berücksichtigt. Weisberg et al. (1997) nennen hier ein recht einsichtiges Beispiel: Hätte man aus der Liste der früher bei den Vereinten Nationen akkreditierten Länder per systematischer Zufallsauswahl eine Stichprobe von Ländern gezogen, um an Hand dieser Stichprobe die Meinungsverteilung in der U.N. zu schätzen, dann hätten dabei die USA, die UdSSR und das UK nie zusammen gezogen werden können. Das wäre sicher aus inhaltlichen Gründen fatal gewesen, weil diese drei Länder Großmächte und damit entscheidende *Meinungsführer* waren. Für die Erfassung der Meinungen in den Vereinten Nationen sind manche Länder wichtiger, manche weniger wichtig. Aus einem ähnlichen Grund werden bei allgemeinen Bevölkerungsumfragen in den USA in den großen urbanen Zentren wie New York, Chicago oder Los Angeles *immer* Interviews durchgeführt. Hier überlässt man es also *nicht* dem Zufall, ob Personen aus diesen Regionen in die Stichprobe kommen. Entsprechend wird in großen Firmen meist per Plan – nicht per Zufall! – festgelegt, welche Niederlassungen, Werke oder Regionen befragt werden sollen. Dann wird in diesen jeweils kombiniert nach hierarchischer Ebene und nach Geschäftsbereichen geschichtet. Zudem werden Führungskräfte i.d.R. überrepräsentiert gezogen. Das Top-Management wird immer vollständig befragt.

---

[93] Markt- und Meinungsforscher verwenden übrigens nur selten Zufallsstichproben, sondern vorwiegend die viel billigeren Quotenstichproben (Fowler, 1993, S. 49). Bei MABs ist es dagegen vergleichsweise einfach, den für Zufallsstichproben erforderlichen Auswahlrahmen zu erstellen.

Ein anderes Beispiel ist eine zeitlich gestufte Vollbefragung („rollierende Befragung"). So befragt eine große US-Handelskette regelmäßig alle ihre Mitarbeiter. Die Befragung wird jedes Jahr aber nur in einer Stichprobe von einem Drittel der Filialen durchgeführt. Die nächsten beiden Drittel werden in den beiden Folgejahren erhoben. Nach drei Jahren startet ein neuer Zyklus (Edwards & Thomas, 1993).

Für derartige Vorgehensweisen sprechen nicht nur Kostenargumente. Wichtiger ist oft noch die Frage, in welchem Ausmaß sich die Organisation zutraut, die nach der Befragung auf sie zukommenden Folgeprozesse bewältigen zu können.

Die ersten statistischen Überlegungen zur erforderlichen Stichprobengröße laufen zudem bald auf die Frage zu, welche Gruppen später ausgewertet werden sollen und wie viele Personen dort jeweils befragt werden sollen, damit die Befragungsbefunde für diese Teilgruppen von den Mitarbeitern und Führungskräften als aussagekräftig akzeptiert werden. Statistische Argumente können dabei sehr hilfreich sein. Sie sind aber nicht hinreichend. Wenn man z.B. schon vorab vermutet, dass es in einer bestimmten Gruppe Konflikte gibt, dann ist von vornherein klar, dass man für diese Gruppe „gute" Daten braucht, um dort etwas bewirken zu können. Befunde kleiner oder „nicht repräsentativer" Stichproben bieten bequeme Angriffsflächen dafür, die Befunde beiseite zu schieben.

Die Frage nach dem erforderlichen Stichprobenumfang ist bei Mehrthemenbefragungen statistisch nicht leicht zu beantworten. Zudem operiert man mit begrenzten Ressourcen. Das heißt, dass man – vereinfacht gesprochen – entweder den Stichprobenumfang erhöhen kann oder in mehr Qualität (sorgfältige Schichtung, Zufallsauswahl, Anstrengungen zur vollen Ausschöpfung, ausgereifte Fragebögen usw.) investieren kann. Daher kommt es, dass unter Meinungsforschern die für Laien zunächst paradox erscheinende Überzeugung vorherrscht, dass „Stichproben durchaus genauer sein können als Vollerhebungen" (Schnell et al., 1995, S. 287). Dem möglichen Gegenargument, dass die Stichprobe „zu klein" ist, um daraus verlässliche Informationen zu entnehmen, muss man dann mit statistischer Theorie begegnen.

8 Information I

Das Informieren der Mitarbeiter über die MAB und ihre Prozesse ist ein Sammelvorgang, der fast die ganze MAB begleitet. Die Informationsvorgänge beginnen, wenn die Grundzüge der Positionierung der MAB ausgearbeitet sind. Sie lassen sich dann in zwei große Phasen gliedern. Die erste Phase, die wir als „Information I", bezeichnen, endet vor der Rückspiegelung der MAB-Ergebnisse in die Organisation. In der zweiten Phase („Information II") wird über die Ergebnisse der Befragung, die Reaktionen und Aktionen berichtet.

8.1 Ziele und Vorgänge von „Information I"

Die Phase „Information I" dient dazu, die Mitarbeiter so über die MAB und ihre Prozesse zu unterrichten, dass diese verstehen, worum es geht, wie es laufen soll und was ihre Rolle ist. Die Positionierung der MAB (Ziele, Konditionen, Spielregeln, Zeitplan, Anforderungen, Ansprüche usw.) sollte allen Mitarbeitern so klar werden, dass sie zumindest motiviert sind, sich an der Befragung zu beteiligen und dort offene und ehrliche Antworten zu geben.

In allen Organisationen, die für eine direkte, informelle Kommunikation zu groß sind, erfordert die Phase „Information I" eine sorgfältige Planung verschiedener Aktionen. Abbildung 8.1 zeigt hierzu eine modellartige Übersicht. Sie löst den in Abbildung 3.2 dargestellten ersten Teil des Balkens „Information" in fünf Sammelvorgänge auf. Drei davon – nämlich „Erstankündigung", „Motivation" und „Organisation" – liegen vor der eigentlichen Befragung, zwei – „Danke", „Überbrückung" – danach. Die wesentlichen Teilvorgänge in diesen Abschnitten sind in Abbildung 8.1 ausgewiesen.

Die Logik der Vorgänge ergibt sich aus ihren Bezeichnungen. Die Erstankündigungen dienen dazu, die Mitarbeiter darüber zu informieren, dass eine Mitarbeiterbefragung kommt, welchen übergeordneten Zielen sie dient, und dass die Aktion sowohl vom Management als auch vom Betriebsrat voll unterstützt wird. Die Erstankündigungen erfolgen relativ frühzeitig, aber keinesfalls bevor klar ist, dass eine MAB wirklich durchgeführt wird. Eine einmal angekündigte MAB lässt sich nur schwer wieder zurückziehen. Die Erstankündigungen sollten ansonsten knapp gehalten werden, weil es wenig bringt, die Einzelheiten der MAB zu einem so frühen Zeitpunkt darzulegen. Man sollte aber ankündigen, wann und von wem die Mitarbeiter über Weiteres informiert werden.

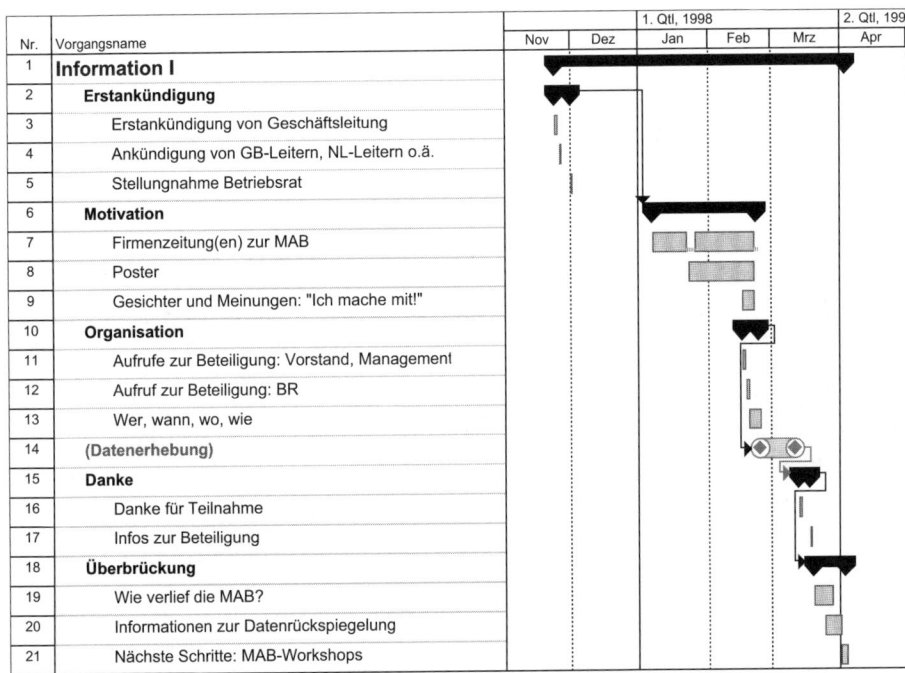

Abbildung 8.1. Ein Modellplan für Vorgänge von „Information I".

Die ersten Detailinformationen werden in der Motivationsphase geliefert. Die zentralen Medien hierfür sind die Firmenzeitung, Sonderausgaben der Firmenzeitung oder besondere Broschüren. Abbildung 8.2 zeigt dazu ein Beispiel. Man sieht hier das Titelblatt einer speziellen Ausgabe des Mitarbeitermagazins „Intern" zum Thema MAB, in dessen Zentrum das Logo und Motto der MAB zu erkennen ist („Wacker im Dialog").

Mit diesem Heft sollte zunächst ganz allgemein über die MAB informiert werden: Ihre Ziele, ihren Zeit- und Ablaufplan, ihre Meilensteine und Vorgänge usw. Zudem bezogen dort wichtige Gruppen und Personen Position zur MAB, insbesondere der Geschäftsführer, der Personalleiter und der Betriebsrat. Zudem wurde das Koordinationsteam vorgestellt.

In manchen Unternehmen wird in einem solchen Heft auch ausgeführt, was andere Unternehmen machen, damit die Mitarbeiter sehen, dass eine MAB ein bewährtes Instrument ist. Zugleich bietet sich hier ein Forum, um auf Fragen, die normalerweise von den Mitarbeitern zu einer MAB gestellt werden, proaktiv einzugehen.

Ein besonderes Gewicht hat dabei stets die Thematik „Datenschutz und Anonymität". Dabei ist allerdings darauf zu achten, dass man die Darstellung der Maßnahmen in diesem Bereich nicht überzogen breit und defensiv anlegt. Hippler et al. (1990) zeigen nämlich in einer experimentellen Untersuchung, dass die besten Rücklaufquoten erzielt werden, wenn sachlich, aber konzise erklärt wird, wie die Anonymität der

Abbildung 8.2. Informationen zur MAB in einer Mitarbeiterzeitung.

Befragten sichergestellt wird. Deutlich schlechter sind die Rücklaufquoten, wenn überhaupt nichts zur Anonymität gesagt wird, aber auch dann, wenn sehr ausführlich auf Anonymität eingegangen wird. Übertrieben ausführliche Erklärungen erzeugen eher Misstrauen. Vertrauen kann dagegen dadurch geschaffen werden, dass sich der Datenschutzbeauftragte positiv zur MAB und den Maßnahmen, die den Datenschutz betreffen, äußert.

Der positiven Stimmung zuträglich ist es zudem, wenn den Mitarbeitern etwas genauer und in einer „persönlichen" Form erklärt wird, welche Personen im MAB-Projekt arbeiten. Dies sind in erster Linie die MAB-Koordinatoren. Um sie den Mitarbeitern bekannt zu machen, sollte man nicht nur ihre Namen und Organisationseinheiten veröffentlichen, sondern auch etwas mehr über die Menschen sagen, die zu diesen Namen gehören. Dazu gehören zunächst einmal Bilder der Koordinatoren, am besten ein Foto des gesamten Koordinationsteams. Darüber hinaus sollten einige weitere Informationen zu den einzelnen Koordinatoren gegeben werden, z.B. wie lange sie schon bei der Firma sind, welche Aufgaben sie haben, was sie vorher gemacht haben, ggf. auch einige persönliche Daten wie Kinder, Interessen und Hobbys. Von allgemeinem Interesse kann es auch sein, wenn ausgeführt wird, welche konkreten Erwartungen diese Koordinatoren an die MAB haben und warum sie sich dafür einsetzen, dass die MAB ein Erfolg wird. Koordinatoren, die in dieser Weise bekannt werden, können auf eine gewisse Solidarität der Mitarbeiter bauen: „Die tun das für uns alle und für die Firma. Da werde ich sie nicht hängen lassen!"

In die gleiche Richtung zielen Informationen darüber, was „die Kollegen" denken. Dafür dient u.a. der Vorgang 9, in dem vorgesehen ist, eine Broschüre, ein Faltblatt, ein Poster oder Ähnliches mit Fotos von Mitarbeitern zusammen mit kurzen Stellungnahmen zur MAB zu publizieren. In diesen Stellungnahmen sollte stehen, was diese Mitarbeiter von der MAB halten, ob sie sich beteiligen wollen, welche Erwartungen sie an die MAB haben usw. Fast immer ist der überwältigende Teil der Mitar-

Abbildung 8.3. Ein Faltblatt zur Motivierung der Mitarbeiter.

beiter einer MAB gegenüber positiv eingestellt, so dass der Slogan „Wir machen mit!" (Abbildung 8.3) die allgemeine Stimmung richtig wiedergibt. Einzelne Skeptiker kann es natürlich trotzdem geben. Sie sollten angemessen zu Wort kommen. Eine Stellungnahme wie „Ich werde mich beteiligen, aber ich bin doch etwas skeptisch, ob dann auch etwas gemacht wird" kann nämlich für die Führungskräfte ein wichtiger Hinweis sein, dass die Mitarbeiter mit ihrer Beteiligung auch die Erwartung verbinden, dass die Ergebnisse wirklich Gehör finden und zu sinnvollen Reaktionen führen. Sollte die Stimmung bei den Mitarbeitern ausnahmsweise einmal nicht positiv für die MAB sein, dann kann dieser Vorgang natürlich nicht in dieser Weise gestaltet werden. In diesem Fall sollte man sich zunächst verstärkt auf Fragen und Gegenargumente konzentrieren und hierfür gute Antworten finden.

Die Frage, die dabei immer als erste zu beantworten ist, ist die nach dem Nutzen einer MAB. In Abbildung 8.4 werden einige allgemeine Antworten hierzu gezeigt. Sie sind differenziert für drei wichtige Interessensgruppen: Top-Manager, mittlere Manager und Mitarbeiter der Basis. Diese Argumente müssen im konkreten Fall natürlich an die Besonderheiten der Firma angepasst werden.

Unter der Überschrift „Organisation" (Sammelvorgang 10 in Abbildung 8.1) sind schließlich die Vorgänge zusammengefasst, die in der Woche unmittelbar vor der eigentlichen Befragung anstehen. Sinnvoll sind hier nochmals Aufrufe der Geschäftsleitung und des Betriebsrats zur Beteiligung. Das dabei avisierte Ziel kann nur lauten:

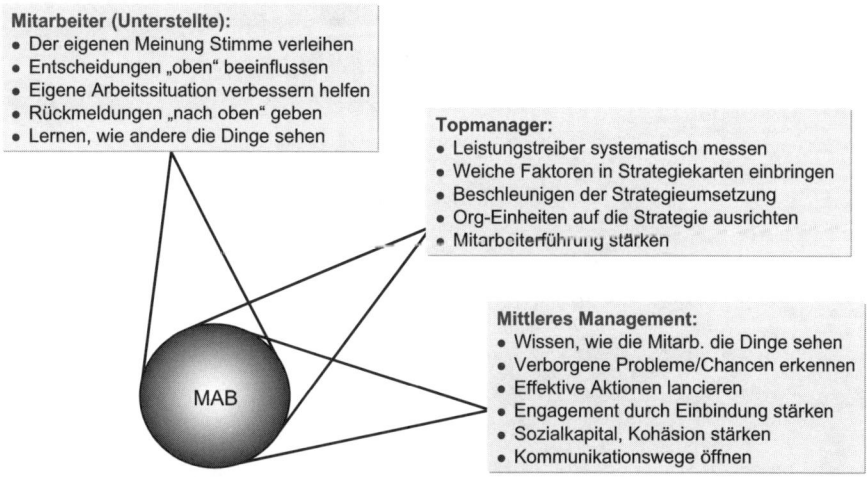

Mitarbeiter (Unterstellte):
- Der eigenen Meinung Stimme verleihen
- Entscheidungen „oben" beeinflussen
- Eigene Arbeitssituation verbessern helfen
- Rückmeldungen „nach oben" geben
- Lernen, wie andere die Dinge sehen

Topmanager:
- Leistungstreiber systematisch messen
- Weiche Faktoren in Strategiekarten einbringen
- Beschleunigen der Strategieumsetzung
- Org-Einheiten auf die Strategie ausrichten
- Mitarbeiterführung stärken

Mittleres Management:
- Wissen, wie die Mitarb. die Dinge sehen
- Verborgene Probleme/Chancen erkennen
- Effektive Aktionen lancieren
- Engagement durch Einbindung stärken
- Sozialkapital, Kohäsion stärken
- Kommunikationswege öffnen

MAB

Abbildung 8.4. Der Nutzen einer MAB aus drei Perspektiven.

„100%!", nicht etwa „Möglichst viele!" – vorausgesetzt allerdings, dass in der Positionierung auch für die Führungskräfte ein Auftrag formuliert wurde, sich nachdrücklich für eine hohe Beteiligung einzusetzen. Die meisten Organisationen unterstützen diese Aufrufe noch durch verschiedene Werbe- und Kommunikationsmaßnahmen wie Plakate, Fahnen, Hinweise beim Einschalten des PC im Netzwerk u.ä. Ein Beispiel dafür zeigt Abbildung 8.5, in dem mit einem Banner über dem Fabriktor auf die MAB hingewiesen wird. Wenn man genau hinsieht, erkennt man an dem Logo am rechten Rand des Banners, dass es sich hier wieder um die gleiche Firma handelt wie in Abbildung 8.2.

Unmittelbar vor der Befragung ist es nötig, die Mitarbeiter über die operativen Details zu informieren: Wer kann wann und wie an der MAB teilnehmen? Wohin dann mit dem Fragebogen? Bis wann muss der Fragebogen abgeben werden?

Nach der Datenerhebungsphase (Vorgang 14) ist es üblich, die Mitarbeitern über die Beteiligung zu informieren und ihnen für ihre Beteiligung zu danken. Im Normalfall einer eher hohen Beteiligung kann man dies als ersten Erfolg der Aktion feiern. Bei niedriger Beteiligung kann man evtl. überlegen, ob nicht an Stelle von Prozentzahlen oder in Ergänzung dazu die absolute Zahl der abgegebenen Fragebögen ein positiveres Signal setzt. Gerade in größeren Organisationen ist diese Zahl immer beeindruckend.

Der letzte Abschnitt in Abbildung 8.1 ist als „Überbrückung" gekennzeichnet, weil die Mitarbeiter nach der Befragung zunächst keine aktive Rolle haben, sondern erst wieder in MAB-Workshops, Aktionsplanung oder ähnlichen Folgeaktivitäten eingebunden werden. In diesem Zeitabschnitt kann der *Spannungsbogen* der MAB leicht abreißen. Es entsteht u.U. der Eindruck, dass das MAB-Projekt ganz eingeschlafen oder versickert ist. Richtig ist dagegen, dass in dieser Zeit die Daten ausgewertet werden, die Präsentation an die Geschäftsführung und das obere Management erfolgt und Reaktionen und Aktionen überlegt werden. Die Mitarbeiter müssen über diese

Abbildung 8.5. Hinweis auf die MAB durch ein Banner über dem Fabriktor.

Aktivitäten informiert werden (Vorgang 20) und wissen, wie die Prozesse weitergehen (Vorgang 21). Zur Überbrückung der Latenzzeit kann man evtl. noch weitere
Informationen publizieren, z.B. die für Vorgang 19 vorgesehenen Berichte und Geschichten über den Verlauf der Befragung. Hierzu ist in Abbildung 8.6 ein Beispiel
gezeigt, das Fotos vom Tag der Datenerhebung in den verschiedenen Niederlassungen einer Firma zeigt und dabei auch gleichzeitig etwas über die positive Stimmung
dieser Veranstaltungen kommuniziert. Nicht zu empfehlen ist dagegen, in der Über-
brückungsphase schon einmal vorab allgemeine MAB-Ergebnisse „per Gießkanne"
und ohne Kommentierung zu verbreiten. Damit sollte man warten, bis die Geschäftsleitung ihre Analyse abgeschlossen hat und evtl. Schwerpunktthemen oder Handlungsfelder definiert sind.

8.2 Planungsaspekte von „Information I"

Die Planung der einzelnen Vorgänge in „Information I" erfordert zahlreiche Entscheidungen und Arbeiten. Einige wichtige Aspekte dabei sind die folgenden:

• *Was, wann, wie, an wen?* Die „Erstankündigung seitens der Geschäftsleitung"
(Vorgang 3) geht i.d.R. unmittelbar nach Abschluss der Positionierung an alle Mitarbeiter. Sie kann als persönlich adressierter Brief an jeden Mitarbeiter nach Hause ge-

Survey News 2/1998

IMPRESSIONS
OF THE SAP DAY . . .

...from Australia

...from Brazil

...from China

...from Malaysia

...from Philippines

...from Singapore

...from UK

Walldorf

schickt werden, sie kann aber auch jedem Mitarbeiter als Rundbrief am Arbeitsplatz zugehen, sie kann als E-Mail „an alle", als Aushang am schwarzen Brett, als Ankündigung auf einer Betriebsversammlung erfolgen usw. Neben diesen Formfragen muss geklärt werden, was in dieser Erstankündigung inhaltlich kommuniziert werden soll.

• *Wer* koordiniert *die Informationsvorgänge?* Hier hat es sich bewährt, dass eine Peron aus dem KKT diese Aufgabe für die Gesamtdauer der MAB übernimmt. Der für die Information verantwortliche Funktionsträger aus dem KKT

Abbildung 8.6. Eindrücke vom Tag der Datenerhebung.

wird (vor der Befragung) quasi der *Wahlkampfmanager* der MAB. Er entwirft, plant, koordiniert, kontrolliert und organisiert einen Mix von Maßnahmen zur Information und Kommunikation, mit dem Ziel, eine hohe Wahlbeteiligung zu erreichen.

• *Support.* Zur Unterstützung des Teilprojektleiters Information wird ein Spezialteam (siehe Abbildung 3.1) gebildet mit Personen aus dem Bereich Konzernkommunikation, Werbung, Marketing o.ä., die einen *Mediaplan* erstellen. Der Mediaplan kann in größeren Firmen u.U. recht facettenreich werden mit Dimensionen wie Print, Mail, Live, Intranet, Firmen-TV; mit zahlreichen Aktivitäten zentraler und lokaler Art auf diesen Dimensionen; mit einer Planung der nötigen Entscheidungen und Produktionsvorgänge; mit ergänzenden Netzplänen zur Koordinierung der verschiedenen

Kommunikationsanstrengungen über die hierarchischen Ebenen, Geschäftsbereiche und Regionen hinweg. Ein solcher Mediaplan kann nicht „nebenbei" erstellt werden. Er erfordert zudem fachliche Kompetenz. Für seine Umsetzung muss zudem fast immer auf externe Spezialisten (z.B. Druckereien, Werbeagenturen, Fotografen) zurückgegriffen werden.

- *Zeitige Vorbereitung der Informationen.* Viele Informationsmaterialien liegen nicht einfach vor, sondern müssen erarbeitet werden. Eine Publikation, die „Kurzinterviews" von Mitarbeitern zur MAB zeigt (Abbildung 8.3), muss zunächst recherchiert, geschrieben, gestaltet, gedruckt, evtl. nochmals genehmigt, editiert und dann verteilt werden. Das erfordert Zeit und den Einsatz entsprechend qualifizierter Mitarbeiter.

- *Modelle und* Material *für die lokale Verwendung.* In größeren Organisationen ist es weder sinnvoll noch möglich, die gesamte Information zur MAB zentral zu gestalten. Das sieht man besonders deutlich am Beispiel einer weltweiten MAB, bei der die lokale Kultur und Sprache berücksichtigt werden müssen. Um trotzdem ein gewisses Alignment sicherzustellen und um gleichzeitig die Gesamtarbeit möglichst klein zu halten, sollte das MAB-Kernteam Material erar-

Abbildung 8.7. Poster für eine weltweite MAB.

beiten, das von den regionalen Koordinatoren oder den Landeskoordinatoren leicht adaptiert werden kann. Beispiele hierfür zeigen die Abbildungen 8.7 und 8.8. Im ersteren Fall handelt es sich um ein Poster, das den Koordinatoren in elektronischer Form zugestellt wurde. Der Grafikfile war so gestaltet, dass die Koordinatoren darin verschiedene Elemente, insbesondere die Schriftelemente, leicht durch Schriftzüge ihrer Wahl ersetzen konnten. Das Poster konnte dann vor Ort gedruckt oder in anderer Form verwendet werden.

Abbildung 8.8. Plakat zur Ankündigung einer MAB.

• *Modelle und Material für besondere Gruppen.* Für die Koordinatoren einer großen MAB, aber auch für andere Gruppen wie z.B. Führungskräfte der mittleren Ebene, Niederlassungsleiter, Vorgesetzte, Meister usw. kann es u.U. nützlich sein, gewisse *Toolboxen* mit Materialien zusammenzustellen, die diese dann für ihre Bedürfnisse anpassen und zur Information der Mitarbeiter verwenden können. Ein Beispiel hierfür ist der in Abbildung 8.9 gezeigte Modellbrief für einen Niederlassungsleiter, der von diesem als Vorlage verwendet werden kann. I.d.R. verändern die als Absender auftretenden Personen oder Gruppen solche Vorlagen erheblich, finden sie aber trotzdem nützlich und fordern sie oft sogar ein.

• *Empfehlungen für dezentrale Informationen.* Materialien und Modelle sollten für die dezentrale Verwendung ergänzt werden durch Tipps, Empfehlungen, Best-Practice-Beispiele u.ä. Ein Beispiel hierfür sind Tipps dazu, wo man die Hinweisposter aufhängen könnte (z.B. in der Cafeteria, in den Aufzügen, an den Eingängen) oder welche Medien sich eignen, um das Informationsmaterial zu transportieren (z.B. Intranet, E-Mail, Betriebszeitung, spezielle Faltblätter und Broschüren, Rundschreiben, schwarze Bretter) und wo man hierzu evtl. benötigte weitere Unterstützung bekommen kann. Andere Hinweise sind Beispiele für die Gestaltung von Events und Werbematerial (Luftballons, Kugelschreiber, T-Shirts usw.) und wer darüber weitere Auskünfte erteilen kann.

8.3 Fragen und Antworten

Mitarbeiterbefragungen führen immer zu zahlreichen Fragen der Mitarbeiter. Diese Fragen sind selten ganz neuartig oder unvorhersehbar. Ebenso sind die Antworten, die man darauf geben kann, ähnlich, da das Design einer MAB stets eine Variante eines bewährten Prototyps ist. Im folgenden sind einige dieser Fragen aufgelistet, zusammen mit generischen Antworten, die sich leicht auf den jeweiligen Einzelfall (für Vorgang 7) anpassen lassen:

F: Was ist der Zweck der MAB? *A:* Erfassen, wie die Mitarbeiter die Dinge sehen; einbinden; kommunizieren; Stärken und Schwächen erkennen und aus- bzw. abbauen, auf lokaler, regionaler und globaler Ebene.

F: Wo und wann findet die MAB statt? *A (je nach Modus):* Die MAB wird in [von ... bis ...] durchgeführt. Über den genauen Ort werden Sie noch informiert.

F: Führen eigentlich auch andere Firmen Mitarbeiterbefragungen durch? *A:* Ja, sehr viele, in allen Branchen und Sparten. (Evtl. hier einige relevante Namen aufführen wie ABB, Bayer, BMW, Compaq, DaimlerChrysler, Deutsche Bahn, Deutsche Post, Deutsche Bank, Henkel, Hewlett Packard, Hoechst, IBM, Intel, Karstadt, Lufthansa, Microsoft, Porsche, Philips, RWE, SAP, Siemens, Deutsche Telekom, Wacker Chemie, Xerox).

F: Ist die MAB ein einmaliges Projekt? *A (je nach Positionierung):* Nein. Die MAB wird alle zwei Jahre wiederholt.

F: Welche Themen werden behandelt? *A:* Es gibt zwei Grundthemen: Die Zufriedenheit der Mitarbeiter mit den verschiedenen Aspekten ihrer Arbeitstätigkeit; die Voraussetzungen und die Folgen ihrer Arbeitsleistungen.

F: Wie wird gefragt? *A:* Alle Fragen sind als einfache Feststellungen formuliert (z.B.: „Ich bin mit meiner Stelle zufrieden"), auf die Sie durch Ankreuzen eines Kästchens auf einer Skala von „Stimme voll zu" bis „Stimme überhaupt nicht zu" antworten können. Das ist einfach und geht schnell, wie Vortests gezeigt haben (knapp eine halbe Stunde).

F: Gibt es richtige und falsche Antworten? *A:* Nein. Der Fragebogen enthält keine Wissensfragen, sondern nur Meinungsfragen. Bei Meinungen gibt es keine richtigen und falschen Antworten.

F: Gibt es gute und schlechte Antworten? *A:* Ja. Eine gute Antwort ist eine, die offen und ehrlich ist. Das ist das Einzige, was zählt.

F: Was ist, wenn ich eine Frage nicht beantworten kann? *A:* Wir glauben, dass Sie eigentlich zu allen Fragen des Fragebogens eine Meinung haben. Das haben Vortests des Fragebogens gezeigt. Wenn es trotzdem vorkommt, dass Sie zu einer Frage überhaupt keine Meinung haben, dann lassen Sie diese Frage einfach aus. Denken Sie aber daran: Zu fast allem und jeden hat man irgendwie eine Meinung. Diese ist es, die uns interessiert, auch wenn sie nur vorläufig und unsicher sein sollte.

F: Ist die MAB freiwillig? *A:* Ja. Wir zählen aber auf Ihre Unterstützung.

F: Wie wird die MAB durchgeführt? *A (bei postalischer Befragung):* Sie bekommen einen Fragebogen inkl. frankiertem und adressiertem Rückumschlag nach Hause geschickt.

F: Wird registriert, wer den Fragebogen abgegeben hat? *A (bei Wahllokalmethode):* Ja. Wie bei einer Wahl muss sichergestellt werden, dass niemand mehr als einen Fragebogen abgibt. Außerdem müssen auch die Mitarbeiter, die am [Datum] verhindert waren, die Möglichkeit bekommen, sich zu äußern. Alle, die am [Datum] keinen Fragebogen abgegeben haben, bekommen daher einen Fragebogen mit frankiertem Rückumschlag zugestellt, den sie dann per Post an das Umfrageinstitut *X* schicken können.

F (bei schriftlicher Umfrage): Was mache ich mit dem ausgefüllten Fragebogen? *A:* Den Fragebogen stecken Sie in den beigefügten Freiumschlag. Sie kleben ihn dann

Von: [Name]
An alle Mitarbeiterinnen und Mitarbeiter der [Niederlassung X]
Betrifft: Mitarbeiterbefragung 1999

Liebe Mitarbeiterinnen, liebe Mitarbeiter,

wie Sie bereits aus einem Brief der Geschäftsleitung der ABC AG wissen, wird in der Zeit vom 24. Februar bis zum 3. März 2000 bei uns eine Mitarbeiterbefragung durchgeführt. Die Befragung und die Auswertung der Daten erfolgt durch das renommierte Umfrageinstitut X. Sie soll dazu dienen, die Kommunikation untereinander zu verstärken, Schwachstellen zu beseitigen und unsere Stärken weiter auszubauen. Ziel ist, die Zufriedenheit der Mitarbeiter zu erhöhen und den Erfolg des Unternehmens und unserer Niederlassung auch in der Zukunft zu sichern.

Jede Stimme zählt! Daher bitte ich jede Mitarbeiterin und jeden Mitarbeiter herzlich, sich an dieser Befragung zu beteiligen. Selbstverständlich bleibt die Anonymität des Einzelnen strikt gewahrt. Das garantiere ich, der Datenschutzbeauftragte und das Institut X. Gemeinsam mit Ihnen wollen wir später mit den Ergebnissen der Befragung arbeiten und geeignete Verbesserungsmaßnahmen einleiten und umsetzen.

Die Mitarbeiterbefragung wird für unsere Niederlassung von (Name) koordiniert. Er ist Mitglied des Koordinationsteams, das für die gesamte ABC AG zuständig ist. Dieses Team wird Sie im Januar über alles weitere informieren.

Mit freundlichen Grüßen

[Name]

Abbildung 8.9. Vorlage für einen Brief an die Mitarbeiter.

zu und werfen ihn in eine der bereitgestellten Urnen bzw. schicken ihn im beigelegten, adressierten Freiumschlag direkt an das Umfrageinstitut *X*.

F: Warum ist der Umschlag an das Umfrageinstitut *X* adressiert? *A:* Das Institut *X* wertet die Umfrage statistisch aus.

F: Ist die Befragung anonym? *A:* Ja. Im Fragebogen wird nicht nach Ihrem Namen gefragt. Der ausgefüllte Fragebogen geht direkt an das Umfrageinstitut *X*. Dort werden Ihre Antworten in den Computer eingegeben. Ihr Fragebogen wird anschließend nach den Richtlinien des Datenschutzes vernichtet. Nur das Institut *X* hat Zugang zu den Daten. Sie verbleiben auch später ausschließlich bei *X*. Kein Mitarbeiter der ABC AG kann auf diese Daten zugreifen. Zudem gibt es eine Betriebsvereinbarung, dass *keine Gruppe von weniger als 8 Personen* ausgewertet werden darf. Ihre Antworten gehen also immer in Statistiken ein, die die Antworten von mehreren (meist sogar von vielen) Mitarbeitern *zusammenfassend* berichten (z.B. in Form des Prozentsatzes der Mitarbeiter, die einer Frage zugestimmt haben).

F: Was ist, wenn sich in unserer Arbeitsgruppe weniger als 8 Personen an der Umfrage beteiligen? *A:* Dann kann ihre Arbeitsgruppe keine gesonderte Auswertung bekommen. Ihre Angaben müssen dann mit denen anderer Mitarbeiter zusammenge-

worfen werden, so dass die statistischen Ergebnisse notwendigerweise etwas allgemein bleiben. Es ist also in Ihrem Interesse, wenn sich möglichst alle Kolleginnen
und Kollegen an der MAB beteiligen.

F: Warum wird danach gefragt, welcher Organisationseinheit der oder die Befragte
angehört? *A*: Diese Angaben sind nötig, um später den Mitarbeitern „ihre" Ergebnisse (=Ergebnisse ihrer Org-Einheit) berichten zu können. Wenn alles in einen Topf
geworfen wird, gibt es nur eine Einheitssuppe.

F: Was ist, wenn ich nicht genau weiß, wie meine Organisationseinheit heißt? *A (Etikettenmethode):* Zusammen mit Ihrem Fragebogen bekommen Sie einen Aufkleber,
auf dem einige wichtige Angaben wie Ihre Organisationseinheit, Ihre Kostenstelle
u.ä. aufgedruckt sind. Sie können diesen Aufkleber in ein dafür vorgesehenes Feld
auf den Fragebogen kleben. Damit sind diese Angaben für Sie erledigt.

F: Was passiert nach der Befragung? *A (je nach Design der Folgeprozesse):* Dann
geht es weiter. Zuerst auf Geschäftsleitungsebene, dann bei den Bereichsleitern,
dann überall. Die Ergebnisse werden zurückgespiegelt, diskutiert und analysiert. Der
Handlungsbedarf wird geklärt. Entsprechende Verbesserungsmaßnahmen werden
geplant und umgesetzt. Spätestens in der nächsten MAB werden wir Sie fragen, wie
sie die Ergebnisse dieser Aktivitäten bewerten.

F: Erfährt man, was bei der Befragung herausgekommen ist? *A (je nach Informati-
onspolitik):* Ja. Alle Mitarbeiter bekommen die Ergebnisse für die Firma zu sehen.
Alle Mitarbeiter bekommen auch die Ergebnisse ihres Geschäftsbereichs und ihrer
Abteilung zu sehen. Sie sehen aber nicht die Ergebnisse anderer Abteilungen.

F: Bekomme ich Gelegenheit dazu, die Ergebnisse der MAB zu diskutieren? *A (je
nach Design der Folgeprozesse):* Dafür wird es einen besonderen Workshop geben.
Dort werden die Ergebnisse für Ihre Abteilung von einem dafür trainierten Moderator präsentiert und dann in der Gruppe diskutiert.

F: Wird das alles auch zu irgendeinem Ergebnis führen? *A (je nach Positionierung):*
Ja. Auf die Ergebnisse der MAB wird mit entsprechenden Verbesserungsmaßnahmen reagiert. Und zwar auf allen Ebenen. Sie werden über die entsprechenden Pläne
und ihre Umsetzung informiert und zu einem späteren Zeitpunkt nochmals befragt,
ob sich aus Ihrer Sicht etwas verbessert hat.

F: Wer sind die MAB-Koordinatoren? *A (je nach Architektur)*: Bei diesen Personen
handelt es sich um ca. 30 Mitarbeiter der ABC AG. Sie sind aus der Zentrale und
aus den verschiedenen Regionen und Ländern. Sie helfen bei der Gestaltung, Organisation und Durchführung der MAB und ihrer Prozesse. Sie können den entsprechenden Publikationen entnehmen, wer der für Sie zuständige Koordinator ist.

8.4 Allgemeine Empfehlungen

Die Informationsmaßnahmen, die eine MAB begleiten, sind der Teil einer MAB, der
den größten Freiraum für Kreativität lässt. Gleichzeitig lassen sich hier auch die wenigsten wirklich „zwingenden" Empfehlungen geben. Das liegt u.a. an den nachfolgenden Überlegungen.

Abbildung 8.10. Ein Plakat zur Ankündigung einer MAB.

Kultur und Stil

Es ist eine Binsenweisheit, dass nicht jede Form der Information überall gleich gut ist. Best-Practice-Empfehlungen haben immer nur Modellcharakter, können aber nicht blind-mechanisch eingesetzt werden. Besonders in internationalen MABs muss daher den regionalen und lokalen Koordinatoren genügend Spielraum für die Gestaltung von Informationsmaßnahmen gegeben werden. Andererseits ist es sicher nützlich, die Koordinatoren zu bitten, ihre Maßnahmen den anderen Koordinatoren darzulegen, damit diese sich davon evtl. das eine oder andere abgucken können. Vor allem Elemente, die eher „kreativen" Charakter haben, sind dabei aber immer mit besonderer Vorsicht zu behandeln und sollten keinesfalls blind kopiert werden. Zwei Beispiele aus der Praxis hierfür ist die Vergabe eines Buttons für die Teilnahme an der MAB („Ich habe mitgemacht!") oder die Durchführung einer Party, mit der der Beginn der MAB in einer brasilianischen Firma eingeläutet wurde. (Ähnliches erkennt man auch auf Abbildung 8.6.) Maßnahmen dieser Art können sehr wirkungsvoll sein, eignen sich aber offensichtlich nicht für die allgemeine Verwendung.

Motivatoren sind nicht nur kulturspezifisch zu bewerten. Sie sind auch abhängig von der Größe und Branche einer Organisation. So steht heute z.B. in großen Produktionsbetrieben die Kosteneffizienz so im Vordergrund, dass selbst das Aushängen und sogar die Gestaltung von Plakaten sorgfältig überlegt sein sollte. Da passt dann ein einfaches Plakat wie das in Abbildung 8.10 gezeigte möglicherweise besser in die Landschaft der Leitbilder eines solchen Betriebes als der Mehrfarbendruck in Abbildung 8.7.

Ein weiterer Aspekt der Gestaltung der Medien ist allerdings auch, ein zeitgemäßes Niveau zu finden. Visuelles Kommunikationsmaterial sollte letztlich von den Fachleuten des Spezialteams produziert werden und nicht von einem Referenten der Personalabteilung, auch wenn dieser heute über Desk-Top Publishing verfügt.

Allgemein gilt, dass teure oder teuer erscheinende Informationskampagnen bei den Mitarbeitern i.d.R. eher auf Ablehnung stoßen („Dafür haben sie Geld: Wir müssen für jeden Bleistift einen Antrag schreiben!"). Andererseits darf auch nicht der Eindruck entstehen, dass die Mitarbeiter der Geschäftsleitung so wenig wert sind, dass man die MAB nur in billigster Art und Weise durchführt.

Das Risiko des Überverkaufens

Informationskampagnen werden bisweilen in bester Absicht der Projektverantwortlichen sehr stark im Vorfeld vermarktet. Claassen (1985) berichtet z.B. eine Reihe besonderer Aktionen im Rahmen einer MAB bei der Hamburg-Mannheimer Versicherung, „um trotz der zugesagten Freiwilligkeit eine hohe Beteiligung und eine wahrheitsgemäße Beteiligung zu erreichen" (S. 325). Hierzu gehörte insbesondere ein „Informationsmarkt", der „auf 10 Stellwänden über Sinn und Zweck, Inhalt, Nutzen und Auswertungsmöglichkeiten der Befragung auf eine einprägsame Art" berichtete. Weiterhin wurden verschiedene Poster „im ganzen Haus" aufgehängt, entsprechende Buttons hergestellt, in der Hauszeitschrift berichtet, ein Preisausschreiben zum Thema Mitarbeiterbefragung veranstaltet usw. Schließlich wurden die Führungskräfte zu „Informationsrunden mit jeweils 30 Teilnehmern" eingeladen. Dort wurde in 2-3 Stunden durch Mitglieder des Koordinationsteams über die Mitarbeiterbefragung berichtet.

Ein solches Informations- und Motivierungsprogramm – das hier offensichtlich erfolgreich war, weil die Rücklaufquote ca. 90% betrug – ist nicht ohne weiteres für den Allgemeingebrauch zu empfehlen. Zum einen ist das Programm sehr aufwendig und es stellt sich die Frage nach dem Grenznutzen seiner vielen Elemente. Ein psychologisches Problem kann zudem darin liegen, dass das Programm übertrieben wirkt. Die Mitarbeiter könnten dann nach Gründen für die *Überbegründung* (Deci, 1975) einer an sich guten Sache suchen, ganz so, wie eine sehr ausführliche Zusicherung der Anonymität der Umfrage zu Misstrauen und zu einer geringeren Beteiligung führt.

Man kann i. Allg. davon ausgehen, dass die Mitarbeiter einer MAB gegenüber grundsätzlich positiv eingestellt sind. Sie haben allerdings legitime Fragen – wie insbesondere die Frage nach Anonymität und die Frage, was mit den Ergebnissen später gemacht wird –, die man vorab beantworten sollte (z.B. über entsprechende Frage-und-Antwort-Listen). Es geht also in der Vorbereitung einer MAB vor allem darum, wichtige Informationen zur MAB und ihrer Positionierung weiterzugeben, weniger um „Werbung".

9 Datenerhebung

Mit der Datenerhebung einer MAB meinen wir alle Prozesse, die dazu nötig sind, die richtigen Fragebögen zu den einzelnen Mitarbeitern zu bringen, die Mitarbeiter zum Ausfüllen dieser Fragebögen zu motivieren, die ausgefüllten Fragebögen anschließend einzusammeln und schließlich elektronisch zu erfassen. Dabei müssen Antworten auf zwei Hauptfragen gefunden werden: Administration und Logistik.

9.1 Administration und Logistik der Datenerhebung

Unter *Administration* versteht man im MAB-Kontext die Art und Weise, wie die Schnittstelle zwischen dem einzelnen Befragten und dem Fragebogen gestaltet wird. Mit *Logistik* ist das Verteilen, Abtransportieren und Erfassen der Fragebögen gemeint. Beide Fragen sind logisch voneinander unabhängig, aber praktisch miteinander verquickt.

Liegt ein Fragebogen vor, dann können Ort und Zeit für das Ausfüllen des Fragebogens vom Befragten entweder selbst gewählt werden oder es kann z.B. eine Gruppensitzung organisiert werden, bei der das ganze Arbeitsteam in einem festen Zeitfenster in einer Art Wahllokal den Fragebogen gemeinsam ausfüllt. Hierbei handelt es sich um Fragen zur Administration des Fragebogens.

Konkrete logistische Fragen sind z.B. folgende. Im Normalfall einer MAB mit einem schriftlichen Fragebogen müssen die richtigen Fragebögen die richtigen Adressaten zum richtigen Zeitpunkt physisch erreichen und dann wieder physisch abtransportiert werden. Das kann in einem Betrieb mit mehreren Zehntausend Mitarbeitern, in dem zahlreiche geschäftsbereichsspezifische Fragebögen in mehreren Sprachen vorliegen eine beträchtliche Herausforderung sein, u.a. deshalb, weil so viele gedruckte Fragebögen ein Transportvolumen darstellen, das buchstäblich nur noch mit Gabelstaplern und Lastwagen bewältigt werden kann.

Die Fragen nach *Ort* und *Zeit* der Datenerhebung haben sowohl administrative wie logistische Aspekte: Soll die Datenerhebung am Arbeitsplatz, in speziellen Räumen oder zu Hause stattfinden? Soll sie während der Arbeits- oder der Freizeit erfolgen? In welchem Zeitraum soll die Datenerhebung laufen? Welches Zeitfenster soll es für die gesamte Datenerhebung geben?

Schließlich muss auch die Datenerfassung organisiert werden. Sie kann – bei gedruckten Fragebögen – durch manuelle Eingabe über die Computertastatur oder durch Einscannen erfolgen. Hierzu muss noch vor Fertigstellung des Fragebogens eine Entscheidung getroffen werden, um die Gestaltung des Fragebogens in Absprache mit dem Datenerfasser für die Datenerfassung zu optimieren.

Die Thematik der Datenerhebung ist also, wie man sieht, recht facettenreich. Sie bedarf einer sorgfältigen Vorbereitung, bei der viele Aspekte – wie z.B. Kosten und Aufwand der verschiedenen Datenerhebungsformen, ihre sozio-technischen und organisatorischen Voraussetzungen, die zu erwartenden Teilnahmequoten, die Adaptierbarkeit des Ansatzes für evtl. Besonderheiten (z.B. komplexe Fragebögen mit Filtern, Verzweigungen, speziellen Items und Sprachvarianten) oder das Risiko technischer Probleme (z.B. Stromausfall, Poststreik) – be- und durchdacht werden müssen. Hierauf gehen wir im folgenden genauer ein. Wir beginnen damit, die drei Hauptformen der MAB-Datenerhebung darzustellen.

9.2 Datenerhebung in Gruppensitzungen

Ein vor allem in kleineren Unternehmen oder in räumlich konzentrierten Betriebsstätten viel verwendeter Ansatz der Datenerhebung organisiert das Ausfüllen des Fragebogens in Gruppensitzungen. Hierbei wird für die Mitarbeiter ein besonderes Meeting veranstaltet, in dem ein Datenerhebungsverantwortlicher (z.B. ein Mitglied des Koordinationsteams, evtl. auch der Vorgesetzte der Gruppe) die Fragebögen verteilt, ggf. nochmals den Zweck der MAB und das Ausfüllen des Fragebogens erklärt, die ordnungsgemäße Durchführung supervisiert und schließlich dafür sorgt, dass die ausgefüllten Fragebögen verpackt und an den Datenauswerter geschickt werden. Derartige Gruppensitzungen führen i. Allg. zu hohen Beteiligungsquoten. Sie erlauben zudem die Durchführung der Datenerhebung in wenigen Tagen, oft sogar an einem einzigen Tag.

Die Wahllokalmethode

Eine in vieler Hinsicht ideale Vorgehensweise bei der Gruppen-Datenerhebung ist die *Wahllokalmethode* (Borg, 1995), die sich am Modell der Bundestagswahl orientiert. Abbildung 9.1 zeigt hierzu ein Foto, das in der zum Wahllokal umfunktionierten Kantine eines mittelständischen Unternehmens aufgenommen wurde. Die Kartons links und rechts, in die hier die Mitarbeiter Umschläge mit ihren Fragebögen („Stimmzettel") einwerfen, fungieren als *Urnen*. Die beiden Personen, die an der Tischmitte sitzen, sind MAB-Koordinatoren. Sie übernehmen die Rolle von „Wahlleitern". Sie vermerken in „Wahllisten" (oft simple Telefonlisten), wer einen Fragebogen bekommen und abgegeben hat. Obwohl die MAB freiwillig ist, muss wie bei der Bundestagswahl *registriert* werden, wer einen Fragebogen abgegeben hat, damit (1) kein Mitarbeiter mehrfach „wählen" kann und damit (2) kranken oder anderweitig verhinderten Mitarbeitern durch Zusendung eines Fragebogens (inkl. frankiertem und an das Datenerfassungsbüro adressiertem Rückumschlag) die Möglichkeit gegeben werden kann, an der MAB teilzunehmen.

Das Abhaken ihrer Namen beim Einwerfen der Fragebögen in die Urnen wird von den Mitarbeitern im Kontext eines Wahllokals erfahrungsgemäß als selbstverständ-

Abbildung 9.1. Datenerhebung im Wahllokal.

lich empfunden, vorausgesetzt natürlich, dass vorher erklärt wurde, warum dies geschieht. Diese Erklärung fällt aber deshalb leicht, weil der Prozess und die Anforderungen einer Wahlveranstaltung jedem Mitarbeiter *vertraut* sind und als *normale* demokratische Spielregeln akzeptiert werden.

Im Hintergrund des Fotos in Abbildung 9.1 sieht man einige Mitarbeiter beim Ausfüllen ihrer Fragebögen. Sie haben sich diese – nebst Umschlag und Kugelschreiber, den sie in diesem Fall als Geschenk behalten konnten – beim Hereinkommen von den Wahlleitern abgeholt und dann ihren Platz frei gewählt. Dabei ist typisch, dass sie sich eher verteilt setzen, mit ausreichend Abstand zu ihren Arbeitskollegen oder zu anderen Mitarbeitern. Der Fall, dass zwei oder mehr Mitarbeiter den Fragebogen zusammen ausfüllen, ist in der Praxis sehr selten. Oft decken die Befragten die Teile des Fragebogens, die sie schon ausgefüllt haben, noch gegen die Einsicht anderer irgendwie ab. Um diese offenbar gewünschte *Privatheit* besser sicherzustellen, kann man im Wahllokal zusätzlich Sichtblenden zwischen den Plätzen errichten oder nur kleine Tische mit je einem Stuhl aufstellen. Abbildung 9.2 zeigt ein Beispiel für ein solches Arrangement aus einem elektronischen Wahllokal.

Das Wahllokal muss nicht immer ein besonderer Raum sein. Man kann die Datenerhebung auch direkt am Arbeitsplatz durchführen. Abbildung 9.3 zeigt hierzu ein Beispiel aus einem Automobilwerk. Hier wurden am Arbeitsplatz zusätzliche Tische und Stühle für das Ausfüllen des Fragebogens aufgestellt. Zudem wurden einige gut

Abbildung 9.2. Datenerhebung im elektronischen Wahllokal.

erreichbare „Infopunkte" aufgebaut (Abbildung 9.4), bei dem die Fragebögen von den verschiedenen Teams abgeholt und später wieder in Urnen eingeworfen werden konnten. Am Infopunkt war zudem eine Person anwesend, der Fragen zur MAB und zum Fragebogen beantworten konnte.

Die Beispiele verdeutlichen, welch hohe *Sichtbarkeit* die Wahllokalmethode der MAB geben kann. Das Anhalten der Bänder in einer Fabrikhalle ist ein außergewöhnliches Ereignis, das mit entsprechendem Begleitmaterial (z.B. Postern, Bannern, kleinen Erinnerungsgaben wie Kugelschreibern usw.) zu einem *Event* ausgebaut werden kann. Dadurch wird für jeden Mitarbeiter – inkl. aller Führungskräfte – deutlich, dass die MAB eine für das Unternehmen wichtige Funktion hat und entsprechend von allen Mitarbeitern und Führungskräften ernst genommen wird oder ernst genommen werden sollte. In der Tat hat die Stimme des Einzelnen viel mehr Gewicht als z.B. bei der Bundestagswahl, weil einerseits die Zahl der Befragten vergleichsweise klein ist und weil die Daten später vielfach heruntergebrochen werden und somit auch im Detail aussagekräftig und handlungsrelevant werden.

Ausfälle bei den Personen, die am Tag der Wahl anwesend sind, aber trotzdem nicht an der MAB teilnehmen, sind selten, weil die Methode einen gewissen sozialen Druck zur Beteiligung erzeugt: Noch stärker als bei der Bundestagswahl gilt die Wahlbeteiligung als selbstverständliche *Bürgerpflicht* („Sie können sich äußern, wie Sie wollen. Aber äußeren sollten Sie sich!"). Dazu kommt noch ein *Mitmach-Effekt*, sich der Mehrheit anzuschließen, auch wenn man eigentlich wenig motiviert ist. So schreiben Edwards et al. (1997, S. 67): „Unserer Erfahrung nach weigern sich nur

Abbildung 9.3. Datenerhebung in der Gruppe in einem Autowerk.

sehr wenige Personen, einen Fragebogen auszufüllen, wenn sie einmal mit anderen Befragten versammelt sind. Zudem ermöglicht die Gruppenanwendung dem Steuerungsteam, die Bedingungen zu kontrollieren, unter denen die Daten gesammelt werden".

Organisatorische Gesichtspunkte

Die zentrale Planung der Datenerhebung per Wahllokalmethode wird am besten vom MAB-Koordinationsteam übernommen. Hierzu wird in einer speziellen Sitzung die Terminierung durchgesprochen, schriftlich festgehalten und dann, nach Absprache mit den verantwortlichen Vorgesetzten vor Ort, an die Mitarbeiter kommuniziert (siehe Abbildung 8.1, Vorgang 12). Dabei wird auch vereinbart, welche Mitglieder des Koordinationsteams als Sitzungsleiter in den Wahllokalen anwesend sind bzw. welche anderen Personen diese Aufgabe übernehmen können und wie sie darauf vorzubereiten sind. Evtl. ist es erforderlich, dass in besonders kritischen Gruppen externe Berater als „*Wahlbeobachter*" anwesend sind und anschließend die Urnen direkt zur Datenerfassung mitnehmen.

Für die Datenerhebung im Wahllokal müssen entsprechende Räume reserviert und mit Tischen und Stühlen ausgestattet werden. Weiter muss sichergestellt werden, dass die richtigen Fragebögen (z.B. passend für den Geschäftsbereich, in den erforderlichen Sprachen, mit den zugehörigen Aufklebern) in ausreichender Menge vor Ort vorhanden sind. Gleiches gilt für das Arbeitsmaterial wie Umschläge, Kugelschrei-

Abbildung 9.4. Infopunkt bei der Wahllokalmethode.

ber, Urnen, Verpackungsmaterial, Namenslisten usw. Gerade diese scheinbar selbst-
verständlichen Dinge werden leicht übersehen und können dann zu erheblichen Stö-
rungen bei der Datenerhebung führen.

Die optimale Organisation einer Datenerhebung nach der Wahllokalmethode hängt
von einigen Randbedingungen ab, insbesondere davon, ob und wie der normale Ar-
beitsbetrieb aufrechterhalten werden kann oder muss. Verhindert werden muss
gleichzeitig, dass das Wahllokal zu bestimmten Zeiten leer steht und zu anderen den
Andrang nicht bewältigen kann. In vielen Unternehmen ist es möglich, für die meisten Abteilungen bestimmte *Zeitfenster* von etwa 1 bis 2 Stunden Dauer vorzusehen, in
denen das Wahllokal für diese Gruppen reserviert ist. Diese Zeitfenster vereinbart das
Koordinationsteam mit dem Vorgesetzten der Abteilung. Zwei Zeitfenster werden
dann benötigt, wenn die Abteilung auch nicht für kurze Zeit zum völligen Stillstand
kommen kann. Die Mitarbeiter werden entsprechend informiert („Wer? Wann? Wo?
Warum? Was tun, wenn ich dann nicht kann?") und den Zeitfenstern zugeteilt. Ein
Mitarbeiter der Abteilung wird dafür verantwortlich gemacht, den Beginn der Zeitfenster vor Ort „einzuläuten". Die Mitarbeiter können dann gemeinsam zum Wahllokal gehen, was zu dem erwünschten „Komm-Du-auch-mit!"-Effekt führt.

Im Beispiel aus Abbildung 9.3 ist ein solch gestuftes Verfahren nicht möglich.
Hier wird tatsächlich der ganze Produktionsbetrieb für die Dauer der Datenerhebung
angehalten. Dafür ist dann aber die gesamte Datenerhebung für Tausende von Mitarbeitern einer Schicht in einer halben Stunde abgeschlossen.

Der Betriebsrat beansprucht manchmal für sich bei der Datenerhebung die Rolle eines Wahlbeobachters. Diesem Wunsch sollte nicht entsprochen werden. Verantwortlich für die Durchführung der Umfrage ist das Koordinationsteam. Jede erneute Diskussion der Rollen kostet Zeit und verwischt möglicherweise nur diese Verantwortlichkeit. Die Mitglieder des Betriebsrats nehmen – wie jeder andere Mitarbeiter auch – an den Sitzungen nur zum Ausfüllen des Fragebogens teil. Ebenso sollten auch höhere Führungskräfte die Fragebögen in den Wahllokalen ausfüllen und keine Sonderrollen beanspruchen[94].

Varianten: Gruppensitzungen

Die Wahllokalmethode ist ein besonderer Fall der Datenerhebung in einer Gruppensitzung. Es gibt auch andere Varianten. Dunham & Smith (1979) empfehlen, die Sitzung vom Vorgesetzten durchführen zu lassen und dabei folgendes zu beachten:

- Die Sitzung sollte so geplant sein, dass mindestens 25 Mitarbeiter teilnehmen können, um so das Gefühl der Anonymität zu verstärken.
- Die Atmosphäre sollte entspannt sein: Die Sitzung dient nur der Datenerhebung; kein anderes Thema sollte behandelt werden.
- Die Mitarbeiter kommen in Gruppen und suchen sich ihre Plätze selbst.
- Der Durchführende führt in das Thema ein, erklärt wie die Fragebögen auszufüllen sind und beantwortet Fragen.
- Falls die Anwesenheit des Durchführenden im Weiteren störend sein sollte, verlässt er den Raum; andernfalls bleibt er am Kopfende des Raumes sitzen; keinesfalls läuft er während des Ausfüllens herum.
- Die ausgefüllten Fragebögen werden von den Mitarbeitern in einen Karton am Ausgang geworfen. Die Kartons werden von zwei ausgewählten Mitarbeitern zugeklebt, mit vorbereiteten Aufklebern versehen und in die Poststelle gebracht, die diese zur Datenerfassung außer Haus verschickt. Keinesfalls sollten die Fragebögen vom Vorgesetzten eingesammelt oder weitergeschickt werden.

Diese Empfehlungen werden hier aufgeführt, weil sie auch für die Wahllokalmethode sinnvoll sind. Der Vorgesetzte eignet sich allerdings zum Datenerhebungsverantwortlichen nicht sonderlich, da jede MAB immer auch Items zum Vorgesetzten enthält. Wenn der Vorgesetzte dann den Vorsitz führt, ist eine Beeinflussung, zumindest aber ein Gefühl der Beeinträchtigung bei den Mitarbeitern nicht ausgeschlossen.

Sonderbedingungen für die Teilnahme

Die Sitzungsleiter erfassen die Namen der Personen, die einen Fragebogen abgegeben haben. Mitarbeitern, die keinen Fragebogen abgeben und die nicht schon vorab für die „Briefwahl" vorgesehen wurden (z.B. Außendienstler, Urlauber, Kranke), wird ein Fragebogen samt frankiertem Umschlag zugeschickt. Der Umschlag ist an das

---

[94] Der clevere Manager nützt diese Gelegenheit zum symbolischen Management und lässt sich fotografieren, wenn er den Fragebogen in die Urne einwirft. Dieses Foto kann später im Rahmen der übrigen Kommunikationsmaßnahmen publiziert werden.

Datenerfassungsbüro adressiert. Er enthält zusätzlich ein Anschreiben vom Koordina-tionsteam, das nochmals die Wichtigkeit jeder einzelnen Meinungsäußerung betont mit dem Hinweis darauf, dass bei einer zu geringen Beteiligung die zur Wahrung der Anonymität festgesetzte Mindestzahl von Personen in der Abteilung/Gruppe des je-weiligen Mitarbeiters nicht erreicht wird und damit die Daten dieser Einheit nicht gesondert ausgewertet werden können. Der Mitarbeiter wird gebeten, seinen Fragebo-gen bis zu einem bestimmten Stichtag auszufüllen und abzuschicken. Der Mitarbeiter kann zusätzlich gebeten werden, dem Koordinationsteam ggf. per gesonderter Post-karte mitzuteilen, dass er seinen Fragebogen abgeschickt hat. Dann weiß man, dass man diesen Mitarbeiter nicht nochmals anschreiben muss (siehe hierzu S. 216f.).

Gelegentlich äußern Mitarbeiter, die einen Urlaub oder eine Dienstreise antreten, den Wunsch, den Fragebogen schon vorab zu bekommen. Man kann solche Möglich-keiten z.B. dadurch eröffnen, dass diese Personen den Fragebogen in den Räumen des Betriebsrats schon vorab ausfüllen können. In der Praxis erweisen sich solche Spezi-alarrangements allerdings als organisatorisch sehr aufwendig. Letztlich entsprechen sie auch nicht dem zugrundeliegenden Modell der Bundestagswahl.

Rücklaufkontrolle und Nachfassen

Wie bei jeder Form der Datenerhebung so ist es auch bei der Wahllokalmethode er-forderlich, ständig den Stand der „Wahlbeteiligung" zu kontrollieren. Die Informatio-nen sollten am besten bei einem Mitglied des Koordinationsteams zusammenfließen und dann von dort aus an die Datenerhebungsverantwortlichen verteilt werden. Diese sollten ihre Abteilungen entsprechend zur Teilnahme motivieren. Die meisten Mitar-beiter haben zwar i.d.R. eine positive Einstellung zur MAB, werden dann aber vom Tagesgeschäft davon abgehalten, zur Umfrage zu gehen bzw. entschuldigen sich da-mit, dass es auf einen Fragebogen mehr oder weniger auch nicht ankommt.

Die Motivierung kann vielfältig erfolgen. So kann der Datenerhebungsverantwort-liche z.B. auch über die *Rücklaufquoten anderer Abteilungen* berichten, um dadurch den „sportlichen Ehrgeiz" anzuspornen oder eine gewisse Betroffenheit auszulösen („Das können wir nicht auf uns sitzen lassen!"). Ein sachlicheres Argument ist der Hinweis, dass bei niedriger Beteiligung möglicherweise aus Anonymitätsgründen keine gesonderte Auswertung der Daten für diese Abteilung erfolgen kann. Die Daten der Mitarbeiter würden dann nur noch in allgemeinere Trendstatistiken eingebracht, während andere Abteilungen mit „ihren" Daten systematisch weiterarbeiten können.

Die Vor-Ort-Motivierung funktioniert in der Praxis am besten durch „walking around", d.h. durch *direktes* Ansprechen des einzelnen Mitarbeiters durch den Daten-erhebungsverantwortlichen („Schon zum Wahllokal gegangen? Bitte jetzt gehen, es ist für uns alle wichtig, ..."). Allgemeine Gießkannenappelle sind selten effektiv.

9.3 Die postalische Datenerhebung

Eine Datenerhebung nach der Wahllokalmethode ist in vielen Unternehmen nicht durchführbar oder nur unter exorbitantem Aufwand möglich. Für Flächenunterneh-

Persönliches Anschreiben
- Anschreiben kompakt halten; eine Seite muss ausreichen.
- Muss für jeden leicht lesbar sein.
- Offizielles Briefpapier verwenden.
- Absender ist am besten der Geschäftsführer selbst, im Namen der gesamten Geschäftsleitung.
- Der erste Satz muss den Leser „packen", ihn zum Weiterlesen motivieren.
- Es muss dargelegt werden:
  - welche Ziele die MAB verfolgt
  - warum sie wichtig ist
  - dass die Geschäftsleitung voll zu diesen Zielen steht
  - dass die Teilnahme freiwillig ist, dass es aber wichtig ist, dass sich möglichst jeder Befragte beteiligt (Gründe)
  - dass die MAB nicht „für" die eine oder „gegen" eine andere Gruppe gemacht wird, sondern dass alle gewinnen müssen
  - dass Vertraulichkeit oder Anonymität der Antworten sichergestellt ist

Erklärungen („Gebrauchsanweisung")
- Wie ausfüllen (evtl. nur Verweis auf Fragebogen selbst)?
- Was tun, wenn der Fragebogen ausgefüllt ist?
- Wohin den Fragebogen schicken?
- Wer bezahlt dafür?
- Wer verbirgt sich hinter der Adresse?
- Wie wird der Fragebogen verarbeitet (Dateneingabe, Datenschutz, Fragebogenentsorgung)?

Abbildung 9.5. Einige Tipps für das persönliche Anschreiben bzw. naheliegende Fragen zum Vorgehen bei einer postalischen MAB.

men wie z.B. die Post oder die Bahn, die zudem rund um die Uhr arbeiten, eignet sich diese Methode nicht. Die naheliegende Alternative ist dann die Datenerhebung per Firmenpost oder per normaler („gelber") Post. Dabei wird jedem Mitarbeiter ein „Paket" (Edwards et al., 1997) an seine Privat- oder Firmenadresse geschickt, das folgende Materialien enthält: Ein persönliches Anschreiben (siehe dazu Abbildung 9.5); den Fragebogen selbst; eine Gebrauchsanweisung zum Ausfüllen und Abschicken des Fragebogens; einen adressierten Freiumschlag für die Rücksendung des Fragebogens an den Datenerfasser; und evtl. auch eine „Ich-habe-teilgenommen"-Postkarte (siehe Abbildung 9.6).

Der Hauptvorteil der postalischen Datenerhebung liegt darin, dass man ihre Durchführung „außer Haus" geben kann. Es gibt Firmen (sog. Letter Shops), für die die Aussendung von Hunderttausenden von Briefen auf der Basis einer elektronischen Adressliste, sogar mit individualisierten Anschreiben, Tagesgeschäft ist. Sie können dazu auch ein exaktes Kostenangebot, inkl. der Spezifikation aller Verbindlichkeiten (z.B. vollständige Aussendung an jede Person der Adressliste innerhalb eines Zeitrahmens von wenigen Tagen), abgeben. Das macht die Datenerhebung kalkulierbar und bindet keine Ressourcen innerhalb der Organisation. Aus diesen Gründen wird die postalische Datenerhebung heute häufig verwendet.

Ich teile Ihnen hiermit mit, daß ich den Fragebogen der Mitarbeiterbefragung ausgefüllt und an die Datenerfassung abgeschickt habe. Sie brauchen mir also keine Erinnerungsschreiben zu schicken.

Name:
Anschrift:

Abbildung 9.6. Muster einer „Ich-habe-teilgenommen"-Postkarte.

Der Hauptnachteil der postalischen Methode ist seine vergleichsweise schlechte Teilnahmequote. Die hierfür in der Literatur genannten Werte (z.B. 20-30% bei Paul & Bracken, 1995) sind aber nicht seriös, weil der Effekt der postalischen Fragebogenadministration mit vielen weiteren Einflussfaktoren vermengt ist, z.B. der Tatsache, dass der Fragebogen i.d.R. nach Hause geschickt wird und dann in der Freizeit, nicht während der Arbeitszeit ausgefüllt werden soll oder dass die mit der Datenerhebung einhergehende Kommunikationsoffensive bei der postalischen Methode oft vernachlässigt wird, weil man glaubt, dass die Datenerhebung mit der Vergabe nach außen für das Unternehmen erledigt ist. Zudem wird bei postalischen Befragungen häufig vergessen, den Rücklauf zu kontrollieren und entsprechend nachzufassen. Nach den Erfahrungen des Autors liegt die Teilnahmequote bei der postalischen Methode dann, wenn sie mit vernünftigen Begleitmaßnahmen verbunden wird, bei ca. 40-70%. Das ist zwar deutlich schlechter als bei Erhebungen in Gruppensitzungen, aber immer noch mindestens so gut wie in der sozialwissenschaftlichen Umfrageforschung, die mit relativ schlechten Ausschöpfungsquoten trotzdem noch in der Lage ist, z.B. den Ausgang der Wahlen sehr genau vorherzusagen.

Rücklaufkontrolle und Nachfassen

Die Rücklaufkontrolle ist bei der postalischen Methode vergleichsweise schwierig und aufwendig. Man kann hier wie folgt vorgehen: Die zurückgeschickten Fragebögen werden täglich elektronisch erfasst und an die MAB-Datei angehängt. Anschließend wird der Stand des gegenwärtigen Rücklaufs statistisch ausgewertet, d.h. es werden Häufigkeitsverteilungen insbesondere über die verschiedenen Organisationseinheiten erstellt. Diese Informationen werden dann per E-Mail an die Datenerhebungsverantwortlichen für evtl. Nachfaßaktionen geschickt. Allerdings bleiben die so ermittelten Rücklaufquoten selbst bei täglicher Durchführung der Prozedur immer etwas veraltet, weil allein der Postweg und ggf. auch noch Wochenende oder Feiertage für Verzögerungen sorgen.

Eine andere, vor allem in den USA beliebte Methode für die Kontrolle des Rücklaufs ist die schon oben erwähnte „Ich-habe-teilgenommen"-Postkarte (Boek & Lade, 1963). Dem Mitarbeiter wird hier zusammen mit dem Fragebogen eine Postkarte zugeschickt mit einem Text wie in Abbildung 9.6 gezeigt. Name, Adresse und evtl. weitere demographische Informationen des Mitarbeiters wie z.B. die Abteilung, der er angehört, werden am besten schon vorab eingetragen (z.B. per Aufdruck aus der Adressdatei heraus, die auch der Fragebogenversendung bzw. den Etiketten der demographischen Items zugrunde liegt). In der „Gebrauchsanweisung" für diese Postkarte steht ungefähr folgendes:

„Wenn Sie Ihren Fragebogen ausgefüllt und abgeschickt haben, schicken Sie bitte auch die beiliegende Postkarte an das Institut ab, das die Datenerhebung durchführt. Das Institut weiß dann, dass es Ihnen keine Erinnerungsschreiben zu schicken braucht. Das spart unnötige Kosten. Die Anonymität Ihrer Antworten zum Fragebogen ist damit nicht beeinträchtigt. Die Postkarten selbst sieht nur das externe Institut. Sie werden vertraulich behandelt und nach der Mitarbeiterbefragung vernichtet."

Die Postkartentechnik hat den Vorteil, dass Erinnerungsschreiben nur an die Mitarbeiter geschickt werden müssen, die keine Karten zurückgeschickt haben. Im Fall einer Auszählung der demographischen Items weiß man dagegen nicht genau, wer sich beteiligt hat, so dass immer nur „per Gießkanne" nachgefasst werden kann. Die Datenerhebungsverantwortlichen können also im letzteren Fall die verschiedenen Abteilungen, Teams, Geschäftsbereiche usw. nur *summarisch* erinnern, z.B. wie folgt:

„In Ihrer Abteilung liegt der Rücklauf erst bei 50%. Falls Sie noch keinen Fragebogen ausgefüllt haben, so tun Sie dies bitte jetzt. Wie Sie wissen, haben wir aus Anonymitätsgründen festgelegt, dass keine Auswertungen für Gruppen erstellt werden, von denen nicht mindestens 8 ausgefüllte Fragebogen vorliegen. Wenn ihre Gruppe also unter dieser Schranke bleibt, kann sie keinen gesonderten Auswertungsbericht bekommen. Im übrigen gilt: Je mehr sich beteiligen, um so größer ist das Gewicht der Mitarbeiterbefragung. "

Ohne Informationen über die *individuelle* Beteiligung sind postalische Erinnerungen nur pauschal an alle Befragten möglich. Das kann zu erheblicher Verschwendung führen, weil Erinnerungsschreiben oder sogar vollständige Befragungspakete (Fragebogen, Anschreiben, frankierte Rückumschläge usw.) auch an die Personen verschickt werden, die schon geantwortet haben. Im Rahmen einer MAB wäre der Eindruck von Verschwendung jedoch gänzlich kontraproduktiv.

Die Postkartentechnik trifft in der Praxis häufig auf Bedenken: Es wird befürchtet, dass die Befragten nur die Postkarte, aber nicht den Fragebogen zurückschicken. Dazu schreibt Mangione (1995, S. 71) jedoch: „Man bekommt i.d.R. mehr Fragebögen zurück als Postkarten. Manche Befragte vergessen, die Postkarte zu schicken, andere verlieren sie und wieder andere schicken sie absichtlich nicht, um so ihre Anonymität zu abzusichern. ... Glücklicherweise wählen aber nur wenige diesen Weg (etwa 5%)."

Aus praktischer Erfahrung kann man sagen, dass die Postkartenmethode meist ihren großen Aufwand nicht lohnt. Berichtet man zeitnah und differenziert über den Rücklauf und zeigt dabei vor allem auf, wie sich die verschiedenen Org-Einheiten hierbei schlagen, dann genügt dies, um die Mitarbeiter und vor allem auch die jeweiligen Führungskräfte zur Teilnahme bzw. zur Aktivität motivieren. Relativ geringe

Rücklaufquoten, die öffentlich herausgestellt werden, führen fast immer zu Maßnahmen des Managements, das mit seinen Mitarbeitern nicht als Letzter einlaufen will. Die übliche Aktion des Managements ist schlicht die, die jeweils unterstellten Mitarbeiter direkt anzusprechen, die Wichtigkeit der MAB dazulegen und sie zur Teilnahme aufzufordern.

9.4 Elektronische Datenerhebung

Bei den meisten MABs wird ein auf Papier gedruckter Fragebogen verwendet, der postalisch verteilt wird. Es ist aber abzusehen, dass sich elektronische Befragungsmethoden, die das „Web" (Inter- oder Intranet) benutzen, in den nächsten Jahren stark ausbreiten werden[95].

Prinzipielle Vorteile elektronischer MABs

Eine elektronische Befragung hat gegenüber der postalischen Methode zahlreiche Vorteile:

- Zentral gesteuerte, schnelle Verteilung zum Zeitpunkt t, die nachprüfbar jeden Mitarbeiter erreicht[96]
- Rücklaufcontrolling in Echtzeit, auch bei geographisch verteilten (z.B. globalen) Organisationen
- Automatisierte, individuelle Nachfaßaktionen (z.B. Erinnerungsschreiben) möglich, alles zentral gesteuert
- Keine Datenerfassung notwendig, dadurch kein Zeitverlust und keine Datenerfassungsfehler
- Kosteneinsparungen bei Produktion, Distribution und Versand der Fragebögen
- Kontrolle der Zugangsregelung und Verhindern von Mehrfachantworten einfach

Hierzu kommen noch die grundsätzlichen Vorteile eines elektronischen Fragebogens gegenüber der traditionellen Papierversion:

- Möglichkeit für adaptive Fragebögen, bei denen für jeden Mitarbeiter ein besonderer Fragebogen aus einem Grundkatalog von Items, in Sprache X und mit möglicherweise individuellen Informationen (siehe Abschnitt 5.14) erstellt wird
- Nutzung von Funktionalitäten der Umgebung (z.B. Internet-Browser) für Begleitbriefe, interaktive Demos, Instruktionen, Videos, nutzerspezifisches Feedback usw., auch in verschiedenen Sprachen und mit „exotischen" Fonts
- Kontrolliertes zentrales Release-Management (Änderungen auch in letzter Minute noch möglich)

---

[95] Es gibt auch andere Formen elektronischer Befragungen wie z.B. Disk-by-Mail (Schneid, 1995) oder die Versendung elektronischer Fragebögen als E-Mail-Anlagen. Sie haben aber mit zahlreichen organisatorischen und technischen (vor allem Plattform-) Problemen zu kämpfen (Hauschild, 1997) und werden sich daher vermutlich nicht etablieren können.

[96] Das ist vor allem in großen und räumlich verteilten Unternehmen ein wichtiger Vorteil.

Herausforderungen elektronischer MABs

Die Durchführung einer elektronischen MAB hat zwar viele prinzipielle Vorteile, setzt aber die Bewältigung zahlreicher Herausforderungen voraus:

- Das Netz muss überall im Unternehmen installiert sein und stabil funktionieren.
- Die notwendigen PCs müssen für jeden leicht zugänglich sein.
- Das Netz muss möglicherweise sehr viele Zugriffe in kurzer Zeit ermöglichen, ohne lange Wartezeiten, mit zuverlässigem Datentransfer.
- Die Mitarbeiter müssen das Netz ausreichend gut kennen (Skills).
- Die Möglichkeiten des Datenmissbrauchs müssen durch technische und organisatorische Maßnahmen praktisch ausgeschlossen werden; Anonymität bekommt bei der MAB im Netz ein besonderes Gewicht.
- Evtl. müssen HelpDesks und elektronische Wahllokale aufgebaut werden für besondere Mitarbeitergruppen.

Elektronische Fragebogenadministration und Anonymität

Bei der Überlegung, ob eine MAB traditionell oder elektronisch administriert werden soll, stellt sich die Frage, ob die verschiedenen Modi zu verschiedenen Beteiligungsquoten oder Ergebnissen führen. Dazu gibt es zahlreiche Untersuchungen (z.B. Edwards et al., 1996; Rosenfeld et al., 1993; Kuhnert & McCauley, 1996). Sie zeigen letztlich keine systematischen Effekte, wenn die Zusicherung der Anonymität des einzelnen Befragten glaubhaft vermittelt werden kann[97]. Hierzu bedarf es bei Netz-Umfragen besonderer Anstrengungen, die vor allem darin bestehen, eine solide Vorgehensweise zu konzipieren und verständlich zu kommunizieren. Abbildung 9.7 zeigt hierzu ein Beispiel. Der Mitarbeiter wird zunächst (Schritt 1) per E-Mail persönlich angeschrieben und zur Teilnahme aufgefordert. In der E-Mail ist ein direkter Link zur Startseite des Fragebogens im Intranet (Schritt 2) eingebaut. Startet er den Fragebogen (Schritt 3), dann wird ihm hier zunächst gezeigt, welche Informationen zur Person aus der Personaldatenbank entnommen und in seinen Fragebogen eingetragen wurden (z.B. Organisationseinheit, Land, hierarchische Ebene; siehe Abbildung 5.12). Der Mitarbeiter kann dann zur Beantwortung der Items weitergehen oder, wie stets, abbrechen. Geht er weiter, dann bleiben seine Antworten so lange nur lokal gespeichert, bis er sie mit einem „Sende"-Kommando explizit an einen Server abschickt (Schritt 4). Neben seinen Antworten auf die Items werden auch die demographischen Einträge, die anfangs gezeigt wurden, übertragen. Die Benutzernummer wird ebenfalls abgespeichert, aber *nicht* mit den Daten zusammen. Diese Information braucht man, um zu verhindern, dass einzelnen Personen den Fragebogen mehrfach absenden, und um allgemein über den Rücklauf informieren und evtl. nachfassen zu können. Der Zugang zum Server wird auf wenige Administratoren beschränkt. Die Daten auf

---

[97] Studien dieser Art sind allerdings schwer zu beurteilen, weil sie sich in vielen Variablen unterscheiden. Sie verwenden z.B. Internet-, Intranet-, E-Mail- oder Disk-by-Mail-Administration; Stichproben wie Studenten, Soldaten, Industriearbeiter; sehr verschiedene Inhalte von heiklen Fragen zur Person bis zu Meinungen über Gott und die Welt; die Möglichkeit, Items unbeantwortet zu lassen oder erzwungene vollständige Antworten; usw. Zudem sind elektronische Umfragen „neu", so dass viele Effekte möglicherweise keinen längerfristigen Bestand haben.

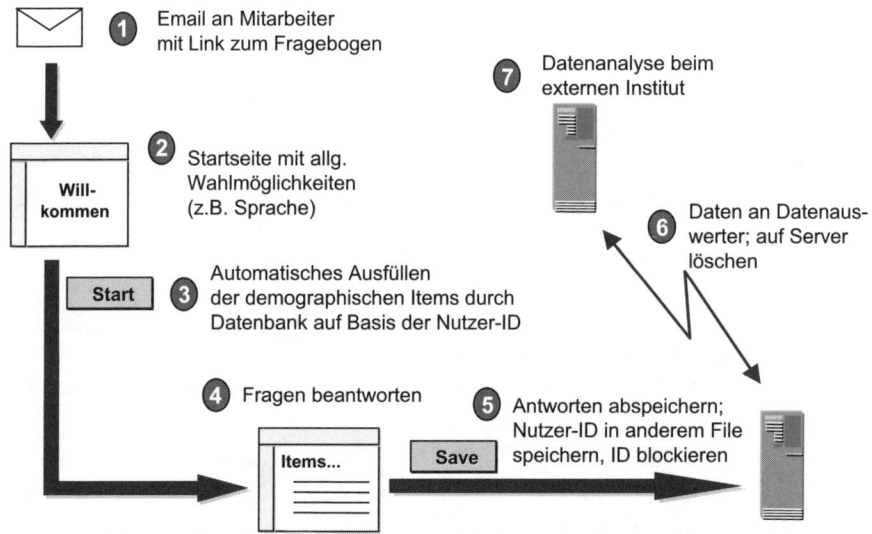

Abbildung 9.7. Ablaufstruktur einer elektronischen MAB.

dem Server kann man zur Sicherheit in bestimmten Zeitintervallen per Programm verschlüsseln, so dass selbst dann, wenn sich jemand Zugriff zu diesem Server verschaffen sollte, die Daten geschützt sind.

Falls entsprechend stabile Systeme vorhanden sind, kann man die letzten Schritte aus Abbildung 9.7 auch zusammenfassen und die Daten gleich auf einem externen Server ablegen. Diese und andere Varianten seien aber hier nicht weiter verfolgt.

Anonymitätsbedenken können durch eine klare Darstellung der Technik und der Organisation der Datenerhebung reduziert werden. Sie sollten aber immer ergänzt werden z.B. durch Betriebsvereinbarungen, durch eine Begutachtung durch den Datenschutzbeauftragten, vor allem aber durch *öffentliche* Verantwortungsübernahme einzelner Personen für die Seriosität des Verfahrens. So kann man z.B. in der Betriebszeitung eine entsprechende Stellungnahme inkl. Bild des Datenschutzbeauftragen publizieren. Gleiches gilt für die Systemadministratoren oder für die Geschäftsleitung. Letztlich sind Aussagen wie „Ich, Hans Meier, halte meinen Kopf dafür hin, dass hier alles seriös zugeht!" wichtiger als die Technik.

Rücklaufkontrolle und Nachfassen

Einer der Hauptvorteile von elektronischen MABs ist die Möglichkeit der Online-Rücklaufkontrolle und darauf aufbauender Nachfaßaktionen. Abbildung 9.8 zeigt hierzu ein einfaches Beispiel aus einer weltweiten MAB. Hier wurden die Rücklaufstatistiken *in Echtzeit* und aufgeschlüsselt für verschiedene Organisationseinheiten im Intranet der Firma dargestellt. Wie jeder Mitarbeiter hier sehen kann, ist zu diesem Zeitpunkt der Rücklauf in Frankreich noch relativ schwach im Vergleich z.B. zu der etwa gleich großen Niederlassung in UK. Diese *vergleichende* Information kann al-

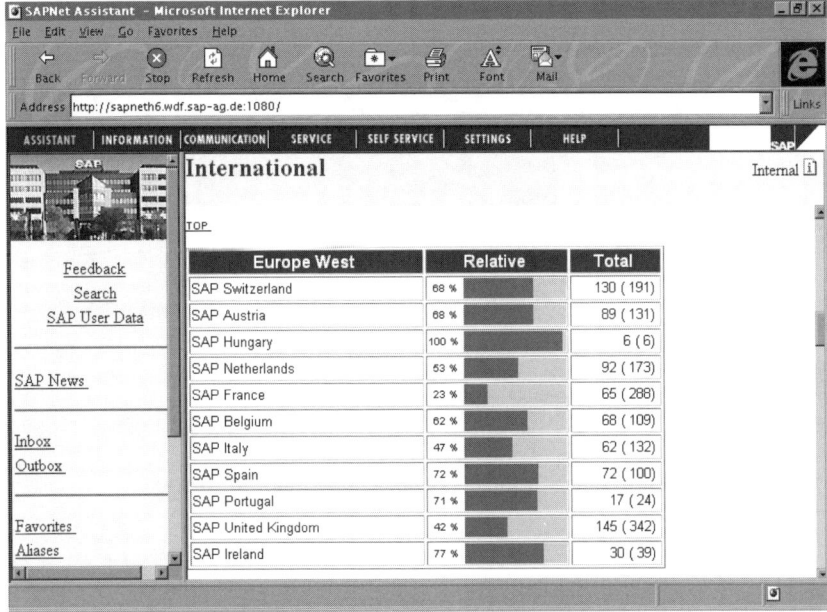

Abbildung 9.8. Rücklaufinformation in Echtzeit bei einer Intranet-MAB.

lein schon ausreichen, die Mitarbeiter in Frankreich zur Beteiligung zu motivieren. Sie kann natürlich auch zusätzlich von den lokalen MAB-Koordinatoren, dem Betriebsrat oder den Führungskräften dazu verwendet werden, einen Appell zur Beteiligung an der MAB zu lancieren. Prinzipiell kann man auch *individuelle* Erinnerungsschreiben über E-Mail verschicken, wobei diese aber eher als milde Erinnerung (wie in Abbildung 9.9 gezeigt) formuliert und ihr Versand programmgesteuert erfolgen sollte. Der Mitarbeiter sollte davon ausgehen, dass er hier „vom Computer" erinnert wird, nicht von einem Oberaufseher.

Elektronische und traditionelle Methoden im Mix

Heutzutage ist es selten möglich, eine MAB ausschließlich elektronisch durchzuführen. Oft ist z.B. eine elektronische MAB nur in der Verwaltung oder bei den Führungskräften möglich, nicht aber in der Produktion, weil hier weder die notwendigen Systeme noch die Skills vorhanden sind. Verfährt man dann in der Produktion traditionell per Papier und Bleistift, dann kann leicht der Eindruck einer Schlechter-Behandlung entstehen. Man muss also eine entsprechende Argumentation vorbereiten und kommunizieren, z.B. folgende: „Elektronische Mitarbeiterbefragungen sind billiger, schneller und einfacher. Durch die (neue?) EDV-Infrastruktur ist eine solche Befragung jetzt für viele Mitarbeiter möglich geworden. Überall, wo das der Fall ist, werden wir diese Möglichkeit nutzen, um Kosten zu sparen. Ansonsten wird die Da-

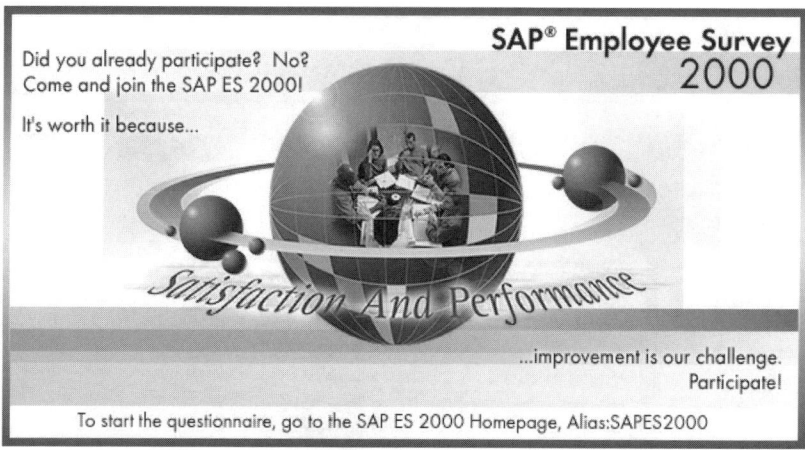

Abbildung 9.9. Eine elektronische Erinnerungskarte.

tenerhebung in der bewährten Papier-und-Bleistift-Form durchgeführt. Das wird auch auf absehbare Zeit so bleiben."

9.5 Andere Formen der Datenerhebung

Die oben dargestellten Formen der Datenerhebung sind nur Prototypen, die in der Praxis meist in irgendeiner Weise abgewandelt werden. So berichtet z.B. Opgenoorth (1985) von der MAB bei der Bayer AG, bei der der Fragebogen – zusammen mit einem Anschreiben – der Werkszeitung beigelegt wurde. In den Zweigbetrieben wurden die Fragebogen „zur Auslage in der Nähe der schwarzen Bretter" (S. 207) gebracht. Diese Vorgehensweise hat offensichtlich den Vorteil, relativ billig zu sein. Sie gibt der MAB aber nur eine geringe Visibilität und lässt sie als eher beiläufige Leser- bzw. Ad-Hoc-Umfrage erscheinen. Daher ist es nicht erstaunlich, dass sich nur 12% der Mitarbeiter an dieser MAB beteiligten.

Pittner (1997) berichtet zahlreiche MABs bei der Lufthansa. Dort wurden die Fragebögen entweder mit der internen Firmenpost zugestellt oder sie lagen der Firmenzeitung bei. Im letzteren Fall waren die Rücklaufquoten ebenfalls sehr niedrig (<10%).

Claassen (1985) berichtet von einer Variante der Wahllokalmethode bei der Hamburg-Mannheimer-Versicherung. Die Datenerhebung wurde von 20 Befragungshelfern durchgeführt, „die über gute Kenntnisse der Organisationsstruktur des Hauses verfügten. Ihre Aufgabe war:

- Anhand der Personalliste die Kennziffern[98] auf die Fragebögen zu übertragen
- Die Bögen in den ihnen zugewiesenen Bereichen persönlich zu verteilen
- Rückfragen und Probleme direkt vor Ort zu klären
- Nach 1 bis 2 Stunden gruppenweise im verschlossenen Umschlag die ausgefüllten Bögen wieder abzuholen
- Nicht anwesende Mitarbeiter festzustellen" (Claassen, 1985, S. 327)

Die Datenerhebung konnte so in nur 1 Tag abgewickelt werden. Urlauber und Kranke hatten danach noch vier Wochen Gelegenheit, ihren Fragebogen postalisch nachzuliefern. Der Rücklauf war bei dieser Datenerhebung natürlich groß (81% brutto), vor allem wohl auch deshalb, weil hier ein *persönlicher Kontakt* hergestellt wurde.

Pobel & Müller (1995) berichten über eine postalische Datenerhebung bei Henkel. Die Besonderheit hierbei war die Einrichtung eines Fragetelefons: „Der Mitarbeiter konnte sich mit allen Fragen zur Befragung an bestimmte Ansprechpartner aus Personalabteilung, Betriebsrat und externem Institut wenden" (S. 140). Derartige Fragetelefone werden am besten von den MAB-Koordinatoren besetzt (Süssenguth, 1990). Sie werden erfahrungsgemäß nur wenig genutzt, eignen sich aber gut dazu, ein Klima des *Vertrauens* zu fördern.

Klann & Pobel (1997) berichten von einer weltweiten Führungskräftebefragung bei Henkel. Hier wurden Fragebogen, Anschreiben und Erläuterungen postalisch an die Koordinatoren in den beteiligten Tochter-Unternehmen geschickt: „Diese waren dann für die Verteilung der Materialien an die einzelnen teilnehmenden Führungskräfte verantwortlich. ... Jeder Teilnehmer erhielt einen Rückumschlag, der an das Institut in Deutschland adressiert war, welches die Auswertung der Daten durchführte. Es stand den Befragungsteilnehmern frei, die Unterlagen separat zurückzuschicken, oder aber die Antworten konnten im jeweiligen Unternehmen gesammelt und dann gebündelt über den 'Henkel-Postweg' an das auswertende Institut geschickt werden" (S. 339-340).

Hunsdiek (1991) berichtet von einer MAB bei Bertelsmann. Dort wurden die Fragebögen „durch die Vorgesetzten ausgegeben. ... Die Einsammlung erfolgte wenige Tage nach Ausgabe durch die jeweils zuständigen Betriebsratsmitglieder; der Fragebogen kann aber auch direkt an den Konzernbetriebsratsvorsitzenden geschickt werden. Ferner werden an Ein- und Ausgängen und/oder an den Kantinen Urnen aufgestellt, in die die Mitarbeiter ihren Fragebogen einwerfen können. Alle Fragebogen werden im Büro des Konzernbetriebsratsvorsitzenden gesammelt; dort werden sie von der Datenerfassungsfirma abgeholt" (S. 37). Diese Erhebungsmethodik erscheint von der Positionierung her eher unklar, weil Vorgesetzte und Betriebsrat besondere Rollen bekommen, statt nur als Teilnehmer wie jeder andere Mitarbeiter auch aufzutreten.

Viele weitere Varianten zur Datenerhebung finden sich in der Literatur (z.B. Bungard & Jöns, 1997; Edwards et al., 1997; Kraut, 1996). Sie sind meist auf die Besonderheiten des jeweiligen Unternehmens, auf die speziellen Anforderungen an Kosten-

---

[98] Anmerkung des Autors: Vermutlich wurden die Fragebögen hier so codiert, dass sie bestimmten Organisations- oder Auswertungseinheiten zugeordnet werden konnten.

effizienz, auf Erfahrungen bei früheren MABs usw. zugeschnitten und eignen sich nur bedingt für eine allgemeine Diskussion.

9.6 Summarischer Vergleich der Datenerhebungsmethoden

Die oben dargestellten prototypischen Modelle haben verschiedene Vor- und Nachteile. Diese sind in Tabelle 9.1 vergleichend dargestellt. Dabei wird hier unterstellt, dass keine besonderen Maßnahmen ergriffen werden, um die natürlichen Nachteile einer Methode wettzumachen bzw. keine Bedingungen gegeben sind, die ihre natürlichen Vorteile zunichte machen. In der Praxis wird man allerdings stets versuchen, die Nachteile einer Methode durch geeignete Begleitmaßnahmen zu reduzieren. So kann man z.B. bei einer postalischen Datenerhebung durch verstärkte Kommunikationsmaßnahmen für erhöhte Sichtbarkeit der MAB sorgen. Bei einer elektronischen MAB kann allein dadurch eine erhöhte Visibilität entstehen, dass diese Form der Befragung in den meisten Unternehmen etwas Innovatives ist, das viel Interesse erzeugt.

9.7 Einige Maßnahmen zur Steigerung der Beteiligungsquote

Eine hohe Beteiligung ist ein wichtiges Ziel bei jeder MAB. Das gilt gleichermaßen für Stichproben- wie für Vollbefragungen. Was kann man also tun, um die Beteiligungsquote zu erhöhen? Und was ist überhaupt eine „hohe" Beteiligung?

Was ist eine hohe Beteiligung?

In der Literatur finden sich allerorten Beschreibungen von Rücklaufquoten. Sie rangieren zwischen 7% und 100% (siehe z.B. Töpfer, 1985). Diese Werte sind aber nur bedingt vergleichbar, weil sie sich auf ganz verschiedene MABs beziehen[99]. Diese reichen z.B. von MABs, bei denen der Fragebogen der Firmenzeitschrift beigelegt bis zu hoch-beworbenen Wahllokalerhebungen. Manche Quoten stammen aus thematisch breitbandigen MABs innerhalb eines integrierten MAB-Prozesses, andere aus eng fokussierten Umfragen zu eher nebensächlichen Themen wie der Arbeitskleidung.

Edwards et al. (1997) fordern, dass „jede MAB eine *Ziel*beteiligung von mindestens 50% oder mehr haben sollte". Sie stützen diese Forderung auf die in der Literatur

---

[99] Unklar ist zudem fast immer, wie die Beteiligungsquote berechnet wurde. Im einfachsten Fall ist sie die Zahl der zurückgeschickten Fragebögen dividiert durch die Zahl der ausgegebenen Fragebögen (*Brutto-Rücklauf*). In der Umfrageforschung werden dagegen von der Zahl der ausgegebenen Fragebögen immer zunächst die „stichprobenneutralen" Ausfälle (z.B. infolge Nichterreichbarkeit) abgezogen (*bereinigter Rücklauf*). Je nach Striktheit der Kriterien können sich hierdurch *erhebliche* Unterschiede in den Quoten ergeben (siehe z.B. Diekmann, 1995, S. 360). Um den Eindruck von Manipulation i.S. eines „SED-Jubelberichts" zu vermeiden, sollte man bei MABs grundsätzlich den Brutto-Rücklauf berichten. Wenn man noch konservativer sein will, dann kann man von der Zahl der zurückgeschickten Fragebögen auch noch die Zahl der gänzlich leeren Fragebögen abziehen, die bei fast jeder MAB vorkommen.

Tabelle 9.1. Vergleich einiger Merkmale von drei Erhebungsmethoden.

Gesichtspunkt	Wahllokal	Postalisch	Elektronisch
Visibilität	hoch	gering	gering
Anonymitätsthematik	gering	mittel	akzentuiert
Verteilungskontrolle	aufwendig	einfach	sehr einfach
Rücklaufkontrolle	unübersichtlich	verzögert	online
Aufwand für Nachfassaktionen	mittel	groß	gering
Rücklaufquote	sehr groß	eher kleiner	mittel
Zeit bis Datenanalyse	lang	lang	kurz
Dateneingabe	traditionell	traditionell	automatisch
Interner organisatorischer Aufwand	hoch	gering	eher hoch
Druckkosten	eher hoch	hoch	keine
Programmierkosten	keine	keine	eher hoch
Kosten der Datenerhebung selbst	eher hoch	eher klein	minimal
Kosten der Fragebogendistribution	mittel	hoch	minimal
Einsatzmöglichkeiten	eingeschränkt	hoch	sehr begrenzt
Zentrale Verwaltung	eher schwer	leicht	sehr leicht
Änderungen in letzter Minute	schwer	schwer	leicht
Erprobtheit	hoch	hoch	gering
Robustheit („fail safe")	hoch	mittel	Risiko
Adaptive Fragebögen	nein	nein	ja
Technische Voraussetzungen	keine	keine	hoch
Know-how/Skills Voraussetzungen	gering	gering	hoch

berichteten Rücklaufquoten, die überwiegend zwischen 35% und 80% liegen. Dabei übersehen sie jedoch, dass diese Literatur (z.B. Heberlein & Baumgartner, 1978; Church, 1993) fast ausschließlich Quoten aus der allgemeinen Umfrageforschung und nicht aus MABs berichtet. Nach den Erfahrungen des Autors aus über 100 MABs (vor allem in der deutschen Industrie) kann man bei Gruppenerhebungsmethoden mit Beteiligungsquoten von 90% und mehr rechnen, bei einer postalischen MAB dagegen nur mit etwa 50-75%. Elektronische MABs – so weit sich diese bislang überhaupt beurteilen lassen – liegen dazwischen.

Letztlich ist jedoch die Frage, ob ein Rücklauf von x% „gut" oder „schlecht" ist, zu simpel gestellt, weil man die Quoten nicht ohne Berücksichtigung der *Bedingungen* betrachten darf. Dazu gehören neben der Datenerhebungsmethode das ganze weitere Umfeld wie z.B. das öffentliche Commitment der Geschäftsleitung, mit den MAB-Daten später auch etwas zu machen; die allgemeine Stimmung im Unternehmen; das Gewicht der Anonymitätsthematik; oder Widerstände bestimmter Gruppen wie z.B. des mittleren Managements gegen die MAB. Zu beachten ist auch, dass es in Flächenunternehmen erheblich schwerer ist, hohe Rücklaufquoten zu erzielen als in räumlich eng organisierten Firmen mit ihren starken informellen Netzwerken.

Überzeugende Positionierung

Der erste Schritt zu einer hohen Rücklaufquote wird mit einer überzeugenden Positionierung der MAB getan. Der einzelne Mitarbeiter beteiligt sich nur dann an der MAB, wenn die *vermuteten Kosten* (Arbeit, Nachdenken, Festlegung, Risiko usw.) vom *erwarteten Nutzen* (Beiträge zu wichtigen Zielen; gutes Gewissen, seine Pflicht erfüllt zu haben) übertroffen werden. Die Positionierung muss also möglichst für jeden Mitarbeiter die Kosten klein und den erwarteten Nutzen groß erscheinen lassen. Da man immer eine hohe Beteiligung der Mitarbeiter aller Ebenen und aller Gruppen der Organisation will, muss zudem klar sein, dass die MAB ein „Win-Win"-Programm ist. Das steht zwar meist so in den Minimalanforderungen (siehe Abschnitt 2.3), aber die „schönen Sprüche" müssen natürlich auch glaubhaft sein. Dazu muss insbesondere die Geschäftsleitung ihr Commitment deutlich machen.

Die MAB sollte so positioniert werden, dass die Führungskräfte den Auftrag haben, sich aktiv für die Beteiligung der ihnen unterstellten Mitarbeiter einzusetzen. Das bedeutet nicht, dass die einzelne Führungskraft für einen niedrigen Rücklauf verantwortlich gemacht wird. Ihr Vorgesetzter sollte aber legitimiert sein, nachzufragen: „Was haben Sie unternommen, um eine hohe Beteiligung zu erreichen?"

Ebenso muss der Betriebsrat möglichst frühzeitig eingebunden werden. Er sollte die MAB und ihre Positionierung nachdrücklich unterstützen. Eine MAB kann jedenfalls nicht „gegen" den Betriebsrat erfolgreich durchgeführt werden.

Reduktion des Risikos: Anonymität und Vertraulichkeit

Zu den Kosten der Teilnahme an einer MAB gehört insbesondere das Risiko, das der Befragte bei kritischen Meinungsäußerungen eingeht. Die Anonymität des Befragten muss daher sichergestellt werden. Weiter muss kommuniziert werden, wie diese Anonymität erreicht wird (z.B. durch die $N>7$ Regel). Dabei muss aber darauf geachtet werden, dass die Maßnahmen hierfür und die Erklärungen dazu nicht zu umfangreich werden, weil dies eher zu Misstrauen führt.

Das Vertrauen in die faktische Anonymität lässt sich dadurch verstärken, dass jemand hierfür „seinen Kopf hinhält", z.B. der Datenschutzbeauftragte, der Geschäftsführer und/oder die MAB-Koordinatoren. In einem der Informationsschreiben zur MAB kann beispielsweise der Datenschutzbeauftragte einen kurzen Artikel schreiben, in dem erklärt, dass er die Maßnahmen zur Sicherung der Anonymität geprüft hat und dass diese in Ordnung sind. Ein Foto dieser Person (evtl. sogar noch mit Adresse und Telefonnummer) erhöht den Eindruck der Authentizität weiter.

Anonymitätsbedenken werden auch dadurch reduziert, dass die Dateneingabe, -analyse und -auswertung durch ein neutrales, externes Institut durchgeführt wird. Die Mitarbeiter sollten über dieses Institut informiert werden (Wer ist das? Welche Personen leiten dieses Institut? Wo haben die schon MABs durchgeführt?).

Klare Information, Appelle und Motivierung

Ein offensichtliches Rezept zur Erhöhung der Teilnahmebereitschaft ist die Schaffung von Klarheit über den MAB-Prozess, seine Schritte und Phasen. Statt vager Ankündigungen sollte ein *präziser*, aber *einfacher* Plan der wichtigsten Meilensteine des Projekts kommuniziert werden. Die Mitarbeiter sollten sehen, welche Folgeprozesse nach der eigentlichen Befragung geplant sind und welche Konsequenzen ihre Teilnahme oder Nicht-Teilnahme für diese hat.

Zudem könnte jeder einzelne Mitarbeiter per Brief oder per E-Mail persönlich vom Geschäftsführer angeschrieben und zur Teilnahme motiviert werden. Ein solches Anschreiben zeigt nicht nur das Commitment zur MAB von ganz oben her, sondern erhöht auch die Visibilität der MAB insgesamt. Schließlich bekommen die meisten Mitarbeiter selten einen Brief vom Geschäftsführer persönlich.

Eine hohe Sichtbarkeit erreicht man auch dadurch, dass die Datenerhebung zu einem *Event* gemacht wird. Am Tag der Datenerhebung kann man in der Niederlassung z.B. eine Party organisieren, Plakate und Transparente aufhängen, Luftballons in den Arbeitsräumen anbringen (siehe Abbildung 9.10), E-Mails an jeden verschicken („Heute MAB!"), an jedem Arbeitsplatz eine Postkarte mit einem Täfelchen Schokolade hinterlassen, die Führungskräfte zur Motivierung ihrer Mitarbeiter auffordern usw. Dadurch kann eine entspannte Atmosphäre geschaffen werden, die den sozialen Druck zur „Wahlpflicht" positiv im Licht von selbstverständlicher Solidarität erscheinen lässt. Im oben diskutierten Beispiel der weltweiten elektronischen MAB bei der SAP wurde die Datenerhebung z.B. an einem als „SAP Day" bezeichneten Tag begonnen, an dem durch zahlreiche weitere Aktionen ein besonderes globales Zusammengehörigkeitsgefühl erzeugt wurde.

Incentives

Viel diskutiert in der Literatur ist auch die Verwendung von *Incentives*, insbesondere von Geld (z.B. Brennan et al., 1991; Church, 1993; James & Bolstein, 1990). Meist wird die Empfehlung abgegeben, dem Befragten einen kleinen Geldbetrag vorab zukommen zu lassen, weil so eine Verpflichtungsgefühl zur Teilnahme erzeugt würde (Futrell, 1994). Die Evidenz für derartige Empfehlungen stammt allerdings fast ausschließlich aus der allgemeinen Umfrageforschung, nicht aus MABs. Vor allem unterstellt sie, dass man eine „mechanische" Funktion ermitteln kann zwischen Art und Umfang des Incentives und der Teilnahmebereitschaft, gleichsam i.S. eines Verkaufsautomaten: „1 Euro = Erhöhung der Beteiligung um x%-Punkte". Das aber ist gänzlich unmöglich, weil es entscheidend ist, wie derartige Incentives, insbesondere Geldzuwendungen, vom Befragten *wahrgenommen* werden. Sie können als ein kleines Zeichen der Anerkennung gesehen werden, aber auch als Bezahlung für eine Zusatzarbeit. Im letzteren Fall wäre ein kleiner Geldbetrag beleidigend, im ersteren wäre ein großer Geldbetrag inkonsistent mit der Aussage, dass diese MAB allen Interessensgruppen dienen soll („Wenn das eine so gute Sache ist, warum dann noch dieses Geld?"). Geld als Incentive[100] ist zudem deshalb problematisch, weil man damit auch eine eigentlich intrinsische Teilnahmemotivation ruinieren kann (Deci,

---

[100] Ein besonderes Problem bei MABs ergibt sich dann, wenn der Betriebsrat fordert, dass jeder Mitarbeiter die für die Beantwortung aufgewendete Zeit bezahlt bekommt, falls das Ausfüllen des Fragebogens nicht in der Arbeitszeit durchgeführt wird. Diese Forderung muss abgelehnt werden, weil sie die MAB unbezahlbar macht. Im Zweifelsfall wird die MAB nicht durchgeführt. Die Verantwortung hierfür trägt dann der Betriebsrat.

Abbildung 9.10. Ballons zur Signalisierung des Befragungsbeginns.

eine eigentlich intrinsische Teilnahmemotivation ruinieren kann (Deci, 1972): Die
subjektive Begründung für die Teilnahme an der MAB verschiebt sich möglicherweise von Interesse, Beitragswille und Commitment zu materiellen Gründen („Ich habe
teilgenommen, weil es dafür Geld gab.").

Ähnliches gilt für andere Incentives. Sie werden in der Praxis bisweilen eingesetzt,
allerdings weniger um die Teilnahmequote zu erhöhen, sondern im Rahmen der Gestaltung der Datenerhebung als Event. So kann man bei der Wahllokalmethode z.B.
Kugelschreiber ausgeben mit einem Aufdruck wie „ABC AG – Mitarbeiterbefragung
1998", die die Mitarbeiter dann als kleines Andenken behalten können. Die Teilnahmequote wird dadurch aber allenfalls indirekt beeinflusst, z.B. weil so bei denjenigen,
die schon teilgenommen haben, eine positive Stimmung erzeugt wird. Natürlich
kommt es auch hier darauf an, wie die Incentives oder Belohnungen gesehen werden.
Sie können als „Geste der Anerkennung" (Dillmann, 2000), aber auch als lächerlich
und verschwenderisch erlebt werden. Dies muss ggf. vorher getestet werden.

Häufig wird in der Praxis überlegt, ob man unter den MAB-Teilnehmern Preise
verlosen soll (Wochenende in London, Bücher, Geldpreise u.ä.). Das ist nicht unbe-
denklich, weil damit die Registrierung der Teilnahme einen offizielleren Charakter
bekommt. Zudem zeigt die Forschung, dass Lotterien die Teilnahmequote nicht positiv beeinflussen (Singer et al., 2000; Warrinner et al., 1996).

Überlegungen zu derartigen Anreizen nehmen in der Vorbereitung von MABs
bisweilen zu viel Platz ein. Wichtiger ist es, Maßnahmen zu konzipieren, die beim
Mitarbeiter eine Teilnahmemotivation erzeugen, die *aus der Sache selbst* kommt –
dem Willen nämlich, sich in wichtige und relevante Veränderungsprozesse einzu-

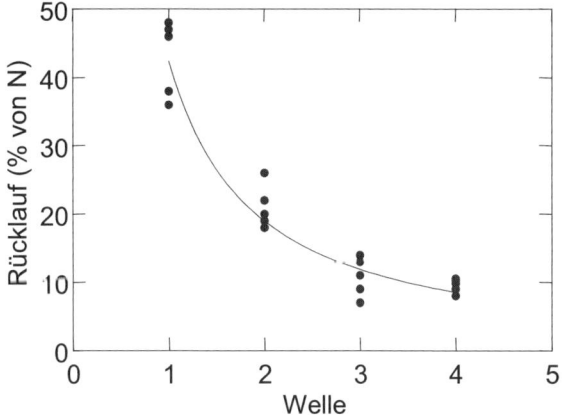

Abbildung 9.11. Rücklauf für vier Wellen einer MAB in sechs Firmen.

bringen und dazu seinen Beitrag zu leisten. Dabei kann durchaus auch ein gewisser sozialer Druck zu „gutem Mitbürgerverhalten" nützlich sein oder Appelle wie „Wer sich jetzt nicht äußert, sollte auch später nicht meckern." Die Teilnahme sollte also nicht nur als Chance, sondern auch als Verpflichtung dargestellt werden. Incentives können bei dieser Argumentationslinie u.U. eher hinderlich sein. Im übrigen sollte nicht übersehen werden, dass bestimmte Incentives (insbesondere Geld) die Erwartung nach sich ziehen können, dass auch in späteren MABs ähnliche oder sogar mindestens „inflationsbereinigte" Incentives gegeben werden.

In der Literatur wurde zudem bislang fast nur untersucht, wie sich Incentives auf den Rücklauf auswirken, nicht aber, ob sie evtl. auch die Antworten selbst beeinflussen (Singer et al., 1998). Denkbar wäre z.B., dass teure Incentives u.U. zu einem Sponsor-Effekt führen, d.h. einer höflich-positiven Verzerrung der Antworten gegenüber der Gruppe, die als Geber dieser Wohltaten gesehen wird. Denkbar ist allerdings auch, dass diese Gruppe dann überzogen negativ beurteilt wird, wenn die Incentives als übertrieben, als verschwenderisch oder gar als Bestechungsversuch gedeutet werden.

Rücklaufkontrolle und Nachfassen

Das wichtigste Instrument zur Erhöhung der Teilnahmequote nach Beginn der Datenerhebung ist eine transparente und zeitnahe Darstellung der Rücklaufquoten im Unternehmen. Nach spätestens zwei Wochen erreicht der Rücklauf i. Allg. eine untere Asymptote. Nachträgliche Verlängerungen des Zeitfensters ohne weitere Aktivitäten bringen dann praktisch keinen weiteren Zugewinn.

Explizites Nachfassen ist vor allem bei postalischen Umfragen vielfach untersucht worden. Die Umfrageforscher sind sich darin einig, dass man unter normalen Umständen ohne Nachfaßaktionen „keine akzeptablen Rücklaufquoten erzielt" (Mangione, 1995) oder sogar „weniger als 50% von dem erzielt, was möglich wäre" (Dillman, 1978). Mit welchen Effekten man bei Nachfaßaktionen rechnen kann, illustriert Abbildung 9.11, die den Rücklauf einer (thematisch engen) MAB mit vier Wellen in sechs Firmen (Mangione, 1995) zeigt. Man kann aus der Rücklaufquote der ersten Welle den Effekt der folgenden Nachfaßaktionen voraussagen. Die übliche Faustregel für postalische Umfragen lautet: Die Rücklaufquote bleibt knapp konstant, mit leicht sinkender Tendenz bei späteren Wellen (Hippler, 1988). Bei N=1.000 Personen und einem Rücklauf in der ersten Welle von 40% (=400 Personen) sollte die zweite Welle also knapp 40% der verbleibenden 600 Personen bringen (=knapp 240 Personen). Man kann damit auf Grund der Rücklaufquote der ersten Welle abschätzen, wie viele weitere Wellen erforderlich sind, um eine Zielrücklaufquote von x% zu erreichen[101].

Die einzelnen Nachfaßaktionen sollten inhaltlich verschieden sein. Mangione (1995) empfiehlt, in der ersten und dritten Nach-Sendung das ganze Paket (Fragebogen, Anschreiben, Rückumschlag) zu schicken, in der zweiten und vierten nur eine Postkarte. Dillmann (1978) empfiehlt die gleiche Vorgehensweise für die erste und zweite Nach-Sendung, danach aber eher Telefonanrufe oder andere auffällige Aktionen. Auch bei den Anschreiben und Postkarten sollte man variieren: Anfangs z.B. ein eher ausführlicher Brief, der die Wichtigkeit der MAB darlegt; danach eine freundlichen Erinnerung („Nur zur Erinnerung! Bitte nicht vergessen. Wir zählen auf Sie!"); dann vielleicht ein Schreiben, das nochmals die Anonymität erklärt und darlegt, dass man für differenzierte Rückmeldungen mindestens N Fragebögen pro Gruppe braucht; schließlich noch ein „letzter Aufruf zur Beteiligung".

Bei postalischen MABs arbeitet man mit Zeitintervallen von 10 bis 14 Tagen pro Welle. Das setzt allerdings voraus, dass das Zeitfenster der Erhebung einigermaßen „weich" bleibt („Bitte versuchen Sie innerhalb der nächsten 10 Tage zu antworten, damit wir kein Erinnerungsschreiben schicken müssen.") Setzt man harte Zeitfenster[102] („Die Datenerhebung ist vom 1. März bis zum 14. März"), dann läuft man in das Problem, eine nachträgliche Verlängerung der Datenerhebung so begründen zu müssen, dass nicht der Eindruck von Misserfolg entsteht. Im übrigen hat die Forschung gezeigt, dass harte Zeitfenster und strikte Schlusstermine zwar den Rücklauf etwas beschleunigen, ihn aber nicht insgesamt erhöhen (Roberts et al., 1978).

Ein schriftliches Nachfassen ist stets nur die *zweitbeste* Wahl. Effektiver und billiger ist immer persönliches, wiederholtes Nachfassen, am besten in Face-to-face-Form. Dies kann durch die MAB-Koordinatoren, die Betriebsräte oder die Führungskräfte geschehen, darf aber die Freiwilligkeit nicht in Frage stellen. Auch darf dabei nicht der Anschein der Kontrolle oder gar des Datenmissbrauchs auftauchen. Insbesondere Führungskräfte sollten ihre Mitarbeiter also immer nur pauschal ansprechen[103] und nicht etwa fragen: „Wie ist das mit Ihnen? Haben Sie sich beteiligt?"

Die Zahl der echten Verweigerer ist bei einer MAB normalerweise recht klein, so dass durch derartige persönliche Kontakte eher die Vergesslichen, die Faulen und Bequemen, die Aufschieber u.ä. erreicht werden. Wenige wollen dann den Kollegen aus dem MAB-Team, der sich hier für eine Sache des Gemeinwohls so einsetzt, hän-

---

[101] Bei MABs sind diese Schätzungen aber meist zu pessimistisch, weil die Nachfaßaktionen noch von vielen weiteren Maßnahmen (allgemeine Appelle, direkte Kontakte usw.) begleitet werden.

[102] Harte Zeitfenster sind fast immer üblich in MABs, aber nicht in der allgemeinen Umfrageforschung.

[103] Z.B. wie folgt: „Wir haben eine relativ geringe Beteiligung. Das können wir nicht auf uns sitzen lassen. Wir wollen mit den Ergebnissen arbeiten, die Dinge verbessern. Können auch Sie für die Teilnahme bei den Kollegen werben? Wenn wir nicht auf mindestens 8 Teilnehmer kommen, kriegen wir keinen speziellen Auswertungsbericht für unsere Abteilung. Mit allgemeinen Zahlen können wir wenig anfangen." Usw.

gen lassen oder es unmöglich machen, dass ihre Abteilung später einen eigenen Auswertungsbericht bekommt, weil die Beteiligung zu gering war – ganz abgesehen davon, wie dann die Abteilung gegenüber dem Management und den anderen Abteilungen „dastehen" würde.

Fragebogen, Anschreiben

Ein offensichtlicher Einflussfaktor für die Rücklaufquote ist die Gestaltung des Fragebogens und seiner Items. Der Fragebogen sollte nicht zu lang sein. Er sollte schön und auffällig sein, aber nicht zu teuer aussehen[104]. Seine Items sollten relevant sein, d.h. wichtige Aspekte der Arbeit des einzelnen Befragten ansprechen und abdecken. Die Items sollten in verständlicher Sprache formuliert und leicht zu beantworten sein. Die Gebrauchsanweisung für den Fragebogen sollte verständlich, vollständig und leicht zu lesen sein. Ähnliches gilt für das Anschreiben (siehe hierzu auch die Abbildungen 8.9 und 9.5). Alles läuft daraus hinaus, die Teilnahme für den Befragten so schmerzlos wie möglich zu machen. Dazu gehört natürlich auch, dass bei einer postalischen MAB ein frankierter und adressierter Rückumschlag beigelegt ist.

Viele weitere und weniger offensichtliche Faktoren sind systematisch untersucht worden (Fox et al., 1988; Yammarino et al., 1991). So führt z.B. ein Rückumschlag, der mit einer echten Briefmarke, insbesondere mit einer Sondermarke, beklebt ist, zu besseren Rücklaufquoten als ein Freiumschlag („Porto bezahlt Empfänger"). Der Grund dafür ist wohl, dass die Briefmarke die Umfrage persönlicher macht: Der Befragte erkennt dahinter den Einsatz einer wirklichen Person, nicht eines Automaten. Ähnliches gilt für Anschreiben, die mit der Hand unterschrieben sind. Effekte dieser Art sind aber nur gering, wie die Forschung zeigt.

9.8 Datenerfassung

Bei der üblichen Datenerhebung mit gedruckten Fragebögen müssen die Daten vor der Analyse auf elektronische Datenträger gebracht werden. Die heute noch vorherrschende Form der Datenerfassung ist die manuelle Erfassung der Daten. Sie wird aber zunehmend verdrängt durch das Einscannen der Fragebögen. Für das Einscannen ist auf jeden Fall zu empfehlen, schon vorab die Gestaltung des Fragebogens mit dem Datenerfasser abzustimmen. Die moderne Scanner-Technologie bietet heute allerdings so viele Möglichkeiten, dass dadurch kaum Einschränkungen entstehen.

Bei kleineren MABs ist die manuelle Datenerfassung einfacher, billiger und organisatorisch flexibler. Im Prinzip kann man dazu einen beliebigen Editor verwenden, obwohl Datenbankprogramme komfortabler sind und mit entsprechenden Eingabemasken programmiert werden können, die gleich eine elementare Prüfung von Einga-

---

[104] Ein wenig attraktiver Fragebogen kann als Zeichen dafür interpretiert werden, dass die MAB doch nicht so wichtig ist („Für den Kunden hätte man mehr getan!"). Auffälligkeit soll dazu führen, dass der Fragebogen auf dem Schreibtisch des Empfängers nicht verloren geht. „Teuer" soll der Fragebogen aber nicht aussehen („Verschwendung").

befehlern durchführen. Die eingegebenen Daten können sofort für gewisse Grundaus-
zählungen verwendet werden, die für weitere Nachfaßaktionen bzw. für die Planung
der Folgeprozesse (insbesondere von Workshops) relevant sein können. Die Dateneingabe von Nachzüglern ist problemlos, weil PCs überall verfügbar und die Einga-
beprogramme leicht transportabel sind.

Das Scanning wird meist in Blöcken durchgeführt, d.h. ein bestimmter Termin
wird für die Datenerfassung reserviert, an dem alle bis dahin gesammelten Fragebögen eingelesen werden. Bei großen MABs, bei denen täglich mehrere Hundert oder
Tausend Fragebögen beim Datenerfasser eintreffen, kann das Scanning aber auch
täglich erfolgen, so dass jeden Tag z.B. per E-Mail ein Bericht über den Stand des
Rücklaufs an die MAB-Koordinatoren verschickt werden kann.

Für offene Fragen eignet sich die Scanner-Technologie nur sehr begrenzt. Das hat
nicht nur technische Gründe: Vielmehr müssen die die Kommentare nicht nur erfasst,
sondern i.d.R. auch noch editiert werden, um u.a. die Anonymität des Kommentierenden zu schützen. So werden ausgefallene Worte/Redewendungen durch gebräuch-
lichere ausgetauscht, Personennamen (wie z.B. „mein Vorgesetzter Wolfgang Müller") gestrichen und durch eine allgemeinere Aussage ersetzt (hier: „mein Vorgesetzter"), Beleidigendes in Sachliches verändert und überhaupt Ausdrucksweisen, die
geeignet sind, eher Reaktanz statt konstruktiver Problemorientierung zu erzeugen,
versachlicht. Diese Arbeit erfordert in jedem Fall eine Handbearbeitung der Texte mit
Intelligenz und Einfühlungsvermögen.

Offene Fragen stellen das größte Problem dar. Ein typisches Beispiel hierfür ist
folgendes Item: „Welche Fort- und Weiterbildungsmaßnahmen würden Ihnen bei
Ihrer weiteren Entwicklung am meisten helfen?" Lässt man den Befragten hier frei
antworten, dann ergeben sich in der Praxis Hunderte von Standardantworten wie z.B.
„Englisch" oder „Produkttraining", aber auch Hunderte sehr spezieller Antworten, die
oft nur ein einziges Mal vorkommen. Im Prinzip sollten alle diese Nennungen so codiert werden, dass sie in der Auswertung nicht „wie Kraut und Rüben" aufgelistet
werden, sondern dass sie sinnvolle Gruppen bilden. Dazu braucht man aber ein gutes
Codierschema und gleichzeitig Codierer, die nur verschieden formulierte, aber inhaltlich ähnliche Antworten in die gleichen Kategorien sortieren. Beide Voraussetzungen
sind nur begrenzt erfüllbar, weil der Codierer nicht auf jedem Gebiet kompetent sein
kann. Zudem steckt er nicht in den Schuhen des Befragten, d.h. ihm fehlt oft die Kontextinformation, die den Kommentar erst verständlich macht. Zudem verwenden die
Befragten oft einen speziellen Jargon und Abkürzungen, die es dem Codierer zusätzlich schwer machen. Für diese Probleme gibt es keine einfachen Lösungen. Es hilft
aber, wenn der Codierer intelligent ist, wenn er die Branche kennt und wenn er engagiert genug ist, die für eine gute Codierung nötige Denkarbeit zu leisten.

9.9 Datenbereinigung

Als letzter Schritt vor der Datenanalyse erfolgt eine Datenkontrolle und evtl. eine
Datenbereinigung. Sie kann bei MABs, bei denen die demographischen Items als

Selbstausfüller vorgegeben werden, erhebliche Zeit – oft mehrere Wochen – beanspruchen. Fehler bei den DIs können aus vielen Gründen entstehen. Ein Grund ist ein schlichtes Versehen beim Ankreuzen der Antwortkategorien. Oft wissen die Mitarbeiter aber beispielsweise auch nicht, wie ihre Abteilung offiziell heißt oder – wegen häufiger Restrukturierungen – wie sie zur Zeit heißt. Informell sind eher Bezeichnungen wie „die Abteilung Schmidt in X-Stadt" üblich. Nicht selten ist aber auch die offizielle Organisationsstruktur nicht völlig klar. Ähnliches gilt für die Frage nach der hierarchischen Ebene. So wird z.B. der Frage „Sind Sie Führungskraft?" fast immer häufiger zugestimmt als dies auf Grund der offiziellen Rollendefinitionen eigentlich möglich wäre. Zu viele Befragte bezeichnen sich also als Führungskraft.

Grundsätzlich ist auch denkbar, dass mancher Befragte absichtlich eine falsche Angabe bei den demographischen Items macht, um seine Anonymität zu schützen. Zudem gibt es immer auch „Witzbolde", die sich z.B. aus Spaß als Mitglied des Vorstands bezeichnen. Jedenfalls findet man in fast jeder MAB, dass sich mehr Befragte der Geschäftsleitung zurechnen, als diese Mitglieder hat. Präsentiert man dann der Geschäftsleitung die Ergebnisse der MAB, können solche Fehler verständlicherweise die Glaubwürdigkeit der Befunde erheblich beeinträchtigen, vor allem deshalb, weil bei kleinen Gruppen wie der Geschäftsleitung einige wenige Fehlzuordnungen besonders auffällig sind und sich auch statistisch deutlich auswirken können.

Die Bereinigung von Datenfehlern ist eine mühsame Detektivarbeit. Sie erfolgt durch eine Art „Rasterfahndung". Nehmen wir als Beispiel den Fall, dass sich – wie üblich – zu viele Personen der Geschäftsleitung zugeordnet haben. Wir können damit beginnen, die Verteilung dieser Personen über die Geschäftsbereiche zu betrachten. Finden wir dann z.B., dass zwei dieser Personen aus dem Bereich Marketing kommen, dann wissen wir, dass eine dieser Personen falsch kategorisiert sein muss. Wissen wir zusätzlich, dass eine dieser Personen ein Mann, die andere eine Frau ist, dann können wir die falsche Person identifizieren und für sie auf dem demographischen Item „Hierarchische Ebene" ein Blank setzen. Dabei muss man allerdings annehmen, dass die Einträge dieser Person bei den DIs „Geschäftsbereich" und „Geschlecht" richtig sind. Ohne derartige Annahmen ist keine Datenbereinigung möglich.

Die Datenbereinigung erfordert eine intensive Interaktion der Datenerfasser mit den MAB-Koordinatoren. Sie müssen die entsprechenden Soll-Zahlen oder andere Informationen beibringen, die die Identifikation von Fehlern ermöglichen.

Fehler bei den DIs können durch die Verwendung von demographischen Etiketten (siehe S. 151) eliminiert werden – vorausgesetzt, das Personalinformationssystem ist gut gepflegt. Diese Voraussetzung ist erfahrungsgemäß in der Praxis häufig nicht erfüllt: Dann muss das PIS zunächst überarbeitet und aktualisiert werden muss. Das Gleiche gilt für elektronische MABs. In beiden Fällen ist es nicht sinnvoll, dem Befragten ohne weiteres die Möglichkeit zu geben, die Vorgaben per Hand zu korrigieren. Das führt i.d.R. nur zu weiterer Konfusion. Der Auswerter hat keine Möglichkeit zu prüfen, ob nun die Vorgabe oder die Korrektur stimmt. Evtl. kann man dem Befragten die Möglichkeit geben, z.B. die demographischen Informationen genau zu prüfen und im Fall eines vermeintlichen Fehlers ein HelpDesk zu verständigen.

Ein anderer wichtiger Datencheck ist die Prüfung der Codierungen selbst. Beim Scannen oder beim Programmieren der Eingabemasken kann es natürlich auch zu

Fehlern kommen. In einem Fall aus der Praxis wurden die Codes von zwei großen Gruppen von Mitarbeitern vom Ersteller des Scannerprogramms vertauscht. Erst im späteren Verlauf der Datenanalyse und im Vergleich der MAB-Ergebnisse zu den Ergebnissen einer früheren MAB wurde klar, dass hier etwas nicht stimmen konnte. Einfacher wäre es gewesen, auch hier zunächst den Daten eher zu misstrauen und Soll-Ist-Vergleiche und Plausibilitätsprüfungen durchzuführen, bevor man mit der eigentlichen Datenanalyse beginnt.

10 Standard-Datenanalyse

Die Analyse der bei einer MAB anfallenden Daten unterliegt zahlreichen Kriterien, die für wissenschaftliche Studien nicht relevant sind. So ist es vergleichsweise wichtig, die Ergebnisse einer MAB möglichst *schnell* zu berichten, damit ihre Aktualität erhalten bleibt und der durch die Befragung erzeugte Schwung aufgegriffen werden kann (Kraut, 1996). Ergebnisse, die erst Monate nach der MAB vorliegen, treffen nur noch auf wenig Interesse. Eine weitere Besonderheit von MAB-Analysen ist, dass sie sich an Personen richtet, die i. Allg. weder theoretische noch methodische *Vorkenntnisse* haben. Sie sind zudem nicht an Grundlagenforschung interessiert, sondern an Befunden, die direkt in der Praxis *anwendbar* sind. Schließlich ist für die Wirkung einer MAB entscheidend, dass die verschiedenen Organisationseinheiten, Gruppen und Personen *„ihre" Ergebnisse* bekommen, nicht nur allgemeine Trends, von denen sich niemand angesprochen fühlt („Eintopf"). Das bedeutet aber, dass meist nicht nur einige wenige, sondern Hunderte oder sogar Tausende von Auswertungsberichten zu erstellen sind. Derartige Größenordnungen – bei gleichzeitig knapper Zeit und hohem Qualitätsanspruch – erfordern eine weitgehend *automatisierte* Berichtsproduktion, die wir als *Standard-Datenanalyse* (SDA) bezeichnen. Weil die SDA computerisiert abläuft, kann sie keine Interpretationen der jeweiligen Ergebnisse enthalten. Sie berichtet diese Ergebnisse nur beschreibend, zusammen mit einer Reihe von unterstützenden Vergleichswerten.

10.1 Elementare Auswertungen der MAB-Daten

Bei der Auswertung von MAB-Daten stehen zunächst immer recht einfache Fragen im Vordergrund. Was man der Endnutzer vor allem haben will, ist eine möglichst kompakte und anschauliche Aufbereitung der Ergebnisse der einzelnen Items.

Antworttendenzen für einzelne Items

Wie soll man die Antworten der befragten Mitarbeiter auf die einzelnen Items so beschreiben, dass jeder das Ergebnis *leicht* und *richtig* versteht? Bei einer typischen MAB ist es wohl am naheliegendsten, für jedes Item zu berichten, wie viele Befragte jeweils die verschiedenen Kategorien der Antwortskala angekreuzt haben. Eine solche *Antwortverteilung* ist in der linken Hälfte von Abbildung 10.1 gezeigt. Verwendet wurde hier das Item „Ich bin ständig mit Arbeit überlastet" aus einer MAB in einem

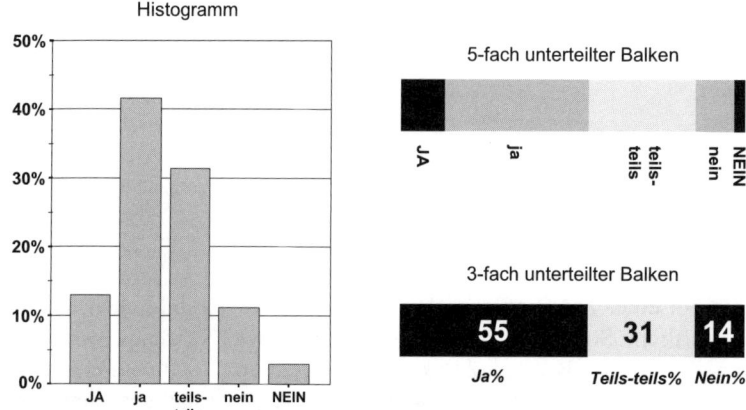

Abbildung 10.1. Drei Darstellungen der Antwortverteilung des Items
„Ich bin ständig mit Arbeit überlastet".

Computer-Unternehmen. Das *Histogramm* zeigt, dass von den Befragten ca. 13% mit
„Trifft voll zu" (=JA), 42% mit „Trifft eher zu" (=ja) usw. geantwortet haben. Diese
Darstellung ist transparent, aber für die Praxis zu wenig verdichtet. Bei einem MAB-
Fragebogen mit meist ca. 100 Items würden sich so überaus dicke Ergebnisberichte
ergeben, mit denen sich schlecht arbeiten lässt. Zudem entsteht nach der Betrachtung
vieler Histogramme leicht der Eindruck, dass alle Items zu ähnlichen Ergebnissen
geführt haben, weil die Verteilungen von MAB-Items i.d.R. mehr oder weniger normal (d.h., eingipfelig und glockenförmig wie in Abbildung 10.1) sind.

Zumindest dünner wird der Bericht durch eine andere Darstellungsform, den 5-
fach *unterteilten Balken* oben rechts in Abbildung 10.1. Trotzdem lesen sich Berichte
mit derartigen Balkendarstellungen nicht leicht, weil einfach zu viele Informationen
gezeigt werden. Die *vereinfachte* Form des liegenden Balkens, die in Abbildung 10.1
unten rechts gezeigt ist, ist für die Praxis völlig ausreichend[105]. Die *Zahlenwerte* in
den Balkenabschnitten haben den zusätzlichen Nutzen, dass man sich die Ergebnisse
besser merken, sie evtl. notieren und präzise kommunizieren kann.

Vereinfacht man weiter, kann man auf die Grafik auch ganz verzichten[106] und nur
noch die Prozentwerte der Personen berichten, die einem Item zugestimmt haben (*Zu-
stimmungsprozent, Ja%*). Diese *Ja%*-Statistik ist in der MAB-Praxis sehr verbreitet.

---

[105] Weniger differenzierte Ergebnisrückmeldungen sind zudem von Vorteil für den Schutz der Anonymität des einzelnen Befragten. Das gilt vor allem für kleine Gruppen, bei denen Ausreißerwerte
vorkommen. Der Vorgesetzte ist dann leicht geneigt zu spekulieren, wer dieser Ausreißer ist („Ich
weiß schon, von wem diese negative Bewertung kommt. Das kann nur der Müller gewesen sein.")
[106] Grafiken werden allerdings oft vom Auftraggeber eingefordert. In diesem Fall sollte man stets
darauf achten, sie möglichst schnörkellos zu gestalten. In der Praxis findet man häufig Grafiken, die
aus vermeintlich ästhetischen Gründen unnötig barok gestaltet sind (z.B. dreidimensionale statt flächiger Balken in Histogrammen). Diese sehen zwar „schön" aus, sind aber schlecht zu lesen (Wilkinson,
1990).

In der akademischen Forschung (Neuberger & Allerbeck, 1978; Rosenstiel et al., 1983) verwendet man dagegen vorwiegend *mittlere Skalenwerte*. Dazu werden zunächst die Antwortkategorien numerisch codiert (z.B. als „Trifft voll zu"=1, „Trifft eher zu"=2, ..., „Trifft überhaupt nicht zu"=5). Dann wird der *Mittelwert* (=Durchschnittswert) dieser Codewerte berechnet. Für das Item in Abbildung 10.1 ergibt sich so ein Mittelwert von 2,49.

Der Mittelwert ist aber nicht für jeden transparent. Der Rezipient muss dazu u.a. wissen, ob die Kodierung von 1 bis 5 oder von 5 bis 1 erfolgte. Beides ist möglich. Ersteres findet sich häufig in der angewandten Psychologie und wird dort als *Notenskala* bezeichnet. Letzteres ist in wissenschaftlichen Publikationen üblich, weil es dort Konvention ist, eine stärkere Ausprägung des gemessenen Attributs mit einem größeren Skalenwert zu verbinden. Der Rezipient der Umfrage muss also zumindest beachten, wie die Skala gepolt war. Das führt zu Fragen wie „Ist 2,49 gut oder schlecht?" oder zumindest zu „Ist 2,49 groß oder klein?"

Zusätzlich verwirrend ist, dass nicht immer die klassische 5-stufige Skala verwendet wird, sondern auch 3-, 7- oder 9-stufige Antwortskalen. Damit bekommt ein Wert wie 2,49 natürlich eine andere Bedeutung, während der *Ja%*-Wert unverändert bleibt.

Mittlere Skalenwerte werden daher in der MAB-Praxis selten verwendet. Berichtet werden meist die Prozentanteile der Personen, die sich dem Item gegenüber „zustimmend", „gemischt" bzw. „ablehnend" geäußert haben (Control Data Business Advisors, 1986; Edwards et al., 1997; Opinion Research Corporation, 1986; Macey, 1996) oder überhaupt nur noch die *Ja%*-Werte (Bergler & Piwinger, 2000; Borg, 2000; Bruennecke & Canisius, 1991). Das gilt insbesondere auch für MAB-Konsortien wie die Mayflower Group oder die ITSG (Kraut, 1997; Church & Waclawski, 2001), die ihre Benchmarks in Form derartiger Statistiken zur Verfügung stellen.

Die *Ja%*-Statistik hat zweifellos kommunikative Vorteile. Nachfragen nach der Zahl der Antwortkategorien und der Polung der Skala entfallen hier automatisch. Zudem ist ein Prozentwert eine Maßzahl, die jedem vertraut ist. Andererseits erscheint es intuitiv klar, dass die *Ja%*-Statistik den zentralen Trend eines Items nur relativ grob beschreibt. Anders als beim Mittelwert bleiben in der *Ja%*-Statistik die Intensitäten der zustimmenden Antworten unberücksichtigt. Neutral-ambivalente und ablehnende Antworten werden sogar vollständig ignoriert. In der Praxis wird dies bisweilen kritisiert: „Warum fragen Sie erst so differenziert, wenn dann nur noch ein Teil der Antworten und dann auch noch zusammenfassend berichtet wird?" Vor allem sind Nachfragen häufig, die wissen wollen, wie *stark* denn die Zustimmung war. Wenn z.B. 60% mit ihrem Vorgesetzen „zufrieden" sind, dann könnten diese 60% z.B. alle „sehr zufrieden" oder aber alle nur „zufrieden" sein. Was zutrifft kann man dem Prozentwert nicht entnehmen.

Rogelberg et al. (2002) bewerten die *Ja%*-Statistik daher als „extrem problematisch". Sie schlagen an Stelle von *Ja%* die Verwendung von Mittelwerten vor, die so *reskaliert* sind, dass sie ebenfalls leicht verständlich werden. Einer ihrer Vorschläge ist es, den Mittelwert auf eine „grade point"-Skala von 4 bis 1 – eine Art amerikanischer Schulnotenskala – zu transformieren. Ein anderer Vorschlag ist, den Mittelwert auf eine „Testwertskala" abzubilden, bei der 0=min und 100=max ist.

Derartige Transformationen des Mittelwerts führen aber nur zu neuen Problemen, weil die transformierten Werte mit den Daten weniger direkt zusammen hängen als der Skalenmittelwert oder als *Ja%*. Nehmen wir zur Illustration an, wir hätten das für Mitarbeiterbefragungen typische Item „Ich plane ernsthaft, die Firma in den kommenden 12 Monaten zu verlassen" verwendet. Auf der Testwertskala hätte sich nun ein Wert von „30" ergeben. Was können wir daraus lernen? Wie viele Personen planen nun, die Firma zu verlassen? Sind das viele oder wenige? Diese Fragen sind offensichtlich nicht unmittelbar zu beantworten. Dazu kommt, dass 100er-Skalen in der Praxis oft fälschlich als Prozentskalen gelesen werden. Und schließlich muss auch die Transformation selbst erklärt und verstanden werden – eine zusätzliche Anforderung für den Endnutzer der Daten.

Eine „grade point"-Skala ergibt sich in Deutschland automatisch, wenn man die übliche 5-stufige Likert-Skala als Notenskala kodiert, also mit 1=„stimme voll zu" bis 5=„lehne voll ab". Allerdings entspricht die deutsche Notenskala nicht der amerikanischen Grade-Point-Skala. Das schränkt zumindest die Nützlichkeit solcher Skalen in *internationalen* Studien ein. Prozentwerte versteht dagegen *weltweit* jeder gleich. Ein anderes Problem ist die Konnotation der Notenskalen von „gut" bis „schlecht". Die *Ja%*-Statistik hat dieses Problem nicht, vorausgesetzt man liest sie als Prozentsatz der Zustimmung und nicht als „percent favorable", wie in der Praxis häufig üblich (Folkman, 1998; Rogelberg et al., 2002; Edwards et al., 1997)[107].

Die attraktiven Eigenschaften der *Ja%*-Statistik scheinen allerdings erkauft zu sein mit einem gewissen Informationsverlust gegenüber dem Skalenmittelwert. Verblüffenderweise kann man jedoch zeigen, dass beide Statistiken unter den für eine MAB normalen Umständen[108] fast so genau ineinander konvertierbar sind wie Grad Celsius in Grad Fahrenheit (Borg, 1989; Borg & Gabler, 2002).

Man erkennt die Beziehung dieser Statistiken auch rein empirisch aus Abbildung 10.2. Jeder Punkt in diesen Diagrammen entspricht einem Item. Seine *X*- und *Y*-Koordinaten sind sein mittlerer Skalenwert bzw. sein *Ja%*-Wert. Die Diagramme zeigen, dass Mittelwerte und *Ja%*-Werte offensichtlich sehr eng und fast linear zusammenhängen. Je mehr Personen also einem Item zustimmen, desto stärker stimmen sie diesem durchschnittlich zu. *Ja%*- und Mittelwert sind sogar weitgehend ineinander konvertierbar[109]. Der mittlere Skalenwert ist damit i. Allg. nicht informationsreicher als die *Ja%*-Statistik.

Nur bei kleinen und sehr kleinen Gruppen (z.B. einzelnen Teams) empfiehlt es sich, neben den *Ja%*-Statistiken auch noch Mittelwerte zu berichten, weil sich in diesen Fällen der *Ja%*-Wert schon dadurch deutlich ändern kann, dass nur eine einzige

---

[107] Dieser Sprachgebrauch ist nicht zu empfehlen, weil er eine Bewertung nahe legt. Die Zustimmung zu einem Item wie z.B. „Ich habe die Absicht, die Firma in den nächsten 12 Monaten zu verlassen" zeigt eine negative Bewertung der Firma und ist auch aus Sicht der Firma selten „favorable".

[108] Insbesondere muss gelten, dass die Verteilungen annähernd eingipfelig sind, etwa so wie in Abbildung 9.1 (links) gezeigt (Gabler & Borg, 1996). Diese Voraussetzung gilt natürlich auch – sogar verstärkt! – für den Mittelwert. Sind die Verteilungen z.B. U-förmig, dann charakterisiert der Mittelwert nämlich niemand mehr, weil die Befragten sich entweder dezidiert positiv oder dezidiert negativ äußern. Verteilungen solcher Art treten in der MAB-Praxis aber nur höchst selten auf.

[109] Wie man sieht, gilt in beiden Diagrammen z.B., dass bei einem *Ja%*-Wert von 50 der zugehörige mittlere Skalenwert etwa 2,5 ist.

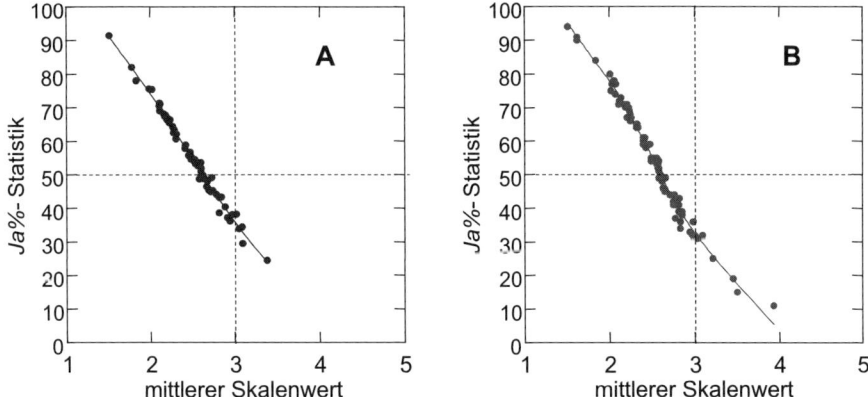

Abbildung 10.2. Empirische Beziehung von *Ja%* und mittlerem Skalenwert
für 94 bzw. 67 Items aus zwei typischen MABs.

Person in den Teils-teils- oder den Nein-Bereich der Antwortskala wechselt. Auf jeden Fall sinnvoll ist die Erstellung einer Grafik wie in Abbildung 10.2 für die jeweiligen MAB-Ergebnisse. Sie belegt den Zusammenhang der Statistiken und erlaubt es, von einem gegebenen Zustimmungs*anteil* (*Ja%*-Wert) auf die durchschnittliche *Intensität* der Zustimmung zu schließen.

Vergleiche mit anderen Organisationseinheiten

Eine erste Bewertung der MAB-Ergebnisse lässt sich dadurch unterstützen, dass man gewisse Benchmarks anbietet. Am einfachsten zu erstellen sind immer *Aufwärtsvergleiche*. Dabei vergleicht man z.B. das Ergebnis der Organisationseinheit *X* mit dem Ergebnis des Geschäftsbereichs, dem *X* zugehört, und evtl. auch noch mit dem Ergebnis der gesamten Firma. Der Rezipient kann so sehen, ob das Ergebnis von *X* besser oder schlechter ist als der Durchschnittswert vergleichbarer Einheiten.

Noch informativer ist es, wenn man zusätzlich zu den Aufwärtsvergleichen Aussagen macht über den Streubereich der Werte (z.B. durch Angaben der größten und den kleinsten Ergebniswerte vergleichbarer Organisationseinheiten) oder wenn man sogar die einzelnen Werte dieser Organisationseinheiten darlegt. Abbildung 10.3 zeigt hierfür ein Beispiel. Verglichen wird hier die *Ja%*-Statistik der Gruppe *X* beim Item „Ideen werden aufgenommen und umgesetzt" mit den entsprechenden Ergebnissen von 23 vergleichbaren Gruppen (des Bereichs „RA") und mit ihrem Durchschnittswert[110]. Die Gruppen sind *anonymisiert* dargestellt, um so Fingerzeigen, Bloßstellungen oder

---

[110] Ein einfacher Aufwärtsvergleich würde der Gruppe *X* offensichtlich nur zeigen, dass sie unter dem Durchschnitt liegt. Eine Min-Max-Aussage würde sie zusätzlich darüber informieren, dass die anderen Gruppen zwischen 13% und 91% liegen. Die Grafik in Abbildung 9.3 zeigt ihr, genau wo sie im hinteren Feld liegt.

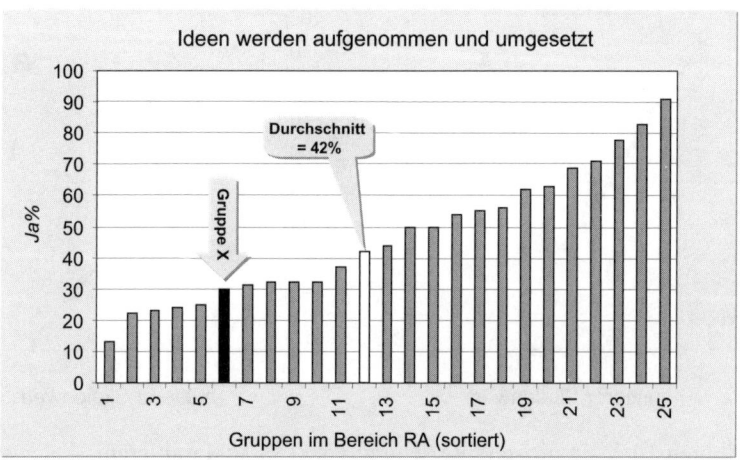

Abbildung 10.3. *Ja%*-Werte der Gruppe *X* im Vergleich zu den Werten von 23 anderen Gruppen aus dem Bereich RA.

Vergleicherei zu verhindern. Zweck der Abbildung ist es, der Gruppe *X* die Interpretierbarkeit ihrer eigenen Ergebnisse zu erleichtern.

Anzumerken ist hier aber, dass eine Darstellung wie in Abbildung 10.3 oft nur mit erheblichem Aufwand möglich ist. Der Grund ist, dass das Ausfiltern der verschiedenen „vergleichbaren" Gruppen aus dem gesamten Datenfile der MAB recht schwierig werden kann, wenn diese Gruppen nicht durch die Kategorien einer einzigen demographischen Variablen identifizierbar sind. Das ist in der Praxis leider recht selten der Fall. Dann muss man für die Identifikation solcher Gruppen komplexe Filterregeln aus den gegebenen demographischen Variablen bilden oder diese Gruppen aus vielen kleinen Teilgruppen aggregieren. Grafiken wie die in Abbildung 10.3 kommen unter diesen Umständen für eine SDA nicht in Frage.

Items, Indikatoren und Indices

Vergleiche von MAB-Ergebnissen auf der Ebene einzelner Items sind oft nicht möglich, weil keine vergleichbaren Items existieren. In diesem Fall kann man sich mit *Indices* behelfen. Indices sind i.d.R. Mittelwerte von Itemmittelwerten, abgebildet z.B. auf eine Skala[111] von 0 bis 100. Sie verdichten die Informationen einer ganzen *Batterie* von Items zu einer einzigen *Kennzahl* und ermöglichen so relativ kompakte Beschreibungen von Ergebnissen. Indices sind zudem robuster gegen Zufallsschwankungen und Stichprobeneffekte als einzelne Items. Diese Eigenschaften machen Indices allgemein nützlich für Vergleiche und für die Analyse von Trends. Betrachten wir

---

[111] Verwendet man die typischen 5-stufigen Likertskalen, dann berechnet sich der Index als $I = 25 \cdot (5 - \text{Mittel}[\text{Mittel}(\text{Item 1}), \text{Mittel}(\text{Item 2}), ... , \text{Mittel}(\text{Item n})]$. Wenn alle Items so gepolt sind, dass Zustimmung stets positiv gedeutet werden kann, dann ist $I=100$ der best-mögliche Wert und $I=0$ der schlechtest-mögliche Wert.

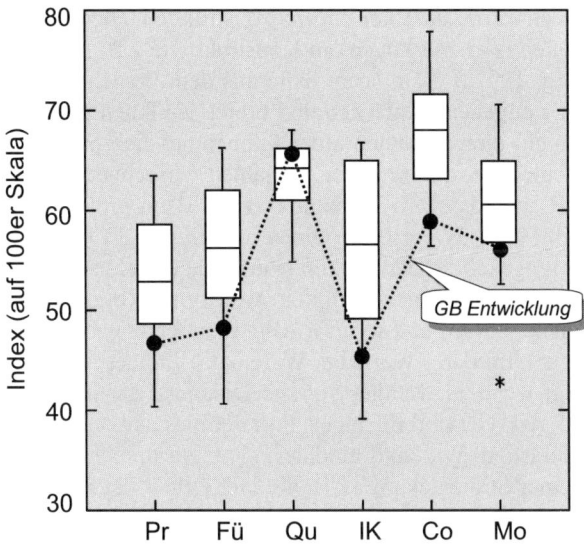

Abbildung 10.4. Boxplots von fünf Indizes bei verschiedenen Organisationseinheiten der Firma ABC; Linienzug = Geschäftsbereich „Entwicklung".

ein Beispiel. Abbildung 10.4 zeigt die Verteilungen der Indizes Pr = Produktivität, Fü = Führung, Qu = Qualität, IK = Information-Kommunikation, Co = Commitment bzw. Mo = Motivation für verschiedene Organisationseinheiten der Firma ABC. Die Verteilungen sind als *Boxplots* dargestellt[112]. Der Geschäftsbereich Entwicklung ist als Linienzug herausgehoben. Man erkennt, dass er überall am Ende des Hauptfelds liegt, außer bei Qualität.

Indices kann man auf verschiedene Weise konstruieren. Der *statistisch-empirische Ansatz* basiert auf einer Analyse der Antwortmuster ganzer Batterien von Items. Empirisch zeigt sich z.B., dass die allermeisten Items, die in MABs zum Thema „Direkter Vorgesetzter" verwendet werden (z.B. Kompetenz des Vorgesetzten, Feedback durch den Vorgesetzten, Zufriedenheit mit dem Vorgesetzten usw.) deutlich positiv untereinander korrelieren und damit als *Indikatoren* einer gemeinsamen psychologischen Dimension aufgefasst werden können[113]. Die Befragten sehen ihre Vorgesetzten also i.d.R. recht eindimensional, als ein Paket, dessen Facetten alle recht ähnlich (d.h.: relativ schlecht oder relativ gut) beurteilt werden (Liu et al., 2002). Die verschiedenen Items messen somit psychologisch eng Zusammenhängendes und können daher zu einem Indexwert verdichtet werden[114].

---

[112] Die oberen/unteren Deckel der „Boxen" entsprechen den 75%- bzw. 25% Perzentilen; der Querstrich in der Box zeigt an, wo der Median der Verteilung liegt; die Striche oben und unten reichen bis zum maximalen bzw. minimalen Wert, vorausgesetzt diese sind nicht weiter als das 1,5-fache der Boxlänge entfernt; Sterne bezeichnen Outliers (Tukey, 1977.)

[113] Ein generelles Problem von Indices auf der Basis von MAB-Items liegt darin, dass diese auch dann, wenn sie Verschiedenes messen sollen, zu recht ähnlichen Ergebnissen führen können als Folge des affektiven Halos der Items (siehe Abschnitt 5.3). Man kann diesen Halo aber statistisch kontrollieren, d.h. genauer ihn „auspartialisieren". Das Ergebnis sind Indizes, die bereinigt sind von der allgemeinen affektiven Stimmung (siehe dazu Borg, 2003).

[114] Die Dimension ist, statistisch ausgedrückt, ein *Faktor* i.S. der Faktorenanalyse (Borg & Staufenbiel, 1997). Es geht um die Frage, Items zu finden, die *homogen* sind, die zusammen eine *Dimension* messen. Solche Items messen letztlich das Gleiche, aber i. Allg. mit unterschiedlicher „Schwierigkeit". Die Situation ist vergleichbar mit einem Test z.B. zur Rechenfähigkeit. Man verwendet nicht nur eine

Indices lassen sich auch nach einem *inhaltlichen Ansatz* konstruieren. Hierzu überlegt man zunächst, welche Facetten oder Merkmale ein Konstrukt wie z.B. „Produktivität" hat oder haben soll (Borg, 1992a). Man sucht dann aus dem Fragebogen die Items heraus, die das Konstrukt weitgehend abdecken und bildet aus ihnen einen Index. Im Unterschied zum obigen ein-dimensionalen Index können bei diesem *Warenkorb-Index* auch qualitativ verschiedene, unkorrelierte Variablen verrechnet werden. Wenn daher für den Index *I* z.B. gilt, dass *I*=*a*+*b*, dann ist *I* nur dann groß (klein), wenn sowohl *a* wie *b* groß (klein) sind. Wenn *I* aber einen mittleren Wert hat, dann kann *a*=0 und *b*=max sein, oder umgekehrt, oder *a* und *b* sind beide mittel usw. Diese Situation ist beim ein-dimensionalen Index nicht möglich, weil seine Komponenten alle mehr oder weniger das Gleiche messen und somit i. Allg. nicht ganz verschieden sein können. Die Nichteindeutigkeit mittlerer Werte bei Warenkorb-Indices ist jedoch prinzipiell dann nicht nachteilig, wenn es weniger auf die Diagnose der einzelnen Facetten, sondern vielmehr auf das Gesamtbild eines Portefeuilles ankommt. Ein wichtiges Praxisbeispiel für derartige Warenkorbindices sind zusammenfassende Aussagen über die Messfelder einer Strategiekarte (z.B. die vier Felder der Balanced Scorecard; siehe S. 115).

Schließlich kann man Indices noch nach einem *inhaltlich-empirischen Ansatz* konstruieren. Dabei werden zunächst die Facetten expliziert, die der Gegenstand, den man indizieren will, hat oder haben soll. Dann werden die hierzu relevanten Items selektiert und im Sinn dieser Facetten klassifiziert. Anschließend wird untersucht, ob und wie sich diese Klassifikationen in der Struktur der Daten widerspiegeln. Der Index wird dann so konstruiert, dass die Datenstruktur repräsentativ abgedeckt wird (Borg & Mohler, 1994).

In der Praxis wird meist nach dem inhaltlichen Ansatz vorgegangen. Harding & Radford (1994) berichten beispielsweise den Index „Empowerment", in den die Ergebnisse von acht Items – wie z.B. „Ich habe genügend Freiraum, um meinen Job gut zu machen", „Mein direkter Vorgesetzter beteiligt mich an der Lösung von Problemen, die unsere Arbeit betreffen" und „Meine Firma hat ein Klima geschaffen, in dem die Mitarbeiter die Art und Weise, wie man die Dinge macht, in Frage stellen können" – eingehen. Bei diesen Items erscheint es „offensichtlich" zu sein, dass sie alle etwas mit Empowerment zu tun haben. Ein weiterer Nachweis hierfür oder für die Frage, ob Empowerment selbst ein-dimensional ist, wird aber nicht geführt.

Korrelationen von MAB-Items

Gelegentlich findet man in der Praxis einen routinemäßigen und daher für die SDA prinzipiell geeigneten Einsatz von Korrelationen. Dabei wird jedes Item in einem Itemblock jeweils mit der dem Abschlussitem vom Typ „Alles in allem bin ich zufrieden mit ..." korreliert. Die Korrelation soll Auskunft geben darüber, in welchem Ausmaß der jeweilige Einzelaspekt die Gesamtzufriedenheit „erklärt" oder „treibt".

Aufgabe, sondern viele Aufgaben. Sie messen alle Rechenfähigkeit und sind nur verschieden schwer. Die Rechenfähigkeit des Schülers erhält man dann dadurch, dass man die Lösungsgüten der verschiedenen Antworten des Schülers mittelt.

Am Beispiel der Items im Anhang würde man so die Items 1 bis 3 (1=Arbeitsmittel, 2=Wartung, 3=Arbeitsplatz) jeweils mit dem Item 4 korrelieren: Je größer die Korrelation ist, desto „wichtiger" (Scharioth, 1992) wäre der jeweilige Aspekt für die Gesamtzufriedenheit mit den Arbeitsplatzbedingungen.

In der Praxis haben sich solche Statistiken allerdings als wenig nützlich erwiesen. Sie erfordern i.d.R. ein aufwendiges Erklären, werden aber selbst dann leicht falsch verstanden – nämlich kausal – oder aber ganz ignoriert. In beiden Fällen ist es kontraproduktiv, sie (im Rahmen der SDA) überhaupt zu berichten, weil sie die Lesbarkeit der Ergebnisberichte nur erschweren.

10.2 Standardberichte

In einer typischen MAB sind oft Hunderte oder sogar Tausende von Auswertungsberichten erforderlich. Idealerweise bekommt jede Führungskraft, die mindestens n Personen führt bzw. in deren Verantwortungsbereich sich mindestens m Personen an der MAB beteiligt haben, „ihren" Ergebnisbericht. Verwendet man das letztere Kriterium und setzt m auf den in der Anonymitätsvereinbarung gesetzten Wert (in der Praxis i.d.R. m=8), dann ist leicht zu sehen, warum es zu so vielen Ergebnisberichten kommen kann. Aber auch dann, wenn man eine gröbere Auflösung wählt (z.B. n=250), muss man schnell liefern können. Zudem muss man die Führungskräfte darauf vorbereiten, was sie erwartet bzw. entsprechende Trainingsmaßnahmen planen, die ihnen beim Arbeiten mit diesen Berichten helfen sollen. Das bedeutet aber, dass frühzeitig definiert werden muss, wie ein Ergebnisbericht aussieht.

Für die Ergebnisberichte haben sich einige Standards herausgebildet, d.h. einige Modelle oder Prototypen, an denen man sich orientieren kann. Im folgenden wollen wir solche Standardberichte beschreiben.

Berichtstypen

Auswertungen von Mitarbeiterbefragungen erfolgten früher so, dass vom Computer dicke Tabellenbände ausgedruckt wurden, aus denen sich die Führungskräfte die sie interessierenden Zahlen „per Hand" herausziehen mussten. Das ist offensichtlich nicht optimal für den MAB-Prozess. Kompaktere Berichte, die auf den jeweiligen Anwendungszweck zugeschnitten sind, sind hierfür besser geeignet.

Hierzu gehören vor allem *Fokusberichte*, die weiter unten genauer beschrieben werden. Fokusberichte dienen dazu, die MAB-Ergebnisse für einzelne Teams oder Abteilungen (*„Fokalgruppen"*) darzustellen. Sie enthalten die Statistiken, auf die sich auch die typischen Workshops in den Folgeprozessen der MAB stützen.

Quervergleichsberichte sind Berichte, die Führungskräften dazu dienen sollen, sich ein Bild von Ähnlichkeiten und Unterschieden der ihnen unterstellten Organisationseinheiten machen zu können. Sie verdichten eine ganze Batterie von Fokusberichten und stellen diese im Quervergleich dar.

Prognoseberichte sind ebenfalls Standardauswertungen im MAB-Kontext. Sie enthalten die vorhergesagten Ergebnisse im Vergleich zu den tatsächlich beobachteten Werten.

Präsentationsberichte gehören nicht zu den Standardberichten. Sie sind immer Handarbeit, d.h. sie sind auf die besondere Gegebenheit der jeweiligen Organisation und Situation in Inhalt und Form zugeschnitten. Sie werden daher in diesem Kapitel nicht diskutiert, sondern erst in Kapitel 12 im Zusammenhang mit Überlegungen und Empfehlungen zur Präsentation von MAB-Ergebnissen.

Einige Berichtstypen wie z.B. *Kommentarbände* kann man als Sonderauswertungen betrachten. Entweder werden die hierfür erforderlichen Daten nicht oder nur selten erhoben oder der Zweck des Berichtes ist in einem normalen MAB-Prozess nicht definiert. Für sie gibt es daher im Rahmen einer Standard-Datenanalyse keine Normen.

Berichtsformen

Traditionelle Berichte sind auf Papier gedruckte, gebundene Berichtsbände. Zunehmend häufig werden Berichte aber auch in verschiedenster Form elektronisch erstellt, z.B. als Excel-, PDF- oder Powerpoint-Files. Das hat viele Vorteile: Man kann solche Berichte per E-Mail schnell und gezielt ausliefern; man kann sie vor Ort in den gewünschten Stückzahlen ausdrucken; man kann sie direkt in Beamer-Präsentationen verwenden; der MAB-Koordinator oder die Führungskraft können die Ergebnisse u.U. vor Ort weiterverarbeiten und „per Mausklick" die eine oder andere Grafik (z.B. ein einfaches Balkendiagramm), die für verschiedene Zwecke nützlich erscheint, erstellen.

Die guten Möglichkeiten, die elektronische Berichte für die weitere Verwendung bieten, dürfen aber nicht zu Misstrauen führen. Gehen wir dazu vom Normalfall aus, in dem die Berichte *extern* – d.h., außerhalb der Organisation von einem unabhängigen Institut – erstellt und dann an das Unternehmen ausgeliefert werden[115]. Werden vom Institut gedruckte Berichte geliefert, dann lassen sich diese z.B. durch Verwendung von Institutslogos, durch Wasserzeichen und durch feste Bindung leicht so gestalten, dass sie den Charakter von *Dokumenten* haben. Bei elektronischen Berichten kann dagegen bei den Mitarbeitern immer der Verdacht aufkommen, dass die Ergebnisse verändert und geschönt wurden. Wenn also elektronische Berichte erstellt werden, dann sollte immer auch eine Variante dabei sein, die Dokumentcharakter hat. Gut geeignet dazu sind Berichte, die als PDF-Files erstellt werden, weil diese nicht mehr bearbeitet, sondern nur noch auf dem Bildschirm eingesehen und so, wie sie sind, gedruckt werden können.

---

[115] Einige Institute – bislang allerdings nur in den USA – liefern keine Berichte aus, sondern erstellen nur eine Datenbank, die mit besonderer Software („viewer") eingesehen werden kann und aus der sich zugangsberechtigte Mitarbeiter die sie interessierenden Ergebnisse selbst herausfiltern können. Dieser Ansatz ist für die Datenanalytiker bequem, bleibt aber vom Ergebnis her wenig kontrollierbar und verlagert die Fragen einer sinnvollen Ergebnisbetrachtung und -interpretation nach außen.

10.3 Fokusberichte

Fokusberichte beginnen mit einem Deckblatt, auf dem der Name der Gruppe (meist eine bestimmte Org-Einheit wie z.B. „Team X" oder „Abteilung Y") steht, für die dieser Bericht gedacht ist (*Fokalgruppe*). Dieser Name sollte auf jeder Seite des Berichts (z.B. in der Kopfzeile wie in Abbildung 10.8) zumindest in Kurzform wiederholt werden, damit jede Seite des Berichts den nötigen Dokumentcharakter bekommt.

Der eigentliche Fokusbericht beginnt mit einem Einleitungsteil, der die Ziele der MAB wiedergibt, die Teilnahmequote berichtet und einige MAB-Ergebnisse des Unternehmens allgemein ausführt. Grafiken können helfen, diese Befunde zu verdeutlichen. Ein Beispiel dafür ist in Abbildung 10.6 gezeigt. Man sieht hier die *Ja%*-Werte der Firma ABC AG für die Items vom Typ „Alles in allem bin ich zufrieden mit ...", zusammen mit entsprechenden Vergleichsnormen aus *anderen* Unternehmen. Für die Vergleichsnormen ist ein Streubereich („min" bis „max") ausgewiesen, innerhalb dessen 90% der Vergleichsunternehmen liegen[116].

Der logisch nächste Schritt in der Einleitung eines Fokusberichts ist ein übersichtsartiges Benchmarking der Fokalgruppe *nach innen*. Abbildung 10.7 zeigt ein Beispiel hierfür aus einer anderen Firma. Dargestellt sind hier die *Ja%*-Statistiken der Alles-in-allem-Zufriedenheitsitems als Linienzüge[117] für (a) die Fokalgruppe selbst (hier: „Führungskräfte Fin & Admin"), (b) den Geschäftsbereich, dem diese Gruppe angehört (hier: „Fin & Admin") und (c) die gesamte Firma (hier: „XYZ AG"). Man erkennt, dass die Führungskräfte aus der Administration (=fette schwarze Linie mit Dreiecken) relativ unzufrieden sind, vor allem mit der Information in der Firma. Führungskräfte sind nämlich i. Allg. mit allen Arbeitsaspekten zufriedener als Nicht-Führungskräfte und das ist hier offensichtlich nicht der Fall[118].

An Stelle von Aufwärtsvergleichen bieten sich u.U. auch andere Benchmarks an, insbesondere *Rückwärtsvergleiche*, d.h. Vergleiche bestimmter Gruppen mit den Ergebnissen der entsprechenden Gruppen aus früheren MABs im gleichen Unternehmen[119]. Der z.T. erhebliche Arbeitsaufwand solcher Vergleiche muss dabei aber immer in Bezug gesetzt werden zur Frage, in welchem Unfang diese Vergleichsnormen die Ziele der MAB unterstützen.

Nützlich für den allgemeinen Einleitungsteil eines Fokusberichts sind evtl. auch zusätzliche Vergleiche der Zufriedenheit von Mitarbeitern verschiedener Geschäfts-

---

[116] Relativ kleine Werte bei *Ja%* – so wie im Beispiel der Firma ABC in Abbildung 10.6 – bedeuten nicht unbedingt, dass die Mitarbeiter sehr unzufrieden sind. Meist ist es so, dass viele eher mit „teils-teils" geantwortet haben, also weder zufrieden noch unzufrieden sind. Bei den *Nein%*-Werten ist der Anteil selten sehr groß. Bei sehr extremen Ergebniswerten sollte man daher evtl. auch ein Benchmarking der *Nein%*-Werte vornehmen.

[117] Meist ist eine horizontale Darstellung (z.B. mit liegenden Balken wie in Abbildung 10.5) besser, weil so auch kleinere Unterschiede deutlicher werden.

[118] Interessant wäre u.U. auch, diese Führungskräfte mit anderen Führungskräften zu vergleichen. Welche Benchmarks am aussagekräftigsten oder für die Folgeprozesse am sinnvollsten sind, muss vor der Datenanalyse überlegt und in entsprechende Entscheidungsregeln überführt werden.

[119] Bei Rückwärtsvergleichen stellt sich immer die Frage, ob diese überhaupt möglich oder sinnvoll sind. Viele Organisationen verändern sich ständig, so dass oft schon nach nur einem Jahr nicht mehr klar ist, auf welche der früheren Gruppen Bezug genommen werden soll.

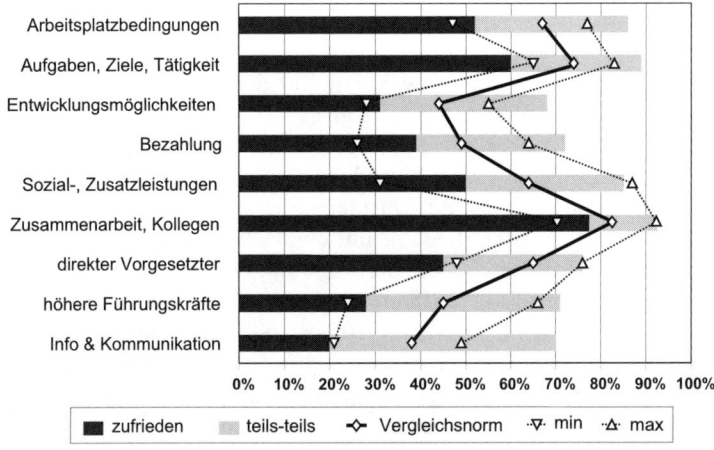

Abbildung 10.6. MAB-Ergebnisse für Zufriedenheitsitems bei der Firma ABC AG im Vergleich zu externen Vergleichsnormen (Norm=*Ja%*-Werte).

bereiche, von männlichen und weiblichen Mitarbeitern, von Angestellten und Arbeitern oder von anderen „Schichten" der Organisation. Insgesamt sollte der Einleitungsteil aber nicht zu detailliert werden, sondern lediglich ein *Hintergrundbild* für die Mitarbeiter der Fokalgruppe zeichnen. Von ihm ausgehend – das ist das Ziel – sollen sie es leichter haben, ihre Ergebnisse zu bewerten.

Der wichtigste Abschnitt des Fokusberichts ist der Tabellenteil. In Abbildung 10.8 ist ein Ausschnitt hieraus gezeigt[120]. In der Kopfzeile erkennt man, dass die Fokalgruppe „Team X" ist. Aufgeführt sind die vier Items des Itemblocks „Meine Arbeitsplatzbedingungen" im Volltext. Für sie werden *Ja%*-, *Teils-teils%*- und *Nein%*-Werte, Skalenmittelwerte und die Anzahl der Befragten, die sich zu dem jeweiligen Item geäußert haben, berichtet. Zudem werden die Ergebnisse von zwei Vergleichsgruppen, die hier als „GB X" bzw. als „ABC AG" bezeichnet sind, wiedergegeben[121]. GB X und ABC AG sollen hier für den übergeordneten Geschäftsbereich bzw. für das Unternehmen insgesamt stehen. Vergleiche werden i.d.R. mit *übergeordneten* Organisationseinheiten gemacht, können aber auch andere Daten verwenden, z.B. Daten aus früheren MABs. Schließlich zeigt die Tabellenseite auch die Anzahl der Personen, die sich zu den einzelnen Items geäußert haben. Das ist deshalb wichtig, weil es immer Personen gibt, die das eine oder andere Item nicht beantworten (*Item Non-*

---

[120] Es sei angemerkt, dass die Auswertung von MABs bis zur Erstellung von Berichten mit der gängigen Standardsoftware nicht gut möglich ist, weil dabei zu viel händisch nachgearbeitet werden muss (zu langsam, zu fehleranfällig, zu teuer). Die Institute, die MABs durchführen, haben daher i.d.R. eigene Spezialsoftware. Die hier berichteten Demos wurden mit dem Programm Report (Hansen, 1999) der Firma HRC erstellt.

[121] Mehr als zwei oder höchstens drei Vergleichsnormen sollte man nicht verwenden, weil der Fokusbericht sonst mit so vielen Zahlen überladen wird, dass ihn niemand mehr lesen will oder dass die, die ihn lesen, im Datenwust untergehen.

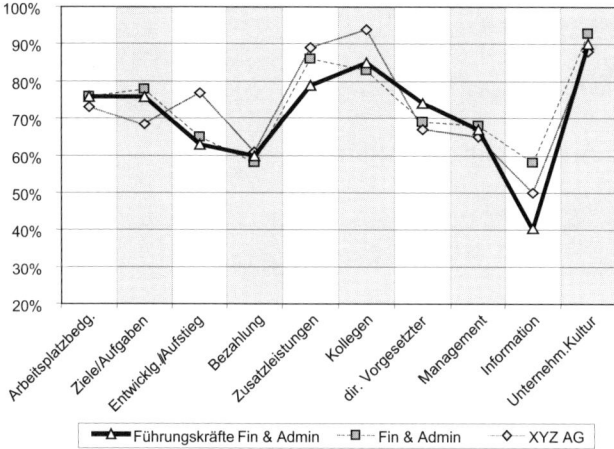

Abbildung 10.7. *Ja%*-Werte bei den Alles-in-allem-Zufriedenheitsfragen für Fokalgruppe „Führungskräfte Fin & Admin" und zwei Vergleichsgruppen.

response), vor allem dann, wenn sie zu dem Item keine Meinung haben. Das ist vor allem bei Fragen zu den höheren Führungskräften, zum Unternehmen allgemein und zur Strategie der Fall (Treder, 2002).

Die Tabellenseiten eines Fokusberichts werden in der Praxis bisweilen direkt auf Overhead-Folien kopiert und dann in der weiteren Ergebnisrückspiegelung verwendet. Alternativ kann man auch gleich per Computer Powerpoint-Folien (ähnlich wie Abbildung 10.8) erstellen. Auch hierfür ist es sinnvoll, die Tabellen so schlank wie möglich zu halten.

Warum also alle Items im Volltext bringen? Die Praxis zeigt, dass es bei Itemkürzeln oder Abkürzungen immer wieder zu Rückfragen kommt: „Wie hieß denn eigentlich die Frage genau?" Solche Rückfragen behindern die effiziente Aufnahme der Ergebnisse. Der Aufbau der Tabellenseite ist also ein Kompromiss, der auf verschiedenen Erfahrungen und Zielsetzungen beruht.

Die Items und die Itemblöcke erscheinen im Fokusbericht am besten in der gleichen Reihenfolge wie im Fragebogen. So kann der Mitarbeiter im Fragebogen mitlesen und leicht sehen, dass nichts ausgelassen wird. Im übrigen ist dieser Aufbau vertraut und ist nicht mehr erklärungsbedürftig.

Mittelwerte werden in Fokusberichten oft deshalb angegeben, weil Fokusberichte u.U. die Ergebnisse sehr kleiner Personengruppen darstellen. Bei kleinen Gruppen werden die *Ja%*- und *Nein%*-Statistiken jedoch „diskontinuierlich" in ihrem Verhalten, d.h. sie können durch die Wanderung einer einzigen Person von Zustimmung zu Ablehnung (oder umgekehrt) um 10% Punkte und mehr springen. Zudem haben Mittelwerte dann einen Zusatznutzen, wenn die *Ja%*-Statistiken extrem werden: Wenn z.B. *Ja%*=100 gilt, dann zeigt der Mittelwert noch zusätzlich, wie weit die Personengruppe im Bereich der „vollen" Zustimmung liegt. Weil *Ja%* und Mittelwert jedoch

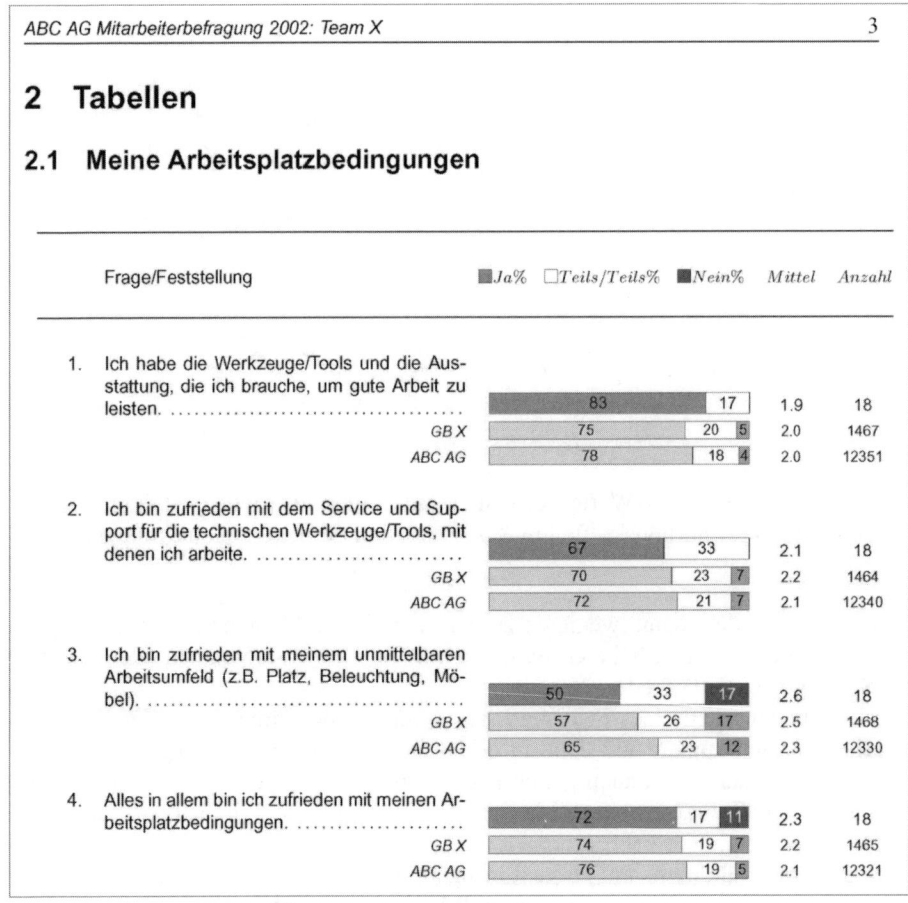

2 Tabellen

2.1 Meine Arbeitsplatzbedingungen

Frage/Feststellung	■ Ja% □ Teils/Teils% ■ Nein%	Mittel	Anzahl
1. Ich habe die Werkzeuge/Tools und die Ausstattung, die ich brauche, um gute Arbeit zu leisten.	83 / 17	1.9	18
GB X	75 / 20 / 5	2.0	1467
ABC AG	78 / 18 / 4	2.0	12351
2. Ich bin zufrieden mit dem Service und Support für die technischen Werkzeuge/Tools, mit denen ich arbeite.	67 / 33	2.1	18
GB X	70 / 23 / 7	2.2	1464
ABC AG	72 / 21 / 7	2.1	12340
3. Ich bin zufrieden mit meinem unmittelbaren Arbeitsumfeld (z.B. Platz, Beleuchtung, Möbel).	50 / 33 / 17	2.6	18
GB X	57 / 26 / 17	2.5	1468
ABC AG	65 / 23 / 12	2.3	12330
4. Alles in allem bin ich zufrieden mit meinen Arbeitsplatzbedingungen.	72 / 17 / 11	2.3	18
GB X	74 / 19 / 7	2.2	1465
ABC AG	76 / 19 / 5	2.1	12321

Abbildung 10.8. Ausschnitt aus der Tabellenseite eines Fokusberichts.

i. Allg. hoch korrelieren (siehe Abbildung 10.2), genügt es zumindest für die erste Durchsicht der Ergebnisse sich auf die *Ja%*-Statistiken zu konzentrieren.

Nach den Tabellen mit den Ergebnissen der Items werden die demographischen Verteilungen der Personen der Zielgruppe, die sich an der MAB beteiligt haben, wiedergegeben. Diese Verteilungen dienen vor allem dazu, den Nachweis zu führen, dass die berichteten Ergebnisse tatsächlich von Personen der Zielgruppe stammen, weil diese überhaupt nur auf Grund ihrer demographischen Angaben identifizierbar sind (siehe unten, Abschnitt 10.9). So kann z.B. das demographische Item „Kostenstelle" der entscheidende Filter sein, mit dem Personen der Zielgruppe aus der Gesamtdatei aller Mitarbeiter selektiert werden. Zeigt man dann, dass die Ergebnisse des Fokusberichts nur auf den Antworten von Personen einer bestimmten Kostenstelle beruhen, ist damit nachgewiesen, dass hier die „richtigen" Ergebnisse berichtet werden. Bei manchen Gruppen ist es absolut kritisch, diesen Nachweis im Fokusbericht zu führen, weil diese sonst die Ergebnisse nicht akzeptieren. Zudem sollen diese Verteilungen zeigen, ob und ggf. wie einzelne Teilgruppen in der MAB über- oder unterrepräsentiert sind. Das ist vor allem dann wichtig, wenn die Beteiligungsquote gering ist.

Schließlich sollte in einem Fokusbericht auch noch ein statistischer Anhang enthalten sein, der die verwendeten Statistiken erklärt und elementare Hinweise dazu macht, wie diese zu interpretieren sind und wie man den Fokusbericht liest. Die wichtigste Empfehlung ist die, sich zunächst auf die *Ja%*-Werte zu konzentrieren und dann, mit dem zweiten Blick, auf die zugehörigen *Nein%*-Werte zu schauen mit der Frage, ob diese noch etwas zusätzlich Interessantes zeigen. Die Mittelwerte sind nur dann informativ, wenn die *Ja%*-Werte extrem werden.

10.4 Quervergleiche

Führungskräfte, die mehrere Organisationseinheiten führen, sind i. Allg. weniger an den Ergebnissen jeder einzelnen Einheit interessiert als vielmehr an systematischen Vergleichen dieser Einheiten untereinander. Sie wollen sehen, wo sich diese Einheiten voneinander unterscheiden und wo sie ähnlich sind. Möglich und u.U. interessant sind aber auch andere Quervergleiche, z.B. der zwischen Männern und Frauen, zwischen Mitarbeitern mit verschieden langer Betriebszugehörigkeit, zwischen Führungskräften und Nicht-Führungskräften oder – in feiner abgestufter Auflösung – zwischen den Mitarbeitern der verschiedenen Führungsebenen. Jede demographische Variable, die Mitarbeiter irgendwie in größere Teilgruppen „schichtet", eignet sich prinzipiell als Basis für einen Quervergleich (QV).

Für Quervergleiche sind zwei Informationen erforderlich: (1) Tabellen, in denen die Ergebnisse der verschiedenen Gruppen für alle oder ausgewählte Items dargestellt werden und (2) Aussagen über die Demographie dieser Gruppen (z.B. wie viele Männer und wie viele Frauen geantwortet haben). Abbildung 10.9 zeigt zur Illustration einen Ausschnitt aus einer QV-Tabelle. Aufgeführt sind hier die MAB-Ergebnisse für einige Items zum Vorgesetzen und die *Ja%*-Werte, die sich hierfür in den Organisationseinheiten A ... Q ergeben haben. Man erkennt z.B., dass 83% der Abteilung L dem Item „Vorgesetzter erkennt Leistung an" zugestimmt haben. In Abteilung Q sind dies dagegen nur 43%[122].

In Abbildung 10.9 sind die Zeilen i.S. der letzten Tabellenspalte geordnet: Die Abteilung, die ihren Vorgesetzen insgesamt – das Item lautet: „Alles in allem bin ich zufrieden mit meinem direkten Vorgesetzten" – am positivsten bewertet hat, steht ganz oben, die mit den negativsten Urteilen ganz unten. Dort, wo diese Statistiken auf weniger als acht Mitarbeitern basieren (z.B. bei der „Abteilung R"), sind die Statistiken im Ausdruck unterdrückt („ausgekreuzt") entsprechend den vorher getroffenen Vereinbarungen zum Anonymitätsschutz. (Im letzteren Fall gehen die Zeilen nicht in

---

[122] Das ist für den Manager, der für diese Abteilungen verantwortlich ist, eine höchst interessante Information. Sie legt nahe, mit dem Vorgesetzten der Abteilung Q baldmöglichst ein Gespräch über diese Ergebnisse zu führen.

ABC AG Mitarbeiterbefragung 2002: Geschäftsbereich X 22

2.18 Meine unmittelbare Führungskraft (Tabellen)

Gruppe	Vorg. anerkennt Leistung	Vorg. gibt Rückmeldungen	Vorg. fördert Entwicklung	Vorg. unterstützt Ideen	Vorg. informiert mich	Vorg. hat offenes Ohr	Zufrieden mit Vorg.
Abteilung L	83	73	61	72	80	75	94
Abteilung A	83	75	67	87	75	82	89
Abteilung K	71	60	69	71	58	68	78
Abteilung E	71	56	65	70	54	66	77
Abteilung G	67	52	66	68	63	67	76
Abteilung N	73	61	68	70	59	80	76
Abteilung B	65	45	61	65	58	72	75
Abteilung J	67	56	66	72	57	65	74
Abteilung D	69	54	67	65	57	69	74
Abteilung F	70	58	66	70	62	70	73
Abteilung C	67	55	62	65	58	63	70
Abteilung M	67	53	63	68	50	67	69
Abteilung I	63	51	62	69	51	56	69
Abteilung H	62	35	47	56	58	58	61
Abteilung Q	47	27	43	33	27	50	47
Abteilung O	×	×	×	×	×	×	×
Abteilung R	×	×	×	×	×	×	×
total (Ja%)	67	52	64	66	58	68	74

Abbildung 10.9. Ausschnitt aus einem Quervergleichsbericht.

die Sortierung ein: Die Position von Abteilung R ganz unten in der Tabelle erlaubt also keinen Rückschluss auf die Antworten der Mitarbeiter von R.)

Um die Tabelle für „den eiligen Manager“ lesbarer zu machen, sind die Felder zusätzlich noch i.S. einer Ampel eingefärbt. Die Ampel unterscheidet drei Kategorien, die man bezeichnen kann als

- weiße Ritter, grün, Vorfeld, Spitzenreiter, Outperformer o.ä.
- graue Mäuse, gelb, Hauptfeld, Durchschnitt o.ä.
- schwarze Schafe, rot, Hinterfeld, Nachzügler, Underperformer o.ä.

Der für diese Abteilungen verantwortliche Manager kann sich schnell einen Eindruck verschaffen, ob und bei welcher seiner Führungskräfte Handlungsbedarf besteht. Im Beispiel in Abbildung 10.9 ist offensichtlich, dass der Vorgesetzte der Abteilung Q ein Problem hat. Er fällt deutlich nach unten ab. Weniger als die Hälfte seiner Mitarbeiter sind mit ihm zufrieden.

Wie man die Ampel-Klassifikation der Zellen der QV-Tabelle vornehmen soll, kann entweder inhaltlich oder statistisch entschieden werden. In Abbildung 10.9 wurde ein einfaches statistisches Kriterium gewählt, das sich an die Logik der Boxplots in Abbildung 10.4 anlehnt: Weiß bzw. schwarz wurden alle Zellen gefärbt, die mehr als 10 Punkte vom $Ja\%$ -Wert aller Abteilungen zusammen (Zeile „total" in Abbildung 10.9) nach oben bzw. nach unten abweichen[123].

Ob im Rahmen der Standard-Datenanalyse überhaupt Quervergleiche erstellt werden sollen, muss natürlich sorgfältig überlegt werden. Quervergleiche sind nicht ohne Risiko. Sie können zu endloser Vergleicherei führen und zu gut-bis-schlecht Rangordnungen, die passive Selbstgefälligkeit, Entmutigung, Häme, Rechtfertigungsverhalten, Verweis auf ungleiche Bedingungen u.ä. nach sich ziehen. QV-Tabellen sind daher nicht dazu geeignet, überall verteilt zu werden. Werden insbesondere Organisationseinheiten untereinander verglichen, dann gehören diese Quervergleiche zunächst nur in die Hände der Führungskräfte, die für diese Organisationseinheiten direkt verantwortlich sind. Die Regel lautet also: *Der QV für Manager X erfolgt für die Einheiten, die direkt an ihn berichten* (nicht aber für darunter liegende Teileinheiten[124]). Die Führungskräfte, die für diese Einheiten verantwortlich sind, bekommen diese QV's i. Allg. nicht. Ein Vergleich von „peers" untereinander soll damit vermieden werden.

In Organisationen, die Erfahrung mit Leistungsfeedback haben, kommt es aber in der Praxis gelegentlich vor, dass die Führungskräfte einer Ebene zur besseren Bewertung ihrer Ergebnisse genau solche Peer-Vergleiche wollen und sich entsprechend untereinander einigen. Verfährt man nach der obigen Regel bei der Erstellung von Quervergleichen, dann liegt diese Information im Ergebnisbericht ihres Vorgesetzen vor. Dieser Vorgesetzte braucht also seinen direkt unterstellten Führungskräften nur seinen Ergebnisbericht zugänglich zu machen.

10.5 Prognoseberichte

In vielen MABs werden heute auch Prognosen zu den MAB-Ergebnissen erhoben, weil diese in den Folgeprozessen sehr hilfreich dabei sein können, den Eindruck des „Habe ich sowieso schon alles gewusst!" aufzuheben[125]. Der Prognosefragebogen (siehe S. 157) fragt nach Vorhersagen von $Ja\%$ -Ergebnissen für einen Teil der Items.

---

[123] Die Begründung für diese Regel ist folgende. Die MAB-Items haben hier eine Standardabweichung von ungefähr 1,0, wie dies typisch ist für die meisten MABs. Eine Skaleneinheit von 1,0 entspricht ungefähr einer Streuung von 30 Punkten bei den $Ja\%$ -Werten (siehe Abbildung 10.2). Innerhalb einer Breite von plus/minus 1 Standardabweichung um den Mittelwert kann man etwa 2/3 der Befragten erwarten. Will man, wie im Boxplot, nur ca. 50% der Befragten als „grau" klassifizieren, kommt man auf den Wert von etwa plus/minus 10.

[124] Der Grund für diese Einschränkung ist der, dass ein „höherer Manager" nicht von oben herab bis in die kleinsten Organisationseinheiten durchsehen soll. Er soll vielmehr dann, wenn er an mehr Details interessiert ist, die zuständige, ihm unterstellte Führungskraft involvieren. Diese kann evtl. die Ergebnisse weiter erklären. Sie ist auf jeden Fall für die Ergebnisse direkter verantwortlich.

[125] Es kann auch sinnvoll sein, dem Management die Ergebnisse dieser Prognosen bereits *vor* der MAB zu präsentieren. Das erhöht die Spannung für die tatsächlichen MAB-Ergebnisse und kann dazu führen, dass sich die Manager stärker für die MAB engagieren.

Der Prognosebericht stellt tabellarisch dar, welche *Ja%*-Werte von der jeweiligen Gruppe im Durchschnitt vorhergesagt wurden und welche Streuung (Standardabweichungen) diese Vorhersagen haben. In der Zeile der Vergleichswerte stehen die in der MAB tatsächlich beobachteten *Ja%*-Werte. Die verwendeten Statistiken müssen im Bericht erklärt werden, damit dieser auf eigenen Füßen steht.

Ein Prognosebericht geht ausschließlich an die Personen, die die Prognosen abgegeben haben, nicht an andere Gruppen. Sinn der Prognosen ist es nicht, damit einen Wettbewerb zu veranstalten, wer die Mitarbeiter am besten kennt (z.B. die Geschäftsleitung oder der Betriebsrat). Die Absicht ist vielmehr, diesen Personen Feedback zu geben, das ihnen dabei hilft, die Daten besser zu verstehen und zu verwenden.

10.6 Traditionelle Globalberichte

In vielen MABs ist es üblich, einen umfangreichen Globalbericht zu erstellen. Ein solcher Bericht beginnt meist mit einem „Executive Summary", in dem zunächst die Hauptbefunde der MAB stichwortartig festgehalten werden. Dazu kommen Tabellenteile ähnlich wie in den Fokusberichten, die evtl. noch mit Grafiken angereichert sind, und ein Abschnitt, der die Verteilungen der demographischen Items berichtet. Vor allem enthalten solche Globalberichte aber umfangreiche *Textteile*. In ihnen werden die Ergebnisse in *Aufsatzform* („detailed narrative commentary", Sashkin & Prien, 1996) dargestellt, diskutiert und gelegentlich auch bewertet. Typische Kapitel hierbei beschäftigen sich mit der Positionierung (Ziele, Themen), mit der Rücklaufquote, mit der Zahl der Berichte, mit den Zufriedenheitswerten im Vergleich zu externen und internen Normen, mit Unterschieden in der Zufriedenheit wichtiger Gruppen und natürlich mit den Ergebnissen bei den verschiedenen Themen und Inhaltsbereichen.

Globalberichte sind meist recht dicke Berichtsbände. Sie haben keine besondere Funktion in den Folgeprozessen, dienen aber gelegentlich dazu, durch ihren Umfang zu symbolisieren, welchen Gegenwert die Firma für ihre Ausgaben zur MAB bekommt. Das ist u.U. in MABs wichtig, die als Meinungsumfragen konzipiert sind. Für MABs, die dem Veränderungsmanagement dienen, ist dagegen die Erstellung eines solchen Globalberichts nicht nur irrelevant, sondern u.U. sogar nachteilig, weil die Ausarbeitung der Textteile sehr viel Zeit erfordert und damit die Rückspiegelung der MAB-Ergebnisse verzögert.

Man erkennt hieran, dass Datenanalyse und Ergebnisberichte – wie alle Schritte und Elemente einer MAB – am besten als Elemente eines integralen MAB-Prozesses konzipiert werden. Die mechanische Erstellung von Standardberichten ohne Verständnis dafür, welche Rollen sie im Gesamtprozess spielen sollen, ist i.d.R. nicht optimal. Sie kann dazu führen, dass Berichte entstehen, die dann in den Schubladen der Führungskräfte verschwinden oder dazu, dass die Folgeprozesse wegen einer nicht ausreichend differenzierten Datenrückspiegelung ohne Durchschlagskraft bleiben.

10.7 Auswertung von freien Kommentare und offenen Fragen

Verwendet man Items, in denen nach Kommentaren oder Antworten in eigenen Worten gefragt wird, dann müssen diese – wie alle anderen Daten auch – irgendwie ausgewertet und berichtet werden. Meist wird erwartet, dass diese Textantworten zusammengefasst und dass dann z.B. berichtet wird, zu welchen Themen die meisten Kommentare kamen und welche „typischen" Kommentare dabei zu beobachten waren[126]. Ein vollständiges Auflisten der Kommentare sei „nicht nötig". Diese Anforderung stellt aber die Dinge auf den Kopf, weil das vollständige Listing natürlich am leichtesten ist, während die Herausarbeitung der wesentlichen und typischen Aussagen erhebliche Expertise erfordert.

Das Hauptproblem bei der Auswertung freier Kommentare ist, dass diese zuvor codiert werden müssen. Einfach ist eine solche Codierung nur dann, wenn grundsätzlich auf jeden Block geschlossener Items ein dazu gehöriges Kommentarfeld folgt: Als Codierschema kann man dann die Überschriften der Itemblöcke verwenden. Dieses Kategoriensystem liefert allerdings nur eine recht undifferenzierte Kommentarsortierung. So wird alles, was irgendwie zum Thema „Arbeitsplatzbedingungen" gesagt wurde – von den Möbeln über die Klimaanlage bis zu Besonderheiten der jeweils verwendeten Software – in einer Sammelkategorie zusammengeworfen. Vernachlässigt wird dabei natürlich, wenn sich der Befragte nicht auf das Thema des Itemblocks beschränkt, sondern vielmehr Querverbindungen zu ganz anderen Themen herstellt, was ja oft besonders interessant ist. Die Berücksichtigung solcher Inhalte und Verweise ist jedoch nur sehr eingeschränkt möglich, weil das hierfür erforderliche Codierschema nur von besonders sachkundigen Experten nach intensiver Lektüre der Kommentare erstellt werden kann. Das liegt daran, dass es für den Datenauswerter oft schon schwer genug ist, überhaupt zu verstehen, was der Kommentar inhaltlich besagt. Die Mitarbeiter verwenden nämlich ihren besonderen Fachjargon, unterstellen die Kenntnis des Kontextes, verwenden Abkürzungen, geben nur Eingeweihten verständliche Hinweise und schreiben natürlich auch aus ihren besonderen Fachkenntnissen heraus. So ist für jeden Bundeswehrsoldaten klar, was ein „UvD" ist, während jeder Informatiker weiß, was „R/3" bedeutet. Für den Kommentierer sind dies Selbstverständlichkeiten, für den Codierer dagegen oft unüberwindliche Hindernisse.

Zu bedenken ist auch, dass die Kommentare ggf. so editiert werden müssen, dass sie weder für den Kommentierenden ein Anonymitätsrisiko darstellen, noch für andere Personen verletzend sind[127]. Die Unterscheidung, was sachlich-kritisch und für die Ziele der MAB letztlich förderlich ist, und was „unter der Gürtellinie" liegt und damit für einen Bericht kontraproduktiv ist, ist nicht einfach. Auch hierin liegt ein Grund

---

[126] Diese Erwartung kommt meist vom Management, aber implizit auch von den Mitarbeitern. Eine einfache Rückspiegelung von Kommentaren („verbatim") kann von diesen als Verletzung der Anonymitätszusage gesehen werden. Das übliche Argument ist, dass sie nicht gewusst haben, dass die Kommentare wörtlich oder weitgehend wörtlich wiedergegeben würden, sondern dass sie irgendwie zusammengefasst würden.

[127] Sashkin & Prien (1996, p.393) fordern sogar, dass „offene Fragen nie in ihrer ursprünglichen unbearbeiteten Form zurückgespiegelt werden sollten". In den USA werden die Kommentare i.d.R. auch juristisch und nach ihrer „political correctness" durchgeprüft und ggf. unterdrückt.

dafür, dass die Bearbeitung und Auswertung von Kommentaren so anspruchsvoll ist und so viel Zeit benötigt.

Nach den Erfahrungen des Autors kommentieren 30% bis 60% der Mitarbeiter, wenn man ihnen dafür im Fragebogen Kommentarfelder anbietet. Die Länge der Kommentare ist sehr unterschiedlich: Manche Personen schreiben seitenlange Aufsätze und verwenden dazu noch die Rückseiten des Fragebogens oder zusätzliche Blätter, andere schreiben dagegen nur wenige Stichworte zu ausgewählten Inhaltsthemen. Grob geschätzt kann man aber damit rechnen, dass die reine Auflistung der Kommentare etwa eine DIN A4 Druckseite pro fünf Mitarbeiter erfordert. Kommentarbände, die vollständige Listings bringen, werden also fast immer äußerst voluminös.

Bei fokussierten offenen Fragen ist eine Vorcodierung der Antworten u.U. schon bei der Befragung möglich, nämlich durch den Befragten selbst (siehe Abschnitt 5.6). Ansonsten ist die Codierung der Antworten durch Externe oft noch schwerer als bei Kommentaren, weil die Antworten hier idealerweise weniger mit Psychologischem als vielmehr mit konkreten, spezifischen Arbeitsaspekten zu tun haben.

In vielen MABs ist es besser, die Kommentare und offenen Antworten nicht in gedruckter, sondern in elektronischer Form zusammenzustellen. Die Textfiles lassen sich dann mit Hilfe von computerunterstützter Inhaltsanalyse (Alexa & Zuell, 1999) oder einfachen Textverarbeitungsprogrammen nach den verschiedensten Schlüsselwörtern bzw. Kombinationen solcher Schlüsselwörter durchsuchen. Auf jeden Fall muss aber in den Textfiles die Demographie der Antworter enthalten sein, damit sich besondere Teilgruppen (z.B. Entwickler aus der Konzernzentrale, Außendienstler in Bayern) und ihre Kommentare später identifizieren lassen.

10.8 Erstmitteilung für die Mitarbeiter

Im Rahmen der Auswertung einer MAB sollte man daran denken, einen Bericht zusammenzustellen, der für eine schnelle, schriftliche Rückmeldung an die Mitarbeiter verwendet werden kann („Erstinformation"). Es liegt nahe, hierfür eine Art journalistische Zusammenfassung der Hauptergebnisse zu verfassen. Die Praxis zeigt aber, dass es fast unmöglich ist, es hierbei jedem Recht zu machen. Viele vermissen gerade ihr Thema, sehen die Schwerpunkte falsch gesetzt, nehmen Anstoß an bewertenden Aussagen oder meinen gar, eine gewisse Zensur zu erkennen, weil „natürlich" auf kritische Dinge nicht oder nur beschönigend eingegangen wurde.

Die einfachste Lösung, die das Interesse der Mitarbeiter nach unzensierter Information befriedigt und die schnell zu realisieren ist, ist eine Zusammenfassung der Zielsetzung, des Ablaufs und der Rücklaufquoten, gefolgt von einer nüchternen Darstellung der Ergebnisse für alle oder für ausgewählte Items – ohne weitere Bewertungen und Kommentierungen. Eine Information wie in Abbildung 10.10 gezeigt – also ein Listing von Items im Kurztext, zusammen mit einfachen Ergebnisstatistiken – reicht auf jeden Fall aus und gibt auch nicht zu viel Information preis. Die genaue

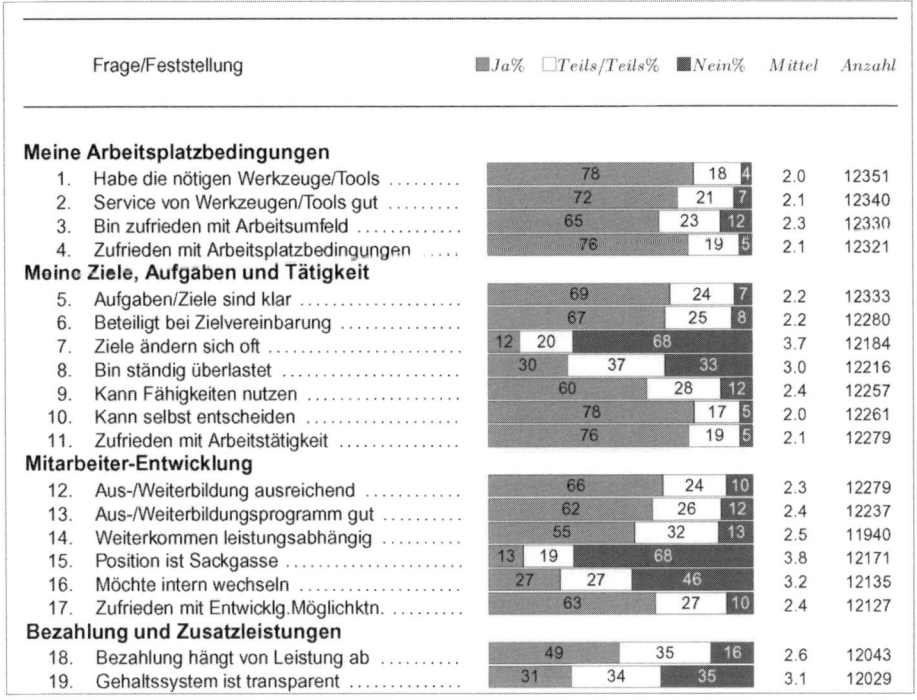

Frage/Feststellung	■ Ja%	□ Teils/Teils%	■ Nein%	Mittel	Anzahl
Meine Arbeitsplatzbedingungen					
1. Habe die nötigen Werkzeuge/Tools	78	18	4	2.0	12351
2. Service von Werkzeugen/Tools gut	72	21	7	2.1	12340
3. Bin zufrieden mit Arbeitsumfeld	65	23	12	2.3	12330
4. Zufrieden mit Arbeitsplatzbedingungen	76	19	5	2.1	12321
Meine Ziele, Aufgaben und Tätigkeit					
5. Aufgaben/Ziele sind klar	69	24	7	2.2	12333
6. Beteiligt bei Zielvereinbarung	67	25	8	2.2	12280
7. Ziele ändern sich oft	12 20	68		3.7	12184
8. Bin ständig überlastet	30	37	33	3.0	12216
9. Kann Fähigkeiten nutzen	60	28	12	2.4	12257
10. Kann selbst entscheiden	78	17	5	2.0	12261
11. Zufrieden mit Arbeitstätigkeit	76	19	5	2.1	12279
Mitarbeiter-Entwicklung					
12. Aus-/Weiterbildung ausreichend	66	24	10	2.3	12279
13. Aus-/Weiterbildungsprogramm gut	62	26	12	2.4	12237
14. Weiterkommen leistungsabhängig	55	32	13	2.5	11940
15. Position ist Sackgasse	13 19	68		3.8	12171
16. Möchte intern wechseln	27	27	46	3.2	12135
17. Zufrieden mit Entwicklg.Möglichktn.	63	27	10	2.4	12127
Bezahlung und Zusatzleistungen					
18. Bezahlung hängt von Leistung ab	49	35	16	2.6	12043
19. Gehaltssystem ist transparent	31	34	35	3.1	12029

Abbildung 10.10. Auszug aus einer allgemeinen Ergebniserstmitteilung.

Form der Datenaufbereitung sollte jedoch zuvor mit dem Koordinationsteam abgesprochen werden.

Die Anforderungen an solche Erstmitteilungen können recht verschieden sein. Grundsätzlich sollten die Ergebnisse in einer Erstmitteilung nicht weiter heruntergebrochen werden, weil detailliertere Statistiken zu unkontrolliertem Palaver und endloser Vergleicherei führen können. Die Diskussion über die Ergebnisse sollte vielmehr systematisch in den Folgeprozessen geführt werden. Zudem sollte man bedenken, dass MABs oft auch Ergebnisse produzieren, die einen gewissen Vertraulichkeitscharakter haben. Als bedenkenswertes Beispiel sei hier ein Fall genannt, in dem man wenige Tage nach Herausgabe der Erstmitteilungen in der Tagespresse nachlesen konnten, wie gering das Vertrauen der Mitarbeiter dieser Firma in die Qualität ihrer Produkte ist. Solche Informationen können schweren Schaden für die Wettbewerbsfähigkeit oder sogar das Überleben einer Firma nach sich ziehen.

10.9 Zur Organisation der Berichtserstellung

Heutzutage ist es normal, dass in einer MAB Hunderte von Fokusberichten erstellt werden. Ein besonderes Problem hierbei ist die genaue Beschreibung der verschiede-

Tabelle 10.3. Filterregeln und ihre Verknüpfungen.

<u>Gruppe A: Einfache Filterregeln</u>
- de1=3 ↔ Filtere alle Personen heraus, die bei der Frage „de1" den Wert „3" aufweisen!
- de1=(1,3-5,7) ↔ Filtere alle Personen heraus, die auf „de1" den Wert „1", „3", „4", „5" oder „7" haben!

<u>Gruppe B: Verknüpfungen</u>
- *„und"*, geschrieben als „&":
  de1=3 & de2=4 ↔ Filtere alle Personen heraus, die eine „3" auf „de1" und gleichzeitig eine „4" auf „de2" haben!
- *„und/oder"*, geschrieben als „|"
  de1=3 | de2=4 ↔ Filtere alle Personen heraus, die eine „3" auf „de1" und/oder eine „4" auf „de2" haben!

<u>Gruppe C: Abfolge der Operationen</u>
- Klammern, geschrieben als „(" oder „)"
  de1=1 | (de2=1 & de3=1) ↔ Filtere alle Personen heraus, die eine „1" auf „de1" haben und/oder diejenigen, die sowohl „de2=1" als auch „de3=1" erfüllen!

nen Fokal- und Vergleichsgruppen für diese Berichte. Damit die Logistik der Berichterstellung und ihre Auslieferung an die Adressaten schnell und fehlerfrei klappt, genügt informelle Kommunikation nicht. Vielmehr müssen hierfür entsprechende Tools geschaffen werden.

Spezifizieren von Filtern

Die MAB-Daten von allen Mitarbeitern eines Unternehmens werden am besten in einer Gesamtdatei abgespeichert, die dann für alle Global- und Teilanalysen verwendet wird. Um eine Auswertung für eine bestimmte Gruppe von Personen vornehmen zu können, müssen die Mitarbeiter dieser Gruppe aus dieser Datei ausgelesen werden. Hierzu wird eine *Filterregel* verwendet. Diese gibt an, welche Merkmale ein Mitarbeiter aufweisen muss, damit er als einer bestimmten Gruppe zugehörig identifiziert werden kann. Die Merkmale sind bestimmte Werte bei den demographischen Items des Fragebogens. Nehmen wir an, das demographische Item „de1" enthalte Codierungen für die verschiedenen Geschäftsbereiche des Unternehmens: Jeder Mitarbeiter aus dem GB Produktion bekäme auf „de1" den Code „1"; jeder Mitarbeiter aus dem GB Forschung & Entwicklung den Code „2" usw. Eine einfache Filterregel wäre die Forderung „de1=1". Sie wählt alle Personen aus, die dieses Kriterium erfüllen, also alle Personen, die dem GB Produktion angehören.

Nicht jede Personengruppe, für die eine eigene Datenauswertung vorgenommen werden soll, ist allerdings so leicht identifizierbar. Um komplexere Filterregeln formulieren zu können, braucht man ein gewisses *Regelwerk*. Ein Beispiel hierfür sind die in Tabelle 10.3 gezeigten Filterregeln. Sie haben sich in vielen praktischen Anwendungen dabei bewährt, die Spezifikation von Berichten eindeutig zu machen. Diese Eindeutigkeit zahlt sich letztlich aus in einer Vereinfachung der Kommunikation, in der Qualität der Datenanalyse und in der Geschwindigkeit der Lieferungen.

Tabelle 10.4. Ausschnitte aus einem Excel-Formular für die Bestellung von Fokusberichten.

A	B	C	D	E	F	– G
Name	Code	Excel	PPT	Text für Titelseite	Text Kopf-zeile	– Filterregel
Hans Meier	SS1	x		Service & Support Doutschland /Süd	S&S DS	de8=3 & de1=12 & de3=(11-14)
Fritz Müller	FM1	x	x	Lager, Abteilung 2 (Glühbirnen)	L/A2	de12=234

H	I	J	K	L	M
Label für 1. Ver-gleichs-norm	Filterregel für 1. Vergleichsnorm	Label für 2. Ver-gleichs-norm	Filterregel für 2. Vergleichsnorm	Label für 3. Ver-gleichs-norm	Filterregel für 3. Vergleichsnorm
GB X	de8=3 & de1=12	ABC AG	de8=3		
Logistik	de12=(205-242)	Zentrale	de4=7		

Wenn man sich einmal auf ein solches System geeinigt und es eingeübt hat, kann es in geeigneten Bestellformularen verwendet werden. Tabelle 10.4 zeigt hierzu ein Beispiel. Dabei handelt es sich um den Auszug aus einem Excel-Bestellformular für Fokusberichte. In der ersten Zeile des Formulars spezifiziert der Koordinator „Hans Meier" einen Bericht, dem er in Spalte B den Namen „SS1" gibt. (Das dient einer evtl. späteren Kommunikation zwischen Hans Meier und dem Datenauswerter.) Weiter hat er Spalte C markiert und damit angezeigt, dass er den Bericht auch als Excel-Datei möchte. Powerpoint-Folien der Tabellen will er dagegen nicht und lässt daher die Spalte D des Formulars leer. In Spalte E hat er formuliert, welche Angabe auf der Titelseite des Berichts stehen soll. In Spalte F steht dafür eine Kurzform, die auf jeder Seite des Berichts in der Kopfzeile erscheinen wird. In Spalte G steht die Filterregel für diesen Bericht. In Spalte H steht das Label „GB X", das – wie in Abbildung 10.8 gezeigt – eine Gruppe bezeichnet, die als Benchmark dienen soll. In Spalte I wird die dazu gehörige Filterregel aufgeführt. In den Spalten J und K hat Herr Meier die Anforderungen für eine zweite Vergleichsnorm spezifiziert. Eine dritte Vergleichsnorm hält Herr Meier nicht für sinnvoll. Er lässt daher die Spalten L und M des Formulars leer.

Automatisierte Berichtsspezifizierung

Die Bestellung von Berichten auf der Grundlage von Listen oder Formularen, die „per Hand" erstellt werden, ist i.d.R. sehr aufwendig und leider auch nie fehlerfrei. Heutzutage wird es aber immer öfter möglich, zumindest Teile der Bestelllisten automatisiert, d.h. „per Computer" zu erstellen. Voraussetzung dafür ist das Vorliegen eines festen Regelwerks und einer entsprechenden Datenbasis.

Die folgenden Regeln sind typisch:

1. Jede Führungskraft, bei der sich mindestens $n=8$ ihrer Mitarbeiter an der MAB beteiligt haben, bekommt einen eigenen Bericht.
2. Jede Führungskraft, die mindestens zwei Organisationseinheiten führt, bekommt in ihrem Bericht Quervergleiche dieser Organisationseinheiten für alle die Items, die sich an alle ihre Mitarbeiter wenden.
3. Die Führungskräfte und die ihnen unterstellten Personen bzw. Organisationseinheiten werden auf der Grundlage der Informationen in der HR-Datenbank (SAP HR Org, PeopleSoft o.ä.) identifiziert.
4. Alle Berichte entsprechen in Aufbau, Statistiken, Darstellung usw. einem zuvor vereinbarten Prototyp.
5. Führungskräfte, bei denen auf Grund von Regel 1 kein Bericht erstellt werden kann, bekommen eine entsprechende Mitteilung über die Beteiligungsquote ihrer Mitarbeiter. Sie können evtl. eine Sonderauswertung bekommen, wenn sie die hierfür geltenden Regeln erfüllen. Sonderauswertungen erfordern aber eine Bestellung und Auswertung „per Hand".
6. Die Berichte werden in der Zeit vom [Datum] bis [Datum] über das Intranet an die Führungskräfte verteilt. Die Verteilung erfolgt gestaffelt nach Führungsebenen. Die oberste Führungsebene bekommt ihre Berichte zuerst.

Der Knackpunkt dieser Regeln ist der dritte. Eine Datenbank, aus der man eindeutig entnehmen kann, wer wem unterstellt ist, liegt in der Praxis oft nicht vor oder ist nur schlecht gepflegt. Evtl. kann man aber aus dem Personalinformationssystem die notwendigen Informationen herausziehen, in einem Datenblatt (z.B. in Excel) abspeichern und diese dann über die Vorgesetzten und die Personalabteilung kurz vor der MAB *aktualisieren*.

Für die unter Punkt 5 angesprochenen *Sonderauswertungen* formuliert man eigene Regeln. Die einfachste ist die, Gruppen, die für eine Auswertung zu klein sind, so zusammen zu legen, dass die für eine Auswertung notwendige Minimalzahl von Teilnehmern erreicht. Der Nachteil hierbei ist, dass die entstehende Gruppe u.U. recht inhomogen werden kann und dass sich niemand für die Ergebnisse eines solchen Potpourris interessiert. Eine andere Regel ist die, Auswertungen auch für Gruppen zuzulassen, die kleiner als n Personen sind, wenn diese n Personen zuvor schriftlich und ohne Ausnahme zustimmen. Um trotzdem eine gewisse Anonymität zu garantieren, kann man hier fordern, dass diese Ausnahmeregel nur für Gruppen gilt, bei denen sich mindestens fünf Mitarbeiter an der MAB beteiligt haben. Man bekommt so einen Übergangsbereich von 5 bis 7 Mitarbeitern, der in der Praxis oft wichtig ist, damit viele kleine und oft neu zusammengestellte, wachsende Teams ihre Auswertung bekommen können. Die Gefahr einer solchen Regelung ist aber, dass hier u.U. erheblicher Druck auf Einzelne – seitens des Vorgesetzten, aber auch seitens der Kollegen – entstehen kann, sich nicht gegen eine solche Sonderauswertung auszusprechen.

Das gesamte Regelwerk muss auf jeden Fall vor der MAB ausformuliert werden. Es sollte mit Geschäftsleitung, MAB-Sponsor, Betriebsrat und Datenschützern abgestimmt und dann als Teil der MAB-Positionierung an alle Mitarbeiter kommuniziert werden. Nachträgliche Änderungen sind nur noch mit großen Schwierigkeiten möglich und immer nachteilig.

11 Design der Folgeprozesse

Bei jeder MAB stellt sich die Frage, wie es nach der Befragung weitergeht. Selten ist ein MAB-Projekt damit beendet, dass der Auftraggeber eine Auswertung der Befragungsergebnisse – auch wenn diese noch so detailliert ist! – erhält. Vielmehr folgen auf die Umfrage und die Erstellung von Standardberichten meist mehr oder weniger systematisch geplante Aktivitäten wie Präsentationen, Trainings oder Workshops, die dazu dienen, dass mit den Ergebnissen systematisch weiter gearbeitet wird.

11.1 Grundelemente der Folgeprozesse

Unter den Folgeprozessen einer MAB verstehen wir alle Aktivitäten, die im Zusammenhang mit der Rückspiegelung der Ergebnisse in die Organisation stehen. Ihr Zweck ist es, die Ergebnisse optimal zu nutzen. Dazu müssen die verschiedenen Gruppen der Organisation zunächst einmal angemessen über die Ergebnisse der MAB informiert werden. Sie müssen die Ergebnisse verstehen und richtig bewerten. Schließlich müssen sie zu sinnvollen Reaktionen und Aktionen kommen. Der Beginn der Folgeprozesse ist immer die Präsentation der Ergebnisse an die Geschäftsleitung. Danach gibt es zahlreiche Wege, um fortzufahren.

Aktionen und Aktionismus

In der Praxis wie auch in der neueren Literatur (z.B. Church & Waclawski, 2001) wird durchwegs gefordert, dass nach einer MAB „etwas gemacht werden muss". Aktionen[128] werden oft zum eigentlichen Erfolgskriterium einer MAB erhoben: „Der Erfolg einer Mitarbeiterbefragung steht und fällt mit den Veränderungsmaßnahmen, die nach der Befragung abgeleitet und umgesetzt werden" (Trost et al., 1999, S. 6). Entsprechend konzentrieren sich die Folgeprozesse ganz auf das Ableiten von Verbesserungs- oder Veränderungsmaßnahmen oder, allgemeiner, von *Aktionen*.

Dieser Automatismus ist jedoch gefährlich einfältig. Warum? Zunächst gilt: Eine Organisation ist *nie inaktiv*. Genau genommen sollte man daher zumindest fragen, ob es angezeigt erscheint, *zusätzlich* zu dem, was ohnehin „gemacht" wird, weitere Aktivitäten aufzusetzen. Unter Umständen genügt es, bereits laufende Aktivitäten *nachzusteuern*. Prinzipiell ist sogar denkbar, dass man nach der Datenanalyse zu der Ein-

---

[128] Aktionen (Maßnahmen) sind besondere, *systematische* Interventionen, die Anfang und Ende haben. Sie sollen bestimmte *Veränderungen* herbeiführen, haben also ein Veränderungsziel.

sicht kommt, dass alles nach Plan („im grünen Bereich") läuft. Extra-Aktivitäten sind dann *überflüssig.*

Besteht man grundsätzlich auf Aktionen als Reaktion auf die MAB, führt das nicht selten zu *Aktionismus* und zu Maßnahmen, die für alle sichtbar Aktivität demonstrieren sollen („Seht her: Wir tun etwas! Wir halten unser Versprechen!"), aber betriebswirtschaftlich wenig sinnvoll und somit teuer sind. Weder die Qualität, noch gar die Zahl der Aktionen im Anschluss an eine MAB sollte daher zum Erfolgskriterium der MAB erhoben werden – auch nicht implizit. Entscheidend ist vielmehr, dass die MAB-Ergebnisse das Handeln und Entscheiden der Mitarbeiter und der Führungskräfte des Unternehmens angemessen mitbestimmen – ebenso wie dies für betriebswirtschaftliche Daten oder wie Daten aus der Marktforschung gelten sollte!

Um falschen Erwartungen seitens der Mitarbeiter und einem gefährlichen Aktivitätsdruck auf die Führungskräfte entgegenzuwirken, sollte in der Kommunikation zur MAB immer deutlich gemacht werden, welche *Reaktionen* – Aktionen sind nur ein Teil davon, wie wir sehen werden – auf die MAB hin erwartet werden.

Alte und neue Ziele beim Reagieren auf die MAB-Ergebnisse

Eine nützliche Maxime beim Reagieren auf die MAB-Ergebnisse ist es, wenn von vornherein festgehalten wird, dass die MAB vor allem den bereits *gegebenen* Zielen dienen soll. Alle geplanten Reaktionen sollten also immer zuerst danach bewertet werden, wie nützlich sie – direkt oder indirekt – für das Erreichen dieser Ziele sind. Verliert man diese Grundorientierung aus dem Auge, bleibt die MAB ein singuläres, nicht in die übrigen Systeme integriertes Einzelprojekt. Dann nämlich führt sie i.d.R. dazu, dass den Führungskräften nach der MAB allerlei *zusätzliche* Ziele aufgeladen werden. Diese Ziele haben keine klare Verbindung zu den Zielen, die in ihren Zielvereinbarungen stehen. Bei ihnen bleibt daher unklar, welche Rolle sie in der Leistungsbeurteilung spielen oder spielen sollen. Viele Führungskräfte monieren zudem, dass sie sowieso schon zu viele Ziele haben oder zumindest dass diese Ziele ungeordnet erscheinen. Weitere Ziele, die von oben her „angeflanscht" werden (z.B. „In der nächsten MAB müssen Ihre Mitarbeiter einen deutlich besseren Wert erreichen bei dem MAB-Item *X*!"), führen dazu, dass die MAB als Zusatzbelastung gesehen wird („Nützt mir nichts. Macht nur Extra-Arbeit.")

Typen von Reaktionen auf eine MAB

Ein starker Fokus auf Aktionen verstellt leicht den Blick für andere Reaktionen auf die Ergebnisse einer MAB. Diese werden dann leicht übersehen oder jedenfalls nicht systematisch in Betracht gezogen. Aus praktischer Sicht lassen sich drei Typen von Reaktionen unterscheiden:

1. *Individuelle Reaktionen.* Die Ergebnisse einer MAB können dem einzelnen Mitarbeiter, insbesondere der Führungskraft, wichtige Einsichten vermitteln, auf die er/sie *individuell* – und dann meist sogar *privat* und *insgeheim* – reagieren kann. Die Führungskraft kann z.B. erkennen, dass sie sich gegenüber ihren Mitarbeitern anders verhalten sollte oder dass sie ihre Vorstellungen in Bezug darauf, was den Mitarbeitern wichtig ist, korrigieren muss. Derartige Einsichten und daraus abge-

leitete Vorsätze und Ziele für das eigene Handeln, Einstellungsänderungen, neue Sichtweisen oder gar Paradigmenwechsel u.ä. können für das tägliche Arbeits- und Führungshandeln u.U. viel folgenreicher sein als irgendwelche Aktionen.

2. *Dialogische Reaktionen.* Ein besonders effektiver Reaktionstyp ist der Dialog einer Führungskraft X mit der ihr unterstellten Führungskraft Y über die MAB-Ergebnisse der Mitarbeiter von Y. Ein solcher Dialog ist fast zwingend notwendig, wenn Y relativ schlechte Beurteilungen bekommt oder wenn sich seine Mitarbeiter überhaupt sehr negativ äußern. Im Vier-Augen-Gespräch zwischen X und Y soll dann geklärt werden, wie es zu diesen Ergebnissen gekommen ist, was zu tun ist und welche Ziele angestrebt werden. Für X kann es aber auch nützlich sein, mit Führungskräften, deren Mitarbeiter besonders positive Urteile abgeben, zu sprechen. Vielleicht lassen sich hierbei „best practices" identifizieren, die auf andere Gruppen übertragbar sind. Evtl. ist es so auch leichter zu verstehen, warum andere Gruppen zu relativ negativen Bewertungen kommen.

3. *Öffentlich-offizielle Reaktionen.* Reaktionen, die als Pläne seitens des Managements offiziell verkündet werden, stehen in den Folgeprozessen besonders im Vordergrund. Zu ihnen gehören die üblichen Aktionspläne („Das werden wir tun: Hier ist der Plan."). Ein anderer Typ einer öffentlich-offiziellen Reaktion ist das Verkünden der Entscheidung, zu einem scheinbaren Problemfeld *nichts* zu tun („Hier werden wir nichts tun aus folgenden Gründen: ..."). Schließlich können auch bestimmte Schwerpunktthemen von oben her als Aufträge nach unten weitergegeben werden („Zum Thema X erwarten wir, dass Sie und Ihr Team einen Beitrag leisten. Berichten Sie bis zum ...").

11.2 Ansätze für die Gestaltung der Folgeprozesse

Bei jeder MAB müssen die Ergebnisse zunächst irgendwie zurückgespiegelt werden. Begonnen wird dabei fast immer mit einer Präsentation für den Auftraggeber der MAB, d.h. meist für die Geschäftsleitung. Ihr müssen die Ergebnisse so vermittelt werden, dass sie damit weiterarbeiten kann. Die Konzeption der weiteren Folgeprozesse kann dann verschieden ausfallen. Bei der Planung spielen zahlreiche Gesichtspunkte eine Rolle wie z.B. die Zielsetzung der MAB, die zur Verfügung stehenden zeitlichen und finanziellen Ressourcen, Vorwissen und Vorerfahrungen der Organisation mit Folgeprozessen, und die Größe und Struktur der Organisation.

Der Top-Down-Ansatz

Die in vieler Hinsicht ideale Anlage der Folgeprozesse ist der in Abbildung 11.1 illustrierte Top-Down-Ansatz. Er ist straff, ökonomisch und erlaubt am leichtesten eine durchgängige strategische Ausrichtung aller Aktivitäten. Er beginnt damit, dass die Geschäftsleitung die MAB-Ergebnisse aufnimmt und *interpretiert* („Was sind die wesentlichen Befunde? Wie sind sie zu bewerten? Was bedeuten sie für die Strategie des Unternehmens?"). Meist legt die GL auf der Grundlage dieser Interpretationen einige *Schwerpunktthemen* fest, die dann zusammen mit den MAB-Ergebnissen nach

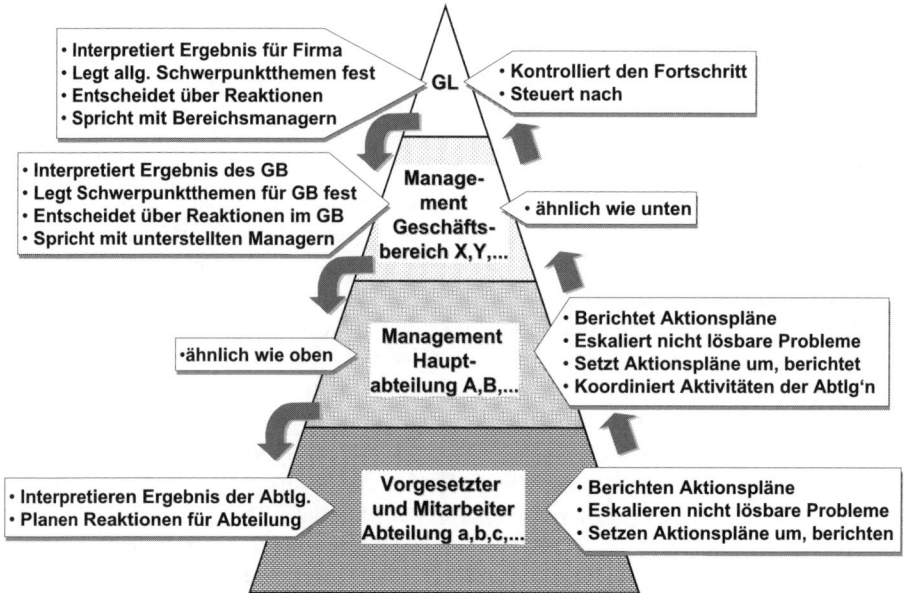

Abbildung 11.1. Top-Down-Ansatz der Folgeprozesse.

unten weitergegeben werden und den Daten einen besonderen Akzent geben. Ein solches Schwerpunktthema kann z.B. lauten: „Der GL ist besonders aufgefallen, dass die
Mitarbeiter die Strategie nicht ausreichend verstehen und akzeptieren. Wir bitte alle
Führungskräfte, ein besonderes Augenmerk auf dieses Thema zu richten." Die natürliche nächste Frage ist dann, ob die Ergebnisse die GL auch dazu motivieren, über
irgendwelche Aktionen nachzudenken. Für das Beispiel der mangelnden Strategieak-
zeptanz könnte eine solche Aktion um den folgenden Auftrag herum geplant werden:
„Die Strategie muss besser kommuniziert und verkauft werden. Die Führungskräfte
aller Ebenen sind hier zum Handeln aufgefordert."

Neben Schwerpunktsetzungen und Entscheidungen über Aktionen ist es grundsätzlich sinnvoll, dass die einzelnen GL-Mitglieder mit den ihnen unterstellten Führungskräften über die MAB-Ergebnisse sprechen – *einzelnen* in Vier-Augengesprächen
(vor allem bei kritischen Äußerungen der Mitarbeiter) und evtl. auch noch zusätzlich
im *gesamten* Managementteam (über die Gesamtlage im Geschäftsbereich und über
mögliche Reaktionen des Managements insgesamt).

Dieser Prozess setzt sich dann analog über die Führungsebenen bzw. Organisationseinheiten „entlang der Linie" kaskadisch nach unten hin fort. Die unteren Führungskräfte bekommen also nicht nur die MAB-Daten selbst, sondern zusätzlich auch
noch eine gewisse Gewichtung dieser Ergebnisse seitens der übergeordneten Führungskräfte und u.U. auch bestimmte Schwerpunktthemen oder Handlungsaufträge.

Die Abfolge der aufsteigenden Pfeile in Abbildung 11.1 deutet an, dass diese Kaskade dann in umgekehrter Richtung die Linie wieder hoch läuft. Dabei berichten die

unteren Führungskräfte zunächst ihre Aktionspläne, stimmen diese – so weit das nötig ist – mit ihren Vorgesetzen ab, implementieren dann diese Pläne und berichten über den Fortschritt ihrer Umsetzung.

In diesem Top-Down-Ansatz wird also *keine* besondere Organisation für das Arbeiten der verschiedenen Ebenen und Organisationseinheiten aufgebaut, sondern die bestehende Führungshierarchie mit ihren eingespielten Prozessen genutzt. Die Führungskräfte bleiben damit verantwortlich und behalten die Kontrolle, können aber natürlich ggf. von externen Experten, Coaches oder Moderatoren unterstützt werden. So wird normalerweise die Rückspiegelung der MAB-Ergebnisse nicht von den verantwortlichen Führungskräften selbst, sondern von externen Moderatoren (siehe Kapitel 13) durchgeführt. Diese Moderatoren tragen aber nicht die Verantwortung für die Planung und Durchführung der Reaktionen und Aktionen.

Der Bottom-Up-Ansatz

Der Top-Down-Ansatz ist nicht das einzig mögliche Design für die Folgeprozesse. Man kann die Vorgehensweise auch zu einem Bottom-Up-Ansatz umdrehen. Die Folgeprozesse beginnen dann – nach der Präsentation der MAB-Ergebnisse an die Geschäftsleitung – mit den Teams „at the lowest level possible" (Edwards et al., 1997, S. 144). Die Teams an der Basis diskutieren ihre Ergebnisse und erarbeiten Vorschläge für Aktionen, die dann mit den zuständigen Vorgesetzten abgestimmt werden (Hinrichs, 1991). Probleme, die vor Ort gelöst werden können, werden dort sofort angegangen. Andere Probleme werden nach oben weiter gegeben, ggf. bis zur Geschäftsleitung. Die höheren Ebenen können diese Probleme entweder direkt lösen, die Voraussetzungen dafür schaffen oder sie zurückdelegieren. Unter Umständen führen derartige Eskalationen auch zu einem allgemeineren Handlungsfeld, wenn sie von mehreren Gruppen in ähnlicher Weise noch oben gemeldet werden (Borg, 1995).

Dieser Ansatz erscheint attraktiv, weil die Teams nicht durch Top-Down-Vorgaben eingeengt werden bei der Diskussion der MAB-Ergebnisse. In der Praxis wird diese Freiheit allerdings nicht selten vorwurfsvoll als Mangel an Commitment des oberen Managements interpretiert: „Die lassen uns jetzt alles machen und legen sich auf Nichts fest." Der Hauptnachteil ist aber der hohe Aufwand dieser Vorgehensweise und die unklare Methodik der Abstimmung bzw. Eskalation nach oben. Jedes Team muss die Daten ohne weitere Vorgaben diskutieren und verstehen – eine Vervielfachung der Interpretationsanstrengungen bei einer oftmals ähnlichen Problemlage der Gruppen. Eskalierte Themen müssen über die Teams hinweg abgeglichen und konsolidiert werden, eine in großen Organisationen enorme Arbeit, die i.d.R. von den MAB-Koordinatoren geleistet werden muss. Ohne Vorgaben von oben geraten die Führungskräfte außerdem leicht in die Defensive. Im ungünstigsten Fall wird über die Eskalation nur Hygienisches nach oben getragen mit dem Anspruch, dass das jetzt alles sofort umgesetzt werden muss („Basisdemokratie"). Schließlich macht es der Bottom-Up-Ansatz schwer, den Aktionen eine gemeinsame Grundrichtung zu geben, weil die GL als letzte in die Aktionsplanung eingreift.

Borg (1995) hat eine Modifikation des Bottom-Up-Ansatzes vorgeschlagen, der der GL mehr Kontrolle gibt. Danach wird zunächst an der Basis alles abgearbeitet, was dort lösbar ist. Die verbleibenden Themen werden vom Koordinationsteam konsolidiert und dann direkt zur GL getragen, die hierzu u.U. zentrale Aktionen treibt. Schließlich wird die mittlere Ebene aktiv, bearbeitet die Restthemen und sorgt für eine Koordination der lokalen und allgemeinen Aktionen.

Diese Vorgehensweise löst das Problem der Koordinierung besser als der reine Bottom-Up-Prozess. Nachteilig ist aber, dass nun ausgerechnet das mittlere Management, das meist sowieso nur schwer für Veränderungsmaßnahmen zu motivieren ist, in eine Sandwich-Position gerät, in der es mehr reagieren als agieren muss.

Einige der Probleme der Bottom-Up-Vorgehensweise lassen sich auch wie folgt lösen. Die mit der Moderation der Aktionsplanung betrauten MAB-Koordinatoren werden nach Durchführung einiger Aktionsplanungen in einem Meeting zusammengebracht, um dort ihre bisherigen Erfahrungen auszutauschen, durchgängige Themen zu identifizieren und hierfür Aktionsmodelle zu entwickeln. Danach wird mit der Aktionsplanung in den anderen Abteilungen fortgefahren. Die Moderatoren sind nun besser vorbereitet, weil sie einige wahrscheinlich sinnvolle Aktionsmodelle im Kopf haben, die sie der Gruppe als mögliche Lösungen anbieten können.

Hierzu ein Beispiel. In einem Unternehmen hatte die MAB in fast allen Abteilungen ergeben, dass die Arbeitsziele unklar und die Rückmeldungen der Vorgesetzten zur persönlichen Leistung mangelhaft waren. Der Personalleiter und der externe Berater kamen überein, dass hier Handlungsbedarf bestand. Es wurde also ein Handlungsfeld „Klare Ziele und Leistungsfeedback vom Vorgesetzten" formuliert und gefordert, dass dieses stets in den Aktionsplänen der verschiedenen Bereiche und Teilgruppen des Unternehmens aufscheint und diesen damit eine durchgängige Stoßrichtung gibt. Ein einfacher, prototypischer Aktionsplan hierzu wurde von Fachleuten ausgearbeitet und den Moderatoren als ein mögliches Modell vermittelt. Die Vorgehensweise, mit diesem Aktionsplanungsmodell zu den Gruppen zu gehen, entlastete die Moderatoren und die Abteilungen gleichermaßen. Im allgemeinen sind beide froh, wenn sie nicht für alles und jedes selbst einen Plan konzipieren müssen, sondern durchdachte Lösungen oder zumindest Lösungsansätze angeboten bekommen.

Der Task-Force-Ansatz

Der Task-Force-Ansatz beginnt damit, dass das Management einer Organisationseinheit die Ergebnisse interpretiert und gewisse Handlungsfelder definiert. Für jedes dieser Handlungsfelder wird dann ein Verantwortlicher bestimmt, der zusammen mit einem ad-hoc Projektteam einen hierzu relevanten Aktionsplan ausarbeitet und seine Umsetzung treibt. Dieser Ansatz ist ökonomisch in der Anfangsphase, weil er ohne größeres Involvement vieler Mitarbeiter auskommt. Andererseits hängt der Erfolg vieler Aktionen aber vom Commitment der davon Betroffenen ab und dieses Commitment ist seinerseits stark korreliert mit dem Involvement dieser Personen in die Gestaltung der Aktionspläne (Burke, 1987). Wenn also in einem reinen Projektteam-Ansatz nicht nur Ziele, sondern auch die Wege dorthin „von oben her" vorgegeben werden, dann führt dies meist dazu, dass die Aktionen nicht sonderlich tief in die Organisation eindringen und keine nachhaltige Wirkung erzielen. Zudem hat der Projektteam-Ansatz vor allem in großen Organisationen den Nachteil, neben der Linie eine zweite – und meist schlecht definierte – Führungsstruktur aufzumachen, in der der Projektverantwortliche mit seinen Ansprüchen letztlich in Konkurrenz zu den normalen Zielen und Beurteilungskriterien der Linie tritt.

Task Forces haben aber ihre Rolle in Situationen, in denen das obere oder das Top-Management *zentralistisch* eine Aktion planen oder sogar umsetzen will. Nicht jedes Thema eignet sich dazu, überall „lokal" bearbeitet zu werden. So zeigt eine MAB nicht selten, dass das gesamte Leistungsbeurteilungs- und Gehaltssystem überarbeitet oder ausgetauscht werden muss. Offensichtlich muss ein solches System aber zuerst von Spezialisten ausgearbeitet werden, bevor es erklärt und trainiert wird.

Die Bearbeitung eines Themas mittels Projektteam ist auch dann angezeigt, wenn sich abzeichnet, dass die Linie nicht in der Lage ist, die anstehenden Fragen zu lösen. Ein Beispiel aus der Praxis ist das folgende. Eine MAB hatte ergeben, dass sich die Mitarbeiter schlecht informiert fühlten und nicht sahen, wie sie sich selbst die notwendigen Informationen beschaffen können. Das Thema wurde als allgemeines Handlungsfeld in einen Top-Down-Ansatz eingebracht. Die nächste MAB zeigte, dass aus Sicht der Mitarbeiter nichts erreicht worden war. Die GL vermutete, dass die Linienstrukturen *selbst Teil des Problems* waren. Daher wurde ein *Kreativteam* beauftragt, zunächst mit mehreren per Zufallsauswahl zusammengestellten Fokusgruppen die Thematik bereichs- und hierarchieübergreifend zu ventilieren und dann entsprechende Vorschläge zu unterbreiten. Auf dieser Grundlage wurden anschließend Aktionspläne ausgearbeitet.

Normalerweise ist der Top-Down-Ansatz trotzdem das beste Grundmodell für die MAB-Folgeprozesse. Es kann aber ergänzt werden durch Projektteams, insbesondere durch Kreativteams. Diese können allgemeine Aktionspläne ausarbeiten, die von der GL direkt implementiert werden. Sie können aber auch lediglich an Spezifikationen der allgemeinen Handlungsfelder arbeiten, die den unteren Ebenen präzisere Vorgaben machen.

Der Bombenabwurf

Nicht jede MAB führt zu Ergebnissen, bei denen einer der oben beschriebenen Folgeprozesse Erfolg verspricht. Es gibt Situationen, in denen zumindest ein „high-profile move" (Barmash, 1993), oft sogar ein „big bang" oder ein „Bombenabwurf" notwendig sind. Hierzu ein Fall aus der Praxis. Eine MAB hatte gezeigt, dass die Mitarbeiter aller Ebenen scharfe Kritik am Vorstand des Unternehmens äußerten. Diese Kritik konkretisierte sich in den nachfolgenden Workshops (siehe S. 352f.). Schließlich intervenierte der Aufsichtsrat. Es kam zu einer totalen Neubesetzung des Vorstands. In diesem Fall hätte es wenig Sinn gemacht, unter Einbindung der Mitarbeiter an Dingen zu arbeiten, die letztlich nur Symptome eines fundamentalen Führungsproblems waren. Zudem war abzusehen, dass der neue Vorstand vieles so grundlegend ändern würde, dass vorheriges mikro- oder makro-evolutionäres „finetuning" nur eine Verschwendung von Zeit und Geld gewesen wäre. Unter einem solchen Paradigmen-Wechsel werden natürlich auch die MAB-Ergebnisse weitgehend obsolet. Die Folgeprozesse beschränken sich also in diesem Fall auf eine massive,

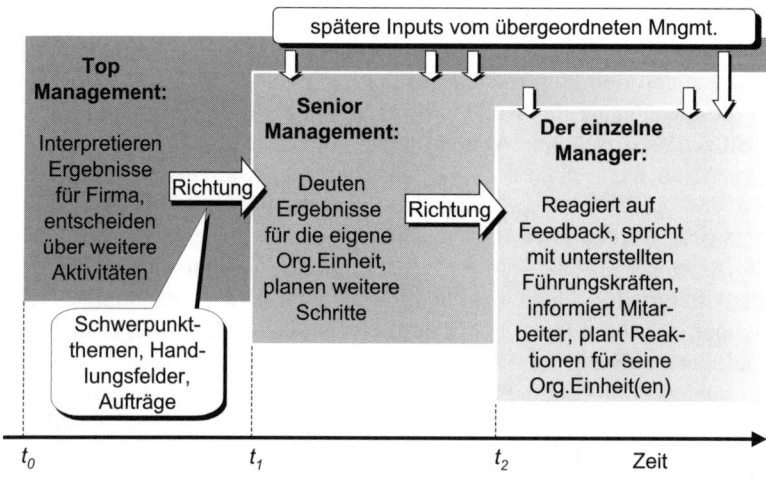

Abbildung 11.2. Eine weiche Variante des Top-Down-Ansatz.

disruptive Intervention („Revolution"), gefolgt vom „langen Marsch" (Kanter et al., 1992) der *kontinuierlichen* Veränderungs- und Verbesserungsprozesse.

Varianten und Kombinationen

Der heute meist präferierte Ansatz für die Organisation der Folgeprozesse ist die Top-Down-Ansatz. Er wird allerdings nicht immer in Reinform gefahren. Eine Variante ist es, ihn mit Task Forces zu kombinieren, die solche Themen bereits frühzeitig aus dem Prozess herausnehmen, die man nicht den Führungskräften der Linie überlassen oder zumuten kann. Ein Beispiel wäre die Überarbeitung allgemeiner Systeme, z.B. des Entlohnungs- oder des IT-Systems.

Grundsätzlich besteht bei einem Top-Down-Ansatz immer das Risiko, dass eine der oberen Ebenen, insbesondere die Geschäftsleitung, nicht termingerecht „liefert". Das dann ein Problem, wenn – wie meist der Fall – zuvor ein Zeitplan vereinbart wurde und alle Führungskräfte dazu verpflichtet wurden, nicht mit irgendwelchen Aktionen vorzupreschen, bevor nicht von oben her Input in Form von Schwerpunktthemen, Direktiven, Handlungsfeldern, Aufträgen o.ä. gekommen ist. Wenn diese Regel strikt eingehalten wird und sich dann die Inputs von oben her verzögern, kommt der Prozess in der Kaskade zum Stillstand oder löst sich sogar weitgehend auf: Einige Organisationseinheiten warten ab, andere „fangen schon mal an" und niemand kann mehr so recht sagen, wo der Prozess steht.

Es ist daher sinnvoll, den Top-Down-Ansatz von vornherein weniger strikt zu formulieren, um so Verunsicherung und Durcheinander zu vermeiden. Die Grundidee dieses *weichen Top-Down-Ansatzes* ist in Abbildung 11.2 illustriert. Man beginnt im Top-Management zum Zeitpunkt t_0 und räumt diesem dann per Design einen gewissen zeitlichen Vorsprung ein, um der nächsten Ebene (hier: Senior Management) Inputs (z.B. Schwerpunktthemen) geben zu können, die die Folgeprozesse inhaltlich akzentuieren oder ausrichten. Erfolgt dieser Input nicht bis zum Zeitpunkt t_1, dann ist die nächste Ebene berechtigt bzw. dann wird von dieser sogar erwartet, mit ihren Folgeaktivitäten zu beginnen. Das Top-Management kann evtl. noch zu einem späteren Zeitpunkt Inputs nach unten geben. Analoges gilt für die nächste Ebene.

Vor allen in großen Unternehmen ist es eher normal, dass der Vorstand auf die Ergebnisse einer MAB nur langsam oder sogar zögerlich reagiert. Er will die Dinge erst einmal weiter diskutieren und klären. Meist ist er ohnehin mit vielen anderen Entscheidungen und Aktivitäten überlastet. Zudem sind allgemeine, unternehmensweite Aktionen in großen Unternehmen selten sinnvoll. Auf der Ebene der Vorstände der verschiedenen Unternehmensbereiche ist die Situation i.d.R. transparenter, so dass es sinnvoll ist, möglichst bald auf diese Ebene überzugehen. Die Bereichsvorstände können später im Gesamtvorstand ihre Aktivitäten diskutieren und koordinieren.

Prinzipiell beinhaltet diese Vorgehensweise das Risiko, dass infolge der fehlenden Richtungsangaben von oben her die Reaktionen der tieferen Ebenen nicht harmonieren. In diesem Fall muss nachgesteuert werden oder eine Reaktion evtl. sogar ganz gestoppt werden, was u.U. demotivierend ist. Dieses Risiko ist den Führungskräften aber aus dem Alltag vertraut: Sie sollten Rahmenbedingungen, Strategie und Richtungen kennen und entsprechend kalkulierte Risiken eingehen.

In der Praxis hat die weichere Vorgehensweise u.U. noch einen zusätzlichen Vorteil. Die unteren Ebenen sind von den MAB-Ergebnissen oft direkter betroffen, sind näher an den Mitarbeitern und sehen daher auch leichter die Möglichkeit für konkretes Handeln. (Auf der Top-Ebene hat eine MAB immer einen stärkeren Messcharakter.) Wenn nun die unteren Führungsebenen mit ihren Aktivitäten zeitig beginnen können, hat dies meist zur Folge, dass ein gewisser Druck von unten nach oben ausgeübt wird, auch auf den oberen Ebenen die nötigen Beiträge zu liefern. Ergibt die MAB z.B., dass die Mitarbeiter die Unternehmensstrategie unklar finden, dann kann dieser Druck heißen, dass vom unteren Management gefordert wird, dass diese Strategie von oben her transparenter oder überzeugender gemacht wird. Letztlich könnte man die beiden horizontalen Pfeile in Abbildung 11.2 („Richtung") auch als Doppelpfeile anlegen, weil natürlich auch von unten her sinnvolle Vorschläge für allgemeinere Richtungsentscheidungen kommen können. Insofern hat ein weicherer Top-Down-Ansatz immer auch Bottom-Up-Potentiale.

11.3 Das Roll-Out der öffentlich-offiziellen Reaktionen

Ein wichtiges Element einer erfolgreichen Planung von MAB-Folgeprozessen ist es, den Akteuren die Typen und Zusammenhänge der verschiedenen öffentlich-offiziellen Reaktionen transparent zu machen. Betrachtet in einem ideal-typischen Top-Down-Ansatz lassen sich diese Reaktionen wie in Abbildung 11.3 gezeigt „ausrollen". Das Roll-Out beginnt mit der Präsentation für die Geschäftsleitung (GL). Diese kann dann wie folgt reagieren:

1. *Direkte Aktionsentscheidungen.* Die GL sieht einen bestimmten Handlungsbedarf. Sie braucht keine weiteren Informationen und reagiert unmittelbar mit einer Ent-

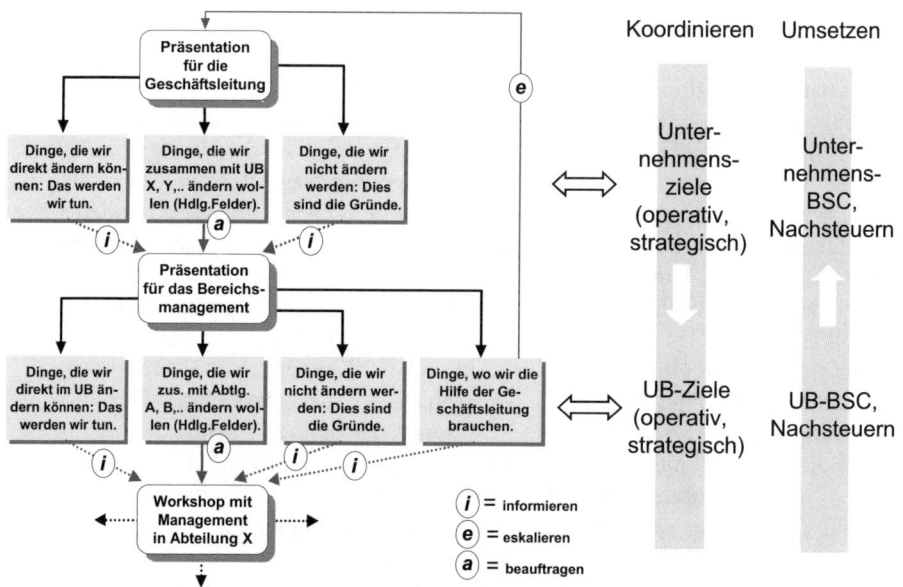

Abbildung 11.3. Aktionsentscheidungen im Top-Down-Ansatz.

scheidung. Diese kommuniziert sie entsprechend: „Das werden wir tun: ... ". Ent-schieden wird hier meist, dass eine Task Force einen Plan zur Lösung einer be-stimmten Frage erarbeiten soll. Beispiel: „Die MAB hat uns, der GL, gezeigt, dass zahlreiche Mitarbeiter mit dem Gedanken spielen, die Firma zu verlassen. Wir haben eine Task Force [Details] benannt, die bis zum [Termin] einen Vorschlag erarbeitet, wie man die Mitarbeiter stärker am Unternehmenserfolg beteiligen kann."

2. *Entscheidungen zu Schwerpunktthemen.* Die GL entscheidet, dass eine bestimmte Thematik ein für alle (oder bestimmte) Gruppen zu beachtendes *Schwerpunktthe-ma* werden soll, das diese in ihrer Arbeit mit den MAB-Ergebnissen unbedingt im Auge behalten sollen. Dieses Schwerpunktthema kann sogar als Auftrag formu-liert werden, als ein für alle oder für bestimmte Gruppen *gemeinsames Hand-lungsfeld*, zu dem diese jeweils einen Beitrag leisten sollen. Beispiel für ein Schwerpunktthema: „Die MAB hat aus Sicht der GL gezeigt, dass die Zusam-menarbeit der Organisationseinheiten untereinander eher kritisch gesehen wird. Achten Sie bitte in den Folgeprozessen darauf, dass diese Thematik auch in Ihrem Verantwortungsbereich sorgfältig beachtet wird." Beispiel für ein allgemeines (i.S. von für „alle gemeinsames") Handlungsfeld i.S. eines Auftrags an die Füh-rungskräfte aller Ebenen: „Viele Mitarbeiter haben in der MAB angegeben, dass sie bei gewissen Änderungen in ihrem Arbeitsumfeld viel produktiver sein könn-ten. Das trifft wahrscheinlich auch für ihren Bereich zu. Falls ja, nutzen Sie dieses Potential und diskutieren Sie mit Ihrem Mitarbeitern, was getan werden kann,

damit diese produktiver arbeiten können. Berichten Sie bis [Termin] über Ihre Aktivitäten und Initiativen."

3. *Entscheidungen, nichts zu tun.* Die GL sieht, dass die MAB auf eine bestimmte Thematik verweist, mit der die Mitarbeiter unzufrieden sind. Sie entscheidet jedoch, hierzu nichts zu unternehmen. Die Aktion besteht dann darin, den Mitarbeitern die Gründe für diese Entscheidung überzeugend darzulegen. Beispiel: „Die MAB hat gezeigt, dass die Mitarbeiter mit der Business-Software *X* nicht zufrieden sind. Diese wurde erst kürzlich mit großen Aufwand installiert. Wir haben jetzt nicht das Geld und die Zeit, dieses System wieder zu ändern. Vorerst müssen wir mit dem jetzigen System klar kommen."

Diese Entscheidungen werden als Informationen oder als Aufträge an die nächste Ebene weitergegeben. Diese wird dann unter diesen Vorgaben und nach Analyse ihrer MAB-Ergebnisse in analoger Weise reagieren oder, wie in Abbildung 11.3 angedeutet, das eine oder andere Thema *eskalieren*[129]. Dieser Fall tritt dann ein, wenn diese Ebene nicht die Kompetenzen oder Ressourcen hat, um die nötigen Entscheidungen zu treffen.

Die Entscheidungen und Aktionen der verschiedenen Ebenen bleiben durch die Top-Down-Vorgehensweise automatisch koordiniert und strategisch ausgerichtet – in dem Umfang, in dem eine durchgängige strategische Richtung vorherrscht. Das kann dadurch weiter verstärkt werden, dass man fordert, dass alle Aktionen die gegebenen Ziele unterstützen sollen. Die Umsetzung von Aktionen orientiert sich somit ebenfalls an diesen Zielen und wird über die Systeme, die hierfür eingeführt sind, kontrolliert. Diese Systeme sind meist Varianten gewisser „Strategiekarten" (z.B. der Balanced Scorecard oder BSC), in denen die Kennzahlen für das Erreichen der Organisationsziele dargestellt werden.

Das kaskadische Vorgehen von oben nach unten bietet die Möglichkeit, Schwerpunkte und Richtungen der Aktivitäten auf den untergeordneten Ebenen von vornherein zu koordinieren. Die Leitlinien dafür ergeben sich aus der (im- oder expliziten) Strategie. Das kann erhebliche Kosten sparen, aber auch viel Frustration vermeiden, die dann entsteht, wenn die unteren Ebenen Aktionspläne vorstellen, die nicht genehmigt werden, weil sie nicht zu den Vorstellungen und Plänen der GL passen.

Für das Controlling der Umsetzung der Maßnahmen empfiehlt es sich, so weit wie möglich auf die bestehenden Systeme zurückzugreifen. Da die Aktivitäten der Folgeprozesse die gegebenen Ziele unterstützen (oder zu ihrer Revision führen) sollten, lässt sich zumindest der Erfolg dieser Aktivitäten am einfachsten über die Systeme kontrollieren, die die Zielerreichung messen. Dazu gehören auf den oberen Ebenen *Strategiekarten*, auf den unteren die Kriterien der jeweils vereinbarten *Leistungsbeurteilung*. Die eigentliche Umsetzungskontrolle von Aktionen kann dann dem Aktionsmanagement (siehe Kapitel 13) überlassen werden.

---

[129] Die Eskalation läuft aus praktischer Sicht i.d.R. auf einen Dialog hinaus, auf einen Ping-Pong-Prozess der Delegation und Rückdelegation, ein Diskutieren und Aushandeln, das ohnehin zwischen den Ebenen in vielen Themenfeldern stattfindet.

11.4 Dialogische Reaktionen: Einleiten und ausrichten

Ein großes, aber in der Praxis selten systematisch ausgeschöpftes Potential liegt in Gesprächen, die die Führungskraft X mit der ihr unterstellten Führungskraft Y über die Ergebnisse, die die MAB im Verantwortungsbereich von Y gebracht hat, führt. Die Motivation für solche Gespräche kann man leicht stimulieren: Stellt man die Ergebnisse der verschiedenen Organisationseinheiten, für die X verantwortlich ist, im *Quervergleich* dar, dann zeigen sich i.d.R. deutliche Unterschiede zwischen diesen Einheiten[130]. Konzentriert man sich dann noch – als Einstieg – auf ein Item wie „Alles in allem bin ich mit meinem direkten Vorgesetzen zufrieden", dann ist den meisten Führungskräften schnell klar, dass hier ein Handlungsansatz „auf dem Teller" serviert wird.

Es ist sinnvoll, einen deutlichen Hinweis auf Quervergleiche und ihre Potentiale gleich auf oberster Ebene, d.h. in der Präsentation der MAB-Ergebnisse für die GL zu geben. Abbildung 11.4 zeigt hierzu einen Fall aus der Praxis. Hier äußern sich die Mitarbeiter des Unternehmens ABC AG zu 56% als zufrieden mit ihrem Vorgesetzen (27% sagen „teils-teils", die restlichen 17% antworten mit „nicht zufrieden"). Das ist ein relativ normales Ergebnis, wie die Benchmarkwerte in Abbildung 10.6 zeigen. Insofern kann es leicht passieren, dass dieses Ergebnis nicht weiter beachtet wird („Nicht sonderlich auffällig!"). Bricht man diese Statistik allerdings auf für 76 wichtige Teileinheiten der Firma, dann zeigt sich schlagartig ein ganz anderes Bild. Man erkennt – wie fast immer in der Praxis! – eine erhebliche *Streuung*: Die Ergebnisse variieren zwischen 3% und 96% Zufriedene.

Die Mitglieder der GL, denen ein solches Streudiagramm gezeigt wird, werden sicher wissen wollen, wer die beiden Ausreißer ganz links in der Grafik sind. Sie werden dann aber sehen, dass die Streuung auch ohne diese beiden Einheiten gewaltig ist: Die Einheiten streuen nämlich praktisch linear von ca. 30% bis fast 100% Zustimmung zur Frage nach der Zufriedenheit mit dem Vorgesetzten. Manager, die dies einmal gesehen haben, können es i.d.R. kaum erwarten, ihre Auswertungsberichte zu bekommen, damit sie ihre Organisationseinheiten sortieren und sich so ein Bild von der Situation in ihrem Bereich machen können. Dieses hohe Interesse ist ein nützlicher Impuls für die weiteren Folgeprozesse, muss aber so kontrolliert werden, dass keine Schnellschüsse entstehen.

Im Roll-Out der Quervergleiche ist es zunächst selten angezeigt, den Mitgliedern der GL mehr als nur einen solchen *anonymisierten* Quervergleich von kleineren Organisationseinheiten (z.B. Arbeitsgruppen an der Basis) zu geben. Würde man diese Einheiten identifizieren, dann würde das mittlere Management, das für diese Einheiten direkt verantwortlich ist, übergangen werden. Mittlere Manager befürchten jedenfalls eine derartige Transparenz, bei der sie nicht beteiligt sind und die Dinge auch nicht – oder jedenfalls nicht sofort – kommentieren können. Sie wollen, wenn es um

---

[130] In amerikanischen Unternehmen wird diese Streuung der Werte i. Allg. als eine Art Naturgesetz betrachtet, dass sich aus der „Normalverteilung" ableitet. Tatsächlich ist es aber ein rein empirischer Befund, der keineswegs immer und überall in gleicher Weise auftritt. Die Verteilung kann z.B. recht schief sein; sie kann einzelne Outlier-Werte zeigen; sie kann u.U. auch mehrgipfelig sein; usw.

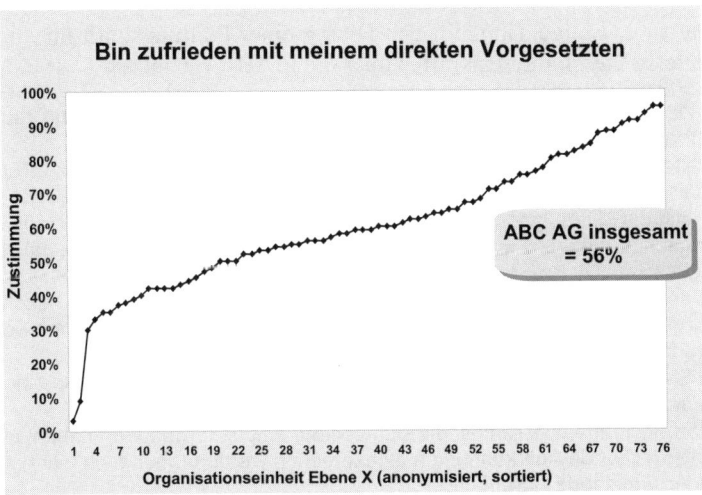

Abbildung 11.4. Zufriedenheit mit dem direkten Vorgesetzten für 76 anonymisierte Organisationseinheiten der Firma ABC AG.

ihren Verantwortungsbereich geht, verständlicherweise dabei sein. Es ist daher wichtig, vorab entsprechende Regeln zu vereinbaren.

Die übliche Regel, wer welchen Quervergleich bekommt, lautet zunächst: *Jede Führungskraft, die mindestens zwei Organisationseinheiten führt, bekommt die Ergebnisse dieser Organisationseinheiten im Quervergleich.* Der Nachsatz dazu, der aussagt, wer diese Quervergleiche *nicht* bekommen soll, wird meist wie folgt formuliert: *Einen Quervergleich von Organisationseinheiten bekommt nur die Führungskraft, der diese Einheiten direkt unterstellt sind.* Mit dem Nachsatz wird der direkte Zugriff höherer Führungskräfte auf die Daten von Einheiten, die weiter unten in der Hierarchie liegen, vermieden. Das schließt natürlich nicht aus, dass sich höhere Chargen Ähnlichkeiten und Unterschieden derartiger „kleiner" Einheiten von den zuständigen Führungskräften berichten lassen.

Quervergleiche dieser Art sollten zudem nicht zu einem simplen Ranking („Wer macht das Rennen?", „Wer ist der Schönste?") führen, sondern dazu, dass Führungskraft *X* mit der ihr unterstellten Führungskraft *Y* ein Gespräch über die MAB-Ergebnisse führt. Ein solches Gespräch ist insbesondere für solche Führungskräfte angezeigt oder sogar notwendig, deren Teams sich besonders negativ geäußert haben. Hier liegt, auf den ersten Blick, das größte Verbesserungspotential für *X* und hier erwarten die Mitarbeiter vermutlich auch entsprechende Reaktionen. In diesem Gespräch muss aber zunächst geklärt werden, unter welchen Bedingungen die Ergebnisse zustande gekommen sind. Schlechte MAB-Werte können auch dadurch entstehen, dass das Umfeld problematisch ist oder dass *Y* z.B. eine unpopuläre, aber notwendige Umstrukturierung durchzieht. Die MAB-Ergebnisse müssen also im Gespräch zwischen *X* und *Y* angereichert werden mit Kontextinformationen. Erst dann stellt sich

Tabelle 11.1. Einige Tipps für den Dialog einer Führungskraft mit ihren direkt unterstellten Führungskräften über die MAB-Ergebnisse.

- Vermeiden Sie ein vorschnelles Urteil über eine Ihnen unterstellte Führungskraft, das sich nur auf die Ergebnisse der MAB stützt.
- Beschaffen Sie sich auch andere Informationen über diese Führungskraft (Business-Daten, Leistungswerte, Kundenzufriedenheitswerte u.ä., so weit verfügbar).
- Wenn sich die Mitarbeiter negativ äußern, ist dies nicht unbedingt die Schuld dieser Führungskraft: Sie muss u.U. unpopuläre Veränderungen durchsetzten, hat vielleicht ein ungünstiges Umfeld, schlechte Rahmenbedingungen oder ähnliches.
- Vermeiden Sie Bloßstellungen von Führungskräften, deren Teams sich besonders negativ geäußert haben: Sie machen es diesen Führungskräften damit schwerer, Verbesserungen herbeizuführen.
- Klären Sie die Umstände der MAB-Ergebnisse mit jeder Führungskraft in einem Einzelgespräch unter vier Augen.
- Für Führungskräfte von Teams, die sich besonders positiv geäußert haben, sollte u.U. eine entsprechende Anerkennung ausgesprochen werden (aber auch hier gilt: Zunächst die Umstände klären).
- Machen Sie deutlich, dass Sie es nicht akzeptieren, wenn eine Führungskraft in wiederholten MABs von ihren Mitarbeitern negativ beurteilt wird.
- Vereinbaren Sie mit ihren Führungskräften Verbesserungsziele und -aktionen.
- Die Ziele und Maßnahmen sollten den gegebenen operativen und strategischen Zielen dienen.
- Maßnahmen zur Verbesserung der „Stimmung" sollten vermieden werden: Die Voraussetzungen von Zufriedenheit und Leistung müssen verbessert werden.
- Bieten Sie Hilfen für die Führungskräfte an, die Probleme haben (Coaching, Trainings, weitere Gespräche u.ä.).

die Frage „Was tun?" oder besser „Was können *wir* tun?", weil die Werte von Y ja letztlich auch die Werte von X sind.

Der Führungskraft X kann man zuvor einige Tipps für diese Gespräche geben. Die wichtigsten sind in Tabelle 11.1 zusammengefasst. Sie werden in der Praxis gerne angenommen und sind keineswegs so trivial, wie sie erscheinen mögen. So neigen Führungskräfte, die ein Ergebnis wie das in Abbildung 11.4 sehen, nicht selten dazu, schnell recht heftig zu reagieren und drastische Maßnahmen zu überlegen („Wer ist das? Den schmeiß ich raus!"). Die Tipps dienen dazu, den Manager zu einem ausgewogeneren Urteil zu führen und die MAB-Daten nicht isoliert zu betrachten.

11.5 Individuelle Reaktionen: Planen und unterstützen

Meist überhaupt nicht berücksichtigt wird in MAB-Projekten, was die einzelne Führungskraft oder der einzelne Mitarbeiter „für sich" – und evtl. sogar *privat* und *insgeheim* – aus den MAB-Ergebnissen ableitet. Dabei können die Ergebnisse wichtige Einsichten vermitteln. Die Führungskraft kann z.B. erkennen, dass sie ihre Vorstellungen in Bezug auf das, was den Mitarbeitern wichtig ist, korrigieren muss und dass sie sich gegenüber ihren Mitarbeitern anders verhalten sollte. Derartige Einsichten

Tabelle 11.2. Tipps für Führungskräfte: Lesen und Interpretieren von MAB-Ergebnissen.

Lesen der MAB-Ergebnisse
- Versuchen Sie das „größere Bild" zu sehen und kleben Sie nicht an einzelnen Fragen.
- Nehmen Sie die statistischen Trends auf und spekulieren Sie nicht darüber, wer was im Einzelnen geantwortet hat.
- Feedback in einer MAB ist oft wenig differenziert, negativ und emotional.
- Wehren Sie nicht jedes negative Feedback sofort ab: Hören Sie zuerst einmal zu!
- Akzeptieren Sie aber auch nicht jedes negative Feedback sofort i.S. eines „Alles mein Fehler!".
- Versuchen Sie, die Themen hinter den Emotionen zu verstehen.
- Überanalysieren Sie nicht: Die großen Themen sind meist unschwer zu sehen.

Interpretieren der MAB-Ergebnisse: Fehler und Fallen
- „Nur Meinungen!" Ja, aber sie sagen „harte" Kriterien wie Leistung, Krankheitsrate, Fluktuation und anderes Verhalten voraus.
- „Objektiv falsch!" Vielleicht, aber irrelevant. „Perception is reality": So, wie man die Dinge sieht, verhält man sich.
- „Antworten sind reiner Zufall!" Falsch: Die Statistiken zeigen Strukturen, die hochkonsistent und inhaltlich bedeutsam sind; mit Zufallsdaten nicht möglich.
- „Antworten sind absichtlich negativ!" Unwahrscheinlich: Die Benchmarks zeigen ähnliche Trends in Hunderten von Firmen.
- „Wusste ich alles sowieso!" Nur in der Rückschau: Die Prognosen zeigen, dass dies so nicht stimmt.

Feedback seitens der Mitarbeiter zu Ihnen selbst („Personenwahrnehmung")
- Seien Sie nicht überrascht: Es ist normal, dass uns andere *anders* sehen als wir uns selbst.
- Es ist normal, dass uns andere *weniger differenziert* sehen als wir uns selbst.
- Es ist normal, dass man bei anderen die Ursachen für *Probleme in der anderen Person* sieht (zu dumm, zu faul ...) ; bei sich selbst sieht man eher die *Umstände*.

und daraus abgeleitete Vorsätze und Ziele für das eigene Handeln, Einstellungsänderungen, neue Sichtweisen oder gar Paradigmenwechsel, die alles plötzlich in ganz anderem Licht erscheinen lassen, können für das Arbeits- und Führungshandeln viel folgenreicher sein als irgendwelche Aktionen.

Insbesondere Führungskräfte können aber durch falsches Lesen ihrer MAB-Berichte oder durch vorschnelle Reaktionen folgenreiche Fehler machen. Erfahrungsgemäß lassen sich diese jedoch weitgehend dadurch vermeiden, dass man diesen Personen nicht nur die Auswertungsberichte, sondern auch noch einige Tipps und Hinweise gibt (Tabellen 11.2 und 11.3), die durch ein entsprechendes Training weiter vertieft werden können.

In problematischen Einzelfällen ist u.U. zu überlegen, ob und wie man die Führungskraft durch direktes Coaching befähigt, sich nicht gegen die Ergebnisse zu sperren, sondern aus ihnen optimalen Nutzen zu ziehen. Dazu genügt i.d.R. die konstruktive Vermittlung der Ergebnisse durch eine neutralen Berater mit besonderer MAB-Expertise in einem Vier-Augen-Gespräch. Der Experte muss der Führungskraft vor allem die Angst vor dem (oft ungewohnten) Aufwärtsfeedback nehmen und aufzei-

Tabelle 11.3. Tipps für Führungskräfte: Wie reagieren?

Schnelle Reaktionen
- Bleiben Sie ruhig. Nicht überreagieren.
- Mindestens eine Nacht darüber schlafen, bevor Sie öffentlich reagieren.
- Niemand wegen negativem oder „falschem" Feedback angreifen.

Planen von Reaktionen
- Wenn Sie Maßnahmen planen, dann nur zu wenigen (1 bis 3) Themen.
- Arbeiten Sie nur an Lösungen, die sehr attraktive Folgen haben.
- Die Folgen sollten ihren gegebenen operativen/strategischen Zielen dienen.
- Perfekte Lösungen sind selten erforderlich.
- Setzen Sie sich messbare Ziele für alle Reaktionen.
- Machen Sie sich einen Meilenstein-Plan für „größere" Vorhaben.

Kommunikation von Reaktionen
- Erläutern Sie Ihren Mitarbeitern, was Sie tun wollen und was nicht.
- Erklären Sie nachvollziehbar, warum Sie dies tun wollen und wie dies mit den MAB-Ergebnissen zusammenhängt.
- Geben Sie messbare Ziele (mit Terminen) an.

Umsetzen von Reaktionen
- Lassen Sie sich nicht von schnellen Erfolgen täuschen: Es ist schwer, Veränderungen bleibend zu machen, weil alte Gewohnheiten immer wieder hoch kommen.
- Um den Wandel bleibend zu machen, sollten Sie Strukturen und Prozesse ändern.

Ändern des Bilds, das andere von Ihnen haben
- Das Bild, das andere von Ihnen haben, ist schwer zu ändern.
- Um es zu ändern, müssen Sie Ihr Verhalten (nicht Ihre „Einstellungen") ändern.

---

gen, was andere in einer ähnlichen Situation gemacht haben. Die Praxis zeigt, dass Führungskräfte nicht selten jede Form von Kritik von unten als persönlichen Angriff verstehen und darauf überaus heftig reagieren. Sie zeigen Ärger, Betroffenheit und Abwehrverhalten, das es ihnen schwer machen, die Potentiale der Ergebnisse für ihre Ziele zu erkennen. Das Problem ist noch verschärft gegeben in den Dialogen mit ihren Vorgesetzen (Abschnitt 11.4). Gelöst wird es nur durch eine zukunftsorientierte Betrachtungsweise, die weniger auf die jetzigen Ergebnisse und Leistungsaspekte fokussiert als vielmehr auf konstruktive Ansätze zur Verbesserung der Situation.

11.6 Der 7+7 Ansatz für das Ausrollen der Folgeprozesse

Die verschiedenen Formen des möglichen Reagierens auf MAB-Ergebnisse müssen in den Folgeprozessen gut organisiert werden, um zu optimalen Ergebnissen zu führen. Im folgenden wird hierfür ein Ansatz skizziert, der sich leicht ausgestalten oder abwandeln lässt. Er hat sich in der Praxis als effizient und effektiv erwiesen. Das Vorgehen ist in sieben plus sieben Schritte strukturiert:

1. Präsentation der MAB-Ergebnisse für das Top-Management
   - Die Ergebnisse zuerst in einer Vor-Präsentation dem Sponsor und dem Geschäftsführer erläutern

- Fragen, Themen, Prioritäten usw. aus der Vor-Präsentation in die Haupt-Präsentation einarbeiten
- Präsentation für das Top-Management durchführen
- Das Top-Management kann Input (Entscheidungen, Schwerpunkte usw.) für die weiteren Folgeprozesse formulieren (siehe oben: Top-Down-Ansatz)

2. Ausgabe eines Auswertungsberichts an jeden Top-Manager *T*
   - Bericht fokussiert auf den Bereich von *T*, enthält externe Benchmarks und Quervergleiche der großen Untereinheiten
   - Experte berät zu möglichen Reaktionen und Folgeprozessen
   - Experte beantwortet Fragen, führt evtl. weitere Datenanalysen durch

3. Workshop mit allen Managern aus dem Bereich von *T*
   - Ideal als 2-Phasen Workshop (siehe Abbildung 13.16): Einige Senior Manager aus dem Bereich von *T* analysieren vorab die Ergebnisse des Bereichs; identifizieren Themen, wo das Management handeln muss
   - Ergebnis wird in Zwischenphase mit *T* besprochen, entschieden
   - In Hauptphase: Präsentation der Ergebnisse für den Bereich von *T* durch neutralen Experten; *T* positioniert sich dazu; Darstellung der Aktionsfelder aus Vorab-Workshop; erste Arbeit an Aktionsplänen

4. Ausgabe eines Auswertungsberichts an jeden Manager *M* aus dem Bereich von *T*
   - Bericht für *M* fokussiert auf seinen Verantwortungsbereich
   - Bericht enthält Benchmarks (insbesondere Aufwärtsvergleiche)
   - Falls *M* mindestens 2 Org-Einheiten führt, enthält der Bericht Quervergleiche dieser Einheiten
   - Tipps/Hinweise geben, wie man diese Berichte liest und optimal nutzt
   - Falls *M* sehr negative Ergebnisse hat, Bericht evtl. durch Coach überbringen

5. Vorgesetzter von *M* führt Dialog mit *M* über die MAB-Ergebnisse von *M*
   - Vier-Augen-Gespräch (siehe Abschnitt 11.4)
   - Kontext klären, gemeinsam Ziele vereinbaren, Umsetzungsplan andenken
   - Coaching anbieten

6. Informieren aller Mitarbeiter des Bereichs von *T* über die MAB-Ergebnisse des Bereichs *T*
   - In einer speziellen Info-Veranstaltung
   - ... oder in der Regelkommunikation
   - ... oder im Rahmen von MAB-Workshops (siehe Kapitel 13)
   - ... und/oder schriftlich (knapp, ohne Wertungen)

7. Übernehmen der MAB-Ergebnisse in Strategiekarten und Messsysteme
   - Erhält die MAB-Ergebnisse als entscheidungsrelevante Kennzahlen
   - Erzeugt automatisch Verknüpfungen mit anderen Business-Kennzahlen

8. 7+. Weitere Aktivitäten den einzelnen Führungskräften überlassen
   - Dialoge zwischen Führungskraft und unterstellter Führungskraft anregen
   - Einzelner Führungskraft Tipps und Hinweise geben (siehe z.B. Tabellen 11.2 und 11.3)

Die Abfolge dieser Schritte ist wohl überlegt. So kann z.B. in der allgemeinen Präsentation der MAB-Ergebnisse an die Manager des Bereichs von *T* dadurch Motivation für die weiteren Schritte erzeugt werden, dass man die Streuung der Ergebnisse über die Organisationseinheiten betont und anschaulich macht (wie in Abbildung 11.3). Die Anwesenden werden dann interessiert sein, ihre Auswertungsberichte schnellstens zu bekommen. Dieses Interesse wird noch dadurch verstärkt, dass Dialoge mit ihren Vorgesetzten anstehen.

Zum Schritt 7+, der selbst wieder aus sieben Schritten besteht (siehe unten, Abschnitt 11.7), ist folgendes anzumerken. Die Praxis hat gezeigt, dass eine sehr tiefe Planung der Folgeprozesse bis herunter zum kleinsten Team selten vollständig umgesetzt wird. Das liegt einerseits daran, dass man planerisch unmöglich alle Termine und Bedingungen berücksichtigen kann, die jeweils vor Ort gelten. Der Hauptgrund ist jedoch, dass eine solche Planung überaus komplex wird und deshalb keine Resonanz mehr findet. Haben die Folgeprozesse von oben her genügend „punch", dann sind sie zumindest durch die Dialoge zwischen den Führungsebenen auch nach unten hin durchschlagskräftig. Der einzelnen Führungskraft kann man jedoch einen kleinen Fahrplan für den Schritt 7+ mitgeben. Er zeigt, in welcher Abfolge sie ihre Reaktionen organisieren sollte.

11.7 Schritte des Reagierens für die einzelne Führungskraft

Wenn die einzelne Führungskraft ihren MAB-Auswertungsbericht bekommt, ist der logisch erste Schritt, diesen Bericht zu lesen. In welcher Weise dann vorgegangen werden soll, ist für den gelegentlichen Verwender solcher Daten nicht unbedingt klar. Damit sich nicht jede Führungskraft hierzu eigene Gedanken machen muss, macht es Sinn, hierfür eine Empfehlung zu machen. Bewährt hat sich die in Tabelle 11.4 gezeigte Abfolge von Schritten. Sie kann als prototypischer Fahrplan dienen. Er stellt vor allem sicher, dass nichts vergessen wird (z.B. das Informieren der Mitarbeiter über die Ergebnisse der MAB).

11.8 Kriterien zur Planung und Bewertung von Folgeprozessen

Folgeprozesse sind facettenreich und daher nicht einfach zu planen. Dabei gehört ihre Planung eigentlich ganz an den Anfang eines jeden MAB-Projekts, weil sie direkt mit den Zielen einer MAB zusammenhängen. Diese Ziele sind immer als *Effekte* formulierbar: Die MAB soll irgendeine *Auswirkung* – vor allem in den Entscheidungen und im Handeln von Personen und Gruppen – verursachen, beschleunigen oder einleiten. Sie soll einen *Unterschied* machen.

Diese Effekte werden letztlich erst in den Folgeprozessen realisiert. Auch die durch die Befragung erzielten Einbindungs- und Denkprozesse dienen nur der Vorbereitung bestimmter Effekte. Überlegungen zu den Folgeprozessen der MAB haben ihrerseits Konsequenzen für das Design der gesamten MAB. Plant man z.B.

Tabelle 11.4. Schritte des Reagierens für die einzelne Führungskraft

Nr.	Schritt	Hinweise dazu
1	Lesen Sie Ihren Bericht und interpretieren Sie die Ergebnisse: Was sagen Sie Ihnen?	Tipps und Hinweise dazu in Tabelle 11.1
2	Überlegen Sie, wie Sie persönlich auf diese Ergebnisse reagieren wollen: Was wollen Sie tun?	Tipps und Hinweise dazu in Tabelle 11.2
3	Diskutieren Sie das MAB-Ergebnis für Ihren Bereich mit dem gesamten Team Ihrer Führungskräfte (falls Sie welche haben) und planen Sie evtl. Aktionen dieses Teams.	Achten Sie darauf, niemanden bloßzustellen (keine simplen Rankings!). Konzentrieren Sie sich auf gemeinsame Themen, insbesondere solche, bei denen das Management handeln muss. Eine gut geeignete Vorgehensweise für diesen Schritt ist das Zwei-Phasen-Workshop (S. 357).
4	Sprechen Sie – einzeln – mit den Ihnen direkt unterstellten Führungskräften (falls Sie welche haben) über die MAB-Ergebnisse in ihren Verantwortungsbereichen.	Führen Sie solche Gespräche zumindest mit den Führungskräften, deren Mitarbeiter sich relativ negativ geäußert haben. Besser ist es, wenn Sie mit jeder Führungskraft sprechen. Tipps und Hinweise dazu in Tabelle 11.3.
5	Informieren Sie alle Mitarbeiter Ihres Bereichs über die Ergebnisse der MAB.	Wählen Sie hierfür einen geeigneten Ansatz wie z.B. eine spezielle Info-Session oder eine kompakte schriftliche Information.
6	Reagieren Sie auf die MAB mit offiziellen und öffentlich kommunizierten Maßnahmen oder Entscheidungen.	Siehe dazu Abschnitt 11.3. Die Maßnahmen müssen den Mitarbeitern gegenüber gut verkauft werden: Gründe, Ziele und Erfolgskriterien, Meilensteine, wer ist verantwortlich, wer ist in welcher Weise beteiligt.
7	Setzen Sie die Aktionen (falls Sie welche beschlossen haben) systematisch um und halten Sie die Mitarbeiter über den Stand der Umsetzung auf dem Laufenden.	Bei den Mitarbeitern ist der Eindruck, die MAB habe zu nichts geführt, eher *normal*. Sie müssen Ihre Reaktionen daher aktiv vermarkten und/oder die Mitarbeiter in die Folgeaktivitäten aktiv einbinden.

Workshops mit mittleren Managern, dann muss man dafür die richtigen Fragen gestellt, die richtigen Datenanalysen durchgeführt und diese Manager bereits frühzeitig entsprechend informiert und eingebunden haben. Will man die MAB-Ergebnisse in Strategiekarten abbilden, dann müssen die hierfür relevanten Themen von der MAB gemessen werden. Will man die MAB-Daten verwenden als Instrument des Aufwärtsfeedbacks für Führungskräfte, braucht man differenzierte, auf jede Führungskraft bezogene Auswertungsberichte mit sinnvollen Benchmarks. Viele weitere Beispiele sind unschwer zu finden. Sie zeigen, dass es sich empfiehlt, die MAB *von An-*

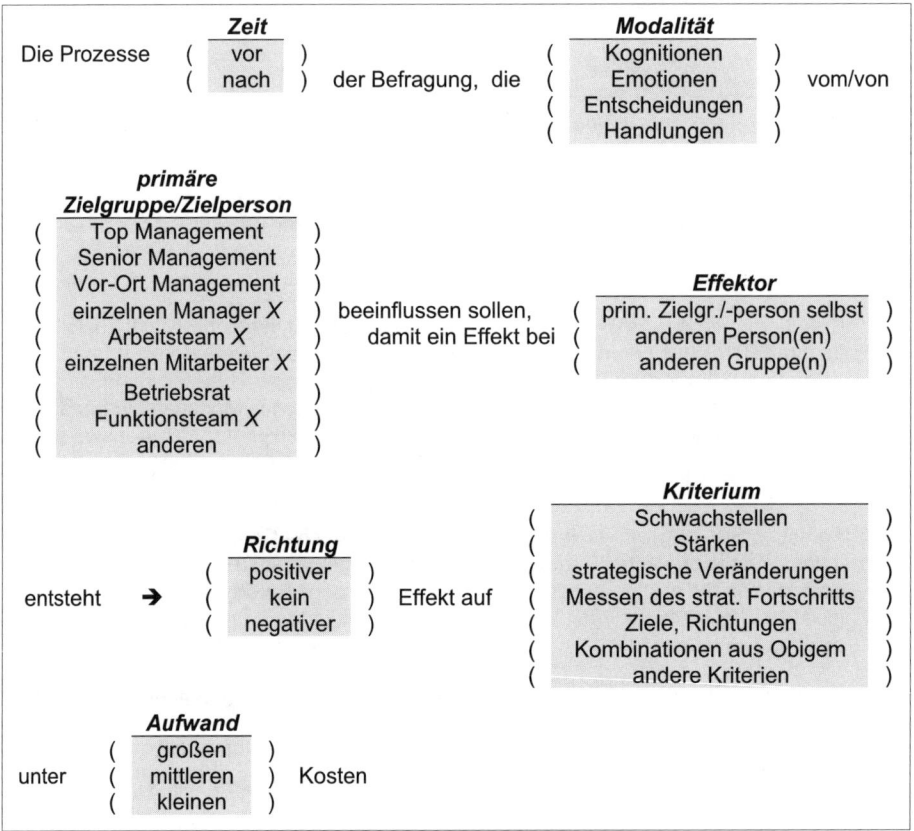

Abbildung 11.5. Abbildungssatz für Planung/Bewertung der Folgeprozesse.

fang an vom Ende her, also von den beabsichtigen Effekten her, zu betrachten und stets zu fragen, was für diese Effekte notwendig und hinreichend ist („Begin with the end in mind!").

Die beabsichtigten Effekte sind gleichzeitig *die Erfolgskriterien der MAB*. Zu ihnen können u.a. die Beseitigung von Schwachstellen, der Erhalt und der Ausbau von Stärken, die Beschleunigung strategischer Veränderungen, das ausgewogene Messen des strategischen Fortschritts, ein realitätsgerechtes Nachsteuern von Zielen und Richtungen gehören – oder, wie meist, ein Mix aus allen diesen Zielen. Die Folgeprozesse sollten so gestaltet werden, dass diese Ziele unter möglichst geringem Einsatz von Geld und anderen Ressourcen erreicht werden. Formal ausgedrückt ergibt das den *Bildbereich* des Abbildungssatzes in Abbildung 11.5, also die Satzteile rechts vom Abbildungspfeil.

Der Definitionsbereich des Abbildungssatzes (d.h., die Teile vor dem Pfeil) zeigt insbesondere, dass man bei den Überlegungen zum Design der Folgeprozesse klären

muss, welche Gruppen und Personen die MAB in irgendeiner Weise primär beeinflussen soll, d.h. wo sie zunächst Wirkung entfalten soll („primäre Zielgruppe/Ziel-
person").

Der geplante Einfluss kann eine bestimmte psychologische Modalität betonen. Das
ist folgenreich für die Anlage der gesamten MAB. Beabsichtigt die MAB z.B., das
Commitment der Mitarbeiter zur Firma zu stärken, dann muss sie natürlich in der
Befragung auch die für Commitment relevanten emotionalen Themen ansprechen und
die Einstellungen der Mitarbeiter zu ihnen messen. Ansonsten fehlt die Datenbasis,
mit der man in den Folgeprozessen am Thema Commitment weiterarbeiten kann. Des
Weiteren erscheint es sinnvoll, die Folgeprozesse so aufzusetzen, dass die Mitarbeiter
hierin möglichst aktiv eingebunden werden (z.B. in Workshops oder bei der Planung
von Aktionen), damit durch dieses Involvement Commitment entsteht.

Soll die MAB dagegen eher dazu dienen, die strategischen Messsysteme mit Informationen über die Humanressourcen zu ergänzen, dann zielt sie vor allem auf die
Kognitionen der Zielgruppe Top-Management ab. Die Items, ihre Analyse und die
Präsentation der Ergebnisse sollen dann dazu dienen, diesem Personenkreis ein differenziertes und ausgewogenes Verstehen der Situation der Mitarbeiter und Führungskräfte zu vermitteln. Dabei geht es vor allem um den „Kopf" der Zielpersonen, nicht
um ihren „Bauch".

Weiter ist es für die Anlage der MAB – und hierbei insbesondere für die Folgeprozesse – wichtig zu wissen, bei welcher Person oder Gruppe der Effekt der MAB gemessen werden soll, nämlich bei den primären Zielgruppen oder -personen selbst
oder bei anderen Gruppen/Personen („Effektoren"). So entscheidet das Top-
Management i.d.R. nur über gewisse Schwerpunkte und überlässt die Ausarbeitung
und Ausführung von Maßnahmen dann anderen Gruppen. Ziel der MAB kann es sein,
z.B. durch die Anlage der Präsentation zu erreichen, dass solche Schwerpunkte überhaupt festgelegt werden, weil man sich dadurch z.B. größere Effekte beim Kriterium
„strategische Veränderungen" verspricht.

In der Praxis wird kaum jemand mit einem so differenzierten Zielsystem wie dem
in Abbildung 11.4 arbeiten. Dennoch ist es nützlich, das System einmal genauer zu
studieren. Das kann zumindest Aspekte aufzeigen, die sonst einfach übersehen werden. Die Praxis zeigt jedenfalls, dass die dort vorherrschende intuitive Herangehensweise i.d.R. zu eher diffusen Folgeprozessen führt, bei denen das mechanische Ausrollen von Veranstaltungen und Workshops, nicht die geplanten Effekte und die dazu
erforderlichen Vorbereitungen und Prozesse im Vordergrund stehen.

12 Nichtstandard-Datenanalyse und Präsentationen

Die Folgeprozesse einer MAB beginnen damit, dass die Ergebnisse der Befragung dem Auftraggeber – d.h. im Normalfall: der Geschäftsleitung – präsentiert werden. Hierbei geht es darum, die Daten im Detail und in ihrer Gesamtheit zu interpretieren, ihnen eine Bedeutung zu geben, die durch entsprechende Datenanalysen gut begründet ist und die den Zielen des Unternehmens dient. Eine ideale Präsentation erzählt eine zusammenhängende „Geschichte", die mit zahlreichen Statistiken, Benchmarks und theoretischen Erörterungen einen Spannungsbogen aufbaut, der sich in den Empfehlungen schlüssig auflöst. In diesem Kapitel wird dargestellt, wie man eine solche Präsentation vorbereitet und durchführt. Dabei wird auch auf das typische Verhalten der Zuhörer eingegangen.

12.1 Die Interpretation von MAB-Ergebnissen

Die Konsumenten von MAB-Analysen erwarten vom Experten grundsätzlich mehr als nur ein bloßes Referieren statistischer Ergebnisse, ein Vorlesen von Einzelwerten und Tabellen. Sie erwarten vielmehr kompetente, evtl. sogar „fordernde" Antworten auf Fragen wie: „Ist dieses Ergebnis gut oder schlecht? In welchem Sinn ist es gut oder schlecht? Was lässt sich aus ihm vorhersagen? Zeigt es Handlungsbedarfe oder Handlungschancen auf? Welche Werte zeigen sich in anderen Unternehmen? Welche Werte sind in früheren Umfragen oder Jahren beobachtet worden? Was tun?"

Die Ergebnisse einer MAB sind immer nur *Indikatoren* für den Zustand von Strukturen, die sie erzeugen. Dies ist in Abbildung 12.1 veranschaulicht. Bei der Interpretation der Indikatoren versucht man, ausgehend von den einzelnen Daten intelligente und verlässliche Schlüsse auf das *System der Variablen* zu machen, das ihnen zugrunde liegt. Das geht nur dadurch, dass man die reinen Daten mit verschiedenen Formen von „Vorwissen" abgleicht und auch anreichert. Dabei wird idealerweise ausgetestet, ob und wie sie in bestimmte empirische oder theoretische Muster passen, die man für derartige Strukturen entwickelt hat. Selbst die reine Exploration der Daten führt letztlich zu Interpretationen, die über die Beobachtungen hinausgehen und z.B. zu Bewertungen darüber kommen, ob die Ergebnisse „gut" oder „schlecht" (in einem bestimmten Sinn) sind.

Für die Interpretation von MAB-Daten gibt es prinzipiell vier Hauptzugänge, die sich ergänzen und die möglichst alle gleichzeitig berücksichtigt werden sollten.

1. *Erfahrungshypothesen*: Die Betrachtung der MAB-Ergebnisse aus der Sicht von Vermutungen, die auf Erfahrungen aus dem Arbeitsleben beruht. Grundfragen: „Bestätigen die Ergebnisse diese Erfahrungen?"

2. *Benchmarking*: Der Vergleich der MAB-Ergebnisse mit den Werten aus anderen Firmen, aus früheren MABs oder der Vergleich der Werte verschiedener Gruppen oder Schichten der Mitarbeiter untereinander. Grundfragen: „Sind die Ergebnisse vergleichsweise gut oder schlecht? Haben sie sich verbessert oder verschlechtert?"

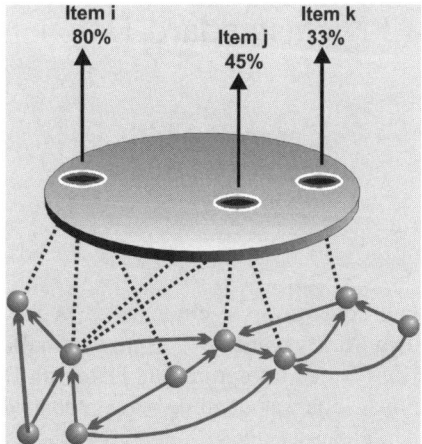

Abbildung 12.1. MAB-Daten als Indikatoren einer zugrundeliegenden Struktur.

3. *Theorie*: Die Einordnung der MAB-Ergebnisse in gut bestätigte und gut verstandene Wenn-Dann-Hypothesen, also z.B. die Deutung der Indikatoren im Rahmen des LZ-Motors. Grundfragen: „Welche Faktoren und welche Zusammenhänge liegen den Ergebnissen zugrunde? Was lässt sich aus ihnen vorhersagen?"

4. *Zielbewertung*: Die Betrachtung der MAB-Ergebnisse aus der Sicht der operativen und strategischen Ziele der Organisation. Grundfragen: „Was bedeuten die Ergebnisse für das Erreichen der Ziele der Organisation? Welche Risiken und welche Chancen sind hier zu erkennen?"

12.2 Erfahrungshypothesen und MAB-Ergebnisse

Von den vier Ansätzen zur Interpretation von MAB-Ergebnissen ist der erste, also der Abgleich von Erfahrungshypothesen an den MAB-Ergebnissen, der gängigste. Viele Führungskräfte vermuten allerdings nicht, sondern „wissen" einfach, dass die Mitarbeiter mit dem Arbeitsaspekt *X* unzufrieden sind oder dass sie ein hohes Commitment zur Firma haben. Ebenso kennt der Betriebsrat „natürlich" seine Leute. Das führt oft dazu, dass aus den MAB-Ergebnissen nur herausgegriffen wird, was das bestätigt, was man ohnehin schon zu wissen glaubt. Befunde, die hierzu im Widerspruch stehen, werden dagegen abgewertet („nebensächlich", „hat kein Gewicht") oder umgedeutet („Die haben das nur gesagt, weil sie damit folgendes erreichen wollen: ...", „Die haben diese Frage anders/falsch verstanden")[131]. Das Hauptproblem hierbei ist, dass diese Herangehensweise keine rationale Verifikationsstrategie von Hypothesen ist, sondern *unbewusst* und oberflächlich-unkritisch i.S. einer eigentlich überflüssigen Bestätigung von Offensichtlichem und Bekanntem erfolgt. Es ist Aufgabe eines un-

---

[131] Dies gilt ganz besonders für „freie Kommentare" (siehe Abschnitt 5.5).

abhängigen MAB-Experten, darauf zu achten, dass die Ergebnisse nicht in dieser Weise missbraucht werden. Allerdings kann auch der MAB-Experte selbst aus seiner Praxis, aus der populären Managementliteratur, aus einer allzu engen Bindung an das Management oder aus anderen Gründen ungetestete, aber gleichwohl fest geformte Vor-Urteile mitbringen und diese dann auf die jeweiligen Ergebnisse projizieren. Er sollte seine Interpretation in der Vorbereitung einer Präsentation daher zumindest einmal einem nicht in das Projekt involvierten Kollegen, der die Rolle des kritischen Wissenschaftlers einnimmt, darlegen. Zudem sollte er selbst immer auch *aktiv* nach möglichen *Gegenargumenten* für seine Interpretationen in den MAB-Daten suchen. Ebenso gilt natürlich für die verschiedenen Adressaten einer Präsentation, dass sie dem MAB-Experten gegenüber eine kritische Distanz beibehalten sollten und sich nicht scheuen sollten, nach genaueren Begründungen und evtl. auch nach alternativen Deutungen für die jeweiligen Interpretationen zu fragen.

12.3 Benchmarking

Benchmarks (Vergleichswerte, Normen) sind der bevorzugte erste Ansatz für die systematische Interpretation von MAB-Ergebnissen. Dabei wird allerdings vielfach übersehen, wie viele Möglichkeiten es gibt, solche Normen zu definieren. Abbildung 12.2 (vereinfacht nach Borg, 2000) zeigt einige ihrer wichtigsten Facetten.

Zunächst gilt es immer zu entscheiden, für welche *Fokalgruppe* ein Benchmarking durchgeführt werden soll: Für die gesamte Organisation, für einen bestimmten Bereich (z.B. die Entwicklung), für eine besondere Organisationseinheit (z.B. eine Niederlassung oder Arbeitsteam) oder für eine Schicht der Organisation (z.B. Frauen, neue Mitarbeiter, Angestellte, Nachtschichtler, Führungskräfte).

Daran schließt sich die Frage an, welche Benchmarks überhaupt zur Verfügung stehen. Ein Beispiel aus der Praxis: „Haben Sie Benchmarks darüber, wie zufrieden mittlere Manager aus der IT-Industrie aus der Region Südostasien mit ihrer Bezahlung sind?" Gefragt wird hier nach einem sehr speziellen *externen* Benchmark[132]. Eine Alternative hierzu sind *interne* Benchmark, insbesondere solche aus *früheren* MABs, die *Rückwärtsvergleiche* ermöglichen. Immer möglich sind natürlich interne *Quervergleiche*, z.B. solche zwischen verschiedenen Organisationseinheiten, zwischen den Mitarbeitern verschiedener Führungsebenen oder zwischen Angestellten und Arbeitern. Eine andere Perspektive bieten *Aufwärtsvergleiche*, bei denen die Fokalgruppe mit den Werten übergeordneter Einheiten verglichen wird, z.B. die Werte des gesamten Unternehmens mit den Werten der Branche, der sie angehört.

Wenn möglich vergleicht man einzelne Items, oft aber auch Indizes oder Indikatoren für einen bestimmten Inhalt. Das kann schon deshalb nötig werden, weil in den Datensätzen keine direkt vergleichbaren Items enthalten sind. Dann bildet man aus einer Gruppe von Items (z.B. den Items zum unmittelbaren Vorgesetzten) einen

---

[132] Er sollte in diesem Praxisfall zeigen, ob die scheinbar hohe Unzufriedenheit der asiatischen Manager in der Firma ABC „normal" ist oder nicht. Die Antwort war: Die Werte in vielen anderen IT-Unternehmen waren ganz ähnlich. Die geringe Zufriedenheit war also normal.

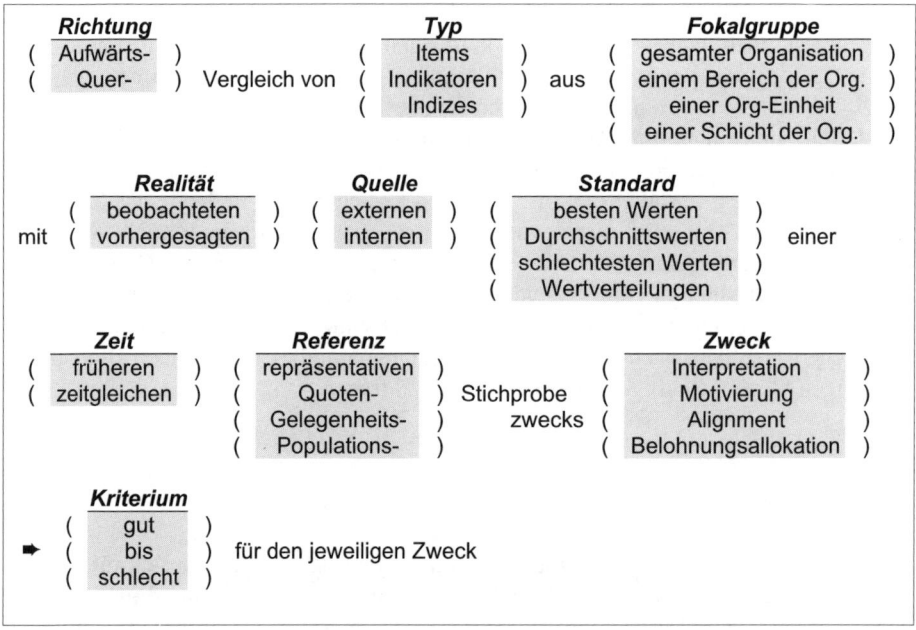

Abbildung 12.2. Abbildungssatz für Formen des Benchmarkings.

Durchschnittswert als Indikator der Vorgesetztenzufriedenheit und vergleicht diesen dann mit einem entsprechenden Aggregatswert der anderen Datenquelle.

Die Auswahl des Vergleichs hängt nicht nur davon ab, welche Benchmarks überhaupt verfügbar sind, sondern auch vom *Zweck* solcher Vergleiche. So kann man z.B. auch den Abgleich der MAB-Ergebnisse mit den vom Management oder vom Betriebsrat *prognostizierten* Werten als Benchmarking verstehen. Dieser Abgleich dient dazu, bei diesen Personengruppen die Offenheit für die MAB-Daten zu erhöhen (siehe Abschnitt 5.13). Aber auch bei Daten, die tatsächlich in einer MAB beobachtet wurden, bestimmt der Zweck, ob man z.B. eher Durchschnittswerte oder Spitzenwerte als Vergleichsnorm verwenden will. Das wird an einem Beispiel aus der Praxis ganz deutlich. In einer Vorpräsentation der MAB-Ergebnisse für den Vorstandsvorsitzenden fragte dieser, ob man die Benchmarkwerte für die Präsentation vor dem Gesamtvorstand nicht so wählen könnte, dass das Unternehmen möglichst schlecht aussieht. Das gäbe ihm die Chance, „auf den Tisch zu hauen" und Aktionen zu verlangen. Derartige Vergleiche an den Besten könnten andererseits aber auch zu Demotivierung oder zumindest zu Abwehrverhalten führen („Unrealistische Vergleiche", „Das bedeutet gar nichts!"). Vergleiche am Durchschnitt führen dagegen nicht selten zu Passivität oder sogar Selbstgefälligkeit („Da sind wir Benchmark!", „Keine Aktivität erforderlich.").

Abbildung 10.6 (siehe S. 246) zeigt ein Beispiel, das typisch ist für eine erste Benchmark-Betrachtung. Verglichen werden hier die *Ja%*-Statistiken der Firma ABC für elf Items zur Arbeitszufriedenheit mit den entsprechenden Durchschnittswerten anderer Unternehmen. Man erkennt, dass die Werte von ABC weitgehend das gleiche Muster aufweisen wie die Vergleichsnormen, sich aber im einzelnen z.T. deutlich von diesen unterscheiden. So ist z.B. die Zufriedenheit mit den Entwicklungsmöglichkeiten bei ABC relativ gering. Ähnliches gilt für die Zufriedenheit mit den höheren Führungskräfte und für die Thematik Information & Kommunikation. Dagegen ist die Zufriedenheit mit der unmittelbaren Führungskraft und mit den Zusatzleistungen relativ hoch.

Diese Vergleichsinformationen sind interessant und nützlich. Sie verhindern ganz naive Interpretationen oder unrealistische Ansprüche[133]. Sie führen aber auch zu Diskussionen. Im Fall der Firma ABC in Abbildung 10.6 ist zu erwarten, dass vor allem die höheren Führungskräfte kritische Fragen stellen werden zu den Vergleichsnormen[134]: „Welche Unternehmen wurden hier befragt? In welcher Branche sind diese tätig? Wie ist ihre wirtschaftliche Situation? Wie groß sind sie? Wann wurden die Daten erhoben?" Vom Experten wird i. Allg. erwartet, dass er aktuelle, branchenspezifische, zuverlässige Vergleichsnormen beschaffen kann. Wenn das nicht möglich ist, bleibt immer noch ein zweiter Weg: Die Verwendung von Vergleichsnormen aus bekannten „Kultfirmen". Diese Vergleichsnormen erfüllen die Forderung des TQM-Ansatzes, sich *mit den Besten* zu vergleichen. In diesem Fall stellen die Vergleichsnormen Zielwerte dar, die aufzeigen, was möglich ist.

Grundsätzlich gilt natürlich, dass jedes Unternehmen immer nur bis zu einem gewissen Grad mit anderen vergleichbar ist. Insofern lässt sich immer trefflich darüber streiten, ob gegebene externe Vergleichsnormen einschlägig sind oder nicht. Man sollte diese Diskussion aber nicht zu puristisch führen. Externe Benchmarks ermöglichen auf jeden Fall einen ersten Einstieg und eine sinnvolle Diskussion darüber, was normal und was gut oder schlecht ist.

Ein schwierigeres Vergleichsproblem entsteht dann, wenn ein Unternehmen Niederlassungen in verschiedenen Ländern hat. Hierfür bräuchte man im Prinzip Vergleichsnormen für jedes dieser Länder. In der Praxis wird meist vermutet, dass es radikale Unterschiede zwischen solchen Ländernormen geben sollte. Abbildung 12.3 (nach Lück, 1997) zeigt aber, dass der Anteil der Personen, die sich als „sehr zufrieden" oder als „zufrieden" mit ihrer Arbeit bezeichnen, in den meisten der hier betrachteten 15 Industrienationen sehr ähnlich (nämlich zwischen 52% und 58%) ist, abgesehen von einigen Ausreißern vor allem am oberen Ende der Verteilung.

Auch bei spezifischeren Meinungen und Einstellungen findet man ähnlich geringe Unterschiede zwischen den Ländern[135]. So zeigt Abbildung 12.4 für 15 Länder den

---

[133] So meint z.B. Martin (1981): „Jede Feststellung oder Frage, auf die die Mitarbeiterantwort zu weniger als 75% positiv ist, wird normalerweise als negativ betrachtet". Ein solch absoluter Maßstab ist jedoch nicht zu rechtfertigen. So ist z.B. ein Zufriedenheitswert von 75% bei „Kollegen" ein Anzeichen für mögliche Konflikte, während 75% Zufriedenheit bei „Führungskräfte" ein außerordentlich guter Wert ist. Gleichzeitig zeigen die Vergleichsnormen auch auf, was erreichbar ist. Die Vorstellung, dass man in jedem beliebigen Bereich „auf 100% Zufriedenheit" kommen könnte, ist unrealistisch.

[134] Diese Fragen sind selbstverständlich legitim. Das Management muss wissen, was von den Benchmarks zu halten ist: Sind sie zuverlässig, valide, relevant? Zeigen sie Handlungsbedarf auf?

[135] Es mag erstaunen, wie ähnlich die Zufriedenheitswerte sind. Vergleicht man die Länder allerdings nicht auf der Grundlage von MABs, sondern von *repräsentativen* Umfragen (z.B. Kaase & Saris, 1997), dann zeigen sich viel deutlichere Unterschiede. Der Grund ist vermutlich, dass MABs nur in

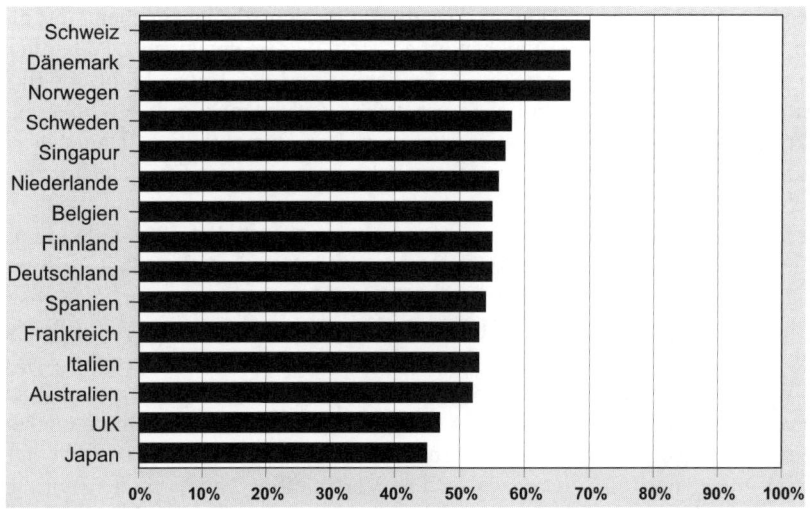

Abbildung 12.3. Allgemeine Arbeitszufriedenheit (*Ja%*-Werte) aus verschiedenen MABs in den 90er Jahren in 15 verschiedenen Ländern.

Anteil der Personen, die positive Einstellungen haben zu einem Bündel von Aspekten des Managements, des direkten Vorgesetzten, der Arbeitsbeziehungen (Kollegen, faire Behandlung usw.), der Mitgestaltung/Mitbestimmung (von Entscheidungen, von der Arbeit selbst) bzw. der Kommunikation (Harding & Radford, 1994)[136]. Die meisten Länder in Abbildung 12.4 entsprechen denen in Abbildung 12.3. Für diese bemerkt man, dass sie bei den Indices und bei der allgemeinen Arbeitszufriedenheit ähnlich geordnet sind. Die Schweiz und die skandinavischen Länder liegen tendenziell in jeder Hinsicht ganz oben, während Großbritannien (UK) durchgängig unten liegt. Interessant ist weiter, dass die Arbeitsbeziehungen in allen Ländern eher positiver bewertet werden als der direkte Vorgesetzte und dieser wiederum positiver als das Management und als Kommunikation.

Sind Schweizer aber wirklich zufriedener als Briten? Oder könnte es sein, dass sich Briten nur zurückhaltender äußern[137] als Schweizer? Oder sind vielleicht die einzelnen Fragen nicht völlig äquivalent übersetzt, d.h. entspricht z.B. ein „satisfied" (für die Briten) einem „zufrieden" (für die Deutschen)? Diese Fragen sind schwer zu

---

relativ ähnlichen, meist recht gut gehenden Unternehmen durchgeführt werden, nicht aber bei Krankenschwestern, Bergleuten, Landwirten, Taxifahrern, Polizisten, Maurern usw.

[136] Diese Vergleichsnormen basieren zwar auf vielen Daten (mehr als 400 Unternehmen mit über 4 Millionen Mitarbeitern!), aber nicht auf Stichproben, die die Personen oder die Unternehmen eines jeden Landes repräsentativ erfassen.

[137] Asiaten scheinen ganz allgemein auf den Antwortskalen eine gewisse Tendenz zur Mitte, zu einem eher unverbindlichen „Teils-teils" zu haben. Südamerikaner scheinen sich dagegen eher „übertrieben positiv" zu äußern, vielleicht weil sie sich weniger zu sagen trauen, dass sie unzufrieden sind (Spector, 1997). Die Effekte sind allerdings nicht sehr groß und bleiben spekulativ, weil sie nicht auf repräsentativen Stichproben beruhen.

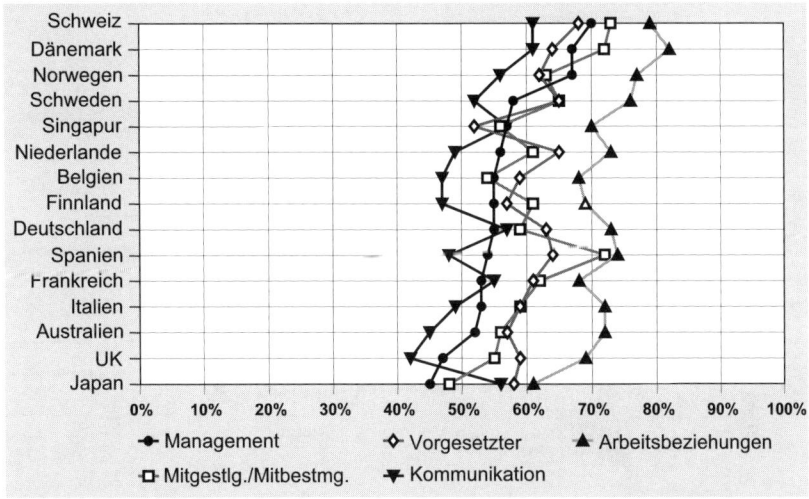

Abbildung 12.4. Prozentsatz positiver Einstellungen zu verschiedenen Arbeitsaspekten in den 90er Jahren in 15 verschiedenen 15 Ländern.

beantworten. Sie legen aber nahe, auch innerhalb der Länder mit Bewertungen, die sich auf Normen z.B. aus anderen Branchen stützen, eher zurückhaltend zu sein. Die aussagekräftigsten Vergleichsnormen sind meist die aus früheren MABs im eigenen Unternehmen. Ebenso interessant und zudem noch aktueller sind interne Vergleiche, also z.B. Vergleiche von Team X mit dem Durchschnitt aller Teams desselben Geschäftsbereichs. Dieser Durchschnitt ist spezifischer als die meist viel zu allgemeinen Industrienormen. Weil in Industrienormen viele Informationsquellen vermischt werden, sind diese Normen zudem wenig prononciert und sehr stabil über die Zeit. Vergleiche innerhalb eines einzigen Unternehmens weisen aus dem gleichen Grund fast immer größere Streubreiten auf als solche zwischen verschiedenen Unternehmen.

12.4 Zur Verwendung von Theorie bei der Dateninterpretation

Die meisten Unternehmen wollen wissen, welche Handlungsempfehlungen sich aus den MAB-Ergebnissen ableiten lassen. Hierfür sind Theorien zum Leistungsmanagement sehr nützlich. Sie müssen nicht sonderlich ausgefeilt sein. Als ein Beispiel hierfür sei die bei Praktikern beliebte Formel für Leistungserbringung (Stewart, 1986) genannt: *Leistung = f(SOME)*, wobei S = Skills (Fähigkeiten, Fertigkeiten, Kenntnisse, Erfahrung, Ausbildung), O = Opportunities (Chancen, Leistung zeigen zu können), M = Motivation (zur Leistung, zur Anstrengung, zu harter Arbeit), E = Environment (Rahmenbedingungen, Atmosphäre, Arbeitsplatzbedingungen). Die Formel hilft dabei, die MAB-Daten systematisch zu betrachten und im Hinblick auf eine Schlüsselfunktion – nämlich Leistung – zu bewerten. Man sucht den Fragebogen zu

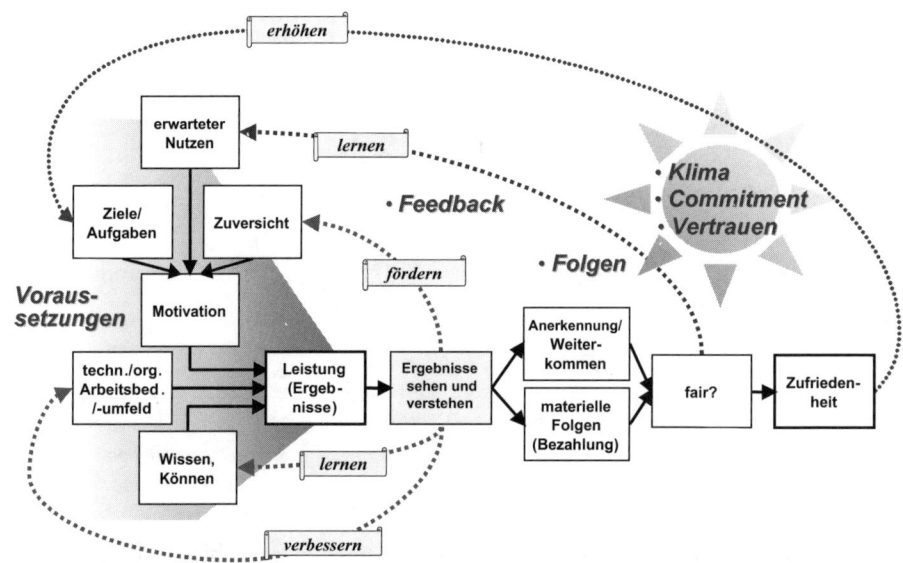

Abbildung 12.5. Kernsystem des LZ-Motors.

nächst ab nach den Items, die etwas über *S, O, M* bzw. *E* aussagen. Diese Items geben Hinweise darauf, wie es um die *SOME*-Kategorien und damit um die Voraussetzungen von Leistung bestellt ist.

Eine viel differenziertere Theorie ist der LZ-Motor (Abbildung 4.2, S. 113). Er bietet zunächst zahlreiche Kategorien (z.B. „Ziele, Aufgaben", „Anerkennung von Leistung", „erwarteter Nutzen von Leistung") an. Sie eignen sich dazu, die Ergebnisse der MAB sinnvoll zu ordnen. Vor allem bringt der LZ-Motor diese Kategorien aber in ein *System kausaler Zusammenhänge*, das es möglich macht, Aussagen darüber zu machen, wie *wichtig* ein bestimmtes Ergebnis ist und warum das so ist.

Man kann den LZ-Motor für eine einfachere Anwendung in der Praxis weiter reduzieren auf seinen Kern – Leistungserbringung: Voraussetzung und Folgen – und die verbleibenden Variablen in den nicht weiter strukturierten Hintergrund „Klima, Commitment, Vertrauen" stellen. Das ist in Abbildung 12.5 gezeigt. Der natürliche erste Ansatzpunkt bei der Interpretation von MAB-Daten ist die Box „Ziele/Aufgaben". Damit der LZ-Motor funktioniert, müssen die Ziele und Aufgaben des einzelnen Mitarbeiters zumindest klar, am besten aber „SMART" (siehe S. 112) sein. Von zentraler Bedeutung für den LZ-Motor ist, dass Leistung vom Leistungserbringer gesehen und kausal richtig attribuiert wird. Hierzu ergeben sich in jeder systematisch angelegten MAB Antworten, z.B. durch Items wie „Mein Vorgesetzter gibt mir gutes Feedback zu meiner Leistung" oder „Ich kann jederzeit selbst beurteilen, wie gut meine Arbeit ist". Man sammelt also die Items und Antworten, die Auskunft geben über die Zustand der Boxen.

Darüber hinaus lassen sich immer auch Informationen über den Zustand der in Abbildung 12.5 mit gepunkteten Linien dargestellten Rückkoppelungsschleifen ableiten. Am einfachsten ist dies zu sehen für die Schleife „verbessern" am unteren Rand des Diagramms. Zu ihr gehören alle Ideen der Mitarbeiter darüber, welche Veränderungen der Rahmenbedingungen die eigene Produktivität erhöhen könnten.

Der LZ-Motor ermöglicht es relativ leicht, die Implikationen der Ergebnisse für das gesamte System von Leistung und Zufriedenheit zu sehen und zu beurteilen. Eine derart theoriegestützte Interpretation von MAB-Ergebnissen trägt offensichtlich weiter als der Vergleich isolierter Zahlenwerte i.S. des Benchmarking, der sich leicht in Kategorisierungen wie „Gut!" oder „Schlecht!" mit anschließendem zusammenhangslosem Maßnahmen-Aktionismus erschöpft.

12.5 Elemente einer zielorientierten Dateninterpretation

Manager sind i.d.R. besonders daran interessiert zu sehen, wie die MAB-Ergebnisse im Hinblick auf ihre operativen und strategischen Ziele zu interpretieren sind. Was besagen die Daten für die Absicht, von *A* nach *B* zu kommen? Bei strategischen Zielen wird diese Frage oft im Kontext einer *SWOT-Analyse*[138] untersucht[139]. Diese betrachtet die gegenwärtigen *Stärken* und *Schwächen* relativ zu den absehbaren *Chancen* und *Risiken*. Chancen und Risiken sind Umstände, die kurz- oder mittelfristig „von außen her" auf das Unternehmen zukommen. Diese Entwicklungen unterliegen nicht der Kontrolle des Unternehmens (z.B. Wechselkursänderungen, Konjunktur, Änderungen im Steuerrecht, neue Märkte). Stärken und Schwächen sind unternehmensinterne Bedingungen (Strukturen, Systeme, Skills usw., aber auch Meinungen, Einstellungen, Konflikte u.ä.), die sich positiv bzw. negativ auf den gegenwärtigen Unternehmenserfolg auswirken. Eine SWOT-Analyse fragt: „Angenommen, die Dinge bleiben so, wie sie sich jetzt darstellen. Ist es dann wahrscheinlich, dass das Unternehmen die Chancen nutzen und die Risiken abwehren kann?"

Strategische Bewertungen sind in der Praxis oft recht schwierig, weil die Strategie nicht explizit ausformuliert vorliegt, sondern nur *intuitiv* verfolgt wird. Da dies zudem verhindert, dass SWOT-Ergebnisse den Mitarbeitern gegenüber nachvollziehbar vermittelt werden können, sollte man in diesem Fall zunächst die strategische Grundfragen per Interviews, Fokusgruppen, Delphi-Prozesse (Häder & Häder, 2000) oder schriftliche Befragung klären: (1) Welche Kunden will das Unternehmen mit welchen Produkten bedienen? Welchen Nutzen sollen diese Produkte für den Kunden bringen? (*Mission*) (2) Wo will das Unternehmen hin? (*Vision*) (3) Welche Theorie hat das Unternehmen dafür, wie die Vision zu erreichen ist? (z.B. durch überragende Quali-

---

[138] Man kann eine SWOT-Analyse als speziellen MAB-Prozess für höhere Führungskräfte durchführen. Für die Identifikation von Stärken und Schwächen wird zunächst eine Befragung mit Items durchgeführt, die nach Einschätzungen wichtiger Themen in Unternehmensdimensionen wie z.B. Markt, Finanzen, Produktion, Personal und Umfeld fragen. Die Chancen und Risiken erhebt man am besten mit halboffenen Items. Die Ergebnisse bilden die Grundlage von SWOT-Workshops. Siehe dazu Borg (1995).

[139] Die SWOT-Perspektive ist nicht der einzige mögliche Ansatz für strategische Interpretationen. Ein völlig anderer Ansatz, der die MAB-Ergebnisse in Kategorien von strategisch orientiertem Verhalten abbildet, wird weiter unten in Abschnitt 12.10 (S. 320) beschrieben.

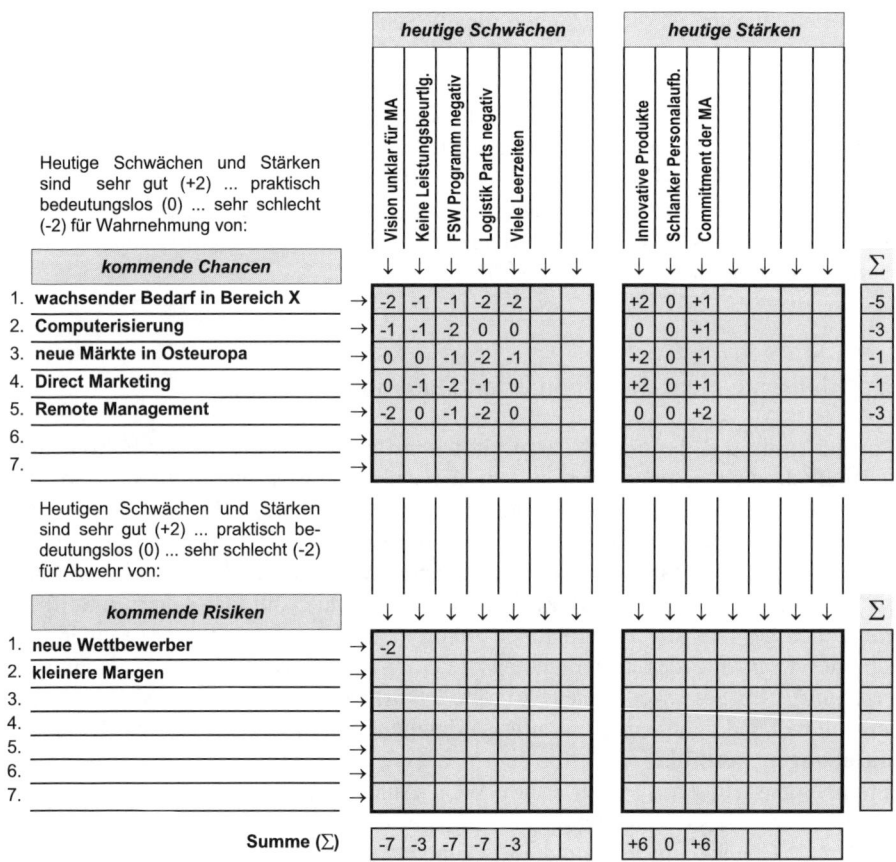

Abbildung 12.6. Ausschnitte aus einer 3SA-Matrix.

tät, durch unternehmerische Einbindung aller Mitarbeiter, durch starke Kundenorientierung) (*Unternehmensphilosophie*) (4) Welche Pläne gibt es für den Weg zur Erreichung der Vision? (*Strategie*)

Zur Durchführung der SWOT-Analyse kann man die 3SA-Methode (Borg, 1995) verwenden. Kernstück hierbei ist eine Matrix wie in Abbildung 12.6 gezeigt. In diese werden zunächst die wichtigsten heutigen Stärken, Schwächen, Chancen und Risiken eingetragen. Anschließend wird jede Stärke/Schwäche dahingehend beurteilt, wie gut oder schlecht sie für die Wahrnehmung der Chancen bzw. die Abwendung der Risiken ist. Die Beurteilung erfolgt durch ein Rating von +2 = „sehr gut“, +1 = „gut“, 0 = „praktisch ohne Bedeutung“, -1 = „schlecht“, -2 = „sehr schlecht“. Die Bedeutung von gut bzw. schlecht ergibt sich als Antwort auf folgende Fragen für die Stärken/Schwächen: Wie stark behindern sie (-) oder fördern (+) sie die Nutzung der sich abzeichnenden Chancen; wie stark vergrößern (-) oder verkleinern (+) sie die Risiken?

Bei manchen Stärken/Schwächen bzw. Chancen/Risiken tritt allerdings das Problem auf, dass eine Chance gleichzeitig ein Risiko darstellen oder dass bestimmte Stärken gleichzeitig Schwächen sind. So kann z.B. sehr großes Commitment zur Firma zu Arroganz führen oder beim Kunden den Eindruck der Arroganz vermitteln. So betrachtet gibt es bei Commitment ein optimales Niveau und es gilt nicht, dass mehr immer auch besser ist. Das Erkennen einer solchen Mischkonstellationen wäre bereits ein nützliches Ergebnis. Es sollte dazu führen, dass das Merkmal in mehrere homogene Teilaspekte aufgelöst wird.

Spalten, deren Summenwerte absolut sehr groß sind, deuten auf Schwächen, die abgebaut werden müssen, oder auf Stärken, die zumindest gehalten werden sollten. Je größer ein solcher Summenwert ist, desto größer ist das positive Potential des jeweiligen Unternehmensaspekt. Bei immer kleineren Summenwerten, insbesondere bei negativen, zeigt sich dann entsprechend das negative Potential (verpasste Chancen, erhöhte Risiken). Die Nebenbedingung heißt jeweils: „Wenn alles so weiterläuft wie bisher". Für Stärken gilt sie selten ohne weitere Anstrengungen, während Schwächen meist dazu neigen, sich noch zu verstärken, wenn nichts gegen sie unternommen wird. Man erkennt hier also Handlungsbedarfe.

Eine Besonderheit sind Spalten, die in der Summe bei Null liegen, dabei aber viel Varianz in den Skalenwerten aufweisen. Hier ist es meist sinnvoll, darüber nachzudenken, ob der Spalteneingang (Stärke oder Schwäche) nicht zu inhomogen ist: Eine Aufteilung in zwei Gesichtspunkte führt i. Allg. zu einer geringeren Varianz.

In Abbildung 12.6 werden fünf Chancen gegen fünf Schwächen und drei Stärken gehalten. „Vision unklar bei Mitarbeitern" wird als „sehr schlecht" (-2) für die Wahrnehmung der Chance „wachsender Bedarf in Bereich X" eingestuft. „Innovative Produkte" werden im Gegensatz dazu als sehr gut für diese Chance eingestuft. Die Chance „wachsender Bedarf in Bereich X" wird sich aber vermutlich trotz der „innovativen Produkte" nicht realisieren lassen, weil sich alle heutigen Schwächen hierauf negativ auswirken. Aus den Spaltensummen erkennt man, dass für die Schwächen „Vision unklar bei Mitarbeitern", „FSW Programm negativ" und „Logistik Parts negativ" Handlungsbedarf besteht. Das gilt ebenso für die Stärken „Innovative Produkte" und „Commitment der Mitarbeiter", die verteidigt werden sollten.

12.6 Auswertung besonderer Fragen

Bei jeder MAB gibt es einige Fragen von besonderem Interesse für die Geschäftsleitung. Diese Fragen lassen sich meist aus den aktuellen operativen und strategischen Prioritäten des Unternehmens ableiten. Steht dieses z.B. unter massivem Kostendruck, dann werden alle Entscheidungen und Aktivitäten von diesem Thema dominiert. Damit stellt sich auch für die MAB-Ergebnisse die Frage, was sie im Hinblick auf die Kostenthematik aussagen und welche Handlungsempfehlungen sie nahe legen.

Manchmal werden bestimmte Fragen aber auch schon vor der MAB explizit von der GL gestellt. Diese sind dann i.d.R. Teil der Gründe für die Durchführung der

MAB. Ein Beispiel aus der Praxis ist eine Firma, die Probleme hatte, ihre hochqualifizierten Mitarbeiter zu halten. Die MAB sollte zeigen, wie groß die Abwanderungsneigung bei den Mitarbeitern ist, welche Gruppen besonders gefährdet sind und welche Gründe dafür maßgeblich sind. In einem zweiten Beispiel aus der Praxis interessierte die GL vor allem, wie der relativ hohe Krankenstand dieser Firma zu erklären ist und welche Hinweise die MAB dafür gibt, wie man ihn senken kann.

Fragen dieser Art haben einen hohen Stellenwert. Sie müssen besonders sorgfältig analysiert werden. Dazu muss man zunächst festlegen, welche Variablen aus der MAB als *abhängige Variablen* (AV) betrachtet werden sollen bzw. welche Variablen aus anderen Datenquellen als der MAB die Rolle von AV's übernehmen können. Im ersten Fall spricht man von *internen* AV's, im zweiten *externen* AV's.

Im Beispiel der erhöhten Fluktuationsneigung könnte man z.B. das typische MAB-Item „Ich habe vor, das Unternehmen in den kommenden 12 Monaten zu verlassen" verwenden. Man kann auch einen Index aus mehreren Variablen bilden, die alle irgendwie die Abwanderungsneigung oder, umgekehrt, das Commitment zur Organisation messen. Für das Thema Krankenstand muss man dagegen zunächst Statistiken für die Fehlzeiten möglichst vieler verschiedener Teilgruppen der Firma aus anderen[140] Quellen (z.B. dem Controlling) beschaffen, bevor man sie mit den entsprechenden MAB-Ergebnissen für diese Teilgruppen zu erklären versucht.

Analyse MAB-interner AV's

Bei der Analyse interner AV's werden i.d.R. (1.) zunächst die Ergebnisse der AV selbst statistisch beschrieben und gegen entsprechende Benchmarks gehalten. Dabei ist der natürliche erste Schritt, die AV in Bezug auf verschiedene Organisationseinheiten herunterzubrechen. Abbildung 12.7 demonstriert dies mit einem Beispiel. Gezeigt sind hier die Prozentanteile der Mitarbeiter der Niederlassungen eines weltweit tätigen Unternehmens, die in 2002 dem Item „Ich plane ernsthaft, das Unternehmen in den nächsten 12 Monaten zu verlassen" am stärksten zugestimmt (*Ja%*) haben (linkes weißes Feld). Als Benchmarks sind die entsprechenden Werte aus einer MAB im Jahr 2000 (Linienzüge) verwendet. Zusätzlich sind im grauen Teil (rechts im Diagramm) zum Vergleich die Werte von vier Geschäftsbereichen in Deutschland gezeigt. Man erkennt, dass die Fluktuationsneigung in den Niederlassungen sehr verschieden ist: In einigen Ländern ist sie sehr hoch, in anderen relativ gering. Zudem sieht man, dass sie sich gegenüber dem Jahr 2000 verschieden entwickelt hat: Während sie z.B. in den europäischen Ländern durchwegs gesunken ist, ist sie in ostasiatischen Ländern eher angestiegen.

Zusätzlich kann man (2.) die AV in Bezug auf weitere demographische Variablen wie Funktionsbereich, hierarchische Ebene, Dauer der Betriebszugehörigkeit usw.

---

[140] In amerikanischen Umfragen erhebt man vielfach den Absentismus per Selbstauskunft der Teilnehmer mit Items wie: „Wie viele Tage haben Sie [in Zeitraum *X*/seit Zeitpunkt *Y*] wegen Krankheit gefehlt?" (Johns, 1994). Das hat den Vorteil, dass man so Fehlzeiten und Einstellungen auf der Ebene des Individuums – und nicht nur für Gruppen – analysieren kann. Allerdings ist eine solche Bitte um Selbstauskunft heikel in einer MAB. Selbst in akademischen Umfragen sind selbstberichtete Fehlzeiten (daher?) objektiv stets zu gering, was allerdings für korrelative Studien i. Allg. nicht nachteilig ist.

herunterbrechen, um sich so ein differenzierteres Bild von der AV bei verschiedenen Gruppen der Organisation zu machen.

Bei einem Vergleich solcher Gruppen ist aber Vorsicht geboten. Er führt in der Praxis leicht zu der voreiligen Interpretation, dass das jeweilige demographische Unterscheidungsmerkmal der *Grund* für psychologische Unterschiede ist („kausale Deutung"). Nehmen wir z.B. den typischen MAB-Befund, dass Frauen zufriedener sind als Männer. Man ist leicht geneigt, hierfür sogleich eine Erklärung zu geben[141]. Berücksichtigt man allerdings weitere Variablen, vergleicht man insbesondere Frauen und Männer in ähnlichen Jobs, dann verschwindet dieser Unterschied. Der Frauen-Männer-Unterschied ist also eine *Scheinkorrelation.* Der methodisch versierte Datenanalytiker fragt daher immer, ob der *Effekt* der jeweiligen demographischen Variablen auf die AV (d.h. der beobachtete Unterschied der verschiedenen demographischen Gruppen) bei Berücksichtigung von *zusätzlichen* Variablen (*Drittvariablen*) unverändert bleibt oder nicht (z.B. dann, wenn man jeweils nur Frauen und Männern mit ähnlicher Arbeitstätigkeit oder aus denselben Org-Einheiten vergleicht). Ist dies nicht der Fall, dann kann man die AV nicht als Verursacher dieses Effekts deuten.

In der weiteren Analyse wird dann (3.) der Zusammenhang der AV mit den anderen inhaltlichen Items der MAB geprüft. Man korreliert dazu die AV mit allen oder den Items, die theoretisch Sinn machen. Gute erste Kandidaten für viele Themen sind immer die Alles-in-allem-Zufriedenheitsitems. Sie geben erste Hinweise darauf, welche Themen die AV „treiben" könnten.

Ein vierter Schritt (4.) untersucht die Zusammenhänge einer (oder mehrerer) AV's mit anderen Items nicht *paarweise* – also: Item für Item oder „bivariat" – , sondern für alle diese Items *gleichzeitig* („multivariat"). Darauf wird weiter unten eingegangen.

Besondere Fragen und ihr Zusammenhang mit „harten" Außenvariablen

U.U. kann man die MAB-Ergebnisse auch mit Variablen verknüpfen, die außerhalb der MAB erhoben wurden (sog. *Linkage*-Forschung). Beispiele hierfür wären Kundenzufriedenheitsindices oder betriebswirtschaftliche Produktivitätskennzahlen. Wegen der Anonymität der Befragten in einer MAB kann eine solche Verknüpfung allerdings *nur für Gruppen* erfolgen. Hierzu ein Beispiel aus der Praxis. In einem Produktionsbetrieb wurden die Krankheitsraten von 118 Gruppen mit den durchschnittlichen Antwortwerten dieser Gruppen für alle Einstellungsitems korreliert. Gefragt wurde also, ob und ggf. wie die „soft factors" Einstellungen mit dem „hard factor" Krankheitsrate zusammenhängen. Dabei ergab sich eine Korrelation der Krankheitsraten mit der allgemeinen Arbeitszufriedenheit von $r = -0,41$ und sogar von $r = -0,51$ mit der Zufriedenheit mit der Arbeitstätigkeit (Nguyen, 2002). Es gilt

---

[141] Z.B. folgende plausibel klingende, aber nichtsdestoweniger „frei erfundene" und durch Nichts bestätigte Hypothese: „Frauen setzen sich nicht so hohe Ziele; daher fallen bei gleichen Ist-Zuständen die Differenzen von Soll und Ist für sie kleiner aus; sind sie daher zufriedener." Antoni (1999) hat jedoch gezeigt, dass Frauen in *repräsentativen* Umfragen zur Arbeitszufriedenheit nicht zufriedener sind als Männer. Die höhere Arbeitszufriedenheit von Frauen in vielen MABs scheint eher daher zu kommen, dass sie dort nicht „am Band", sondern „im Büro" arbeiten.

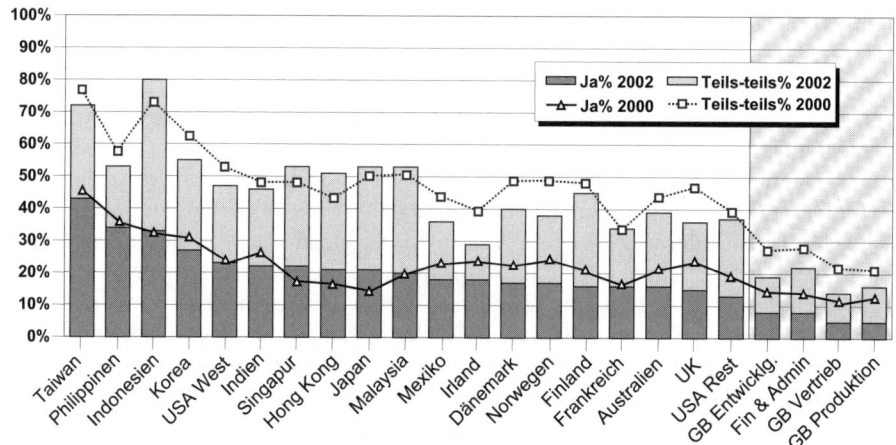

Abbildung 12.7. Fluktuationsneigung in der Firma ABC in 2002 und in 2000.

also: Je unzufriedener die Mitarbeiter sind, je weniger Spaß ihnen die Arbeit selbst macht, desto häufiger sind sie krank. Der Zusammenhang ist nicht perfekt, aber doch erstaunlich deutlich.

Bevor man nun aber gleich versucht an der „Zufriedenheitsschraube" zu drehen, bevor man also diese Korrelationen gleich kausal interpretiert, sollte man zumindest prüfen, ob und ggf. wie sich andere Variablen auf diese Beziehung auswirken. Im obigen Beispiel findet man, dass der Zusammenhang von Zufriedenheit und Krankheitsrate vor allem für die Personen gilt, die ein eher geringes Commitment zur Firma haben. Personen mit hohem Commitment sind dagegen weniger häufig krank, egal ob sie zufrieden oder weniger zufrieden sind[142].

Besondere Fragen und Strukturanalysen

Ein fortgeschrittenes Thema der Datenanalyse ist die Klärung von Zusammenhängen nicht nur von jeweils zwei Variablen (wie bei Korrelationen oder bei einfachen Quervergleichen), sondern von ganzen Batterien von Items gleichzeitig. Das obige Beispiel zeigt, dass die Berechnung von Korrelationen der Krankheitsrate mit ganzen Serien einzelner Items zu unübersichtlichen Zahlenbergen, ja sogar zu einem gewissen Zahlenbrei und zu Fehlinterpretationen führen kann, weil nicht berücksichtigt wird, wie diese Items selbst wieder untereinander zusammenhängen, welche *Struktur* sie also haben.

Analysen, die mehr als nur jeweils eine oder zwei Variablen berücksichtigen, nennt man *multivariat*. Sie erfordern besondere Expertise, die man für eine MAB ggf.

---

[142] Insofern sollte hier der Fokus bei möglichen Folgemaßnahmen eher auf Commitment gelegt werden als auf Zufriedenheit mit der Arbeitstätigkeit. Anderseits ist möglich, dass durch eine Aktion zur Verbesserung der Arbeitstätigkeit, die in kooperativem Stil geplant und umgesetzt wird, auch das Commitment zur Firma positiv beeinflusst wird.

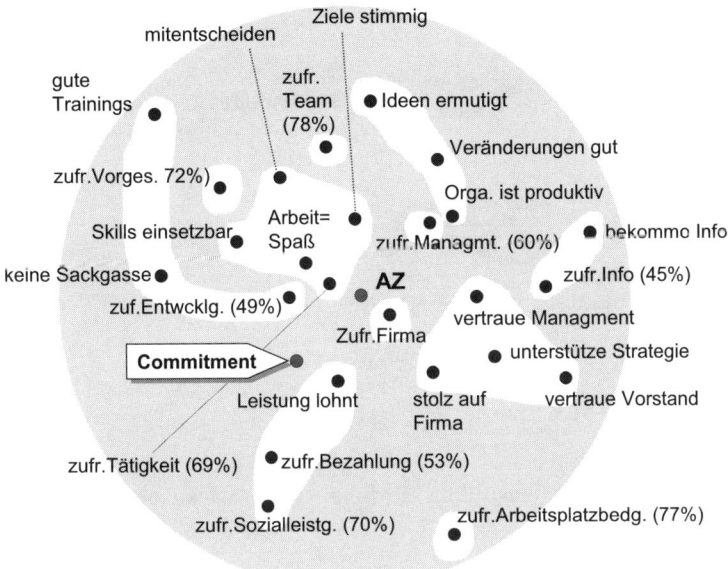

Abbildung 12.8. MDS-Struktur für einige Items einer MAB.

extern einkaufen sollte. Von den vielen statistischen Verfahren aus diesem Bereich eignen sich allerdings viele nur für Hintergrundanalysen, nicht für Präsentationszwecke. Einige wenige Methoden sind jedoch leicht zu verstehen. Dazu gehört insbesondere die *multidimensionale Skalierung* (MDS; Borg & Groenen, 1997)[143]. Wir erklären sie mit dem Praxisbeispiel zur Fluktuationsneigung, die hier (invers) gemessen wird über das organisatorische Commitment (=AV), einem Index aus verschiedenen Items. Die AV zeigt an, wie stark sich der Mitarbeiter dem Unternehmen verbunden fühlt, wie sehr er im Unternehmen bleiben möchte. Der Zusammenhang dieser AV mit 25 Items der MAB und einem Index zur „allgemeinen Arbeitszufriedenheit" (AZ) soll nun untersucht werden. Dazu werden zunächst die Korrelationen aller 27 Variablen (25 Items und 2 Indices) untereinander berechnet. Das ergibt 351 Korrelationskoeffizienten – offensichtlich zu viele, um da noch die Übersicht zu behalten.

Diese Übersicht schafft die MDS. Sie stellt jede Variable dar als Punkt in einer Ebene (Abbildung 12.8) derart, dass der Abstand von je zwei Punkten der Korrelation der Variablen entspricht (so weit wie möglich[144]). Zwei Punkte liegen also um so nä-

---

[143] Gut geeignet können auch Strukturgleichungsmodelle sein. Ein Beispiel hierfür aus dem MAB-Kontext findet sich in Borg & Staufenbiel (1997, Kapitel 7). Sie erfordern aber noch mehr statistische Expertise und können leicht zu unbegründeten kausalen Deutungen führen.

[144] Es ist nicht immer möglich, die Korrelationen von 27 Variablen untereinander auch nur annähernd genau durch Punktabstände in einer Ebene darzustellen. Oft braucht man dafür höher-dimensionale Räume. Warum? Nehmen Sie z.B. 5 Punkte, die untereinander alle den gleichen Abstand haben. Das führt zu einer Pyramide, erfordert also bereits einen dreidimensionalen Raum. Besonders hochdimensionale Räume braucht man für reine Zufallszahlen: Die Tatsache, dass man in Abbildung 11.8

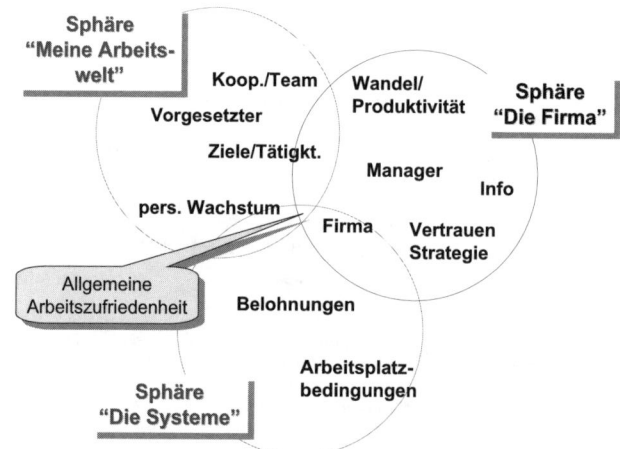

Abbildung 12.9. Metastruktur der Inhaltsgebiete aus Abbildung 12.8.

her zusammen, je höher die Variablen, die sie repräsentieren, korrelieren. Anders ausgedrückt: Der Abstand der Punkte gibt Auskunft darüber, wie gut sich eine Variable aus Kenntnis einer anderen statistisch vorhersagen oder erklären lässt[145].

Man kann sich nun auf jeden Punkt der *psychologischen Landkarte* in Abbildung 12.8 setzen und fragen, welche Nachbarn dieser Punkt hat und welche Punkte weit von ihm entfernt liegen. Besonders interessiert uns hier der Punkt „Commitment". Man erkennt, dass sich Commitment am besten erklären lässt aus „Leistung lohnt", „Zufrieden mit Entwicklung" und „Zufrieden mit Tätigkeit". Weniger stark korreliert Commitment dagegen z.B. damit, ob der Mitarbeiter meint, Informationen zu bekommen oder nicht zu bekommen, oder damit, wie zufrieden er mit seinen Arbeitsplatzbedingungen ist. Diese Variablen liegen „weit entfernt" von Commitment, haben damit also wenig zu tun.

Zu beachten ist bei der MDS, dass sie nur die *Zusammenhänge* der Variablen zeigt: Wenn hier zwei Items nahe zusammenliegen, dann kann man daraus entnehmen, dass Personen, die X positiv bewerten auch Y *relativ* positiv bewerten. Dabei kann aber X durchaus viel positiver bewertet werden als Y. Die Mittelwerte oder die *Ja%*-Werte von X und Y können sich also beträchtlich unterscheiden. Die MDS zeigt nur, ob der *Trend* der Beurteilungen ähnlich ist. So ist z.B. hier die Zufriedenheit mit der Bezahlung nur 53%, die Zufriedenheit mit den Sozialleistungen aber 70% (entsprechend gekennzeichnet in Abbildung 12.8). Die Itempunkte sind trotzdem eng

---

mit nur zwei Dimensionen auskommt, zeigt also auch, dass diese Daten eine bemerkenswerte Systematik haben. Die Mitarbeiter können also die MAB-Items keinesfalls nur zufällig angekreuzt haben!

[145] Das ist hier deshalb so einfach, weil alle Korrelationen entweder positiv sind oder nur gering von Null abweichen. Jedes Item korreliert also mit jedem anderen entweder „überhaupt nicht" oder aber positiv. Das ist der Normalfall in einer MAB, weil alles von einer Art Grundstimmung überstrahlt wird (siehe dazu Abschnitt 5.3).

benachbart, weil Personen, die relativ zufrieden mit der Bezahlung sind, auch relativ zufrieden mit den Sozialleistungen sind, und umgekehrt.

Die MDS-Konfiguration in Abbildung 12.8 ist zusätzlich dadurch strukturiert, dass inhaltlich Zusammengehöriges in entsprechende *Gebiete* sortiert ist (Unterlegung mit weißen „Flecken"). Diese Gebiete entstehen durch logische, inhaltliche und semantische Überlegungen, aber auch aus der Struktur der Daten selbst. So macht erst die MDS deutlich, wie eng zusammen in diesem Unternehmen Items wie „Vertrauen in das Management" und „Stolz auf die Firma" liegen! Mitarbeiter, die relativ hohes Vertrauen haben, sind also auch stolz auf die Firma, und umgekehrt.

Zudem sieht man, welche Beziehung diese Gebiete untereinander haben, wie die Mitarbeiter also die Dinge (implizit, d.h. in ihrem Antwortverhalten) strukturieren. Diese Struktur lässt sich noch weiter vereinfachen zu Abbildung 12.9. Sie zeigt drei „Sphären", in die die Mitarbeiter dieser Firma ihre Meinungen und Einstellungen gruppieren. (In einer anderen Firma kann sich natürlich ein anderes Bild ergeben.) Die Metastruktur hat in diesem Praxisfall geholfen, die doch recht komplexen Zusammenhänge allgemein zu transportieren. Zudem deutet sie darauf hin, dass sich die Sphäre „Meine Arbeitswelt" um den Vorgesetzten, die Sphäre „Firma" um die Manager „dreht". Diese Personen sind hier jeweils die Treiber. Allgemeine Arbeitszufriedenheit (AZ) liegt im Zentrum oder in der Schnittmenge dieser Sphären. AZ hängt also von der Zufriedenheit mit jeder dieser Sphären gleichermaßen ab.

Eine MDS-Darstellung enthält – wie man hier erkennt – eine Vielzahl von Informationen, die durch die grafische Darstellung leicht verständlich werden. Sie lädt ein zu weiterer Exploration und Diskussion[146].

12.7 Auswertungen und Unterlagen für Präsentationen

Die Präsentation der MAB-Ergebnisse an die Geschäftsleitung – oder an andere Gruppen wie z.B. den Betriebsrat – erfordert die Ausarbeitung entsprechender Unterlagen zusätzlich zu den Standardberichten aus Kapitel 9.

Restrukturierung der Items in Managementkategorien

Die besonderen Anforderungen einer Präsentation beginnen bei der Sortierung der Items. Die Itemblöcke des Fragebogens basieren meist auf Faktoren, die die Arbeitszufriedenheits- und Arbeitswerteforschung empirisch ermittelt hat (MOW, 1987; Neuberger & Allerbeck, 1978). Diese Strukturierung entspricht aber nur teilweise den Denkkategorien der Manager: Das merkt man daran, dass bei einer Blockung der Items wie im Fragebogen immer wieder Rückfragen gestellt werden, was denn das alles bedeute für das Management von Produktivität, Qualität, Kundenorientierung usw., was man daraus für TQM-Programme folgern müsse, von welcher Veränderungsbereitschaft der Mitarbeiter man ausgehen müsse usw. Das Management ver-

---

[146] Zur Erstellung einer MDS siehe Borg (2001). Eine einfache Einführung ist auch Borg & Staufenbiel (1997). Umfassend und gründlich wird die MDS entwickelt in Borg & Groenen (1997).

sucht mit solchen Rückfragen die MAB-Ergebnisse aus den Kategorien der Mitarbeiter in ihre Arbeitskategorien – nämlich: „Business" – zu übersetzten.

Der MAB-Experte sollte diese Übersetzungsarbeit – so weit das möglich ist – vorab leisten. Obwohl es hierfür keinen Standardkatalog sinnvoller Kategorien gibt, ist diese Klassifikation der Themen nicht sonderlich schwer. Sie orientiert sich an den jeweils gängigen Denk- und Sprachmustern des Managements mit Begriffen wie z.B. Effizienz/Effektivität/Produktivität, Kosten, Kunden, Qualität, Innovation, Führung und Leadership, Firmenwerte, Unternehmenskultur, Kommunikation, Zusammenarbeit, Lernen und Innovation, Leistung und ihre Folgen, Veränderungsmanagement und Strategie. Kategorien wie diese sind zwar nicht sehr trennscharf, aber begriffliche Überlappungen sind auch in der Alltagssprache normal. Im übrigen sind die meisten Items ebenfalls facettenreich und somit multipel klassifizierbar.

Der Experte kann das Kategoriensystem auf der Grundlage seiner Vorgespräche mit Managern oder aus der Positionierung der MAB und ihren expliziten Zielen heraus aufstellen, aber auch aus seiner allgemeinen Erfahrung im Umgang mit Managern. Nützlich ist dabei auch die Verwendung einer Leistungs-Zufriedenheitstheorie wie dem in Abbildung 12.5 gezeigten LZ-Motor.

Die Zuordnung von Items zu Kategorien dieser Art ist i.d.R. recht leicht, vorausgesetzt man besteht nicht darauf, dass sie immer eindeutig ist. Ein Item wie „Bei uns werden viele Dinge doppelt gemacht" lässt sich z.B. den Kategorien „Produktivität", aber auch „Führung" oder beiden Kategorien zuordnen. Zudem sollten in der Präsentation für das obere Management auch nicht alle Items dargestellt werden, sondern nur die, die für die besonderen Interessen dieser Zielgruppe und für die Konstruktion eines Gesamtbildes sinnvoll sind. Manche der Items (Platzierungsitems, Aktionsitems) haben ohnehin nur besondere Aufgaben im MAB-Prozess.

Ein weiterer Gesichtspunkt bei der Itemklassifikation ist der, dass die Präsentation einfach bleiben muss. Das heißt, dass jede Kategorie mit höchstens ca. 7 Items identifiziert werden sollte und nicht jedes Item, das irgend etwas mit dieser Kategorie zu tun hat, aufgeführt wird. Durch diese Beschränkung wird zudem die Mehrfachklassifikation von Items reduziert.

Ausrichtung auf das Medium

Präsentationen unterscheiden sich von Berichten auch darin, dass sie auf ein besonderes Kommunikationsmedium, nämlich Overhead- oder Beamer-Projektion, ausgerichtet sind. Sie erfordern daher die Erstellung entsprechender Folien mit wenig Text (nur Stichworte), mit guter Visualisierung, mit einer Auswahl der wichtigsten Informationen usw. (Seifert, 1994). Die Zuhörer sollen nicht mit Informationen überlastet werden, sondern nur das für sie *als Gruppe* Wichtige hören. Unerfahrene Darsteller von MAB-Ergebnissen können oft dem Impuls nicht widerstehen, allerlei „interessante", aber letztlich für die jeweilige Gruppe nicht sonderlich wichtige Informationen zu berichten[147]. Andere Quellen der Informationsüberflutung sind weniger offensicht-

---

[147] Beispiele hierfür sind Items, die nur die Personalabteilung interessieren oder Angaben darüber, welche Organisationseinheit bei jedem Item die „besten", welche die „schlechtesten" Ergebnisse hat. Der unerfahrene Berichterstatter sieht die Dinge oft zu wenig aus der Sicht der Manager, auf deren

Tabelle 12.1. Prototypischer Aufbau einer MAB-Präsentation.

1	**Einleitung**
1.1	Ziele der MAB, Übersicht zu Phasen, Schritten und Meilensteinen: Wo stehen wir heute; wie geht es weiter?
1.2	Teilnahmequoten
1.3	Der Fragebogen: Wie wurde gefragt? (zur Erinnerung). Statistiken: Wie werden die Antworten dargestellt? (*Ja%* usw.)
2	**Ergebnisse**
2.1	Dimensionen der Zufriedenheit: Unternehmen allgemein, externe und evtl. interne Benchmarks, Ergebnisse vs. Prognosen, Unterschiede zwischen den verschiedenen großen Gruppen/Schichten des Unternehmens
2.2	Zufriedenheit und Leistung: Voraussetzungen von Leistung, Feedback zur Leistung, Folgen von Leistung, Klima und Bindung
2.3	Produktivitätspotentiale
2.4	Aktuelle und spezielle Themen, Fragen an Führungskräfte
3	**Abschluß**
3.1	Empfehlungen 1: Globale/übergreifende Handlungsfelder
3.2	Empfehlungen 2: Nächste Schritte, weiterer Prozess

lich. Sie liegen zum einen in einer vermeintlich schönen, aber überkomplexen Formatierung (ein Mix verschiedener Druckfonts, überflüssige Schattierungen, bunte Farben aller Art, Verwendung von „Design"-Hintergründen, Einbringung unzähliger Clip-Arts, viele Einrahmungen und Unterstreichungen, unruhige Animierungen, usw.), zum anderen in irrelevantem Schnickschnack bei den Grafiken (z.B. 3D-Balken statt flächiger Balken) (Wilkinson, 1990). Hier ist weniger fast immer mehr.

Gliederung und Einleitung

Eine MAB-Präsentation kann nach den verschiedensten Gesichtspunkten aufgebaut werden. Man kann sich dabei aber an bewährten Modellen wie dem in Tabelle 12.1 gezeigten einfachen Prototyp orientieren.

Die Präsentation beginnt damit, die Ziele der MAB in Erinnerung zu rufen. Danach stellt man dar, wo sich der MAB-Prozess jetzt befindet, was schon gelaufen ist und welche Schritte als nächstes folgen. Dazu eignet sich z.B. eine Darstellung wie in Abbildung 3.2 oder wie in Abbildung 1.1 (wenn die letztere noch mit konkreten Terminen annotiert wird). Ziel ist es, der Geschäftsleitung in Erinnerung zu rufen, welche Aufgabe sie jetzt hat, welche Termine vereinbart sind und welche Konsequenzen ihre Entscheidungen für den weiteren MAB-Prozess haben.

Dann geht man zur Befragung selbst über, beginnend mit einigen Aussagen zur allgemeinen Beteiligungsquote und zur Beteiligung wichtiger Teilgruppen (z.B. Geschäftsbereiche, hierarchische Ebenen). Danach folgt eine kurze Erinnerung daran, wie der Fragebogen und seine Items konstruiert waren. Am einfachsten zeigt man die Kopie eines Itemblocks aus dem Fragebogen per Overhead und erläutert daran das

Agenda die MAB nur eines von vielen Themen ist. Für den Berichterstatter, der sich oft wochenlang mit der MAB und ihrer Auswertung beschäftigt hat, ist die MAB natürlich immer das Thema Nr. 1.

Likert-Format, die Itemabfolge usw. Bei einer Papier-und-Bleistift-Befragung sollte man zusätzlich Kopien des Fragebogens selbst verteilen.

Am obigen Demo-Itemblock kann man darüber hinaus aufzeigen, wie die Antworten der Befragten statistisch ausgewertet wurden (*Ja%*-Werte, „Teils-teils"-Antworten, evtl. Mittelwerte usw.). Hier hat es sich in der Praxis als wichtig erwiesen, darauf zu achten, dass die Bedeutung der „Teils-teils"-Antworten als Ausdruck ambivalenter Meinungen oder Einstellungen klar wird (siehe dazu S. 126f.).

Dimensionen der Zufriedenheit

Bei der Präsentation der inhaltlichen Ergebnisse beginnt man am besten mit den „Alles-in-allem"-Zufriedenheitsitems. Das ermöglicht den Zuhörern, sich zunächst ein Bild von der Stimmung in der Organisation zu machen. Einen guten Einstieg hierfür bietet ein Chart wie das in Abbildung 10.6 gezeigte, das sich in elektronischen Präsentationen auch animieren, also Schritt für Schritt aufbauen lässt. Falls interne Vergleichsnormen (z.B. aus früheren MABs) vorliegen, empfiehlt es sich, auch diese in einem ähnlichen Chart zusammen mit den aktuellen Ergebnissen zu zeigen.

An dieser Stelle ist es sinnvoll, als weiteren Benchmarkwert die Prognosen der Zuhörergruppe zu den Zufriedenheitsfragen zu zeigen und daran anschließend gleich noch einige besonders auffällige Beispiele für Diskrepanzen von Prognosen und Ergebnissen. Hier genügt eine knappe Darstellung als Feedback. Zweck dieser Prognosen ist es nicht, den Zuhörern Fehler und Falscheinschätzungen nachzuweisen, sondern ihre Aufmerksamkeit für die MAB-Daten zu erhöhen. Hillenbrand (2002) hat experimentell nachgewiesen, dass Prognosen dazu führen, dass die Zuhörer die Ergebnisse interessanter, informativer und weniger offensichtlich finden als Personen, die keine Prognosen zu sehen bekommen, egal, ob diese Prognosen von ihnen selbst oder von anderen abgegeben wurden. Eigene Prognosen führen zusätzlich dazu, dass die MAB-Ergebnisse besser in Erinnerung bleiben.

Nach diesen allgemeinen Befunden sollte man aufzeigen, wie sich die Zufriedenheitswerte für verschiedene wichtige Gruppen und Schichten der Organisation unterscheiden. Die dabei interessanteste Schichtung ist i.d.R. eine nach den Hierarchiestufen. Abbildung 12.10 zeigt dazu ganz oben den Normalfall: Die Führungskräfte der obersten Hierarchieebene sind mit allen Arbeitsaspekten am zufriedensten; von diesen fallen dann die Zufriedenheitswerte mit jeder Ebene nach unten hin *monoton gestuft wie auf einer Treppe* ab; am wenigsten zufrieden sind die Nicht-Führungskräfte. Kennt man diesen *Normalfall*, dann sieht man sofort, dass sowohl das mittlere wie das untere Diagramm in Abbildung 12.10 *Sonderfälle* darstellen. Im mittleren sieht man eine auffällige Lücke zwischen den oberen Führungskräften und dem Rest der Belegschaft, einschließlich der unteren Führungsebenen. (Dieser Befund gab Anlass für heftige Diskussionen und entsprechende Aktionen in dieser Firma.) Im unteren Chart sieht man dagegen, dass die Mitarbeiter dieser sehr flachen Organisation (nur 3 Ebenen) zwar die normalen Abstufungen in ihrer Zufriedenheit aufweisen, dass die Unterschiede aber vergleichsweise klein sind. Das wurde in dieser Firma – deren Zufriedenheitswerte überhaupt sehr hoch sind – als Erfolg einer bewussten Strategie interpretiert, keine allzu großen Lücken zwischen „oben" und „unten" entstehen zu

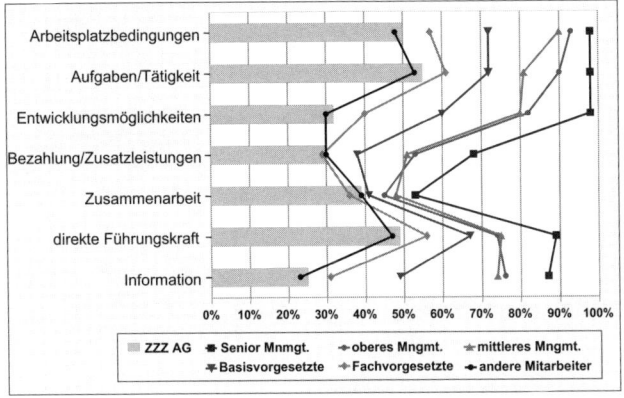

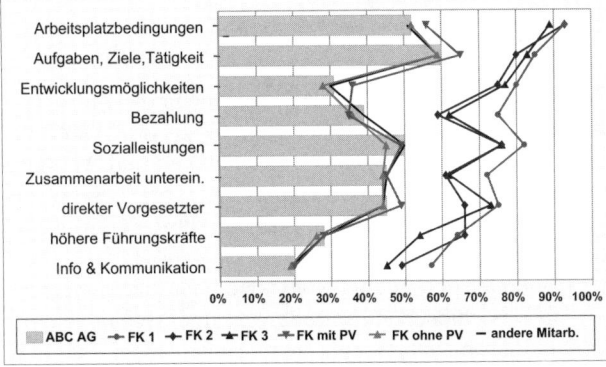

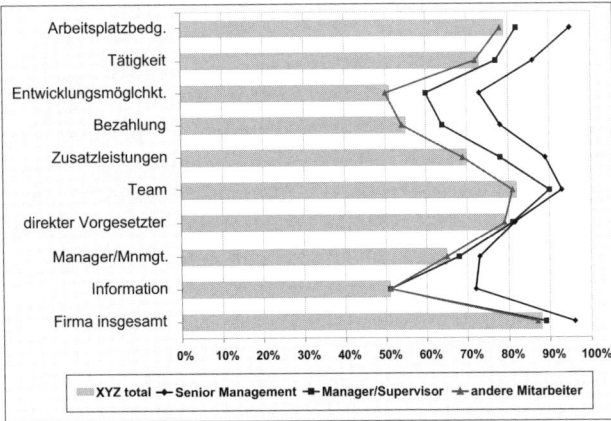

Abbildung 12.10. Zufriedenheitswerte (*Ja%*) für verschiedene Dimensionen bei Mitarbeitern verschiedener Hierarchiestufen in drei Firmen.

lassen. Im Gegensatz dazu sieht man in den beiden oberen Charts, dass dort z.B. die Zufriedenheit mit den Entwicklungsmöglichkeiten „unten" weniger als halb so groß ist wie „oben". Dass andererseits in der Firma XYZ (unteres Chart) die höheren Ebenen deutlich zufriedener mit den Entwicklungsmöglichkeiten sind, zeigt dagegen nur einen gesunden Realitätssinn dieser Aufsteiger.

Ähnliche Unterschiede findet man auch bei anderen Schichtungen der Mitarbeiter, z.B. bei solchen nach der Dauer ihrer Betriebszugehörigkeit. Dort zeigt sich, dass die „Neuen" deutlich am zufriedensten sind (mit allen Aspekten ihrer Arbeit), dass dann die Zufriedenheit abfällt und sich schließlich bei den „Alten" wieder etwas erholt. Diese Beziehung zwischen der Dauer der Betriebszugehörigkeit und der Zufriedenheit (umgekehrter J-Trend) ist in praktisch jeder MAB zu beobachten (Bruggemann et al., 1975; Neuberger & Allerbeck, 1978;; Borg, 2002). Vor einer vorschnellen, insbesondere kausalen Interpretation dieser Gesetzmäßigkei-

Tabelle 12.2. Ergebnisse für Items aus einer Managementkategorie (Pfeil nach oben/unten: *Ja%*-Statistik mehr als 5%-Punkte über/unter Norm, sonst durchschnittlich).

Feedback	96 Ja%	97 Ja%	1998 Ja%	1998 Nein%	Norm
Vorg. gibt mir ausreichend Feedback zur Leistung	30	41	**41**	**34**	⇧
Bekomme genügend Info über Kundenzufriedenheit	27	43	**43**	**30**	⇩
Bekomme genügend Info zur Senkung der Kosten	33	41	**40**	**29**	⊗
Die Qualitätsdaten sind verständlich und aktuell	51	56	**57**	**17**	⇧

ten (z.B.: „Die sind zufriedener, weil sie jünger sind") sollte man sich allerdings hüten (siehe S. 293).

Leistung und Zufriedenheit

Nach Darstellung und Diskussion der Ergebnisse für die Dimensionen der Zufriedenheit ist es erforderlich, sich zügig von der Zufriedenheitsthematik zu lösen, weil die MAB sonst allzu leicht in ein Fahrwasser hygienischer Betrachtungen und Aktionen gerät. Hierzu ist eine gewisse *Zäsur* notwendig, ein Übergang zur „anderen Seite" der Münze, nämlich den Leistungsthemen. Für diese Wendung zu den für die GL ohnehin zentraleren Fragen wie Leistung, Produktivität, Kosten, Qualität, Innovation, Strategie usw. bedarf es i.d.R. keiner längeren Begründung, wohl aber einer klaren theoretischen Vorstellung darüber, wie die verschiedenen Einstellungen und Meinungen, die in der MAB gemessen wurden, mit diesen Kategorien zusammenhängen. Hinweise in dieser Richtung gibt z.B. der LZ-Motor (Abbildung 12.5).

Für jeden dieser leistungsorientierten Fragenkomplexe kann man dann wie folgt vorgehen. Zunächst zeigt man eine Tabelle mit den Itemtexten und den Befragungsergebnissen zu diesen Items. Tabelle 12.2 demonstriert dies mit einem Beispiel für Items zum Thema „Feedback", entnommen aus einem Unternehmen, in dem ein MAB-Prozess im dritten Jahr wiederholt wurde. Aus den Zahlen erkennt man eine positive Entwicklung der *Ja%*-Werte seit 1996. Allerdings sieht man auch, dass sich die Aufwärtstrends von 1996 auf 1997 im Jahr 1998 nicht fortgesetzt haben, sondern sich in 1998 auf einem Plateau halten[148]. Die externen Benchmarks zeigen, dass der Wert z.B. bei „Information über Kundenzufriedenheit" deutlich unter dem liegt, was in anderen Firmen im Durchschnitt zu beobachten ist.

Die Darstellung solcher Ergebnisse in Form einer Tabelle wie 12.2 ist nicht überall optimal. Zunächst einmal kommt die Reduktion des Benchmarkings auf eine Art Rot-Gelb-Grün-Ampel (hier: Pfeil nach unten, Durchschnittskreuz, Pfeil nach unten) nicht bei jedem Manager gut an. Es kann zumindest zu wiederholten Nachfragen kommen: „Was ist denn nun der genaue Benchmarkwert in diesem Fall?". Zudem ist natürlich die Festlegung der Ampel durch eine plus/minus-5%-Punktregel willkürlich. Sie

---

[148] Die Management-Deutung dieser Situation kann verschieden sein: Der Anstieg konnte gehalten werden (Erfolg) oder nicht weiter fortgeführt werden (Stagnation).

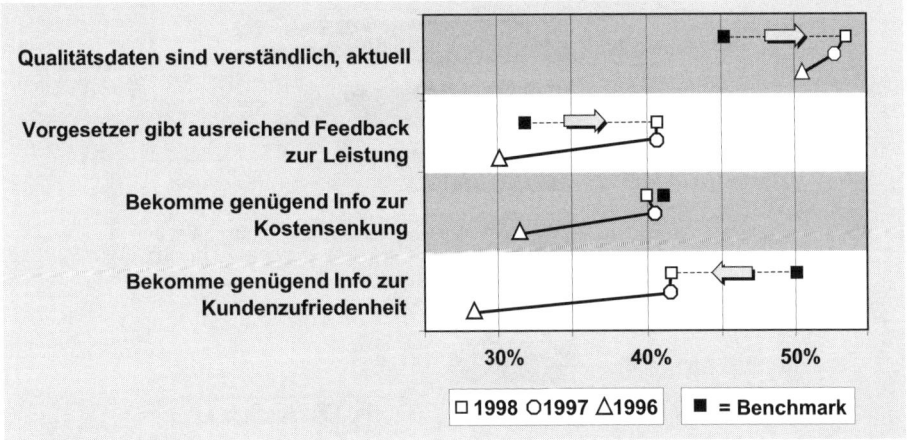

Abbildung 12.11. *Ja%*-Werte für vier Items zu Feedbackthemen aus drei MABs im selben Unternehmen (entspricht Tabelle 11.2).

nimmt auch keine Rücksicht auf die verschiedenen Inhalte. Ersetzt man andererseits die Symbole in der Norm-Spalte durch Zahlenwerte, wird die Tabelle noch zahlenlastiger. Das muss kein Nachteil sein, wenn die Zielgruppe zahlenorientiert ist[149].

Für andere Zielgruppen muss man dagegen nach grafischen Darstellungsformen suchen. Ein Beispiel hierfür zeigt Abbildung 12.11. Dargestellt sind hier die *Ja%*-Werte als Punkte auf Trendlinien. Die Items sind geordnet i.S. der Abweichungen der 1998er Werte von den Benchmarks: Das Item, auf dem diese Firma am besten liegt relativ zum Benchmark („Feedback zu Qualitätsdaten"), steht ganz oben.

Nach jeder Darstellung dieser Art stellt sich grundsätzlich die Frage, in welchem Ausmaß die Ergebnisse auch für Teilgruppen – z.B. die verschiedenen Geschäftsbereiche oder Hierarchiestufen – gelten. Die Präsentation sollte hierauf einige Antworten geben, z.B. durch Darstellungen wie in Abbildung 12.12. Dargestellt sind hier die *Ja%*-Werte für das Item „Sachliche Kritik wird geschätzt" für die Mitarbeiter der verschiedenen hierarchischen Ebenen dieser Firma. Man erkennt, dass diese Thematik umso positiver beurteilt wird, je höher der Befragte in der Führungshierarchie steht (ein typischer Befund). Normal ist ebenfalls, dass das Urteil bei den Angestellten (der Basis) negativer ist als bei den Arbeitern.

Ein zweites Beispiel zeigt Abbildung 12.13. Hier sind zwei Items gleichzeitig über die Hierarchie heruntergebrochen: „Ich tue alles, was ich kann, für den Kunden" und „Die ABC AG tut alles, was sie kann, für den Kunden". Man sieht, dass hier fast jeder Befragte sagt, selbst alles für den Kunden zu tun, während die Firma in dieser Hinsicht viel negativer eingeschätzt wird. Von besonderer Brisanz ist hierbei, dass

---

[149] Das ist nicht selten der Fall in „ingenieurgetriebenen" Firmen (z.B. in der Autoindustrie oder der chemischen Industrie). Dort sind viele Führungskräfte von ihrer Ausbildung her Ingenieure oder Naturwissenschaftler, die keine Probleme haben, numerische und statistisch-mathematisch abstraktere Analysen zu verstehen.

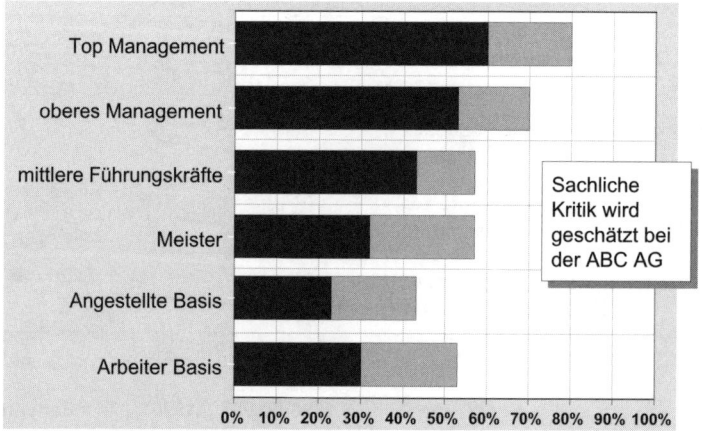

Abbildung 12.12. *Ja%* und *Teils-teils%* für das Item „Kritik", heruntergebrochen über die Kategorien des demographischen Items „Hierarchische Ebene".

genau dies auch von den Führungskräften gesagt wird. Dieser Widerspruch zwischen „Ich" und „Firma" ist hier durch die Gestaltung der Grafik plakativ betont: Die dreidimensionalen Balken sind nicht so gut lesbar wie flächige Balken, wirken hier aber dramatischer und zielen darauf ab, Eindruck bei den Zuhörern zu erzielen[150].

Die zweite Frage, die beim Herunterbrechen der Ergebnisse immer von größter Bedeutung ist, ist die, in welchem Ausmaß sich die Ergebnisse *über verschiedene Organisationseinheiten verallgemeinern* lassen. Betrachen wir dazu ein Beispiel (Abbildung 12.14), wo drei Items heruntergebrochen sind über die verschiedenen Niederlassungen der Firma *X*. Mit einer Darstellung wie dieser kann man die Vermutung widerlegen (oder bestätigen), dass sich die Ergebnisse in den Niederlassungen so stark unterscheiden, dass es wenig Sinn macht, ein Thema wie „Der Vorgesetzte motiviert schlecht" verallgemeinernd zu betrachten. Im gegebenen Fall kann man schließen, dass die Werte in *allen* Niederlassungen verbesserungswürdig sind. Die Thematik ist damit ein Kandidat für ein allgemeines Handlungsfeld.

Gleichzeitig kann man mit einer Darstellung wie in Abbildung 12.14 zeigen, in welchem Ausmaß verschiedene Items untereinander *korreliert* sind. Weist man die Zuhörer darauf hin, dass die Kurven weitgehend parallel verlaufen – dass also dann, wenn die Werte bei Item *X* besser oder schlechter werden, auch die Werte bei Item *Y* besser bzw. schlechter werden –, dann *sehen* sie diese Korrelation buchstäblich, ohne dass man hierfür erst einen statistischen Koeffizienten erklären müsste.

---

[150] Das Diagramm kommt aus der Praxis. Dort führte es zu heftigen Diskussionen. Man kam dabei zu dem Fazit, dass der Widerspruch zwischen „Ich" und „Firma" nicht so paradox ist wie er zunächst erscheinen mag. Vielmehr verweist er auf Probleme in der Zusammenarbeit. Diese Hypothese ließ sich durch andere Items, insbesondere solche zur Zusammenarbeit der Teams und Bereiche untereinander, untermauern.

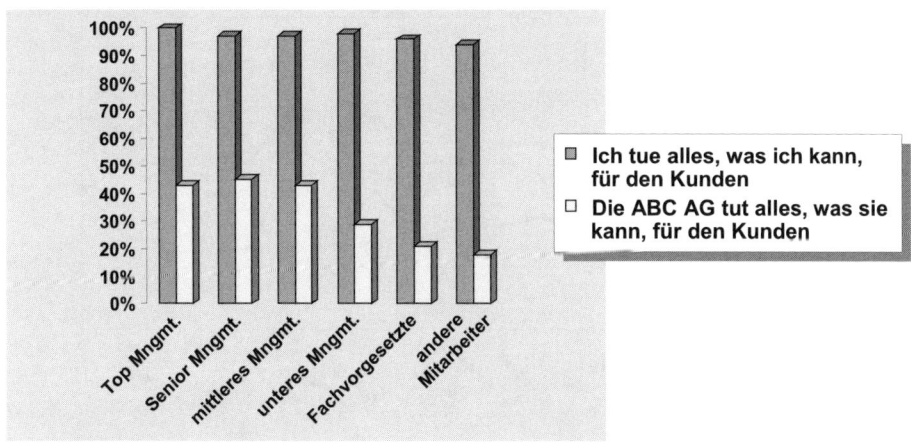

Abbildung 12.13. *Ja%* für zwei Items, heruntergebrochen über die Hierarchie.

Da nicht jede Frage nach gruppenspezifischen Unterschieden oder Ähnlichkeiten in der Präsentation adressiert werden kann, ist es oft nützlich, den Zuhörern als Teil ihrer Präsentationsunterlagen jeweils vollständige Quervergleichsberichte der Items (siehe Abschnitt 9.4) zu geben, in denen insbesondere Quervergleiche der großen Organisationseinheiten und der hierarchischen Ebenen (evtl. sogar gleichzeitig i.S. zweifacher Quervergleiche) enthalten sind[151]. Der MAB-Experte kann ihnen dann erklären, wie sie sich mit diesen Berichten eventuelle Fragen nach Unterschieden und Besonderheiten von Gruppen und Schichten der Mitarbeiter in ihrem Verantwortungsbereich selbst beantworten können. Das führt erfahrungsgemäß dazu, dass diese Fragen nicht ständig als Zwischenfragen während der Präsentation gestellt werden.

Empfehlungen

Die Präsentation endet schließlich mit Empfehlungen zu Schwerpunktthemen, Handlungsfeldern und evtl. auch zum weiteren Vorgehen in den Folgeprozessen. Letzteres wurde bereits oben in Kapitel 11 diskutiert. Hier würde das Aufzeigen eines Charts wie in Abbildung 11.1 genügen[152].

Handlungsempfehlungen sollten sich idealerweise „wie von selbst" aus der Präsentation ergeben. Dazu müssen die Logik und Aufbau der Präsentation, ihre Ergebnisse und Diagramme, und die zu den Folien zusätzlich abgegebenen verbalen Kommentierungen systematisch auf diese Empfehlungen zuarbeiten. Sinnvoll können auch Zwischenfazits sein, die die Argumentationskette zusätzlich verstärken.

---

[151] Für die Geschäftsleitung gilt dabei nicht, wie meist, dass die QV's nur „abwärts" zulässig sind (siehe Abbildung 2.6, S. 72). Die GL ist für das Gesamtunternehmen verantwortlich und sich daher ein möglichst differenziertes Bild seiner Teile machen können.
[152] Eine andere Methode ist die, mit Empfehlungen zu beginnen und dann erst in die Daten mit der erklärten Absicht einzusteigen, mit ihnen die Empfehlungen zu begründen.

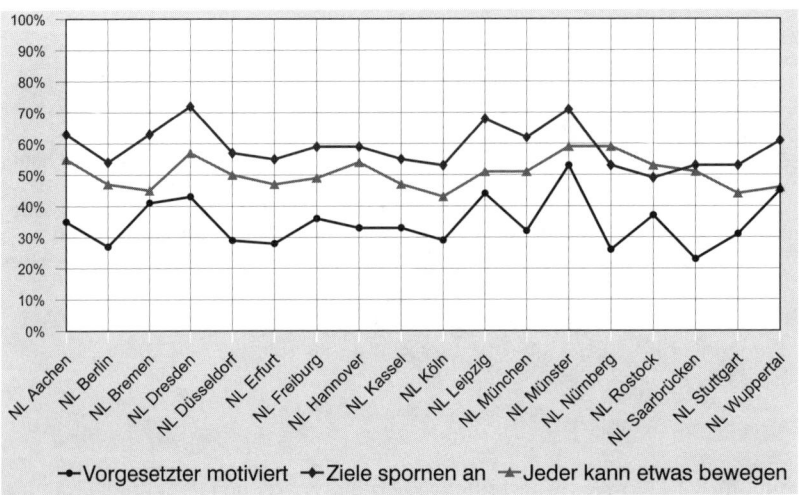

Abbildung 12.14. *Ja%*-Werte für drei Items über verschiedene Niederlassungen eines Unternehmens.

Handlungsempfehlungen sind i.d.R. dann am überzeugendsten, wenn die Interpretation der MAB theoretisch geleitet ist. So lässt sich z.B. dann, wenn man vom LZ-Motor her kommt, relativ leicht zeigen, welche Items auf welche Schwachstellen oder Stärken verweisen[153], weil die Implikationen einzelner Befunde für das Gesamtsystem klar werden.

Für Handlungsempfehlungen muss natürlich sichergestellt sein, dass sie nicht nur in der Präsentation „gut rüberkommen", sondern dass sie auch einer späteren kritischen Prüfung standhalten. Dazu müssen sie von den Daten der MAB überzeugend gestützt werden. Zudem sollten sie möglichst auch *handlungsorientiert* sein. Eine Empfehlung wie z.B. „Die Kommunikation sollte verbessert werden!" erfüllt dieses Kriterium nicht, weil gänzlich offen bleibt, wo anzusetzen ist und was getan werden sollte, damit hier eine Verbesserung erreicht wird. Damit liegt keine Handlungsempfehlung vor, sondern nur eine Empfehlung für einen (recht allgemeinen) Handlungsschwerpunkt. Ein anderes Beispiel ist „Schöpfen Sie die von den Mitarbeitern gesehenen Produktivitätspotentiale bei Qualität und Kosten aus!". Hier wird zwar auch nicht aufgezeigt, wie man diese Potentiale ausschöpfen kann, aber eins ist dennoch für jeden erfahrenen Manager klar: Man muss damit beginnen, mit den Mitarbeitern zusammen konkret herauszuarbeiten, an was sie gedacht haben, als sie auf Fragen nach Spielräumen in diesen Bereichen zustimmend geantwortet haben. Ein drittes

---

[153] Der LZ-Motor ist nicht die einzig mögliche Theorie für diesen Zweck. Andere Theorien (z.B. Pascale & Athos, 1981; Walton & Nadler, 1994; Burke, 1994) beschreiben aber eher Makroelemente erfolgreichen Managements wie etwa die bekannten sieben „S"-Faktoren (structure, systems, strategy, style, staff, skills, shared values; Peters & Waterman, 1982) und Interdependenzen i.S. eines Alles-hängt-mit-allem-zusammen. Die Zuordnung der MAB-Ergebnisse zu solchen Faktoren und vor allem die Analyse ihrer kausalen Zusammenhänge fällt bei diesen Theorien nicht immer leicht.

Beispiel wäre „Messen Sie die Führungskräfte daran, wie gut sie die geplante Maßnahmen umsetzen!". Diese Empfehlung sagt recht konkret, was nach Meinung des
Experten getan werden sollte.

Bei jeder MAB sind zahlreiche Empfehlungen möglich. Vom MAB-Experten kann
man erwarten, dass er hier eine schlagkräftige Auswahl von nicht mehr als drei Themen – Folkman (1996) empfiehlt sogar nur ein einziges Thema! – trifft. Sie sollten so
gewählt sein, dass es von den MAB-Daten und von der Theorie her wahrscheinlich
ist, dass Fortschritte bei diesen Themen einen deutlichen Fortschritt für das Unternehmen bedcuten. Zudem sollte man abschätzen können, dass mögliche andere Maßnahmen ein weniger günstiges Kosten-Nutzen-Verhältnis haben.

12.8 Der Prozess der Präsentation

Die obigen Erörterungen und Empfehlungen zu den Präsentationsunterlagen sind alleine nicht ausreichend für eine erfolgreiche Präsentation. Vielmehr muss zwischen
dem Experten und den Teilnehmern ein intelligenter Dialog geführt werden, der folgenden Zielen dient: Die Präsentation soll die Zielgruppe über die Ergebnisse der
MAB informieren; sie soll sie dabei unterstützen, diese richtig zu verstehen; sie soll
ihr Anregungen dazu geben, wie sie diese nutzbringend verwenden kann; sie soll sie
dazu motivieren, diese Verwendungsmöglichkeiten tatsächlich aktiv zu realisieren;
sie soll sie über die Planung und Vorbereitung der Folgeprozesse informieren und ihr
aufzeigen, wo und wie sie auf diese Folgeprozesse Einfluss nehmen kann.

Vor- und Hauptpräsentation

Es empfiehlt sich, die für die Geschäftsleitung vorgesehene Präsentation „probewei-
se" in einer *Vorpräsentation* vor dem Geschäftsführer und den wichtigsten Promoto-
ren der MAB zu halten. Das soll diese Personen vorab informieren und dem Experten
Rückmeldungen darüber geben, wo die Präsentation noch nachgearbeitet werden
muss. Wichtige Kriterien sind dabei – neben formalen Gesichtspunkten wie der Form
der Präsentation, ihrer zeitlichen Länge, der Form und Verständlichkeit der unterstützenden Materialien (Berichte, Hand-outs) – vor allem interpretatorische und taktische
Gesichtspunkte. In einem Fall aus der Praxis ergab sich in der Vorpräsentation, dass
sich die GL aus aktuellen Gründen bei allen Items für Unterschiede zwischen Mitarbeitern mit verschiedenen Vertragsverhältnissen interessierte. Analysen dieser Art
konnten daraufhin noch in die Hauptpräsentation eingearbeitet werden. In einem anderen Fall wurde in der Vorpräsentation bei einigen Items intensiv nachgefragt, welche Ergebnisse sich hier bei anderen Unternehmen gezeigt hätten. Dies ermöglichte
es, vor der Hauptpräsentation entsprechende Items und Vergleichswerte in verschiedenen Datenbanken zu suchen und diese in der Präsentation darzustellen.

Vergleichsnormen sind immer auch ein taktisches Werkzeug, weil man sie so oder
so wählen kann. Eine Firma X kann sich z.B. vergleichen mit den Werten einer sorgfältig zusammengestellten Auswahl besonders erfolgreicher Firmen oder auch „nur"
mit den Durchschnittswerten der Branche. Meistens werden Durchschnittswerte ver-

wendet. In einem Fall in der Praxis meinte der Geschäftsführer aber, dass in der GL zu wenig Bewegung entstünde, wenn man nicht anspruchsvollere Normen verwendet. Auch wenn diese Normen nicht zur Verfügung stehen sollten, so ist diese Befürchtung doch eine wichtige Information für den Experten. Er kann dann nämlich die Vergleichsnormen entsprechend kommentieren, z.B. dadurch, dass er zu erfreuten Anmerkungen seitens der GL-Mitglieder wie etwa „Da sind wir Benchmark!" anmerkt „Wenn Sie damit zufrieden sind, Durchschnitt zu sein ... ".

Eine Vorpräsentation ist besonders sinnvoll, wenn die GL vom Experten Empfehlungen erwartet – insbesondere zu möglichen Reaktionen, Schwerpunktthemen, allgemeinen Handlungsfeldern, Aktionen usw. Für den Experten ist es riskant, diese Empfehlungen unabgestimmt vor der GL vorzutragen, weil er i. Allg. weder die Strategie noch die Ressourcen der Organisation im Detail kennt. Es ist daher immer zu empfehlen, diese Empfehlungen vorab auszutesten und abzustimmen. Dabei kann auch entschieden werden, dass die Empfehlungen in der Hauptpräsentation nur auf Nachfrage vorzutragen sind („Was würden Sie denn empfehlen?") oder dass sie dem Geschäftsführer überlassen werden. Dafür kann auch eine gewisse Dramaturgie der Hauptpräsentation vereinbart werden.

Die Vorpräsentation stellt auf jeden Fall sicher, dass die wichtigen Change Agents nicht *kalt* in die Hauptpräsentation gehen. Sie sehen die Ergebnisse dort zum zweiten Mal und hatten Gelegenheit, sie zu diskutieren, sich darüber weitere Gedanken zu machen und zu überlegen, wie sie sich dazu positionieren wollen.

Der Experte ist gut beraten, dem MAB-Projektleiter gegenüber die Rolle der Vorpräsentation sorgfältig zu erklären oder anders sicherzustellen, dass eine Vorpräsentation zumindest vor einer wichtigen Person der GL stattfindet. Vorpräsentationen werden oft für überflüssig erklärt, sind es aber faktisch selten. Sie dienen zumindest dazu, dass der Präsentierende die Akzente sicherer setzen kann und nicht nur Statistiken referiert. Sie verhindern auch, dass es im Rahmen der Hauptpräsentation zu spontanen Entscheidungen für bestimmte Handlungsfelder, Aktionspläne oder Folgeprozesse kommt. Manager sind i.d.R. handlungsorientiert und neigen bisweilen zu schnellen Entscheidungen (vor allem dann, wenn sie selbst davon wenig betroffen sind), die dann aus politischen Gründen oder einfach aus Zeitgründen im Plenum der GL nicht mehr gründlich diskutiert werden können. Auch hierauf kann man in der Vorpräsentation hinweisen und evtl. sogar vereinbaren, nicht gleich nach der ersten GL-Präsentation Aktionen zu beschließen, sondern sich möglicherweise nochmals in einer Sondersitzung der GL („off-site") mit den Ergebnissen der MAB zu beschäftigen. Vor allem muss man in der Hauptpräsentation einen Sponsor haben, der die Folgeprozesse und ihr Timing kennt und der weiß, welche Folgen kurzfristige Änderungen für die weiteren Prozesse haben.

Hartes und weiches Eintakten von Entscheidungen

Eine häufige Entscheidung der GL am Ende einer Ergebnispräsentation ist die, alle weiteren Aktivitäten seitens der GL „zunächst" – oft schlecht definiert! – so lange zurückzustellen, bis sie die Ergebnisse besser verstanden hat und weiß, was sie tun will. Der Grund für eine solches Abbremsen ist i.d.R., dass die einzelnen Mitglieder

der GL die Ergebnisse für ihren Verantwortungsbereich noch nicht gesehen haben und sich unter diesen Umständen nicht zu Interpretationen und Aktivitäten entschließen können, die für sie selbst auch ein Commitment bedeuten. Dieses Problem kann dadurch vermieden werden, dass man die Hauptpräsentation nur als eine erste *Informationsveranstaltung* konzipiert: Entscheidungen der gesamten GL sollten in dieser Veranstaltung nicht angestrebt werden, sondern erst dann, wenn sich jedes GL-Mitglied intensiv mit seinen *eigenen* Ergebnissen beschäftigen konnte (siehe dazu auch Abbildung 11.2 auf S. 266).

Ein Beispiel macht die Vorteile eines weicheren Eintaktens der Reaktionen der GL in die Folgeprozesse der MAB deutlich. In einer Firma wurde „Innovation" als ein problematisches Thema identifiziert. Die Mitarbeitern meinten, es sei schwer, Ideen einzubringen und umzusetzen; die Kultur sei rigide; Innovation würde nicht ermutigt und gefördert; u.ä. Die GL-Mitglieder zeigten sich aber zögerlich, Innovation zu einem allgemeinen Schwerpunktthema zu erklären. Jeder wollte zunächst einmal genauer sehen, wie sich dieses Thema in seinem Verantwortungsbereich darstellt (nicht nur allgemein, sondern auch in besonderen Problembereichen, in den Niederlassungen, auf den verschiedenen Ebenen usw.). Zudem wollte jeder darüber nachdenken, welche Auswirkungen das Thema für seinen Verantwortungsbereich hat. In einem zweiten Meeting wurde dann über mit deutlich mehr Engagement über übergreifende Aktivitäten zur Innovation (z.B. solche zur Verbesserung des betrieblichen Vorschlagswesens) diskutiert, weil jeder besser wusste, was diese für seinen Bereich bringen.

Ein zweites Beispiel verweist noch stärker auf emotionale Beweggründe für eine zögerliche Haltung der GL-Mitglieder in Bezug auf schnelle Commitments nach einer ersten Ergebnispräsentation. Viele MABs verweisen nämlich auf Führungsprobleme der einen oder anderen Art. Das führt zu Verunsicherung bei den einzelnen GL-Mitgliedern. Niemand will sich öffentlich allzu weit vorwagen, bevor er nicht sicher ist, wie die Situation in seinem Verantwortungsbereich ist und wie er selbst dasteht. Schließlich herrscht in der GL immer auch Wettbewerb untereinander! Es ist daher auch aus diesem Grund sinnvoll, den einzelnen GL-Mitgliedern zunächst etwas Zeit (z.B. eine Woche) einzuräumen für eine genauere Beschäftigung mit ihren Ergebnissen, für mögliches Coaching, für Planungen usw. (siehe dazu auch die Hinweise für Manager in den Tabellen 11.1 bis 11.3). In dieser Zeit müssen die Folgeprozesse nicht zum Stillstand kommen. So können die GL-Mitglieder insbesondere mit den ihnen unterstellten Führungskräften in Dialoge oder Diskussionen einsteigen. Das kann ihnen auch dabei helfen, die Situation in ihrem Verantwortungsbereich besser zu verstehen.

Einige Tipps für weitere Kommentierungen in der Präsentation

Ein gut ausgearbeiteter Satz von „Folien" schafft eine gute Voraussetzung für eine erfolgreiche Präsentation der MAB-Ergebnisse. Wichtig ist aber auch, bei der Durchführung einige typische Fehler in der Kommentierung zu vermeiden.

• *Verwenden Sie als Berichtender keine Bewertungen wie „gut" oder „schlecht".* Sie können nur selten mit Sicherheit sagen, was gut oder schlecht ist. Hierzu folgendes Beispiel: In einer MAB hatten viele Mitarbeiter dem Item zugestimmt, dass große Veränderungen auf ihre Tätigkeit zukommen. Das scheint gut zu sein, weil man ja zu wissen glaubt, dass nichts beim Alten bleibt. Der Manager eines Geschäftsbereichs fand dieses Ergebnis aber gar nicht gut, weil seine Mitarbeiter – wie er sagte – auch in 10 Jahren weitgehend das gleiche tun werden. Erwarten diese nun große Veränderungen, die dann nicht kommen, kann Unruhe und Angst entstehen. Auch große Zufriedenheit muss nicht unbedingt gut sein. Nehmen wir an, eine MAB zeigt, dass 10% der Mitarbeiter der Aussage zustimmen, dass ihre Arbeit von übermäßigem Bürokratismus behindert wird. Dieses Ergebnis ist gut im Sinn deutscher Vergleichsnormen („Nur" 10%!). Ist es aber auch gut im Sinn des Unternehmenserfolgs? Nicht unbedingt, weil die Mitarbeiter möglicherweise einen objektiv überzogenen Bürokratismus als normal empfinden. In diesem Fall wäre hohe Zufriedenheit ein Problem.

- *Das letzte Wort bei der Interpretation der Daten haben die Besitzer der Daten.* Die Besitzer der Daten sind die Personen, die die Daten erzeugt haben bzw. die dafür verantwortlich sind, diese Daten in Entscheidungen oder Handlungen umzusetzen, also die Befragten selbst und die Führungskräfte im Besonderen. Es sind „ihre" Daten, nicht die Daten des Befragers oder des Experten. Sie sind zudem die Einzigen, die das notwendige Vorwissen haben, um genauer zu verstehen, was hinter den Antworten steckt. Außerdem müssen sie mit den Konsequenzen ihrer Interpretationen leben und sie entsprechend umsetzen. Statistiker, Berater oder Experten haben daher i.d.R. nur eine unterstützende Rolle bei der Interpretation von MAB-Ergebnissen.

- *Es gibt viele richtige Interpretationen der Daten.* Die MAB-Ergebnisse sind zunächst nur wenig mehr als Kennzahlen für die in den Fragen angesprochenen Inhalte. Manager, Mitarbeiter der Basis, Betriebsrat usw. können diese Zahlen verschieden deuten. Diese Interpretationen sind selten nur in einer einzigen Weise möglich. Oft ist die Situation ähnlich wie beim halbvollen oder halbleeren Glas. Auch der Vergleich der MAB-Ergebnisse mit den Ergebnissen anderer Unternehmen liefert keine eindeutigen Interpretationen. Ob die Werte gut oder schlecht erscheinen, hängt oft stark davon ab, mit welchen Unternehmen man Vergleiche anstellt. Auch bei Vergleichen mit den Ergebnissen früherer MABs im eigenen Unternehmen stellen sich Fragen, z.B. die, ob die alten Ergebnisse überhaupt noch relevant sind angesichts der veränderten Rahmenbedingungen, der Reorganisationen usw. Ähnliche Kontextfragen stellen sich nicht nur bei einer relativen, sondern auch bei einer absoluten Betrachtung von MAB-Statistiken. Findet man z.B., dass 60% der Mitarbeiter mit ihrem Top-Management zufrieden sind, dann ist dies sicher sehr beeindruckend unter Bedingungen eines massiven Personalabbaus, aber weniger unter Bedingungen hohen Wachstums.

- *Übersetzen Sie die Statistiken in die Welt des Managers.* Eine Präsentation von MAB-Ergebnissen ist kein wissenschaftlicher Vortrag. Nur wenige Zuhörer interessieren sich i.d.R. für technisch-statistische Detailfragen („Welche statistischen Verfahren haben Sie benutzt? Sind die Unterschiede statistisch signifikant verschieden?"). Sie interessieren sich mehr für ein verständliches und kommunizierbares Fazit der Befunde (in Prosa oder in Bildern); dafür, wie zuverlässig dieses Fazit gezogen werden kann; und meist auch dafür, welchen Handlungsbedarf oder welche Handlungschancen dieses Fazit nahe legt[154]. Der Experte sollte die Zuhörer dabei unterstützen, die MAB-Daten adäquat in ihre eigenen Denkkategorien zu übersetzen. Die wesentlichen Ergebnisse der MAB sollten zudem so plastisch und prägnant gemacht werden, dass sie sich jedem GL-Mitglied holzschnittartig einprägen. Das Kriterium ist: Das GL-Mitglied sollte befähigt werden, das Wesentliche gegebenenfalls auch „im Fahrstuhl vom Erdgeschoss zur Vorstandsetage" referieren können.

• *Vermeiden sie Überinterpretationen der Beteiligungsquoten.* Eine besondere Schwierigkeit bei MAB-Präsentationen an die GL ergibt sich dann, wenn die Beteiligungsquote gering ist. Die Praxiserfahrung und die Literatur (z.B. Bauer, 1990, Dalecki, 1993; Green, 1991; Pearl and Fairley, 1985) zeigt, dass dies meist als direkte E-videnz für Unzufriedenheit gedeutet wird („Abstimmung mit den Füßen")[155]. Diese Deutung ist jedoch zu simpel. Für die Nichtteilnahme an einer MAB gibt es viele mögliche Motive: Die wenigsten deuten auf aktiven Widerstand („verweigere mich", „die können mich mal") hin, sondern mehr auf Passivität („keine Zeit", „vergessen", „zu viel Arbeit", „keine Lust"). Dazu kommen noch Persönlichkeitsfaktoren, vor allem Gewissenhaftigkeit (Rogelberg, 2001). So lag die Beteiligungsquote der Beamten in einem deutschen Grossunternehmen deutlich über der der Angestellten: Bei der Zufriedenheit waren die Verhältnisse dagegen genau umgekehrt. Relevant für die Rücklaufquote von MABs sind aber auch rein organisatorische und technische Gesichtspunkte, insbesondere die gewählte Erhebungsmethode, die konkrete Durchführung der Erhebung, die Informationskampagne und das Commitment der Vorgesetzten zur MAB. Die Beteiligungsquote lässt sich also nicht so einfach deuten. Daher sollte sich die Präsentation auch nicht lange mit spekulativen Interpretationen der Rücklaufquoten aufhalten, sondern zügig zu den Antworten der Mitarbeiter übergehen, die sich geäußert haben. Zuvor ist es allerdings sinnvoll, die Ist-Verteilungen der demografischen Items mit den Soll-Verteilungen zu vergleichen, damit man angeben kann, ob und in welchem Ausmaß bestimmte Gruppen oder Schichten in den Ergebniswerten unter- oder überrepräsentiert sind. Das erlaubt es, gewisse Aussagen zu den Ergebnissen von Standarditems zu machen. Sind z.B. neue Mitarbeiter deutlich unterrepräsentiert, kann man davon ausgehen, dass die Alles-in-allem-Zufriedenheitsitems die allgemeine Zufriedenheit etwas unterschätzen (siehe dazu S. 301). Um welchen Faktor ist allerdings nicht angebbar.

• *Berichten Sie, was andere gemacht haben.* Gelegentlich fragen die Zuhörer in einer GL-Präsentation den Experten auch, was andere Firmen in einer ähnlichen Situation reagiert haben, zu welchen Ergebnissen dies geführt hat und welche Gründe für diese Ergebnisse verantwortlich waren. Auch wenn sie danach nicht fragen, so sind sie an derartigen Informationen immer sehr interessiert. Im Grunde werden hier In-

---

[154] Trotzdem muss sich der Präsentator mit Statistik gut auskennen. Hin und wieder wird eine statistische Frage gestellt. Findet die Präsentation vor der GL statt, wird dann eine kompetente, aber knappe Antwort erwartet.

[155] Der umgekehrte Fall kommt auch gelegentlich vor. So interpretierte der Vorstandsvorsitzende eines Großunternehmens die geringe Beteiligung der Mitarbeiter an einer MAB ohne Umschweife als Beleg dafür, dass die Mitarbeiter sehr zufrieden sind: „Sie hatten keinen Anlass, sich an der MAB zu beteiligen, weil die Dinge so, wie sie sind, in Ordnung sind." Auch diese Deutung ist natürlich naiv.

formationen ähnlich wie in den Benchmarks gesucht: Man will sich an den Besten orientieren, evtl. „best practices" oder Aktionsideen übernehmen, aber auch einfach sehen, wie mit den MAB-Ergebnissen verfahren wurde. Antworten auf solche Fragen können außerordentlich nützlich sein, um die Diskussion anzuregen.

Ergebnisrückspiegelung und Verhalten der Zuhörer

Ein wichtiges Ziel von MABs ist es, ihre Ergebnisse an die verschiedenen Gruppen der Organisation so zu vermitteln, dass sie verstanden und als Fakten akzeptiert werden. Auf der Ebene der Führungskräfte (aller Ebenen) ergeben sich dabei erfahrungsgemäß die größten Schwierigkeiten, insbesondere dann, wenn die Ergebnisse weniger positiv sind als erwartet. So kann man typische Argumente beobachten, die alle den Effekt haben oder sogar bezwecken sollen, die Daten abzuwerten.

• *Gegenargument Nr. 1*: „Die geäußerten Meinungen und Einstellungen sind objektiv falsch." So kann die MAB z.B. zeigen, dass die Mitarbeiter meinen, „die Geschäftsleitung hat keine Strategie". *Antwort*[156]: „Das kann stimmen oder kann falsch sein. Auf jeden Fall bestimmt diese Wahrnehmung das Verhalten." Folkman (1998) illustriert dies mit folgenden Beispiel: Ein Ingenieur hat eine sichere Brücke gebaut, die aber ungewöhnlich aussieht; wegen ihres Aussehens halten die Betrachter diese Brücke jedoch für unsicher und wagen es daher nicht, sie zu benutzen. Nicht die objektive, sondern die subjektiv wahrgenommene Sicherheit der Brücke bestimmt also das Verhalten der Menschen. Ebenso suchen z.B. fähige Mitarbeiter einen Job in einer anderen Firma, wenn sie davon überzeugt sind, dass ihnen die jetzige Firma keine Entwicklungschancen bietet – egal, ob sie diese Chancen objektiv haben oder nicht.

• *Gegenargument Nr. 2*: „Die Antworten der Befragten sind nur Verlegenheitsantworten auf Fragen, die sie nicht verstanden haben oder die sie aus Bequemlichkeit nur zufällig beantwortet haben." *Antwort*: Hier kann man statistisch antworten. Wenn dieses Argument stimmt, dann sollten die Items nicht systematisch untereinander korrelieren. Also sollte z.B. eine simple Faktorenanalyse auch keine inhaltlich bedeutsamen Faktoren aufzeigen. Das ist in der Praxis jedoch nie der Fall. So korrelieren z.B. die Items zum direkten Vorgesetzten stets deutlich positiv untereinander, so dass sich ein einziger Faktor ergibt. Auch bei anderen Themen zeigen sich meist nur wenige Faktoren. Die Faktoren können u.U. auch Items aus ganz verschiedenen Sektionen des Fragebogens zusammen gruppieren. Ein schönes Beispiel dazu aus der Praxis ist eine MAB, bei der alle Items, in denen der Begriff „Klarheit" in irgendeiner Form auftauchte, statistisch hoch korrelierten und damit einen Faktor bildeten. Die schiere Existenz solcher Faktoren zeigt, dass die Daten stark strukturiert sind. Im übrigen

---

[156] Zweck dieser Antworten ist es nicht, „mit ... rationalen Argumenten alle kritischen Stimmen in Bezug auf eine MAB zum Verstummen zu bringen" (wie Nibel, 2001, meint). Das Gegenteil ist der Fall: Die Antworten dienen dazu, verbreiteten Vorurteile, normalen Täuschungen und sachlich unbegründeten Einwänden entgegen zu wirken, damit die Zuhörer einen „kritischen" (im eigentlichen Sinn des Wortes, also i.S. von „unterscheiden können") Zugang zu den Ergebnissen bekommen.

sollten die Pretests gezeigt haben, dass die Mitarbeiter keine Schwierigkeiten mit den Fragen hatten.

- *Gegenargument Nr. 3*: „Die Befunde sind trivial. Das habe ich sowieso schon alles gewusst." Das Argument wird oft ohne besondere Absicht geäußert: Der Eindruck des Offensichtlichen erscheint einfach zwingend. *Antwort*: Man zeigt die Ergebnisse der Prognosebefragung für diese Gruppe am besten gleich prophylaktisch zu Beginn der Präsentation (z.B. nach den allgemeinen Zufriedenheitswerten). Zumindest einige der Prognosen sind immer ganz falsch[157]. Zudem weisen die Prognosen stets eine erhebliche Varianz auf. Die Darlegung einiger solcher Fehlvorhersagen und der Hinweis auf die Varianz der Prognosen genügt meist, um das Gegenargument Nr. 3 zu entkräften und die volle Aufmerksamkeit der Zuhörer zu bekommen. Wenn man keine Prognosen erhoben hat, kann man einen ähnlichen Effekt dadurch erzielen, dass man ab und zu einige Werte abdeckt und die Zuhörer „raten" lässt. Meist genügen einige Abweichungen bei wichtigen Items, um den Zuhörern zu zeigen, dass die Befunde doch nicht so trivial sind, wie sie auf den ersten Blick erscheinen.

Bei sehr defensiven Zuhörern ist anzuraten, nicht auf jedes Gegenargument einzugehen, sondern vorzuschlagen, sich die Befunde zunächst einmal „tentativ" anzusehen. Akzeptieren die Zuhörer diese Vorgehensweise, dann sollte der Präsentator jedoch nicht glauben, dass die Abwehrversuche damit erledigt sind. Abwehrverhalten kann – und wird auch i.d.R. – in verschiedenster Weise immer wieder auftreten, z.B. wie folgt:

- *Quelle statt Inhalt.* Die Empfänger der Daten gehen nicht auf die inhaltlichen Punkte ein, sondern versuchen herauszufinden, *wer* das gesagt hat. Wenn sich die Quelle nicht identifizieren lässt (z.B. wegen der Anonymitätszusagen), winken sie ab („aus der Anonymität heraus geschossen", „da muss man dann auch zu stehen").
- *Mehr Analyse erforderlich.* Es wird vermutet, dass das negative Ergebnis vor allem von bestimmten Gruppen abhängt. Man fordert daher weitere – und dann wiederum nochmals weitere – Datenanalysen, will erst die MAB-Workshops abwarten, regt sogar eine weitere MAB an, die die Thematik genauer klären soll: „Das ist so noch nicht bewertbar."
- *Umbewerten.* Die Empfänger diskutieren die Ergebnisse und finden, dass sie „eigentlich so schlecht auch nicht sind", jedenfalls allemal „besser als erwartet".
- *Gewichte verschieben.* Die negativen Ergebnisse werden als „letztlich nicht so wichtig" interpretiert: „Die Mitarbeiter verstehen nicht, worum es wirklich geht!"
- *Abblocken.* „Ja, ja, das weiß ich alles. Stimmt auch. Aber man kann nicht alles machen. Wir haben sowieso schon mehr als genug zu tun."

---

[157] Man kann zeigen, dass diese Prognosen z.T. die Situation des Prognostizierenden reflektieren. So sagen Manager z.B. voraus, dass viele Mitarbeiter in der MAB sagen werden, dass sie mit Arbeit überlastet sind. Die meisten MABs bestätigen diese Prognose nicht. Die Prognose wird offenbar beeinflusst von folgender Psycho-Logik: *„Ich bin mit Arbeit überlastet, also ist jeder mit Arbeit überlastet."* Oder allgemeiner: So wie ich die Dinge sehe, sieht sie jeder andere auch. Daher überschätzen Manager auch i. Allg. die Ergebnisse für die „Alles-in-allem"-Zufriedenheitsitems deutlich.

- *Verantwortung woanders suchen.* „Wir können da nichts machen. Das liegt am gegenwärtigen Markt, an den Zulieferern, am Geschäftsführer, an ...“
- *Umdeuten.* „Die Mitarbeiter haben eigentlich etwas anderes gemeint. Sie kritisieren zwar *X*, aber nur weil sie *Y* wollen.“
- *Attackieren des Experten.* Der „Bote“ der schlechten Nachricht wird angegriffen. Man sucht nach statistischen, handwerklichen und anderen Fehlern. Ein Tippfehler in der Präsentation oder ein Rundungsfehler in den Daten kann dann schon genügen, alles in Bausch und Bogen als „unprofessionell“ abzulehnen: „Das sollten Sie erst einmal sauber aufbereiten, bevor wir uns damit ernsthaft befassen können.“

Eine ganz andere Form, sich den Daten *nicht* zu stellen, ist die, sie einfach unkritisch zu akzeptieren oder auf sie mit „Betroffenheit“ zu reagieren („furchtbar“, „alles viel schlimmer, als sowieso schon erwartet“). Dann wird oft nur noch das Negative gesucht und passiv akzeptiert: „Ich bin der Sache nicht gewachsen. Das ist einfach so.“ Bei so viel Betroffenheit erscheint es dann offenbar entschuldbar, wenn eine konstruktive Auseinandersetzung mit den Ergebnissen ausbleibt[158].

Schließlich gibt es auch persönlichkeitsbedingte Unterschiede. Gerade Manager sind oft sehr leistungsorientiert. Sie nehmen jedes Feedback, das sie nicht wie gewohnt in jeder Hinsicht als „exzellent“ erscheinen lässt, als Zeichen des totalen Misserfolgs, der sie tief trifft. Die Reaktion kann leicht Aggression sein gegen die „ungerechten“ und „unfähigen“ Befragten, gegen den inkompetenten Experten usw.

Bei einer Häufung von inadäquatem Umgang mit den Daten sollte der Experte im Interesse der Beteiligten *intervenieren*. Ein recht effektiver Ansatz dafür besteht darin, auf typische Fehler, die „in anderen Unternehmen“ in der Praxis bei der Auseinandersetzung mit MAB-Ergebnissen auftreten, hinzuweisen. Der Experte kann diese Hinweise u.U. auch weiter akzentuieren, z.B. mit Anmerkungen wie den folgenden: „Führungskräfte sollten sich den MAB-Ergebnissen stellen. Sie sollten offen sein und herauszufinden versuchen, was sie besagen und was an ihnen dran ist, ohne dabei im Detail unterzugehen. Die Ergebnisse bieten i. Allg. hervorragende Chancen für Maßnahmen, die die Organisation erheblich weiterbringen können. Gute Führungskräfte sind immer solche, die Chancen erkennen und entschlossen wahrnehmen – statt sie einfach vorbeisegeln zu lassen.“

12.9 Ansätze zur weiteren Strukturierung der Handlungsfelder

Die Empfehlungen, die in der Präsentation abgegeben werden, sind zunächst wenig mehr als mögliche Schwerpunkte für nachfolgende Aktivitäten. Sie eignen sich i. Allg. noch nicht für konkrete Planungen. Vielmehr müssen sie weiter ausgedeutet und strukturiert werden. Das sieht man aus folgendem Beispiel. In einer MAB hatte sich gezeigt, dass das „Vertrauen zur Geschäftsleitung“ allgemein recht gering war. Die Thematik wurde zu einem allgemeinen Handlungsfeld erklärt, weil geringes Vertrau-

---

[158] Die beiden Grundformen des Abwehrverhaltens gegenüber den Daten könnte man als *Kapitulation* vor den Daten und als *Kampf* gegen die Daten bezeichnen. Im Englischen hört man hierfür gelegentlich die Bezeichnungen „flight“ bzw. „fight“. Richtig wäre: Hinhören, analysieren, handeln.

en weitreichende Implikationen für Leistung und Zufriedenheit hat. Die GL überlegte daraufhin in der für viele Manager typischen Aktivitätsorientierung, welche vertrauensbildenden Sofortmaßnahmen möglich wären. Ein Vorschlag war: „Management by walking around!" Nach einiger Diskussion wurde dann aber festgestellt, dass die Thematik „Vertrauen" noch nicht klar genug war für einen vernünftigen Aktionsplan. Was also tun?

Ein zweiter Blick auf die Daten

Der natürliche erste Ansatz für die Entwicklung eines tieferen Verständnisses der Handlungsfelder heißt: Zurück zu den Daten! Obwohl die Präsentation systematisch auf dieses Handlungsfeld hingearbeitet hat, sind die Zuhörer selten in der Lage, alle Details zu erinnern. Zudem haben sie i.d.R. noch viele weitere Fragen, insbesondere solche nach der Gültigkeit des Handlungsfelds für verschiedene Teile und Schichten der Organisation. Es ist unmöglich, diese alle schon vorab in der Präsentation zu adressieren. Der Experte kann nur durch einige ausgewählte Schichtungen – ähnlich wie in Abbildung 12.14 gezeigt – nachzuweisen versuchen, dass die Thematik „mehr oder weniger" allgemein relevant ist. Bei sehr deutlichen Ergebnissen gelingt dieser Nachweis möglicherweise sofort sehr überzeugend. Ansonsten können Fragen zum Gültigkeitsbereich mit Hilfe von Quervergleichen, die die MAB-Ergebnisse für alle wichtigen demographischen Items herunterbrechen, beantwortet werden. Diese Quervergleiche sollten daher automatischer Bestandteil der Präsentationsunterlagen sein.

Das Verständnis für die Handlungsfelder kann u.U. auch dadurch vertieft werden, dass sie nochmals explizit zu einer Leittheorie wie dem LZ-Motor in Verbindung gesetzt werden. Theorien dieser Art sind für viele Zuhörer neu und müssen daher öfter wiederholt werden, damit sie nutzbringend verwendet werden können. So werden Handlungsfelder oft zunächst nur isoliert gesehen, nicht im Rahmen der vielfältigen Interdependenzen von Leistung und Zufriedenheit.

Heranziehen weiterer Theorie

In vielen Fällen ist es sinnvoll, zusätzlich zu einer allgemeinen Leistungs- und Zufriedenheitstheorie noch weitere, speziellere Theorien beizubringen. Das macht das obige Beispiel „Vertrauen" deutlich. Hier wollte die Geschäftsleitung zunächst eine weitere, ganz auf diese Thematik ausgerichtete MAB nachziehen, um die Gründe für das Ergebnis besser zu verstehen. Das erscheint jedoch übertrieben, weil die wesentlichen Prädiktoren oder Quellen für hohes oder geringes Vertrauen aus der wissenschaftlichen Forschung bekannt sind (z.B. Borg & Braun, 1995; Kouzes & Posner, 1993; Wicks et al., 1999). Man weiß z.B., dass Vertrauen i. Allg. abhängt von der wahrgenommenen Berechenbarkeit der Führungskräfte („Tun die, was sie sagen? Sind sie konsistent im Reden und im Handeln?"), von der ihnen attribuierten Integrität („Würden Sie von denen einen Gebrauchtwagen kaufen?") und von der bei ihnen vermuteten Kompetenz („Führen die das Unternehmen erfolgreich?").

Die MAB enthält aber normalerweise keine Items für jeden dieser Aspekte des Vertrauens. Oft gibt es nur ein einziges Item für das Thema oder für einen Teilaspekt des Themas. Die Theorie des Vertrauens gestattet es dann, von den Antworten der

Befragten auf dieses eine Item auf das zugrundeliegende Problemnetzwerk zu schließen. Oft lässt sich die Validität dieses Inferenzschlusses noch weiter untermauern. Wenn man z.B. ein Item hat, das danach fragt, wie die Mitarbeiter die Wirksamkeit der Unternehmensstrategie dafür beurteilen, im Wettlauf um die Zukunft erfolgreich zu sein, dann kann man bei niedrigem Vertrauen in das Top-Management erwarten, dass auch die Bewertung der Strategie negativ ausfällt, weil bei allgemein niedrigem Vertrauen zur Führungsspitze auch deren Kompetenz eher kritisch beurteilt werden sollte.

Der Auftraggeber einer MAB ist also gut beraten, sich einen MAB-Experten zu suchen, der nicht nur über methodische, sondern auch über inhaltliche Kompetenz verfügt. Der Experte selbst sollte für seine Empfehlungen nicht nur die MAB-Daten selbst, allgemeine Leistungs- und Zufriedenheitstheorien und seine Erfahrung aus anderen Firmen zu nutzen, sondern auch gezielt danach suchen, was die wissenschaftliche Forschung zu der in den Handlungsfeldern angesprochenen Thematik zu sagen hat. Eine billigere und bessere Wissensquelle als „die Literatur" gibt es nicht.

Tieferes Verstehen von Handlungschancen

Um in den MAB-Ergebnissen Handlungschancen erkennen zu können, die dann als Empfehlungen benannt werden, muss der Experte oft weit über die Daten hinausgehen. Nehmen wir an, die Mitarbeiter haben in der MAB zu erkennen gegeben, dass sie mit dem Feedback des Vorgesetzten zu ihrer Leistung nicht zufrieden sind. Daraus könnte man ganz platt den folgenden Handlungsbedarf formulieren: Das Leistungsfeedback muss verbessert werden! Man kann aber auch sehen, dass sich hiermit eine exzellente Möglichkeit eröffnet, einen umfassenden Dialog über Leistung als solche (Kriterien, Ziele, Erwartungen), Zielvereinbarung, Leistungsbeurteilung und Leistungsbeurteilungssysteme usw. zu eröffnen, also in die ganze Thematik des Leistungsmanagements einzusteigen. Das MAB-Ergebnis legitimiert diese Aktion, ja fordert sie geradezu. Damit ist gleichzeitig auch abzusehen, dass eine vertiefende Diskussion des Handlungsfelds zu zahlreichen Fragen führen wird: „Kosten-Nutzen? Ansätze? Wann welche Ergebnisse? Wie vorgehen?" Für die meisten Fragen lassen sich gute Antworten in der Literatur des Leistungsmanagements (z.B. Armstrong, 1994; Pritchard, 1990; Williams, 1998) finden. Ebenso können Erfahrungen aus anderen Unternehmen herangezogen werden.

Ursache-Wirkungsdiagramme für Probleme

Für Handlungsfelder, die sich eher an Problemen – nicht an Handlungschancen – orientieren, ist es fast immer sinnvoll, sie nach *Ursache-Wirkungszusammenhängen* zu analysieren. Für das auf S. 315 diskutierte Beispiel des „Vertrauens" ergab sich dabei in einem Praxisfall das in Abbildung 12.15 gezeigte Ursache-Wirkungsdiagramm. Es zeigt, dass das vorgeschlagene „Management by walking around" keine Lösung für den Vertrauensschwund gewesen wäre. Wenn nämlich nur der Kontakt zur Basis erhöht wird, der Eindruck von mangelnder Kritikakzeptanz, mangelnder Nutzung von Fachkompetenz und Konzeptionslosigkeit aber ausgeklammert wird, kann diese Ak-

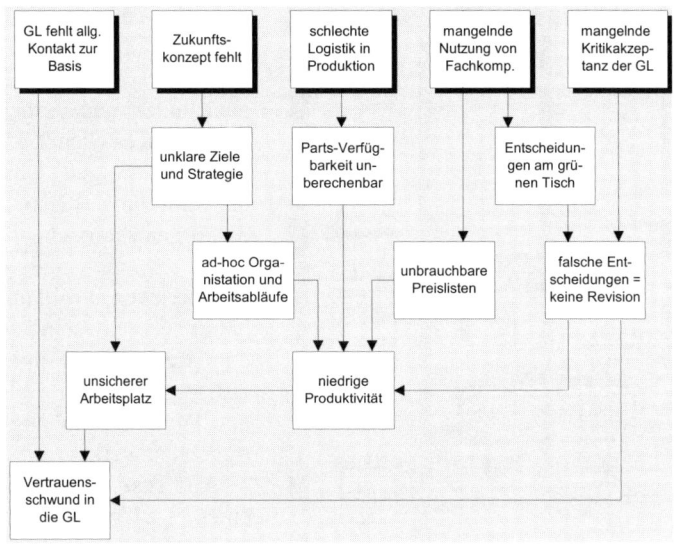

Abbildung 12.15. Beispiel eines Ursache-Wirkungsdiagramms.

tion sogar kontraproduktiv sein. Das *Verursachungsnetzwerk*[159] legt dagegen eine andere Aktion nahe, nämlich unter starker Einbindung der Mitarbeiter, vor allem der fachlich besonders qualifizierten, an der Verbesserung der Logistik zu arbeiten, also einen intensiven Dialog in der Sache zu suchen.

Wie kommt man zu einem Ursache-Wirkungsdiagramm? Trotz vieler Vorschläge in der Literatur gibt es hierfür keine Techniken, die ein gutes Ergebnis garantieren. Sie können aber eine gewisse Hilfestellung bei der Erstellung eines solchen Diagramms sein. Einfache Ansätze hierfür sind *Ishikawa*- oder *Fischgräten*-Diagramme (Kannji & Asher, 1996), bei denen der Kopf der Fischgräte das Problem, die Gräten die Ursachen sind. Für die Ursachen/Gräten gibt es Vorgaben wie z.B. die „fünf M's" (materials, methods, manpower, machinery, maintenance; Peratec Ltd., 1994). Die Diagramme sind jedoch, per Design, immer einfach und ausgerichtet auf nur ein Problem.

Die *Problemstromanalyse* oder „PSA" (Borg, 1995; Porras, 1987) lässt dagegen allgemeinere Problemnetzwerke zu. Sie beginnt mit einer Vorsortierung der Themen in verschiedene *Problemströme*. Innerhalb dieser Problemströme[160] verschiebt man

---

[159] Auch wenn kein vollständiges Ursache-Wirkungsdiagramm erstellt wird, so ist allein schon der Hinweis darauf, zusammen mit einem anschaulichen Beispiel, nützlich, um zu einem vernetzten Ursache-Wirkungs*denken* zu kommen statt nur isolierte Einzelaktionen aufzusetzen. In der Praxis ist oft relativ schnell klar, welche Themen eher als Ursachen und welche als Folgen zu betrachten sind. Eine genaue Analyse der weiteren Zusammenhänge ist dann nicht mehr erforderlich.

[160] Diese „Ströme" basieren auf einer dynamischen Sichtweise von Grunddimensionen einer Organisation. Katz & Kahn (1978) haben zwei derartige Dimensionen unterschieden in ihrer Charakterisierung von Organisationen als „sozio-technische" Systeme. Sie differenzieren hiermit soziale Aspekte (also solche, die sich auf das Zusammenwirken verschiedener Personen beziehen) von technischen Aspekten

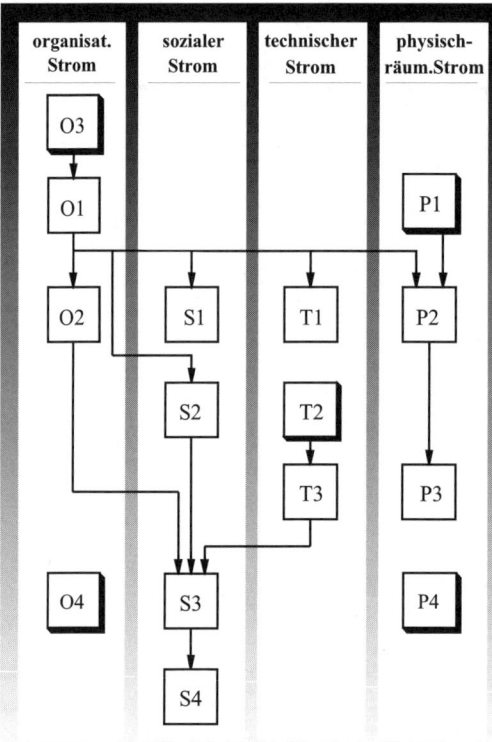

| organisat. Strom | sozialer Strom | technischer Strom | physisch-räum.Strom |

Abbildung 12.16. Symbolisches PSA-Diagramm.

dann die Themen, die eher *Quellprobleme* sind, nach oben, solche die eher *Folgeprobleme* sind, nach unten und vernetzt schließlich die Kästchen i.S. von Ursachen und Folgen. Das Netzwerk in Abbildung 12.16 zeigt, dass das organisatorische Problem O1 von einem anderen organisatorischen Problem (O3) abhängt; O1 hat seinerseits wieder eine Reihe von Folgeproblemen, z.B. das soziale Problem S1. O4 und P4 sind unabhängig vom übrigen Netzwerk.

Als Test für die Stimmigkeit eines Ursache-Wirkungsnetzwerks kann man versuchen, in ihm *Problemgeschichten* zu lesen. Ergeben sich schlüssige Geschichten, dann hat man damit auch gleich eine Grundlage für die Kommunikation und die Aktionsplanung. Normalerweise lassen sich verschiedene Teilmengen der Quellproblemen unter dem „Titel" einer solchen Problemgeschichte zusammenfassen. Ein Beispiel hierfür wäre „Feuerwehrmentalität", die sich darin zeigen könnte, dass Planung unterbesetzt ist (O-Strom), dass Krisenbewältiger die meiste Anerkennung finden (S-Strom), dass der Maschinenpark relativ stark auf die Bewältigung von Sonderlasten abgestimmt ist (T-Strom) und dass die offene Bürogestaltung (P-Strom) ruhige Planungsarbeit erschwert. Hieraus ergeben sich dann Symptome wie etwa „Immer dem Plan hinterher", „Keine Belohnung für rechtzeitige Arbeit", „Informationen kommen immer zu spät".

Praxis der PSA

Bei der praktischen Durchführung einer PSA arbeitet ein Moderator mit einer Fokusgruppe und dem üblichen Metaplan-Material. Die Gruppe beginnt damit, für die verschiedenen Probleme eine überschaubare Zahl von Überschriften zu bilden. Diese werden stichwortartig auf jeweils einer Karte vermerkt. Die Karten werden dann am

wie Gebäuden, Einrichtung, Maschinen, Regeln und Organisationsstrukturen. Porras (1987) erweitert dieses Schema dadurch, dass er die technische Dimension in organisatorische, technische und physisch-räumliche Dimensionen auftrennt. Denkbar sind aber auch andere Grunddimensionen.

Pinboard den Problemströmen zugeordnet (wie in Abbildung 12.16). Das führt i.d.R. zu Diskussionen, zu Neuformulierungen und Präzisierungen der Karten oder zu neuen Problemströmen. Die Themen, von denen die Mehrzahl der Teilnehmer meint, sie seien eher Ursachen als Folgen, werden in ihren Problemströmen nach „oben" gehängt. Folgeprobleme kommen nach „unten". (Die Oben-Unten-Sortierung kann man iterativ wiederholen.) Karten/Themen, bei denen Ursache-Wirkungsbeziehungen klar sind, werden vorläufig verbunden. Es entstehen so erste Teilgebilde des Problemnetzwerks. Praktisch kann man solche vorläufigen Verbindungen mit Klebeband durchführen: Die Teilgebilde lassen sich so von den Plakaten entfernen und bewegen.

Zwischen zwei Karten/Themen sollten nur gerichtete Beziehungen formuliert werden. Wechselbeziehungen sollten möglichst vermieden werden, weil es sonst leicht dazu kommt, dass alles mit allem vernetzt wird. Wenn Wechselbeziehungen wirklich notwendig sind, dann kann man u.U. die daran beteiligten Elemente zwecks Vereinfachung in einem *Problemknoten* zusammenfassen und die Pfade dann nur noch auf den Knoten insgesamt beziehen[161].

Die einzelnen Teilgebilde werden dann ausgeweitet, Verbindungen zu anderen Teilgebilden werden exploriert. Dabei ist nicht erforderlich, eine vollständige Vernetzung anzustreben. Schließlich wird das Netzwerk entflochten, die Karten festgeklebt und die Pfade mit Filzstift eingezeichnet. Im letzten Schritt werden einige Problemgeschichten formuliert. Wenn sie zeigen, dass das Netzwerk noch nicht schlüssig ist, wird der Prozess so lange wiederholt, bis sich überzeugende Problemgeschichten ergeben.

Schließlich noch einige Tipps und Hinweise zur Durchführung der PSA:

- Die Einordnung der Themen in die verschiedenen Ströme soll vor allem dazu dienen, eine Diskussion herbeizuführen mit dem Ziel, zu einem gemeinsamen Problemverständnis zu kommen. Die Einordnung eines Themas in diesen oder jenen Strom ist nicht entscheidend.
- Die Moderatoren müssen darauf achten, dass bei den Themen wirklich Probleme benannt werden, nicht als Probleme verkleidete Lösungen. Z.B. ist die Aussage „Wir brauchen ein besseres Kosten-Controlling" eine Lösung des Problems, dass die Kosten außer Kontrolle sind. Hierfür gibt es aber auch andere Lösungen als die des Controllings. Besonders Manager sind oft derartig aktionsorientiert, dass sie dazu neigen, Probleme schon in Form naheliegender Lösungen auszudrücken. Sie verstellen sich so die Möglichkeit, nach einer besten Lösung zu suchen.
- Unerfahrene oder akademisch orientierte Personen neigen dazu, überladene PSA-Diagramme zu produzieren. Diese sind schwer zu kommunizieren und für die Aktionsplanung meist unnötig detailliert. Wichtig ist letztlich nur, dass die Quellprobleme klar werden.

---

[161] Ein Beispiel für einen Problemknoten aus der Praxis ist folgendes: O1 = „Kein System formeller Sanktionen für schlechte Leistungen", S1 = „Manager Maier ist zu nachsichtig", S2 = „Manager Müller macht allzu viel selbst". Hierin bedingen sich offenbar S1 und S2 gegenseitig und werden noch durch O1 verstärkt. Das Fortbestehen von O1 ist selbst wieder beeinflußt von S1.

- Um das PSA-Diagramm schlank zu halten, sollten Themen, die nur von Einzelnen gesehen werden, nicht aufgenommen werden. Ebenso sollten thematische Überlappungen oder gar Wiederholungen vermieden werden.
- Hat man eine Vernetzung vorgenommen, sollte man für jedes einzelne Thema fragen, ob es verschwindet, wenn seine Input-Probleme eliminiert sind. Ist die Antwort Nein, dann sind die Problemquellen noch nicht vollständig identifiziert. Es fehlen noch Input-Pfade oder weitere Problemquellen.

Strategische Bewertungen der Handlungsfelder

In der Praxis wird auf MABs gelegentlich recht schnell mit Aktionen reagiert, die wenig strategisch orientiert sind. Das Management fühlt sich unter Druck, den Mitarbeitern gegenüber Verlässlichkeit hinsichtlich der Zusage, dass im Anschluss an die MAB auch etwas gemacht wird, zu demonstrieren. So kann es leicht zu eher spontanen Aktionen mit hoher Sichtbarkeit und überwiegend hygienischem Charakter – z.B. einer Renovierung der Kantine – kommen, auf die dann seitens der Geschäftsführung nichts weiter folgt. Der Effekt solcher Maßnahmen wird aber oft überschätzt, insbesondere dann, wenn die schwierigeren Leistungsthemen nach unten delegiert werden. Ein weiterer Grund für derartige Schnellschüsse ist der, dass nicht jeder Manager das strategische Potential der MAB-Ergebnisse sieht. Die MAB–Handlungsfelder werden oft als zusätzliche Aufgabe empfunden, für die man jetzt eigentlich keine Zeit hat: „Wir haben Wichtigeres zu tun!" Der MAB-Experte sollte hier klar machen, dass es – aus Sicht des Managements – bei den MAB-Themen letztlich um Leistung und Produktivität geht. Die Frage, ob es unter einer strategischen Sichtweise wichtigere Themen gibt, wird kaum ein Manager verneinen. Das strategische Gewicht der verschiedenen Handlungsfelder selbst kann man in einer Art SWOT-Betrachtung verdeutlichen, indem man die Handlungsfelder gegen die zukünftigen Chancen und Risiken hält (siehe oben, S. 289ff.).

12.10 Erneuter Einsatz der MAB-Daten in anderem Kontext

Die Daten einer MAB sind Informationen, die nach der allgemeinen Analyse nicht einfach weggeworfen werden, sondern auch später nochmals im anderen Kontext, bei neuen Fragestellungen oder für besondere Zwecke wertvoll sein können. Bei systemischen MABs ist ein weiterer Einsatz der MAB-Daten ohnehin grundsätzlich eingeplant. Der typische Fall ist, wenn in irgendeinem Zusammenhang – z.B. bei der Diskussion einer Umfrage zur Kundenzufriedenheit oder auf einem jährlichen Meeting der höheren Führungskräfte – die Frage entsteht, warum die Mitarbeiter die Strategie nicht besser umsetzen. Hierauf können auch die MAB-Daten viele relevante Antworten geben, wenn man sie entsprechend analysiert.

Dazu formuliert man zunächst die allgemeine Fragestellung z.B. wie folgt:

„Warum verhalten sich die Mitarbeiter nicht i.S. der Strategie? Warum tun sie nicht, was sie tun sollen?"

Dann beantwortet man diese Frage zunächst theoretisch durch Auflisten der Gründe, die das Verhalten der Mitarbeiter erklären könnten. Schließlich sucht man nach Evidenz, die für oder gegen diese Gründe sprechen dadurch, dass man die MAB-Daten entsprechend befragt. Für unseren Beispielfall ergibt sich dabei z.B. folgendes.

Sie tun nicht, was sie tun sollten, aus einem oder mehreren der folgenden Gründe:

1. *Sie kennen die Strategie nicht.* Was sagen die MAB-Daten dazu? Gibt es Items, die darüber Auskunft geben können? Fast jede MAB enthält ein Item wie etwa: „Ich kenne die Strategie der ABC AG und könnte sie einem neuen Kollegen erklären." Zu welchem Prozentsatz haben also die Mitarbeiter diesem Item zugestimmt? Welche Unterschiede gab es hierbei (z.B. für verschiedene Geschäftsbereiche oder Hierarchiestufen)?

2. *Sie halten nichts von der Strategie.* Sind die Mitarbeiter von der Richtigkeit der Strategie überzeugt? Glauben Sie, dass die damit verbundenen Veränderungen den Erfolg des Unternehmens in der Zukunft sichern helfen? Halten sie die Termine und Ansprüche der Strategie für realisierbar oder für völlig unrealistisch? Halten sie die Maßnahmen zur Umsetzung der Strategie für richtig?

3. *Sie glauben nicht, dass die Strategie ernst gemeint ist.* Verhält sich das Management i.S. der Strategie? Tun die, was sie predigen, oder steht die Strategie nur auf dem Papier, wird vom Management eigentlich nicht ernst genommen?

4. *Sie verstehen nicht oder nicht richtig, welche Implikationen die Strategie für ihr Arbeitsverhalten hat.* Geben die Mitarbeiter an, dass sie wissen, genau welche Leistungen von ihnen erwartet werden? Sind ihre Ziele klar? Gibt es Zielvereinbarungsprozeduren? Natürlich kann man die Ergebnisse der MAB dann wiederum diskutieren und z.B. fragen, ob es denn wirklich stimmt, dass die Ziele klar und vor allem richtig erkannt sind, wenn die Mitarbeiter dies so sagen.

5. *Sie verstehen nicht, warum sie sich so verhalten sollen.* Wird verstanden, wie Ziele und Verhalten mit dem Erfolg der Strategie zusammenhängen oder gibt es nur Anordnungen? Wurden die Mitarbeiter z.B. in die Definition ihrer Handlungsziele einbezogen und konnten sie so die Gründe für bestimme Anforderungen besser verstehen? Können sie mitreden und mitentscheiden?

6. *Sie glauben, dass anderes wichtiger ist.* Sind die Prioritäten klar? Denken die Mitarbeiter z.B. „unternehmerisch" i.S. der Strategie? Oder gelten letztlich doch die alten Prioritäten und Werte.

7. *Sie wissen nicht, wie sie es machen sollen.* Ist das nötige Know-how vorhanden? Gibt es Fortbildungsbedarf? Wenn ja, welchen?

8. *Sie können nicht beurteilen, ob sie es machen.* Wie steht es mit dem Leistungsfeedback durch die Vorgesetzten? Verstehen die Vorgesetzten selbst, worum es geht? Gibt es Feedbacksysteme, die an die Strategie angepasst sind? Können die Mitarbeiter selbst zeitnah und differenziert erkennen, ob ihr Verhalten richtig ist? Gibt es z.B. relevante Informationen zur Kundenzufriedenheit? Gibt es Aufwärtsbeurteilungen?

9. *Sie glauben, dass ihr Ansatz besser ist.* Die meisten MABs zeigen, dass die Mitarbeiter große Spielräume bei Produktivität, Qualität, Kosten usw. sehen. Damit verbunden ist oft auch die Vorstellung, dass man die Dinge eigentlich anders machen müsste. Diesen Fragen kann man weiter nachgehen und dabei Einbindung

erzeugen, Scheinlösungen und Nostalgisches eliminieren, aber natürlich auch konkrete Verbesserungen einleiten.

10. *Es zu tun, hat keine positiven Folgen.* Lohnt sich Leistung? Führt mehr Leistung zu monetären, sozial-emotionalen oder kognitiven Belohnungen? Hängt Aufstieg und Weiterkommen von Leistung ab?

11. *Es zu tun, hat negative Folgen oder ist zu riskant.* Wird gute Arbeit bestraft z.B. durch mehr Arbeit? Wird Kritik bestraft? Werden Verbesserungsvorschläge feindselig aufgenommen und zerpflückt? Werden Fehler ewig nachgetragen? Gibt es in der Firma eine soziale Ächtung von „Ehrgeizlingen" und „Karrieristen"? Gibt es starke Sanktionen bei Fehlern, Versagen, Kompetenzüberschreitung?

12. *Es nicht zu tun, hat keine negativen Folgen.* Gibt es Sanktionen für Nicht-Leistung? Gibt es soziale Normen gegen Nicht-Leistung und Trittbrett-Fahrer?

13. *Es nicht zu tun, hat positive Folgen.* Wird z.B. Verweigerung durch besondere Aufmerksamkeit belohnt? Gibt es eine Kultur des Festhaltens am Überkommenen? Gibt es soziale Belohnungen für Traditionalisten, für Widerstand gegen „das Management"?

14. *Es gibt Hindernisse, die sie nicht beeinflussen können.* Stehen die nötigen Ressourcen (Geld, Zeit) zur Verfügung? Sind die nötigen Arbeitsmittel vorhanden? Gibt es hierfür die nötige Unterstützung (z.B. bei EDV)? Sind die notwendigen Informationen rechtzeitig erhältlich? Hat der Mitarbeiter genügend Handlungsfreiheiten? Hat er genügend Macht? Kann jeder etwas bewegen? Stimmt die nötige Zusammenarbeit mit anderen Bereichen?

15. *Persönliche Grenzen sind erreicht.* Fühlen sich die Mitarbeiter überfordert? Wird die Arbeitsbelastung zu hoch? Ist sie noch verträglich mit einem Leben außerhalb der Arbeit?

Andere Fragen an die MAB-Daten als die hier dargestellte „Warum tun die nicht, was sie tun sollten?" erfordern natürlich andere Kategorien. Grundsätzlich eignen sich Kategorien dieser Art aber immer auch dafür, nicht nur MAB-Daten, sondern auch anderen Daten (z.B. Ergebnisse einer Umfrage zur Kundenzufriedenheit) und Beobachtungen (z.B. besondere kritische Ereignisse) aufzunehmen. Dazu prüft man, welche Antworten sich – evtl. zusätzlich – auf die obigen Fragen aus diesen anderen Daten und Beobachtungen ableiten lassen. So zeigte sich beispielsweise in einem Praxisfall, dass die Kunden des Unternehmens die verschiedenen Dimensionen der Dienstleistung (z.B. Preis, Qualität, Liefertreue, Freundlichkeit, Sympathie) ganz anders priorisierten als die Verkäufer: Für die Kunden waren Preis und Qualität die Hauptkriterien, während man den MAB-Ergebnissen entnehmen konnte, dass die Verkäufer glaubten, dass Freundlichkeit und persönliche Sympathie entscheidend sind. Diese Diskrepanz ist u.a. relevant für die Beantwortung der obigen Fragen Nr. 6 und Nr. 7, weil die strategische Forderung nach einer stärkeren Kundenorientierung aller Mitarbeiter bei einer solch falschen Einschätzung der Kriterien natürlich nicht effektiv umgesetzt werden kann.

13 MAB-Workshops

Bei reinen Meinungs- und bei Benchmarkingumfragen ist die MAB mit der Präsentation der Befunde an die Geschäftsleitung für den Befrager abgeschlossen. Bei anderen MAB-Ansätzen soll mit den Befunden intensiv weitergearbeitet werden. Das geschieht zunächst fast immer in besonderen Workshops (Nadler, 1977; Morgan, 1993).

13.1 Funktionen von MAB-Workshops

Abbildung 13.1 zeigt eine Szene aus einem typischen MAB-Workshop. Man erkennt vorne stehend den Moderator. Er präsentiert den Teilnehmern per Overheadfolien die Ergebnisse der Befragung und hilft der Gruppe, diese Befunde weiter ab- und aufzuarbeiten. Dabei werden verschiedene Ziele angestrebt, die man ganz grob wie in Abbildung 13.2 gezeigt darstellen kann. Die MAB-Ergebnisse sollen zunächst *zurückgespiegelt*, *verstanden*, weiter *konkretisiert* und *geordnet* werden. Das klärt für die Gruppe die Frage: „Wo sind wir?" Danach soll die Gruppe Vorstellungen darüber entwickeln, wo sie hin will. Es ist also nicht ausreichend, nur zu diagnostizieren, dass z.B. „die Information in der Firma nicht gut ist", sondern auch positiv zu formulieren, was denn mit „guter Information" gemeint ist (z.B. zeitnah, differenziert, nachvollziehbar, im Intranet aktuell verfügbar, sortiert nach Inhalten, gewichtet). Aufgabe des Workshops ist es daher auch, Vorstellungen über *Idealszenarien* zu entwickeln (ohne Rücksicht auf ihre Kosten, Realisierbarkeit u.ä.). Erst wenn derartige Bilder für den Zustand *B* konkreter werden, ist die Ausgangssituation für die Personen klar, die *Lösungen* erarbeiten sollen, die die Gruppe von *A* nach *B* bringen (so weit das möglich ist unter den festen Vorgaben und Nebenbedingungen).

MAB-Workshops sind Verbindungsstücke zwischen Befragung und Aktionen. Sie sollten daher so konzipiert und durchgeführt werden, dass sie die Lücke zwischen Meinungsäußerungen und konkretem, zielorientiertem Handeln möglichst klein machen. Das ist vor allem dann erreicht, wenn die Ist-Situation nach dem Workshop deutlich transparenter ist als vorher. Damit wird die Planung konkreter Aktionen erheblich leichter.

MAB-Workshops sind die wirksamste Form der Rückmeldung der Befragungsergebnisse, da hier nicht nur Informationen auf die Mitarbeiter herabrieseln, sondern von diesen *aktiv* aufgearbeitet werden. Insbesondere werden die Statistiken durch qualitative Zusatzinformationen weiter *präzisiert*. Wenn z.B. die Zustimmung zu einem Item wie „Ich bin sehr zufrieden mit der EDV" nur gering ausfällt, dann weiß

Abbildung 13.1. Eine Szene aus einem MAB-Workshop.

man zunächst nur, dass es im EDV-Bereich „irgendein" Problem gibt. Welches dies jedoch im einzelnen ist, kann von Abteilung zu Abteilung ganz verschieden sein und muss daher geklärt werden. Die Befragungsstatistik dient hier also nur als Ausgangspunkt und Grundlage einer gerichteten Diskussion.

MAB-Workshops haben zudem die Funktion, die Mitarbeiter zum Abgleich ihrer Sichtweisen zu bringen. Die Meinungen des Einzelnen werden so *relativiert*. Die Öffentlichkeit der Diskussion und das Dokumentieren der Beiträge, Erklärungen und Kommentare schafft zudem ein Commitment der Gruppe ihrer eigenen Situationsbeschreibung gegenüber. Die Dinge kommen einmal allesamt auf den Tisch, werden dadurch in ihrer relativen Bedeutung klarer und bekommen aus Sicht der Mitarbeiter den Stempel „So ist es!" Diese Festlegung führt dazu, dass man aus dem reinen Diagnostizieren oder dem unverbindlichen Lamentieren herauskommt und zum Handeln übergehen kann.

In der Literatur wird meist empfohlen, MAB-Workshops dazu zu nutzen, mit den Mitarbeitern *Lösungsvorschläge* zu besprechen bzw. die Mitarbeiter dazu zu motivieren, solche Vorschläge zu machen (Dunham & Smith, 1979; Hellriegel et al., 1992). Dieses Ziel sollte jedoch keinesfalls am Anfang des Workshops stehen. Zum einen bedeutet allein schon die Terminologie „Lösungsvorschläge" eine nachteilige Einengung des Denkens, weil Lösungen i. Allg. für Probleme gesucht werden oder für Dinge, für die Handlungsbedarf besteht. So kommt es leicht zu einem *Feuerwehr-* oder *Reparaturdenken* („Wo brennt's?") anstelle einer *Chancenorientierung*, die nach

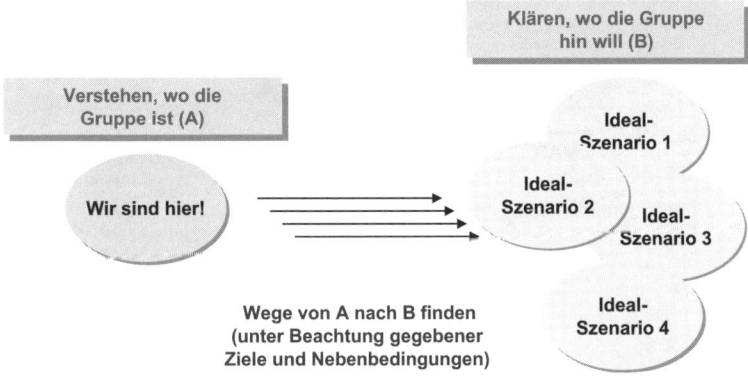

Abbildung 13.2. Ziele von MAB-Workshops.

den Handlungsfeldern sucht, die die größten Verbesserungs- und Entwicklungspotentiale versprechen – ganz gleich, ob es sich dabei um Lösungen für Probleme, um den Erhalt/Ausbau von Stärken oder um Maßnahmen handelt, die ganz neue Optionen eröffnen.

Folkman (1996, S. 40) argumentiert ähnlich: „Viele identifizieren oft das Thema, das am negativsten erscheint, und folgern dann, dass dieses den größten Veränderungsbedarf hat. Diese Logik ist falsch. Themen, die am negativsten sind oder über die man sich am meisten beschwert, sind lediglich die, die am meisten bemerkt werden. Die Bewertung, welche Themen verändert werden sollten, sollte in einem besonderen Entscheidungsprozess erfolgen, der unabhängig davon ist, wie negativ auf diese Themen reagiert wird."

Lösungsvorschläge sollten in MAB-Workshops auch deshalb zunächst zurückgestellt werden, weil sie oft vorschnell gemacht werden – ohne genaue Analyse der Probleme, ohne Berücksichtigung der Firmenstrategie und der zur Verfügung stehenden Ressourcen. Ein simples Beispiel aus der Praxis ist der Fall, in dem ein Mitarbeiter forderte, dass die PCs größere Festplatten brauchen. Bei einer Vor-Ort-Besichtigung stellte sich dann heraus, dass die PCs mit unnötigen Dateien überladen waren. Erforderlich war also eher ein Training in Datei-Management. Ein weniger offensichtliches Beispiel berichtet Porras (1987): Die Teilnehmer regten hier an, dass man ein besseres Kosten-Controlling bräuchte. Hier wird eine Lösung vorgeschlagen, aber es bleibt unklar, wofür eigentlich. (Sind die Kosten zu hoch? Erhalten die Mitarbeiter nur ungenaue Rückmeldungen?) Diese Handlungsorientierung, bei der die Problemanalyse implizit in Vorschläge verpackt wird, klärt i. Allg. die Problemlage nicht und verkennt, dass es fast immer mehrere Lösungen für ein Problem gibt. Sind Vorschläge aber einmal formuliert, dann sind sie oft nur schwer zu ändern und führen zu entsprechenden Erwartungen („Warum wird nicht gemacht, was ich vorgeschlagen habe?") und zu aufwendigem Erklärungsbedarf.

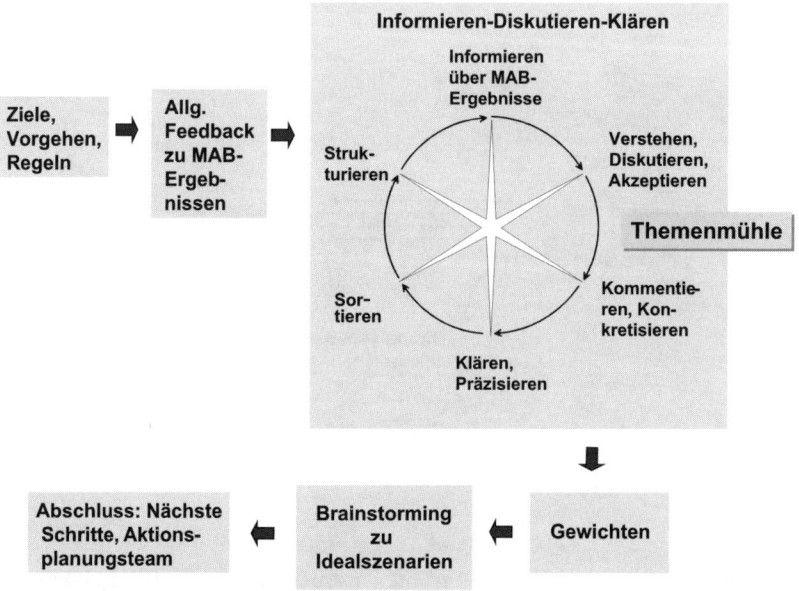

Abbildung 13. 3. Abschnitte des traditionellen MAB-Workshops.

Der MAB-Workshop dient schließlich auch dazu, die verschiedenen MAB-Prozesse auf Linie zu bringen. Wenn sich jedes Team und jede Gruppe nur mit „ihren" Themen beschäftigt und es jedem selbst überlassen bleibt, was, wann und wie angegangen wird, dann kann ein MAB-Prozess dazu führen, dass viele Anstrengungen in viele verschiedene Richtungen gemacht werden und dabei für die Organisation insgesamt kein Effekt entsteht. Aus diesem Grund werden meist von der Geschäftsleitung Schwerpunktthemen oder Handlungsfelder vorgegeben, mit denen sich alle Organisationseinheiten beschäftigen sollen bzw. zu denen sie (einen oder mehrere) konkrete Beiträge liefern müssen.

13.2 Typischer Ablauf eines MAB-Workshops

MAB-Workshops können ganz verschieden gestaltet werden. Wie man vorgeht, hängt davon ab, was unter den gegebenen Rahmenbedingungen (verfügbare Zeit, Kosten, organisatorische Durchführbarkeit, vorhandenes Know-how, Unternehmenskultur, Kaliber des Moderators usw.) und den weiteren Zielen (vor allem: Wie wichtig ist es, dass jeder Mitarbeiter eingebunden wird?) ab. In kleineren Firmen werden Workshops oft „flächendeckend" für alle Arbeitsgruppen (der Basis) durchgeführt. In größeren Firmen beschränkt man sich eher auf ausgesuchte Gruppen, die dann stellvertretend für viele andere die Arbeit machen sollen.

Spielregeln des Workshops

- Beiträge: Kurz, prägnant, präzise, konkret, sachlich, stichwortartig
- Nur 3-5 Stichworte pro Karte. Leserlich schreiben
- Ziel ist die gründliche Diagnose. Lösungsvorschläge kommen erst später.
- Beteiligung erwünscht, aber freiwillig
- Redezeiten sind für jeden begrenzt, damit jeder die gleichen Chancen hat
- Die Zeit für wichtige Themen verwenden, nicht für Nebensächlichkeiten
- Zeitplan einhalten
- Was nicht auf den Karten/Plakaten angesprochen ist, gilt als nicht gesagt
- Diskussionsbeiträge zu Personen sind vertraulich („bleiben im Raum")
- Beim Themenblock „Direkter Vorgesetzter" verläßt dieser den Raum
- Nicht der Moderator, sondern die Gruppe ist für das Ergebnis des WS verantwortlich
- Rolle des Moderators:
  - führt das Team durch den Workshop
  - versucht zu verbinden, zusammenzufassen, zu klären als Dienstleister der Gruppe
  - bleibt neutral
  - verfolgt eine „Jeder-muss-gewinnen"-Strategie
  - ist kein Fachspezialist und kein Problemlöser, nur Katalysator
- Weitere Spielregeln: _____

Abbildung 13.4. Plakat mit typischen Spielregeln eines MAB-Workshops.

Ein typischer MAB-Workshop dauert etwa 3 Stunden. Dazu kommt ca. ½ Stunde für nachfolgendes Feedback an den Vorgesetzen der Gruppe. Der eigentliche Workshop lässt sich in vier Phasen gliedern. Sie sind schematisch in Abbildung 13.3 gezeigt und in Abbildung 13.5ff. genauer beschrieben.

Phase I: Positionierung des WS und allgemeine Ergebnisse

In der Startphase des Workshops stellt sich der Moderator vor und erklärt seine Rolle. Er erinnert an die Ziele des MAB-Projekts und erklärt, wo es sich derzeit befindet. Es folgt eine Erläuterung der Ziele des Workshops. Danach vereinbart der Moderator mit den Teilnehmern die Spielregeln, nach denen der Workshop abläuft. Abbildung 13.4 zeigt ein Beispiel für derartige Spielregeln. Es ist anzuraten, diese Spielregeln nicht nur zu verlesen, sondern sie auf einem Plakat zu notieren und dieses so aufzuhängen, dass es für alle Teilnehme während des gesamten Workshops sichtbar bleibt. (So kann der Moderator bei Bedarf auf diese Spielregeln verweisen.) Das gleiche gilt für einen groben Zeitplan, der Teil der Spielregeln ist. Der Zeitplan zeigt die Hauptphasen des Workshops mit Zeitangaben, die sich an den Angaben in den Checklisten (Abbildung 13.5ff.) orientieren können.

Im zweiten Abschnitt folgt die Rückspiegelung allgemeiner Ergebnisse. Dazu gehören zunächst die Beteiligungsquote der MAB und eine Darstellung des allgemeinen Stimmungsbilds der Organisation. Bewährt hat sich hierbei, eine Reihe von Charts zu zeigen, die in einfacher Form die Zufriedenheit der Mitarbeiter in Bezug auf ver-

Positionierung, allgemeine Ergebnisse (I)
Einführung (15 Min.)
❏ Moderator stellt sich vor: Name, org. Zugehörigkeit, Funktion; Aufgabe im WS: „Ich führe Sie durch den Workshop."
❏ Zeitplan des MAB-Projekts: Wo steht das Projekt heute?
❏ Erläutern: Ziele des WS, Vorgehensweise.
❏ Informieren: Zeitplan für Workshop, Plakat dazu aufhängen. Einen Teilnehmer als Zeitwächter beauftragen.
❏ Spielregeln für Workshop vereinbaren, Plakat aufhängen.
❏ Teilnehmer als Protokollführer finden.
Allgemeine MAB-Ergebnisse (15 Min)
❏ Informieren: Wann wurde die MAB durchgeführt; Beteiligung.
❏ Informieren: Wie wurden die Items formuliert; wie konnte man antworten.
❏ Informieren: Welche Statistiken werden in der Auswertung verwendet.
❏ Informieren: Ergebnisse für die „Alles in allem bin ich zufrieden mit ..."-Items für die Firma insgesamt, für den Geschäftsbereich (oder für die Teilorganisation)
❏ Informieren: Einige interessante Schichtungen dieser Zufriedenheitswerte (z.B. Männer vs. Frauen; verschiedene Geschäftsbereiche; verschiedene Führungsebenen).
❏ Informieren: Reaktionen des oberen Managements, Schwerpunktthemen, evtl. allgemeine Handlungsfelder, Aufträge des oberen Managements.

Abbildung 13.5. Checkliste für Startphase eines MAB-Workshops.

schiedene Dimensionen wie Arbeitsplatzbedingungen, Tätigkeit, Bezahlung usw. wiedergeben (wie z.B. in Abbildung 10.6).

Falls die Geschäftsleitung Schwerpunktthemen oder Handlungsfelder spezifiziert hat, sollten diese bereits zu diesem Zeitpunkt erklärt werden. Es ist nützlich, wenn die Gruppe diese schon am Anfang des Workshops kennen, da sie dann die Ergebnisse ihrer Gruppe auch unter dieser Perspektive betrachten können. Insbesondere sind sie so gespannt zu sehen, ob ihre Ergebnisse diese Akzente seitens der GL bestätigen.

Phase II: Diskussion und Präzisierung

Im Hauptabschnitt des MAB-Workshops werden die gruppenspezifischen Ergebnisse verarbeitet (Abbildung 13.6). Hier liegt der Akzent auf Rückspiegelung und Diagnose. Die wichtigsten Items und Befragungsergebnisse müssen dabei durch die *Themenmühle*, in der sie nochmals qualitativ nachgearbeitet werden.

Standortbestimmung (II)
Ergebnisse zeigen, diskutieren, weiter klären (1 Std. + 45 Min.)
❏ Übergang zu MAB-Ergebnissen der Gruppe: Beteiligungsquote.
❏ Erklären der für diese Gruppe verwendeten Benchmarks.
❏ Erste Ergebnisfolie der Gruppe: „Alles-in-allem-bin-ich-zufrieden-mit…"-Items. Kurz durchsehen, erste Annäherung an Schwerpunktthemen.
❏ Informieren: Items mit den größten positiven/negativen Abweichungen von den Ergebnissen der Vergleichsgruppe.
❏ Reihenfolge festlegen, in der die Itemblöcke abgearbeitet werden sollen: Wenn keine besonderen Gründe (z.B. wenig Zeit) vorliegen, dann in der Reihenfolge des Fragebogens vorgehen.
❏ Zeitplan für diese Phase festlegen oder bestätigen. Bei Reihenfolge wie im Fragebogen ca. 30 Minuten für die Itemblöcke „Arbeitsplatzbedingungen" bis „Team/Kollegen"; dann 30 Minuten für den Block „Vorgesetzter"; dann 30 Minuten für Rest.
❏ Themenmühle: Die Itemblöcke in der vereinbarten Reihenfolge abarbeiten: Ergebnisse zeigen, weiter konkretisieren und klären, Kommentare dazu sammeln, sortieren, strukturieren.

Abbildung 13.6. Checkliste für Diskussionsphase eines MAB-Workshops.

Ein guter Übergang vom vorherigen Abschnitt ergibt sich dadurch, dass man zunächst die „Alles-in-allem"-Zufriedenheitswerte dieser Gruppe in Tabellenform darstellt. Dadurch bekommt die Gruppe einen ersten Eindruck von den Themenfeldern, die vordringlich erscheinen. Die Gruppe kann dann darüber entscheiden, in welcher Reihenfolge die Itemblöcke des Fragebogens abgearbeitet werden. Im Normalfall wird in der Reihenfolge des Fragebogens vorgegangen. Das heißt, dass man sich zunächst den konkreten und unmittelbaren Dingen der Arbeit (wie den Arbeitsplatzbedingungen, den Arbeitszielen, der Bezahlung usw.) zuwendet. Bei ihnen fällt es den Teilnehmern meist relativ leicht fällt, die Befragungsergebnisse inhaltlich weiter zu klären. In diesem Fall hat man eine natürliche Gliederung und ein überschaubares Timing: Themenblöcke „vor" dem direkten Vorgesetzten (ca. 45 Minuten); Themenblock Vorgesetzter (ca. 30 Minuten); restliche Items (ca. 45 Minuten).

Liegt die Reihenfolge fest, in der die Itemblöcke des Fragebogens abgearbeitet werden, dann stellt der Moderator zunächst jeweils die Ergebnisse für die Items eines Blocks dar (Abbildung 13.7) und bittet dann die Teilnehmer – falls erforderlich – um Kommentare und Erläuterungen hierzu. Wenn z.B. ein Item heißt „Ich bin zufrieden mit dem Service und der Unterstützung für die technischen Tools, mit denen ich arbeite" und hierzu ein eher negativer Befragungsbefund vorliegt, dann muss der Moderator klären, was genau das Problem ist.

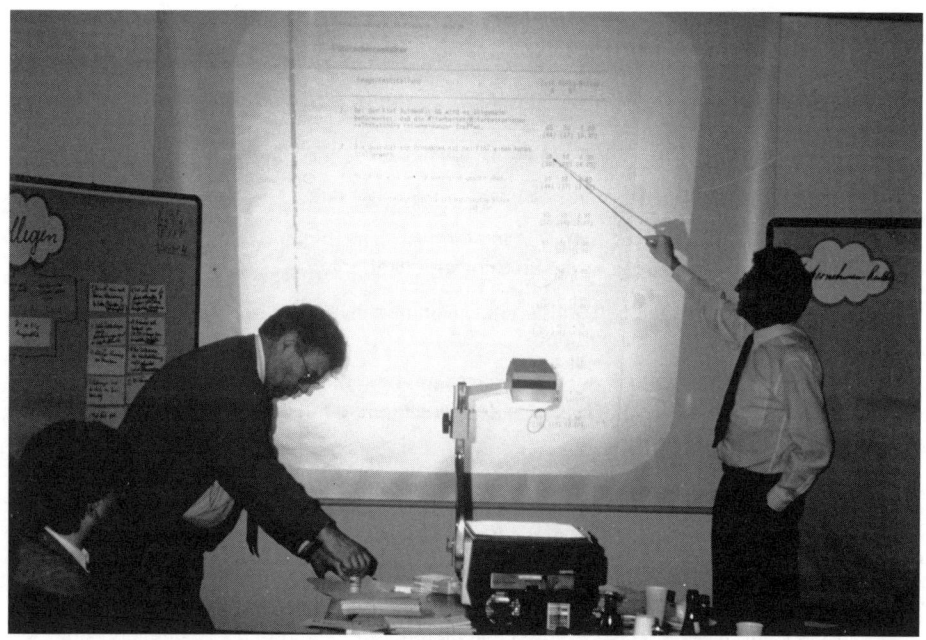

Abbildung 13.7. Präsentation von MAB-Ergebnissen.

Die Teilnehmer schreiben ihre Beiträge auf Karten[162]. Die Beiträge werden stichwortartig formuliert, mit jeweils nur einem Thema pro Karte, damit die Karten später
inhaltlich sortiert werden können. Anfangs steht eher die große Zahl als die Qualität
der Beiträge im Vordergrund, damit die Teilnehmer so motiviert werden, überhaupt
Karten zu schreiben. Die Teilnehmer sollen ihre Karten mehr oder weniger gleichzeitig schreiben, nicht einer nach dem anderen. (Sequentiell zu arbeiten ist zu langsam.)
Der Moderator sammelt diese Karten wiederholt ein, sortiert sie vor und präsentiert
sie der Gruppe (Abbildung 13.8).

Normalerweise müssen zahlreiche Karten überarbeitet werden, weil ihre Stichworte ungenau oder mehrdeutig sind. So zeigt der Moderator in Abbildung 13.8 eine Karte mit dem Stichwort „Peter Prinzip". Der Moderator fordert die Gruppe auf, diesen
Beitrag zu konkretisieren, weil der Hinweis „Peter Prinzip" offensichtlich zu vage ist,
um darauf sinnvoll reagieren zu können.

Die Karten müssen zudem inhaltlich sortiert und unter entsprechenden Überschriften oder Oberbegriffen zusammengefasst werden. Der MAB-Workshop sollte nicht
zu einem wirren Kartenwust führen, sondern zu *thematisch wohlstrukturierten, präzi-*

---

[162] Es sei angemerkt, dass die „Metaplan"-Kartenabfrage eine typisch deutsche Moderationstechnik
ist. In anderen Ländern (z.B. in den USA) ist sie unbekannt: Dort gibt es für sie weder Moderatoren,
noch entsprechendes Material, noch Vertrautheit damit seitens der Teilnehmer. Wenn man also MAB-
Workshops für verschiedene Länder plant, sollte man zunächst klären, welche Moderationstechnik vor
Ort verwendet wird. Die Technik hat aber keinen wesentlichen Einfluss auf die sonstige Vorgehensweise.

Abbildung 13.8. Kommentierung der MAB-Ergebnisse auf Karten.

sen und prägnanten Stichworten. Die Arbeit an diesen Gruppierungen und ihren Überschriften ist ein wesentlicher Hebel, mit dem der Moderator die Teilnehmer zu aktiver Mitarbeit herausfordern kann. Es ist i.d.R. notwendig, diese Gruppierungen *wiederholt* zu überarbeiten, bis die Dinge klar werden. Diese Arbeit kann auch weitere Kartenbeiträge anregen und zu klareren Formulierungen bereits geschriebener Karten führen. Es ist Aufgabe des Moderators, hierzu immer wieder Anregungen zu geben, z.B. dadurch, dass er die Überschriften als „Themen" übersichtsartig referiert: „Lassen Sie uns einmal ein kleines Zwischenfazit ziehen. Wir haben also, wenn ich das richtig sehe, folgende Hauptthemen herausgearbeitet: ..." Diese Themen sind dann eine wichtige Grundlage für die nachfolgende Planung von Aktionen.

Phase III: Zielbilder und Handlungsfelder

Nach Präzisierung und Konkretisierung der MAB-Ergebnisse muss ausformuliert werden, welche Handlungsfelder die Ergebnisse nahe legen. Dieser Schritt ist auch dann nötig, wenn keinerlei Handlungs*bedarf* besteht, weil Handlungs*chancen* immer zu finden sind. Zudem können natürlich auch von oben her Handlungsfelder vorgegeben werden. Für jede Art von Handlungsfeld ist es empfehlenswert, vor der Suche nach Lösungen zu klären, was wünschenswert erscheint, wo man also hin will.

Zur Beantwortung dieser Frage entwickeln die Teilnehmer per Brainstorming *Idealszenarien.* Ausgangssituation dafür sind die MAB-Ergebnisse und die hierzu gemachten weiteren Kommentare. Die Idealszenarien beschreiben, wie die Welt ausse-

Zielbilder und Handlungsfelder (III)
Handlungsfelder (20 Min.)
❏ An evtl. allgemeine Handlungsfelder erinnern, die von oben her als Auftrag kommen. Bezug zu den Gruppenergebnissen herstellen.
❏ Identifizieren von Handlungsbedarfen und Handlungschancen. Nicht mehr als höchstens 3-5 Handlungsfelder, evtl. Handlungsfelder unter Überbegriffen zusammenfassen.
Idealszenarien (20 Min.)
❏ Brainstorming zu den verschiedenen Handlungsfeldern durchführen: Gruppe soll ausführen, was sie sich dazu jeweils als Idealszenario vorstellt (ohne Rücksicht auf Kosten und Realisierbarkeit!).
Perspektiven (IV)
Weitere Schritte (5 Min.)
❏ Informieren: Wie geht es allgemein weiter in den Folgeprozessen.
❏ Informieren: Gruppe soll evtl. Aktionsteam bilden (Vorgesetzter, Mitarbeiter).

Abbildung 13.9. Checkliste für Konsolidierungs- und Abschlussphasen eines MAB-Workshops.

hen *sollte* – ohne Rücksicht darauf zu nehmen, ob oder wie man dorthin kommen kann. Den Weg dorthin zu finden ist dann Aufgabe des Aktionsplanungsteams.

Ein typisches allgemeines Handlungsfeld ist z.B. „Identifizieren und Ausschöpfen der wahrgenommenen Produktivitätspotentiale". In diesem Fall hat die MAB ergeben, dass ein großer Anteil der Befragten zustimmt zu Items wie „In meinem Arbeitsbereich gibt es noch viel Spielraum für die Verbesserung der Qualität", „... noch viel Spielraum für die Vermeidung unnötiger Kosten" oder „... noch viel Spielraum für die Steigerung meiner eigenen Produktivität". Die offensichtliche Frage ist nun: Woran haben die Befragten gedacht, als sie diesen Items zugestimmt haben? Im Brainstorming wird dies aufgenommen. Die Aufgabenstellung ist dabei folgende: „Stellen Sie sich vor, dass Ihre Abteilung äußerst produktiv sei. So produktiv wie keine andere. Was wäre dann der Fall? Welche Bedingungen wären dann gegeben?"

Phase IV: Perspektiven

Schließlich beendet der Moderator den Workshop damit, dass er skizziert, welche Schritte nun folgen (Aktionsplanungen, Umsetzung, Termine usw.). Wenn erforderlich kann auch gleich ein Aktionsteam gebildet werden, das sich meist aus dem Vorgesetzen der Gruppe und einigen Mitarbeitern zusammensetzt. Das Aktionsteam soll

Nacharbeit (V)
Unmittelbar nach Abschluss des Workshops
❑ Karten auf Plakaten festkleben, Plakate bleiben beim Protokollführer.
❑ Protokollführer soll die Aussagen und die Struktur der Plakate auf Papier übertragen, an alle Gruppenmitglieder verteilen.
Feedback für Vorgesetzten (im Anschluss an Workshop) (30 Min.)
❑ Moderator informiert Vorgesetzten über die Anmerkungen der Teilnehmer zum Vorgesetzten. Bei mehreren Vorgesetzten: Einzeln informieren.
❑ Feedback sind Wahrnehmungen der Gruppe, keine Fakten. Namen (wer hat was gesagt) werden nicht berichtet.
❑ Beginnen mit positivem Feedback.
❑ Dann negatives Feedback, Kritikpunkte, Verbesserungswünsche.
❑ Vorgesetzter sollte sich demnächst bei Gruppe für Feedback bedanken; sagen, dass er verstanden hat, sich auf 1-3 Dinge konzentrieren will. Muss Weg finden, Veränderungen sichtbar zu machen (evtl. Liste mit Tipps wie in Tabelle 10.2 geben).

Abbildung 13.10. Checkliste für die Nacharbeitsphase eines MAB-Workshops.

auf der Grundlage der Ergebnisse von MAB und MAB-Workshop geeignete Aktionen planen und in der Umsetzung steuern.

Phase V: Nacharbeit

Nach Abschluss des Workshops muss zunächst das erarbeitete Material gesichert werden und eine entsprechende Dokumentation zusammengestellt werden. Diese Aufgabe kann, falls vorher so vereinbart, der Protokollführer übernehmen. Dieser klebt die Karten auf den Plakaten fest und markiert diese mit dem Datum und dem Namen der Fokalgruppe. Er kann die Plakate auch einfach abfotografieren und dann die Karten einsammeln. Wichtig ist, das alles von der Gruppe erstellte Material beim Protokollführer verbleibt und nicht einfach im Raum zurückgelassen wird.

Schließlich wird dem Vorgesetzten der Gruppe vom Moderator vermittelt, welche Anmerkungen die Teilnehmer während seiner Abwesenheit im Workshop zum Thema „Vorgesetzter" gemacht haben. Einige Tipps dafür, was man bei diesem Feedback an den Vorgesetzen beachten sollte, werden weiter unten (S. 351f.) diskutiert.

13.3 Die Teilnehmer eines MAB-Workshops

Die Teilnehmer eines Workshops sind in den meisten Fällen Mitglieder natürlicher Teams, also Personen, die alle an dieselbe Führungskraft berichten bzw. die alle denselben Vorgesetzten haben. Derartige Teams nehmen möglichst geschlossen am MAB-Workshop teil.

Vor allem in großen Unternehmen stellt sich vorab die Frage, ob man Workshops flächendeckend durchführen kann bzw. ob sich dies überhaupt lohnt. Betrachten wir ein Beispiel. Unter den vielen Mitarbeitern der Deutschen Bahn AG gibt es eine besondere Gruppe, die Lokomotivführer. Diese Personen arbeiten weder zusammen in der räumlichen und zeitlichen Nähe einer Abteilung, noch kann man sie aus technischen Gründen ohne weiteres einfach zusammenholen. Man kann aber vermuten, dass die Themen und Probleme der Lokomotivführer – zumindest dann, wenn man verschiedene Geschäftsbereiche und/oder verschiedene Regionen unterscheidet – relativ ähnlich sind. Es erscheint daher ausreichend, Workshops mit verschiedenen, aus der Gruppe der Lokomotivführer zusammengestellten Fokusgruppen durchzuführen. Die Fokusgruppen kann man durch Ziehung einer Quoten- oder Zufallsstichprobe zusammenstellen oder man kann verschiedene Teilgruppen ansprechen und sie bitten, jeweils eine Person zu wählen, die sie in der Fokusgruppe vertreten soll.

Häufig werden auch MAB-Workshops durchgeführt, bei denen alle Teilnehmer Führungskräfte sind. Nehmen wir als Beispiel wieder eine Flächenorganisation wie die Deutsche Bahn AG. Ein sinnvoller Führungskräfte-Workshop wäre einer mit allen Niederlassungsleitern eines Geschäftsbereichs. Diese Personen bilden ebenfalls kein Team i.S. einer raum-zeitlich eng vernetzten Abteilung. Sie haben aber einen direkten Vorgesetzten und, insbesondere, eine Reihe gemeinsamer Themen und Probleme, die einen systematischen Gedankenaustausch fruchtbar erscheinen lassen. Bei der Moderation solcher Workshops muss man sich auf einige Besonderheiten einstellen (siehe dazu den Abschnitt 13.9), aber nicht auf grundsätzlich anderes.

13.4 Der Moderator des MAB-Workshops

Für die Wahl geeigneter Moderatoren gibt es verschiedene Alternativen. Am einfachsten ist es, hierfür externe Experten zu verpflichten. Diese beherrschen die Moderationstechnik, sind nicht betriebsblind und unabhängig-neutral. Man sollte aber beachten, dass ein geeigneter externer Moderator auch in der MAB-Thematik bewandert sein muss, nicht nur in „Metaplan-Technik": Der Moderator präsentiert in einem MAB-Workshop nämlich Statistiken, die er bestens verstehen und kompetent interpretieren können muss. Es ist zudem zu empfehlen, dass der Moderator die vorausgegangenen Schritte des MAB-Prozesses im Unternehmen kennt und möglichst auch mit dem Unternehmen vertraut ist. Erforderlich ist zudem eine gewisse Kenntnis der jeweiligen Inhalte und Themen. Das bedeutet, dass der Moderator z.B. bei MAB-Workshops, deren Teilnehmer ausschließlich Führungskräfte sind, idealerweise selbst das Geschäft des Managers in Theorie und Praxis versteht. Sonst fällt es schwer, der

Diskussion zu folgen oder gar die Gruppe zu „fordern". Ein anderes Beispiel ist die Moderation mit Entwicklern in der Softwarebranche: Hier muss der Moderator so viel von Software und Softwareentwicklung verstehen, dass er nicht aus Mangel an Fachkompetenz zum Bremsklotz des Workshops wird.

Da externe Moderatoren mit derartigen Fähigkeiten schwer zu finden und zudem teuer sind, ist es heute eher üblich, die meisten MAB-Workshops von *„internen Externen"* (Lipp & Will, 1998) moderieren zu lassen. Damit sind Personen gemeint, die selbst dem Unternehmen angehören, aber aus einer anderen Abteilung oder aus einem anderen Geschäftsbereich kommen als die Teilnehmer des Workshops. Diese internen Externen werden in einem geeigneten Training auf ihre Rolle vorbereitet.

In vielen Firmen hat es sich zudem als nützlich erwiesen, als Moderator nicht – wie es vielleicht nahe liegt – z.B. einen Trainer aus der Personalentwicklung einzusetzen, sondern eine mittlere Führungskraft der Linie. Eine solche Person ist i. Allg. mehr handlungs- und ergebnisorientiert als ein reiner Gesprächsmoderator. Damit soll verhindert werden, dass sich der Workshop in hygienischen Themen, philosophischen Grundsatzdiskussionen und Nebenthemen verliert. Zudem wird bei diesen Führungskräften ein wichtiger Nebeneffekt erzielt, nämlich ein besseres Verständnis für die Situation anderer Teams und vor allem anderer Geschäftsbereiche.

Prinzipiell weniger geeignet als Moderator ist der Vorgesetzte der Teilnehmer des Workshops. Das liegt vor allem daran, dass in einer MAB i.d.R. ein Itemblock enthalten ist, der Fragen zum Vorgesetzten selbst stellt. Es ist schwierig, wenn der Vorgesetzte hier in eigener Sache moderieren soll. Er ist befangen, „kennt" seine Leute, „weiß, was los ist". Es ist daher sinnvoll, wenn er für dieses Mal zur Seite tritt. Er hat gleich anschließend wieder „den Hut auf" und die volle Verantwortung dafür, aus den Ergebnissen und den Handlungsfeldern etwas zu machen.

Ein guter Moderator muss soziale Skills besitzen, zuhören können, sich selbst zurücknehmen und motiviert sein, den Workshop zu einem für alle Interessensgruppen guten und handfesten Ergebnis zu führen. Ansonsten muss er keine besonderen Persönlichkeitsmerkmale aufweisen und auch keinen besonderen Moderationsstil haben. Allerdings sollte sein Moderationsstil zu den Teilnehmern passen.

Die relativ einfache Kartenabfragetechnik kann sich eine Führungskraft durch die Lektüre geeigneter Literatur (z.B. Hartmann et al., 1997) oder das Studium dieses Kapitels aneignen. Noch effektiver ist es, wenn diese Führungskraft einmal als Ko-Moderator in einem MAB-Workshop mitarbeitet, das von einem erfahrenen Moderator geleitet wird. Die hierfür verwendete Zeit ist i.S. der Führungskräfteentwicklung bestens investiert, weil man Moderationsskills heute als grundlegende Prozesskompetenzen betrachtet (Sperling & Wasseveld, 1997). Ggf. kann der Führungskraft auch ein Trainer als Ko-Moderator an die Seite gestellt werden, der die eher handwerklichen Aspekte der Workshop-Moderation beherrscht.

Der Moderator steuert die Diskussion durch Zusammenfassungen, Verbindungen, Brückenbau, Zusammenführen, Ordnen, Formulieren von Zwischenfazits u.ä., alles auf der Grundlage der Beiträge der Teilnehmer und stets vorsichtig-vorläufig als „Angebot" an die Gruppe. Das erfordert nicht nur soziale Skills, sondern analytische Intelligenz und die Fähigkeit, die Dinge auf den Punkt zu bringen.

Prinzipiell ist die Rolle des Moderators die eines Katalysators (Helfer, Hebamme, Dienstleister) für die Gruppe. Er hat seine Rolle gut erfüllt, wenn die Ziele des Workshops (siehe Abschnitt 13.1) erreicht werden und der Workshop so abläuft, dass die Teilnehmer die Spielregeln inkl. des Zeitrahmens einhalten. Ein Erfolgskriterium ist auch dann erfüllt, wenn die Teilnehmer der Meinung sind, dass der Workshop ohne den Moderator nicht zu einem so guten Ergebnis gekommen wäre: „Mit Ihrer Hilfe sind wir ein erhebliches Stück weitergekommen in knapper Zeit!".

Der Moderator kann seine Rolle nur dann erfüllen, wenn er nicht versucht, sich selbst zu profilieren, sondern bescheiden im Hintergrund bleibt. Er soll keinen Teilnehmer loben oder kritisieren. Er soll sich nicht mit bestimmten Teilnehmern oder Teilnehmergruppen (z.B. mit der Führungskraft oder mit den Mitarbeitern gegen die Führungskraft) solidarisieren. Er soll Beiträge der Teilnehmer nur dann „hinterfragen", wenn sie zu vage erscheinen für konkrete Aktionsplanungen, nicht aber dann, wenn diese Beiträge nicht seiner persönlichen Meinung entsprechen.

Der Moderator verfolgt eine „Jeder-muß-gewinnen"-Strategie, bei der keine Interessensgruppe (Mitarbeiter, Vorgesetzte, Unternehmen, Betriebsrat usw.) verlieren darf. Das heißt nicht, dass im MAB-Workshop keine Kritik geäußert werden darf. Ziel ist dabei aber, dass die Emotionen nicht eskalieren und keine verhärteten Fronten entstehen, sondern dass das Klima konstruktiv bleibt und für alle klar wird, wo die kraftvollsten Potentiale für Verbesserungs- und Entwicklungsmaßnahmen liegen.

13.5 Organisation und Vorbereitung eines MAB-Workshops

MAB-Workshops müssen gut organisiert und vorbereitet werden. Ansonsten kann schnell teures Chaos entstehen, weil Workshops viele Mitarbeiter in ihrer bezahlten Arbeitszeit binden.

Teilnehmer, Zeit, Ort, Zweck

Die Teilnehmergruppen sollten nach Möglichkeit so eingeteilt werden, dass sie nicht mehr als etwa 25 Personen umfassen. Für die Gruppe muss vom MAB-Koordinator oder vom Workshop-Moderator eine Terminplanung durchgeführt werden, die mit den Mitarbeitern der Gruppe und insbesondere mit dem Vorgesetzten der Gruppe abgestimmt ist. Zudem muss geplant werden, in welchem Raum der Workshop stattfindet. Wenn nötig muss auch die An- und Abfahrt organisiert werden.

In der Einladung werden die Teilnehmer über Termin, Ort, Zweck und Ziele des Workshops informiert (Rückspiegelung der MAB-Befunde; Diskussion; Klärung von Hintergründen; Identifikation möglicher Handlungsfelder) und wie der Workshop ablaufen wird (Aufbau, Rollen der Teilnehmer, Moderator). Sinnvoll ist es zudem, den Teilnehmern vor dem Workshop einige allgemeine Ergebnisse der MAB mitzuteilen (z.B. die Zufriedenheitswerte im Unternehmen *allgemein*). Das erzeugt eine gewisse Spannung im Hinblick auf die spezifischen Ergebnisse der Gruppe selbst. (Die Ergebnisse der Gruppe selbst sollten *nicht* vorab verteilt werden, sondern erst im Workshop *in der Gruppe* bearbeitet werden.)

Raum

Der Raum für die Workshops muss so groß sein, dass sich die Teilnehmer noch gut bewegen können. Es sollte ausreichend Platz für Pinwände, für das Schreiben und Einsammeln von Karten und evtl. noch für eine Getränkeecke vorhanden sein. Ein allzu enger Raum führt schnell zu Ermüdungserscheinungen. Man rechnet daher mit etwa 2-3 qm Platzbedarf pro Person.

Ein ausreichend großer Raum ermöglicht zudem eine offene Gesprächsatmosphäre. Man kann dafür die Stühle locker im Halbkreis aufstellen oder einige Tische in U-Form arrangieren. Das erleichtert sowohl das Schreiben von Karten als auch die Arbeit der Moderatoren[163]. Auf keinen Fall sollte die Sitzordnung so sein wie „im Kino", damit sich nicht alles nach vorne auf die Moderatoren hin ausrichtet. Die Teilnehmer sollten vielmehr untereinander Blickkontakt haben.

Material

Für MAB-Workshops braucht man 3-4 Pinwände und das übliche Moderationsmaterial, das in den meisten Unternehmen zumindest in der Trainingsabteilung vorhanden ist bzw. das kommerziell erworben werden kann (z.B. Neuland-Moderatorenkoffer). Man braucht etwa 8 Papierbögen im Posterformat („Plakate"); 2 breite Filzschreiber für den Moderator; mindestens 20 Karten, 20 Pin-Nadeln, etwa 10 Klebepunkte und je 1 Textmarker pro Teilnehmer; mindestens 2 Klebestifte zum Festkleben der Karten auf den Postern. Benötigt werden ferner ein Overheadprojektor (mit Ersatzbirne) oder ein Beamer, eine Projektionswand und ein Zeigestab oder Laserpointer.

Der Moderator bringt folgendes Material zum Workshop mit: (a) Eine Kopie des Originalfragebogens und eine Kopie des Fokusberichts für die Teilnehmergruppe des Workshops; (b) Overheadfolien der Tabellen des Fokusberichts bzw. – bei elektronischer Präsentation – den entsprechenden Präsentationsfile bzw. den Zugangsschlüssel zu diesem File auf einem zentralen Server; (c) verschiedene Folien, die zur Einführung in den Workshop dienen, und (d) evtl. einige Formulare, in denen Ergebnisse und Planungen festgehalten werden.

Das einführende Material (c) umfasst Folien zum allgemeinen Aufbau der MAB, Auszüge aus dem Fragebogen, Erläuterungen zur Datenauswertung und den dabei verwendeten Statistiken, Folien mit allgemeinen Ergebnissen sowie Folien zu den allgemeinen Handlungsfeldern, die von der Geschäftsführung vorgegeben wurden.

Die Formulare (d) sind kleinere Ausarbeitungen wie z.B. eine Teilnehmerliste (mit Feldern für Namen, Unterschrift, Kostenstelle u.ä., je nach Erfordernissen), ein Vordruck zum Abschreiben der Plakate (mit Feldern für die Überschrift der Kartengruppierung und den Stichworten auf den Karten) und ein Vordruck zur Erfassung der Beiträge des Brainstorming (mit Feldern für das angesprochene Thema/Handlungsfeld und mit Feldern für die dazu gemachten Beiträge). Jedes Formular sollte ein Feld aufweisen, in dem der Workshop selbst beschrieben wird (Datum, Gruppe, Ort, Mo-

---

[163] So sollte man in dem in Abbildung 13.1 gezeigten Aufbau den Tisch an der Kopfseite entfernen, weil der Moderator dann leichter die Metaplan-Karten einsammeln kann. Im übrigen ist hier recht wenig Platz vorhanden wegen der übergroßen Tische. Evtl. könnte man die Tische durch Stühle mit Schreibablagen ersetzen.

derator). Die Formulare können auch vorab als Textfiles verteilt werden, damit sie der Moderator ggf. anpassen kann. Derartige Formulare sind zwar simpel, geben dem Moderator aber zusätzlich Sicherheit und vermindern das Risiko, dass keine vernünftige Dokumentation des Workshops erstellt wird.

Vorbereitung von MAB-Workshops durch den MAB-Koordinator

Der MAB-Koordinator organisiert die Zeitplanung der MAB-Workshops in Absprache mit den jeweiligen Vorgesetzten. Er versucht, geeignete Moderatoren zu finden und organisiert ggf. ein entsprechendes Training für diese Personen. Zudem übergibt er den Moderatoren das notwendige Material (siehe dazu den obigen Punkt) und weist sie in ihre Aufgabe ein.

Weiterhin hat der MAB-Koordinator die Aufgabe, sich auf dem Laufenden zu halten über den Stand der Workshops. Bei Verschiebungen und Engpässen kümmert er sich um entsprechende Ersatzplanungen.

Vorbereitung des Moderators auf einen MAB-Workshop

In Vorbereitung auf den Workshop (siehe Checkliste in Abbildung 13.11) macht sich der Moderator zunächst ein Bild davon, wie die Teilnehmer des Workshops die Dinge sehen. Dazu liest er den Fokusbericht. Er markiert darin, welche Ergebnisse ihm klärungsbedürftig erscheinen. Er stellt sich dabei die Frage, ob die Informationen im Fokusbericht ausreichen oder weiter erläutert werden müssen, bevor Aktionen geplant werden können.

Er prüft zudem, wo und wie sich die Themen allgemeiner Handlungsfelder in den MAB-Ergebnissen der jeweiligen Gruppe zeigen. Besonderes Augenmerk ist auf die Frage zu richten, ob es allgemeine Handlungsfelder gibt, die absolut irrelevant erscheinen für diese Gruppe. Dieser Fall ist zwar eher unwahrscheinlich, weil allgemeinen Handlungsfelder ja nicht aus der Luft gegriffen sind, sondern i.d.R. auf überaus deutlichen MAB-Befunden basieren. Es kann aber sein, dass die Gruppe sich gegen die Handlungsfelder „wehrt" (z.B. weil sie Arbeit bedeuten): Darauf sollte der Moderator vorbereitet sein.

Darüber hinaus erklärt der Moderator dem Vorgesetzten der Gruppe seine Rolle im MAB-Workshop und lässt sich diese bestätigen. Ziel ist, dass der Vorgesetzte sinngemäß folgendes sagt: „OK. Ich verstehe, wie Sie vorgehen wollen. Das leuchtet mir ein. Ich bin damit einverstanden." Der Moderator legt dar, dass es zu den normalen Spielregeln gehört, dass der Vorgesetzte dann, wenn der Itemblock „Direkter Vorgesetzter" besprochen wird, den Raum verlässt. Nach Abschluss dieses Itemblocks wird er wieder dazu geholt. Unmittelbar nach Beendigung des Workshops erhält er vom Moderator Feedback darüber, welche zusätzlichen Inputs die Gruppe zum Thema „Direkter Vorgesetzter" gegeben hat. Der Moderator erklärt, wie er diesen Abschnitt des Workshops moderieren will (sachlich, ausgewogen, konstruktiv) mit dem Ziel, die Befragungsergebnisse weiter zu präzisieren und zu konkretisieren.

Aktivitäten	wann?
❏ Sie erhalten den Termin für Ihren Workshop (WS) von Ihrem MAB-Koordinator. Außerdem bekommen Sie das Präsentationsmaterial (Fokusbericht, allgemeine Folien, Formulare).	[Datum]
❏ Nehmen Sie telefonisch Kontakt mit der für die Fokalgruppe verantwortlichen Führungskraft auf. Ziel: Gegenseitiges Kennenlornen. Erklären Sie der Führungskraft Ihre Rolle und lassen Sie sich diese bestätigen.	Wenn Termin für WS fest
❏ Checken Sie mit dem „Sekretariat" der Fokalgruppe ab: Ist der Raum gebucht? Ist der Raum richtig ausgestattet? (Overheadprojektor, Pin-wände, Stühle usw.) Wer stellt die Ausstattung sicher? Ist das Moderationsmaterial (Karten, Filzstifte, Plakate usw.) vorhanden oder bestellt? Ist eine Einladung an alle Teilnehmer erfolgt (wer, wann, wo)?	Wenn Termin für WS fest-steht
❏ Bereiten Sie Folien (bzw. den elektronischen Präsentationsfile) der Tabellenseiten vor.	2 Wochen vor WS
❏ Prüfen Sie, ob es allgemeine Handlungsfelder gibt, ob Sie diese und auch den allgemeinen MAB-Prozess verstanden haben; fragen Sie ggf. Ihren MAB-Koordinator.	2 Wochen vor WS
❏ Übergeben Sie den Fokusbericht an den Vorgesetzten der Gruppe.	Freitag vor WS
❏ Überprüfen Sie bei Verwendung einer elektronischen Präsentation die Hard- und Software vor Ort; führen Sie einen Probelauf durch.	2-3 Tage vor WS
❏ Lesen Sie den Fokusbericht: Machen Sie sich ein Bild davon, wie die Fokalgruppe die Dinge sieht und was konkreter herausgearbeitet werden sollte; prüfen Sie, welchen Bezug evtl. allgemeine Handlungsfelder zu den Ergebnissen der Fokalgruppe haben.	1-2 Tage vor WS
❏ Lesen Sie nochmals die Tipps und Hinweise in diesem Kapitel; fertigen Sie zwei Plakate an mit einem Zeitplan des WS bzw. mit den Spielregeln des WS.	1-2 Tage vor WS

Abbildung 13.11. Checkliste zur Vorbereitung eines MAB-Workshops durch den Moderator.

Der Moderator übergibt dem Vorgesetzten „am Freitagabend" vor dem Workshop den Fokusbericht für diese Gruppe[164], damit dieser sich vorbereiten kann und nicht im Workshop von den Befragungsergebnissen überrascht wird. Das ist insbesondere dann wichtig, wenn der Vorgesetzte negativ bewertet wurde, weil es ohne eine gewisse Vorbeschäftigung mit den Ergebnissen fast immer zu spontanem Abwehrverhalten kommt. Der Fokusbericht sollte bis zum Workshop vertraulich bleiben. Der Vorge-

---

[164] Die Organisation der Berichtsverteilung läuft heute vielfach nicht händisch, sondern programmgesteuert über das Intranet. Das ist vor allem in großen Firmen zuverlässiger, kostengünstiger, schneller und im Timing exakt planbar.

setzte darf aufgrund seines Vorabwissens nichts unternehmen und auch der Gruppe gegenüber keine „Andeutungen" irgendwelcher Art machen.

13.6 Präsentieren und Diskutieren von MAB-Befunden

Der Hauptabschnitt eines MAB-Worshops hat die Aufgabe, die MAB-Ergebnisse an die Gruppe zurückzuspiegeln und ggf. weiter aufzuarbeiten. Um dabei ein optimales Ergebnis zu erreichen, ist eine strukturierte Vorgehensweise erforderlich, die im folgenden weiter vertieft wird.

Aktivitäten bei der Bearbeitung eines Itemblocks

Die folgenden Schritte stellen eine Art Fahrplan für jeden Itemblock dar:

1. Zeigen Sie (=Moderator) zunächst die Folie(n) mit den MAB-Ergebnissen für den jeweiligen Itemblock. Zwei Beispiele für derartige Tabellenseiten sind in Abbildung 13.12 bzw. 13.13 wiedergegeben.
2. Bitten Sie die Teilnehmer, die Ergebnisse, die Ihrer Meinung nach oder nach Meinung der Teilnehmer erklärungsbedürftig sind, genauer zu erläutern (Kartenabfrage): „Was genau ist hier gemeint? Können Sie das bitte noch präzisieren, konkret beschreiben, evtl. aufschlussreiche Beispiele geben?" Jeder Teilnehmer soll dazu seine Kommentare auf Karten schreiben. Bitten Sie jeden teilzunehmen. Es gibt keine Beschränkungen dafür, wie viele Karten jeder Teilnehmer schreibt.
3. Sammeln Sie die Karten (wiederholt) ein.
4. Sortieren Sie die Karten grob nach ihrem Inhalt.
5. Gehen Sie dann die Kartenstapel mit der Gruppe durch. Zeigen bzw. lesen Sie die Karten den Teilnehmern vor (Abbildung 13.8).
6. Klären Sie mehrdeutige und allzu vage Karten. Bringen Sie die Teilnehmer dazu, möglichst präzise, prägnante Stichworte zu finden. Die Karten sollten später für sich selbst sprechen. Bitten Sie die Teilnehmer, die Karten ggf. neu zu schreiben.
7. Befestigen Sie die bearbeiteten Karten an der Pinwand in einer vorläufigen Gruppierung.
8. Überlegen Sie wiederholt zusammen mit den Teilnehmern, ob die Kartengruppierungen sinnvoll sind, ob man sie evtl. restrukturieren sollte, ob sich noch treffendere Überschriften finden lassen, ob man die Karten noch „knackiger" formulieren könnte oder ob man noch weitere Karten hinzufügen sollte. Neue Überschriften können dazu führen, dass einige Karten neu geschrieben werden müssen, dass neue Karten hinzukommen oder dass überflüssige Karten entfallen können.

Ein beispielhafter Itemblock und seine Ergebnisse

Abbildung 13.12 zeigt ein Beispiel für einen Itemblock aus einer MAB in einem großen Industrieunternehmen. Der Block enthält Items zu „Arbeitszielen, Arbeitsaufgaben, Tätigkeit", zusammen mit den Prozentsätzen, zu denen die Befragten aus der oben links als XYZ bezeichneten Gruppe diesen Items jeweils zugestimmt (*Ja%*)

MAB 1998: Gruppe XYZ

Arbeitsziele, Arbeitsaufgaben, Tätigkeit	Ja%	Nein%	Mittel
Meine gegenwärtigen Arbeitsziele sind mir völlig klar.	82	4	1.94
GB	(78)	(7)	(2.08)
Ich bin aktiv beteiligt an der Setzung meiner Arbeitsziele.	55	28	2.36
GB	(48)	(31)	(2.45)
Meine Arbeitsziele ändern sich viel zu oft.	25	46	3.87
GB	(36)	(33)	(3.25)
Ich bin ständig mit Arbeit überlastet.	33	34	3.08
GB	(24)	(46)	(3.65)
Meine Tätigkeit erlaubt mir, meine Fähigkeiten und Fertigkeiten einzusetzen.	45	38	2.73
GB	(63)	(12)	(2.15)
Ich habe genügend Freiheit zu entscheiden, wie ich meine Arbeit mache. .	58	32	2.31
GB	(63)	(25)	(2.13)
Alles in allem bin ich zufrieden mit meiner Tätigkeit.	68	23	1.97
GB	(78)	(12)	(1.67)

© HRC 1998 (ib) : MAB WS Demo Tabellen

1

Abbildung 13.12. Beispiel einer PPT-Tabellenseite mit MAB-Ergebnissen.

bzw. diese abgelehnt (*Nein%*) haben, sowie die entsprechenden Skalenmittelwerte der Antworten (auf der 5-stufigen Likert-Skala). Zusätzlich sind in den Tabellen die entsprechenden Ergebniswerte des Geschäftsbereichs („GB"), zu dem die Gruppe XYZ gehört, dargestellt.

Wie soll man diese Werte betrachten? Im Workshop ist es meist sinnvoll, sich zunächst einmal das letzte Item des Itemblocks anzusehen („Alles in allem ..."). In Abbildung 13.12 sehen wir, dass die „Alles-in-allem"-Zufriedenheit der Gruppe XYZ mit ihrer Tätigkeit etwas geringer ist als sonst im Geschäftsbereich GB. Das ist eine wichtige Beobachtung, weil die Tätigkeit eine der Hauptquellen der Arbeitszufriedenheit ist. Als Moderator sollten Sie also klären, was genau hier anliegt.

Sie beginnen mit dem ersten Item des Itemblocks. Dort stellen Sie fest, dass die Klarheit der Arbeitsziele kein Thema ist. Die Arbeitsziele sind klar. Lassen Sie sich nicht auf lange Diskussionen über die 4% „Nein"-Stimmen ein, insbesondere nicht darauf, von wem diese Stimmen stammen könnten.

Beim zweiten Item sehen Sie, dass sich die Mitglieder der Gruppe XYZ mindestens ebenso gut an der Setzung ihrer Ziele beteiligt fühlen wie die Mitarbeiter im Geschäftsbereich allgemein. Allerdings sind hier auch fast ein Drittel der Mitarbeiter nicht zufrieden. Das ist in einem Unternehmen, in dem Selbstverantwortung, Innovation, Eigeninitiative usw. gefordert werden, ein Hinweis darauf, das es hier Handlungsbedarf geben könnte. Keine Einbindung bedeutet meist auch kein Commitment.

Sie sollten daher evtl. klären, welche konkreten Vorstellungen die Gruppe von Beteiligung hat.

Arbeitsüberlastung scheint kein großes Thema zu sein: Ein Drittel fühlt sich überlastet, ein Drittel nicht, ein Drittel sagt „teils-teils". Die Arbeitsbelastung erscheint also gerade richtig zu sein. Sie könnten aber trotzdem um Klärung nachsuchen bei denen, die sich überlastet fühlen: Ist dort die Überlastung chronisch oder saisonal? Liegt sie am schlechten Management, an unvermeidlichen Umständen, am großen Geschäftsvolumen oder an anderem?

Das nächste Item zeigt, dass der „Einsatz von Fähigkeiten/Fertigkeiten" problematisch ist. Die Frage zielt auf herausfordernde, interessante Arbeit ab. Offenbar meinen in dieser Gruppe recht viele, ihre Zeit mit unterqualifizierter Arbeit zu vergeuden. Klären Sie die üblichen „W"-Fragen: Wo, wer, wann, warum, wobei usw.

Entscheidungsfreiheit bei der Arbeit ist ebenfalls ein Thema. Es ist möglicherweise verknüpft mit Überlastung oder mit der vermuteten qualitativen Unterforderung.

Ein Beispiel für den Itemblock „Vorgesetzter"

In Abbildung 13.13 ist ein zweites Beispiel für einen Itemblock gezeigt. Dieser enthält die Items zum direkten Vorgesetzten für die oben diskutierte Gruppe XYZ. Auch hier beginnt man am besten damit, einen Blick auf das letzte Item des Blocks („Alles in allem ... ") zu werfen. Dort erkennt man, dass der Vorgesetzte insgesamt recht positiv gesehen wird. (Ein eher typischer Befund in MABs: Die meisten Vorgesetzten bekommen positive „Noten" von ca. zwei Drittel ihrer Mitarbeiter.) Die 15% negativen Äußerungen sollten Sie daher nicht weiter thematisieren. Falls einige Teilnehmer doch darauf bestehen, schlagen Sie vor, auf dieses Item zurückzukommen, nachdem die Items mit auffälligeren Ergebnissen diskutiert wurden – falls das dann noch erforderlich sein sollte. Im übrigen könnten Sie darauf hinweisen, dass 100% Zufriedenheit normalerweise bei keinem Thema zu erwarten ist.

Gehen Sie nun zurück zum Anfang des Itemblocks. Wie Sie sehen, ist „Anerkennung" unproblematisch für diese Gruppe. Das zweite Item zeigt, dass die Bewertung des Feedback-Verhaltens des Vorgesetzten leicht über dem Durchschnitt (des GB) liegt. Es gibt aber noch Raum für Verbesserungen. Schauen Sie übrigens nicht nur darauf, ob ein Ergebnis besser oder schlechter ist als die Vergleichsnorm: Auch die absoluten Werte sind aussagekräftig. Seien Sie genau und achten Sie auf die Formulierung der Items: Beachten Sie z.B., dass das zweite Item sagt „... zu *meiner* Leistung". Führungskräfte sagen nämlich häufig, dass sie Feedback geben und zwar dem Team ganz *allgemein*. Hierum geht es aber nicht. Als Moderator könnten Sie das Feedback-Thema genauer verfolgen: „Worum geht es? Äußert sich der Vorgesetzte zu ungenau, zu allgemein oder zu vage? Kommt das Feedback zu selten? Ist es immer nur negativ?" Ähnlicher Klärungsbedarf ist für das vierte Item („Fördern der beruflichen Entwicklung") gegeben.

Sie sehen also, dass es nützlich ist, nicht nur einfach Item nach Item abzuarbeiten, sondern die Ergebnisse auch – wenn möglich – aus einer Position der Erfahrung oder der Theorie heraus zu betrachten. So wurden die Items ursprünglich auch formuliert: Es ging eben nicht nur um irgendwelche interessanten Fragen, sondern um die sy-

MAB 1998: Gruppe XYZ

Unmittelbare Führungskraft	Ja%	Nein%	Mittel
Ich bin zufrieden mit der Anerkennung, die ich von meiner unmittelbaren Führungskraft für gute Arbeit bekomme.	80	6	1.65
GB	(68)	(12)	(2.07)
Meine unmittelbare Führungskraft motiviert mich durch gutes Feedback (auf den Punkt, zeitnah, nachvollziehbar) zu meiner Leistung	54	24	2.46
GB	(46)	(38)	(2.75)
Ich bin zufrieden mit den Rückmeldungen die mir meine unmittelbare Führungskraft dazu gibt, wo und wie ich meine Leistung verbessern kann.	62	22	2.27
GB	(54)	(33)	(2.56)
Meine unmittelbare Führungskraft fördert meine berufliche Entwicklung.	75	6	1.84
GB	(74)	(12)	(1.95)
Meine unmittelbare Führungskraft unterstützt mich bei neuen Ideen.	41	0	2.66
GB	(58)	(0)	(2.85)
Meine unmittelbare Führungskraft informiert mich ausreichend über arbeitsbezogene Themen.	58	32	2.22
GB	(63)	(25)	(2.4)9
Meiner Meinung nach bemüht sich meine unmittelbare Führungskraft, die Meinungen Ihrer Mitarbeiter bei Entscheidungen zu berücksichtigen.	92	0	1.47
GB	(88)	(0)	(1.67)
Alles in allem bin ich zufrieden mit meiner unmittelbaren Führungskraft.	72	15	2.24
GB	(65)	(16)	(2.56)

© HRC 1998 (ib) : MAB WS Demo Tabellen

3

Abbildung 13.13. Beispiel einer PPT-Tabellenseite mit MAB-Ergebnissen

stematische Erfassung von wesentlichen Informationen eines Leistungs-Zufriedenheits-Systems!

Ein merkwürdiger Befund ist das Ergebnis beim Item „Unterstützung von Ideen". Es ist das einzige Item, bei dem die Ergebnisse weniger positiv sind als die Vergleichsnormen. Andererseits hat sich niemand negativ geäußert. Das sollten Sie klären. Vielleicht gibt es in diesem Team keinen Bedarf für „Ideen"? Oder vielleicht will hier niemand Neues einführen? Entspräche eine solche Orientierung der Strategie?

Das Beispiel in Abbildung 13.13 ist typisch in dem Sinn, dass der Vorgesetzte recht positiv beurteilt wird. Trotzdem geben einige Items durchaus Hinweise auf Handlungschancen im Bereich des Leistungsmanagements. Diese deutlicher zu machen und sie dann dem Vorgesetzten gegenüber zu vermitteln, ist eines der Ziele des Workshops.

13.7 Tipps und Hinweise für Moderatoren

Im folgenden sind zahlreiche Tipps und Hinweise für MAB-Workshopmoderatoren aufgeführt. Sie basieren auf Erfahrungen aus vielen derartigen Workshops in zahlreichen Firmen und Branchen. Die Lektüre dieser Empfehlungen soll auch dazu dienen,

sich eine Vorstellung davon zu machen, was in MAB-Workshops „abläuft", um sich
darauf entsprechend einzustellen.

Timing

- Achten Sie darauf, dass die Gruppe den Zeitrahmen des Workshops einhält. Damit
  Sie nicht als ständiger Zeitmahner auftreten müssen, vereinbaren Sie mit der
  Gruppe einen Zeitrahmenplan als Teil der Spielregeln. Diesen Zeitrahmenplan
  hängen Sie dann für alle sichtbar aus.
- Bestimmen Sie evtl. zusätzlich einen „Zeitwächter" aus der Gruppe selbst. Er soll
  bei Zeitüberschreitungen entsprechende Signale geben (z.B. eine rote Karte
  schwenken).
- Die in den obigen Checklisten angegebenen Zeiten dienen nur der ersten Orientierung. Sie müssen sie auf jeden Fall durch konkrete Uhrzeiten ergänzen und auf die
  geplante Länge des Workshops einstellen.
- Wenn Sie wenig Zeit haben oder wenn Sie Zeitprobleme von vornherein minimieren wollen, vereinbaren Sie zunächst mit der Gruppe, welche Itemblöcke zuerst
  behandelt werden und welche später in der verbleibenden Zeit adressiert werden.
  Treffen Sie diese Vereinbarung „datengestützt", am besten unter Zuhilfenahme einer Folie mit den Ergebnissen für die „Alles-in-allem-bin-ich-zufrieden mit..."-
  Items. Auf die weniger wichtigen Itemblöcke können Sie dann in einer zweiten
  Schleife zurückkommen, falls dafür noch Zeit ist. Ansonsten werden diese Items in
  späteren Meetings (z.B. innerhalb der Regelkommunikation) bearbeitet.
- Bei knappem Zeitrahmen können Sie evtl. die Phase III (Ziel- und Handlungsbil-
  der) ganz streichen. Diese Arbeit muss dann das Aktionsteam machen.

Rolle und Verhalten des Moderators

- Machen Sie der Gruppe klar, dass der Moderator letztlich keine Probleme lösen
  kann. Er hilft der Gruppe nur dabei, die Handlungsfelder möglichst klar und konkret zu erkennen.
- Als Moderator sollten Sie auf keinen Fall Versprechungen machen, dass diese oder
  jene konkrete Verbesserung umgesetzt wird, ja noch nicht einmal, dass gewisse
  Maßnahmen durchgeführt werden. Hierfür sind Sie nicht zuständig. Für Aktionen
  ist das Aktionsteam bzw. das Management verantwortlich. Sie sollten aber deutlich machen, dass eine gute Analyse die Voraussetzung für gute Lösungen ist.
  Wenn der Workshop zu Ende ist, ist auch die Rolle des Moderators zu Ende: Dann
  ist die Gruppe wieder auf sich allein gestellt.
- Als Moderator kommen Sie leicht in einen Rollenkonflikt. Wer ist Ihr Kunde? Ist
  es die Gruppe oder ist es die Führungskraft? Oder ist es der Vorstand oder die
  Firma? Diese Konflikte sind nur lösbar, wenn Sie als Moderator anstreben, dass
  jede Interessensgruppe „gewinnt", zumindest aber, dass keine Gruppe als Verlierer
  dasteht. Insbesondere darf der Workshop nicht so laufen, dass sich die Teilnehmer
  auf die Führungskraft oder auf das Management „einschießen".
- Als Moderator dürfen Sie durchaus klarmachen, dass auch Sie gewisse Erwartungen an die Gruppe haben. Hierzu gehören, dass ...

- sich die Teilnehmer an die Spielregeln halten
- die Gruppe für das Workshop-Ergebnis Mitverantwortung übernimmt und sich nicht einfach passiv zurücklehnt und alles dem Moderator überlässt
- die Gruppe für Qualität und Quantität der Beiträge hauptverantwortlich ist
- die Diskussion offen, aber sachlich verläuft
- die Gruppe eine gewisse fachliche Unwissenheit des Moderators akzeptiert

- Als Moderator müssen Sie *neutral* bleiben. Sie sollten Ihre persönlichen Meinungen und Einstellungen nicht einbringen. Lassen Sie auch Ihr „Ego" zu Hause.
- Versuchen Sie nicht, sich bei der Gruppe beliebt zu machen. Sachliche Moderation führt zu besseren Ergebnissen.
- Gehen Sie mit Kritik an den Beiträgen der Teilnehmer vorsichtig um. Kritik ist nur sinnvoll im eigentlichen Sinn des Wortes, d.h. wenn sie dazu dient, die Dinge besser zu *differenzieren*: Was ist negativ, was ist positiv; was ist genau gemeint, was nicht; was ist sinnvoll, was nicht usw. Sie soll die zunächst meist eher vagen Beiträge „befragen" und dient damit dem Zweck, zu möglichst genauen (konkreten, differenzierten, spezifischen) Erkenntnissen zu kommen.
- Persönliche Angriffe seitens der Gruppe brauchen Sie nicht hinzunehmen. Bleiben Sie ruhig und verdeutlichen Sie, dass Sie die Moderation im Auftrag der Geschäftsführung durchführen (oft zusätzlich zur normalen Arbeit). Sie bemühen sich darum, die Gruppe zu einem guten Ergebnis zu führen. Ihre Aufgabe ist nach dem MAB-Workshop beendet. Die Themen der Gruppe aber bleiben.

Präsentieren der MAB-Ergebnisse

- Lesen Sie nicht jedes Item wörtlich vor. Das dauert zu lange und ist langweilig. Die Teilnehmer sehen die Items selbst auf den Folien. Lesen Sie allenfalls die ersten paar Items vor. *Screenen* Sie später nur noch die Items der jeweiligen Tabelle und charakterisieren Sie ihren Inhalt nur stichwortartig.
- Beim Vortragen der Statistiken immer zunächst die *Ja%*-Antworten aufzeigen. Die *Nein%*-Ergebnisse sind nur gelegentlich interessant. Der Mittelwert spielt nur eine ergänzende Rolle: Wenn z.B. *Ja%*=100, dann kann man dem Mittelwert zusätzlich entnehmen, wie extrem die Zustimmung ist.
- Meist gilt, dass *Ja%+Nein%* ≠100. Der Differenzbetrag zu 100 entspricht dem Anteil der Personen, die mit „Teils-teils" antworten. Achtung: Eine „Teils-teils"-Antwort ist keine Enthaltung, sondern eine *gemischte* Einstellung oder Meinung!
- Falls die Teilnehmer die Ergebnisse der Befragung allzu offensichtlich und trivial finden („Was soll das alles? Das ist doch alles sowieso bekannt!"), sollten Sie einmal die Statistiken abdecken und die Teilnehmer einige Ergebnisse raten lassen. Diese werden dann schnell merken, dass die Zahlen nicht so offensichtlich sind, wie sie erscheinen mögen.

Aufarbeiten der MAB-Ergebnisse

- Die Zeit reicht selten aus, um alles zu besprechen. Bisweilen wollen einige Teilnehmer gerade zu Beginn des Workshops alles bis ins kleinste Detail diskutieren, auch dann, wenn es sich nur um Nebensächlichkeiten handelt oder um Themen, die nur für Einzelne relevant sind. Versuchen Sie, die Gruppe zu den Hauptthemen zurückzuführen. Ansonsten bleibt der Workshop stecken.

- Erläutern Sie die sog. 80:20-Regel (*Pareto*-Regel). Die Regel besagt, dass dann, wenn von allen Themen die 20% wichtigsten identifiziert und bearbeitet werden, 80% des möglichen Nutzens erreicht wird.

- Die Stichworte auf den Karten sind Gedächtnisstützen für das Aktionsteam. Sie sollten knackig und treffend sein. Keine Aufsätze oder Romane. Und: Leserlich schreiben. Nicht mehr als 3-5 Wörter auf einer Karte.

- An den Pinwänden werden nur Karten mit unterschiedlichem Inhalt angebracht. Falls zwei Karten mit ähnlichem Inhalt produziert werden, muss der Moderator klären, ob sie das Gleiche bezeichnen. Gegebenenfalls müssen treffendere Stichworte gefunden werden. Die Anzahl der Karten ist *kein* Indikator für die Wichtigkeit einer Thematik. Nicht die Zahl, sondern die inhaltliche Qualität der Karten ist entscheidend.

- Letztendlich entscheidet die Gruppe und nicht der Moderator, welche Karten an die Pinwand kommen. Im Zweifelsfall fragt der Moderator die Gruppe, ob die Karte an die Pinwand gehängt werden soll oder nicht.

- Wenn Sie als Moderator Entscheidungen von der Gruppe wünschen (z.B. in der Frage, ob eine Thematik hinreichend abgearbeitet ist und ob man nun zum nächsten Thema übergehen sollte), dann lassen Sie ggf. per Handzeichen abstimmen, besonders dann, wenn einzelne Teilnehmer beginnen, sehr dominant zu werden. Ihre Interpretation von Gesichtsausdrücken oder einzelner Zunick-Reaktionen ist kein Ersatz für eine konkrete Gruppenentscheidung.

- Beiträge, die nur ein Ergebnis der Befragung wiederholen, sind nutzlos. Wenn die Befragung z.B. Unzufriedenheit mit der Kommunikation ergeben hat und eine Karte lautet „Schlechte Kommunikation", bringt dieser Kommentar keinen Gewinn. Der Moderator sollte hier nach weiteren Details fragen: „Welche Kommunikation? Durch wen? Wann? Sind die Kanäle und Medien schlecht? Ist die Face-to-face-Kommunikation schlecht? Usw." Solche Rückfragen müssen aber diplomatisch erfolgen und erkennen lassen, dass es dem Moderator um Klärung geht, nicht um ein Kreuzverhör.

- Besondere Achtung ist geboten bei Dingen, die Ihnen als Moderator ganz unklar erscheinen, wo aber die Teilnehmer abwinken: „Ist schon klar so. Das brauchen wir nicht weiter zu klären." Prüft man jedoch genauer nach, so stellt sich oft heraus, dass jeder unter den verwendeten Schlagworten etwas anderes versteht. Der Moderator sollte sich hier ggf. „dumm stellen" und sich die Dinge von einem Teilnehmer aktiv erklären lassen. Das führt oft zu Widersprüchen anderer Teilnehmer und damit zu einer klärenden Diskussion.

- Die Karten müssen in der Regel wiederholt umgehängt und neu gruppiert werden. Der Moderator sollte die Gruppe immer wieder dazu anregen, nach sinnvollen Gruppierungen der Karten und nach guten Überschriften für diese Gruppierungen zu suchen. Eine Art Ping-Pong-Spiel zwischen Überschriften/Gruppierungen auf der einen Seite und Inhalten/Karten auf der anderen führt immer zu besseren Ergebnissen als ein Hintereinanderaufhängen von Karten! Vermeiden Sie auf jeden Fall einen „Kartenbrei". Fast ebenso nutzlos sind *Scheinstrukturierungen* der Karten unter vagen Allgemeinüberschriften. Ein Beispiel hierfür sehen Sie in Abbildung 13.8. Dort erscheint z.B. die Überschrift „Information und Kommunikation", eine bequeme Sammelkategorie für Denkfaule. Hier müsste der Moderator die Gruppe stärker fordern, die Thematik besser zu strukturieren.

- Sehr viele verschiedene Kartengruppierungen sind das andere Extrem. Sehr detaillierte Feinstauflösungen erfordern ebenfalls wenig Intelligenz. Erreicht werden sollte eine Auflösung in höchstens ca. 7 Kartengruppierungen. Braucht man doch mehr Kategorien, dann sollte man eine hierarchische (verschachtelte) Gruppierung vornehmen, also innerhalb einzelner Kartengruppierungen ggf. nochmals Untergruppierungen einziehen.
- Zur visuellen Strukturierung können Sie die Karten für Überschriften in einer anderen Farbe wählen als die Karten für einfache Stichworte. Es genügt aber auch, Überschriften zu unterstreichen.
- Lösungsvorschläge sollten zunächst zurückgestellt werden. Die Aufgabe des Moderators ist es, die Themen zu klären, an denen weiter gearbeitet werden muss. Für Lösungen ist dann das Aktionsteam zuständig. Falls trotzdem Lösungen vorgeschlagen werden, werden diese notiert und an das Aktionsteam weitergeleitet. (Personen, die stark in Lösungen denken, wären u.U. gute Kandidaten für dieses Aktionsteam.)
- Bei der Bearbeitung der Items wird zwischen verschiedenen Aktivitäten wie Kartenschreiben, Diskussion, Nachfragen usw. hin- und hergesprungen. So lange Fortschritte erzielt werden, ist dieses Springen völlig in Ordnung. Wenn sich die Dinge allerdings im Kreis drehen, sollte der Moderator eingreifen. Eine gute Methode hierfür ist es, dass der Moderator ein Zwischenfazit des jeweiligen Themas zu ziehen versucht, damit die Gruppe sieht, dass man zu einem Abschluss kommen muss.

Diskussionen und Verhaltensweisen der Teilnehmer

- Alle Teilnehmer des MAB-Workshops haben die Gelegenheit, sich aktiv zu beteiligen. Als Moderator sollten Sie passive Teilnehmer ggf. vorsichtig zur Teilnahme ermuntern, z.B. dadurch, dass Sie diese fragen: „Was meinen Sie dazu?" Eine aktive Teilnahme ist aber freiwillig. Einige Teilnehmer werden es vorziehen, nur Karten zu schreiben und sich nicht mündlich zu beteiligen.
- Versuchen Sie, überlange Diskussionen zu beenden. Wenn ein Diskussionspunkt geklärt ist, nicht weiter auf diesem herumreiten, sondern zum nächsten Punkt übergehen. Hierzu ggf. auf die begrenzte Zeit hinweisen.
- Achten Sie darauf, dass die Diskussionen nicht stecken bleiben. Stellen Sie wiederholt Fragen wie z.B.: „Können wir dieses Thema abschließen? Gibt es hierzu wesentliche Punkte, die wir noch nicht abgedeckt haben? Können wir dann zum nächsten wichtigen Thema übergehen?" Gegebenenfalls lassen Sie die Gruppe darüber abstimmen, ob die Diskussion zu einem Thema beendet werden soll.
- Erinnern Sie die Gruppe ab und zu an das Zeitlimit. Verweisen Sie auf den ausgehängten Zeitplan: „Wo sind wir und was bleibt noch zu tun?" Die wichtigsten Fragen müssen im MAB-Workshop angesprochen werden. Weniger wichtige Punkte

können in einem späteren Meeting wieder aufgegriffen – in einen „Themenspeicher" aufnehmen! – oder ggf. am Ende des Workshops nochmals besprochen werden.

- Ermuntern Sie die Teilnehmer wiederholt dazu, Karten zu schreiben. Wenn alle Teilnehmer gleichzeitig Karten produzieren, können viel mehr Informationen gesammelt werden als in reinen Diskussionsrunden.

- Um die Teilnehmer dazu zu bringen, tatsächlich Karten zu schreiben, können Sie gleich beim ersten Themenblock wie folgt beginnen: „Ich lasse Ihnen jetzt 3 Minuten Zeit, Karten mit entsprechenden Stichworten zu schreiben. Bitte beginnen Sie jetzt!" Wenden Sie sich dann für die folgenden 3 Minuten von der Gruppe ab und lassen Sie die Teilnehmer in Ruhe arbeiten.

- Diskussionen sollten fokussiert bleiben und nicht in Philosophisch-Allgemeines abschweifen. Die Gruppe sollte an der Klärung konkreter Fragen arbeiten als Vorbereitung für zielgenaue Aktionen.

- Allgemeines Meckern, Gestöhne, Gejammer, Lamentieren usw. sind letztlich wenig hilfreich.

- Bringen Sie Teilnehmer, die Beiträge per Zuruf machen, dazu, sich kurz zu fassen.

- Wenn einige Workshop-Teilnehmer eine besonders negative oder unkooperative Einstellung zeigen, weisen Sie evtl. nochmals auf den Zweck des Workshops hin. Die Workshops wurden von der Geschäftsleitung veranlasst. Sie kosten Zeit und Geld. Sie sind also eine Investition, bei der greifbare Ergebnisse erzielt werden müssen. Aufgabe des Moderators ist es, der Gruppe beim Erreichen dieses Ziels zu helfen.

- Wenn Ergebnisse dargestellt werden, die das Selbstbild der Teilnehmer angreifen, reagieren diese meist mit Kritik[165]. Bringen Sie die Gruppe dazu, sich den Ergebnissen zu stellen und aus ihnen etwas Positives zu machen statt zu versuchen, sie mit endlosen Gegenargumenten[166] abzuwerten. Die meisten solcher Gegenargumente sind ohnehin nur Abwehrversuche.

- Weisen Sie Gegenargumente aber nicht einfach ab, sondern versuchen Sie, diese möglichst gleich zu Anfang auszuräumen. Die meisten Gegenargumente sind nicht neu. Sie lassen sich leicht mit Standardargumenten entkräften (siehe S. 350).

- Wenn eine Gruppe besonders unzufrieden ist, muss der Moderator versuchen, die Teilnehmer auf einen konstruktiven, vor allem aber sachlichen Pfad zurückzuführen. Minimalvoraussetzung dafür ist, dass die Beiträge der Teilnehmer konkret und präzise sind. Reines „Auskotzen" oder vages Jammern und Stöhnen führt nicht zu konkreten Maßnahmen.

- Spekulationen darüber, wer was und mit welcher Absicht in der Befragung geantwortet hat, darf der Moderator nicht zulassen. Die Ergebnisse der Befragung müssen als Daten akzeptiert werden.

---

[165] Siehe hierzu auch S. 312: „Ergebnisrückspiegelung und Verhalten der Zuhörer".

[166] Beispiele für Gegenargumente: „Die Befragten haben das Item vermutlich nicht richtig verstanden", „unmöglich", „objektiv falsch", „möglicherweise ein Fehler bei der Datenanalyse", „Teilnahmequote ist zu gering", „die Benchmarkwerte sind für uns nicht relevant"; „hierauf haben wir keinen Einfluss", „das ist die Schuld von denen da oben".

Behandlung der Aufwärtsbeurteilungen zur Führungskraft

- Beim Itemblock „Direkter Vorgesetzter" verlässt der Vorgesetzte den Raum. Bei diesem Itemblock schreibt der Moderator die Karten ab bzw. er schreibt sie gleich selbst auf Zuruf, um Anonymität zu gewährleisten.
- Wenn Punkte besprochen werden, die sich auf einzelne Personen (insbesondere Führungskräfte) beziehen, müssen die Kommentare sachlich und fair („politically correct") bleiben. Persönliche Diffamierungen, Fragen des Geschmacks, Angriffe unter der Gürtellinie, Klatsch und Tratsch müssen Sie sofort unterbinden. Verweisen Sie auf die Spielregeln (Aushang).
- Wenn der Vorgesetzte recht negativ kritisiert wird, dann können Sie mit einer Sammlung von Stärken beginnen („Beginnen wir damit, dass Sie mir sagen, was diese Person besonders gut macht. Welche Stärken hat diese Person?"). Fragen Sie dann, wo die Teilnehmer Verbesserungsmöglichkeiten sehen („Wo ist noch Luft drin? Woran sollte diese Person, Ihrer Meinung nach, arbeiten?"). Für die Führungskraft ist es viel einfacher, Kritik und Anregungen zu akzeptieren, wenn die Gruppe sich um ausgewogenes Feedback bemüht hat! Es gibt keine Person, die nicht irgendwelche Stärken hat.
- Versuchen Sie aber *nicht* im Rahmen des MAB-Workshops zu einer umfassenden Aufwärtsbeurteilung des Vorgesetzten zu kommen. Verlieren Sie nicht die MAB und ihre Items aus dem Auge! Behandeln Sie die Thematik wie alle anderen auch, d.h. versuchen Sie *die MAB-Ergebnisse zu klären und zu konkretisieren*.
- Wenn der Itemblock „Direkter Vorgesetzter" bearbeitet ist, decken Sie die Inputs/Karten zu dieser Thematik ab (Pinwand zuhängen und umdrehen) und bitten dann die Führungskraft wieder herein. Erst im Anschluss an den Workshop erhält der Vorgesetzte Feedback vom Moderator.

Brainstorming zu den Handlungsfeldern

- Handlungsfelder, die vom Management her („von oben") eingebracht werden, sind *Aufträge* für die Teilnehmer. Sie müssen (als Teams oder als Führungskräfte für ihren Verantwortungsbereich) zu diesen Handlungsfeldern konkrete Aktionen planen, umsetzen und hierüber berichten. Das Brainstorming im WS dient dazu, die Teilnehmer für diese Aufgabe „vorzuwärmen" und jeden bei der Formulierung von Zielvorstellungen und Visionen zu beteiligen. Maßnahmen sind oft leichter auszuarbeiten, wenn man Vorstellungen von einem Idealszenario hat.
- Der Auftrag lautet: „Die Gruppe muss zu mindestens einem der allgemeinen Handlungsfelder einen konkreten Aktionsplan ausarbeiten, den sie selbst umsetzen will. Sollte die Gruppe selbst keinerlei Handlungsmöglichkeiten sehen, dann muss sie wenigstens eine genaue Beschreibung eines Zielszenarios und seines Nutzens erarbeiten. Die Ergebnisse müssen der übergeordneten Führungskraft bis zum [Datum] zur Entscheidung berichtet werden. Es ist möglich, dass allzu magere Beiträge zur nochmaligen Bearbeitung an die Gruppe zurückdelegiert werden."
- Beim Brainstorming geht es zunächst nur um Quantität, also darum, dass möglichst viele Beiträge von möglichst vielen Personen kommen („Divergenz"). Exotische Ideen, Spinnereien usw. sind *willkommen*. Sie dürfen zunächst weder disku-

tiert noch kritisiert werden. Die Teilnehmer werden dazu ermuntert, auf den Beiträgen anderer aufzubauen (Kaner et al., 1996).

- Gehen Sie beim Brainstorming entweder per Kartenabfrage vor oder verbal per
Zuruf. Im letzteren Fall ist es für die Teilnehmer einfacher, auf den Ideen anderer
aufzubauen. Wenn Sie es sich zutrauen, die Übersicht zu behalten und sie die Do-
minanz einzelner Teilnehmer verhindern können, ist das „akustische Chaos" am
produktivsten. Wenn Sie mehr Struktur brauchen, dann verwenden Sie eine Karus-
sellabfrage (Watershed Liveware, 1997).

- Falls die Gruppe sehr strukturiert ist und noch Zeit zur Verfügung steht, sollten die
Beiträge sortiert und durch entsprechende Überschriften strukturiert werden. Unklare Formulierungen und Stichworte sollten präzisiert werden.

Besondere Verhaltensweisen von Führungskräften in MAB-Workshops

- Die wenigsten Führungskräfte sind Experten auf dem Gebiet der Humanressourcen. Sie beurteilen die Daten naiv, intuitiv und aus ihrer Erfahrung heraus. Trotz
oder sogar wegen ihres Mangels an Expertise verteidigen sie ihre Sichtweisen oft
recht emotional. Sie attackieren dabei gerne den Moderator („Sie haben keine Ma-
nagementerfahrung!", „Sie haben keine Ahnung von unserem Tagesgeschäft!")
oder verweisen darauf, was sich angeblich bewährt hat. Lassen Sie sich auf keine
Diskussionen ein. Berichten Sie lediglich die Befunde und empfehlen Sie zu überlegen, welche Chancen für Verbesserungen sie aufzeigen.

- Führungskräfte bringen oft allerlei Gegenargumente zu den Ergebnissen vor. Diese
sind legitim, so lange sie dazu dienen, die Bedeutung der Ergebnisse abzutesten.
Danach sind sie nur noch Abwehrversuche, die bezwecken, eine für sie lästige
Thematik loszuwerden. Die folgenden Gegenargumente sind die häufigsten:

  - *Argument*: „Was die Mitarbeiter sagen, stimmt einfach nicht!" *Antwort*: „Die
  Wahrnehmung der Mitarbeiter ist ihre Realität[167]. Wenn das so nicht stimmt,
  dann haben Sie möglicherweise ein Kommunikationsproblem. Im übrigen kann
  man zeigen, dass sich mit derartigen MAB-Daten Verhalten vorhersagen lässt.
  Ist z.B. die Unzufriedenheit hoch, ist i. Allg. auch die Krankheitsrate höher.
  Das ist objektiv messbar!"

  - *Argument*: „Die Mitarbeiter haben die Items vermutlich nicht verstanden." *Antwort*: „Nicht wahrscheinlich. Der Fragebogen wurde vorab (in Pretests)
  ausführlich auf seine Verständlichkeit überprüft. Ein Bericht dazu liegt vor."

  - *Argument*: „Die Mitarbeiter haben die MAB nicht ernst genommen und nur Verlegenheitsantworten gegeben." *Antwort*: „Nicht wahrscheinlich. MAB-Daten
  passen i.d.R. sehr gut zusammen. Sie sind stimmig. So lässt sich aus den Antworten auf Item X vorhersagen, was die Personen auf Item Y geantwortet haben. Zufallszahlen korrelieren nicht systematisch."

  - *Argument*: „Das hätte ich Ihnen alles schon vorher sagen können. Die Ergebnisse

---

[167] In Managementkreisen sagt man oft: „Perception is reality". Damit ist gemeint, dass „peoples'
level of motivation, affective states, and actions are based more on what they believe than on what is
objectively true" (Bandura, 1997, S. 2).

sind trivial. Die MAB hätte man sich schenken können." *Antwort*: „Stimmt sicher nicht in jeder Beziehung. Das zeigt ein Vergleich der Prognosen des Managements (und auch des Betriebsrats oder des Koordinationsteams) mit den MAB-Ergebnissen. Da gibt es z.T. große Differenzen. Im übrigen: Jetzt wissen Sie es; vorher haben Sie es nur vermutet."

- *Argument*: „Die Befragten haben sich absichtlich besonders negativ (oder positiv) geäußert, um damit eine bestimmte Folgehandlung zu erzwingen." *Antwort*: „MAB-Werte und ihre Strukturen sind über viele Unternehmen hinweg ähnlich (Benchmarks). Das macht starke Verfälschungen wenig wahrscheinlich. Zudem würde darunter auch die Stimmigkeit der verschiedenen Aussagen leiden."

• Fast alle Führungskräfte haben eine naive Theorie über den Zusammenhang von Zufriedenheit und Leistung. Die Theorie ist meist, dass zufriedene Mitarbeiter mehr leisten. Daher steht das Thema Zufriedenheit oft stark im Vordergrund. Versuchen Sie, von dieser Fixierung wegzukommen und die Diskussion auf „Zufriedenheit und Leistung" zu bringen. Wenn Sie bei Zufriedenheit hängen bleiben, werden sich nur hygienische Maßnahmen ergeben. Das Ziel der Einbindung aller Mitarbeiter *als Erwachsene* (Mitverantwortliche, Mitdenker, Mitunternehmer usw.) wird nicht erreicht.

Feedback an den Vorgesetzten (im Anschluss an den MAB-Workshop)

• Sie sind als Feedbackgeber dann erfolgreich, wenn der Vorgesetzte die Rückmeldungen als die Sichtweise der Mitarbeiter akzeptiert und in ihnen nützliche Hinweise für positive Veränderungen erkennt.
• Lassen Sie sich nicht auf Diskussionen darüber ein, wer was gesagt hat. Diese Frage ist bedeutungslos, weil letztlich die gesamte Gruppe entscheidet, welche Kommentare an den Vorgesetzten gehen sollen. (Nämlich diejenigen, die auf den Karten dokumentiert sind.)
• Es kann sein, dass der Vorgesetzte die Inputs der Gruppe als „objektiv falsch" bewertet. Lassen Sie sich hierzu auf keine Diskussion ein, weil Sie den den Wahrheitsgehalt der Inputs nicht beurteilen können. Letztlich kommt es darauf aber auch nicht an: Die Inputs spiegeln Eindrücke und Wahrnehmungen der Befragten wider und sind in diesem Sinn wahr. Entscheidend ist, dass Eindrücke und Wahrnehmungen das Verhalten bestimmen. Wenn ein Mitarbeiter Dinge nicht so wahrnimmt wie der Vorgesetzte, dann sollte sich der Vorgesetzte mehr darum bemühen, seine Sichtweise zu erklären und zu „verkaufen".
• Beachten Sie, dass niemand gerne negativ kritisiert wird. Daher ist es natürlich, dass sich der Vorgesetzte fast immer gegen negative Kritik wehrt. Dazu werden oft zahlreiche Argumente gegen die Deutung der Ergebnisse vorgebracht, z.B. das Argument, dass diese Kritik unberechtigt ist. Motiviert ist dieses Abwehrverhalten nicht selten dadurch, dass der Vorgesetzte sein Bild von sich selbst als einer kompetenten und beliebten Führungskraft verteidigen möchte. Andererseits kann negative Kritik natürlich auch der Karriere der Führungskraft schaden. Der Moderator

muss daher soziale Kompetenz besitzen und evtl. Coaching-Techniken anwenden oder erläutern, was andere Führungskräfte in ähnlichen Situationen getan haben. Ggf. geben Sie dem Vorgesetzten auch schriftlich ausgearbeitete Hinweise und Empfehlungen dazu, wie man mit Feedback umgeht und wie man dieses in positive Veränderungen umsetzen kann (siehe Tabellen 11.2-3).

• Der Moderator sollte darauf achten, dass bei der Arbeit mit den Ergebnissen des Workshops die quantitativ-statistischen Ergebnisse der MAB nicht übersehen werden. Die Beiträge des MAB-Work-shops *ergänzen* nur die Ergebnisse der Befragung, ersetzen sie aber nicht. Gehen die statistischen Ergebnisse verloren, ist man fast wieder dort, wo man angefangen hat, nämlich bei Einzelaussagen und Anekdoten.

13.8 Varianten des traditionellen MAB-Workshops

Der oben beschriebene traditionelle MAB-Workshop ist zugeschnitten auf Abteilungen, Filialen oder andere Arbeitsgruppen an der Basis. Für andere Gruppen und andere Rahmenbedingungen kann man den Workshop aber evtl. modizifizieren (oder ein anderes Design wählen; siehe dazu Abschnitt 13.9).

MAB-Workshops mit Führungskräften

Bislang wenig beachtet geblieben in der Literatur ist die Frage, ob und in welcher Weise Gruppen von Führungskräften über die MAB-Ergebnisse informiert werden bzw. wie sie diese Ergebnisse weiter aufarbeiten sollen. Ursprünglich stammt das Design von Mitarbeiterbefragungen eher aus einem Ansatz des Bottom-Up-Denkens. Führungskräfte spielten darin nur eine nachgeordnete Rolle. Mittlerweile haben sich MABs aber verändert zu Instrumenten, in die alle Ebenen eingebunden sind. Führungskräfte, an die nur Nicht-Führungskräfte berichten, sind zwar in den Basis-Workshops vertreten, aber nur in einer besonderen Rolle, nämlich der des Vorgesetzten. Die *besonderen* Themen und Probleme, die sie als Vorgesetzte haben, können sie in diesen Workshops nicht ventilieren. Mittlere Führungskräfte sind in den Basis-Workshops nicht vertreten. Dabei gelten gerade sie in der Praxis oft als notorische Bremser jeglicher Veränderung. Daher kann man eigentlich nicht hoffen, dass Veränderungsmaßnahmen sonderlich erfolgreich sein werden, wenn man diese Führungskräfte nicht systematisch einbindet und ihre besonderen Anliegen und Probleme berücksichtigt.

Wenn man MAB-Workshops für Führungskräfteteams so durchführt, dass sie *zeitlich vor* den MAB-Workshops der unteren Ebenen liegen (wenn man also kaskadisch von oben nach unten vorgeht), werden damit zugleich noch wichtige Zusatzeffekte erzeugt. Die Teilnehmer wissen dann aus eigener Erfahrung, wie derartige Workshops ablaufen und können ihre Mitarbeiter entsprechend informieren. Außerdem haben sie bereits selbst Erfahrungen gemacht mit dem Thema Vorgesetzter aus der Sicht eines unterstellten Mitarbeiters, falls dieser Itemblock in ihrem Workshop diskutiert wird. Sie können sich darauf einstellen, dass sie selbst in ähnlicher Weise beurteilt werden und auf welche Spielregeln dabei geachtet wird. Der Eindruck eines fairen Verfahrens wird zudem dadurch verstärkt, dass sich die übergeordneten Führungskräfte auch einer Beurteilung stellen.

MAB-Workshops mit Führungskräften können nach den gleichen Prinzipien ablaufen wie die oben beschriebenen Basis-Workshops. Zunächst muss für die jeweilige Gruppe eine besondere Auswertung der Umfragedaten erstellt werden. Für den Workshop selbst wird manchmal bis zu 4 bis 5 Stunden Zeit angesetzt, weil in der Diskussion vor allem übergreifende Fragen, insbesondere Führungsfragen im Vordergrund stehen, die weniger griffig sind als z.B. Arbeitsplatzbedingungen. Ob dieser Zeitbedarf allerdings immer erforderlich ist, hängt sehr von der MAB und ihren Fragen, von den Teilnehmern und vom Moderator ab. Allzu viel Zeit kann auch dazu führen, dass viel Palaver entsteht. Außerdem sind Führungskräfte in vielen Unternehmen gewohnt, mit ihrer Zeit sehr sorgsam umzugehen und daher recht schnell zu den wichtigen Dingen zu kommen.

MAB-Workshops mit Nacharbeit des Moderators

Führungskräfte-Workshops sind Veranstaltungen, an deren Ergebnissen das Top-Management oft besonders interessiert ist. Sie lassen sich daher gerne vom Moderator darüber berichten, so dass dieser darüber einen entsprechenden Bericht verfassen sollte. Die einfachste Form hierfür ist die, die Karten und Kartengruppierungen (inkl. ihrer Überschriften) in einer Art Ergebnisprotokoll zu dokumentieren. Meist schwebt dem Top-Management aber mehr vor. Sie suchen sich für derartige Workshops daher gerne Moderatoren aus, die kompetent genug sind, die Führungskräfte zu „fordern" und dann darüber zu berichten, wie diese darauf reagiert haben und wie der Moderator als externer Berater dies beurteilt. Letztlich soll der Moderator-Berater auch eine Theorie darüber entwickeln, wie die Aussagen und Diskussionsbeiträge der Führungskräfte zusammenpassen und wie sie zu erklären sind. In Abbildung 13.14 ist ein Praxisbeispiel für eine solche Theorie dargestellt. Sie basiert auf Workshops mit ca. 70 Führungskräften in einem HighTech-Unternehmen. Die Textblöcke zeigen die von den Führungskräften benannten Probleme und Fragen, die Ellipsen die zugehörigen Erklärungskonstrukte. Die Pfeile repräsentieren Ursache-Wirkungszusammenhänge (geschlossen = B hängt von A ab; gestrichelt = A beeinflusst B). Im vorliegenden Beispiel werden von diesen Führungskräften viele Probleme letztlich dem Top-Management angelastet. Das ist für das Top-Management eine nützliche Information, auch wenn sie nur eine Theorie des Moderators[168] ist. Das Netzwerk eignet sich gut als kompakte Grundlage für die weitere Arbeit.

MAB-Workshops mit knapper Zeit

In vielen Unternehmen (z.B. in Produktionsbetrieben) ist es nicht möglich, ein MAB-Workshop von 3 Stunden Dauer durchzuführen. Falls sich die Workshops nicht z.B.

---

[168] Es gibt Möglichkeiten, solche Theorien weiter zu validieren (Coffey & Atkinson, 1995). Im gegebenen Fall wurde das Netzwerk lediglich mit einigen „neutralen" Personen diskutiert und von diesen bestätigt.

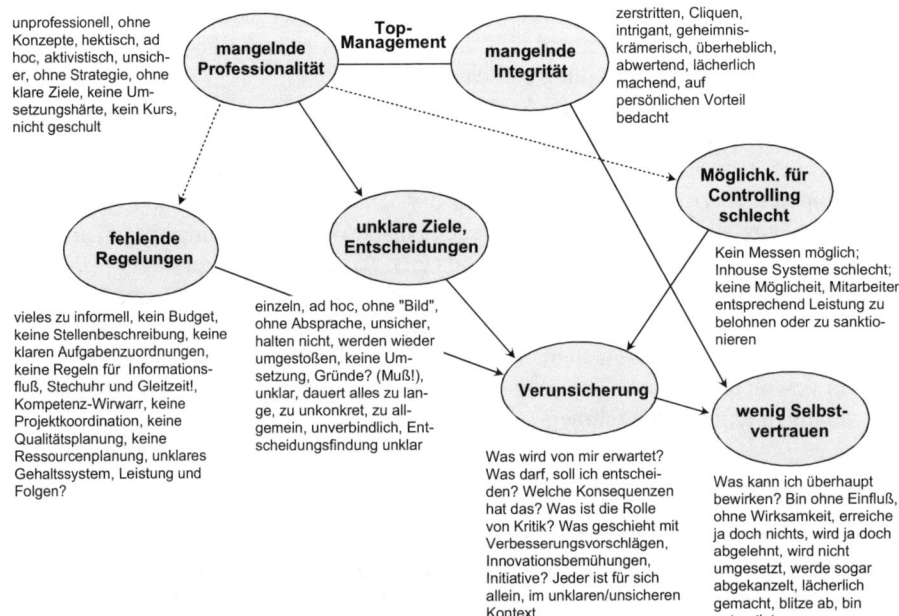

Abbildung 13.14. Beispiel einer Ursache-Wirkungs-Theorie auf Grundlage der Workshop-Inputs von mittleren Führungskräften in der Firma ABC.

in die Abendstunden legen lassen, muss man mit weniger Zeit auskommen. Das ist z.B. dann möglich, wenn man die Vorgehensweise ganz darauf konzentriert, die 2-3 wichtigsten Handlungsfelder zu identifizieren. Zudem kann man die Einleitung sehr straffen, wenn über die allgemeinen Ergebnisse der MAB zuvor in schriftlicher Form kommuniziert wird (siehe Abbildung 10.10). Man beginnt dann nach kurzer Einleitung (Ziele und Spielregeln) sogleich mit dem Hauptabschnitt. Der Moderator kann sich schon vorab ein Bild davon machen, wo die Hauptthemen der Gruppe liegen und entsprechend vorschlagen, welche Itemblöcke zuerst bearbeitet werden.

Falls allgemeine Handlungsfelder von oben vorgegeben sind, stehen diese automatisch im Vordergrund, weil sie auf jedem Fall handlungsrelevant sind. Der Moderator kann vorab (evtl. zusammen mit dem Vorgesetzten) die Items heraussuchen, die für die allgemeinen Handlungsfelder aussagekräftig sind und dann in kompakter Form die für diese Items beobachteten Befragungsergebnisse zusammenstellen. Dieses Material kann dann als Grundlage für die Hauptphase des Workshops dienen.

Für eine Orientierung des Workshops an wenigen Handlungsfeldern spricht auch, dass damit von vornherein eine sinnvolle Einschränkung erreicht wird. So schreibt Folkman (1996, S. 40): „Ein sicherer Weg, Veränderungen scheitern zu lassen, ist der, zu viele Dinge auf einmal ändern zu wollen. Unsere Forschung zeigt, dass man nicht fünf große Veränderungen gleichzeitig machen *kann*. Immer wenn man mehr als ein, zwei oder drei Dinge gleichzeitig verändern will, ergibt sich letztlich überhaupt keine Veränderung." In der Praxis werden immer nur wenige allgemeine Handlungsfelder definiert – meistens nicht mehr als etwa drei. Die Gruppe kann sich dann darauf beschränken, einen oder zwei Ansatzpunkte zu identifizieren, die eine gewisse Breitenwirkung haben und sich auf mehrere dieser Handlungsfelder positiv auswirken.

Wenn es viele Gruppen gibt, die die Ergebnisrückspiegelung und ihre Abarbeitung an von oben vorgegebenen Handlungsfeldern orientieren wollen, dann ist es ökonomischer, die entsprechenden Itemgruppierungen zentral (z.B. im Koordinationsteam) zu definieren und dafür Ergebniszusammenstellungen bzw. entsprechende Präsentationsfolien per Computerprogramm zu erzeugen. Handarbeit ist immer aufwendig und vor allem selten fehlerfrei.

Ein technisch einfacherer Weg für diese Materialvorbereitung ist folgender. Zunächst werden die relevanten und wichtigen Items z.B. vom Koordinationsteam identifiziert. Dann werden Folien mit den Ergebnissen dieser Items in der gesamten Firma und/oder im Geschäftsbereich *X* erstellt. Auf diesen Folien sind bei jedem Item zusätzlich *Leerfelder* vorgesehen, in die der Moderator die Ergebniswerte der jeweiligen Fokalgruppe *per Hand* einträgt. Dieses Vorgehen ist nicht nur recht kostengünstig, sondern hat auch noch den Vorteil, dass der Moderator damit auf jeden Fall gezwungen ist, sich mit dem Fokusbericht zu beschäftigen, weil er dort die benötigten Items und ihre Ergebnisse heraussuchen muss. Zudem hat dieser Ansatz auch organisatorische Vorteile. Wenn sehr viele Workshops für sehr viele verschiedene Gruppen veranstaltet werden, dann kann der Aufwand für eine zentrale Erstellung und Distribution spezifischer Präsentationsfolien für jede einzelne Gruppe sehr groß werden. Das Verteilen von einigen wenigen Standardvorlagen ist dagegen simpel und wenig fehleranfällig.

Die Items, die weniger wichtig erscheinen, können später in anderem Rahmen – z.B. in der Regelkommunikation – bearbeitet werden. Oft genügt es auch, die Ergebnisse für diese Items in schriftlicher Form zu kommunizieren. Der Eindruck einer Zensur sollte jedenfalls nicht entstehen. Im übrigen gibt es in jeder MAB Items, die nur für besondere Gruppen von Interesse sind oder die einfach nur Meinungen oder Einstellungen messen sollen, ohne direkt handlungsrelevant zu sein. Ein Beispiel wäre etwa die Frage danach, wie groß das Interesse an einer Jahresarbeitszeitregelung ist. Hier will die Personalabteilung einfach wissen, wie die Interessenslage ist. Nacharbeit oder Handlungsschwerpunkte allgemeiner Art ergeben sich nicht. Solche Items sollten ohnehin nicht im Workshop diskutiert werden: Sie halten ihn nur unnötig auf und lenken von seiner eigentlichen Aufgabe ab.

MAB-Workshops mit stärkerer Aktionsorientierung

Gelegentlich wird gewünscht, dass die Teilnehmer eines MAB-Workshops nicht „nur diskutieren", sondern auch gleich Aktionen konzipieren. Ein MAB-Workshop hierauf auszurichten erfordert jedoch Sorgfalt. Viele Personen neigen sowieso dazu, für alles gleich mit Lösungen zu kommen, meist sogar mit ihren jeweiligen Lieblingslösungen (Porras, 1987). Die Abfolge von Rückspiegelung der Ergebnisse, über Diskussion und Verstehen dieser Ergebnisse, Klärung von Hintergründen und konkreter Details,

Konsolidierung der wichtigsten Ansatzpunkte für Aktionen und Entwicklung von Idealszenarien für diese, bis zu Handlungsfeldern muss daher durchgehalten werden, bevor man zu Lösungsvorschlägen kommt.

13.9 Alternativen zum traditionellen MAB-Workshop

Der traditionelle MAB-Workshop führt bei einem guten Moderator i.d.R. zu guten Ergebnissen. Er ist aber recht aufwendig in Vorbereitung, Durchführung und Nachbereitung. Man sollte daher immer überlegen, ob nicht eine ökonomischere Form des Workshops ausreichend ist. Eine simple Möglichkeit des Sparens ist, dass der Vorgesetzte der Gruppe selbst als Moderator agiert. Das ist in vielen Firmen normal. Es ist i. Allg. auch möglich, weil der direkte Vorgesetzte meist von ca. 2/3 der Mitarbeiter positiv beurteilt wird (siehe Benchmarks in Abbildung 10.6). Nur in dem Fall, wo der Vorgesetzte nicht so positiv beurteilt wird, müsste man einen externen Moderator einsetzen. Nachteil der Eigenmoderation des Vorgesetzten ist aber grundsätzlich, dass Betriebsblindheit, Vorurteile und Oberflächlichkeit („Wissen wir eh schon alles. Ist ja bekannt. Also weiter.") eine genauere Analyse verhindern können. Ein externer Moderator kann sich dagegen „dumm stellen" und sich auch scheinbar Triviales genau erklären lassen.

Weitergehende Veränderungen des Designs eines MAB-Workshops muss man dann vornehmen, wenn im Workshop selbst ein Aktionsplan erstellt oder zumindest angedacht werden soll. Die Anforderung ist meist, dass Aktionspläne zu den vorgegebenen allgemeinen Handlungsfeldern erarbeitet werden sollen. Dazu eignet sich eine Vorgehensweise wie in Abbildung 13.15 gezeigt („handlungsorientierter MAB-Workshop"). Steht zudem noch wenig Zeit zur Verfügung, kann man diesen Workshop vor allem in den Anfangsschritten weiter kürzen.

Eine weitere Variante führt den Workshop mit einer Stichprobe „typischer" Mitarbeiter, nicht mit einem natürlichen Team durch. Das ist oft ohnehin nicht anders möglich, z.B. bei Lokomotivführern oder bei Piloten. Die Erfahrung zeigt, dass die wesentlichen Themen solcher Gruppierungen i.d.R. auch mit wenigen Lokomotivführern oder Piloten zu klären sind. Zudem werden sich mögliche Aktionen ohnehin nur auf die wichtigsten 2 bis 3 Themen konzentrieren. In einem solchen MAB-Workshop mit einer „repräsentativen Fokusgruppe" (zum Ablauf siehe Abbildung 13.15) muss man sich aber auf die *gemeinsamen* Themen der hier repräsentierten Personen konzentrieren. Evtl. verbleibende spezielle Themen können später im Rahmen der üblichen Kommunikation jeweils vor Ort adressiert werden.

Das Design des Workshops für repräsentative Fokusgruppen eignet sich auch für Workshops mit Managern. Noch effektiver ist es allerdings, mit Managern ein *2-Phasen-Workshop* zu machen (Abbildung 13.16). Der hierfür typische Kontext ist eine relativ hohe Ebene in der Hierarchie, z.B. die Direct Reports eines Vorstandsmitglieds und ihre direkt unterstellten Führungskräfte. Das entspricht oft der Führungsspitze eines Geschäftsbereichs. Eine solche Personengruppe ist i.d.R. viel zu groß für ein traditionelles Workshop. Trotzdem ist es natürlich wünschenswert, die

Handlungsorientierter MAB-Workshop	
Schritt	**Min.**
1 Moderator erklärt Ziele, Ablauf, Spielregeln des WS	15
2 Moderator informiert über allg. MAB-Ergebnisse	15
3 Moderator erklärt Handlungsfelder/Aufgaben	20
4 Durchsicht der MAB-Items/Ergebnisse auf Relevanz für Handlungsfelder; klären/strukturieren der gegenwärtigen Situation: Wo sind wir jetzt?	40
5 Brainstorming zu Idealszenarien: Wo wollen wir hin?	30
6 Brainstorming zu möglichen Aktionen	30
7 Skizzieren der vielversprechendsten Aktionen	20
8 Wer berichtet was/wie/wann an verantwortliche Führungskräfte?	10

MAB-WS mit repräsentativer Fokusgruppe	
Schritt	**Min.**
1 Moderator erklärt Ziele, Ablauf, Spielregeln des WS	15
2 Moderator informiert über allg. MAB-Ergebnisse	15
3 Durchsicht der Ergebnisse nach *gemeinsamen* Themen	60
4 Studium/Diskussion/Klären/Strukturieren der gemeinsamen Themen: Wo sind wir jetzt?	60
5 Priorisieren der Themen nach ihrem Potential für die gegebenen operativen und strategischen Ziele	10
6 Brainstorming zu Idealszenarien: Wo wollen wir hin?	10
7 Wer berichtet was/wie/wann an verantwortliche Manager und an die Kollegen?	10

Abbildung 13.15. Zwei Alternativen zum traditionellen MAB-Workshop.

MAB-Ergebnisse und ihre Bedeutung für den Geschäftsbereich mit dieser Gruppe in toto zu diskutieren. Das schafft ein tieferes Alignment und mehr Commitment für die Themen der MAB.

Im 2-Phasen-Workshop geht man nun so vor, dass der Moderator zunächst mit einer kleinen Gruppe besonders kompetenter Manager (Seniors, High-Potentials, „12-Ender") die Handlungsfelder für dieses Managementteam identifiziert und definiert. Die wichtigste Frage, die hierbei zu beantworten ist, lautet: „Was müssen *wir* tun?" Und weiter: „Wer könnte diese Aufgaben jeweils koordinieren und treiben?" Eine Nebenbedingung dabei lautet i.d.R., dass nicht mehr als 3 solcher Handlungsfelder ausformuliert werden sollen.

Die Ergebnisse dieses *Vorab-Workshops* – Abbildung 13.17 zeigt ein Beispiel dafür aus der Praxis – wird dann in der *Zwischenphase* mit dem Manager, der für den gesamten Bereich verantwortlich ist, abgestimmt. Ist er damit einverstanden, werden die Personen eingebunden, die für diese Handlungsfelder als „Treiber" vorgesehen sind. In der *Hauptphase* (=2. Phase) des Workshops wird dann mit allen Managern des Bereichs gearbeitet. Dabei werden zunächst die MAB-Ergebnisse präsentiert. Danach positioniert sich der verantwortliche Manager dazu. Dann wird die *Vorarbeit*

Phase 1: Vorbereitung mit Seniors	
Schritt	**Min.**
1 Moderator erklärt Ziele, Vorgehen und Regeln des WS	15
2 Moderator informiert über die MAB-Ergebnisse allgemein und über die Ergebnisse des Org.Bereichs, für den die Teilnehmer (vor-)arbeiten sollen	45
3 Identifizieren der wichtigsten Themen, für die Handlungsbedarf besteht (max. 3-5)	15
4 Formulierung der Aufgabenstellungen für die Handlungsfelder (Gründe, Ziele)	45
5 Benennung von Personen, die die Lösung der Aufgaben treiben sollen	15
6 Planung der nächsten Schritte, insb. Präsentation der Ergebnisse für den verantwortlichen Bereichsleiter	15

Phase 2: WS mit allen Managern des Bereichs	
Schritt	**Min.**
1 Moderator erklärt Ziele, Ablauf, Spielregeln des WS	15
2 Moderator informiert über die MAB-Ergebnisse allgemein und dann über die Ergebnisse für den Bereich der Fokusgruppe	45
3 Verantwortliche Führungskraft positioniert sich dazu	15
4 Sprecher einer Teilgruppe, die sich vorab mit den Ergebnissen beschäftigt hat (in Abstimmung mit dem Manager) informiert über die herausgearbeiteten Schwerpunkte, Handlungsfelder, Aufgabenstellungen und personellen Zuweisungen	15
5 Erste Bearbeitung der Aufgaben (Ideen, erste Aktionsplanskizzen) in getrennten Break-Out Sessions	60
6 Bericht zu den Aktionsplanskizzen im Plenum	15
7 Abschlussdiskussion	15

Abbildung 13.16. 2-Phasen-Workshop für Manager.

aus der ersten Phase eingebracht, die zu klaren *Aufgaben* (z.B. wie in Abbildung 13.17) geführt hat, die nun im Workshop sofort angegangen werden sollen[169]. Die Teilnehmer des Workshops werden dann aufgefordert, sich aktiv einzubringen in eine der Arbeitsgruppen, die für jedes Handlungsfeld gebildet werden. Die Teilnehmer des Workshops teilen sich dann auf (z.B. per Meldung auf die Frage: „Wer will am Handlungsfeld X mitarbeiten?") in Untergruppen, die sich jeweils auf ein Handlungsfeld konzentrieren. Dazu gehen diese Untergruppen zunächst in verschiedene Räume („break-out sessions") und arbeiten dort für ca. 1 Stunde an ersten Skizzen für Lösungsansätze zu ihrem jeweiligen Handlungsfeld. Erfahrungsgemäß sind die Manager dabei sehr engagiert. Sie begrüßen die Gelegenheit, hier einmal gemeinsam etwas andenken zu können. Der vorab „ausgeguckte" Treiber des Handlungsfeldes, der ty-

---

[169] Die Praxis zeigt, dass solche Vorgaben immer sehr positiv begrüßt werden. Manager haben wenig Zeit und sind daher i.d.R. dankbar für diese Vorarbeit ihrer Kollegen, insbesondere dann, wenn diese besonders kompetent sind.

Thematik: Vision & Strategie (ABC AG, UB Vertrieb)

Warum? MAB zeigt, dass die Mitarbeiter die Strategie nicht kennen, sie allenfalls diffus-emotional unterstützen, das führt zu Vertrauensverlust gegenüber dem Management, Unsicherheit, Abwanderungsgedanken

Aufgabe: Finden Sie Antworten auf die folgenden Fragen:

Was müssen wir tun, damit die Mitarbeiter die Strategie

- klar und richtig verstehen
- akzeptieren
- sie „überzeugend" finden („Das ist es!")
- von ihr „begeistert" sind („Wow!")
- sie mit ihrer Arbeit unterstützen (können)

Wer? M. Krüger, H.-J. Werner, S. Müller, ...

Abbildung 13.17. Praxisbeispiel eines Handlungsfelds für Manager; wird als Aufgabe in Stufe 2 des 2-phasigen Manager-Workshops eingebracht.

pischerweise bereits auf diesem Feld von seiner Kompetenz und seinem Interesse her ausgewiesen ist, moderiert die Break-Out Session (alternativ dazu evtl. auch ein Moderator) und berichtet anschließend im Plenum, was diese erste Runde ergeben hat und wie man weiter vorgehen will. Der verantwortliche Manager schließt dann den Workshop ab.

13.10 Planung von Serien von MAB-Workshops

In der Praxis werden i.d.R. ganze Serien von MAB-Workshops durchgeführt. Die Zahl der Veranstaltungen geht oft in die Hunderte. Bei einer so großen Investition sollte genau überlegt werden, wie man das Kosten-Nutzen-Verhältnis optimiert.

Der typische Fehler ist, zu viele MAB-Workshops *parallel* – oder jedenfalls zeitlich eng getaktet und unabhängig voneinander – durchzuführen. Bei dieser Vorgehensweise gibt es *keinen Transfer* von einem Workshop zum anderen. Eine *sequentielle* Abfolge von Workshops bringt meist mehr. So kann man z.B. zunächst einige Workshops durchführen und dort gemeinsame Themen und Handlungsfelder herausarbeiten. Diese werden in einer nachgeschalteten „Denkphase" konsolidiert und dann – als Ergebnis oder zumindest als Anregung – in die weiteren Workshops eingebracht. Dies führt i.d.R. zu differenzierteren und tieferen Ergebnissen der nachfolgenden Workshops, weil diese auf der Vorarbeit der Kollegen *aufbauen* können.

Die sequentielle Abfolge von Workshops birgt allerdings auch gewisse Gefahren, auf die man genau achten sollte. Die Ergebnisse der Workshops, die relativ früh stattfinden, können sich entscheidend auf die *Richtung* von späteren Workshops auswirken. Im positiven Fall erzeugt man kumulativen Fortschritt, im negativen behindert

man das Workshop durch eine falsche thematische Fokussierung. Die ideale Kombination ist daher die, zunächst eine kleine Serie von Workshops strikt parallel (d.h.
insbesondere: mit verschiedenen Moderatoren) durchzuführen und dann die Gemeinsamkeiten der Ergebnisse vorsichtig zu konsolidieren. Im Zweifelsfall kann man
nochmals einige Workshops nachschieben, bis die Gemeinsamkeiten klarer werden.

In der Praxis hat sich häufig gezeigt, dass folgende Vorgehensweise am ökono-
mischsten ist. Man führt zunächst einige Workshops mit repräsentativen Fokusgruppen (in einigermaßen homogenen Teilbereichen der Organisation) durch, konsolidiert
dann deren Ergebnisse und führt sie kumulativ-vertiefend in einer Reihe von Workshop-Runden weiter, bis sie konvergieren in dem Sinn, dass sich die Ergebnisse nur
noch wiederholen, dass man also immer wieder „das Gleiche" findet (z.B.: „die Strategie ist unklar", „der Vorgesetzte gibt kaum Feedback", „neue Ideen sind nur schwer
zu platzieren, werden nicht aufgenommen"). Dann bricht man die Workshop-Runden
ab und wendet sich der Planung angemessener Reaktionen zu, weil klar ist, was die
wesentlichen Handlungsfelder sind.

Natürlich bleibt immer das eine oder andere „lokale" Thema übrig. Dieses kann
aber auch in anderer Form adressiert werden, z.B. im Rahmen der Regelkommunikation. Der theoretische Fall, dass die Workshops überhaupt nur lokale, aber keine gemeinsamen Themen generieren, ist unrealistisch: Er kommt in der Praxis nicht vor.

Ein lokales Thema sollte immer mit besonderer Aufmerksamkeit beachtet werden:
Der Fall, in dem der Vorgesetzte der Organisationseinheit individuell negativ beurteilt wird[170]. Man sollte die Folgeprozesse so aufsetzen, dass Führungskräfte die
MAB-Ergebnisse ihrer unterstellten Org-Einheiten und deren Führungskräfte (falls
sie welche haben), nicht übersehen können. Eine Möglichkeit dazu ist es, in die Fokusberichte dieser Führungskräfte immer auch einen Quervergleich wie in Abbildung
10.9 (S. 249) gezeigt einzubauen. Zudem sollten alle Führungskräfte dahingehend
trainiert werden, dass sie die Ergebnisse ihrer unterstellten Führungskräfte vergli-
chend analysieren und dann damit arbeiten (siehe oben, „dialogische Reaktionen",
S. 261)

In der Praxis ist es trotzdem an der Tagesordnung, viele Workshops von vornherein zu planen und dann nach Plan durchzuführen. In der Regel bringt das wenig. Die
wichtigsten Themen sind meist nach einigen wenigen Workshops recht klar. Weitere
Workshops verbrauchen dann nur unnötig Ressourcen und verzögern das letztlich
Entscheidende, nämlich das konkrete Handeln als Reaktion auf die MAB-Ergebnisse.
Als Begründung für das Durchziehen vieler Workshops wird oft angegeben, dass dadurch die „Einbindung" aller Mitarbeiter sichergestellt wird und dass es Einbindung
eben nicht „zum Nulltarif" gibt. Richtig ist aber, dass man Einbindung natürlich auch
dann bekommt, wenn die Workshops sequentiell-gestuft ablaufen. Selbst wenn die
Workshopserie abgebrochen werden sollte, weil die Dinge völlig klar sind, fühlen
sich die Mitarbeiter zumindest stellvertretend durch ihre Kollegen eingebunden. Zudem sind sie im Rahmen der dann folgenden Aktivitäten i.d.R. auch wieder beteiligt.

---

[170] Wird er „von oben her" übersehen, werden die Mitarbeiter dieses Vorgesetzten fast sicher bekla-
gen, dass die MAB nichts gebracht hat. Es muss also nicht nur reagiert werden, sondern den Mitarbeitern auch kommuniziert werden, dass ihre Antworten Beachtung gefunden haben.

Für die Workshops muss man also den *richtigen Mix* mit dem *richtigen Timing* finden, angefangen von der Präsentation an die GL über Workshops mit dem mittleren Management und speziellen Gruppen wie dem Betriebsrat bis zu den Folgeveranstaltungen an der Basis. Diesen Mix zu finden, ist nicht leicht, aber allemal die Anstrengung gründlicher Überlegungen wert.

14 Aktionsmanagement

Die Qualität einer MAB misst sich letztlich daran, welchen Beitrag sie zu den Zielen der Organisation leistet. Die MAB und der durch sie erzeugte „Schwung" (Nadler, 1977) muss sich niederschlagen im Handeln der Mitarbeiter – insbesondere auch der Führungskräfte – oder in besonderen *Aktionen*, mit denen auf die Befragungsergebnisse reagiert wird.

Aktionen sind Maßnahmen zur Erreichung bestimmter Ziele. Sie unterscheiden sich von Routineaktivitäten dadurch, dass sie zeitlich befristet sind und einem besonderen Veränderungszweck dienen. Sie können erheblich variieren in Umfang und Komplexität, von kleinen Aktivitäten (z.B. Versetzen des Fotokopierers in Abteilung *X* von *A* nach *B*) bis zu Projekten, die aus vielen verschiedenen, synchronisierten Vorgängen bestehen und die Beteiligung mehrerer Abteilungen/Bereiche über einen längeren Zeitraum erfordern (z.B. Entwicklung einer neuen Außenorganisation).

Die MAB-Literatur (z.B. Futrell, 1994; Hinrichs, 1991; Schieman, 1991; Wilmot & McClelland, 1990) empfiehlt nachdrücklich, MABs nur dann durchzuführen, wenn die Befunde konsequent in Aktionen umgesetzt werden. Allerdings findet man kaum Hinweise darauf, welcher Art diese Aktionen sein sollen oder wie man sie gestalten kann. Die Erfahrung zeigt jedoch, dass auch beste Absichten und voller Einsatz oft nur zu Alibi-Aktionen oder zu unkoordiniertem Aktionsgewurstel an der Basis führen, wenn das Aktionsmanagement nicht mit System betrieben wird.

Systematisches Aktionsmanagement beginnt bei der *Organisation* der Aktionen. Effektive und effiziente Aktionen sind eingebettet in ein System übergreifend koordinierter Folgeprozesse, so wie sie z.B. die in Kapitel 11 beschriebene Top-Down-Vorgehensweise darstellt. Diese definiert, wer der Auftraggeber der Aktionen ist; welche Ergebnisse von wem wann erwartet werden; welche Ressourcen zur Verfügung stehen; welche Prioritäten die Aktionen haben; ggf. auch nach welchen Modellen vorgegangen werden soll usw. Zudem muss durch entsprechende Genehmigungsregelungen sichergestellt werden, dass die einzelnen Aktionen nicht widersprüchlich sind und dass sie Beiträge zu übergeordneten Zielen liefern.

Die zweite Komponente des Aktionsmanagements ist die *Planung* der Aktionen selbst. Hierfür müssen zunächst die Handlungsfelder konkretisiert und entsprechende Ziele ausformuliert werden. Für diese werden dann Aktionspläne konzipiert, die von der Kosten-, Qualitäts-, Termin- und Risikoseite her optimal erscheinen. Die Aktionspläne selbst können von einfachen „Wer-macht-was-bis-wann"-Plänen bis zu komplexen, computergestützten Netzwerk-Projektplänen reichen.

Eine gute Aktionsplanung umfasst auch die *Steuerung* der Aktionsumsetzung. Dazu gehört vor allem die Kontrolle von Meilensteinen. Über das Erreichen bzw. das

Ausmaß und die Gründe für das Nicht-Erreichen dieser Meilensteine berichtet der Aktionsleiter an den Entscheider. Auf Grundlage dieses Berichts wird über die Umsetzung der nächsten Phase der Aktion entschieden oder der Aktionsplan ggf. korrigiert.

Diese eher technischen Gesichtspunkte des Aktionsmanagements stehen häufig so stark im Vordergrund, dass dabei die *weichen* Faktoren übersehen werden. So ist eine Aktion trotz aller Planungen selten effektiv und oft mit allerlei Widerständen und unnötigen Kosten verbunden, wenn für die Beteiligten und Betroffenen nicht klar ist, was von ihnen wann erwartet wird. Probleme ergeben sich häufig auch dann, wenn die Aktionsmanager alle offiziell geäußerten Ziele und Absichten für bare Münze nehmen, ohne wenigstens ansatzweise nach den Hidden Agendas zu fragen.

14.1 Organisation von Aktionen

Aktionen erfordern zunächst eine gewisse Organisation, die z.B. festlegt, welche Personen an den Aktionen in welcher Rolle beteiligt sind oder wie Aktionen und Tagesgeschäft bzw. Aktionsmitarbeiter und Linienorganisation zueinander in Beziehung stehen.

Aktionsebenen

In MAB-Prozessen wird i. Allg. nicht nur eine, sondern eine Vielzahl von Aktionen – oft Hunderte oder Tausende – geplant und umgesetzt. Bei älteren MAB-Ansätzen lagen diese Aktionen fast ausschließlich an der Basis und orientierten sich am unmittelbaren Handlungsbedarf („Wo brennt's?"). Heutzutage haben die meisten MABs eine betont strategische Ausrichtung. Die Aktionen müssen daher stärker miteinander koordiniert und auf übergreifende Ziele ausgerichtet werden. Dies wird durch einen *Mehrebenenansatz* erleichtert. In der Praxis findet man meist Aktionen auf drei Ebenen:

- *Unternehmensweite Aktionen* wie z.B. die firmenweite Einführung eines Leistungsbeurteilungssystems, motiviert dadurch, dass sich Leistung nach Meinung der Mitarbeiter nicht lohnt.
- Aktionen auf der Ebene der Geschäftsbereiche, der Funktionen, der mittleren Führungskräfte usw. (*Bereichsaktionen*). Ein Beispiel wäre der Ausbau eines schon bestehenden TQM-Programms in einem Geschäftsbereich, in dem die Mitarbeiter noch große Spielräume für Qualitätsverbesserungen sehen.
- *Lokale Aktionen* auf der Ebene der Arbeitsgruppen, Teams usw., wie z.B. die Entrümpelung eines Lagerraums, um so mehr Platz zu schaffen.

Rollen im Aktionsmanagement

Bei jeder Aktion gibt es i.d.R. zahlreiche Beteiligte und Betroffene. Mit diesen beiden Begriffen sind die Rollen der Personen und Gruppen innerhalb der Aktion aber nur sehr grob gekennzeichnet. Für die Planung der Aktionen ist diese Grobunterscheidung nicht ausreichend. Hierfür sollte man zumindest die Rollen der Beteiligten weiter differenzieren. Dabei kann man die folgenden Unterscheidungen einmal in Betracht ziehen. Ob man sie alle braucht, hängt von der Größe und Komplexität der Aktion ab. In der Praxis ist es oft so, dass eine Person oder Gruppe gleichzeitig mehrere Rollen hat bzw. zugewiesen bekommt.

1. *Auftraggeber.* Diese Rolle ist offensichtlich wichtig, bleibt in der Praxis aber nicht selten unklar. Das sieht man z.B. an der Aktion „MAB". Wer ist hierfür eigentlich der Auftraggeber? Ist es die Personalabteilung, der Geschäftsführer, die Geschäftsleitung oder eine andere Gruppe oder Person?

2. *Kunde.* Wer ist der Nutznießer der Aktion? Wer sind z.B. die Kunden der MAB und in welchem Sinn sind sie Kunden?

3. *Sponsor.* Person oder Gruppe, die die Aktion durch das Zur-Verfügung-Stellen entsprechender Ressourcen (Geld, Macht, Zeit usw.) ermöglicht.

4. *Promoter.* Person oder Gruppe, die sich aktiv dafür einsetzt, dass die Aktion durchgeführt wird.

5. *Entscheider.* Person oder Gruppe, die in der Planung und Umsetzung der Aktion Entscheidungen trifft, z.B. zur Spezifikation der Aktionsziele, der Termine, der zur Verfügung stehenden Ressourcen, der Qualitätserwartungen, aber auch z.B. über evtl. Maßnahmen bei Problemen in der Umsetzung des Aktionsplans.

6. *Aktionsleiter.* Dieser berichtet direkt an den Entscheider und erhält von ihm seine Weisungen. Er organisiert die Aktionsplanungen, berichtet über das Ergebnis an den Auftraggeber, koordiniert und treibt die Umsetzung der Pläne, informiert den Entscheider über die Planungen, berichtet über Fortschritte und Schwierigkeiten bei der Umsetzung, organisiert ggf. alternative Lösungswege usw.

7. *Aktionsteammitglied.* Für MAB-Aktionen wird fast immer ein *Aktionsteam* definiert. Ein solches Team ist entweder ein natürliches Team (z.B. die Geschäftsleitung) oder eine Gruppe von Personen, die eigens für diesen Zweck zusammengestellt wurde. Auf der Abteilungsebene bilden normalerweise der Vorgesetzte und zwei seiner Mitarbeiter das Aktionsteam. Zeitweise können hierzu noch andere Personen hinzukommen (z.B. ein Experte für ein bestimmtes Thema oder eine neutrale Führungskraft aus einem anderen Bereich als Moderator eines Planungsmeetings). Das Aktionsteam plant und steuert die Aktionen für einen bestimmten Teil der Organisation, z.B. für eine Abteilung oder einen Bereich.

8. *Teilaktionsleiter.* Ein Mitglied des Aktionsteams, das Leiter und meist auch Feinplaner und Ausführender für einen Teilvorgang des Aktionsplans ist.

9. *Aktionsmitarbeiter.* Personen, die in irgendeiner außer den oben beschriebenen Rollen an den Aktionen mitarbeiten. Hierzu können Experten und Spezialisten gehören, die Vorschläge zu den geplanten Aktionen machen; Personen, die die Umsetzung von Aktionen dokumentieren; Personen, die Teilaufgaben bearbeiten und Ausarbeitungen anfertigen usw.

Auswahlkriterien für Aktionsleiter und Aktionsteammitglieder

Ein Aktionsleiter sollte so ausgewählt werden, dass man davon ausgehen kann, dass die Ziele der Aktion erreicht werden, ohne dass dabei das Tagesgeschäft allzu sehr leidet, das Arbeitsklima nachhaltig beeinträchtigt wird oder anderes Porzellan zerschlagen wird. Hierfür sollte der Aktionsleiter verschiedene Kompetenzen mitbringen: *Fachwissen*, *Methodenwissen* und *Managementskills*, insbesondere soziale Skills. Je komplexer die Aktion ist, desto wichtiger werden Managementskills. Fach- und Methodenwissen (Planungsmethodik, Prozessskills und –Erfahrungen, Controllingwissen usw.) können ggf. auch von außen her über Berater eingebracht werden. Der Aktionsleiter muss aber selbst sicherstellen, dass die Aktion – trotz aller absehbaren und nicht absehbaren Hindernisse, Probleme und Schwierigkeiten – zu einem erfolgreichen Abschluss geführt wird. Dabei muss er nicht nur das Aktionsteam selbst führen, sondern auch konstruktive Beziehungen zu verschiedenen anderen Personen (z.B. zu Auftraggebern, Entscheidern und Betroffenen) aufbauen und pflegen.

Ähnliche Kriterien gelten für die Mitglieder des Aktionsteams, wobei man hier die Akzente eher auf Fach- und Methodenwissen legen sollte. Häufig wählt man für anspruchsvolle Aktionen auch sog. Zukunftsträger („high potentials") aus, die sich hier beweisen und praktische Erfahrungen sammeln können.

Das Aktionsteam muss letztlich aber ein guter *Mix* aus verschiedenen Skills und unterschiedlicher Erfahrung sein. Auch die Chemie muss stimmen. Das heißt z.B., dass es nicht angezeigt ist, Personen, die untereinander noch Rechnungen offen haben, gemeinsam in ein Aktionsteam zu holen. Ebenso unsinnig ist es, Personen per Zwangsverpflichtung in das Aktionsteam zu schicken, weil sich hierdurch im günstigsten Fall die Startphase der Aktion durch lange Diskussionen über Rollen und Aufgaben, Zeitmangel und Arbeitsüberlastung oder andere Taktiererei mit dem Ziel, möglichst wenig Arbeit aufgeladen zu bekommen, verzögert. Die Mitarbeit im Aktionsteam sollte vielmehr als Chance und Herausforderung gesehen werden bzw. durch sachliches Interesse begründet sein.

Der Aktionsauftrag

Ein häufiger Grund für das Scheitern von Aktionen ist der, dass kein genauer Auftrag formuliert wurde, geschweige denn, dass ein Auftrag zwischen Auftraggeber und Aktionsleiter „ausgehandelt" wurde. Ein Auftrag wie z.B. „Tun Sie etwas zur Ausschöpfung der von den Mitarbeitern gesehenen Produktivitätspotentiale" ist so vage, dass es leicht zu Missverständnissen zwischen Auftraggeber und Aktionsleiter kommen kann („Was genau erwartet er von mir? Welchen Handlungsrahmen habe ich?"). Ein recht detaillierter Aktionsauftrag für den ersten Schritt einer Aktion, der Ausarbeitung eines Plans für die Aktion „Reduktion von Nacharbeit" ist dagegen in Abbildung 14.1 gezeigt. Er spezifiziert zahlreiche Bedingungen, die die Planung selbst und die spätere Bewertung dieser Planung erleichtern. Um zu einem derartigen Auftrag zu kommen, könnte der Auftraggeber zunächst nur einige notwendige Eckdaten (z.B. Termine) festlegen und dann den Aktionsleiter beauftragen, die weiteren Spezifikationen selbst zu formulieren und zur Entscheidung vorzulegen. Vor dem eigentlichen Beginn einer Aktion sollte der Aktionsauftrag immer *schriftlich* ausformuliert werden, damit Ziele und Bedingungen klar sind.

Das Aktionsauftragsformular in Abbildung 14.1 ist ein Modell, dass sich natürlich auch anders gestalten und vereinfachen lässt. Dabei sollte man aber überlegen, ob die

Ziele	Beschreibung	Ergeb-nismes-sung	Nutzen	Aufwand	Pflichten	Risiken
Ober-ziel	Produktivität steigern					
Akti-onsziel	Nacharbeit redu-zieren				Gesamt-produktivi-tät muss steigen	
Teilziel 1	Arbeitsprozesse sind transparent	Wissens-kontrolle durchführen	Mitarbeiter wissen, was sie zu tun haben	Abstim-mungs-meeting		
Teilziel 2	Termine in inter-nen Prozessen werden gehalten	Lieferung nach Plan messen	Über- und Un-terlast redu-ziert, Planbar-keit	Planungs-und Kontroll-kosten		
Teilziel 3	Zulieferung hat 100% Qualität	Zahl der De-fekte messen	Kosten durch Nacharbeit kleiner	Zeit für Qua-litätssiche-rung		Überzoge-nes Null-Fehler-Denken

Planungsende: 12.4.2000   Auftraggeber: Hans Meier   Aktionsteammitglieder: X, Y, ..
Aktionsbeginn: 29.4.00   Entscheider: E. Schmidt
Aktionsende: 2.8.00   Aktionsleiter: K. Ullrich

Datum:	Unterschrift Auftraggeber:	Unterschrift Entscheider:	Unterschrift Aktionsleiter:
27.3.00	Hans Meier	E. Schmidt	K. Ullrich

Abbildung 14.1. Beispiel eines Aktionsauftrags.

in diesem Beispielformular geforderten Spezifikationen für den Erfolg der Aktion nicht doch nützlich sind. So ist z.B. die Angabe eines Oberziels dafür hilfreich, den übergeordneten Kontext der Aktion klarzumachen. Erfahrungsgemäß kann dies sehr zur Motivation der Aktionsmitarbeiter beitragen, weil diese so sehen, welchen Stellenwert ihre Aktion im Gesamtunternehmen hat. Überlegungen zum Nutzen der Aktion haben eine ähnliche Wirkung und fördern zudem das unternehmerische Denken aller Aktionsmitarbeiter. Die „Pflichten" anderseits sind notwendige Randbedingungen, die entscheidend sind dafür, ob ein Ergebnis als Lösung gelten kann oder nicht. Ein Beispiel hierfür wäre die Forderung, dass eine neue Software im Verwaltungsbereich mit den existierenden Dateien verträglich sein muss. Die Spalte „Risiken" ist hier nur angedeutet. Sie kann u.U. sehr wichtig werden, z.B. dann, wenn es um Fragen der Arbeitssicherheit geht oder wenn die termingerechte Beendigung der Aktion ein absolutes Muss ist. In solchen Fällen sollten alle vorhersehbaren Risiken benannt und in einem X-Y-Diagramm platziert werden, in dem Y=„Folgenschwere" und X=„Eintretenswahrscheinlichkeit" ist. Für die folgenschwersten und/oder wahrscheinlichsten Fälle in diesem *Risikoportefeuille* können dann, als Teil der Aktionsplanung, vorbeugende Maßnahmen oder Notfallmaßnahmen konzipiert werden.

Aktionsmanagement und Linienorganisation

Aktionen sind Sonderaufgaben. Ihre Bearbeitung erfordert den Einsatz von Ressourcen, die irgendwo herkommen müssen. Dafür gibt es grundsätzlich drei Ansätze:

1. Beim *reinen Aktionsmanagement* werden die Personen, die an der Aktion arbeiten, von ihren sonstigen Aufgaben für die Dauer der Aktionsplanung und/oder – umsetzung gänzlich entbunden und oft sogar in einen besonderen „Aktionsraum" umgesetzt. Der Aktionsleiter hat diesen Personen gegenüber volle Weisungsbefugnis.
2. Beim *Matrix-Aktionsmanagement* bleiben die an der Aktion beteiligten Personen dagegen weitgehend bei ihrem Tagesgeschäft und übernehmen die Aktionsaufgaben zusätzlich. Man spricht hier von einer Matrix, weil die Weisungsstruktur in der Matrix zweidimensional ist: Die Aktionsmitarbeiter müssen „gleichzeitig zwei Herren dienen", ihrem Linienvorgesetzten und dem Aktionsleiter.
3. Beim *Einfluss-Aktionsmanagement* wird keine besondere Struktur definiert: Der Aktionsleiter koordiniert hier lediglich die Arbeit an den Aktionen; die Aktionsmitarbeiter bleiben in ihren Positionen; der Aktionsleiter hat ihnen gegenüber fast keine besonderen Weisungsbefugnisse; Entscheidungen werden in der Linie getroffen.

In der Praxis wird meist das Matrix-Modell verwendet. Selbst bei großen Projekten hat nämlich das reine Aktionsmanagement den Nachteil, dass sich die freigestellten Aktionsmitarbeiter schnell von ihrer Basisorganisation ablösen und dann alles aus Sicht der Aktion sehen. Bei der Matrix bleiben sie vor Ort eingebunden. Die Matrix ist zudem flexibler und ermöglicht, dass einzelne Personen – insbesondere Spezialisten und die von allen benötigten besonders fähigen Mitarbeiter – ggf. auch kurzfristig an der Aktion mitarbeiten können. Zudem werden in der Matrix die nicht an der Aktion beteiligten Mitarbeiter durch die normale Vor-Ort-Kommunikation über die Aktionen informiert. Auf diesem Weg können sie auch indirekt Anregungen zu den Aktionen geben oder andere Beiträge leisten.

Ein Grundproblem der Matrix ist jedoch der latente Konflikt zwischen Aktion und Linie um die Ressourcen, die zu offenen und verdeckten Widerständen und Behinderungen der Aktion (z.B. durch Nicht-Weitergabe notwendiger Informationen oder durch eine „Ich-bin-nicht-erreichbar"-Taktik der verantwortlichen Vorgesetzten) führen können. Diesen Konflikt kann man im Kontext von MAB-Folgeprozessen dadurch wesentlich mindern, dass der einzelne Linienmanager – wo immer möglich – für die Ergebnisse der Aktionen verantwortlich gemacht wird oder diese Verantwortung von sich aus übernimmt. Das bedeutet, dass er selbst aktiv wird bei der Planung der Aktionen, zumindest in der Rolle des Entscheiders. Er kann so sicherstellen, dass die Aktionen aus seiner Sicht sinnvolle Entwicklungsziele verfolgen und die zur Verfügung gestellten Ressourcen ökonomisch einsetzen.

Der dritte Ansatz, das Einfluss-Aktionsmanagement, ist selten erfolgreich. Der Aktionsleiter hat hier zu wenig formelle Macht, um die Aktionen zu treiben und zu einem schnellen Abschluss bringen zu können. Das führt auf allen Seiten zu Frustrationen und oft auch dazu, dass die Aktion versickert.

Aufgaben	Verantwortung	Befugnisse
- Definiere eigene Aufgaben und Befugnisse zusammen mit Entscheider - Plane Vorgänge und Meilensteine - Plane Kosten und Ressourcen - Führe das Aktionsteam - Schlage dem Entscheider Aktionsmitarbeiter vor - Schlage Stellvertreter vor - Plane Einsatz der Aktionsmitarbeiter (inkl. Urlaub) in Abstimmung mit der Linie - Steuere die Aktion so, dass die Ziele erreicht werden - Führe regelmäßig Soll-Ist-Vergleiche für Termine, Kosten, Qualität durch - Melde Planabweichungen in der Umsetzung an Entscheider - Dokumentiere den Aktionsverlauf - Überwache die Risiken	- Termine müssen eingehalten werden - Budget darf nicht überschritten werden - Zwischenergebnisse müssen in der Zeit erreicht werden - Entscheider muß über die Aktion informiert bleiben - Die Mitarbeiter in der Linie müssen über die Aktion informiert bleiben - Bei kleineren Problemen bei der Umsetzung muß das Aktionsteam selbst Lösungen finden - Bei absehbaren oder konkreten Schwierigkeiten größerer Art muß der Entscheider sofort informiert werden	- Hat disziplinarische Weisungsbefugnis gegenüber den Aktionsmitarbeitern - Kann Personen der Gruppe X Aufgaben und Pflichten zuweisen - Hat fachliche Weisungsbefugnis gegenüber den Mitarbeitern - Kann über Budget verfügen - Kann Aktionsteammitarbeiter vorschlagen - Kann über Lösungsvorschläge und deren Vorlage beim Entscheider bestimmen - Hat Vetorecht bei Entscheidungen des Aktionsteams - Hat Zugang zu allen aktionsrelevanten - Ist nicht an Weisungen der Linie, sondern nur des Entscheiders gebunden

Abbildung 14.2. Aufgaben, Verantwortungen, Befugnisse eines Aktionsleiters.

Aufgaben, Verantwortung und Befugnisse

Die obigen drei Ansätze für die Organisation des Aktionsmanagements haben bereits deutlich werden lassen, dass vor allem für den Aktionsleiter und die Aktionsteammitglieder – aber auch für alle anderen Personen, die an der Aktion beteiligt sind – klar werden muss, in welchem *Handlungsrahmen* sie sich bewegen können und sollen. Dieser ist von drei Parametern bestimmt: (1) Aufgabe/Funktion, (2) Verantwortung und (3) Befugnisse/Macht innerhalb der Aktion. Was genau hierunter zu verstehen ist, muss im Einzelfall festgelegt werden.

Als ein Beispiel hierfür sind in Abbildung 14.2 einige Möglichkeiten solcher Festlegungen für die Funktion des Aktionsleiters gezeigt. Leser, die praktische Erfahrungen mit Aktionen haben, werden sogleich erkennen, dass die Befugnisse meist nur schlecht definiert sind und dass der Aktionsleiter häufig mit Macht unterausgestattet wird.

Von den Aktionsmitarbeitern sollte man fordern, dass sie auch selbst *aktiv* auf die Klärung wichtiger Fragen drängen, um so zu einer gesunden Basis der Aktion zu kommen. Für die Person, die Aktionsleiter werden soll, besteht eine *Holschuld* zu den folgenden Fragen:

- Genau was ist das Ziel der Aktion und welches sind ihre Nebenbedingungen? Der prospektive Aktionsleiter sollte sich hier nicht mit einer vagen Beschreibung zufrieden geben, sondern eine schriftliche Spezifikation anstreben, die z.B. auch den Qualitätsstandard der Zielerreichung definiert. Die Zielvorgabe muss so präzise sein, dass man später entscheiden kann, ob das Ziel erreicht wurde oder nicht.
- Welche personellen Ressourcen stehen für die Aktion zur Verfügung? Der Aktionsverantwortliche muss dann, wenn die Aktion andere Personen involviert, sicher sein, dass nicht nur irgendwelche, sondern die entsprechend qualifizierten Personen zur Verfügung stehen.
- Welche Betriebsmittel (z.B. Räume, Geräte) und wie viel Geld (z.B. Reisespesen, Höchstpreise für Geräte) stehen zur Verfügung?
- Wie viel Zeit darf er als Aktionsleiter selbst in die Planung und Umsetzung der Aktion investieren? Die Aktion ist normalerweise eine Aufgabe, die der Aktionsleiter zusätzlich zu seinen sonstigen Aufgaben bekommt. Er muss klären, welche Abstriche er bei diesen sonstigen Aufgaben machen kann.
- Genau welche Befugnisse hat er als Aktionsleiter? Die Frage muss vor allem klären, wann welche Führungskräfte informiert oder konsultiert werden müssen bzw. welche Entscheidungen vom Aktionsleiter selbst und welche von anderen getroffen werden können.

14.2 Aktionsrahmenplanung

In einer MAB werden viele Themen angesprochen. Entsprechend vielfältig sind die sich ergebenden Handlungsbedarfe und Handlungschancen, so dass immer auf jeder Ebene und in jeder Organisationseinheit viele Aktionen durchdacht und letztlich mehrere umgesetzt werden.

Das Planungsdreieck aus Zielen, Nebenbedingungen und Lösungen

Die besondere Herausforderung für die Aktionsplanung besteht darin, dass man nicht für jedes Handlungsfeld gesondert eine Aktion ausarbeiten kann, sondern dass vielmehr ein Hin- und Herüberlegen wie in Abbildung 14.3 angedeutet erforderlich ist. Die Ausgangsposition ist dabei definiert durch allgemeine Handlungsfelder und andere Aktionsaufträge, die „von oben" kommen; durch die Idealszenarien hierzu, die in den MAB-Workshops als erste Zielvorstellungen zu diesen Handlungsfeldern erzeugt wurden (siehe S. 331f.); und natürlich durch die Ergebnisse der MAB und die dazu evtl. gemachten weiteren Kommentierungen aus den MAB-Workshops. Auf Grund dieses Inputs legt das Aktionsteam vorläufig fest, welche Handlungsfelder mit welchen Zielen vordringlich bearbeitet werden müssen, bzw. welche die größten Chancen versprechen. Danach werden Überlegungen dazu angestellt, mit welchen konkreten Aktionen diese Ziele zu erreichen sind. Schließlich werden die Aktionen gegen die Nebenbedingungen auf der Kosten-, Zeit-, Qualitäts- und Risikoseite gehalten. Die Aktionen sollten:

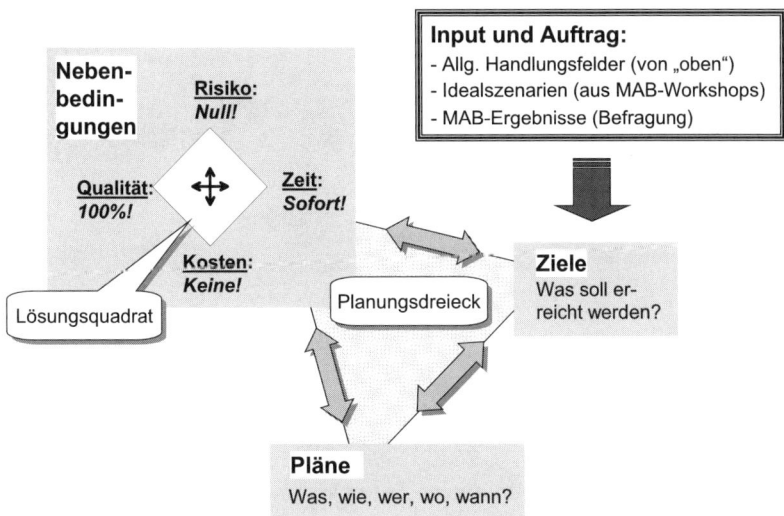

Abbildung 14.3. Elemente und Interdependenzen der Aktionsrahmenplanung.

- Ihre Ziele schnell, zumindest aber innerhalb der vorgegebenen Termine erreichen
- Kostengünstig sein, zumindest aber in den Budgetvorgaben bleiben
- Ihre Ziele vollständig erreichen, zumindest aber mit einer Qualität, die den akzeptierten Qualitätsstandards entspricht
- Ihre Ziele sicher (ohne Kollateralschäden) erreichen, zumindest aber die Risiken kalkulieren und klein halten

Maximale Aktionen erfüllen alle Nebenbedingungen perfekt (vollständige Zielerreichung in kürzester Zeit mit minimalen Kosten ohne jedes Risiko). Das Problem ist natürlich, dass derartige Aktionen selten zu finden sind. Meist muss man nach einem optimalen Kompromiss innerhalb des durch die Nebenbedingungen vorgegebenen *Lösungsquadrats* suchen. Findet man hierin keine Lösung, dann müssen u.U. Abstriche an den Zielen gemacht werden oder die Nebenbedingungen weniger anspruchsvoll definiert werden. So kann man z.B. statt einer Lösung, die die Ursache eines Problems beseitigt, nur eine Überbrückungslösung („work-around", „fix") anstreben, die das Problem zumindest vorläufig eliminiert oder minimiert. Ein Beispiel hierfür aus der Praxis eines Computerherstellers ist die Maßnahme, die Auslieferung wichtiger Ersatzteile vorläufig per Kurier zu organisieren. Diese Lösung war zwar vergleichsweise teuer, rechnete sich aber trotzdem unter dem Strich. Eine bessere Lösung war zum gegebenen Zeitpunkt nicht zu realisieren, weil die Voraussetzungen dafür im Logistikbereich noch nicht gegeben waren.

Unter Umständen können die obigen Abwägungen auch dazu führen, dass gewisse Handlungsfelder ganz gestrichen oder verschoben werden müssen, weil z.B. die gegebenen Ressourcen für ihre Bearbeitung nicht ausreichen. Das Aktionsteam muss dann einen optimalen Kompromiss finden zwischen einer mehr oder weniger guten

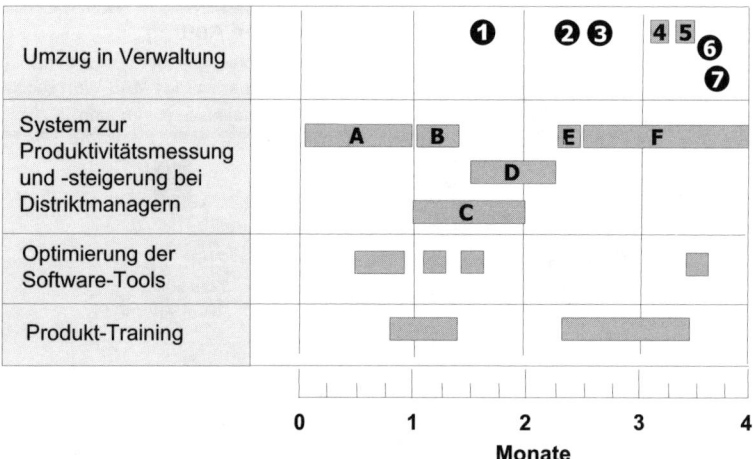

Abbildung 14.4. Beispiel für einen Aktionsrahmenplan (zur Bedeutung der Buchstaben und Zahlen, siehe Text).

Bearbeitung vieler Handlungsfelder und einer Konzentration der Energien auf die Erreichung weniger, aber sehr wichtiger Ziele. In der Praxis begnügt man sich meist mit der Bearbeitung der wichtigsten 3-4 Handlungsfelder.

Wie viele Aktionen man dafür braucht, lässt sich nicht allgemein angeben. Es gibt insbesondere *keine Eins-zu-Eins-Zuordnung von Aktionen zu Handlungsfeldern*: Die meisten Aktionen dienen mehreren Zielen gleichzeitig (z.B. dem eigentlichen Ziel selbst und „nebenbei" auch noch der Einbindung der Mitarbeiter oder dem Herunterbrechen der Strategie auf den jeweiligen Arbeitsbereich). Im Grunde ist eine solche *Multi-Funktionalität der Aktionen* auch erwünscht, weil sich isolierte Aktionen nicht ergänzen und gegenseitig stützen können. Man sieht das an einem Beispiel. Gegeben sei das Ziel „Erhöhung der Produktivität um 10%, gemessen in Umsatz pro Mitarbeiter". Um dieses Ziel zu erreichen, sind viele Aktionen möglich, z.B. „Klärung der Leistungskriterien", „Verbesserung der Feedbacksysteme", „Transparentere Darstellung der Anreizsysteme" usw. Jede dieser Aktionen hat ihr eigenes Erfolgskriterium, aber alle haben sie einen positiven Zusammenhang zum Oberziel „Produktivität". Vor allem haben die Aktionen *Synergieeffekte*: Werden z.B. die Feedbacksysteme verbessert, dann führt dies automatisch zur Forderung nach klaren Leistungskriterien, so dass die eine Aktion die andere mitzieht.

Der hierarchische Aufbau von Aktionsplänen

Der häufigste Fehler in der Praxis der Aktionsplanung ist der, Aktionen von vornherein in kleinstem Detail zu planen, statt zunächst nur eine Übersicht aller Aktionen in groben Schritten zu erstellen. Am effizientesten ist eine Aktionsplanung auf *mehreren* Ebenen. Auf der obersten Planungsebene wird ein *Aktionsrahmenplan* formuliert, so wie er exemplarisch in Abbildung 14.4 illustriert ist. Das Beispiel zeigt die Blockstruktur von vier *Aktionsplänen* wie „Umzug in Verwaltung" oder „Produkt-

		Vorgang	wann
A		Bisherige Leistungskriterien klären und ordnen	W 1-4
B		Hierarchie der Leistungskriterien und BARS ausformulieren	W 5-6
	1	Hierarchie der Leistungskriterien ausformulieren	
	1.1	Qualitative Hierarchie fertigstellen	
	1.2	Hierarchie quantifizieren	
	1.3	Paarvergleichssysteme definieren	
	1.4	Ratings einholen	
	1.5	Konsistenzindizes ausrechnen	
	1.6	Konsistenzindizes rückmelden	
	1.7	Evtl. wiederholen, bis Konsistenz zufriedenstellend ist	
	2	Bewertungsskalen für Basisfacetten (BARS) formulieren	
	2.1	Inhalte festlegen	
	2.2	Minimale Leistungscharakteristika festlegen	
	2.3	Erwartete Leistungscharakteristika festlegen	
	2.4	Maximale Leistungscharakteristika festlegen	
	3	Lage von min, erwartet und max auf BARS festlegen	
C		Koordinieren der SPMS-Kriterien mit anderen Systemen	W 5-8
D		Implementierungsplan für das SPMS festlegen	W 6-9
E		Verkaufen des SPMS an Distriktmanager	W 9
F		Umsetzen des SPMS	W 10ff.

Abbildung 14.5. Weitere Charakterisierung der Blöcke des zweiten Aktionsplans („SPMS") im Aktionsrahmenplan in Abbildung 13.4.

Training" (hier nur angedeutet) über der Zeitachse. Die Aktionsblöcke sind in der Abbildung nur durch Zahlen bzw. Buchstaben charakterisiert, deren Bedeutung an anderer Stelle weiter ausgeführt wird. Wenn das Aktionsteam hierfür die nötige Expertise hat, dann kann diese weitere Ausführung z.B. zunächst so aussehen, wie in Abbildung 14.5 für den zweiten Aktionsplan („SPMS") gezeigt. In dieser Abbildung ist für den Abschnitt *B* des Aktionsplans angedeutet, dass diese Abschnitte selbst *wiederum* hierarchisch aufgebaut sein können.

Bei der Planung eines Aktionsrahmens sollte man nur so weit in die Unterpläne einsteigen, wie es für eine grobe, aber für den gegebenen Zweck ausreichend zuverlässige Schätzung der benötigten Zeiten und Ressourcen erforderlich ist. Am einfachsten ist es, sich bei solchen Schätzungen auf das Urteil von Experten zu verlassen. Die Details der Teilvorgänge können später genauer ausführt werden, wenn der Rahmenplan festliegt. So kann z.B. der erste Aktionsplan in Abbildung 14.6 („Umzug in Verwaltung") offensichtlich überhaupt nicht realistisch geplant werden, ohne einen Fachmann für Umzugsfragen zumindest zu konsultieren. Für den zweiten Aktionsplan („SPMS") kann evtl. ein erfahrener Personalentwickler eine grobe, aber realistische Skizze entwerfen oder diese zusammen mit einem externen Experten erstellen.

Vorgänge und Meilensteine

Bei der Aktionsplanung stehen oft die *Vorgänge* (Aktivitäten, Handlungen, Tätigkeiten, Maßnahmen) im Vordergrund, weil sie die Lösungswege und Aktivitäten dafür

Meilenstein bzw. Vorgang	verantwortlich	wann
(1.) Umzugsanordnung ist da	Verwaltung	7.W
(2.) neue Möbel sind da	Verwaltung/Möbelfirma	10.W
(3.) Umzugsräume sind fertiggestellt	Verwaltung/Baufirma	11.W
4. Akten einpacken	Umziehende Mitarbeiter	13.W
5. Umzug durchführen	Verwaltung/Umzugsfirma	14.W
(6.) Telefon ist geschaltet	Verwaltung/Hausverwaltung	15.W
(7.) Räume sind übergeben	Verwaltung/Hausverwaltung	15.W

Abbildung 14.6. Aktionsplanskizze für einen Umzug in der Verwaltung; Meilensteine in Klammern, Vorgänge ohne Klammern.

beschreiben, wie man von *A* nach *B* kommt. Sie sind in Abbildung 14.4 durch Balken dargestellt. Davon zu unterscheiden sind *Meilensteine*. Sie markieren Übergangspunkte am Ende oder am Anfang von Vorgängen. Inhaltlich entsprechen sie den Zuständen *A* bzw. *B*. Zwei besondere Meilensteine sind der Anfangs- und der Endpunkt einer Aktion.

Im ersten Aktionsplan in Abbildung 14.4 sind einige Meilensteine durch bezifferte Punkte dargestellt. Ihre inhaltliche Charakterisierung ist in Abbildung 14.6 ausgeführt. Die Meilensteine definieren einige für die Aktion wichtige Ergebnisse oder Ereignisse, lassen aber offen, wie diese erreicht werden.

Man beginnt bei der Aktionsplanung oft damit, Meilensteine, die durch besondere Daten fixiert sind (z.B. Abschluss des Geschäftsjahrs, Beginn der Urlaubssaison), festzulegen und die entsprechenden Vorgänge danach in *Rückwärtsplanung* zu konzipieren[171]. Die Meilensteine werden so zu Nebenbedingungen der Aktionsplanung.

Meilensteine können in mehrfacher Weise zum Erfolg einer Aktion beitragen. Sie dienen zum einen als Orientierungshilfe über den Umsetzungsstand der Aktion: Werden sie in der geplanten Zeit erreicht, ist die Aktion auf Kurs; ansonsten kann frühzeitig reagiert werden. Das Erreichen von Meilensteinen ist zudem ein markanter Teilerfolg der Aktion und damit ein guter Motivator für die Aktionsmitarbeiter.

Der zeitliche Planungshorizont

Im Hinblick auf den zeitlichen Planungshorizont kann man aufgrund praktischer Erfahrungen sagen, dass es für die meisten MAB-Aktionen nicht sinnvoll ist, mehr als vier Monate zu wählen (Bergermaier, 1992; Porras, 1987). Längere Zeiträume haben den psychologischen Nachteil, dass nicht angefangen wird, weil „ja noch so viel Zeit ist". Je länger der Planungshorizont ist, desto wahrscheinlicher wird es auch, dass sich kleinere Planungsfehler und unvorhergesehene Umsetzungsprobleme so akkumulieren, dass der Plan nicht mehr einzuhalten ist. Zudem erhöht sich – vor allem in turbulenten Branchen – das Risiko, dass sich das Ziel selbst ändert, weil sich neue Umfeldbedingungen ergeben. Da jedoch ein Plan, wenn er einmal in der Implemen-

---

[171] Ein Beispiel hierfür ist der Plan für die MAB, der am Zeitpunkt der Datenerhebung verankert wird (siehe S.87).

Nr.	Wann be-schlossen? (Datum)	Was? (Aktion)	Warum? (Nutzen)	Wer? (Verant-wortliche Per-son: Name)	Bis wann? (Datum)
1					
2					
3					
4					

Abbildung 14.7. Einfaches Wer/Was/Wann-Formular für Aktionsplanungen.

tierung ist, nicht ohne weiteres aufgegeben wird – aus Gründen von Rigidität, Un-
aufmerksamkeit dem Veränderungsbedarf gegenüber oder aus dem Empfinden heraus, dass eine Änderung Misserfolg und Versagen bedeutet –, birgt ein allzu langfris-
tiger Plan immer auch das Risiko, dass er nicht nachgesteuert wird und in die Irre
führt. Im Grunde lässt sich aber keine feste Regel für einen optimalen Planungshorizont angeben. Bei längerfristigen, komplexen Aktionen sollte man sicher weiter vorausdenken und bereits erste Skizzen der weiteren Zukunft anlegen, sich jedoch mit
der Detailplanung von späteren Meilensteinen oder gar von Vorgängen zurückhalten.

14.3 Einfache Aktionsplanungstools

In vielen Firmen gibt es Standardverfahren und -formulare, mit denen Aktionen geplant werden. Dabei handelt es sich i. Allg. um recht einfache Werkzeuge.

Wer/Was/Wann-Modelle

Die meistverwendeten Planungstools sind Varianten von Modellen, die wir hier zusammenfassend als *Wer/Was/Wann-Modelle* bezeichnen wollen. Für sie gibt es oft
nicht viel mehr als ein Formular ähnlich dem in Abbildung 14.7 gezeigten. Ein solches Formular soll das Aktionsteam vor allem dazu bringen, einige wichtige Spezifikationen *schriftlich* festzuhalten, *ohne sich dabei im Detail zu verlieren.*
    Wer/Was/Wann-Formulare fordern Spezifikationen für eine Reihe verschiedener
„W"-Fragen wie z.B. die folgenden:

- *Was?* Was soll erreicht werden? Was sind die angestrebten Ziele, Zwischenziele,
  Endprodukte, Endzustände?
- *Warum?* Warum wird das überhaupt gemacht? Warum sind die Ziele wichtig?
  Was ist ihr Nutzen? Für wen und was ist das nützlich?
- *Wie?* Wie sollen die Ziele erreicht werden? Welche Aktivitäten und Maßnahmen
  sollen durchgeführt werden? Welche Lösungswege sollen begangen werden?

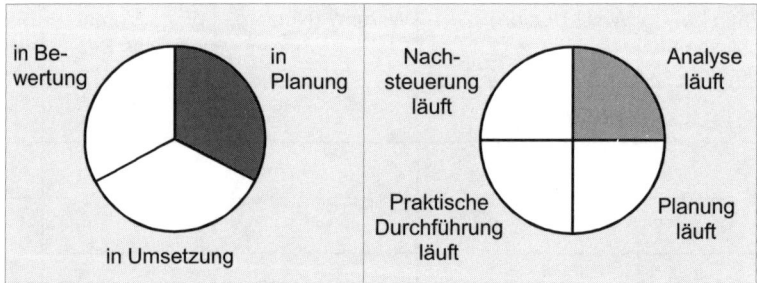

Abbildung 14.8. Einfache Statusanzeiger für Wer/Was/Wann-Formulare.

- *Womit?* Womit kann gearbeitet werden? Welche Ressourcen, Budgets, Mittel kön-
  nen eingesetzt werden? Welche Hilfe und welcher Support steht zur Verfügung?
- *Wer?* Wer ist verantwortlich für die Aktion? Wer macht welche Arbeiten? Welche
  Personen sind evtl. auch noch beteiligt?
- *Wann?* Wann muss geliefert werden? Welche Termine sieht der Plan vor?

Die Mindestspezifikationen sind „Wer", „Was" und „Wann". Eine Angabe über das
„Warum" sind wünschenswert, weil das Aktionsteam damit zu einer klaren Aussage
gezwungen wird und es nicht beim bequemen „Das ist doch eh jedem klar!" bewen-
den lassen kann. Warum-Spezifikationen können u.U. sogar in Geldeinheiten, in
Manntagen oder in anderen Produktivitätsmaßen ausgedrückt werden. In machen
Firmen gibt es lange Listen mit möglichen Nutzensgrößen („vermiedene
Doppelarbeiten, entfallende Nacharbeit, verkürzte Wegezeiten, freiwerdende Flächen,
verkürzte Bearbeitungszeiten, erhöhte Pünktlichkeit, vermiedene Stillstandszeiten
usw.", aber auch „erhöhte Kundenzufriedenheit, fehlerfreie Dienstleistungen, höhere
Reaktionsgeschwindigkeit auf Kundenwünsche usw.").

Wer/Was/Wann-Modelle sind vor allem auf der Teamebene sinnvoll, weil dort die
meisten Aktionen eher einfacher sind und nur aus einer oder wenigen Teilaktionen
bestehen. Das Wer/Was/Wann-Formular ist dann ausreichend differenziert für eine
Beschreibung der Aktion. Auf jeden Fall ist es besser als keine schriftliche Dokumentation der Aktionsplanung.

Wer/Was/Wann-Modelle mit Statusanzeigern

Aus einfachen Wer/Was/Wann-Formularen ist nicht ablesbar, in welcher Phase sich
eine Aktion befindet. Daher verwendet man in der Praxis häufig eine Zusatzspalte, in
die einfache Statusanzeiger – wie in Abbildung 14.8 an zwei Beispielen gezeigt –
eingesetzt werden. Hängt man einen solchen Wer/Was/Wann-Plan mit Statusanzeiger
z.B. am schwarzen Brett aus, dann kann man durch schrittweises, handschriftliches
Ausfüllen der entsprechenden Segmente des Kuchendiagramms für alle sichtbar machen, wo die Aktion zur Zeit steht. Oftmals gibt es noch Regeln dafür, mit welchen
Farben die verschiedenen Segmente des Statusanzeigers auszufüllen sind. Das erhöht
die Anschaulichkeit zusätzlich.

Die Charakterisierung der einzelnen Phasen kann verschieden ausfallen, je nach Kontext. Ein Beispiel hierfür ist der folgende 4-Phasen-Anzeiger, der sich nicht auf singuläre und lokale Einmal-Aktionen bezieht, sondern auf Aktionen, die Arbeitsabläufe und Geschäftsprozesse allgemein und nachhaltig verändern sollen: (1) Handlungsfeld wird analysiert (Ursache-Wirkung, Dimensionen der Thematik) und Wer/Was/Wann-Plan wird erstellt; (2) Maßnahme befindet sich in der praktischen Erprobung; (3) Zielerreichung und Übertragbarkeit wird geprüft; (4) Veränderung wird allgemein auf Dauer eingeführt.

14.4 Komplexe Aktionsplanungsmodelle

Wer/Was/Wann- und Status-Modelle sind für größere Aktionen („Projekte") zu simpel. Sie lösen vor allem die Umsetzungsphase der Aktion zu wenig in einzelne Vorgänge und Meilensteine auf und geben keine Anhaltspunkte für differenziertere Rollenzuweisungen der verschiedenen Beteiligten und Betroffenen.

Meilensteinplanung

Die Planung von Projekten beginnt i.d.R. aus logischen Gründen bei den Meilensteinen: Man muss festlegen, wo man hin will (Ziele, Zustände), bevor man überlegt, wie man dorthin kommt (Vorgänge). In der ersten Phase ist der Meilensteinplan daher eine Art logischer Zerlegung des Projekts in Zwischenziele. Die Ausgangssituation ist dabei der Zustand A, das Projektgesamtziel der Zustand B. Die Meilensteinplanung fixiert zunächst, über welche Zwischenstationen die Reise gehen soll.

Der einfachste Weg gleicht einer Fahrt mit dem Auto von A nach B. Die Meilensteine beschreiben dabei, über welche markanten Orte man in welcher Reihenfolge fahren will. Im Unterschied hierzu bewegt man sich bei Projekten aber nicht durch den physikalischen, sondern den abstrakten Raum. Der Zustand A ist z.B. der leere Bauplatz, der Zustand B das Grundstück mit dem darauf errichteten Haus. Um von A nach B zu kommen, gibt es i. Allg. verschiedene Wege, auf denen man oft auch *parallel* vorrücken kann. Während z.B. der Rohbau errichtet wird, kann gleichzeitig der Innenausbau vorbereitet werden.

Für die Planung von Meilensteinen kann man in der Literatur die folgenden Empfehlungen finden. Meilensteine sollten so gewählt werden, dass sie:

- „Natürlich" für die Expertise und die Sprache der Betroffenen sind
- An wichtigen Entscheidungsknoten liegen, die als Kontrollpunkte des Projekts dienen
- Messbar sind i.S. des Zwischenziels[172]

---

[172] Ein Meilenstein wie „ein Vorschlag liegt vor" ist zwar messbar i.S. einer objektiven Ja-Nein-Feststellung. Er ist aber i.S. der vermutlich gemeinten Zielerreichung unterspezifiziert, weil keine Anforderungen an die Qualität des Vorschlags gestellt werden wie z.B. in „ein Vorschlag liegt vor, der die Firmen-Standards für Profitabilität erfüllt und dem der Geschäftsbereichsleiter zugestimmt hat".

- In ihrer Anzahl überschaubar sind (Nicht mehr als etwa 10, sonst das Projekt hierarchisch untergliedern und Blöcke bilden!)
- Zeitlich nicht zu weit gestaffelt sind, damit das Projekt kontrollierbar bleibt
- In einem Netzwerk organisiert sind, das nach Möglichkeit nicht nur eine einfache Kette ist, sondern auch parallele Pfade aufweist, weil damit die Projektdauer verkürzt werden kann, falls die nötigen Kapazitäten zur Verfügung stehen

Betrachten wir als Beispiel den Aktionsplan aus Abbildung 14.5. Die hier formulierten Vorgänge A bis F sind logisch gut gegliedert und lassen sich recht leicht in die entsprechenden Meilensteine übersetzen. Dann wird z.B. aus A=„Bisherige Leistungskriterien klären und ordnen" einfach bK=„Bisherige Leistungskriterien sind erfasst, ergänzt, strukturiert und der Geschäftsleitung gegenüber präsentiert". Hinzu kommen immer noch zwei besondere Meilensteine, der Projektstart (St) und das Projektende (PZ). Meist ist zudem eine ersten Auflistung von Vorgängen wie in Abbildung 14.5 nicht vollständig, weil man hierbei oft Aktivitäten, die „selbstverständliche" Begleitmaßnahmen sind, nicht weiter ausführt oder übersieht. Das ist auch in unserem Beispiel der Fall. Hier kommen noch drei wichtige Abstimmungsaktivitäten hinzu: Das Einholen einer Genehmigung für das SPMS-Projekt bei der Personalabteilung, weil das Projekt Berührungspunkte mit dem Gehaltssystem hat (GP); das Informieren der betroffenen Distriktmanager über die Absicht, ein SPMS einzuführen (iA); und das spätere „Verkaufen" des SPMS an diese Manager (Sv).

Wir fragen dann, welche Abhängigkeiten die Meilensteine St bis PZ haben. Das Ergebnis drücken wir aus als Netzwerk. Es ist im Planungsformular in Abbildung 14.9 in linken grauen Feld gezeigt. Dieser *Meilensteinnetzplan* zeigt z.B., dass der Meilenstein „IP" die Meilensteine „Ko" und „Hi" voraussetzt, während „Ko" nicht unbedingt vor „Hi" erreicht sein muss.

Bei der Erstellung des Meilensteinnetzplans sollte man darauf achten, Überkreuzungen der Pfade zwischen den Meilensteinen zu vermeiden. In Abbildung 14.9 wurden zusätzlich einige der Meilensteine zu Blöcken gruppiert, die im Formular oben links inhaltlich „interpretiert" sind. (Die Codes A bis F entsprechen denen aus Abbildung 14.5). Solche Vereinfachungen bzw. Überlegungen können für die Kommunikation der Pläne nützlich sein. Sie sind für die Planung aber nicht entscheidend.

Anschließend sollten Überlegungen darüber angestellt werden, mit welchen Vorgängen (Aktivitäten, Maßnahmen usw.) die Meilensteine erreicht werden können und wie viel Zeit dafür vermutlich benötigt wird. Die Planer sollten diese Vorgänge nur skizzieren und nur Schätzungen für ihren Zeitbedarf abgeben. Oft ist es sinnvoll, dazu Experten zu befragen. Hilfreich für die Schätzung des Zeitbedarfs ist auch eine Aufwandsschätzung für die einzelnen Vorgänge in Manntagen. Die Dauer eines Vorgangs ist im Planungsformular in Abbildung 14.9 als horizontaler Strich eingezeichnet. Die rechten Endpunkte dieser Striche (Rauten) markieren die Meilensteine.

Man beachte, dass für die Vorgänge immer auch gewisse *Zeitpuffer* („Buffer") eingeplant werden müssen, weil natürlich nicht garantiert ist, dass die Umsetzung genau nach Plan verlaufen wird. Das Einplanen solcher Zeitpuffer ist vor allem dann wichtig, wenn der termingenaue Aktionsabschluss bedeutsam ist und sich gleichzeitig die Vorgänge nicht exakt kalkulieren lassen oder wenn ihr Abschluss mit gewissen

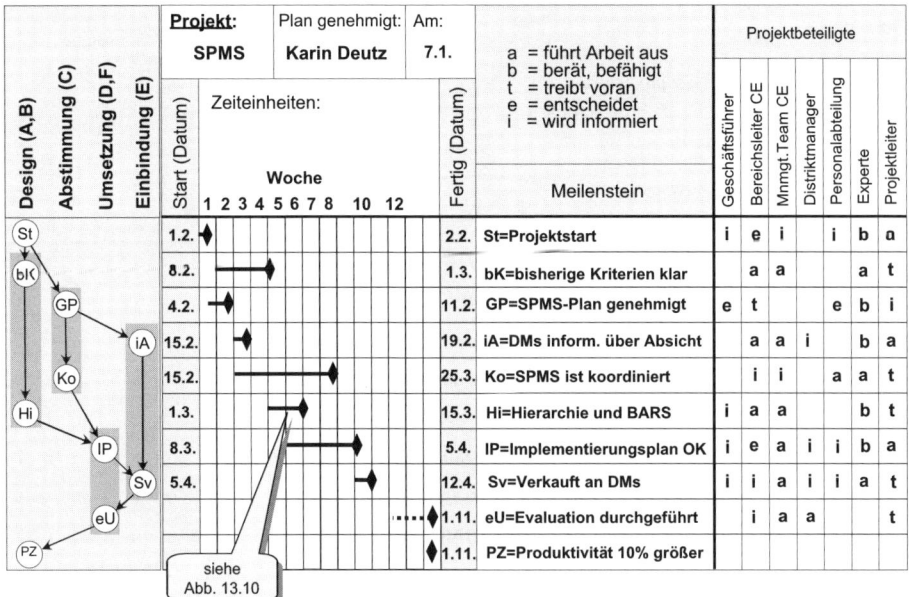

Abbildung 14.9. Meilensteinplan für das SPMS-Projekt aus Abbildung 14.5.

Risiken verbunden ist (z.B. deshalb, weil der Erfolg des Vorgangs kritisch davon abhängt, dass eine Reihe externer Mitarbeiter rechtzeitig liefert).

Oft übersehen wird schließlich die explizite Planung der Rollen und Verantwortlichkeiten von allen am Projekt beteiligten Personen. Abbildung 14.9 zeigt eine *Abtei-Rollenzuweisung* (siehe S. 89) für das Projekt „SPMS". Hierbei wurde darauf geachtet, dass jede Person/Gruppe in jedem Vorgang des Projekts immer nur eine Rolle (Hauptrolle) übernimmt. Man erkennt z.B., dass das Managementteam CE einen „Implementierungsplan" für das SPMS ausarbeitet („a"). Über die Umsetzung dieses Plans entscheidet („e") der Bereichsleiter CE in Abstimmung mit dem Geschäftsführer („i").

Feinplanung von Vorgängen

Die Vorgänge, die zur Erreichung der Meilensteine notwendig sind, sind im Meilensteinplan nur als Grobplanung vorgedacht. Die Überlegungen, die dabei angestellt wurden, sollte man schriftlich festhalten. Sie können dann bei der Feinplanung der Vorgänge wieder verwendet werden.

In der Praxis erweist es sich als sinnvoll, bei dieser Feinplanung nur immer die nächsten 4 bis 6 Wochen zu berücksichtigen[173]. Längere Planungen sind meist nicht mehr realisierbar, wenn es an ihre Umsetzung geht.

---

[173] Eine Ausnahme von dieser Regel sind solche Planungen, die Termine höherer Führungskräfte erfordern. Diese sollte man möglichst frühzeitig vereinbaren und die Aktionen daran ausrichten.

Meilenstein: **Hi**		Projektleiter: **Hans Meier**		a = führt Arbeit aus	Beteiligte						
Plan genehmigt: **H.M., 1.3.**		Teilprojektleiter: **Brigitte Schmidt**		b = berät, befähigt t = treibt voran e = entscheidet i = wird informiert	Geschäftsleiter	Bereichsleiter CE	Mnmgt.Team CE	2 Repräs. DM's	Experte	Projektleiter	Teilprojektleiter
Manntage	Datum (Anfang)	Zeitabschnitt: **Arbeitstage** 1 2 3 4 5 6 7 8 9 10	Datum (Ende)	Vorgang							
2	8.3.	▪	8.3.	**Vorgehensweise darstellen**	i	i		a	t		i
1,25	8.3.	▪	8.3.	**Altes System präsentieren**	i	i		a			t
1,25	8.3.	▪	8.3.	**Struktur altes Syst. darlegen**	i	i		a			t
5	9.3.	▪	9.3.	**Qual. Krit.Hierarchie erstellen**		e	a	b			t
5	10.3.	▪ ▪	12.3.	**Kriterienhierarchie quantifiz.**		e	a	b	i		t
2,5	12.3.	▪	12.3.	**Rolle Basiskriterien diskutier.**		e	a	b	b		t
10	17.3.	▪	18.3.	**BARS formulieren (1)**		e	a	a	b		t
3	19.3.	▪	19.3.	**BARS formulieren (2)**	i	e	a	a	b	i	t
2,5	19.3.	▪	19.3.	**Kontingenzen definieren**		e	a	a	b	i	t

Abbildung 14.10. Vorgängeplan zu Meilenstein „Hi" im SPMS-Projekt.

Die Vorgänge sollten in relativ kleine Einheiten aufgebrochen werden, die jeweils zu messbaren Ergebnissen führen. Ihre Abarbeitung dient damit gleichzeitig der Rückmeldung darüber, dass sich das Projekt auf dem richtigen Weg zur Erreichung des nächsten Meilensteins befindet: Aussagen wie „80% erledigt" bzw. „noch 20% Restarbeit" ergeben überhaupt erst in diesem Zusammenhang einen Sinn.

Abbildung 14.10 zeigt ein entsprechendes Planungsformular. Es beschreibt in größerer Detailauflösung Vorgänge, die im Meilensteinplan in Abbildung 14.9 nur zusammenfassend durch einen einzigen Balken dargestellt sind. Die einzelnen Vorgänge hier sind die Aktivitäten, die direkt dem Meilenstein „Hi" zuarbeiten. Die meisten Vorgänge sind Arbeitssitzungen des Bereichsleiters CE, seines Managementteams und des externen Beraters, in denen das SPMS-System ausformuliert wird. Nur bei der Endformulierung der BARS sind noch weitere Personen/Gruppen beteiligt: Hier sollen laut Plan zwei Repräsentanten der Distriktmanager mitarbeiten. Außerdem muss der Projektleiter und der Geschäftsführer über das Ergebnis informiert werden.

Zur Berechnung der Manntage sollten nur die internen personellen Ressourcen berücksichtigt werden, nicht aber z.B. der externe Experte. Damit ergibt sich beispielsweise für den ersten Vorgang („Vorgehensweise darstellen") ein Einsatz von 2 Manntagen, wenn man davon ausgeht, dass bei der ersten Darstellung des Experten der Bereichsleiter CE und seine vier Direktunterstellten beteiligt sind (= 5 Personen × 2 Std = 1,2 Manntage); und dass die Instruktion des Projektleiters und des Teilprojektleiters durch den Experten 3 Stunden dauert (=6 Std=0,8 Manntage).

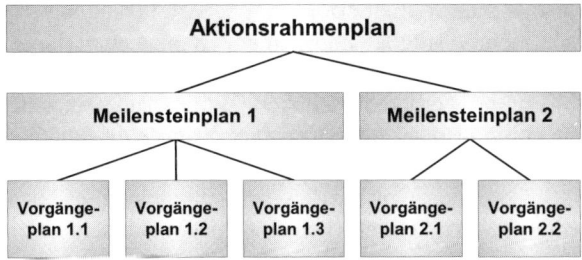

Abbildung 14.11. Hierarchie der Aktionspläne.

Der Zeithorizont des gesamten Vorgängeplans ist 9,5 Arbeitstage. In anderen Fällen kann der Zeithorizont eines solchen Vorgängeplans auch erheblich kürzer (z.B. 1 Tag) oder um einiges länger (z.B. 6 Wochen) sein.

Iterationen

Bei der Planung von Projekten ist eine sorgfältige, hierarchische Vorgehensweise unumgänglich (Abbildung 14.11). Sie beginnt mit dem Aktionsrahmenplan, der ein grobes Schema der Meilensteine/Vorgänge vorgibt (z.B. so, wie in Abbildung 14.4 gezeigt). Es folgen die Meilensteinpläne, die die Struktur der Meilensteine untereinander darlegen, die Grobstruktur der Vorgänge anzeigen und die verschiedenen Rollen definieren. Schließlich kommt die Feinplanung der Vorgänge, wo im Detail ausgeführt ist, wie die einzelnen Meilensteine zu erreichen sind. Die Schwierigkeit einer solchen Planung liegt darin, dass man für einen guten Aktionsrahmenplan idealerweise schon gute Vorstellungen von den Meilensteinplänen und den Vorgängeplänen haben sollte. Abgesehen einmal von ganz exotischen Projekten ist in der Praxis aber meist genug Erfahrung und Expertise vorhanden, um Schätzungen für eine verlässliche Grobplanung machen zu können. Erweisen sich diese Schätzungen dann bei der Feinplanung als unrealistisch, muss man ggf. die Planung nochmals verändern. Dieser Prozess einer Top-Down-Planung vom groben Rahmen bis zum Detail der Vorgänge muss u.U. mehrfach („iterativ") wiederholt werden, bis Grob- und Feinplanung zusammenpassen.

14.5 Controlling von Aktionen

Ein typischer Anfängerfehler beim Aktionsmanagement ist der Glaube, dass zunächst ein Plan erstellt wird und dieser dann nur noch „abgewickelt" oder „umgesetzt" wird. Die Erfahrung zeigt dagegen, dass es eher normal ist, dass Aktionen – insbesondere komplexe Projekte – *nicht* nach Plan verlaufen, auch wenn der Plan noch so gründlich erarbeitet wurde und selbst dann, wenn er von oben voll unterstützt wird. Dafür gibt es viele Gründe. So kann sich zeigen, dass der Plan – der ja immer auf zahlreichen Annahmen und Schätzungen beruht – nicht in jeder Hinsicht realistisch ist, weil z.B. manche Vorgänge mehr Arbeit erfordern oder weil dringend benötigte Ressourcen kurzfristig nicht mehr verfügbar sind. Oft ändern sich auch die Anforderungen an die Aktion (z.B. wird Geld gestrichen oder muss noch vor Ende des Jahres ausgegeben werden), die Termine werden verschoben, Widerstände entstehen (z.B. weil die Aktion mit Arbeit verbunden ist oder weil ihre Konsequenzen für die Betroffenen nicht absehbar sind) oder es treten andere unvorhergesehene Ereignisse ein (Poststreik, Stromausfall, Computer-Crash usw.). Schließlich kann es auch noch sein, dass von den Aktionsmitarbeitern schlicht Fehler gemacht werden. Die Umsetzung von Aktionsplänen muss also systematisch kontrolliert werden, damit Abweichungen vom Plan *frühzeitig* erkannt und so entsprechend nachgesteuert werden kann, bevor die Aktion völlig aus dem Plan läuft.

Grundprinzipien des Aktionscontrollings

Unter Aktionscontrolling verstehen wir die Steuerung der Aktionsumsetzung. Aktionscontrolling erfordert eine systematische *Fortschrittskontrolle* (*Reviewing, Monitoring, Tracking*) und ggf. ein Ändern oder *Nachsteuern* des Aktionsplans. Ohne Fortschrittskontrolle versickern viele Aktionen, weil sie sich nicht gegen das Tagesgeschäft behaupten können. Termine werden verschoben, Personalressourcen werden nicht oder verspätet zur Verfügung gestellt, das Budget wird anderweitig aufgebraucht, die Aktionsmitarbeiter bekommen dringendere andere Aufgaben usw. Letztlich gilt: Aus den Augen, aus dem Sinn. Oft wissen die Aktionsmitarbeiter auch, dass eine Aktion nicht nach Plan läuft. Sie berichten dies aber nicht, weil sie die Planabweichung als unbedeutend bewerten („Die Verspätung hole ich wieder auf", „Das Geld spare ich woanders ein"), weil sie die Auswirkungen der Abweichung für die gesamte Aktion nicht sehen oder weil sie dabei einen Gesichtsverlust befürchten („Sie schon wieder: Kriegen Sie das denn nicht in den Griff?"). Das Risiko des Nicht-Berichtens ist natürlich, dass sich das Problem verstärkt. Dann aber wird gefragt, warum nicht rechtzeitig darauf hingewiesen wurde. Aus diesen Gründen sollte man schon vor der Umsetzungsphase der Aktion festlegen, wann wem wie berichtet wird – *egal, wie die Aktion läuft!* Dabei muss ein sinnvolles Gleichgewicht von schriftlichen Berichten, Meetings des Aktionsteams und individueller Kommunikation zwischen Aktionsverantwortlichen und Aktionsmitarbeitern gefunden werden. Zweck des Reviewings ist nicht, Informationen für Belohnungen oder für Vorwürfe zu sammeln.

Der Forderung nach systematischem Aktionscontrolling wird allerdings in der Praxis oft wenig Enthusiasmus entgegen gebracht. Viele haben damit keine guten Erfahrungen gemacht und empfinden vor allem die „Berichterei" als bürokratischen Ballast. Im übrigen klingt Controlling auch sehr nach „Kontrolliert-Werden". Dabei sollte das Aktionscontrolling vor allem den Aktionsmitarbeitern selbst dabei helfen, die Umsetzung der Aktion durch sinnvolle Rückmeldungen unter Kontrolle zu bekommen.

Erfolgreiches Aktionscontrolling hängt von einer Reihe einfacher Prinzipien ab:

- *Der Aktionsplan ist verbindlich.* Die Umsetzung der Aktionen muss sich am Aktionsplan orientieren. Berichte zur Umsetzung müssen daher immer zu einem Abgleich mit dem Plan führen. Der Plan selbst kann ggf. geändert werden – aber nur aus guten Gründen! Zunächst ist der Plan für alle Beteiligten *verbindlich*. Verliert er diesen Anspruch, ist er nicht mehr viel wert („Die Termine sind eh nicht so ernst gemeint!" usw.).

- *Die Kriterien sind vorab definiert.* Die Dinge, die bei der Umsetzung eines Aktionsplans beachtet werden sollen, müssen vorab festgelegt sein. Typische Kriterien sind Zeit (Termine eingehalten?), Qualität (Standards erfüllt?) und Kosten (Budget, Manntage im Plan?). Ohne definierte Kriterien berichtet jeder, was er persönlich wichtig oder interessant findet. Vorab vereinbarte Kriterien können das Berichten sehr vereinfachen und im Extremfall zu einer Reihe von Ja-Nein-Aussagen reduzieren. Zudem gilt, dass klare Kriterien auch klare Ziele bedeuten und somit die Wahrscheinlichkeit für den Erfolg der Aktion erhöhen („You get what you measure!").

- *Die Review-Zeitpunkte sind fest terminiert.* Das Berichten über den Aktionsfortschritt sollte zu festen, vorab definierten Zeitpunkten geschehen. Die Häufigkeit hängt von der Komplexität der Aktion und von der Ebene des Plans ab. Auf der Ebene der Vorgänge sollte öfter berichtet werden (alle 1-2 Wochen), auf der Ebene der Meilensteine seltener (einmal pro Monat bzw. nach Erreichen eines Meilensteins).

- *Schriftlich berichten und diskutieren.* Schriftliche Berichte der einzelnen Aktionsmitarbeiter allein sind für Controllingzwecke nicht ausreichend. Sie sollten als Dokumentation und als Grundlage für den direkten, vertiefenden Dialog verstanden werden. Im individuellen Gespräch oder in Team-Meetings müssen Abweichungen vom Plan weiter diskutiert, Maßnahmen zur Planerfüllung erörtert und evtl. Nachsteuerungsmaßnahmen vereinbart werden. Diese Diskussion motiviert die Beteiligten zudem zu genauerer Berichterstattung und dient dazu, alle über den Stand der Aktion zu informieren.

- *Controlling ist Teil der Aktion.* Das ganze Controllingsystem sollte vor Beginn der Umsetzungsphase ausgearbeitet werden und von allen Beteiligten als integraler Bestandteil der Aktionen akzeptiert werden. Es sollte nicht erst zu einem späteren Zeitpunkt „nachgeschoben" werden.

- *Controlling läuft auf allen Ebenen.* Für komplexe Aktionen muss das Controlling auf allen Ebenen erfolgen, d.h. auf der Ebene des Aktionsrahmenplans, der Meilensteinpläne und der Vorgängepläne. Für jeden Plan sind i. Allg. andere Personen verantwortlich. Jeder Plan hat andere Beteiligte, einen anderen Planungshorizont, andere Nebenbedingungen usw.

Berichtswesen

Bei allen Aktionen ist zumindest ein Minimum an schriftlichen Berichten erforderlich. Dabei kann man die folgenden Typen unterscheiden:

- *Statusberichte.* Regelmäßige Zwischenberichte über den Fortschritt der Aktion zu fest vereinbarten Terminen wie z.B. jeweils am Ende eines Monats.

- *Meilensteinberichte.* Berichte nach Erreichen eines Meilensteins, insbesondere nach Erreichen des letzten Meilensteins (Abschlußbericht). Meilensteinberichte werden meist vom Aktionsleiter verfasst und an den Auftraggeber bzw. den Ent-

Statusbericht zu Aktion: _____

an: _____

von: _____

Datum: _____

	Termine	Kosten	Personal-ressourcen	Qualität
Sehr kritisch, es muß gehandelt werden (**rot**)	☹	☹	☹	☹
Gewisse Risiken vorhanden, könnte kritisch werden (**gelb**)	😐	😐	😐	😐
Alles im **grünen** Bereich	☺	☺	☺	☺

Anmerkungen:

Abbildung 14.12. Ein Ampelformular für Statusberichte.

scheider geschickt. Sie sollen in kompakter Form zeigen, wo die Aktion steht und ob sie termingerecht verläuft.

- *Vorgängeberichte.* Berichte über Vorgänge innerhalb der Aktion, z.B. die zur Erreichung eines Meilensteins geplanten und/oder durchgeführten Vorgänge. Vorgängeberichte werden meist von Teilaktionsleitern an den Aktionsleiter geschickt.
- *Änderungsberichte.* Berichte über Änderungen des Aktionsplans (Ziele, Nebenbedingungen). Änderungsberichte gehen vom Aktionsleiter – ggf. nach vorheriger Genehmigung durch den Entscheider – an alle Aktionsmitarbeiter.

Einfache Berichtsformulare

Für viele Aktionen ist ein einfaches Monitoring ausreichend, vorausgesetzt es erfolgt in systematischer Form. Hilfreich dafür ist die Bereitstellung von Berichtsformularen wie dem in Abbildung 14.12 gezeigten Beispiel. In diesem Formular wird der Status von vier Grundkriterien durch *Ampeln* dargestellt. Der Aktionsmitarbeiter kringelt hier das „grüne" Licht ein, wenn die Aktion bezüglich des Kriteriums nach Plan läuft. Zeigen sich dagegen gewisse Probleme – wie z.B. ein leichtes Überziehen der Termine, die aber aufholbar erscheinen – oder sind Risiken erkennbar, dann ist die Aktion im Status „gelb" oder „Warnung". Bei Problemen, die Entscheidungen und Interventionen zumindest des Aktionsleiters erfordern, bekommt die Aktion das „rote" Statuslicht. Bei gelben und roten Ampeln sollte der Berichtende im Kommentarfeld des Formulars genauer ausführen, was das Problem ist und evtl. auch noch, welche Ursache das Problem hat (z.B.: „Die Personen X und Y wurden von ihrem Vorgesetzten

Meilenstein: Hi	Von: Brigitte Schmidt	An: Hans Meier	Rechtzeitig fertig? (J/N)	Qualität in Ordnung?	Budget eingehalten?	Manntage lt. Plan?	Verantwortlicht. lt. Plan?	Besonderheiten:
Kommentare:	Datum: 13.3.	Zurück (Datum): 14.3.						
1. Input von KM kam erst nach dem 9.3.; dadurch Nacharbeit erforderlich; zusätzlich 1/2 Manntag	Startdatum:	Vorgänge / Enddatum:						
	8.3. Vorgehensweise darstellen	8.3.						
2. GF konnte nicht informiert werden; erst am 16.3. wieder zurück aus USA	8.3. Altes System präsentieren	8.3.						
	8.3. Struktur altes System darlegen	8.3.						
	9.3. Qual. Kriterienhierarchie erstellen	9.3.	N	N		N		1
3. Vereinfachung der Kontingenzen beschlossen vom Bereichsleiter CE; Vorschlag erschien ihm zu kompliziert	10.3. Kriterienhierarchie quantifizieren	12.3.						
	12.3. Rolle Basisfacetten diskutieren	12.3.						
	17.3. BARS formulieren (1)	18.3.						
	19.3. BARS (2)	19.3.					N	2
	19.3. Kontingenzen definieren	19.3.						3
			J	J	J			

Abbildung 14.13. Vorgängebericht zum Vorgängeplan in Abbildung 14.10.

für das Meeting nicht freigestellt", „Die Aktion ist in Verzug, weil der Bericht aus der Abteilung X erst mit zweitägiger Verspätung eintraf"). Diese Punkte können zwischen dem Mitteilenden und dem Aktionsleiter im individuellen Dialog noch genauer geklärt werden.

Die Grundkriterien, deren Zustand durch die Ampeln angezeigt wird, sind für die allermeisten Aktionen die gleichen. So muss immer verfolgt werden, ob eine Aktion ihre Termine einhält; ob sie mit dem geplanten Budget auskommt; ob die für ihre Abwicklung notwendigen Personalressourcen ausreichen; und ob die Aktionsergebnisse den erwarteten Qualitätsstandards genügen.

Berichtswesen in Projekten

Bei komplexen Projekten ist ein systematisches Reviewing besonders wichtig, weil die Übersicht wegen der vielen Vorgänge, die z.T. sogar parallel verlaufen, nur relativ gering ist. Bei den Berichten beginnt man – umgekehrt wie bei der Projektplanung – dort, wo die eigentliche Umsetzung geschieht, d.h. bei den Vorgängeplänen. Abbildung 14.13 zeigt ein entsprechendes Berichtsformular für die Vorgänge aus Abbildung 14.10. Man erkennt hier in der Mitte Angaben zu den Vorgängen, die zu dem links oben mit „Hi" gekennzeichneten Meilenstein gehören. Neben den Vorgängen steht jeweils links der geplante Starttermin und rechts der Termin, an dem der Vorgang nach Plan abgeschlossen sein soll. Im rechten Abschnitt des Formulars finden sich einige Spalten, in denen Informationen zur Umsetzung der Vorgänge eingetragen

Termin (Plan)	Design (A,B)	Abstim'g. (C)	Umsetz. (D,F)	Einbindg. (E)	Projekt: **SPMS** **Meilensteine**	Datum (Abschluss)	**von:** an: Datum: **Fortschrittsbericht**
2.2.	St				St=Projektstart	25.1.	Projektstart beschlossen von GL und GBL
1.3.	bK				bK=bisher. Leistungskrit. klar	1.3.	Erhoben bei GL und BL; ausgearbeitet, sortiert
11.2.		GP			GP=Genehmigung für SPMS	22.1.	Erfolgt durch PL (Konzern), mit Auflagen
19.2.				iA	iA=DM's informiert über Plan	19.2.	Meeting am 15.2.; Infos an DM's; DM's positiv
25.2.		Ko			Ko=SPMS ist koordiniert	3.3.	SPMS abgestimmt mit Gehaltssyst., Succ. Plan.
15.3.	Hi				Hi=Hierarchie und BARS	15.3.	Erarbeitet mit BL; 5h Meeting; positiv bewertet
5.4.			IP		IP=Implementierungsplan		
12.4.				Sv	Sv=Verkauft an DM's		
1.11.			eU		eU=Evaluation Umsetzung		
1.11.	PZ				PZ=Produktivität >10%		

Abbildung 14.14. Meilensteinbericht zum Meilensteinplan aus Abbildung 14.9.

werden. Die Spalten erfassen den Status wichtiger Kriterien wie Termintreue der Vorgänge, Qualität der Ergebnisse, Einhalten des Budgets, Verbrauch an Personalressourcen entsprechend Plan und die Einhaltung der Rollen/Verantwortlichkeiten. Die Angaben können hier einfach durch „J" (=Ja, entspricht Planung) oder „N" (=Nein) erfolgen. Denkbar ist auch ein Berichten von Ausnahmen („reporting by exception"), d.h. nur von „Neins": Bleiben die Spalten leer, dann läuft alles nach Plan. Das spart Ausfüll- und Lesezeit. Die Spalte ganz rechts verweist auf Besonderheiten. Sie sind im linken Textfeld kurz charakterisiert und können ggf. in zusätzlichen Anlagen weiter ausgeführt werden. Bei größeren Problemen ist sowieso ein unmittelbarer Kontakt mit dem Aktionsleiter angezeigt.

Meilensteinberichte sind meist weit weniger formell und detailliert. Abbildung 14.14 zeigt ein Beispielformular, das den Status des SPMS-Projekts zum Zeitpunkt, in dem der Meilenstein „Hi" erreicht wurde, beschreibt. Der Vorteil dieses Berichts gegenüber einem einfachen Formular (wie z.B. dem Ampelformular in Abbildung 14.12) ist vor allem der, dass hier für den Auftraggeber deutlich gemacht wird, wie der Gesamtplan aussieht und wo sich das Projekt zur Zeit innerhalb dieses Gesamtplans befindet. Dies geschieht dadurch, dass im linken Teil des Formulars der Meilensteinnetzplan aus dem Meilensteinplan in Abbildung 14.9 dargestellt wird. Die Angaben im rechten Textfeld beschreiben in kompakter Form das bisher Erreichte. Der Auftraggeber der Aktion kann sich so ein ungefähres Bild vom Fortschritt des Projekts machen. Zudem sieht er, dass das Projekt in der Zeit bleibt. Das Formular fordert keine Angaben zu Qualität, Kosten, Risiken usw. an, sondern überlässt dies dem Aktionsleiter, der selbst entscheiden muss, welche Details er berichten will.

Nachsteuern

Monitoring ist eine notwendige, aber natürlich keine hinreichende Bedingung für erfolgreiches Aktionsmanagement. Die Berichte müssen auch gelesen werden; sie müssen in individuellen Dialogen und in Meetings weiter diskutiert werden; Maßnahmen zur Nachsteuerung des Aktionsplans müssen konzipiert und umgesetzt werden; schließlich müssen die Veränderungen dokumentiert und an alle Aktionsbeteiligten kommuniziert werden. Ein Plan ist schließlich nur ein Plan und vieles ist nicht plan- oder vorhersehbar. Der Plan bedarf daher der permanenten Adjustierung während der Umsetzung.

Für das Nachsteuern des Plans gibt es viele Ansätze:

- *Arbeit neu organisieren.* Ursprünglich eingeplante Personen stehen nicht mehr zur Verfügung oder erweisen sich für die Aufgaben als ungeeignet. Personellen Ersatz gibt es nicht. Dies erfordert eine Neuverteilung der Arbeit.
- *Mehr investieren.* Der Plan erweist sich in der Umsetzung als zu knapp kalkuliert. Zusätzliche Ressourcen oder größere Anstrengungen werden erforderlich (Überstunden, Unterstützung von externer Seite, kompetentere/teurere Abwickler, mehr Geld usw.).
- *Verschieben der Meilensteine.* Wird in der Praxis nur ungern gewählt, weil es nach Misserfolg klingt und weil es potentiell zu immer neuen Verschiebungen führt. Bei genauerer Betrachtung zeigt sich aber nicht selten, dass das Erreichen der Ziele unter einem vernünftigen Einsatz von Ressourcen wichtiger ist als ein im Aktionsplan oft relativ willkürlich fixierter Endtermin.
- *Herabstufen der Ziele.* Während der Umsetzung der Aktion bemerken vor allem unerfahrene Planer häufig, dass sie sich zu viel vorgenommen haben. Die Ziele sind nicht oder nur unter exzessivem Ressourceneinsatz zu erreichen. Oft muss man dann die Ansprüche an die Ziele reduzieren.
- *Abbrechen der gesamten Aktion.* Vor allem bei Aktionen, die sich über einen längeren Zeitraum erstrecken, „kann es sein, dass sich das Ziel im Laufe [der Aktion] ändert, einfach deshalb, weil sich neue Erkenntnisse, Technologien oder Randbedingungen ergeben haben. Es kann sogar sein, dass es nicht mehr sinnvoll ist, das ursprünglich formulierte Ziel überhaupt noch anzusteuern; dann nämlich, wenn ein neuer, aktueller Rahmenplan aufgestellt wird und dieses Ziel damit nicht mehr in Einklang zu bringen ist" (Kupper, 1993, S. 23).

14.6 Weiche Faktoren des Aktionsmanagements

Im obigen sind wiederholt nicht nur die technischen Aspekte des Aktionsmanagements diskutiert worden, sondern auch zahlreiche weiche Faktoren wie z.B. Widerstände gegen das Aktionscontrolling und die Beweggründe, die es verhindern, dass über Probleme der Aktionsumsetzung rechtzeitig berichtet wird. Im folgenden wollen wir diese Punkte noch etwas ergänzen.

Know-how und Tools

Zu den elementaren Voraussetzungen eines effektiven Aktionsmanagements gehört ein gewisses Know-how. In der Praxis findet man nicht selten, dass selbst Führungskräfte nur geringe Kenntnisse von Planungs- und Steuerungsmethoden haben. Das kann dazu führen, dass sie die Aktion lieber schnell per Auftrag wegdelegieren als sie zunächst sauber zu spezifizieren. Der unterstellte Mitarbeiter weiß dann natürlich auch nicht so recht, was genau erwartet wird oder welche klärenden Rückfragen er stellen sollte. So beginnt er einfach damit, die vermutete Aufgabe zu „lösen". Das Ergebnis ist vorhersehbar schlecht, Frustrationen und Reibungen sind auf allen Seiten vorprogrammiert. Es ist daher empfehlenswert, ggf. noch vor den MAB-Folgeprozessen einige – und dann möglichst einfache! – Modelle für das Aktionsmanagement auszuarbeiten und diese in Trainings an die Führungskräfte oder an interne Berater zu vermitteln. Oft genügen bereits Wer-macht-was-bis-wann-Formulare für die Planung, Ampelformulare für das Monitoring und ein normaler Terminkalender für die Planung von regelmäßigen Meetings des Aktionsteams, bei denen der Aktionsstatus und die Nachsteuerungsaktivitäten besprochen werden.

Einsicht und Disziplin

Technisches Know-how allein garantiert noch nicht, dass eine Aktion erfolgreich abgeschlossen wird. Die Aktionsbeteiligten müssen auch davon überzeugt sein, dass sich der Einsatz von Planungs- und Steuerungsmethoden – inkl. eines vernünftigen Berichtswesens – lohnt, weil er die Aktion ökonomischer im Arbeitsaufwand und für alle überschaubarer macht und sie letztlich zu einem sicheren Abschluss führt.

Viele Aktionen entstehen in der Praxis zudem eher undiszipliniert und zufällig. Die Aktion, ihre Ziele und Nebenbedingungen werden grob definiert oder unter einem vagen Verweis auf die „bei uns üblichen Verfahren, Regeln, Kultur" an irgendeinen „Dummen", der dem Auftraggeber gerade einfällt oder der ihm genannt wird, zur Verantwortung übergeben. Das ist offensichtlich nicht optimal, aber oft nicht anders möglich, z.B. weil die Besten notorisch mit Aufträgen überlastet sind und dann eben irgend jemand anders die Sache machen muss. Man sollte dann aber zumindest nicht gleich die ganze Aktion übergeben, sondern zunächst nur Vorüberlegungen zur Planerstellung in Auftrag geben. Diese sollten vorgelegt werden zur weiteren Entscheidung. Dann kann neu disponiert werden.

Disziplin ist auch während der Aktion erforderlich, z.B. bei der Einhaltung von Terminen und beim Berichtswesen. Grundlage für diese Disziplin ist letztlich die Einsicht aller Beteiligten, dass die vereinbarten Regeln eingehalten werden müssen, auch im eigenen Interesse. Diese Einsicht wird am einfachsten dadurch erworben, dass das Aktionsteam aktiv in die Planung der Aktion eingebunden wird. Ohne Involvement ist i. Allg. kein Commitment gegenüber dem Plan („ownership", „our baby") zu erreichen. Allen Personen, die auf irgendeiner Ebene der Aktion Verantwortung übernehmen, muss zudem der Gesamtplan bekannt sein, weil sie nur so ihre Rolle und die Wichtigkeit der ihnen zugewiesenen Ziele – insbesondere auch der Termine und Qualitätsstandards – richtig einschätzen können.

Ein weiterer Vorteil von Einbindung und Beteiligung bei der Planung ist der, dass die Aktionsmitarbeiter nicht nur wissen, was zu tun ist, sondern auch warum. Wird ihnen dagegen eine Aufgabe nur zugewiesen, dann finden sie meist recht bald die verschiedensten Gründe für ein „Das geht so nicht!". Die Einbindung des gesamten Teams hat zudem den Effekt, dass eine gewisse soziale Kontrolle entsteht. Jeder fühlt sich dem Team, dem anderen und der gemeinsamen Aufgabe gegenüber verpflichtet.

Es sollte aber ebenso klar sein, dass Abweichungen negative Konsequenzen für den Einzelnen haben können. Der Aktionsleiter muss dabei die für die jeweilige Unternehmenskultur angemessene Balance finden zwischen Toleranz und Härte. Er kann letztlich nicht dulden, dass der Aktionsplan nicht ernst genommen wird und jede Verbindlichkeit verliert. Andererseits sollte er berücksichtigen, dass der Plan nur ein Plan ist und dass gewisse Veränderungen eines Plans in der Umsetzungsphase normal sind. (Die Planung selbst muss dies berücksichtigen durch Zeitpuffer und Vertreterregelungen!) Rigides Bestehen auf der Einhaltung aller – auch nebensächlicher – Details ist daher wenig sinnvoll. Im übrigen ist die Aktion ja auch einmal zu Ende und das normale Geschäft geht weiter. Das Klima sollte dann nicht durch die Aktion ruiniert sein.

Berichte, Meetings und individuelles Aktionstracking

Schriftliche Statusberichte sind in der Umsetzungsphase nützlich, allein schon aus Gründen der Dokumentation. Sie dürfen aber nicht als Instrumente der Überwachung und des Kontrolliert-Werdens empfunden werden. Es nützt auch nichts, wenn sie nur abgelegt werden oder nur zu einer Suche nach Schuldigen[174] führen. Zu solchen Auswirkungen kommt es meist dann, wenn sich die Beteiligten nicht vorab über Zweck und Form des Aktionscontrollings geeinigt haben.

Das schriftliche Berichtswesen ersetzt nicht den direkten Dialog der Aktionsbeteiligten. Statusberichte enthalten nämlich meist nur recht grobe Informationen und vor allem selten Informelles, Vermutungen, Eindrücke, Meinungen, Einstellungen usw. Zudem haben viele eine Abneigung dagegen, jedes von ihnen gesehene Problem auch schriftlich darzulegen, allein schon deshalb, weil diese Probleme oft noch nicht objektiv belegbar sind, sondern sich nur als Risiken abzeichnen. Ähnliche Hemmungen bestehen natürlich auch in Meetings. Man kann nicht erwarten, dass jeder Aktionsbeteiligte dort alle Probleme seiner Teilaktion vor dem gesamten Team ausbreitet. Daher sind neben Teammeetings immer auch Vier-Augen-Interaktionen zwischen dem Aktionsleiter und seinen Mitarbeitern notwendig. Bei diesen Gesprächen kann der Aktionsleiter u.U. auch auf Themen stoßen, die der Mitarbeiter sonst nicht berichtet hätte, z.B. weil er diese als nicht relevant empfunden hat.

---

[174] Dabei kann es durchaus einen Schuldigen geben. Es nützt der Aktion selbst aber nichts, diesen abzustrafen: Das Aktionsteam und insbesondere der Aktionsleiter müssen die Aktion trotzdem erfolgreich zu Ende führen. Gleichzeitig muss sichergestellt werden, dass Abweichungen dieser Art in Zukunft möglichst vermieden werden. Dabei muss natürlich auch überlegt werden, was bezüglich der für den Fehler verantwortlichen Person zu tun ist. Die schlechteste Maßnahme ist die, einfach zur Tagesordnung überzugehen. Die radikalste, diese Person durch eine andere und (kompetentere oder zuverlässigere) zu ersetzen.

Politische Vorüberlegungen durch den Aktionsleiter

Schon am Anfang der Aktionsplanung sollte sich der Aktionsleiter eine Reihe psychologisch-politischer Fragen zu beantworten versuchen:

- Welches Umfeld hat die Aktion? Jede Aktion hat Auswirkungen, von denen verschiedene Personen und Gruppen der Organisation betroffen sind. Es ist vorteilhaft, wenn auch nicht immer einfach, diese zunächst zu identifizieren. Soll z.B. ein Textverarbeitungssytem durch ein anderes ersetzt werden, dann sind hiervon nicht nur die Sekretärinnen betroffen, sondern auch ihre Vorgesetzten, die sich auf die Leistungen des neuen Systems einstellen müssen. Zudem wird auch die EDV-Abteilung prüfen wollen, ob das neue System in das Gesamtkonzept passt. Die Trainingsabteilung wird fragen, wie die Einarbeitung sichergestellt werden kann. Die Personalabteilung wird wissen wollen, wie das neue System mit den Stellenbeschreibungen zusammenpasst. Und so weiter.
- Welche Ziele verfolgen die betroffenen Personen oder Gruppen? Die Betroffenen verfolgen selbst bestimmte Ziele, die möglicherweise für die Umsetzung der Aktion relevant sind. Diese Ziele sind z.T. recht verdeckter Art und brauchen mit den öffentlich propagierten Zielen nicht übereinzustimmen. Es ist vor allem wichtig, sich über die latenten Ziele der Betroffenen, die Machtpositionen halten, die für das Projekt entscheidend sind, klar zu werden.
- Welche Fähigkeiten und Möglichkeiten habe ich selbst? Die Aktionsmitarbeiter sollten sich selbst, ihre eigene Machtposition und ihre eigenen Fähigkeiten realistisch einschätzen. Sie sollten z.B. wissen, ob und wie sie mit Konflikten fertig werden, über welches Fachwissen sie verfügen oder in welchem Ausmaß sie dazu neigen, zu viel oder zu wenig zu delegieren.
- Mit welchen Schwierigkeiten muss ich rechnen? Die Schwierigkeiten, mit denen die Aktion vermutlich zu rechnen hat, können von den Verantwortlichen in gewissem Umfang vorhergesehen und damit auch entsprechend berücksichtigt werden.

Die Wichtigkeit der Startphase

Die obigen Überlegungen des Aktionsleiters zu Beginn der Aktion sind nur ein Teil der Vorklärungen. Dazu kommt noch die Auftragsabklärung selbst, insbesondere die der Beziehungen zwischen Aktionsleiter und Auftraggeber, Aktionsteam und Linie, und die Rollen innerhalb des Aktionsteams selbst. Es ist bemerkenswert, dass der Erfahrung nach praktisch jeder zustimmt, dass diese Dinge vorab zu klären sind. Trotzdem gilt, wie Frame (1987, S. 47) schreibt: „Mir ist noch keine Gruppe begegnet, die systematisch alle Akteure zu identifizieren versuchte, die von einem Projekt betroffen waren, oder eine Gruppe, die bewusst die Motivationen der Akteure berücksichtigte, oder eine Gruppe, die auch nur ansatzweise Zeit damit verbrachte, die in der Projektsituation enthaltene 'hidden agenda' aufzudecken. Statt dessen beginnen die Gruppen typischerweise gleich damit, sofort Lösungen für das in oberflächlichster Form dargestellte Problem anzubieten. Es ist i.d.R. offensichtlich, dass diese ersten Lösungen erschreckend unangemessen sind, so dass die Gruppen dann den überwiegenden Teil ihrer Zeit damit verbringen, ihre ursprünglichen Anstrengungen neu zu durchdenken und durchzuarbeiten."

Teambuilding im Aktionsteam

Ein Aktionsteam besteht bei komplexeren Aktionen häufig aus zahlreichen Mitarbeitern. Meist wird ein Kernteam und ein erweitertes Team gebildet. Zudem beraten verschiedene Personen das Team als Experten und sind dabei zeitweise selbst Teammitglieder. Es ist immer nützlich, die Architektur der verschiedenen Rollen, Aufgaben und Beziehungen „offiziell" zu beschreiben. Man muss dabei aber realistisch bleiben und nicht alles schriftlich regeln wollen. Vor allem darf man nicht annehmen, dass es dadurch, dass es auf dem Papier geregelt ist, dann auch praktisch gilt. Ein Team muss sich auch finden, die Mitarbeiter müssen gegenseitiges Vertrauen aufbauen, die anderen Mitglieder einfach kennen lernen („Was kann der? Was will der? Wie tickt der?") und so informelle Beziehungen aufbauen, die für das Funktionieren der Aktion mindestens ebenso wichtig sind wie präzise Regularien. Daher ist es eine gute Investition für die Aktion, auch gewisse Teambuilding-Aktivitäten wie z.B. ein gemeinsames Essen oder einen Umtrunk an der Hotelbar (auf Kosten des Aktionsbudgets) vorzusehen, vor allem zu Beginn der Aktion. Dabei sollte, falls möglich, auch der Auftraggeber der Aktion anwesend sein oder einmal „reinschauen", um dem Team direkt seine Unterstützung zuzusichern, ihm viel Erfolg zu wünschen, sich für die geleistete Arbeit zu bedanken, dem Team zum Erreichten zu gratulieren o.ä.

14.7 Typische Fehler im Aktionsmanagement

- Die Aufgabe ist unterspezifiziert. Sie wird wegdelegiert an irgendeinen Dummen. Was genau erreicht werden soll (*Ziele, Erfolgskriterien*) bleibt offen, ebenso wie die *Nebenbedingungen* (Risiko, Zeit, Kosten, Qualität). Diese Grundelemente der Aufgabe sollte zwischen dem Aktionsverantwortlichen und dem Auftraggeber diskutiert, ausgehandelt und schriftlich festgehalten werden.

- Die Planung erfolgt nicht *hierarchisch*, sondern nur auf einer Ebene. Diese Ebene ist zudem nicht selten über- oder unterspezifiziert: Sie ist entweder zu allgemein und lässt zu vieles offen (Was ist wann wie durch wen zu tun?) oder sie gerät zu einer schier endlosen Auflistung von Details und Nebensächlichkeiten. Erfolgreiche Aktionen erfordern jedoch sowohl Rahmen- wie Detailplanung und zudem eine Entflechtung in der Darstellung. Dabei formuliert sinnvollerweise ein *Meilensteinplan* den Überbau als Abfolge von Zwischenzielen in der Zeit (Meilenstein *m*: „Am 1.8. ist laut Plan folgendes der Fall: ... "). Die *Vorgänge* sind die dazu gehörigen Beschreibungen der Aktivitäten, die einem vom Meilenstein *m* zum Meilenstein *m+1* bringen sollen. Ohne eine derartige hierarchische Planung werden selbst kleinere Aktionen unübersichtlich und schwer kontrollierbar.

- „Technisches" steht zu sehr im Vordergrund. Hierbei handelt es sich z.B. um ein Computerprogramm zum Projektmanagement, in dem eine Aktion mit vielen Terminen, Annotierungen und Charts eingegeben wird – und darin schließlich untergeht, weil die Dinge zu kompliziert und für viele unzugänglich werden. Im Aktionsmanagement sollten immer die *einfachst-möglichen Techniken und Werkzeuge* verwendet werden. Oft genügt ein Terminkalender und „Papier und Bleistift".

• Die *Rollen der Beteiligten und Betroffenen* sind unklar. Fest steht nur, wer „verantwortlich" ist für die Aktion. Was aber bedeutet dies? Eine gewisse Rollendifferenzierung ist für jede Aktion nützlich. Man sollte dazu die von der Aktion Betroffenen und alle Personen, die in der Aktion irgendeine aktive Rolle haben, auflisten und dann ihre Rollen genauer definieren. Dazu haben sich die „Abtei"-Rollenkategorien bewährt (siehe Abbildungen 14.9-10).

• Die Umsetzung der Aktion wird ungenau *verfolgt*. Dann beginnen Termine zu rutschen, Meilensteine werden nicht eingehalten, es wird nicht „geliefert". Hat der Aktionsplan keine *Puffer*, sollte er sogar *vorausschauend* verfolgt werden. Auf die Frage, warum er nicht termingerecht geliefert habe, sagte eine Person in der Praxis: „Ich habe darauf gewartet, dass ich angemahnt werde." Ist der Input dieser Person wichtig, kann ein gesamtes Projekt kippen oder nur unter Extra-Anstrengungen revitalisiert werden.

• Die Aktion ist nicht *ernst gemeint*. Das Zitat oben verweist genau darauf. Da in Organisationen zu vieles ad hoc angestoßen wird, ist es von den Personen, die auf diese Weise unverhofft zu einem Auftrag kommen, eine vernünftige Verhaltensweise, derartige Aufträge zunächst in die Schublade zu legen und abzuwarten, ob der Auftraggeber darauf zurückkommt. Meist tut er dies nicht, was diese Reaktionsweise des Aussitzens, des Abwarten-und-Teetrinkens als prinzipiell richtig bestätigt und verstärkt.

• Es gibt keinen *Erfolgsdruck*. MAB-Aktionen können leicht versickern, vom Tagesgeschäft verdrängt werden. Das ist um so wahrscheinlicher, je mehr sie als reiner Aktivitätsnachweis gedacht sind und nicht als Mittel für das Erreichung der Ziele, an denen die Führungskräfte gemessen werden. Genau von diesen Zielen her, nicht aus einer formalen Forderung nach Umsetzung von Aktionen sollte der Erfolgsdruck kommen.

15 Information II

In Kapitel 14 haben wir das Berichtswesen als normalen und notwendigen Bestandteil des Aktionsmanagements dargestellt. Reviews und Controlling garantieren aber als aktionsimmanente Vorgänge nicht, dass die erreichten Ergebnisse von Personen, die nicht direkt an den Aktionen beteiligt sind, gesehen werden. Dazu ist vielmehr ein zweites Berichtswesen erforderlich, das über die Aktion hinausgeht.

In der Praxis von MABs hört man nicht selten Kommentare wie die folgenden: „Ja, es wurden Aktionen geplant, aber ich weiß nicht, was daraus geworden ist", „Die Aktionen sind versickert", „Der anfängliche Schwung ist irgendwie verloren gegangen", „Eigentlich wurde so gut wie nichts erreicht". Führt man jedoch systematische Daten- und Faktensammlungen durch, stellt sich oft heraus, dass diese Beurteilungen viel zu negativ ausfallen: Der Eindruck des „Nichts ist passiert!" ist objektiv falsch. Er ist Folge der prinzipiellen Schwierigkeit, Veränderungen über die Zeit und im Fluss des Geschehens zu sehen, besonders dann, wenn man selbst Teil dieser Veränderungen ist. Das Problem lässt sich leicht mit Anekdoten aus dem Alltag belegen, z.B. der Reaktion „Ich habe den Meier getroffen: Mann, ist der alt geworden!". Dem Meier selbst ist das sicher nicht so aufgefallen, obwohl sich der vermutlich jeden Tag im Spiegel sieht. Ähnlich ist es, wenn man eine 10 Jahre alte Illustrierte öffnet: Dann wird auf einmal sehr deutlich, wie sehr sich die Dinge in den letzten 10 Jahren geändert haben.

15.1 Informationen zu Ergebnissen und zu Reaktionen

Das Informieren über Aktionen und Reaktionen ist aus Sicht der gesamten Information, die nach der MAB laufen muss, natürlich nur ein nachgeordneter Schritt. Zunächst müssen die Mitarbeiter (aller Ebenen) über die Ergebnisse der MAB selbst informiert werden. Das geschieht i.d.R. im Rahmen der Präsentationen oder MAB-Workshops. In großen Unternehmen, in denen MAB-Workshops selten flächendeckend für alle Mitarbeiter durchgeführt werden, kommt es gelegentlich vor, dass nicht jeder Mitarbeiter ein Feedback über die MAB-Ergebnisse bekommt. Daher sei an dieser Stelle nochmals darauf hingewiesen, dass man im Rahmen der Planung der Folgeprozesse hierauf besonders achten sollte.

Grundsätzlich kann man den einzelnen Mitarbeiter über verschiedene Medien und Modi informieren:

- *Schriftlich*, z.B. mit einem Faltblatt, in dem die Ergebnisse wie in Abbildung 10.10 gezeigt dargestellt sind
- *Face-to-face*, z.B. durch den direkten Vorgesetzen oder im Rahmen einer „Info Session" wie in Abbildung 2.3 zu sehen
- *Elektronisch*, z.B. über Artikel oder Präsentationen im Intranet, die sich auch animieren und akustisch kommentieren lassen

Meist wählt man einen Mix, etwa wie folgt. Zunächst wird schriftlich informiert i.S. einer schnellen, aber *allgemeinen* Erstmitteilung (siehe Abschnitt 9.8). Dafür werden entsprechende Faltblätter gedruckt (z.B. 1 gefaltetes DIN A3 Blatt) und über die Koordinatoren an die Mitarbeiter verteilt. Dann werden die Mitarbeiter eingeladen, an einer Info Session teilzunehmen, in denen *speziellere* Ergebnisse (z.B. die des Geschäftsbereichs) von einem Mitglied des Koordinationsteams oder einem neutralen Experten präsentiert werden. (Der Termin für die Info Session liegt so, dass sich das Top und Senior Management bereits mit den MAB-Ergebnissen beschäftigt hat und dazu gewisse Reaktionslinien festgelegt hat.) Der verantwortliche Manager positioniert sich in der Info Session zu den Ergebnissen des Geschäftsbereichs und kommuniziert insbesondere evtl. Schwerpunktthemen oder Handlungsfelder. Die *speziellen* Ergebnisse ihrer Gruppe erfahren die Mitarbeiter dann von ihrem direkten Vorgesetzen im Rahmen der Regelkommunikation oder in besonderen Workshops zur MAB.

In der Praxis funktioniert die Information der Mitarbeiter über die MAB-Ergebnisse immer dann recht gut, wenn vom MAB-Projektteam vorab entsprechende Tipps und Hinweise an die Führungskräfte kommen, wenn Vorschläge zur Vorgehensweise gemacht werden und wenn die Führungskräfte an ihre Aufgaben erinnert werden. Die Qualität des Informierens hängt aber letztlich von der Qualität der verantwortlichen Linienführungskraft ab: Gute Vorgesetzte informieren gut, schlechte schlecht. Insofern gibt bereits das Ergebnis der MAB entsprechende Hinweise, auf welche Personen man besonders achten sollte. Woran es in MAB-Projekten jedoch fast immer mangelt, ist die Information zu den Reaktionen: Sie erfolgt selten übergreifend und noch seltener systematisch-geplant.

15.2 Zweck übergreifender Informationsmaßnahmen

Eine wichtige Aufgabe der Phase „Information II" ist, die Mitarbeiter umfassend über die verschiedenen Reaktionen, ihren Status und ihre Ergebnisse zu unterrichten. Dabei geht es weniger um Details, als vielmehr um das große Bild, um die Darstellung der Haupttrends und Schwerpunkte, um ihre Anzahl und Tiefe, und um den Status ihrer Umsetzung usw. Dieses Berichtswesen dient nicht der Aktionssteuerung. Es ist eher eine *journalistische* Darstellung der Aktionen.

Abbildung 15.1 zeigt hierfür ein illustratives Beispiel. Hier wird in einer Spezialausgabe einer Mitarbeiterzeitung auf Aktionen verwiesen, die schon gelaufen sind („Das hat sich schon getan!"). Zudem wird über gemeinsame Schwerpunkte in den verschiedenen Geschäftsreichen berichtet („Alle Bereiche setzen auf Verbesserungen"). Des weiteren erkennt man einen Brief des Vorstandsvorsitzenden an die Mit-

Abbildung 15.1 Mitarbeiterzeitung zu MAB-Aktionen.

arbeiter und einen „Kommentar" des Vorsitzenden des Konzernbetriebsrats („Halbzeit-Bilanz"). Form, Stil und Inhalte dieser Informatio nen machen für jedermann sofort deutlich, dass es hier nicht um Controlling geht, sondern darum, die Mitarbeiter ins Bild darüber zu setzen, was sich tut und tun wird.

Der Zweck solcher Darstellungen ist es, Fragen wie die folgenden zu beantworten: Welche Reaktionen und Aktionen sind geplant? Warum gerade diese? Warum nicht andere? Welche Richtungen und Schwerpunkte haben diese Pläne? Welches Gewicht haben sie? Wer steht dahinter? Wer macht was? Wie sieht die Zeitplanung aus? Wann soll was erreicht sein? Wo steht die Umsetzung der Pläne zur Zeit? Läuft alles nach Plan? Gibt es Verzögerungen? Wenn ja, welche und warum? Gibt es Änderungen der Pläne und warum? Wie beurteilen wichtige Verantwortliche und Betroffene die Folgeprozesse? Usw. Dabei kann man davon ausgehen, dass sich die Mitarbeiter nicht nur dafür interessieren, was sich in ihrem engeren Umfeld tut, sondern auch wissen wollen, was in anderen Abteilungen, im Geschäftsbereich, in anderen Geschäftsbereichen und im Unternehmen insgesamt unternommen wird. Dieses Interesse sollte nicht nur befriedigt, sondern verstärkt werden, weil es der bereichsübergreifenden Vernetzung und dem Alignment dient. Verstärkt werden kann dieses Interesse noch dadurch, dass man *vergleichend* darstellt, wie weit die verschiedenen Bereiche mit der Umsetzung der Aktionen sind.

Ebenso kann man vergleichend darstellen, welche Aktivitäten in den Folgeprozessen jeweils bereits gelaufen sind: Wie wurden die Mitarbeiter informiert (schriftlich, face-to-face, in besonderen Info-Sessions)? Gab es besondere MAB-Workshops und wenn ja für wen und wie viele? Gab es besondere Workshops für das Management? Haben die Führungskräfte mit den ihnen unterstellten Führungskräften über die MAB-Ergebnisse gesprochen (einzelnen und/oder im gesamten Managementteam)? Usw.[175].

Mit Publikationen wie der in Abbildung 15.1 gezeigten Sonderausgabe der Firmenzeitung soll auch verdeutlicht werden, dass das Unternehmen an den Themen der MAB „dranbleibt". Die öffentliche Aufmerksamkeit dient gleichzeitig dazu, die Umsetzung der Aktionen selbst zu unterstützen oder ggf. zu revitalisieren.

15.3 Planung und Organisation der Informationsmaßnahmen

Eine Publikation wie die in Abbildung 15.1 gezeigte ist das Ergebnis einer umfangreichen journalistischen Arbeit, die entsprechend organisiert und geplant sein muss. Hierauf gehen wir im folgenden ein.

Organisation und Rollen

Die Phase „Info II" sollte am besten von dem Spezialteam konzipiert, unterstützt bzw. durchgeführt werden, das auch die Phase „Info I" gestaltet hat. Diesem *Informationsteam* sollten, wie schon in Kapitel 8 beschrieben, Spezialisten aus dem Bereich interne Kommunikation, Marketing, Werbung u.ä. angehören. Der Teilprojektleiter ist Mitglied des Kernkoordinationsteams.

Die Fortführung der Informationsmaßnahmen mit demselben Team hat zahlreiche Vorteile. Sie sichert z.B. die stilistische Kontinuität der Kommunikationen. Sie macht es auch überflüssig, zunächst alle Hintergründe und Details der MAB einem im Projekt gänzlich neuen Vermarktungsteam darlegen zu müssen. Zudem hat der Teilprojektleiter mittlerweile die nötigen Beziehungen im Projekt aufgebaut (z.B. zum MAB-Sponsor). Vor allem aber ist die Phase „Info II" bereits frühzeitig in Abstimmung mit den anderen Teilen des MAB-Projekts ganzheitlich planbar.

Der Auftrag des Informationsteams für die späteren Folgeprozesse ist es, die Mitarbeiter aller Ebenen regelmäßig über die Reaktionen und Aktionen zu unterrichten. Dazu müssen systematische Recherchen durchgeführt werden, das gesammelte Mate-

---

[175] Es kommt den Folgeprozessen immer sehr zu Gute, wenn man den Führungskräften vorher ankündigt, dass die Aktivitäten, die in den verschiedenen Bereichen gelaufen sind, später vergleichend (!) publiziert werden. Das motiviert die Verantwortlichen meist sehr, dafür zu sorgen, dass sie dabei nicht zu blass aussehen.

rial muss geordnet und dann in geeigneten Publikationen allgemein vermittelt werden. Die dazu erforderliche Organisation, die Ziele, Vorgänge, Meilensteine und die notwendigen Ressourcen plant das Informationsteam selbst in Abstimmung mit dem MAB-Projektleiter.

Neben dieser *zentralen* Aufgabe hat das Informationsteam noch eine zweite Aufgabe, nämlich die, gewisse Modelle für *dezentrale* „Info II"-Aktivitäten zu sammeln, zu entwickeln und zur Verfügung zu stellen. So kann z.B. eine Landesniederlassung *X* eine originelle Informationskampagne zu den Aktionen im Bereich *X* durchführen. Diese Kampagne kann ggf. gute Ideen liefern oder sogar als Modell dienen für andere Länder. Das Informationsteam sollte solche „best practice"-Ansätze identifizieren, konkret beschreiben (z.B. die jeweiligen Informationsmaterialien sammeln) und dann an andere Organisationseinheiten davon in Kenntnis setzen.

Zur Organisation gehört insbesondere, dass eine Struktur angelegt wird, die sicherstellt, dass das Informationsteam die für seine Arbeit benötigen Pläne und Daten rechtzeitig und in guter Qualität bekommt. Am einfachsten ist es, wenn hierfür die schon bestehende und eingespielte Architektur der Koordinatoren (Abbildung 3.1) verwendet wird. Die Koordinatoren sammeln die notwendigen Informationen vor Ort ein und konsolidieren das Material nach Kriterien, die vom Informationsteam vorgegeben werden.

Der Auftrag des Informationsteams an den Koordinator kann also z.B. wie folgt formuliert werden: „Führen Sie (=Koordinator) eine systematische Recherche zu den Aktionen durch, die in Ihrem Betreuungsbereich als Reaktion auf die MAB geplant wurden/werden und berichten Sie dem Koordinator *X* schriftlich bis zum [Datum] über den Stand der Dinge: (a) Anzahl der Aktionen, (b) hauptsächliche Inhalte und Ziele, (c) gegenwärtiger Status, (d) nächste Schritte und Ausblick. Beschreiben Sie eventuelle Besonderheiten bei den Aktionen (Auffälligkeiten, Probleme u.ä.)."

Der Koordinator ist also aufgefordert, an die für die Aktionen letztlich verantwortlichen Führungskräfte der Linie heranzutreten und von diesen die benötigten Informationen einzuholen bzw. mit diesen zusammen die Anfrage zu beantworten. Dabei ist der Koordinator *nicht* in der Rolle eines Controllers oder Evaluators, sondern in der Rolle eines *Reporters*, der den Wahrheitsgehalt der von ihm recherchierten Mitteilungen zwar kritisch prüft, sich aber persönlicher Stellungnahmen enthält. Die Verantwortung für die Aktionen und ihr Controlling verbleibt in jedem Fall vollständig bei der Führungskraft und ihrem Vorgesetzten.

Publikationen und Zeitplan

Abbildung 15.2 zeigt einen prototypischen Publikationsplan für die Phase „Info II". Er schließt sich an den Plan der Phase „Info I" in Abbildung 7.1 (S. 193) an. Die Beziehung beider Pläne zum Projektplan der MAB insgesamt sieht man in Abbildung 3.2. (S. 87). Der Plan von Info II hat vier Abschnitte.

Im ersten Abschnitt wird bald nach der MAB über die allgemeinen Befragungsergebnisse, die allgemeinen Handlungsfelder und evtl. über die Reaktionen wichtiger Gruppen der Organisation, insbesondere auch des Geschäftsbereichsmanagements,

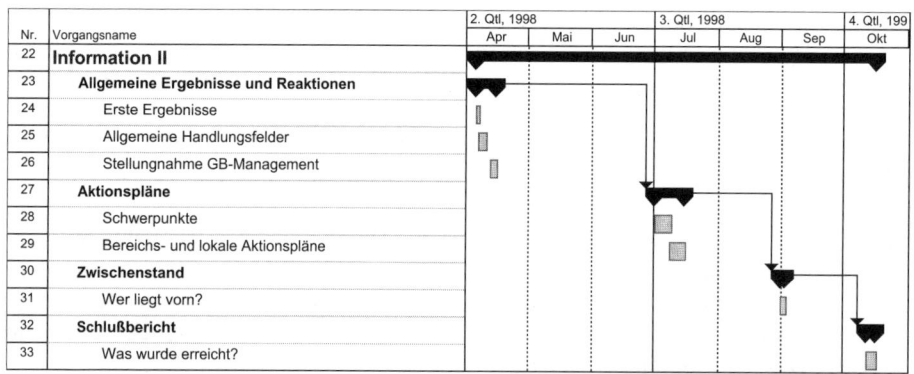

Nr.	Vorgangsname	2. Qtl, 1998			3. Qtl, 1998			4. Qtl, 199
		Apr	Mai	Jun	Jul	Aug	Sep	Okt
22	**Information II**							
23	**Allgemeine Ergebnisse und Reaktionen**							
24	Erste Ergebnisse							
25	Allgemeine Handlungsfelder							
26	Stellungnahme GB-Management							
27	**Aktionspläne**							
28	Schwerpunkte							
29	Bereichs- und lokale Aktionspläne							
30	**Zwischenstand**							
31	Wer liegt vorn?							
32	**Schlußbericht**							
33	Was wurde erreicht?							

Abbildung 15.2. Prototypischer Publikationsplan für die Phase „Info II".

berichtet. Schließlich sollte bald nach diesen Publikationen auch kommuniziert werden, wie es nun weiter geht. Abbildung 15.3 zeigt hierzu ein einfaches Beispiel[176].

Im zweiten Abschnitt werden die Aktionspläne dargestellt: Schwerpunkte, Ziele, Meilensteine, Timing usw. Im Vordergrund stehen die geplanten Beiträge der einzelnen Teile der Organisation zu allgemeinen Handlungsfeldern. Von den Bereichsplänen und von den lokalen Aktionsplänen braucht nur so weit berichtet zu werden, dass sich die Mitarbeiter davon ein grobes Bild machen können.

Im dritten Abschnitt wird über den Stand der Umsetzung berichtet. Abbildung 15.4 zeigt hierzu eine Seite aus einem Zwischenbericht. Interessant ist hierbei vor allem ein Vergleich des Stands der Aktionsumsetzung in den verschiedenen Geschäftsbereichen („Marketing liegt vorn!")[177].

Als letzter Abschnitt ist im Plan in Abbildung 15.2 ein Schlussbericht vorgesehen. Da die meisten MABs allerdings per Design keinen klaren Abschluss haben, sondern eher mehr und mehr in die Linienaktivitäten absorbiert werden (sollen!), ist hiermit i. Allg. nur ein weiteres Fazit gemeint, also eine nochmalige Darstellung vom Stand der Aktionen und eine evtl. Vorschau auf die nächste MAB.

Angemerkt sei hier noch, dass dieser Plan für die Informationsmaßnahmen der Phase Info II weit weniger zwingend ist wie der in Abbildung 8.1 gezeigte Plan für die Phase Info I. Das liegt daran, dass die Gestaltung der Folgeprozesse nicht im selben Maße standardisierbar ist wie die Befragung selbst, weil sie auch von den MAB-Ergebnissen und den Reaktionen darauf abhängen. Der hier gezeigte Modellplan ist also nur ein erster Orientierungsrahmen für das Informationsteam.

---

[176] Hier ist besonders deutlich, daß zentrale Informationen allein natürlich nicht ausreichen, sondern dass sie vor Ort weiter ausgeführt und ergänzt werden müssen. So muss z.B. die Organisation und Durchführung der MAB-Workshops für den einzelnen Mitarbeiter in konkretem Detail klar werden (wer, wo, wann, wie, warum). Die zentrale Information gibt hierzu nur eine allgemeine Übersicht.

[177] Das Beispiel ist aus einem Bericht in einem kleineren Unternehmen in 1989. Es entspricht nicht mehr unbedingt dem heutigen Anspruchsniveau für grafische Gestaltung, zeigt aber andererseits, daß man auch mit einfachen Mitteln auskommen kann.

Grundsätzlich gilt aber, dass über Aktionen *nicht* kontinuierlich berichtet werden sollte, weil dann die eingangs schon erwähnten Probleme der Wahrnehmung langsamer Veränderungen entstehen. Eine kontinuierliche Berichterstattung bleibt meist wirkungslos. Die Informationen sollten vielmehr *intermittierend* erfolgen, z.B. vierteljährlich oder, wie im Modellplan gezeigt, zu vorher festgelegten Zeitpunkten. Weniger empfehlenswert ist es, die Zeitpunkte der Berichterstattung offen zu lassen und abhängig zu machen davon, ob es etwas zu berichten gibt oder nicht. Hierüber sollte man die Mitarbeiter vorab informieren und dann natürlich auch zu diesen Ankündigungen stehen.

Abbildung 15.3. Info zu weiteren Schritten.

15.4 Durchführung der Informationsmaßnahmen

Die eigentliche Durchführung der Informationsmaßnahmen lässt viel Spielraum für Kreativität. Um diese aber einigermaßen fokussiert zu halten, sollte eine gewisse *Informationspolitik* ausformuliert und beachtet werden. Dazu gehört auch die Wahl eines zum Unternehmen passenden Kommunikationsstils, der mit der für die Unter-

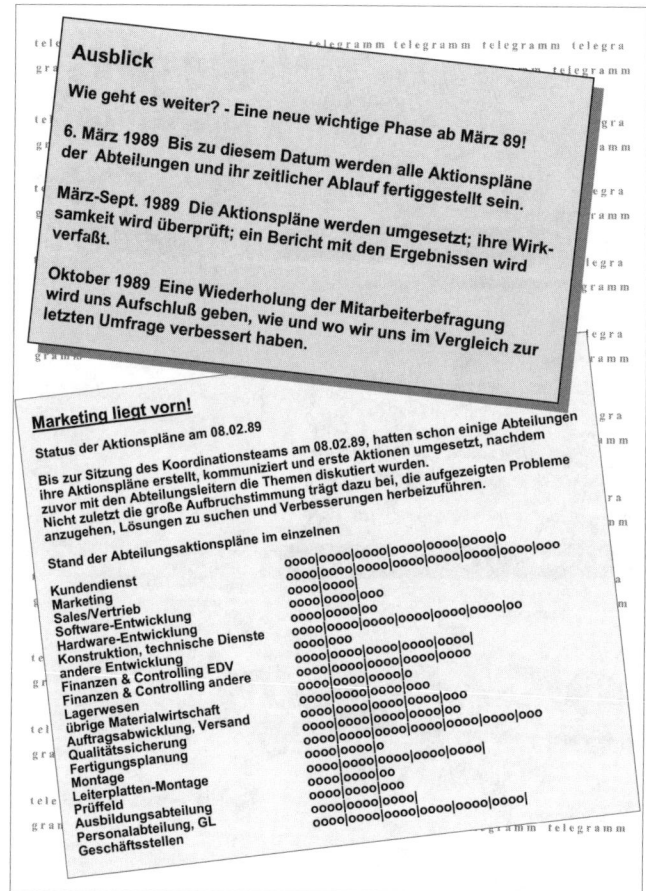

Ausblick

Wie geht es weiter? - Eine neue wichtige Phase ab März 89!

6. März 1989 Bis zu diesem Datum werden alle Aktionspläne der Abteilungen und ihr zeitlicher Ablauf fertiggestellt sein.

März-Sept. 1989 Die Aktionspläne werden umgesetzt; ihre Wirksamkeit wird überprüft; ein Bericht mit den Ergebnissen wird verfaßt.

Oktober 1989 Eine Wiederholung der Mitarbeiterbefragung wird uns Aufschluß geben, wie und wo wir uns im Vergleich zur letzten Umfrage verbessert haben.

Marketing liegt vorn!

Status der Aktionspläne am 08.02.89

Bis zur Sitzung des Koordinationsteams am 08.02.89, hatten schon einige Abteilungen ihre Aktionspläne erstellt, kommuniziert und erste Aktionen umgesetzt, nachdem zuvor mit den Abteilungsleitern die Themen diskutiert wurden. Nicht zuletzt die große Aufbruchstimmung trägt dazu bei, die aufgezeigten Probleme anzugehen, Lösungen zu suchen und Verbesserungen herbeizuführen.

Stand der Abteilungsaktionspläne im einzelnen

Abbildung 15.4. Seite aus einem Zwischenbericht.

nehmenskommunikation zuständigen Abteilung abgestimmt werden sollte bzw. für den dort i.d.R. gewisse Regeln vorliegen.

Informationspolitik

Die Publikationstätigkeit des Informationsteams in der Phase II sollte die Prinzipien des *seriösen* Journalismus beachten. Der Stil kann locker sein, aber die Substanz muss gut recherchiert, präzise in der Darstellung und ausgewogen in den Inhalten sein. Zum anderen muss das Informationsteam absolut *neutral* bleiben. Es tritt nur als Berichterstatter auf, evtl. auch als Motivator, aber nicht als Meinungsmacher oder als Zensurengeber. Versuche, den Mitarbeitern Misserfolge oder auch nur Trivialitäten als großartige Erfolge zu verkaufen („Jubelberichterstattung", „sales pitch"), oder ein absichtliches Schlecht-Machen des Erreichten werden i.d.R. entlarvt und dienen nicht den Zielen der MAB.

Nicht immer auf ungeteilte Zustimmung stoßen Vergleiche wie die in Abbildung 15.4 („Marketing liegt vorn!"). Der gezeigte Beispielbericht führte jedenfalls bei den Geschäftsbereichen, die in der Umsetzung weniger weit waren, auf Proteste, weil sie argumentierten, dass sie relativ schwierige Probleme zu lösen hätten, die auch mehr Zeit benötigen („Wir knacken die harten Nüsse, bohren die dicken Bretter"). Die in der Umsetzung der Aktionspläne schnelleren Geschäftsbereiche fühlten sich dagegen motiviert durch die öffentliche Herausstellung ihres „Erfolgs". Vergleiche können also offensichtlich sowohl positive Effekte (Motivation durch Anerkennung) wie negative Auswirkungen (Empfinden unfairer Behandlung) haben. Ein totaler Quervergleich wie in Abbildung 15.4 ist i.d.R. überzogen, sollte aber auf jeden Fall kommentiert werden: Die Argumente, die im diesem Beispiel von den Geschäftsbereichen zum Stand der Umsetzung vorgebracht wurden, sind ja möglicherweise stichhaltig. In diesem Fall wird der Vergleich erst durch die Kommentierung informativ und seriös.

Stil

Die Diskussion zu den Quervergleichen zeigt schon, dass es i. Allg. nicht genügt, Aktionen nur buchhalterisch zu dokumentieren und diese Dokumentation den Mitarbeitern zugänglich zu machen. Die Informationen müssen vielmehr *interpretiert* werden. Zudem müssen sie auch so aufbereitet werden, dass sie für die Mitarbeiter leicht verständlich und interessant sind. Informationsteams lassen sich deshalb allerlei Tricks aus der PR- und Werbekiste einfallen wie z.B. attraktiv gestaltete Firmenzeitungen, animierte und vertonte Intranet-Infos, firmenweit ausgehängte Plakate, Sonderveranstaltungen im Eingangsbereich der Firma usw. Daneben können natürlich auch die normalen Kommunikationskanäle systematisch genutzt werden (schwarze Bretter, Betriebsversammlung, Vorgesetzte usw.), für die geeignetes Informationsmaterial zentral vorbereitet werden kann.

Das Informationsteam muss dabei allerdings die richtige Sprache und die richtigen Instrumente finden. Sie müssen in die Organisationskultur passen, aber auch der Größe und Gewichtigkeit eines MAB-Projekts angemessen sein (nicht zu frech, nicht zu langweilig; informativ, aber nicht kleinkariert-detailliert; motivierend, nicht kritisierend). Ein Vorschlag wie z.B. der von Porras (1987), die Aktionspläne und die Berichte über ihre Umsetzung am schwarzen Brett auszuhängen und die Mitarbeiter aufzufordern, auf diesen Aushängen handschriftlich Kommentare zu vermerken, kann sich leicht als schädlich erweisen, wenn er dazu führt, dass die Aushänge mit allerlei läppischem Graffiti vollgekritzelt werden. Letztlich ersetzt auch hier nichts die Face-to-Face-Kommunikation entlang der Linie.

16 Evaluation

Bei Projekten ist es normale Praxis, sie mit einer Evaluation abzuschließen. Dabei wird z.B. überprüft, in welchem Umfang das Projekt seine Ziele erreicht hat; ob die Nebenbedingungen (Qualität, Kosten, Termine, Risiko) eingehalten wurden; ob alles nach Plan verlief; oder wie verschiedene Interessensgruppen den Projekterfolg und -verlauf beurteilen. Der Hauptzweck derartiger Evaluationen liegt für den Projektleiter und für die Projektmitarbeiter darin, für ähnliche Projekte in der Zukunft möglichst viel zu lernen. Das Management möchte dagegen vor allem wissen, was das Projekt erreicht hat, welche Kosten dabei entstanden sind und wie ggf. weiter zu verfahren ist.

16.1 Projektevaluation und Lernen

In manchen Unternehmen ist das Management bereits zufrieden, wenn ein Projekt termin- und budgetgerecht durchgeführt wird: Das Projekt wird nicht mehr gesondert bewertet, weil der Zweck des Projekts ja bereits vor seiner Implementierung für richtig befunden wurde.

Für eine Evaluation spricht jedoch, dass dabei i.d.R. – genauso wie bei der MAB selbst – zahlreiche Beobachtungen anfallen, die für die Organisationsentwicklung und das Veränderungsmanagement nützlich sind und die zu den verschiedensten Reaktionen führen können. Kein Projekt verläuft z.B. genau nach Plan. Also ist es immer interessant zu fragen, wann, warum und mit welchen Konsequenzen Korrekturen des Plans nötig waren; ob es Widerstände gegen den Plan gab; ob der Plan überall verstanden und akzeptiert wurde; wie das Commitment dem Plan gegenüber war usw. Die Einsichten, die sich dabei ergeben, sind möglicherweise übertragbar auf das Aktionsmanagement allgemein bzw. verweisen auf unterschiedlichste Handlungsbedarfe und Handlungschancen.

Es gibt aber tiefere Gründe, die Evaluationen i. Allg. sinnvoll machen. Letztlich basiert jedes Projekt auf einer Theorie, die davon ausgeht, dass seine Umsetzung zu gewissen Effekten führt. Jedes Unternehmen operiert mit vielen derartigen Theorien, die oftmals nur Übertragungen der vermeintlichen Erfolgsrezepte der Vergangenheit auf die Gegenwart sind. Das gleiche gilt auch für Gruppen und Individuen. So haben z.B. alle Manager eine naive – d.h. wissenschaftlich nicht ausgetestete und oft nur unbewusste – Theorie darüber, wie Leistung und Zufriedenheit zusammenhängen (z.B. „Zufriedene Mitarbeiter leisten mehr!") oder welche Auswirkungen Invol-

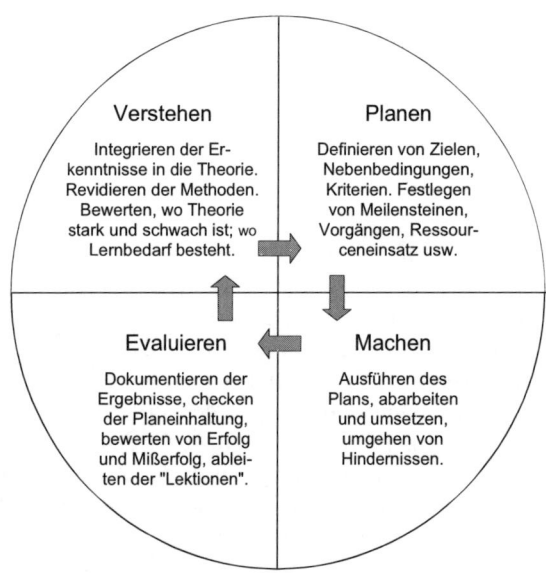

Abbildung 16.1. Planen/Machen versus Evaluieren/Verstehen.

vement hat („Commitment kommt nur über Involvement!"). Solche Theorien bestimmen oder beeinflussen zumindest, wie sich diese Manager verhalten, wie sie Probleme lösen, welche Entscheidungen sie treffen. Sie sind aber nur dann gute Führer für die Praxis, wenn sie einigermaßen richtig sind. Dazu müssen sie immer wieder gegen die Realität gehalten, ggf. korrigiert und ergänzt werden. In einer *lernenden* Organisationen geschieht dies in einer Art permanentem Ping-Pong-Spiel zwischen der Theorie und der Bewertung der hieraus abgeleiteten Aktivitäten. Die Zusammenhänge lassen sich in Anlehnung an das als „Deming-Rad" bekannte Schema wie in Abbildung 16.1 gezeigt veranschaulichen. Die Phasen „Planen" und „Machen" sind hierbei Aktivitäten des operativen Managements. Die Phase „Evaluieren" – anderswo auch als „Kontrolle" bzw. als „Studieren" bezeichnet (Scholtes, 1998) – ist nur dann überflüssig, wenn die Theorie, auf der die Planung aufgebaut ist, nicht in Frage gestellt wird bzw. wenn sie schlicht richtig ist. Misserfolge werden in diesem Fall verstanden als Umsetzungsfehler, die man genauer analysieren kann und in Zukunft vermeiden sollte. Das hierbei erfolgte Lernen könnte man somit als *adaptiv* oder als *operativ* bezeichnen. In einer *strategisch lernenden* Organisation (Grundy, 1994) steht dagegen auch die zugrundeliegende Theorie auf dem Prüfstand: Sie verliert – wie in der Wissenschaft – auch dann, wenn sie gut bestätigt ist, nie ihren Hypothesencharakter. Die Evaluation von Ergebnissen, Erfolgen und Misserfolgen, aber auch von Unvorhergesehenem dient der systematischen Bestandsaufnahme und schafft damit die Voraussetzung für das Nach-Denken und evtl. Modifizieren der Theorie. Diese Phase ist in Abbildung 16.1 als „Verstehen" bezeichnet, um damit zum Ausdruck zu bringen, dass dabei der kognitive Aspekt im Vordergrund steht[178].

---

[178] Argyris (1994, S. 8) unterscheidet zwei ähnliche Lerntypen: „Immer wenn ein Fehler entdeckt und korrigiert wird, ohne dass dabei die dem System zugrundeliegenden Werte in Frage gestellt oder geändert werden, ... ist das Lernen einschleifig... Ein Thermostat ist darauf programmiert, die Zustände 'zu kalt' und 'zu heiß' zu entdecken und die Situation durch An- oder Abdrehen der Heizung zu korrigieren. Wenn sich der Thermostat selbst fragen würde, warum er auf 20 Grad eingestellt wurde, oder warum er so programmiert wurde, wie er wurde, dann wäre er ein Doppel-Schleifen-Lerner."

Das Deming-Rad symbolisiert den unendlichen Kreislauf von Anwendung (Praxis, Erfahrung, Beobachtung, Daten) und Theoriebildung (Konzeption, Einsichten, Etablierung von gesetzmäßigen Zusammenhängen). Fehlt in diesem Kreislauf die Phase einer systematischen Rückschau, dann ist tieferes Lernen i.S. von Veränderungen auf einer wohlverstandenen Grundlage (i.S. eines Verstehens der Regeln und Gesetzmäßigkeiten) nicht möglich. So verstanden kann Evaluation also viel mehr sein als nur ein simples Gegenrechnen, ob sich die Investitionen eines Projekts gelohnt haben.

Das Deming-Rad ist nicht auf Projekte beschränkt, sondern charakterisiert wesentliche Elemente für jede Art von strategischem Lernen. Eine MAB ist allerdings als große Intervention, die alle Ebenen involviert und sehr viele Themen adressiert, ein besonders geeignetes Vehikel hierfür, weil sie vielfältigste Daten hervorbringt, die besonders Theorien im Bereich von Führen und Geführtwerden zu überprüfen und zu korrigieren gestattet.

16.2 Evaluation von MAB-Projekten

Die obigen Überlegungen formulieren nur einen allgemeinen Rahmen und deuten einige grundsätzliche Potentiale von MAB-Evaluationen an. Im Einzelfall muss man konkreter werden.

Positionierung einer MAB-Evaluation

Eine MAB-Evaluation ist selbst ein Projekt, das hinreichend genau positioniert werden muss. Es muss also explizit festgelegt werden, welche Ziele die Evaluation hat; welche Nebenbedingungen hinsichtlich Kosten, Timing und Qualität gelten; und welche Folgeprozesse sich an die Evaluation anschließen sollen. Erst wenn dies geklärt ist, kann man die Evaluation im Detail planen.

Ein Ziel, das bei einer MAB-Evaluation immer verfolgt werden sollte, ist die Erstellung einer Dokumentation von Leistungen und Ergebnissen, die dann ggf. weiter kommuniziert werden kann. Das soll folgendem Zweck dienen. Bei langen Projekten, die nicht mit einem großen Knall abschließen, sondern die vielmehr mehr und mehr vom Führungsalltag absorbiert werden, entsteht meist allseitig der Eindruck, dass sich wenig getan hat. Das hat viele Gründe. So ist die Wahrnehmung langsamer und komplexer Veränderungen grundsätzlich schwierig. Das merkt man daran, wenn man nach vielen Jahren einen Ort wieder besucht, an dem man einmal gewohnt hat. Für den Besucher sieht alles anders aus, während die Ortsansässigen meinen, dass sich eigentlich nicht viel verändert hat. Ähnlich ist es bei einer MAB, die sich mit ihren Vorlauf- und Folgeprozessen auch über einen längeren Zeitraum erstreckt (meist knapp ein Jahr). Zudem ist die MAB ja nie die einzige Intervention, so dass zudem noch das Problem einer kausalen Zuordnung der Veränderungen entsteht.

Man findet jedenfalls immer wieder in der Praxis, dass selbst bei Personen, die direkt für Aktionen verantwortlich waren oder diese sogar mitgestaltet haben, der Eindruck vorherrscht, dass sich wenig getan hat. Dieser Eindruck ist oft objektiv falsch. So wurden z.B. in einer Firma die Mitglieder der Geschäftsleitung zu ihren eigenen

Aktionen befragt. Ihre Antworten wurde aufgezeichnet, geordnet und dokumentiert. Als die Manager dann diese Dokumentation sahen, stellten sie verwundert und erfreut fest, dass doch eine Menge wichtiger Dinge umgesetzt worden waren.

Ein weiteres Standardziel einer MAB-Evaluation ist es, durch den Nachweis von Erfolgen, aber auch von Misserfolgen, die Motivation für eine Wiederholung der MAB mit dem gleichen oder mit verstärktem Einsatz zu verbessern. Das gleiche Ziel kann auch für eine laufende MAB erreicht werden, wenn die Evaluation bereits früh-zeitig – am besten gleich im ersten Projektplan – *angekündigt* wird. Weil es normal ist, wenn Aktionsverantwortliche in einer späteren Evaluation gut aussehen wollen, werden sie ihre Anstrengungen entsprechend erhöhen[179]. Wenn die Mitarbeiter in den MAB-Folgeprozessen – insbesondere der Aktionsplanung und -umsetzung – entspre-chend eingebunden werden, dann sind sie nicht als unbeteiligte Kritiker gefragt, son-dern legen sich mit der Evaluation auch selbst Rechenschaft darüber ab, was sie er-reicht haben.

Kriterien für Evaluationen

Eng verbunden mit der Positionierung der MAB-Evaluation ist die Festlegung der Kriterien, nach denen die Bewertung erfolgen soll. Die wichtigsten sind folgende:

- *Ziele.* Jede MAB verfolgt im- oder explizite Ziele wie z.B. Messen, Einbinden oder Alignment. Wurden diese Ziele erreicht? Hierfür gibt es i.d.R. zahlreiche Indika-toren. So ist das Erreichen von „Einbinden" z.B. davon abhängig, in welchem Aus-maß sich die Mitarbeiter überhaupt an der MAB beteiligt haben (Rücklaufquote), wie tief die Ergebnisse in entsprechenden Workshops diskutiert und aufgearbeitet wur-den, in welchem Umfang die Mitarbeiter an der Planung und Umsetzung von Aktio-nen beteiligt wurden usw.

- *Nebenziele.* Meist spielen bei einer MAB noch zahlreiche Nebenziele eine Rolle, die für einige Gruppen oder Personen besonders wichtig sind, wie z.B. das Ziel: „Führungskräfte und Nichtführungskräfte sollen systematisch und sachlich miteinan-der reden." Auch diese Nebenziele können bei der Evaluation berücksichtigt werden, vorausgesetzt sie widersprechen den Hauptzielen nicht (wie z.B. manche der eher verborgenen politischen Absichten).

- *Nebenbedingungen.* Projektziele unterliegen immer einer Reihe von Bedingungen wie z.B. Kosteneffizienz, Termintreue, Qualität oder Vermeidung exzessiver Risiken (siehe S. 371). Hat also die MAB (bis zum Zeitpunkt *t*) diese Bedingungen erfüllt? Welche Ist-Kosten sind in den MAB-Prozessen angefallen und wie vergleichen sich diese Kosten mit den Soll-Vorgaben? Weitere und eher „weiche" Zusatzkriterien stel-len die in Kapitel 2 diskutierten „Minimalanforderungen" dar. Ein typisches Kriteri-um dieser Art ist z.B. das Postulat, dass jeder Mitarbeiter Gelegenheit bekommen

---

[179] Hier gilt die bekannte Regel aus dem Leistungsmanagement: „You get what you measure!" In der Umkehrung wird seine Logik noch deutlicher: Dinge, die *nicht* gemessen werden (im weitesten Sinn des Wortes, also i.S. von systematischer Beobachtung und Bewertung), werden subjektiv als „nicht so wichtig" eingestuft und daher auch nicht mit dem nötigen Nachdruck verfolgt. Der rationale Akteur konzentriert sich stets auf das, was „zählt".

muss, sich über die für ihn und sein Team relevanten Ergebnisse zu informieren. Man kann somit zumindest fragen, was unternommen wurde, um dies sicherzustellen.

- *Planungsgenauigkeit und Abweichungen vom Plan.* Wurde der Plan eingehalten oder nicht? Warum nicht? Wer oder was waren dafür verantwortlich? Welche Konsequenzen hatte dies? Die Antworten hierauf können wertvolle Hinweise geben für die Planung einer späteren MAB (z.B. Plan war zu simpel, zu komplex, unrealistisch; vermeidbare Konflikte entstanden, die Zeit und Ressourcen kosteten; die Ziele der MAB waren zu vage oder blieben kontrovers; die benötigten personellen Ressourcen standen nicht wie geplant zur Verfügung; die Kommunikation zwischen Koordinationsteam und Entscheidern war zu langsam; die Skills der Führungskräfte in den Folgeprozessen waren unzureichend; das Koordinationsteam hatte nicht genügend Macht; das Top-Management zeigte ein zu geringes Interesse).

- *Einhaltung der Rollen und Verantwortlichkeiten.* In einem MAB-Projekt gibt es stets viele Beteiligte und Betroffene. Ihre Rollen und Verantwortlichkeiten in den verschiedenen Abschnitten der MAB sind oft sorgfältig geplant, zumindest aber allgemein aus der MAB-Positionierung heraus angebbar. Man kann nun bei einzelnen Personen, vor allem aber bei Gruppen – wie z.B. dem mittleren Management, dem Betriebsrat, den Meistern, der Werkleitung – nachprüfen, ob sie ihre Rollen eingehalten bzw. ausgefüllt haben.

- *Effekte und Veränderungen.* Was hat die MAB letztlich bewirkt? Hat sich das Klima verändert? Wird jetzt mehr miteinander kommuniziert? Sind z.B. Aktionen zu den wirklich zentralen Fragen oder nur zu bequemen Nebenthemen geplant worden? Wurden die Aktionen auch effektiv umgesetzt bzw. wo steht die Umsetzung jetzt? Fragen dieser Art sind z.T. schwierig zu beurteilen. Zudem hängt die Antwort auch davon ab, wen man fragt. Das führt dazu, dass im Rahmen einer MAB-Evaluation oft ein systematisches Nachfragen („Wie sehen Sie das?") bei verschiedenen Interessensgruppen durchgeführt wird, z.B. eine anonyme Umfrage bei einer repräsentativen Stichprobe der Mitarbeiter (siehe unten, S. 413). Hierbei sollte im Auge behalten werden, dass eine MAB nicht nur beabsichtigte Wirkungen haben kann, sondern auch unbeabsichtigte (positive wie negative). Auch letztere sollten bei der Effektmessung angemessen berücksichtigt werden.

- *Spezielle Kriterien bei wiederholten MABs.* Oft ist eine MAB teilweise eine Evaluation einer vorausgegangen MAB. Dann steht i.d.R. die Frage im Vordergrund, ob sich in den MAB-Ergebnissen positive Veränderungen gegenüber der letzten MAB zeigen. Der Vergleich der Ergebnisse der neuen MAB mit denen der alten MAB soll dazu dienen, die alte MAB und ihre Folgeprozesse zu bewerten. In der Praxis wird dazu oft gefragt, ob sich die Werte bei bestimmten kritischen Items der MAB vom Zeitpunkt t auf den Zeitpunkt $t+1$ verbessert haben.

Objektive betriebswirtschaftliche Kriterien

Die offiziellen Ziele einer MAB sind – vor allem für das Management – letztlich nur instrumentelle Ziele, keine Endziele. Die Endziele sind immer wirtschaftlicher Art: Das Unternehmen soll nachhaltig Gewinne erwirtschaften. Daher wird bisweilen nach einer hieran orientierten Bewertung gefragt. Ein Fall aus der Praxis ist folgender. Der Geschäftsleitung eines Mittelstandsunternehmens wurde eine MAB-Evaluation i.S. der oben dargestellten Kriterien dargestellt. Das Management interessierte sich aber nicht sonderlich dafür, sondern drängte auf die Beantwortung der folgenden Frage: „Ist die Produktivität jetzt höher als vor der MAB? Es wurde schließlich gesagt, dass es hier nicht nur um Zufriedenheit, sondern auch um Leistung geht!" Diese Frage – wenngleich sie hier reichlich naiv formuliert ist – scheint für viele auf den eigentlichen Kernpunkt einer MAB-Evaluation abzuzielen.

Viele betriebswirtschaftliche Kriterien erweisen sich jedoch bei genauerer Betrachtung als erstaunlich vage und vieldeutig. So lassen sich z.B. für das Kriterium „Produktivität" Hunderte, ja Tausende unterschiedlicher Definitionen unterscheiden, die keineswegs nur theoretisch möglich, sondern allesamt in der Praxis relevant sind (Borg, 1992a). Man muss dazu lediglich einige Facetten ökonomischer, kostenrechnerischer, strategischer, innovativer und psychologischer Art differenzieren und miteinander kreuzen. Viele der betriebswirtschaftlichen Kriterien basieren zudem auf zahlreichen Annahmen, Schätzungen und willkürlichen Verrechnungsregeln.

Ein weiteres Problem liegt darin, dass sich ein MAB-Prozess immer über einen längeren Zeitraum erstreckt, in dem natürlich auch andere externe und interne Ereignisse ablaufen (z.B. Veränderungen der Konjunktur, Wechselkursänderungen, Aktionen der Konkurrenz, ein Wechsel in der Geschäftsleitung, Verzögerungen in der Entwicklung). Eine simple *monokausale* Zuordnung der MAB zu bestimmten Effekten – wie immer diese auch gemessen werden – ist damit grundsätzlich schwierig.

MABs sollten zudem eher strategisch gesehen werden. Ausgedrückt im Kontext des EFQM-Modells (Abbildung 2.1) konzentrieren sie sich vor allem auf den Block „Befähiger". So dienen die meisten Aktionen, die im Zusammenhang mit einer MAB durchgeführt werden und die nicht reine Reparaturmaßnahmen sind, der Herstellung von Bedingungen, unter denen Leistung überhaupt erst entstehen und wachsen kann. Diese Bedingungen werden nicht dadurch relevant oder irrelevant, dass sich gewisse betriebswirtschaftliche Parameter positiv oder negativ verändern. So muss z.B. *grundsätzlich* sichergestellt werden, dass für den Mitarbeiter klar wird, welche Leistungen von ihm erwartet werden oder auch, ob und wie sich Leistung lohnt – ganz gleich, ob das Unternehmen nun schwarze oder rote Zahlen schreibt.

Daraus folgt nicht, dass eine MAB nicht „hart" evaluiert werden sollte. Sie sollte jedoch nach Kriterien bewertet werden, die ihren strategischen Ansprüchen genügen, und nach Wirkungen, die ihr realistisch zugeordnet werden können. Die Evaluation sollte nicht dazu dienen, die *grundsätzliche* Nützlichkeit der MAB selbst nachzuweisen. Dieser Nachweis sollte eher argumentativ z.B. mit Hilfe des LZ-Motors geführt werden; durch wissenschaftliche Forschung[180] z.B. zum Zusammenhang von Arbeitszufriedenheit mit betriebswirtschaftlich direkt relevanten Variablen wie z.B. der Krankheitsrate (Spector, 1997); oder auch – für stark am Rechnungswesen orientierte Personen – durch entsprechende Modellrechnungen (Cascio, 1982). Die Evaluation

---

[180] Den Effekt einer Intervention auf betriebswirtschaftliche Kriterien kann man nur dann rigoros nachweisen, wenn der Einfluss von anderen Variablen („Störvariablen") ausgeschlossen oder kontrolliert werden kann. Dafür sind im Idealfall mindestens zwei gleichartige Organisationen erforderlich: Bei einer wird die MAB durchgeführt, die andere dient als „Kontrollgruppe" (Rossi & Freeman, 1993).

der MAB sollte vielmehr zeigen, wie die MAB *konkret* gelaufen ist und was man hieraus für andere, ähnliche Projekte lernen kann.

Der richtige Zeitpunkt für MAB-Evaluationen

Projekte werden i.d.R. dann evaluiert, wenn sie abgeschlossen sind. Der Abschluss ist gleichbedeutend mit einer Abnahme des Projektergebnisses durch den Auftraggeber. Dieser Zeitpunkt ist bei einer traditionellen MAB mit der Durchführung der Präsentation der MAB-Ergebnisse an die Geschäftsleitung erreicht. Bei einer modernen MAB markiert diese Präsentation dagegen nur den Übergang von der Befragung zu den Folgeprozessen.

Die Frage nach dem besten Zeitpunkt für eine MAB-Evaluation ist nicht einfach zu beantworten, weil im Verlauf der Folgeprozesse zum einen die Projektverantwortung vom MAB-Koordinationsteam an viele einzelne Führungskräfte und Führungsebenen übergeht. Zum anderen sind die Aktionen i.d.R. sehr vielfältig und haben ganz unterschiedliche Zeithorizonte. Bei längerfristigen Aktionen, die oft mit zahlreichem Nachsteuern und vielen Änderungen verbunden sind, wird es außerdem zunehmend schwieriger zu entscheiden, in welchem Ausmaß man diese Aktionen noch der MAB zuordnen will. Eine MAB geht eher *nach und nach* – also ohne einen definitiven Projektabschluss – zu Ende bzw. wird absorbiert in das normale Führungsgeschäft. Sogar der Auftraggeber der MAB kann im Verlauf des Projekts wechseln.

Will also z.B. die Geschäftsleitung wissen, was bei der MAB „unter dem Strich" herausgekommen ist, dann muss man hierfür einen *künstlichen* Termin wie etwa „Ende des Jahres 1999" oder „1. November 2001" festlegen. In der Praxis wird ein solcher Stichtag meist ca. 4 bis 6 Monate nach dem Ende der Präsentation der MAB-Ergebnisse an die Geschäftsleitung angesetzt, weil in diesem Zeitraum normalerweise die meisten Aktionen nach Plan abgeschlossen sind.

16.3 Evaluationsmethoden

Die Methoden, die in der MAB-Praxis für Evaluationszwecke genutzt werden, lassen sich im wesentlichen vier Grundkategorien zuordnen: Dokumentationen, Beobachtungen, Interviews und schriftliche Befragungen von Internen (Mitarbeitern, Projektbeteiligten, Managern usw.) oder Externen (Experten, Beratern oder – indirekt – auch Kunden[181]). Oft werden alle Methoden verwendet, mehr oder weniger systematisch.

Systematische Dokumentation

Eine systematische Dokumentation der MAB und der mit ihr verbundenen Prozesse und Aktivitäten ist mehr als nur eine Vorstufe für eine Evaluation. Beim Zusammentragen, Ordnen, Aufbereiten und Verfassen eines Berichtes sind nämlich viele Bewer-

---

[181] Aus den Ergebnissen von Kundenzufriedenheitsumfragen lassen sich oft Rückschlüsse über die Auswirkungen von Mitarbeiterbefragungen – insbesondere zu Themen der Kundenorientierung des Unternehmens und seiner Mitarbeiter – ableiten.

tungen erforderlich, die sich zumindest daran orientieren, eine möglichst aussagekräftige Beschreibung zu bekommen. Dokumentiert werden sollte dabei alles, was einer umfassenden Bewertung der MAB durch verschiedene Beurteiler dienlich sein kann und alles, was dazu dienen kann, Verbesserungen in einer späteren MAB zu planen. Dazu gehören:

- Dokumente kritischer Ereignisse des Projektmanagements wie z.B. die Protokolle, Notizen, Aufzeichnungen, Agendas, Einladungen usw. der verschiedenen Meetings des Koordinationsteams
- Daten und Fakten zu objektiven Ergebnissen und Aktivitäten der MAB wie z.B. die Rücklaufquote und evtl. auch der Verlauf der Beteiligung über die Zeit, die Termingenauigkeit, die Zahl der erstellten Auswertungsberichte, Informationen zur Distribution dieser Auswertungsberichte, Art und Anzahl der nachfolgenden Präsentationen und Workshops (wann, mit wem, durch wen, wie lange), Anzahl und Schwerpunkte der Aktionspläne, Monitoringaktivitäten für die Aktionspläne, Stand der Umsetzung der Aktionspläne usw.
- Aufzeichnungen zu Problemen, die während der MAB aufgetreten sind, insbesondere auch zu unvorhergesehenen Ereignissen, die dazu geführt haben, dass Termine verschoben werden mussten, dass besondere Anstrengungen erforderlich wurden, dass die Kosten stiegen usw.
- Aufzeichnungen zu besonderen Erfolgen, wie etwa zu Leistungen einzelner Personen oder Gruppen, zu unerwarteten Einsparmöglichkeiten von Ressourcen, zu besonders „glücklichen" Entscheidungen usw. (z.B. eine besonders bemerkenswerte Intervention zur Erhöhung des Rücklaufs im Geschäftsbereich X, ein interessanter Dankeschön-Brief einer Führungskraft an seine Mitarbeiter, eine als „best practice" geeignete Vorgehensweise bei der Aktionsplanung)

Weil MABs heutzutage meist zyklisch angelegt sind, ist es auf jeden Fall sinnvoll, dass der Projektleiter und das Koordinationsteam, zumindest aber der MAB-Experte, gleich zu Beginn der MAB mit der Sammlung dieses Materials beginnen. Dazu brauchen sie zunächst nur alles offizielle Material „in einem Schuhkarton" abzulegen und zu besonderen Ereignissen stets auch Aktennotizen anzufertigen bzw. einzufordern. Der Aufwand hierfür ist relativ gering.

Letztlich sollte aus diesem Material immer eine Art Abschlußbericht erstellt werden. Selbst wenn dieser nicht von höherer Stelle angefordert wird, kann er für spätere Rückfragen und natürlich auch für die nächste MAB sehr wertvoll sein. In diesem Bericht kann man – in einem entsprechend ausgewiesenen Abschnitt – auch *vertrauliche Informationen* festhalten, z.B. Beurteilungen der Leistungen der Mitarbeiter im Koordinationsteam, Probleme im Koordinationsteam und evtl. Gründe dafür, Verhalten der Linienmanager in der MAB und den MAB-Prozessen, Anmerkungen zu den „eigentlichen" Zielen der MAB, Empfehlungen für ähnliche Projekte usw.

Beobachtungen

In die Evaluation einer MAB gehen immer auch Beobachtungen ein. Sie sind i.d.R. unsystematisch, meist nur subjektive Eindrücke oder einzelne Anekdoten von in- oder externen Projektbeteiligten. Diese Beobachtungen sind oft sehr plastisch, können aber gerade deshalb leicht ein unangemessenes Gewicht bekommen, insbesondere wenn sie nicht durch systematische Informationen ergänzt werden. Die Qualität der Beobachtungen hängt stark vom jeweiligen Beobachter ab. So können besonders qualifizierte Beobachter (z.B. erfahrene Unternehmensberater, MAB-Experten, Top-Manager) einzelne Ereignisse als besonders informativ erkennen, sie entsprechend registrieren und sie dann als Vehikel benutzen, um damit Bewertungen und Einsichten von zentraler Bedeutung anschaulich zu kommunizieren. Zudem können auch Beobachtungen aus MABs in anderen Organisationen bei der Evaluation helfen: „Was läuft anderswo? Was haben die gemacht? Wie haben die Führungskräfte dort auf Kritik reagiert?"

Prinzipiell können sich Beobachtungen als Methode für die Evaluation sehr unterscheiden in Stil und Struktur. Das Spektrum reicht hier von einer offenen, eher anthropologischen Feldbeobachtung bis zu strukturierten Simulationen zum Zweck der Bewertung der Auswirkung einzelner Aktionen (z.B. in Assessment Centers). Je offener die Form der Beobachtung ist, desto abhängiger ist das Ergebnis von der Kompetenz des Beobachters. Strukturierte Beobachtungen sind objektiver, aber ärmer im Detail und oft auch in der Tiefe. Auf jeden Fall sind extensive Beobachtungen aufwendig: Sie kosten Geld und vor allem Zeit. Beides ist i.d.R. für eine MAB-Evaluation nicht ausreichend vorhanden.

Interviews

Interviews zur Bewertung einer MAB können unterschiedlich konzipiert werden:

- Die Struktur des Interviews kann vom offenen Gespräch bis zu einem Ablesen-Abfragen-Nachfragen mit vorgegeben Items in vorgegebener Reihenfolge reichen.
- Die Form des Interviews kann als Einzelinterview (face-to-face oder per Telefon) oder als Gruppendiskussion („Fokusgruppen") erfolgen.
- Die Zielgruppe des Interviews können Projektbeteiligte, Betroffene, Mitglieder der Geschäftsleitung, Betriebsräte u.a. sein, die vollständig oder z.B. per Quotenauswahl selektiert werden.
- Die Zielsetzung der Interviews kann variieren von Erkundungsinterviews, die eine schriftliche Evaluationsumfrage inhaltlich vorbereiten sollen, bis zu fokussierten Tiefeninterviews. Davon abhängig variiert auch der Zeitbedarf von ca. ½ Stunde bei Erkundungsinterviews bis zu mehreren Stunden bei Fokusgruppen.

Der *Hauptnutzen* von Interviews liegt darin, dass sie vergleichsweise reiche Daten produzieren können. Gute Interviewer[182] können eine Atmosphäre schaffen, die ehrliche und offene Antworten fördert. Der Interviewer kann diesen Antworten durch geeignetes Nachfragen und sinnvolle Hinweise weiter auf den Grund gehen und dabei evtl. auch Überraschendes oder Unvermutetes aufdecken. Schlechte Interviewer riskieren dagegen, dass die Ergebnisse verzerrt werden durch Selbstdarstellung, Schön-

---

[182] Geschult in Interviewtechnik; erfahren; kennt die relevanten Themen, das Unternehmen, den Jargon; intelligent; kommunikativ, präzise und sozial geschickt beim Nachfragen; kann zuhören, kann sich zurücknehmen; belastbar usw. (Breakwell, 1990; Diekmann, 1995; Fowler & Mangione, 1990).

färberei, absichtlich überzogene Kritik, Fabuliererei, Vorurteile, Mangel an Systematik, schlechte Dokumentation u.ä.

Die *Hauptmankos* von Interviews sind, dass sie relativ teuer und zeitintensiv sind; schwierig auszuwerten sind; und Daten liefern, deren Verallgemeinerbarkeit unklar bleibt, die aber von Nicht-Experten dennoch überaus schnell als „harte Evidenz" interpretiert werden[183]. Bei Interviewern, die ganze Serien von Interviews durchführen, besteht zudem die Gefahr, dass sie sich meist recht schnell eine Meinung bilden und dann alle nachfolgenden Interviews daran ausrichten bzw. aus den Antworten der Interviewten immer wieder die Bestätigung ihrer Meinung heraushören.

Interviews bedürfen in jedem Fall einer gewissen *Planung und Vorbereitung*. Den Personen, die interviewt werden sollen, muss zunächst erklärt werden, worum es geht („Bestandsaufnahme und Bewertung machen, Verbesserungsmöglichkeiten erkennbar machen, offene und ehrliche Antworten, fair und sachlich, kein Forum für persönliche Abrechnungen oder Eigeninteressen, stellvertretend für alle"), warum gerade sie ausgewählt werden („Zufallsauswahl nach Quote") und wie ihre Aussagen weiterverarbeitet werden („vertraulich, ohne Namensnennung"). Mit den ausgewählten Personen müssen zudem Termine vereinbart werden, zu denen diese Zeit haben. Die Termine müssen mit den Vorgesetzten dieser Personen abgestimmt werden. Ein Ort muss gefunden werden, der eine gewisse Vertraulichkeit sicherstellt. Interviews am Arbeitsplatz sind meist wenig geeignet wegen der Anonymitätsprobleme und wegen der Unterbrechungen z.B. durch das Telefon oder durch den normalen Arbeitsablauf[184].

Am wichtigsten für den Erfolg von Interviews ist die Wahl der *richtigen Fragen*. Einige Beispiele für MAB-Evaluationsfragen sind die folgenden:

- Ziele: Was hat die MAB im Hinblick auf die Ziele X, Y ... gebracht? Was hatten Sie sich von der MAB erhofft? Sind diese Hoffnungen erfüllt worden?
- Effizienz: Wie beurteilen Sie das Verhältnis von aufgewendeten Ressourcen relativ zum Ergebnis? Wie beurteilen Sie den psychologischen Aufwand (Anstrengung, Konflikte, Ärger usw.)? Welche Probleme gab es? Was hätte man besser machen können?
- *Befragung*: Wie lief die Befragung selbst? Wie groß waren die Anonymitätsbedenken? Warum konnten diese nicht ausgeräumt werden? Wo und warum blieb die Beteiligung an der Befragung gering? Waren die Mitarbeiter ausreichend informiert? Wurde die MAB von allen wichtigen Gruppen ausreichend unterstützt? Welche Kritik gab es an den Fragen und am Fragebogen?
- *Aufnahme der Befragungsergebnisse*: Wie wurden die Ergebnisse der Befragung aufgenommen? Wo gab es Widerstände dagegen, diese konstruktiv zu verwenden? Warum? Wurden die Ergebnisse verstanden? Wurden sie vollständig aufgenommen oder nur in Ausschnitten? Wie haben sich die Führungskräfte zu den Teilen der Ergebnisse gestellt, die sie selbst betreffen? Hat sich jeder auch an die eigene Nase gefasst oder hat man nur nach oben („Der Vorgesetzte, das Management etc. sind an allem Schuld."), nach unten („Die Mitarbeiter wollen nicht, können nicht

---

[183] Siehe dazu auch S.136: Freie Kommentare.
[184] Die Vorbereitung für Telefoninterviews ist prinzipiell die gleiche wie bei Face-to-face-Interviews.

usw.") oder „auf die anderen" („Die Kollegen ziehen nicht mit, sind nicht kompetent usw.") gezeigt? Wie verliefen die Workshops?

- *Aktionsplanung*: Fanden die Anregungen der Mitarbeiter ausreichend Berücksichtigung bei der Aktionsplanung? Wurden die Aktionen als gemeinsame Anstrengung zur Verbesserung verstanden? Sind die Aktionspläne bekannt und transparent? Ist ein Haupttrend erkennbar oder nur ein Sammelsurium einzelner Aktionen? Wurden die wirklich wichtigen Probleme angegangen? Passen die Aktionen zusammen, sind sie zumindest widerspruchsfrei? Wurden die den Aktionsplänen zugrunde liegenden Prioritäten allgemein akzeptiert? Wurden klare Begründungen der Veränderungsmaßnahmen gegeben? Werden die Aktionen von den Mitarbeitern gesehen als Veränderungen, die „sowieso gekommen wären" oder spielte die MAB eine beschleunigende oder sogar eine entscheidende Rolle?
- *Umsetzung der Aktionen*: Wurde bei der Umsetzung eine klare Linie verfolgt? Gibt es ausreichende, detaillierte und verständliche Rückmeldungen über den Stand der Aktionen für die Mitarbeiter? Zieht jeder am gleichen Strang? Ist jeder entsprechend seinen Möglichkeiten und Kompetenzen beteiligt? Welche Widerstände gibt es bei der Umsetzung der Aktionspläne? Welche anderen Probleme zeigen sich? Zeigt sich allgemein ein Fortschritt bei der Umsetzung der Aktionen oder kommen die alten Probleme immer wieder hoch?
- *Wirkungen und Nebenwirkungen*: Wie haben sich die Aktionen auf Klima und Stimmung ausgewirkt? Wie auf das gegenseitige Vertrauen? Wurde die MAB als gemeinsame Anstrengung empfunden oder als einseitige Aktion zu Lasten der Mitarbeiter? Welche Ergebnisse hat die MAB gebracht bei Führungsstil, Partizipation, Zuhören, Effizienz, Produktivität, Kundenorientierung, Leistungsbeurteilung und Leistungsbelohnung, Ethik, Involvement, Commitment, Einbindung der Mitarbeiter? Wurde Vertrauen geschaffen für eine wiederholte MAB (z.B. Ausräumung von Bedenken zu Datenmissbrauch, Anonymität)? Lohnt sich der Aufwand subjektiv? Halten die Mitarbeiter eine MAB für eine sinnvolle Maßnahme?

Schriftliche Befragungen

Schriftliche Befragungen sind meist viel strukturierter als Beobachtungen oder Interviews, können aber auch offene Fragen („Gibt es noch etwas, das Sie zur MAB sagen wollen?") oder halb-offene Fragen („Was sind aus Ihrer Sicht die Hauptergebnisse der MAB?", zusammen mit verschiedenen Vorgaben) enthalten. Schriftliche Befragungen lassen sich schnell durchführen und auswerten. Vor allem sind sie systematisch: An alle – und im Prinzip beliebig viele Personen – werden zum gleichen Zeitpunkt die gleichen Fragen gestellt. Daher sind die Daten über Personen und Gruppen vergleichbar. Schriftliche Befragungen sind zudem relativ billig – kleinere Stichproben sind ausreichend – und erprobt. Der Nachteil schriftlicher Befragungen ist, dass man sehr gut überlegen muss, welche Fragen man stellen soll, weil man nicht – wie im Interview – bei unklaren Punkten ggf. nachfragen kann.

Eine zentrale Frage bei schriftlichen Evaluationsbefragungen ist die Definition einer geeigneten Personenstichprobe. Teilweise wird diese Frage bestimmt durch die Vorgaben aus der Positionierung. Wenn nur eine Schätzung von Gesamtparametern

gefordert wird, dann genügt meist eine relativ kleine Stichprobe. Wenn man allerdings die Daten nach verschiedenen Merkmalen wie z.B. den Niederlassungen, den
Hierarchiestufen oder den Geschäftsbereichen herunterbrechen will, dann kann sich
sehr schnell die Notwendigkeit für eine große Stichprobe und für komplexe Überlegungen zu akzeptablen Fehlermargen, zur Ausschöpfung, zur Schichtung usw. ergeben (siehe Kapitel 6).

16.4 Zur Praxis von MAB-Evaluationsumfragen

Schriftliche Befragungen sind das Instrument, das für eine Evaluation meist als erstes
in Betracht gezogen wird. Der Grund dafür ist wohl, dass wegen der gerade abgelau-
fenen MAB die Methode der Umfrage allseits bekannt ist und man bei der Evaluation
nochmals „alle" beteiligen will[185]. Für Evaluationsumfragen stellen sich dann eine
Reihe praktischer Fragen, die wir im folgenden kurz betrachten wollen.

Stichprobe

In der Praxis wählt man meist Quotenstichproben, mit einem Oversampling für kleine
Organisationseinheiten und einer Vollbefragung der (oberen) Führungskräfte. Die
richtigen Proportionen muss man dann – bei zusammenfassenden Analysen – wieder
durch entsprechende Gewichtungen ausgleichen.

Der Umfang der Stichprobe bestimmt sich aus zahlreichen Überlegungen, die zunächst aus der Positionierung der Evaluation folgen. In den meisten Fällen will man
die Ergebnisse der Evaluationsumfrage differenziert betrachten können für verschiedene hierarchische Ebenen, für verschiedene Geschäftsbereiche und oft auch für verschiedene Niederlassungen. Dazu muss man sicherstellen, dass die kleinsten Einheiten hinreichend repräsentiert sind. Falls diese nicht vollständig befragt werden, nimmt
man meist eine untere Schranke von mindestens 30 Personen. Diese Zahl bestimmt
sich einerseits aus statistischen Überlegungen, andererseits aus der Notwendigkeit,
die Ergebnisse später überzeugend darstellen zu können.

Eine Vollbefragung der oberen Führungskräfte ist deshalb sinnvoll, weil diese
Gruppe relativ klein ist und so besser ausgeschöpft werden kann; weil sie von ent-
scheidender Bedeutung ist für die MAB-Bewertung und evtl. weitere Aktionen; und
weil sie letztlich so auch billiger und organisatorisch einfacher zu befragen ist als in
einer kompliziert quotierten Stichprobe.

Ein Oversampling kleiner Einheiten ist i.d.R. aus Kostengründen angezeigt. So
sind z.B. die verschiedenen Geschäftsbereiche i.d.R. sehr unterschiedlich groß. Wenn
etwa der GB X nur 500 Mitarbeiter hat, der GB Y aber 10.000, und wenn man jeweils
mindestens 30 Personen befragen will, dann müsste man bei einer proportionalen

---

[185] In manchen Unternehmen gibt es geradezu eine Flut von Umfragen aller Art und damit verbunden
eine z.T. beträchtliche Umfragemüdigkeit. Dieses Übergewicht der Umfragen relativ zu anderen sozialwissenschaftlichen Methoden zeigt eher eine gewisse Hilflosigkeit und einen Mangel an Methoden-
kenntnis. Das Instrument der Umfrage sollte jedenfalls nicht ruiniert werden durch übermäßigen und
undifferenzierten Gebrauch.

Stichprobe insgesamt $30 + (30/500) \cdot 10.000 = 630$ befragen, also 600 Personen im GB Y. Falls man nur allgemeine Aussagen über den GB Y machen will, ist diese Stichprobengröße statistisch nicht erforderlich (siehe S. 186ff.). Andererseits muss man aber auch die Psychologie beachten: Führt man ein Oversampling bei kleinen Einheiten durch, dann können größere Einheiten fragen, warum die kleinen Einheiten so viel „besser" bedient werden. Man sollte daher die Gründe für die jeweilige Konstruktion der Stichprobe immer sorgfältig darlegen.

Organisation

Die Durchführung der Evaluationsumfrage erfolgt am einfachsten durch einen zentral organisierten, postalischen Versand der Fragebögen oder noch einfacher, falls möglich, per Inter- oder Intranet. Dabei muss man von vornherein davon ausgehen, dass mehrere Nachfaßaktionen notwendig werden, weil es bei Stichprobenumfragen, die sich nur an wenige Personen richten, immer viel schwieriger ist, einen guten Rücklauf zu erzielen. Aus diesem Grund ist ggf. zu überlegen, ob die Datenerhebung nicht auch durch Datenerhebungsverantwortliche getrieben werden kann, die jeweils „vor Ort" sind, dort den Rücklauf kontrollieren und ihn durch Face-to-face-Aktivitäten positiv beeinflussen.

Items und Fragebogen

Die Items, die in Evaluationsumfragen verwendet werden, orientieren sich an den oben dargestellten Kriterien und Fragestellungen. Meist ergibt sich dabei ein Fragebogen mit

1. einem Einleitungsteil (ähnlich wie in Abbildung 5.7, S. 152)
2. einem Abschnitt mit demographischen Items (ähnlich wie in Abbildung 5.8, S. 153).
3. zwei bis drei inhaltlichen Frageblöcken mit Items
   - zu Meinungen und Einstellungen zur Befragung selbst, zu den Workshops, zur Aktionsplanung und Aktionsumsetzung
   - zur Bewertung der Effekte der MAB
   - einigen halb-offenen oder offenen Fragen zur MAB

Abbildung 16.2 zeigt einige Items zur MAB selbst und zu ihren Aktionen. Diese Items gestaltet man am besten formal genauso wie die Items in der eigentlichen MAB. Wenn also die MAB selbst z.B. Likert-Items mit einer 5-stufigen Antwortskala zum Ankreuzen verwendet hat (wie in Abbildung 5.9, S. 154, gezeigt), dann sollte man auch in der Evaluationsbefragung derartige Items verwenden, weil die Mitarbeiter hiermit bereits vertraut sind: Das Ausfüllen geht so schneller und ist mit weniger Fehlern und Korrekturen verbunden.

Der zweite Teil des Fragebogens adressiert die Effekte, die die MAB und ihre Aktionen gebracht haben. Die Messung von Effekten ist eine ausgesprochen schwierige Thematik. Die einfachsten Items, die man hierzu formulieren kann, sind solche, die nach einer globalen Bewertung fragen, z.B.: „Alles in allem hat die Mitarbeiterbefragung positive Auswirkungen gehabt", „Insgesamt hat die Mitarbeiterbefragung vieles in Bewegung gesetzt" oder „Ohne die Mitarbeiterbefragung wären viele Verbesserungen gar nicht oder erst viel später gekommen".

Meist interessiert man sich aber stärker für spezielle Effekte, insbesondere für solche, die von den Zielen der MAB, von den allgemeinen Handlungsfeldern oder von besonderen Aktionen angestrebt wurden. Abbildung 16.3 zeigt hierzu einige Items, die solche Effekte messen sollen. Die Items sind nicht – wie im Teil A des Fragebogens in Abbildung 16.2 – als Likert-Items formuliert. Sie fragen also nicht z.B. „Die Unterstützung durch die EDV-Abteilung hat sich verbessert" und verwenden dabei eine Zustimmungs- und Ablehnungsskala. Vielmehr hat der Befragte bei den Items in Abbildung 16.3 auch die Möglichkeit, die Unterstützung durch die EDV-Abteilung als verschlechtert zu bewerten. Diese Möglichkeit muss man schon deshalb zulassen, damit der Fragebogen von den Mitarbeitern nicht als unfair und manipulativ betrachtet wird.

Items vom „Verbessert-Verschlechtert"-Typ müssen jedoch immer sorgfältig interpretiert werden. Das sieht man z.B. am dritten Item in Abbildung 16.3. Das Problem ist, dass eine Führungskraft, für deren Verantwortungsbereich sich ein „unverändert geblieben" ergeben hat, Gefahr läuft, damit schlecht auszusehen und negativ beurteilt zu werden: „Wieso hat sich da bei Ihnen nichts getan?" Diese kritische Rückfrage ist natürlich dann nicht gerechtfertigt, wenn für das Thema Mitsprache bei dieser Führungskraft gar kein Handlungsbedarf bestand. Bei den Items in Abbildung 16.3 wird letztlich allgemein unterstellt, dass sie handlungsrelevante Themenfelder ansprechen, z.B. deshalb, weil diese eng mit den allgemeinen Handlungsfeldern der MAB zusammenhängen. Die Handlungsrelevanz wäre damit für alle Teams, nicht aber unbedingt auch für jedes Team gegeben.

Aus diesem und ähnlichen Gründen könnte man auch anders vorgehen und nicht *direkt* nach Verbesserungen/Verschlechterungen fragen, sondern vielmehr die besonders „kritischen" Items aus der eigentlichen MAB in der Evaluationsumfrage wiederholen. Unterstellen wir einmal, dass zur Thematik „Mitsprache bei Entscheidungen" in der eigentlichen MAB mindestens ein einschlägiges Item enthalten war, z.B. das folgende: „Ich bin zufrieden mit den Möglichkeiten zur Mitsprache bei Entscheidungen, die sich auf meine Arbeit beziehen." Legt man dieses Items auch der Evaluationsstichprobe vor, dann lässt sich fragen, ob und wie sich die Antworten hierauf verändert haben. Bei diesem Vergleich muss man allerdings die möglichen statistischen Fehlermargen beachten, die einen zuverlässigen Nachweis von schwachen Effekten bei kleinen Stichproben schwer machen[186]. Dieses Problem stellt sich bei Items, die direkt nach Veränderungen fragen, nicht in gleicher Weise.

---

[186] Nehmen wir an, das Ergebnis für das Mitsprache-Item in der MAB war *Ja%*=30. Nehmen wir weiter an, dass sich bei Mitsprache nichts verändert hat, dass also nach wie vor *Ja%*=30 gilt. Wir machen nun eine Evaluationsumfrage mit einer Stichprobe von *n*=100 Personen. Die Organisation habe insgesamt *N*=1.000 Mitarbeiter. Dann können wir auf Grund zufälliger Effekte bei der Stichprobenziehung nicht erwarten, dass der *Ja%*-Wert der Evaluationsumfrage auch genau bei 30% herauskommt, sondern nur, dass er zwischen 21% und 39% liegt (siehe Formel 6.6 in Kapitel 6). Der beobachtete Wert muss also schon größer sein als 39%, bevor wir überhaupt *anfangen* können, mit statistischer Berechtigung davon zu sprechen, dass hier *irgendeine* positive Veränderung nachgewiesen wurde.

Befragung und Workshops	Stimme voll zu	Stimme zu	Teils-teils	Stimme nicht zu	Stimme überhaupt nicht zu
	◀◀	◀	II	▶	▶▶
Ich habe mich stets gut informiert gefühlt über die Mitarbeiterbefragung und ihren Ablauf.	☐	☐	☐	☐	☐
Ich hatte bei der Mitarbeiterbefragung Bedenken, dass meine Antworten nicht anonym bleiben.	☐	☐	☐	☐	☐
Die MAB-Workshops verliefen in konstruktiver Atmosphäre.	☐	☐	☐	☐	☐
Eine Mitarbeiterbefragung wie diese sollte bei uns regelmäßig durchgeführt werden.	☐	☐	☐	☐	☐
Ohne die Mitarbeiterbefragung wären viele positive Veränderungen nicht oder nur viel später gekommen.	☐	☐	☐	☐	☐

Aktionsplanung und Aktionspläne	Stimme voll zu	Stimme zu	Teils-teils	Stimme nicht zu	Stimme überhaupt nicht zu
	◀◀	◀	II	▶	▶▶
Bei der Aktionsplanung hatten die Mitarbeiter ausreichend Gelegenheit, ihre Vorschläge einzubringen.	☐	☐	☐	☐	☐
Die Aktionspläne sind mir hinreichend gut bekannt.	☐	☐	☐	☐	☐
Die Aktionspläne sind dazu geeignet, notwendige und wichtige Veränderungen herbeizuführen.	☐	☐	☐	☐	☐
Ich hatte genügend Möglichkeiten, mich über den Stand der Aktionen informiert zu halten.	☐	☐	☐	☐	☐
Die Aktionsplänen wurden bislang zielstrebig umgesetzt.	☐	☐	☐	☐	☐

Abbildung 16.2. Ausschnitte aus einem Evaluationsfragebogen (Teil A).

Zusätzlich zu den geschlossenen Items stellt man in Evaluationsumfragen gelegentlich auch offene Fragen, insbesondere dann, wenn man sich die Möglichkeit offen halten will, Unerwartetes zu erfahren. Abbildung 16.4 zeigt hierzu ein Beispiel. Gefragt wird hier nach den besonders positiven und nach den erhofften, aber nicht eingetretenen Folgen der MAB. Andere Fragen sind natürlich auch denkbar, z.B. eine ganze offene, die lediglich nach „zusätzlichen Kommentaren" fragt. Fragen dieser Art kann man ggf. auch an jeden Itemblock anhängen. Vorab gilt allerdings zu bedenken, dass die Auswertung offener Fragen schwierig und teuer ist; dass die Befunde nur einen allenfalls ergänzenden Hinweischarakter haben; und dass offene Fragen zu Anonymitäts- und Datenschutzproblemen führen können (siehe S. 136f f.).

Veränderungen seit der Mitarbeiterbefragung	klar besser geworden	etwas besser geworden	unverändert geblieben	etwas schlechter geworden	klar schlechter geworden
Der Support und der Service der EDV-Abteilung für meine Arbeit ist ...	☺	○	😐	○	☹
Die Klarheit meiner Arbeitsziele und Verantwortlichkeiten ist ...	☺	○	😐	○	☹
Die Möglichkeiten zur Mitsprache bei Entscheidungen, die sich auf meine Arbeit auswirken, sind ...	☺	○	😐	○	☹
Die Kommunikation unserer Abteilung mit anderen Abteilungen ist ...	☺	○	😐	○	☹

Abbildung 16.3. Ausschnitt aus einem Evaluationsfragebogen (Teil B).

Datenauswertung und Interpretation

Die Auswertung einer Evaluationsumfrage erfolgt nach denselben Prinzipien wie die einer normalen MAB. Die Statistiken sollten also möglichst von jedem unmittelbar verstanden werden; hinreichend differenziert werden für wichtige Organisationseinheiten; zu aussagekräftigen Indices verdichtet werden usw. (siehe Kapitel 9 und 10).

Für Items, die nach Veränderungen fragen (Abbildung 16.3), kann man am einfachsten die Anteile der Befragten darstellen, die positive bzw. negative Veränderungen sehen und zusätzlich die Mittelwerte dieser Ratings. Im Quervergleich verschiedener Geschäftsbereiche ergibt sich dann z.B. eine recht anschauliche Darstellung wie die in Abbildung 16.5 gezeigte.

Die Interpretation derartiger Statistiken erfordert jedoch immer besondere Vorsicht. So zeigt das Beispiel in Abbildung 16.5, dass sich der Bereich „DV" nur vergleichsweise wenig verbessert hat bei den Möglichkeiten, Ideen einbringen zu können. Man muss hier aber gleich fragen, wie groß in diesem Bereich der Handlungsbedarf war. Möglicherweise fanden die Mitarbeiter im Bereich „DV" schon vor Beginn der Aktionen, dass in dieser Hinsicht keine Probleme bestanden.

Veränderungen müssen auch vor dem Hintergrund der Spielräume für Verbesserungen beurteilt werden. Wie schwierig war es, eine Verbesserung zu erzielen unter den gegebenen Umständen?

Man bemerkt außerdem in Abbildung 16.5, dass die positiven Veränderungen in allen Bereichen deutlich überwiegen. Ein solches Ergebnis ist in der Praxis eher normal. Es tritt gelegentlich sogar dann auf, wenn man nach der Bewertung von Veränderungen bei Themen fragt, bei denen überhaupt *keine* Aktion geplant und umgesetzt wurde! Der Grund dafür ist nicht immer klar. Eine Erklärung dafür könnte sein, dass es sich hier um einen „Halo-Effekt" handelt, also um eine positive Ausstrahlung der MAB allgemein auf alle Themen. MABs werden jedenfalls der Erfahrung nach von

Bitte geben Sie 1-2 Dinge an, auf die sich die Mitarbeiterbefragung besonders positiv
ausgewirkt hat:

_____

_____

_____

Bitte geben Sie 1-2 Dinge an, bei denen die Mitarbeiterbefragung nicht das gebracht
hat, was Sie sich erhofft hatten:

_____

_____

_____

Abbildung 16.4. Ausschnitt aus einem Evaluationsfragebogen (Teil C).

der überwältigenden Mehrheit der befragten Mitarbeiter – meist mindestens 90% und
oft noch deutlicher von Führungskräften – explizit begrüßt. Daher kann man vermuten, dass eine MAB normalerweise zu einer allgemeinen Verbesserung der Stimmung
führt, die dann alles in einem positiveren Licht erscheinen lässt. Andererseits kann es
natürlich durch die verbesserte Kommunikation auch zu neuen Sichtweisen kommen
oder zu indirekten Effekten, ohne dass gezielte Aktionen zu bestimmten Themen
durchgeführt wurden.

Effekte von und in MABs lassen sich jedenfalls *nie eindeutig kausal* belegen. Eine
MAB zieht sich über einen längeren Zeitraum hin, in dem immer zahlreiche weitere
Ereignisse stattfinden. Dazu gehören die vielen täglichen, individuellen Ärgernisse
und Freuden, aber auch größere Ereignisse und Trendwenden (wie z.B. ein wirtschaftlicher Umschwung oder eine Lohnrunde), die mit der MAB direkt nichts zu tun
haben. Ein Beispiel aus der Praxis ist der Fall, in dem kurz nach einer MAB von der
Geschäftsleitung beschlossen wurde, eine bevorstehende Werksschließung nicht
durchzuführen, sondern vielmehr in dieses Werk zu investieren. Dass sich ein solches
Ereignis positiv auf die Stimmung und insbesondere auf die Wahrnehmung der Geschäftsleitung selbst auswirkt, liegt auf der Hand.

Vor dem Hintergrund der vielen Ereignisse und Veränderungen kann die Sichtbarkeit der MAB und ihrer Aktionen recht klein werden. Es kann also durchaus der Fall
sein, dass die Ergebnisse der Evaluationsumfrage den Eindruck des „Es hat sich wenig getan" zeigen, dass aber dennoch objektiv vieles geschehen ist. Man muss also
stets beachten, dass die Umfrage nur zeigt, was – zu Recht oder zu Unrecht! – *wahrgenommen* wird, nicht aber was wirklich der Fall ist.

Unter Umständen müssen sogar „verschlechterte" Ergebnisse positiv interpretiert
werden. Ein anschauliches Beispiel aus der Praxis dazu ist folgendes. In einer großen
Traditionsfirma beklagten 30% der Mitarbeiter den großen Bürokratismus. Das The-

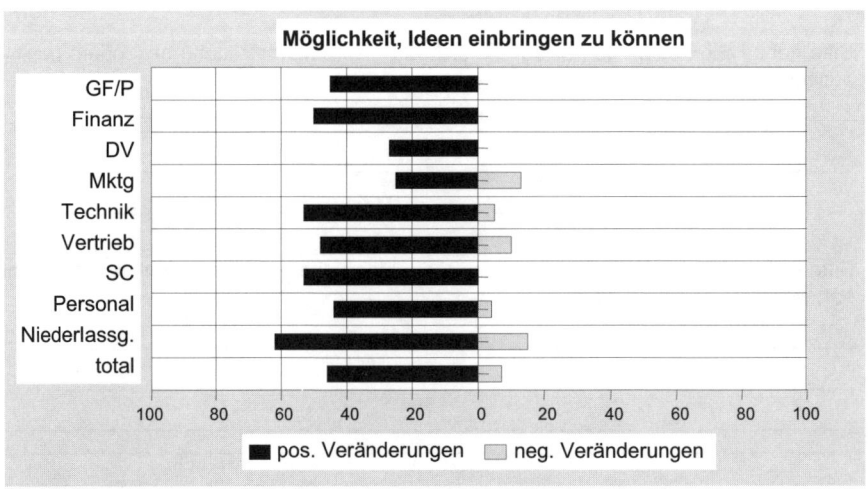

Abbildung 16.5. Prozentsätze der Personen, die angeben, dass sich die „Möglichkeit, Ideen einbringen zu können" positiv bzw. negativ verändert haben; aufgeschlüsselt nach Geschäftsbereichen.

ma wurde daraufhin intensiv diskutiert und durch verschiedene Aktionen adressiert. In einer Evaluationsumfrage stieg dann der Wert auf 40% an. Interviews zeigten aber, dass viele Mitarbeiter, die den alten Bürokratismus ursprünglich als selbstverständlich verstanden hatten, ihn nun anders sahen, nämlich als überzogen und behindernd. Insofern sind die 40% hier ein Erfolg!

Schließlich muss man bei Evaluationsumfragen immer berücksichtigen, dass die Statistiken mit den Unsicherheiten einer Stichprobenziehung behaftet sind. Diese sind zudem nur im Fall von echten Zufallsstichproben kalibrierbar. Beim typischen Fall von Quotenstichproben sind sie dagegen unbekannt.

Anhang 1: Prototypische MAB-Items

Die Itemblöcke, die mit „¹" markiert sind, sind bei der Verwendung von Items wie den hier gezeigten i.d.R. eindimensional, also „Skalen" (siehe S. 143). Dies gilt auch dann, wenn die Items in anderen Sprachen oder Kulturen verwendet werden (Liu et al., im Druck). Diese Skalen sind daher international transportierbar und somit auch strukturell für vergleichende MABs geeignet. Insbesondere die Items zum direkten Vorgesetzten sind in MABs praktisch immer hoch positiv interkorreliert, auch dann, wenn man andere und inhaltlich recht unterschiedliche Items verwendet. Offenbar wird also der direkte Vorgesetzte immer als „Paket" gesehen, ein Phänomen, das aus der Personenwahrnehmung bekannt ist.

Der Itemblock „Meine Ziele, Aufgaben und meine Tätigkeit" zerfällt dagegen empirisch meist in zwei Faktoren: „Klarheit von Zielen und Aufgaben" bzw. „Involvement, Beteiligung, Mitbestimmung" und „Spaß an der Arbeit selbst". Die Struktur hängt vom jeweiligen Unternehmen und den verwendeten Items ab. Diese Items bilden also i. Allg. keine Skala. Die Thematik ist mehrdimensional.

Für die Items in den übrigen Blöcken lassen sich allgemeine Vorhersagen zu ihrer Dimensionalität nur schwer machen. Sie hängt sehr davon ab, genau welche Items man jeweils verwendet. So ist z.B. das Themenfeld „Unternehmenskultur" fast unbeschränkt umfangreich, so dass sich unter diesem Begriff sehr viel Verschiedenes subsummieren lässt. Beim Themenfeld „Innovation, Produktivität, Qualität" erweisen sich dagegen die Items in einem Unternehmen als ein-dimensional, in einem anderen als mehrdimensional. Hier spiegeln sich die unterschiedlichen Bedingungen wieder, die abweichenden Bedeutungen der Begriffe, und die jeweils spezifischen Ausformulierungen der Themen in u.U. ganz besonderen Items.

Der Itemblock „Commitment" wird selten sehr differenziert erfasst. Die hier gezeigten drei Items sollten empirisch eher eindimensional sein. Man kann aber verschiedene Formen des Commitments (affektives, kalkulatorisches, aktionales bzw. Commitment zur Organisation, zur Arbeit selbst, oder ähnliches) gezielt ansprechen. Dann sind die Items i. Allg. nicht ein-dimensional.

Die mit „R" markierten Items sind umzupolen. Sie korrelieren negativ mit den anderen Items in der Skala. Ansonsten korrelieren die Items, die eine Skala bilden, positiv untereinander, d.h., dass eine Person die ein Item X zustimmend (ablehnend) beantwortet, beantwortet auch das Item Y eher zustimmend (ablehnend). Die Antworten fallen also in der Tendenz ähnlich aus.

In der Tabelle bezeichnet die Spalte „Cd." den „Code" des Items. Er ergibt sich als Kürzel des Iteminhalts. So ist das Item „at2" das zweite Item des Itemblocks „Meine Aufgaben, meine Arbeitstätigkeit".

Nr.	Cd.	Meine Arbeitsplatzbedingungen[1]	My physical working conditions
1	ab	Ich habe die Arbeitsmittel, die ich benötige, um gute Arbeit zu leisten.	I have the tools that I need to do a good job.
2	ab	Meine Arbeitsmittel werden gut gewartet und unterstützt.	The tools I work with are well serviced and supported.
3	ab	Meine Arbeitsplatz erfüllt die notwendigen Erfordernisse (z.B. Platz, Beleuchtung, Belüftung, Möbel).	My work place satisfies the necessary requirements (e.g., space, lighting, ventilation, furniture).
4	ab	Alles in allem bin ich zufrieden mit meinen Arbeitsplatzbedingungen.	All in all, I am satisfied with my physical working conditions.

		Aufgaben und Arbeitstätigkeit	My tasks, my actual work
5	at	Meine gegenwärtigen Ziele sind mir völlig klar.	My present tasks and goals are completely clear to me.
6	at	Bei der Vereinbarung meiner Aufgaben und Ziele bin ich aktiv beteiligt.	I am actively involved in setting my tasks and goals.
7	at	Ich bin ausreichend beteiligt an Entscheidungen, die sich auf meine Arbeit auswirken.	I am sufficiently involved in decisions that affect my work.
8	at	Ich habe die Freiräume, die ich brauche, um gute Arbeit zu leisten.	I have the freedom I need for doing a good job.
9	at	Meine Tätigkeit erlaubt es mir, meine Fähigkeiten und Fertigkeiten einzusetzen.	My job allows me to utilize my skills and competencies.
10	at	Ich bin ständig mit Arbeit überlastet. (R)	I am permanently overloaded with work.
11	at	Alles in allem bin ich zufrieden mit meinen Aufgaben und meiner Arbeitstätigkeit.	All in all, I am satisfied with the tasks and work I actually have.

		Mitarbeiter-Entwicklung[1]	Employee development
12	en	Mir ist klar, was ich in Zukunft wissen und können muss, um einen wertvollen Beitrag zum Unternehmenserfolg leisten zu können.	I know what skills and competencies I will need in the future to be a valuable contributor in our company.
13	en	In den letzten 12 Monaten konnte ich verschiedene Angebote und Chancen nutzen, mein Wissen und Können zu verbessern.	In the last 12 months, I was able to take advantage of opportunities to enhance my skills and competencies.
14	en	Ich empfinde meine jetzige Stelle als Sackgasse. (R)	I feel trapped in my present position.
15	en	Alles in allem bin ich zufrieden mit den Möglichkeiten, in dieser Firma weiter zu kommen und sich weiter zu entwickeln.	All in all, I am satisfied with the opportunities for advancement and development in this company.

		Bezahlung und Zusatzleistungen[1]	Pay and benefit
16	bz	Mir ist klar, wie meine Leistung bewertet wird.	I understand how my performance is evaluated.
17	bz	In unserer Firma werden die Mitarbeiter nach Leistung und Ergebnissen belohnt.	In our company, people are rewarded according to their job performance and accomplishments.

18	bz	Ich habe ausreichend Zugang zu Informationen darüber, welche Zusatzleistungen unsere Firma bietet.	I have sufficient access to information about the benefits that our company offers.
19	bz	Die Bezahlung und die Zusatzleistungen, die ich bekomme, sind gerecht im Vergleich zu dem, was andere in unserer Firma bekommen.	My pay and benefits are fair in comparison to what others get in our company.
20	bz	Alles in allem bin ich zufrieden mit meiner Bezahlung.	All in all, I am satisfied with my pay.
21	bz	Alles in allem bin ich zufrieden mit den Zusatzleistungen, die ich bekomme.	All in all, I am satisfied with the benefits I get.

		Team und Kolleginnen/Kollegen[1]	**Team and coworkers**
22	tk	In unserem Team herrscht eine ausgezeichnete Atmosphäre.	The atmosphere in my team is excellent.
23	tk	In unserem Team können wir normalerweise eine gegenseitige Vertretung gewährleisten, wenn eine Kollegin oder ein Kollege abwesend ist (auf Schulung, im Urlaub usw.).	Our team is usually able to provide cover when a colleague is absent (on training, vacation, and so on).
24	tk	In meinem Team herrscht ein Klima, in dem unterschiedliche Sichtweisen geschätzt werden.	My team has a climate in which diverse perspectives are valued.
25	tk	Die Personen in meinem Team arbeiten bei der Bewältigung der Arbeit gut zusammen.	The people in my team cooperate to get the job done.
26	tk	Mein Team kooperiert gut mit anderen Teams, um Geschäftsziele zu erreichen.	My team cooperates well with other teams to achieve business objectives.
27	tk	Mein Team bekommt von anderen Teams die Kooperation, die wir brauchen, um unsere Geschäftsziele zu erreichen.	My team gets the cooperation it needs from other teams to achieve its business objectives.
28	tk	Alles in allem bin ich zufrieden mit meinem Team.	All in all, I am satisfied with my team.

		Mein direkter Vorgesetzter[1]	**My direct supervisor**
29	dv	Mein direkter Vorgesetzter behandelt mich mit Respekt.	My direct supervisor treats me with respect.
30	dv	Wenn ich gute Arbeit leiste, bekomme ich von meinem direkten Vorgesetzten die angemessene Anerkennung.	If I do a good job, I receive adequate recognition from my direct supervisor.
31	dv	Mein direkter Vorgesetzter gibt mir regelmäßig klare Hinweise, wo und wie ich meine Leistungen verbessern kann.	My direct supervisor regularly gives me clear feedback where and how I can improve my performance.
32	dv	Mein direkter Vorgesetzter lässt mich selbst Entscheidungen treffen.	My direct supervisor allows me to make decisions myself.
33	dv	Mein direkter Vorgesetzter unterstützt meine berufliche Entwicklung.	My direct supervisor supports my professional development.
34	dv	Mein direkter Vorgesetzter unterstützt mich bei der Umsetzung neuer Ideen.	My direct supervisor supports me in implementing new ideas.
35	dv	Mein direkter Vorgesetzter hält unser Team auf Kurs.	My direct supervisor succeeds to keep our team on track.

36	dv	Alles in allem bin ich zufrieden mit meinem direkten Vorgesetzen.	All in all, I am satisfied with my direct supervisor.

		Die Führungskraft über meinem direkten Vorgesetzten[1]	The manager above my immediate supervisor
37	fk	Diese Führungskraft macht die Ziele und Richtungen ihres Organisationsbereichs immer klar.	This manager provides clear leadership with respect to goals and directions.
38	fk	Diese Führungskraft stellt sicher, dass wir die Rahmenbedingungen haben, die wir zur Erreichung unserer Ziele brauchen.	This manager makes sure that we have the environment necessary to reach our goals.
39	fk	Diese Führungskraft unternimmt wirklich etwas, wenn Mitarbeiterinnen und Mitarbeiter Vorschläge machen oder Kritik üben.	This manager acts on complaints and suggestions made by the employees.
40	fk	Alles in allem bin ich zufrieden mit dieser Führungskraft.	All in all, I am satisfied with this manager.

		Information[1]	Information
41	in	Ich fühle mich gut informiert über die wirtschaftliche Situation der Firma.	I feel well informed about the economic situation of the company.
42	in	Ich fühle mich gut informiert über die Situation des Bereichs, in dem ich arbeite.	I feel well informed about the situation of the area in which I work.
43	in	Ich kann mir leicht die Information beschaffen, die ich für meine Arbeit brauche.	I can easily get the information I need to do my job.
44	in	Ich fühle mich vom Vorstand allgemein gut informiert.	I feel generally well informed by the Executive Board.
45	in	Alles in allem bin ich zufrieden mit dem Informationsfluss in unserer Firma.	All in all, I am satisfied with the information flow in our company.

		Innovation, Produktivität, Qualität, Kosten	Innovation, productivity, quality, costs
46	ip	Ich habe konkrete Ideen, wie ich durch Veränderungen in meinem Arbeitsumfeld meine eigene Leistung beträchtlich steigern könnte.	I have concrete ideas about changes in my working environment that would allow me to substantially enhance my performance.
47	ip	Ich fühle mich ermutigt, Vorschläge zu machen, wie man die Dinge anders und besser machen könnte.	I feel encouraged to come up with new and better ways of doing things.
48	ip	In unserer Firma werden neue Ideen schnell aufgenommen und umgesetzt.	New ideas are quickly accepted and implemented in our company.
49	ip	Mein Team sucht ständig nach Möglichkeiten, die Produktivität zu steigern.	My team keeps looking for ways to improve productivity.
50	ip	Unmengen von Regeln und komplizierte Abläufe machen es schwer, hier zu arbeiten.	Excessive rules and complicated procedures make it difficult to work here.
51	ip	Die Meetings, an denen ich teilnehme, sind normalerweise gut vorbereitet, produktiv und nützlich.	The meetings that I attend are typically well prepared, productive, and add value.

52	ip	Unsere Organisationsstruktur hilft uns, produktiv zu sein.	Our organizational structure helps us to be productive.
53	ip	Die Veränderungen, die in unserem Bereich in den letzten 12 Monaten durchgeführt wurden, werden uns helfen, unsere Arbeitsziele zu erreichen.	The changes made in our department in the last 12 months will help us achieve our business objectives.
54	ip	In meinem Team fühlt sich jeder dafür verantwortlich, Kosten einzusparen.	Everyone in my team feels responsible to reduce costs.

		Externe/interne Kunden	**External/Internal customers**
55	ku	In meinem Team weiß jeder, was die Kunden wollen.	Everyone in my team knows our customers' needs.
56	ku	Ich habe ausreichend Zugang zu Informationen über die Zufriedenheit unserer Kunden.	I have sufficient access to information on the satisfaction of our customers.
57	ku	Ich tue alles, was ich kann, um schnell und wirksam auf Kundenwünsche einzugehen.	I do everything I can to respond quickly and effectively to the customer's needs.
58	ku	Die Firma tut alles, was sie kann, um schnell und wirksam auf Kundenwünsche einzugehen.	The company does everything it can to respond quickly and effectively to the customer's needs.

		Strategie von ABC	**ABC's strategy**
59	st	Ich kenne die Strategie von ABC so gut, dass ich sie einem neuen Kollegen erklären könnte.	I understand ABC's strategy well enough to explain it to a new coworker.
60	st	Ich stehe voll hinter der Strategie von ABC.	I fully endorse ABC's strategy.
61	st	Mir ist klar, wie meine Arbeit zu den Zielen der Firma beiträgt.	I can see a clear link between my work and our company's objectives.
62	st	Bei ABC gelingt es uns, unsere Strategien schnell umzusetzen.	At ABC, we are successful in quickly executing our strategies.
63	st	Wichtige Entscheidungen werden immer mit Blick auf unsere Kunden und Wettbewerber getroffen.	Key decisions are always made with an eye on our customers and competitors.

		Vertrauen zum Top Management	**Trust in top management**
64	vm	Ich habe volles Vertrauen zum Vorstand.	I have full trust in the Executive Board.
65	vm	Ich habe volles Vertrauen zu unserem Management unterhalb des Vorstands.	I have full trust in our management below the Executive Board level.

		Unternehmenskultur	**Corporate culture**
66	uk	Die Zusammenarbeit in unserer Firma ist gekennzeichnet von gegenseitigem Vertrauen und Respekt.	The working relations within our company are characterized by mutual trust and respect.
67	uk	Offene Kommunikation und ehrliche Rückmeldungen sind in unserer Firma die täglich gelebte Praxis.	Open communication and honest feedback is common practice in our company.

| 68 | uk | Mein Arbeitsumfeld ist frei von Benachteiligungen wegen Hautfarbe, Geschlecht, Nationalität, Religion oder ähnlichem. | My work environment is free of discrimination (racial, sexual, cultural, national, religious, or other). |
| 69 | uk | In unserem Unternehmen haben Männer und Frauen die gleichen Chancen. | In our company, men and women have equal opportunities. |

		Commitment	**Commitment**
70	co	Ich bin stolz darauf, für ABC zu arbeiten.	I am proud to work for ABC.
71	co	Ich werbe für ABC und seine Produkte im Bekanntenkreis.	I advertise our company and its products among my friends.
72	co	Mir geht es so, als ob die Probleme unserer Firma meine eigenen wären.	I really feel as if our company's problems are my problems.
73	co	Ich überlege ernsthaft, ABC in den kommenden 12 Monaten zu verlassen. (R)	I am seriously considering leaving ABC within the next 12 months.

Anhang 2: Statistische Korrelation

Mit dem Begriff *Korrelation* bezeichnet man in der Statistik den Zusammenhang von zwei Variablen. Dabei geht es um Fragen wie die, ob zufriedenere Mitarbeiter größeres Commitment haben oder ob zufriedenere Mitarbeiter seltener krank sind – oder genauer: *wie stark* und *wie* diese Variablen jeweils ko-reliert sind.

Der Zusammenhang der Variablen wird gemessen mit dem *Korrelationskoeffizient* („r"). Um ihn zu erklären, betrachten wir zunächst Abbildung A1. Hier sind vier Streudiagramme gezeigt, die jeweils von zwei Variablen aufgespannt werden. Die Punkte in jedem Diagramm stellen 16 Personen dar. Genauer: Sie stellen die Werte dar, die jede dieser 16 Personen auf den *beiden* Variablen hat. So hat im Diagramm oben links jede Person einen Wert auf der Variablen A und einen auf der Variablen B. Man erkennt hier, dass der Zusammenhang von A und B für diese 16 Personen perfekt *linear* ist: Wird A um eine Einheit größer, dann wird auch B um eine entsprechende Einheit größer. Der Korrelationskoeffizient ist in einem solchen Fall gleich $r = +1$. Das positive Vorzeichen zeigt an, dass der Zusammenhang *direkt* ist.

Im Diagramm oben rechts ist die Korrelation der Variablen A und C ebenfalls perfekt, nun aber *gegenläufig* (invers): Je größer A wird, umso kleiner wird C. Die Korrelation ist negativ, $r = -1$.

Derartig perfekte lineare Zusammenhänge findet man in der Praxis nicht: Die Korrelationen sind immer kleiner als Eins, evtl. sogar nahe Null. Das Diagramm unten links in Abbildung A1 zeigt einen recht hohen, aber nicht perfekten Zusammenhang. Der Korrelationskoeffizient ist hier $r = +0,79$. Die Punkte liegen alle nahe an einer Geraden. Das Diagramm unten rechts schließlich zeigt eine ungefähre „Null"-Korrelation. In diesem Fall kann man nicht von der einen Variablen auf die andere schließen. Die Punkte streuen weit um die vom Computer gefundene, best-angepasste Gerade.

In einer MAB wäre eine Korrelationen von $r = +0,79$ schon ungewöhnlich groß. MAB-Variablen korrelieren meist deutlich geringer. Der Grund dafür ist u.a., dass die Zusammenhänge von zwei MAB-Variablen normalerweise von vielen weiteren Variablen moduliert werden. So hängt die Fluktuationsneigung nicht nur von der Arbeitszufriedenheit ab, sondern von vielen weiteren Variablen wie den emotionalen und den materiellen Bindungen eines Mitarbeiters an das Unternehmen, aber auch seiner familiären Situation, seiner Risikobereitschaft, von seinen Chancen im Arbeitsmarkt usw.

Auch für kleine Korrelationen gilt jedoch: Würde man Geld wetten darauf, welche Y-Werte auftreten, wenn die X-Werte bekannt sind, dann wäre die Situation wie beim „geladenen Würfel": Auf die Dauer würde einen das Wissen über die statistisch-

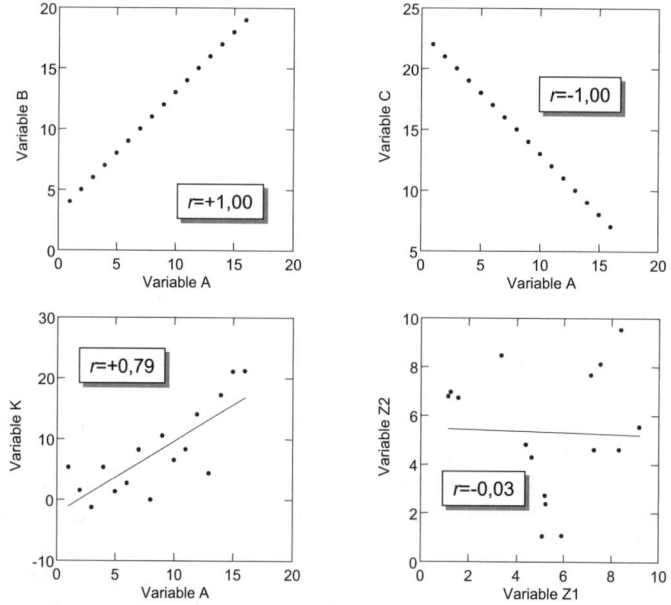

Abbildung A1. Vier Beispiele für die Korrelation von je zwei Variablen.

korrelativen Zusammenhänge reich machen! Nur eine Korrelation von Null brächte keinen Vorteil bei Vorhersagen von Y-Werten auf der Basis bekannter X-Werte.

Ein Anwendungsbeispiel. Findet man z.B., dass Abwanderungsneigung und Arbeitszufriedenheit mit $r = -0,60$ korrelieren, dann kann man sagen, dass Personen tendenziell deutlich geringere Abwanderungsabsichten haben, wenn sie zufriedener sind. In diesem Fall könnte man aus inhaltlich-theoretischen Gründen sogar sagen, dass die Unzufriedenheit die Abwanderungsabsichten verursacht.

Schließlich noch die Formel für den Korrelationskoeffizienten und ein Rechenbeispiel. Die Formel lautet

$$r_{xy} = \frac{\sum x_i y_i}{\sqrt{\sum x_i^2 \sum y_i^2}} \quad ,$$

wobei $x_i = X_i - \bar{X}$ und $y_i = Y_i - \bar{Y}$. Dabei ist $\bar{X}$ der Mittelwert (=durchschnittliche

Wert) der X_i-Werte und $\bar{Y}$ entsprechend der Mittelwert der Y_i-Werte. Das Zeichen $\sum$ bedeutet: Summiere über alle Fälle, von $i=1$ bis zum letzten Fall, $i=n$.

Ein Rechenbeispiel. Wir wollen den Korrelationskoeffizient für zwei Variablen, X und Y, ausrechnen. Die Variablen könnten zwei Items sein. Die folgende Tabelle zeigt die Werte für diese Items in den grauen Spalten. Auf Item X hat also Person 1 mit „1=trifft voll zu" geantwortet, auf Item Y mit „2=trifft eher zu". Insgesamt haben wir hier fünf Personen mit ihren Antworten. Wir berechnen nun zunächst die Mittelwerte für X und Y. Diese sind 3,0 bzw. 2,6. Dann bilden wir die Spalte der Abweichungswerte, x_i, indem wir von jedem X-Wert den Wert 3,0 subtrahieren. Ebenso bilden wir die Spalte der Werte y_i. Dann bilden wir die entsprechenden Spalten der quadrierten Werte von x_i und y_i. Schließlich noch die Spalte der „Kreuzprodukte" $x_i y_i$. Zuletzt summieren wir die Spalten x_i^2, y_i^2 und $x_i y_i$ auf und setzen die drei Summen in die Formel für den Korrelationskoeffizienten ein.

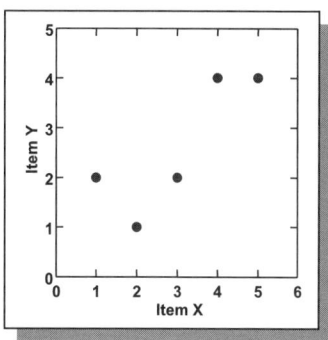

i	X_i	x_i	x_i^2	Y_i	y_i	y_i^2	$x_i y_i$
1	1	-2,0	4,0	2	-0,6	0,36	1,2
2	2	-1,0	1,0	1	-1,6	2,56	1,6
3	3	0,0	0,0	2	-0,6	0,36	0,0
4	4	1,0	1,0	4	1,4	1,96	1,4
5	5	2,0	2,0	4	1,4	1,96	2,8
$\sum$	15		8,00	13		7,20	7,20

$\bar{X} = 15/5 = 3{,}0$ und $\bar{Y} = 13/5 = 2{,}6$. Damit erhalten wir

$$r_{xy} = \frac{7{,}20}{\sqrt{8{,}00 \cdot 7{,}20}} = \frac{7{,}20}{7{,}56} = 0{,}95\,.$$

Die Berechnung ist, wie wir sehen, etwas mühsam. Sie wird aber in der Anwendung nicht per Hand, sondern „vom Computer" durchgeführt.

Literaturangaben

AAPOR (1997). *Best Practices for survey and public opinion research and survey practices AAPOR condemns.* American Association for Public Opinion Research. Mai.

Adler, P.S. (2002). Social capital: Prospects for a new concept. *Academy of Management Review, 27,* 17-40.

Ajzen, I. (1988). *Attitudes, personality, and behavior.* Chicago: Dorsey.

Alexa, M. & Zuell, C. (1999). *A review of software for text analysis.* Mannheim: Zentrum für Umfragen, Methoden und Analysen.

Allen, N.J. & Meyer, J.P. (1990). The measurement and antecedents of affective, continuance, and normative commitment. *Journal of Occupational Psychology, 63,* 1-18.

Allmendinger, J., Schmidt, P. & Wegener, B. (Hrsg.) (1983). *ZUMA-Handbuch sozialwissenschaftlicher Skalen.* 3 Bände. Mannheim und Bonn: ZUMA und IZ.

Alper, S.W., Pfau, B.N. & Sirota, D. (1986). Successful employee attitude surveys. *The President, 22,* No.4, 1-2.

Andersen, E.S., Grude, K.V., Haug, T. & Turner, J.R. (1984). *Goal directed project management.* Worcester, England: Kogan Page.

Antoni, F. (1999). Funktionale Beziehungen der Arbeitszufriedenheit mit arbeitsbezogenen Meinungen, Einstellungen und demographischen Variablen. Diplomarbeit, FB 06 Psychologie, Uni Gießen.

Amabile, T.M., Conti, R., Coon, H., Lazenby, J. & Herron, M. (1995). Assessing the work environment for creativity. *Academy of Management Journal, 39,* 1154-1184.

Amabile, T.M. & Conti, R. (1999). Changes in the work environment for creativity during downsizing. *Academy of Management Journal, 42,* 630-640.

Argyris, C. (1994). *On organizational learning.* Cambridge, MA: Blackwell.

Armstrong, M. (1994). *Performance management.* London, UK: Kogan Page.

Ashford, S.J., Lee, C. & Bobko, P. (1989). Content, causes, and consequences of job insecurity: a theory-based measure and substantive test. *Academy of Management Journal, 32,* 803-829.

Bandura, A. (1997). *Self-efficacy: The exercise of control.* New York: Freeman.

Barmash, I. (1993). Employee attitude surveys: More substance than style. *Across the Board,* Mai, 43-45.

Bass, B.M. & Avolio, B. (1990). Transformational leadership development: Manual for the multifactor leadership questionnaire. Palo Alto, CA: Consulting Psychologists Press.

Bauer, J. (1990). Mitarbeiterbefragung bei Karstadt: Ein Instrument zur Organisationstherapie. In M. Domsch & A. Schneble (Hrsg.), *Mitarbeiterbefragungen* (pp. 131-145). Heidelberg: Physica.

Bearden, W.O., Netemeyer, R.G. & Mobley, M.F. (1993). (Hrsg.). *Handbook of marketing scales.* Newbury Park, Ca.: Sage.

Becker, G. (1997). Mitarbeiterbefragungen im TQM-Modell. In W. Bungard & I. Jöns (Hrsg.), *Mitarbeiterbefragung: Ein Instrument des Innovations- und Qualitätsmanagements* (pp. 214-223). Weinheim: Beltz.

Becker, T.E., Billings, R.S., Eveleth, D.M. & Gilbert, N.L. (1996). Foci and bases of employee commitment: Implications for job performance. *Academy of Management Journal, 39,* 464-482.

Beckhard, R. & Harris, R.T. (1987). *Organizational transitions.* Reading, MA: Addison-Wesley.

Beimel, J. (1990). *Qualitative und quantitative Analysen von Fragebogenkommentaren zur Arbeitszufriedenheit.* Diplomarbeit, FB 06 Psychologie, Universität Gießen.

Bennis, W. & Namus, K. (1985). *Leaders.* New York: Harper & Row.

Bergermaier, R. (1992). Produktivitätserhöhung im Rahmen eines AE-Management Programms. Vortragspapier zur Konferenz „Leistungs- und Produktivitätsmanagement". Frankfurt/Main: Institute for International Research.

Bishop, G., Hippler, H.J., Schwarz, N. & Strack, F. (1988). A comparison of response effects in self-administered and telephone surveys. In R.M. Groves, P. Biemer, L. Lyberg, J.T. Massey, W.L. Nicholls & J. Waksberg (Hrsg.), *Telephone survey methodology* (pp. 321-340). New York: Wiley.

Bleicher, K. (1984). Auf dem Wege zu einer Kulturpolitik der Unternehmung. *Zeitschrift für Führung und Organisation, 54,* 494-500.

Block, R. (1983). *The politics of projects.* New York: Yourdon Press.

Boek, W.E. & Lade, J.H. (1963). Test of the usefulness of the postcard technique in a mail questionnaire study. *Public Opinion Quarterly, 27,* 303-306.

Borg, I. (1989). Zur Präsentation von Umfrageergebnissen. *Zeitschrift für Arbeits- und Organisationspsychologie, 33,* 90-95.

Borg, I. (1991a). Sind Personen, die sich in Umfragen nicht identifizierbar machen, besonders kritisch? *Zeitschrift für Sozialpsychologie, 22,* 123-129.

Borg, I. (1991b). On the relationship between importance and satisfaction ratings on job facets. *Applied Psychology: An International Review, 40,* 81-92.

Borg, I. (1992a). Facetten des Produktivitätsbegriffs. Vortragspapier zur Konferenz „Leistungs- und Produktivitätsmanagement". Bad Homburg: Institute for International Research.

Borg, I. (1992b). *Grundlagen und Ergebnisse der Facettentheorie.* Bern: Huber.

Borg, I. (1992c). Überlegungen und Untersuchungen zur Messung der subjektiven Unsicherheit der Arbeitsstelle. *Zeitschrift für Arbeits- und Organisationspsychologie, 36,* 107-116.

Borg, I. (1994). Coping with the dilemma of high importance and low satisfaction. *Perceptual and Motor Skills, 78,* 833-834.

Borg, I. (1995). *Mitarbeiterbefragungen: Strategisches Auftau- und Einbindungsmanagement.* Stuttgart: Verlag für angewandte Psychologie.

Borg, I. (1997a). *Der LZ-Motor.* München: Human Resources Consulting.

Borg, I. (1997b). Mitarbeiterbefragungen im Rahmen des Auftau- und Einbindungsmanagement-Programms (AEMP): Entwicklungen und Erfahrungen. In W. Bungard & I. Jöns (Hrsg.), *Mitarbeiterbefragung: Ein Instrument des Innovations- und Qualitätsmanagements* (pp. 59-73). Weinheim: Beltz.

Borg, I. (1998a). A facet-theoretical approach to item equivalency. In J. Harkness (Hrsg.), *Cross-cultural survey equivalence* (pp. 145-158). Mannheim: ZUMA Spezial.

Borg, I. (2000). From mind maps to mapping sentences. Vortragspapier für die Fifth International Conference on Social Science Methodology (RC33). Köln. Oktober.

Borg, I. (2001a). Mitarbeiterbefragungen. In H. Schuler (Hrsg.), *Lehrbuch der Personalpsychologie* (S. 373-396). Bern: Huber.

Borg, I. (2001b). Affective halo and the first law of attitudes. In D. Elizur (Hrsg.), *Facet theory: Integrating theory construction with data analysis* (S. 7-14). Prag: Matfyzpress.

Borg, I. (2001c). Früh- versus Spätantworter. *ZUMA Nachrichten, 47,* 7-19.

Borg, I. (2002a). *Mitarbeiterbefragungen – kompakt.* Göttingen: Hogrefe.

Borg, I. (2002b). Latenzzeiten bei der Beantwortung von MAB-Items. Unveröffentlichtes Manuskript, FB 06 Psychologie, Uni Gießen.

Borg, I. (2003). Affektiver Halo in Mitarbeiterbefragungen. *Zeitschrift für Arbeits- und Organisationspsychologie, 47,* 1-11.

Borg, I. & Braun, M. (1992). Arbeitsethik, Arbeitsinvolvement und Arbeitswerte als Moderatoren der Arbeitsplatzunsicherheit. *Zeitschrift für Arbeits- und Organisationspsychologie, 36,* 167-176.

Borg, I. & Braun, M. (1995). Trust in organizations. In J.J. Hox, G.J. Mellenbergh & P.G. Swanborn (Hrsg.), *Facet theory: Analysis and design* (pp. 47-53). Zeist, NL: Setos.

Borg, I. & Braun, M. (1996). Work values in East and West Germany: Different weights but identical structures. *Journal of Organizational Behavior, 17,* 541-555.

Borg, I. & Braun, M. (1998). On the relationship of importance ratings and assessments of what is given in one's work. In: *Proceedings of the 6th International Conference on Work Values and Behavior* (pp. 24-28). Istanbul, Türkei: ISSWOV.

Borg, I. & Gabler, S. (2002). Zustimmungsanteile und Mittelwerte von Likert-skalierten Items. *ZUMA Nachrichten, 50*, 7-25.

Borg, I. & Groenen, P. (1997). *Modern multidimensional scaling.* New York: Springer.

Borg, I. & Mohler, P.Ph. (1994). Zur Konstruktion von Indices in der Facettentheorie. *ZUMA Nachrichten, 33,* 10-24.

Borg, I. & Noll, H.-H. (1990). Wie wichtig ist „wichtig"? *ZUMA Nachrichten, 27,* 36-48.

Borg, I. & Shye, S. (1995). *Facet theory: Form and content.* Newbury Park, CA: Sage.

Borg, I. & Staufenbiel, T. (1992). Productivity management by combining HISYS and ProMES. *Proceedings of the Third International Congress on Work and Organizational Values* (pp. 273-282). Karlsbad, CR.

Borg, I. & Staufenbiel, T. (1997). *Theorien und Modelle der Skalierung.* Bern: Huber. (3. revidierte Auflage)

Borg, I., Staufenbiel, T. & Pritchard, R.D. (1995). Hierarchies of objectives in productivity management: Combining features of HISYS and ProMES. In R.D. Pritchard (Hrsg.), *Productivity improvement strategies and applications* (pp. 312-324). New York: Praeger.

Borg, I. & Tuten, T. (2003). Early versus later respondents in Intranet-based, organizational surveys. *Journal of Behavioral and Applied Management, 4(1),* 134-147.

Bortz, J. (1984). *Lehrbuch der empirischen Forschung für Sozialwissenschaftler.* Berlin: Springer.

Boyett, J.H. & Conn, H.P. (1995). *Maximum performance management.* Lakewood, CO: Glenbridge.

Bradburn, N.M. & Sudman, S. (1991). The current status of questionnaire research. In P. Biemer et al. (Hrsg.), *Measurement errors in surveys* (S. 29-40). New York: Wiley.

Breakwell, G.M. (1990). *Interviewing.* London, UK: BPS Routledge.

Brennan, M., Hoek, J. & Astridge, C. (1991). Effects of monetary incentives on the response rate and cost-effectiveness of a mail survey. *Journal of the Marketing Research Society, 33,* 229-241.

Brief, A.P. & Motowidlo, S.J. (1986). Prosocial organizational behaviors. *Academy of Management Review, 11,* 710-725.

Brinkerhoff, R.O. & Dressler, D.E. (1990). *Productivity measurement.* Newbury Park, CA: Sage.

Brislin, R.W. (1986). The wording and translation of research instruments. In W.J. Lomner & J.W. Berry (Hrsg.), *Field methods in cross-cultural research* (pp. 137-164). Beverly Hills, CA: Sage.

Brown, S.L. & Eisenhardt, K.M. (1995). Product development: Past research, present findings, and future directions. *Academy of Management Review, 20,* 343-379.

Bruennecke, K. & Canisius, E. (1991). Open Line - Eine Mitarbeiterbefragung der Hewlett-Parckard GmbH. In M. Domsch & A. Schneble (Hrsg.), *Mitarbeiterbefragungen* (pp. 95-107). Heidelberg: Physica.

Bruggemann, A., Groskurth, P. & Ulich, E. (1975). *Arbeitszufriedenheit.* Bern: Huber.

Buckingham, M. & Coffman, C. (1999). *First, break all the rules: What the world's greatest managers do differently.* New York: Simon & Schuster.

Bungard, W., Fettel, A. & Jöns, I. (1997). Mitarbeiterbefragungen: Verbreitung, Einsatzformen und Erfahrungen bei den 100 umsatzgrößten Unternehmen in der Bundesrepublik Deutschland. In W. Bungard & I. Jöns (Hrsg.), *Mitarbeiterbefragung: Ein Instrument des Innovations- und Qualitätsmanagements* (pp. 246-263). Weinheim: Beltz.

Bungard, W. & Jöns, I. (Hrsg.) (1997). *Mitarbeiterbefragung: Ein Instrument des Innovations- und Qualitätsmanagements.* Weinheim: Beltz.

Burke, W.W. (1987). *Organization development: A normative view.* Reading, Mass.: Addison-Wesley.

Burke, W.W. (1994). Diagnostic models for organization development. In A. Howard and Associates (Hrsg.), *Diagnosis for organizational change* (pp. 53-84).

Burkhardt, M. (1992). Die Meinungsumfrage als Teil des Management-Systems in der IBM. *Personalführung, 2/92,* 80-86.

Campbell, A., Converse, Ph.E. & Rodgers, W. (1976). *The quality of American life: Perceptions, evaluations, and satisfactions.* New York: Russel Sage.

Cascio, W.F. (1982). *Costing human resources: The financial impact of behavior in organizations.* Boston, MA: Kent.

Church, A.H. (1993). Estimating the effect of incentives on mail survey response rates: A meta-analysis. *Public Opinion Quarterly, 57*, 62-79.

Church, A.H. & Waclawski, J. (2001). *Designing and using organizational surveys: A seven step approach.* San Francisco: Jossey-Bass.

Clarke, R.A. (1991). *Survey-guided development.* San Francisco, CA: Pacific Gas and Electric Company.

Claassen, J.J. (1985). Mitarbeiterbefragungen zur Analyse der Führungs- und Arbeitssituation bei den Hamburg-Mannheimer Versicherungsgesellschaften. In A. Töpfer & E. Zander (Hrsg.), *Mitarbeiter-Befragungen* (pp. 317-343). Frankfurt: Campus.

Coffey, A. & Atkinson, P. (1995). Making sense of qualitative data: Complementary research strategies. Thousand Oaks, CA: Sage.

Colihan, J. (1999). Persönliche Mitteilung. Minneapolis, MN: IBM International Employee Research.

Conger, J.A. & Kanungo, R.N. (1988). The empowerment process: Integrating theory and practice, *Academy of Management Review, 13*, 471-482.

Control Data Business Advisors (1986). *Employee surveys.* Minneapolis, MN: CDBA.

Converse, J.M. & Presser, S. (1986). *Survey questions: Handicrafting the standard questionnaire.* Newbury Park, CA: Sage.

Cook, J.D., Hepworth, S.J., Wall, T.D. & Warr, P.B. (1981). *The experience of work.* London, UK: Academic Press.

Coombs, C.H. (1964). *A theory of data.* New York: Wiley.

Dachler, H.P. & Hulin, C.L. (1969). A reconsideration of the relationship between satisfaction and judged importance of environmental and job characteristics. *Organizational Behavior and Human Performance, 4*, 252-266.

Dalecki, M.G., Whitehead, J.C., and Blomquist, G.C. (1993). Sample nonresponse bias and aggregate benefits in contingent valuation: An examination of early, late and nonrespondents. *Journal of Environmental Management, 38*, 133-143.

Deci, E.L. (1972). The effects of contingent and non-contingent rewards and controls on intrinsic motivation. *Organizational Behavior and Human Performance, 8*, 217-229.

Delany, J.T., Lewin, D., & Ichniowski, G. (1988). *Human resource management policies and practices in American firms.* New York: Industrial Relations Center, School of Business, Columbia University.

Deller, J., Hartstein, T. & Wallmichrath, K. (2000). ‚Wir führen fair' – das Mitarbeiterfeedback als Instrument der Weiterentwicklung der Unternehmenskultur der DaimlerChrysler Services (debis) AG. In M.E. Domsch & D.H. Ladwig (Hrsg.), *Handbuch Mitarbeiterbefragung* (S. 257-271). Heidelberg: Springer.

Dessler, G. (1999). How to earn your employees commitment. *Academy of Management Executive, 13(2)*, 58-67.

DeVellis, R.F. (1991). *Scale development.* Newbury Park, CA: Sage.

Diekmann, A. (1995). *Empirische Sozialforschung: Grundlagen, Methoden, Anwendungen.* Hamburg: Rowohlt.

Dillman, D.A. (1978). *Mail and telephone surveys: The total design method.* New York: Wiley.

Dillman, D.A. (1983). Mail and other self-administered questionnaires. In P.H. Rossi, J.D. Wright & A.B. Anderson (Hrsg.), *Handbook of survey research* (pp. 359-377). New York: Academic Press.

Dillman, D.A. (2000). *Mail and internet surveys: The tailored design method.* New York: Wiley.

Doerner, R.E. (1992). Mitarbeiterbefragungen als Instrument der Umgestaltung. Vortragspapier zur Konferenz „Mitarbeiterbefragungen". Frankfurt/Main: Institute for International Research.

Dolan, S. (1994). Quality and work values: dilemmas and experiences in an international context. Vortragspapier zur 4th International Conference of the Society for the Study of Work and Organizational Values. Barcelona, Spanien.

Domsch, M. (1985). Das Konzept der Arbeitsgruppe „Mitarbeiterbefragungen". In A. Töpfer & E. Zander (Hrsg.), *Mitarbeiter-Befragungen* (pp. 109-126). Frankfurt: Campus.

Domsch, M. & Schneble, A. (Hrsg.). (1991), *Mitarbeiterbefragungen.* Heidelberg: Physica.

Duffy, M.K., Shaw, J.D. & Stark, E.M. (2000). Performance and satisfaction in conflicted interdependent groups: When and how does self-esteem make a difference? *Academy of Management Journal, 43,* 772-782.

Dunham, R.B. & Smith, F.J. (1979). *Organizational surveys.* Glennview, Ill.: Scott, Foresman & Company.

Edwards, J.E. & Thomas, M.D. (1993). The organizational survey process. In P. Rosenfeld, J.E. Edwards & M.D. Thomas (Hrsg.), *Improving organizational surveys: New directions, methods, and applications* (pp. 3-28). Newbury Park, CA: Sage.

Edwards, J.E., Thomas, M.D., Rosenfeld, P. & Booth-Kewley, S. (1997). *How to conduct organizational surveys.* Newbury Park, CA: Sage.

EFQM (1994). *EQA application brochure.* Brüssel: European Foundation for Quality Management.

Ewen, R.B. (1967). Weighting components of job satisfaction. *Journal of Applied Psychology, 51,* 68-73.

Farr, J.L. (1993). Informal performance feedback: Seeking and giving. In H. Schuler, J.L. Farr & M. Smith (Hrsg.), *Personnel selection and assessment: Individual and organizational perspectives* (S. 163-180). Hillsdale, NJ: Lawrence Erlbaum.

Fazio, R. (1989). On the power and functionality of attitudes: The role of attitude accessibility. In A. Prtkanis, S. Breckler & A. Greenwald (Hrsg.), *Attitude structure and function* (pp. 153-179). Hillsdale, NJ: Erlbaum.

Feger, H. (1980). Einstellungsstruktur und Einstellungsänderung: Ergebnisse, Probleme und ein Komponentenmodell der Einstellungsobjekte. *Zeitschrift für Sozialpsychologie, 10,* 331-349.

Fischer, L. (1989). *Strukturen der Arbeitszufriedenheit.* Göttingen: Hogrefe.

Fischer, L. & Lück, H.E. (1972). Entwicklung einer Skala zur Messung von Arbeitszufriedenheit (SAZ). *Psychologie und Praxis, 16,* 64-76.

Fischoff, B. (1991). Value elicitation: Is there anything in there? *American Psychologist, 46,* 835-847.

Folger, R. & Konovsky, M.A. (1989). Effects of procedural and distributive justice on reactions to pay raise decisions. *Academy of Management Journal, 32,* 115-130.

Folkman, J. (1996). *Turning feedback into change.* Provo, UT: Novations.

Folkman, J. (1998a). *Making feedback work: Turning feedback from employee surveys into change.* Provo, UT: Novations.

Folkman, J. (1998b). *Employee surveys that make a difference.* Provo, UT: Executive Excellence Publishing.

Fowler, F.J. (1995). *Improving survey questions: Design and evaluation.* Newbury Park, CA: Sage.

Fowler, F.J. (1998). *Survey research methods.* Newbury Park, CA: Sage.

Fowler, F.J. & Mangione, T.W. (1990). *Standardized survey interviewing: Minimizing interviewer-related error.* Newbury Park, CA: Sage.

Frame, J.D. (1987). *Managing projects in organizations.* San Francisco, CA: Jossey-Bass.

Freimuth, J. & Kiefer, B.-U. (Hrsg.) (1995). *Geschäftsberichte von unten: Konzepte für Mitarbeiterbefragungen.* Stuttgart: Verlag für angewandte Psychologie.

Friedrichs, J. (1973). *Methoden empirischer Sozialforschung.* Hamburg: Reinbek.

Fritz, H. (1992). Vermutungen, Illusionen? - Dann doch lieber Realitäten, auch wenn es Probleme schafft! *Personalführung, 92,* 69-70.

Fryxell, G.E. & Gordon, M.E. (1989). Workplace justice and job satisfaction as predictors of satisfaction with union and management. *Academy of Management Journal, 32,* 851-866.

Füser, K. (1997). *Modernes Management.* München: Beck.

Futrell, D. (1994). Ten reasons why surveys fail. *Quality Progress,* April, 65-69.

Gabler, S. (1993). Schneeballverfahren und verwandte Stichprobendesigns. *ZUMA Nachrichten, 31,* 47-69.

Gabler, S. (1999). Exakte notwendige Stichprobenumfänge bei kleinen endlichen Populationen. Unveröffentlichtes Manuskript. Mannheim: ZUMA.

Gabler, S. & Borg, I. (1996). Unimodalität und Unimodalitätstests. *ZUMA Nachrichten, 38,* 33-44.

Gabler, S. & Hoffmeyer-Zlotnik, J.H.P. (Hrsg.) (1997*). Stichproben in der Umfragepraxis.* Opladen: Westdeutscher Verlag.

Gabler, S., Hoffmeyer-Zlotnik, J.H.P. & Krebs, D. (Hrsg.) (1994). *Gewichtung in der Umfragepraxis.* Opladen: Westdeutscher Verlag.

Gallup, G. (1988). Employee research: From nice to know to need to know. *Personnel Journal,* August, 42-43.

Ganzach, Y. (1998). Intelligence and job satisfaction. *Academy of Management Journal, 41,* 526-539.

Goldmann, H. (1998). Verblüffend einfach. *Wirtschaftswoche,* Nr.34/13.8.98, S. 90.

Gottschall, D. (1988). Ohren an der Basis. *Manager Magazin, 9,* 220-231.

Globerson, A., Globerson, S. & Frampton, J. (1991). *You can't manage what you don't measure.* Aldershot, UK: Avebury.

Green, K.E. (1991). Reluctant respondents: Differences between early, late, and nonresponders to a mail survey. *Journal of Experimental Education, 59,* 268-276.

Greenberg, J. (1990). Employee theft as a reaction to underpayment inequity: The hidden costs of pay cuts. *Journal of Applied Psychology, 75,* 561-568.

Grundy, T. (1994). *Strategic learning in action.* London, UK: MacGraw-Hill.

Guilford, J.P. (1954). *Psychometric methods.* New York: MacGraw-Hill.

Guttman, L. (1994). The mathematics of ordinary speech. In: S. Levy (Hrsg.), *Louis Guttman on theory and methodology: Selected writings* (pp. 103-119). Aldershot, UK: Dartmouth.

Hackman, J.R. & Oldham, G. (1975). Development of the Job Diagnostic Survey. *Journal of Applied Psychology, 60,* 159-170.

Hackman, J.R. & Oldham, G.R. (1976). Motivation through the design of work: Test of a theory. *Organizational Behavior and Human Performance, 16,* 250-279.

Häder, M. & Häder, S. (2000) (Hrsg.). *Die Delphi-Technik in den Sozialwissenschaften: Methodische Fragestellungen und innovative Anwendungen.* Wiesbaden: Westdeutscher Verlag.

Haire, M., Ghiselli, E.E. & Porter, L.W. (1966). *Managerial thinking: An international study.* New York: Random House.

Hall, D.T. & Parker, V.A. (1993): The role of workplace flexibility in managing diversity. *Organizational Dynamics, 21,* 5-18.

Hansen, C. (1999). *Report 32 V2.0.* München: Human Resources Consulting.

Harding, S. & Radford, M. (1994). *Work values in cross-national perspective: Some observations from applied research.* WORC Paper 94.11.044/6. Tilburg University, Niederlande.

Harkness, J. (2002). Questionnaire translation. In J. A. Harkness, F. Van De Vijver & P.Ph. Mohler (Hrsg.). *Cross-cultural survey methods* (S. 35-56). New York: Wiley.

Harrison, M.I. (1987). *Diagnosing organizations.* Newbury Park, CA: Sage.

Harrison, M.I. & Shirom, A. (1999). *Organizational diagnosis and assessment: Bridging theory and practice.* Thousand Oaks, CA: Sage.

Hartley, J., Jacobson, D., Klandermans, B. & Van Vuuren, T. (1991). *Job insecurity: Coping with job at risk.* London, UK: Sage.

Hartmann, M., Rieger, M. & Pajonk, B. (1997). *Zielgerichtet moderieren.* Weinheim: Beltz.

Hauschild, H. (1997). *E-Mail Umfragen.* Arbeitsbericht. Human Resources Consulting, München.

Heberlein, T.A. & Baumgartner, R. (1978). Factors affecting response rates of mailed questionnaires: A quantitative analysis of the published literature. *American Sociological Review, 43,* 446-462.

Heckhausen, H. (1989). *Motivation und Handeln.* Berlin: Springer.

Heckelmann, G. (1992). *Juristische Aspekte von Leistungs- und Produktivitätsmanagement.* Vortragspapier für die Konferenz „Leistungs- und Produktivitätsmanagement". Bad Homburg: Institute for International Research.

Heeg, F.J. (1993). *Projektmanagement.* München: Hanser.

Hellriegel, D., Slocum, J.W.Jr. & Woodman, R.W. (1992). *Organizational behavior.* St. Paul, MN: West Publishing Co.

Herzberg, F.H., Mausner, B.M. & Snyderman, B.B. (1959). *The motivation to work.* New York: Wiley.

Higgs, A.C. & Ashworth, S.D. (1997). Organizational surveys: Tools for the assessment and research. In A. Kraut (Hrsg.), *Organizational surveys: Tools for assessment and change* (S. 19-40). San Francisco: Jossey-Bass.

Highhouse, S. & Becker, A.S. (1993). Facet measures and global job satisfaction. *Journal of Business and Psychology, 8,* 117-127.

Hill, R. (1993). When the going gets rough: A Baldrige award winner on the line. *Academy of Management Executive, 7(3)*, 75-79.

Hill, C.W. & Jones, G.R. (1992). *Strategic management*. Boston, MA: Houghton Mifflin.

Hillenbrand, C. (2002). Präsentation von Umfrageergebnissen: Untersuchung zum Einsatz von Prognose- und Rückmeldetechniken. Diplomarbeit, FB 06 Psychologie, Universität Gießen.

Hinrichs, J.R. (1989). Employee surveys as a catalyst for productivity. Vortrag bei der American Society for Personnel Administration National Conference and Exposition. Boston, MA.

Hinrichs, J.R. (1991). Survey data as a catalyst for employee empowerment and organizational effectiveness. In R.J. Niehaus & K.F. Price (Hrsg.)., *Applying psychology in business: The handbook for managers and human resource professionals* (pp. 640-652). Lexington, MA: Lexington.

Hinrichs, J.R. (1996). Feedback, action planning, and follow-through. In A. Kraut (Hrsg.). *Organizational surveys* (pp. 255-279). San Franciso, CA: Jossey-Bass.

Hippler, H.J. (1988). Methodische Aspekte schriftlicher Befragungen: Probleme und Forschungsperspektiven. *Planung und Analyse, 6*, 244-248.

Hippler, H.J., Schwarz, N. & Singer, E. (1990). Der Einfluss von Datenschutzzusagen auf die Teilnahmebereitschaft an Umfragen. *ZUMA Nachrichten, 27*, 54-67.

Hippler, H.J., Schwarz, N., Noelle-Neumann, E. Knäuper, B. & Clark, L. (1991). Der Einfluss numerischer Werte auf die Bedeutung verbaler Skalenendpunkte. *ZUMA Nachrichten, 28*, 54-64.

Hofstätter, P.R. (1986). *Bedingungen der Zufriedenheit*. Zürich: Interfrom.

Hofer, M. (1985). Subjektive Persönlichkeitstheorien. In T. Herrmann & E.D. Lan-termann (Hrsg.), *Persönlicheitspsychologie: Ein Handbuch in Schlüsselbegriffen* (pp. 130-138). München: Urban & Schwarzenberg.

Hofstede, G. (1980). *Culture's consequences: International differences in work related values*. Beverly Hills, Ca.: Sage.

Hom, P.W. & Kinick, A.J. (2001). Toward a greater understanding of how dissatisfaction drives employee turnover. *Academy of Management Journal, 44*, 975-987.

Howard, A. & Associates (1995). *Diagnosis for organizational change*. New York: Guildford.

Hunsdiek, D. (1991). Mitarbeiterbefragungen als Element der partnerschaftlichen Unternehmenskonzeption bei Bertelsmann. In M. Domsch & A. Schneble (Hrsg.), *Mitarbeiterbefragungen* (pp. 33-61). Heidelberg: Physica.

Hunt, S.D., Sparkman, R.D. & Wilcox, J.B. (1982). The pretest in survey research: Issues and preliminary findings. *Journal of Marketing Research, 19*, 269-273.

James, J.M. & Bolstein, R. (1990). The effects of monetary incentives and follow-up mailings on the response rate and response quality in mail surveys. *Public Opinion Quarterly, 54*, 346-361.

John, K.A. & Mannix, E.A. (2001). The dynamic nature of conflict: A longitudinal study of intragroup conflict and group performance. *Academy of Management Journal, 44*, 238-251.

Johns, G. (1994). How often were you absent? A review of the use of self-reported absence data. *Journal of Applied Psychology, 79*, 574-591.

Johnson, S.R. (1996). The multinational opinion survey. In A.I. Kraut (Hrsg.), *Organizational surveys* (pp. 310-329). San Francisco, CA: Jossey-Bass.

Johnson, T.P. (1998). Approaches to equivalence in cross-cultural and cross-national survey research. In J. Harkness (Hrsg.), *Cross-cultural survey equivalence* (pp. 1-40). Mannheim: ZUMA Spezial.

Kaase, M. & Saris, W.E. (1997). The Eurobarometer – A tool for comparative survey research. In: *ZUMA Spezial: Eurobarometer Measurement Instruments for Opinions in Europe* (pp. 7-26). Vol. 2. Mannheim: ZUMA.

Kagay, M.R. & Elder, J. (1992). Numbers are no problem for pollsters: words are. *New York Times*, 9. August, p. E-5.

Kahn, R.L. & Byosiere, P.B. (1992). Stress in organizations. In M.D. Dunette & L.M. Hough (Hrsg.), *Handbook of industrial/organizational psychology*, Band 3 (S. 571-650). Palo Alto, CA: Consulting Psychologists Press.

Kalton, G. (1988). Survey sampling. In S. Kotz, N.L. Jonhson & C.B. Read (Hrsg.), *Encyclopedia of Statistical Sciences* (Vol. 9, pp. 111-119). New York: Wiley.

Kaner, S. (1996). *Facilitator's guide to participatory decision-making*. Gabriola Island, Canada: New Society Publishers.

Kanji, G.K. & Asher, M. (1996). *100 methods for total quality management.* London, UK: Sage.

Kanter, R.M., Stein, B.A. & Jick, T.D. (1992). *The challenge of organizational change.* New York: The Free Press.

Kanungo, R.N. & Mendonca, M. (1992). Employee alienation, empowerment, and work design. In *Proceedings of the Fourth International Congress on Work and Organizational Values.* Karlsbad, CR.

Kaplan, R.S. & Norton, D.P. (1996). *The balanced scorecard.* Boston, MA: Harvard Business School Press.

Katz, D. & Kahn, R. (1978). *The social psychology of organizations.* New York: Wiley.

Katzell, R.A., Thompson, D.E. & Guzzo, R.A. (1992). How job satisfaction and job performance are and are not linked. In C.J. Cranny, P.C. Smith & E.F. Stone (Hrsg.), *Job satisfaction* (pp. 195-217). New York: Lexington.

Kellner, H., Lange, V. & Töpfer, A. (1985). Mitarbeiterbefragung in der öffentlichen Verwaltung - Konzeption und Konsequenzen. In A. Töpfer & E. Zander (Hrsg.), *Mitarbeiter-Befragungen* (pp. 344-385). Frankfurt: Campus.

Kilman, R.H. & Saxton, M.J. (1983). *The Kilman-Saxton culture-gap survey.* Pittsburg, PA: Organizational Design Consultants Inc.

Kiresuk, T.J. & Lund, S.H. (1979). Program evaluation and utilization analysis. In R. Perloff (Hrsg.), *Evaluator interventions* (pp. 71-102). Beverly Hills, CA: Sage.

Kobi, J.M. & Wüthrich, H.A. (1986). *Unternehmenskultur verstehen, erfassen und gestalten.* Landsberg: Moderne Industrie.

Kouzes, J.M. & Posner, B.Z. (1993). *Credibility.* San Francisco, CA: Jossey-Bass.

Kouzes, J.M. & Posner, B.Z. (1995). *The leadership challenge.* San Francisco, CA: Jossey-Bass.

Kraut, A.I. (1996). Planning and conducting the survey: Keeping strategic purpose in mind. In A.I. Kraut (Hrsg.), *Organizational surveys: Tools for assessment and change* (pp. 149-176). San Francisco, CA: Jossey-Bass.

Kraut, A.I. & Freeman, F. (1992*). Upward communications: Programs in American industry.* Tech. Report No. 152. Greensboro, NC: Center for Creative Leadership.

Krosnick, J.A. (1991). Response strategies for coping with the cognitive demands of attitude measures in surveys. *Applied Cognitive Psychology, 5,* 213-236.

Krosnik, J.A. & Fabrigar, L.R. (1997). Designing rating scales for effective measurement in surveys. In L. Lyberg, P. Biemer, M. Collins, E. de Leeuw, C. Dippo, N. Schwarz & D. Trewin (Hrsg.), *Survey measurement and process quality* (S. 141-164). New York: Wiley.

Kuhnert, K. & McCauley, D.P. (1996). Applying alternative survey methods. In A. Kraut (Hrsg.), *Organizational surveys: Tools for assessment and change* (pp. 233-254). San Francisco, CA: Jossey-Bass.

Kunin, T. (1955). The construction of a new type of attitude measure. *Personnel Psychology, 8,* 65-77.

Kupper, H. (1993). *Zur Kunst der Projektsteuerung.* München: Oldenbourg.

Kurz, K., Prüfer, P. & Rexroth, M. (1999). Zur Validität von Fragen in standardisierten Erhebungen: Ergebnisse des Einsatzes eines kognitiven Pretestinterviews. *ZUMA Nachrichten, 44,* 62-82.

Lambert, S.J. (2000). Added benefits: The link between work-life benefits and organizational citizenship behavior. *Academy of Management Journal, 43,* 801-815.

Lawler, E.E. (1971). *Pay and organizational effectiveness.* New York: McGraw-Hill.

Lawler, E.E., Mohrman, S.A. & Ledford, G.E. (1995). *Creating high performance organizations.* San Francisco, CA: Jossey-Bass.

Lazarsfeld, P.F. (1949). The American soldier - an expository review. *Public Opinion Quarterly, 13,* 373-404.

Lepsinger, R. & Lucia, A.D. (1997). *The art and science of 360° feedback.* San Francisco, CA: Pfeiffer.

Levinson, S.C. (1983). *Pragmatics.* Cambridge, England: Cambridge University Press.

Lewin, K. (1958). Group decision and social change. In E.E. Macoby, T.M. Newcomb & E. Hartley (Hrsg.), *Readings in social psychology* (pp. 197-211). New York: Holt, Rinehart & Winston.

Lewis, M.W., Welsh, M.A., Dehler, G.E. & Green, S.G. (2002). Product development tensions: Exploring contrasting styles of project management. *Academy of Management Journal, 45,* 546-564.

Leymann, H. (2002). *Mobbing*. Rowohlt.

Likert, R. (1961). *New patterns of management*. New York: MacGraw-Hill.

Lipp, U. & Will, H. (1998). *Das große Workshop-Buch*. Weinheim: Beltz.

Liu, C., Borg, I. & Spector, P. (2002). Global employee survey in a multinational organization: The transportability of the scale across countries/cultures. Zur Publikation eingereicht.

Locke, E.A. (1976). The nature and causes of job satisfaction. In M.D. Dunnette (Hrsg.), *Handbook of industrial and organizational psychology* (pp. 1297-1349). Chicago, IL: Rand-MacNally.

Locke, E.A. & Latham, G.P. (1990). *A theory of goal setting and task performance*. Englewood Cliffs, NJ: Prentice-Hall.

Locke, E.A. & Taylor, M.S. (1990). Stress, coping, and the meaning of work. In A.P. Brief & W.R. Nord (Hrsg.), *Meanings of occupational work* (pp. 135-170). Lexington, MA: Lexington.

Loftus, E. (1984). Protocol analysis of responses to survey recall questions. In T.B. Jabine, M.L. Straf, J.M. Tanur, R. Tourangeau (Hrsg.), *Cognitive aspects of survey methodology: Building a bridge between disciplines* (pp. 61-64). Washington, DC: National Academy Press.

Love, A.J. (1991). *Internal evaluation: Building organizations from within*. Newbury Park, CA: Sage.

Lück, H.E. (1997). Die Zufriedenheit deutscher Mitarbeiter in europäischer Perspektive. In W. Bungard & I. Jöns (Hrsg.), *Mitarbeiterbefragung* (pp. 399-406). Weinheim: Beltz.

Macey, W.H. (1996). Dealing with the data: Collection, processing, and analysis. In A.I. Kraut (Hrsg.), *Organizational surveys: Tools for assessment and change* (pp. 204-232). San Francisco, CA: Jossey-Bass.

Makridou, M. (1996). Die Mitarbeiterbefragung als Instrument der Organisations- und Personalentwicklung am Beispiel der Hewlett-Packard GmbH. Diplomarbeit am FB Gesellschaftswissenschaften der Uni Frankfurt.

Mangione, T.W. (1995). *Mail surveys: Improving the quality*. Thousand Oaks, CA: Sage.

Martin, W. (1981). What management can expect from an employee attitude survey. *Personnel Administrator*, Juli, 75-87.

Maslow, A. (1954). *Motivation and personality*. New York: Harper & Row.

Masterson, S.S., Lewis, K., Goldman, B.M. & Taylor, M.S. (2000). Integrating justice and social exchange: The differing effects of fair procedures and treatment on work relationships. *Academy of Management Journal, 43*, 738-748.

Matthies, R. (1992). Mitarbeiterbefragungen und Qualità Totale bei FIAT. Vortragspapier zur Konferenz „Mitarbeiterbefragungen". Frankfurt/Main: Institute for International Research.

McGregor, D. (1960). *The human side of enterprise*. New York: MacGraw-Hill.

McAllister, D.J. & Bigley, G.A. (2002). Work context and the definition of self: How organizational care influences organization-based self-esteem. *Academy of Management Journal, 45*, 894-904.

Mealiea, L.W. & Latham, G.P (1996). *Skills for managerial success*. Chicago, IL: Irwin.

Miceli, M.P. (1993). Justice and pay system satisfaction. In R. Croponzano (Hrgs.), *Justice in the workplace: Approaching fairness in HRM* (S. 257-283). Hillsdale, NJ: Lawrence Erlbaum.

Miller, G.A. (1956). The magical number seven, plus minus one: some limits on our capacity for processing information. *Psychological Review, 63*, 81-97.

Mirvis, P.H. (1990). Persönliche Mitteilung. München: Human Resources Consulting.

Mirvis, P.H. & Lawler, E.E. III. (1977). Measuring the financial impact of employee attitudes. *Journal of Applied Psychology, 62*, 1-8.

Mobley, W.H. & Locke, E.A. (1970). The relationship of value importance to satisfaction. *Organizational Behavior and Human Performance, 5*, 463-483.

Moorehead, G. & Griffin, R.W. (1989). *Organizational behavior*. Boston, MA: Houghton Mifflin.

Moorman, R.H. (1991). Relationship between organizational justice and organizational citizenship behaviors: Do fairness perceptions influence employee citizenship? *Journal of Applied Psychology, 76*, 845-855.

Moorman, R.H., Blakely, G.L. & Niehoff, B.P. (1998). Does perceived organizational support mediate the relationship between procedural justice and organizational citizenship behavior? *Academy of Management Journal, 41*, 351-357.

Morgan, D.L. (Hrsg.). (1993), *Successful focus groups*. Newbury Park, CA: Sage.

Morrison, E.W. & Phelps, C.C. (1999). Taking charge at work: Extrarole efforts to initiate workplace change. *Academy of Management Journal, 42*, 403-419.

MOW International Research Team (1987). *The meaning of working.* London, UK: Academic Press.

Nadler, D.A. (1977). *Feedback and organization development: Using data-based methods.* Reading, MA: Addison-Wesley.

Nagy, M.S. (2002). Using a single-item approach to measure facet job satisfaction. *Journal of Occupational and Organizational Psychology, 75*, 77-86.

Nelson, D.L. & Sutton, C. (1990). Chronic work stress and coping: a longitudinal study and suggested new directions. *Academy of Management Journal, 33*, 859-869.

Neuberger, O. (1974). *Messung der Arbeitszufriedenheit.* Stuttgart: Kohlhammer.

Neuberger, O. & Allerbeck, M. (1978). *Messung und Analyse von Arbeitszufriedenheit.* Bern: Huber.

Neuberger, O. (1985). *Arbeit: Begriff, Gestaltung, Motivation, Zufriedenheit.* Stuttgart: Enke.

Neuberger, O. & Kompa, A. (1987). *Wir, die Firma.* Weinheim: Beltz.

Nguyen, T.B.T. (2002). Krankheitsrate, Commitment und Arbeitszufriedenheit. Diplomarbeit, FB 06 Psychologie, Universität Gießen.

Nibel, H. (2001). Rezension des Buchs „Führungsinstrument Mitarbeiterbefragung", 2. Auflage, von I. Borg. *Zeitschrift für Arbeits- und Organisationspsychologie, 45*, 167-169.

Noelle-Neumann, E. (1970). Wanted: rules for wording questions. *Public Opinion Quarterly, 34*, 191-201.

Noelle-Neumann, E. & Petersen, T. (1998). *Alle, nicht jeder: Einführung in die Methoden der Demoskopie.* München: DTV.

Nunnally, J.C. & Bernstein, I.H. (1994). *Psychometric theory.* New York: MacGraw-Hill.

O'Brien, K. (1993). Improving survey questionnaires through focus groups. In D.L. Morgan (Hrsg.), *Successful focus groups* (pp. 105-117). London, UK: Sage.

Oechsler, W.A. (1998). Personalarbeit – ein Erfolgsfaktor. *ABC Info, 56* (März), 33.

Oksenberg, L., Cannel, C. & Kalton, G. (1991). New strategies for pretesting survey questions. *Journal of Official Statistics, 7*, 349-365.

Olve, N.G., Roy, J. & Wetter, M. (1997). *Performance drivers: A practical guide to using the balanced scorecard.* New York: Wiley.

Opgenoorth, W.P. (1985). Informationsbedarf in der Personalführung – Die Mitarbeiterbefragung als Instrument in verschiedenen Problemfeldern. In A. Töpfer & E. Zander (Hrsg.), *Mitarbeiter-Befragungen* (pp. 169-231). Frankfurt: Campus.

Opinion Research Corporation (1986). *Organizational research survey programs and consulting services.* Princeton, NJ: ORC.

Organ, D.W. (1984). *Organizational citizenship behavior: The good soldier syndrome.* Lexington, MA: Lexington.

Oswald, M. & Wendt, D. (1993). The concept of trust in psychology: a facet approach. *Proceedings 4th International Facet Theory Conference* (pp. 351-360). Prag, CR.

Pacific Gas and Electric Company (1991). *Survey-guided development.* San Francisco, CA: PG & E.

Pascale, R.T. & Athos, A.G. (1981). *The art of Japanese management.* New York: Simon & Schuster.

Paul, K.B. & Bracken, D.W. (1995). Everything you always wanted to know about employee surveys. *Training & Development*, Januar, 45-49.

Pauli, O. (1992). *Mitarbeiterbefragung - ohne den Betriebsrat geht gar nichts.* Vortragspapier zur Konferenz „Mitarbeiterbefragung". Darmstadt: Institute for International Research.

Pawlowsky, P. & Flodell, C. (1984). Schwitzen nur noch in der Freizeit? *Psychologie Heute*, Januar, 39-45.

Pearl, D. and Fairley, D. (1985). Testing for the potential for nonresponse bias in sample surveys. *Public Opinion Quarterly, 49*, 553-560.

Peratec Ltd. (1994). *Total quality manangement: The key to business improvement.* London, UK: Chapman & Hall.

Peters, T. & Waterman, R. (1982). *In pursuit of excellence.* New York: Harper & Row.

Pfeffer, J. (1995). *Competitive advantage through people: Unleashing the power of the work force.* Boston, MA: Harvard Business School Press.

Pierce, J.L., Gardner, D.G., Cummings, L.L. & Dunham, R.B. (1989). Organization-based self-esteem: construct definition, measurement, and validation. *Academy of Management Journal, 32*, 622-648.

Pinder, C.C. (1984). *Work motivation.* Glenview, IL: Scott Foresman.

Pittner, P.M. (1997). Mitarbeiterberfragungen – Vertane Chancen? Eine Synopse von Befragungen im Lufthansa Konzern. In W. Bungard & I. Jöns (Hrsg.), *Mitarbeiterbefragung: Ein Instrument des Innovations- und Qualitätsmanagements* (pp. 284-293). Weinheim: Beltz.

Piwinger, M., Reichelt, C., Niehüser, W. (1991). Grundsatz, Realität und Maßnahme - Mitarbeiterbefragungen bei Vorwerk & Co. In M. Domsch & A. Schneble (Hrsg.), *Mitarbeiterbefragungen* (pp. 147-166). Heidelberg: Physica.

Plumlee, E.L. (1990). A visit with Raymond E. Miles. *Management Newsletter, 3(2),* 2-7.

Pobel, K. (1992). Von der Frage zur personalpolitischen Aktion: Erfahrungen mit Führungskräftebefragungen in der Henkel-Gruppe. *Personalführung, 92(2),* 72-92.

Pobel, K. & Müller, G. (1995). Führungskräftebefragungen – von der quantitativen Erhebung zur qualitativen Wirkung: Führung und Unternehmenskultur gezielt gestalten. In J. Freimuth, J. & B.-U. Kiefer (Hrsg.). *Geschäftsberichte von unten: Konzepte für Mitarbeiterbefragungen* (pp. 125-151). Göttingen: Verlag für angewandte Psychologie.

Porras, J.I. (1987). *Stream analysis.* Reading, MA: Addison-Wesley.

Porst, R., Schneid, M. & van Brouwershagen, J.W. (1994). Computer assisted interviewing in social and market research. In I. Borg & P.Ph. Mohler (Hrsg.), *Trends and perspectives in empirical social research* (pp. 79-98). New York: de Gruyter.

Porter, L.W. & Lawler, E.E.III (1968). *Managerial attitudes and performance.* Homewood, IL: Irwin.

Pritchard, R.D. (1990). *Measuring and improving organizational productivity.* New York: Praeger.

Pritchard, R. D. (1992). Organizational productivity. In M.D. Dunette & L.M. Hough (Hrsg.), *Handbook of industrial and organizational psychology.* Band 3 (pp. 443-471). Palo Alto, CA: Consulting Psychologists Press.

Prüfer, P. & Rexroth, M. (1996). Verfahren zur Evaluation von Survey-Fragen: Ein Überblick. *ZUMA Nachrichten, 39,* 95-115.

Quinn, R.P. & Mangione, T.W. (1973). Evaluating weighted models for measuring job satisfaction: A Cinderella story. *Organizational Behavior and Human Performance, 10,* 1-23.

Rea, L.M. & Parker, R.A. (1992). *Designing and conducting survey research.* San Francisco, CA: Jossey-Bass.

Ribbert, S. (2000). Mitarbeiterbefragung bei Bertelsmann. In M.E. Domsch & D.H. Ladwig (Hrsg.), *Handbuch Mitarbeiterbefragung* (S. 15-38). Heidelberg: Springer.

Roberts, R.E., McCrory, O.F. & Forthofer, R.N. (1978). Further evidence on using a deadline to stimulate responses on a mail survey. *Public Opinion Quarterly, 42,* 407-410.

Robinson, J.P., Shaver, P.R. & Wrightsman, L.S. (1991). (Hrsg.). *Measures of personality and social psychological attitudes.* San Diego, Ca.: Academic Press.

Robinson, S.L. & Rousseau, D.M. (1994). Violating the psychological contract: Not the expectation but the norm. *Journal of Organizational Behavior, 15,* 245-259.

Rogelberg, S.G. (2001). Profiling active and passive nonrespondents to an organizational survey. Vortrag bei ZUMA, Mannheim. Februar.

Rogelberg, S.G., Church, A.H., Waclawski, J. & Stanton, J.M. (2002). Organizational survey research: overview, the internet/intranet and present practices of concern. In Rogelberg, S.G. (Hrsg.), *Handbook of Research Methods in Industrial and Organizational Psychology* (pp. 141-160). London: Blackwell.

Rohrmann, B. (1978). Empirische Studien zur Entwicklung von Antwortskalen für die sozialwissenschaftliche Forschung. *Zeitschrift für Sozialpsychologie, 9,* 222-245.

Roosevelt Thomas, R. (1996). *The Diversity Paradigm: A framework for practice and inquiry.* Atlanta, GA: American Institute for Managing Diversity Inc.

Rosenfeld, P., Edwards, J.E. & Thomas, M.D. (1993) (Hrsg.), *Improving organizational surveys: new directions, methods, and applications.* Newbury Park, CA: Sage.

Rosenstiel, L.v., Falkenberg, T., Hehn, W., Henschel, E. & Warns, I. (1983). *Betriebsklima heute.* München: Bayrisches Staatsministerium für Arbeit und Sozialordnung.

Rossi, P.H. & Freeman, H.E. (1993). *Evaluation: A systematic approach.* Fifth edition. Newbury Park, CA: Sage.

Rousseau, D.M. (1995). *Psychological contracts in organizations: Understanding written and unwritten agreements.* Thousand Oaks, CA: Sage.

Rousseau, D.M., Burt, R.S. & Camerer, C. (1998). Not so different after all: A cross-discipline view of trust. *Academy of Management Review, 23,* 393-404.

Salant, P. & Dillman, D.A. (1994). *How to conduct your own survey.* New York: Wiley.

Sashkin, M. & Prien, E.P. (1996). Ethical concerns and organizational surveys. In A. Kraut (Hrsg.). *Organizational surveys* (pp. 381-403). San Franciso, CA: Jossey-Bass.

Scarpello, V. & Campbell, J.P. (1983). Job satisfaction: Are all the parts there? *Personnel Psychology, 36,* 577-600.

Schein, E.H. (1985). *Organizational culture and leadership: A dynamic view.* San Francisco, CA: Jossey-Bass.

Schein, E.H. (1988). *Process consultation: Its role in organization development.* Vol. I. Reading, MA.: Addison-Wesley.

Schieman, W.A. (1991). Using employee surveys to increase organizational effectiveness. In J.W. Jones, B.D. Steffy, D.W. Bray (Hrsg.), *Applying psychology in business: The handbook for managers and human resource professionals* (S. 623-639). Lexington, MA: Lexington Books.

Schieman, W.A. (1992). Employee surveys in the United States: Tools for change. Vortrag, gehalten auf dem Seminar „Mitarbeiterbefragungen" des Institute for International Research. Darmstadt.

Schneid, M. (1995). *Disk-by-Mail: Eine Alternative zur schriftlichen Befragung?* ZUMA Arbeitsbericht Nr. 95/02.

Schnell, R. (1993). Homogenität sozialer Kategorien als Voraussetzung für ‚Repräsentativität" und Gewichtungsverfahren. *Zeitschrift für Soziologie, 22,* 16-32.

Schnell, R., Hill, P.B. & Esser, E. (1995). *Methoden der empirischen Sozialforschung.* München: Oldenbourg.

Schnelle, W. & Stoltz, I. (1976). *Interaktionelles Lernen.* Quickborn: Metaplan.

Scholz, C. & Scholz, M. (1996). Mitarbeiterbefragungen: Mehr als nur einfach Meinungsumfragen. *Personalführung, 9,* 728-740.

Scholtes, P.R. (1998). *The leader's handbook: Making things happen, getting things done.* New York: MacGraw-Hill.

Schuler, H. (1991). Der Funktionskreis „Leistungsförderung" – eine Skizze. In H. Schuler (Hrsg.), *Beurteilung und Förderung beruflicher Leistung* (pp. 171-189). Stuttgart: Verlag für angewandte Psychologie.

Schuman, H. & Presser, S. (1996). *Questions and answers in attitude surveys: Experiments on question form, wording, and context.* New York: Academic Press.

Schumann, S. (1997). *Repräsentative Umfrage.* München: Oldenbourg.

Schwarz, N., Hippler, H.J. & Noelle-Neumann, E. (1989). Einflüsse der Reihenfolge von Antwortvorgaben bei geschlossenen Fragen. *ZUMA Nachrichten, 25,* 24-38.

Schwarz, N., Knäuper, B., Hippler, H.J., Noelle-Neumann, E. & Clark, F. (1991). Rating scales: Numeric values may change the meaning of scale labels. *Public Opinion Quarterly, 55,* 618-630.

Seiffert, J.W. (1994). *Visualisieren, Präsentieren, Moderieren.* Offenbach: Gabal.

Seibert, S.E., Kraimer, M.L. & Liden, R.C. (2001). A social capital theory of career success. *Academy of Management Journal, 44,* 219-237.

Singer, E., van Hoewyk, J. & Maher, M.P. (1998). Does the payment of incentives create expectation effects? In A. Koch & R. Porst (Hrsg.), *Nonresponse in survey research* (pp. 229-237). Mannheim: ZUMA.

Singer, E., John Van Hoewyk, J. & Maher, M.P. (2000). Experiments with incentives for survey participation in telephone surveys. *Public Opinion Quarterly, 64,* 171-188.

Smith, P.C. (1992). In pursuit of happiness. In C.J.Cranny, P.C.Smith & E.F.Stone (1992). (Hrsg.), *Job satisfaction* (pp. 1-19). New York: Lexington.

Smith, P.C., Kendall, L.M. & Hulin, C.L. (1969). *The measurement of satisfaction in work and retirement.* Chicago, IL: Rand-MacNally.

Sperling, J.B. & Wasseveld, J. (1997). *Führungsaufgabe Moderation.* WRS Verlag.

Spector, P.E. (1992). *Summated rating scale construction.* Thousand Oaks, CA: Sage.

Spector, P.E. (1997). *Job satisfaction.* Thousand Oaks, CA: Sage.

Spreizer, G.M. (1995). Psychological empowerment in the workplace: Dimensions, measurement, and validation. *Academy of Management Journal, 38,* 1442-1465.

Sprenger, R.K. (1997). Wie geht's? In W. Bungard & I. Jöns (Hrsg.), *Mitarbeiterbefragung* (pp. 435-440).

Stenger, H. (1986). *Stichproben.* Heidelberg: Physica.

Stewart, D. (1986). *The power of people skills.* New York: Wiley.

Sudman, S. & Bradburn, N. (1974). *Response effects in surveys: A review and synthesis.* Chicago, IL: Aldine.

Süssenguth, E. (1991). Erfahrungsbericht über Mitarbeiterbefragungen der BASF. In M. Domsch & A. Schneble (Hrsg.), *Mitarbeiterbefragungen* (pp. 25-32). Heidelberg: Physica.

Taylor, F.W. (1912). The art and science of shoveling. Vortrag vor einem Untersuchungsausschuß des U.S. Repräsentantenhauses. Zitiert nach R.B. Dunham & J.L. Pierce (1989). *Management.* Glenview, IL: Scott, Forseman & Co.

Taylor, F.W. (1947). *Scientific management.* New York: Harper.

Thomas, L.T. & Ganster, D.C. (1995). Impact of family-supported work variables on work-family conflict and strain: A control perspective. *Journal of Applied Psychology, 80,* 6-15.

Thomas, K.W. & Velthouse, B.A. (1990). Cognitive elements of empowerment: An interpretative model of intrinsic task motivation. *Academy of Management Review, 15,* 666-681.

Thorndike, E.L. (1911). *Animal intelligence.* New York: Macmillan.

Töpfer, A. & Zander, E. (Hrsg.). (1985), *Mitarbeiter-Befragungen.* Frankfurt: Campus.

Torgerson, W.S. (1958). *Theory and methods of scaling.* New York: Wiley.

Tourangeau, R., Rips, L.J. & Rasinski, K. (2000). *The psychology of survey response.* Cambridge, UK: Cambridge University Press.

Townsend, P.L. & Gebhardt, J.E. (1992). *Quality in action.* New York: Wiley.

Treder, C. (2002). Item Nonresponse in Mitarbeiterbefragungen. Diplomarbeit. FB 06 Psychologie, Universität Gießen.

Trost, A., Bungard, W. & Jöns, I. (1999). *Mitarbeiterbefragung.* Augsburg: Weka Verlag.

Tsui, A.S., Pearce, J.L., Porter, L.W. & Tripoli, A.M. (1997). Alternative approaches to the employee-organization relationship: Does investment in employees pay off? *Academy of Management Journal, 40,* 1089-1121.

Tukey, J.W. (1977). *Exploratory data analysis.* Reading, MA: Addison-Wesley.

Van de Vijver, F. & Leung, K. (1997). *Methods and data analysis for cross-cultural research.* Thousand Oaks: Sage.

Van Dyne, L. & LePine, J.A. (1998). Helping and voice extra-role behaviors: Evidence of construct and predictive validity. *Academy of Management Journal, 41,* 108-119.

Verheyen, L.G. (1988). How to develop an employee attitude survey. *Training & Development Journal,* August, 72-76.

Viteles, M.S. (1953). *Motivation and morale in industry.* New York: Norton.

Walton, E. & Nadler, D.A. (1994). Diagnosis for organisation design. In A. Howard and Associates (Hrsg.), *Diagnosis for organizational change* (pp. 53-84). New York: Guildford.

Wanous, J.P., Reichers, A.E. & Hudy, M.J. (1997). Overall job satisfaction: How good are single-item measures? *Journal of Applied Psychology, 82,* 247-252.

Warr, P.B. (1987). *Work, unemployment, and mental health.* Oxford: Clarendon.

Warriner, K., Goyder, J., Gjertsen, H., Hohner, P., & McSpurren, K. (1996). Charities, no; lotteries, no; cash, yes: Main effects and interactions in a canadian incentives experiment. *Public Opinion Quarterly, 60,* 542-562.

Watershed Liveware (1998). *Brainstorming 101: Ideas for excellence.* http://www.brainstorming.org.

Weber, M. (1922). *Wirtschaft und Gesellschaft.* Tübingen: Mohr.

Weiss, D.J., Dawis, R.V., England, G.W. & Lofquist, L.H. (1967). *Manual for the Minnesota Satisfaction Questionnaire.* Minneapolis, MN: University of Minnesota Press.

Whiteley, R.C. (1991). *The customer driven company: Moving from talk to action.* Reading, MA: Addision-Wesley.

Wicks, A.C., Berman, S.L. & Jones, T.M. (1999). The structure of optimal trust: Moral and strategic implications. *Academy of Management Review, 24*, 99-116.

Wilkinson, L. (1990). Cognitive science and graphic design. In L.Wilkinson (Hrsg.), *SYGRAPH: The system for graphics* (pp. 38-60). Evanston, IL: SYSTAT Inc.

Williams, R.S. (1998). *Performance management.* London, UK: Thomson.

Wilmot, R.E. & McClelland, V. (1990). How to run a reality check. *Training*, Mai, 66-72.

Wilson, T.D. & Hodges, S. (1992). Attitudes as temporary constructions. In L. Martin & A. Tresser (Hrsg.), *The construction of social judgments* (pp. 37-66). New York: Springer.

Woehr, D.H. & Roch, S.G. (1996). Context effects in performance evaluation: The impact of ratee sex and performance level on performance ratings and behavioral recall. *Organizational Behavior and Human Decision Processes, 66*, 31-41.

Wonnacott, T.H. & Wonnacott, R.J. (1977). *Introductory statistics for business and economics.* New York: Wiley.

Wright, T. (1991). *Exact confidence bounds when sampling from small finite universes.* Lecture Notes in Statistics 66. Heidelberg: Springer.

Yammarino, F.J., Skinner, S.J. & Childers, T.L. (1991). Understanding mail survey response behavior. *Public Opinion Quarterly, 55*, 613-639.

York, D.R. (1985). Attitude surveying. *Personnel Journal*, Mai, 70-73.

Yukl, G., Wall, S. & Lepsinger, R. (1990). Preliminary report on validation of the management practices survey. In K.E. Clark & M.B. Clark (Hrsg.), *Measures of leadership* (S. 223-238). West Orange, NJ: Leadership Library of America.

Zatz, D. (2000). Electronic surveys: A practical decision-making tool. Somerville, NJ: The Metrus Group.

Zultner, R.E. (1993). TQM for technical teams. *Communications of the Association for Computing Machinery, 36(10)*, 79-91.

Namensverzeichnis

Stichwortverzeichnis